U0959050

最高人民法院知识产权审判庭 编

主　编　陶凯元

副主编　宋晓明

最高人民法院
知识产权审判案例指导

最高人民法院知识产权案件年度报告及案例全文

第十辑

《最高人民法院知识产权审判案例指导》编委会

主　　编　陶凯元（最高人民法院副院长）
副 主 编　宋晓明（最高人民法院知识产权审判庭庭长）
编　　委　王　闯　林广海　贺　禔　李　剑
　　　　　朱　理　夏君丽　王艳芳　秦元明
　　　　　张志弘　骆　电　佟　姝
编　　务　张　博　周睿隽　刘方方

中国法制出版社
CHINA LEGAL PUBLISHING HOUSE

出版说明

为进一步充分发挥最高人民法院审判案例的示范和指引作用，从2008年起，最高人民法院每年对自身审理的知识产权典型案件进行分析、梳理和归纳，形成《最高人民法院知识产权案件年度报告》，并在“4·26”世界知识产权日期间向社会公布报告的摘要内容，既总结了审判经验和统一了法律适用标准，又推进了司法公开，赢得了社会的广泛关注和普遍好评。

但是限于篇幅，案件年度报告只是整理和归纳相关的典型法律适用问题，不可能反映案件的全貌。应读者的要求，我们将案件年度报告及其所涉及的裁判文书全文整理和汇编成书，忠实记录我国知识产权司法保护进程中的每一个前进的脚印，以每年一册的形式奉献给读者。

目 录

最高人民法院知识产权案件年度报告（2017）

序言 …… 3

一、专利案件审判 …… 14

二、商标案件审判 …… 39

三、著作权案件审判 …… 55

四、不正当竞争案件审判 …… 59

五、植物新品种案件审判 …… 62

六、技术合同案件审判 …… 64

七、关于知识产权诉讼程序与证据 …… 66

结语 …… 83

审判案例指导（最高人民法院2017年典型知识产权案件裁判文书选登）

一、专利案件审判

（一）专利民事案件审判

1. **当事人在与涉案专利享有共同优先权的其他专利的授权确权程序中所作意见陈述的参考作用** …… 87

——再审申请人戴森技术有限公司与被申请人苏州索发电机有限公司侵害发明专利权纠纷案

2. **专利侵权案件中适用禁止反悔原则的限制条件** …… 92

——再审申请人曹桂兰、胡美玲、蒋莉、蒋浩天与被申请人重庆力帆汽车销售有限公司、重庆力帆乘用车有限公司、江苏骅盛车用电子股份有限公司、一审被告南京九华山汽车销售服务有限责任公司、力帆实业（集团）股份有限公司、杭州亚凡汽车有限公司侵害发明专利权纠纷案

3. **专利侵权判断中权利要求技术特征的划分标准** …… 99
——再审申请人刘宗贵与被申请人台州市丰利莱塑胶有限公司侵害实用新型专利权纠纷案

4. **仅具有技术功能的零部件不构成外观设计侵权** …… 103
——再审申请人欧介仁与被申请人泰州市金申家居用品有限公司侵害外观设计专利权纠纷案

5. **专利侵权案件中制造行为的认定** …… 105
——再审申请人沈阳中铁安全设备有限责任公司与被申请人哈尔滨铁路局减速顶调速系统研究中心、宁波中铁安全设备制造有限公司及一审被告哈尔滨铁路局侵害实用新型专利权纠纷案

6. **实用新型专利的非形状构造类技术特征在认定现有技术抗辩时原则上不予考虑** …… 110
——再审申请人谭熙宁与被申请人镇江新区恒达硅胶有限公司侵害实用新型专利权和外观设计专利权纠纷案

（二）专利行政案件审判

7. **专利行政执法中程序违法的认定和处理** …… 113
——再审申请人西峡龙成特种材料有限公司与被申请人榆林市知识产权局、陕西煤业化工集团神木天元化工有限公司专利侵权纠纷行政处理案

8. **行政诉讼起诉期限起算点的确定** …… 126
——再审申请人北京泰隆自动化设备有限公司、王宇与被申请人河南省知识产权局其他纠纷案

9. **说明书是否清楚完整的认定** …… 132
——再审申请人斯托布利—法韦日公司与被申请人常熟纺织机械厂有限公司、一审被告、二审被上诉人国家知识产权局专利复审委员会专利权无效行政纠纷案

10. **权利要求是否以说明书为依据的认定** …… 146
——再审申请人传感电子有限责任公司与被申请人国家知识产权局专利复审委员会、一审第三人宁波讯强电子科技有限公司发明专利权无效行政纠纷案

11. **在认定权利要求是否以说明书为依据时涉案专利所要解决的技术问题的确定**
——再审申请人传感电子有限责任公司与被申请人国家知识产权局专

利复审委员会、一审第三人宁波讯强电子科技有限公司发明专利权无效行政纠纷案（存目　参见第146页）

12. 权利要求是否以说明书为依据与该权利要求是否具有创造性的关系
——再审申请人传感电子有限责任公司与被申请人国家知识产权局专利复审委员会、一审第三人宁波讯强电子科技有限公司发明专利权无效行政纠纷案（存目　参见第146页）

13. 马库什权利要求的性质 …………………………………… 196
——再审申请人国家知识产权局专利复审委员会与被申请人北京万生药业有限责任公司、一、二审第三人第一三共株式会社发明专利权无效行政纠纷案

14. 马库什权利要求在无效程序中的修改原则
——再审申请人国家知识产权局专利复审委员会与被申请人北京万生药业有限责任公司、一、二审第三人第一三共株式会社发明专利权无效行政纠纷案（存目　参见第196页）

15. 马库什权利要求的创造性判断方法
——再审申请人国家知识产权局专利复审委员会与被申请人北京万生药业有限责任公司、一、二审第三人第一三共株式会社发明专利权无效行政纠纷案（存目　参见第196页）

16. 外观设计专利权无效案件中区别设计特征的认定 …………… 212
——再审申请人YKK株式会社与被申请人国家知识产权局专利复审委员会、第三人理想（广东）拉链实业有限公司、开易（广东）服装配件有限公司外观设计专利权无效宣告行政纠纷案

二、商标案件审判

（一）商标民事案件审判

17. 注册商标的保护与被诉侵权商品商标知名度的关系 ………… 217
——再审申请人曹晓冬与被申请人云南下关沱茶（集团）股份有限公司侵害商标权纠纷案

18. 特殊历史背景下商标与字号共存的考量因素 ……………… 228
——申诉人太原大宁堂药业有限公司与被申诉人山西省药材公司商标侵权、不正当竞争纠纷案

19. 法定通用名称的认定 ……………………………………… 241
——再审申请人福州米厂因与被申请人五常市金福泰农业股份有限公司、

福建新华都综合百货有限公司福州金山大景城分店、福建新华都综合百货有限公司侵害注册商标专用权纠纷案

20. 约定俗成通用名称的认定
——再审申请人福州米厂因与被申请人五常市金福泰农业股份有限公司、福建新华都综合百货有限公司福州金山大景城分店、福建新华都综合百货有限公司侵害注册商标专用权纠纷案（存目　参见第241页）

21. 农作物品种名称的正当使用
——再审申请人福州米厂因与被申请人五常市金福泰农业股份有限公司、福建新华都综合百货有限公司福州金山大景城分店、福建新华都综合百货有限公司侵害注册商标专用权纠纷案（存目　参见第241页）

22. 商标侵权案件中正当使用的认定 …… 254
——再审申请人冯印与被申请人西安曲江阅江楼餐饮娱乐文化有限公司侵害商标权纠纷案

（二）商标行政案件审判

23. 商标近似性判断的考量因素 …… 256
——再审申请人四川省宜宾五粮液集团有限公司与被申请人国家工商行政管理总局商标评审委员会、甘肃滨河食品工业（集团）有限责任公司商标异议复审行政纠纷案

24. 主张在先著作权适格主体的证明 …… 260
——再审申请人温州市伊久亮光学有限公司与被申请人达马股份有限公司及二审被上诉人国家工商行政管理总局商标评审委员会商标权无效宣告请求行政纠纷案

25. 对他人是否享有在先著作权的审查认定 …… 263
——再审申请人杰杰有限公司与被申请人国家工商行政管理总局商标评审委员会、一审第三人金华市百姿化妆品有限公司商标异议复审行政纠纷案

26. 作为在先权利保护的“肖像”应当具有可识别性 …… 274
——再审申请人迈克尔·杰弗里·乔丹与被申请人国家工商行政管理总局商标评审委员会、一审第三人乔丹体育股份有限公司商标争议行政纠纷案

三、著作权案件审判

27. 模型作品的认定标准 …… 279
——再审申请人深圳市飞鹏达精品制造有限公司与被申请人北京中航智成科技有限公司侵害著作权纠纷案

28. **将他人作品作为商标使用时侵权损害赔偿的计算** …………… 297
——再审申请人李艳霞与被申请人吉林市永鹏农副产品开发有限公司及原审第三人南关区本源设计工作室侵害著作权纠纷案

四、不正当竞争案件审判

29. **知名商品特有包装装潢中的“商品”与“包装装潢”应当具有特定指向关系** …………………………………………… 300
——上诉人广东加多宝饮料食品有限公司与被上诉人广州王老吉大健康产业有限公司擅自使用知名商品特有包装装潢纠纷案

30. **确定知名商品特有包装装潢权益归属的考量因素** …………… 340
——上诉人广东加多宝饮料食品有限公司与被上诉人广州医药集团有限公司擅自使用知名商品特有包装装潢纠纷案

五、植物新品种案件审判

31. **植物新品种保护条例第六条规定中“销售”的含义** ………… 390
——再审申请人莱州市永恒国槐研究所与被申请人葛燕军侵害植物新品种权纠纷案

六、技术合同案件审判

32. **技术工业化合同中合同目的的认定** …………………………… 394
——再审申请人陕西天宝大豆食品技术研究所与被申请人汾州裕源土特产品有限公司技术合同纠纷案

七、关于知识产权诉讼程序与证据

（一）知识产权民事诉讼程序与证据

33. **网络购物收货地不宜作为知识产权和不正当竞争案件的侵权行为地** ……………………………………………………… 409
——上诉人广东马内尔服饰有限公司、周乐伦与被上诉人新百伦贸易（中国）有限公司、一审被告南京东方商城有限责任公司不正当竞争纠纷管辖异议案

34. **对涉及市场统计调查的公证书证据的审查认定** ……………… 415
——再审申请人河北六仁烤饮品有限公司与被申请人河北养元智汇饮品股份有限公司及一审被告金华市金东区叶保森副食店擅自使用知名商品特有包装、装潢纠纷案

35. **在申请再审程序中以新的证据主张现有技术抗辩不应予以支持** …… 419
——再审申请人唐山先锋印刷机械有限公司与被申请人天津长荣印刷设备股份有限公司、一审被告常州市恒鑫包装彩印有限公司侵害发明专利权纠纷案

36. **合法来源抗辩应当提供符合交易习惯的相关证据** …… 421
——再审申请人宁波欧琳实业有限公司与被申请人宁波搏盛阀门管件有限公司、二审上诉人宁波欧琳厨具有限公司、宁波欧琳网络科技有限公司、二审被上诉人宁波市鄞州时蓉塑胶有限公司侵害外观设计专利权纠纷案

（二）知识产权行政诉讼程序与证据

37. **以外观设计专利权与他人在先取得的合法权利相冲突为由提起无效宣告请求的请求人资格** …… 427
——再审申请人斯特普尔斯公司与被申请人罗世凯、一审被告国家知识产权局专利复审委员会外观设计专利权无效行政纠纷案

38. **当事人恒定原则可以适用于专利无效宣告行政程序**
——再审申请人斯特普尔斯公司与被申请人罗世凯、一审被告国家知识产权局专利复审委员会外观设计专利权无效行政纠纷案（存目 参见第427页）

39. **对于已为在先生效判决所羁束的行政裁决提起行政诉讼所引致的新判决申请再审的受理条件** …… 434
——再审申请人三得利控股株式会社与被申请人国家工商行政管理总局商标评审委员会、原审第三人杭州保罗酒店管理集团股份有限公司之商标权承继人浙江向网科技有限公司商标撤销复审行政纠纷案

40. **人民法院可以对行政部门漏审的重要事实依职权作出认定** …… 444
——再审申请人普兰娜生活艺术有限公司与被申请人国家工商行政管理总局商标评审委员会商标申请驳回复审行政纠纷案

41. **人民法院可部分撤销专利无效决定**
——再审申请人传感电子有限责任公司与被申请人国家知识产权局专利复审委员会、一审第三人宁波讯强电子科技有限公司发明专利权无效行政纠纷案（存目 参见第444页）

42. **无效宣告程序中外文证据并非一律需要单独提供中文译文** …… 451
——再审申请人中兴通讯股份有限公司与被申请人国家知识产权局专利复审委员会、美商内数位科技公司发明专利权无效行政纠纷案

最高人民法院

知识产权案件年度报告

(2017)

序 言

2017 年，最高人民法院深入学习贯彻党的十九大精神，深化知识产权审判领域改革，认真履行执法办案第一要务，严格落实司法责任制，充分发挥知识产权司法保护主导作用，不断推进知识产权审判体系和审判能力现代化，持续提升知识产权领域司法公信力和国际影响力，为建设知识产权强国和世界科技强国做出了积极贡献。

最高人民法院知识产权庭 2017 年全年共新收各类知识产权案件 897 件。在新收案件中，按照案件审理程序划分，共有二审案件 15 件，提审案件 56 件，申请再审案件 796 件，请示案件 29 件，司法制裁复议案件 1 件。按照案件所涉客体类型划分，共有专利案件 336 件，植物新品种案件 9 件，商标案件 395 件，著作权案件 29 件，集成电路布图设计案件 1 件，垄断案件 4 件，商业秘密案件 11 件，其他不正当竞争案件 14 件，知识产权合同案件 57 件，其他案件 41 件（主要涉及知识产权审判管理事务）。按照案件性质划分，共有行政案件 390 件，其中专利行政案件 68 件，商标行政案件 308 件，行政请示案件 9 件，其他行政案件 5 件；民事案件 501 件；刑事请示案件 5 件；司法制裁复议案件 1 件。

全年共审结各类知识产权案件 910 件，其中，二审案件 13 件，提审案件 58 件，申请再审案件 808 件，请示案件 30 件，司法制裁复议案件 1 件。在审结的 808 件申请再审案件中，行政申请再审案件 366 件，民事申请再审案件 442 件；裁定驳回再审申请 615 件，裁定提审 98 件，裁定指令再审 66 件，裁定撤诉 22 件，以其他方式处理 7 件。

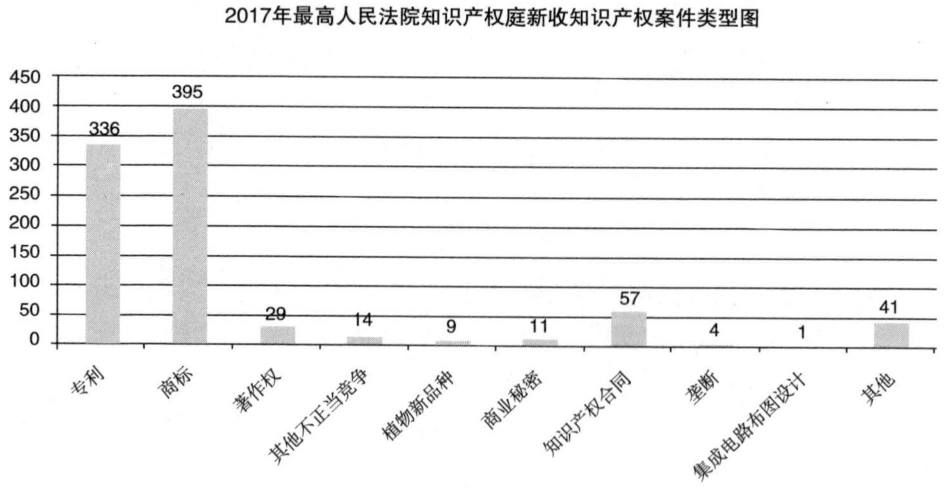
2017年最高人民法院知识产权庭新收知识产权案件类型图
450
400
350
300
250
200
150
100
50
0
336
395
29
14
9
11
57
4
1
41
专利
商标
著作权
其他不正当竞争
植物新品种
商业秘密
知识产权合同
垄断
集成电路布图设计
其他

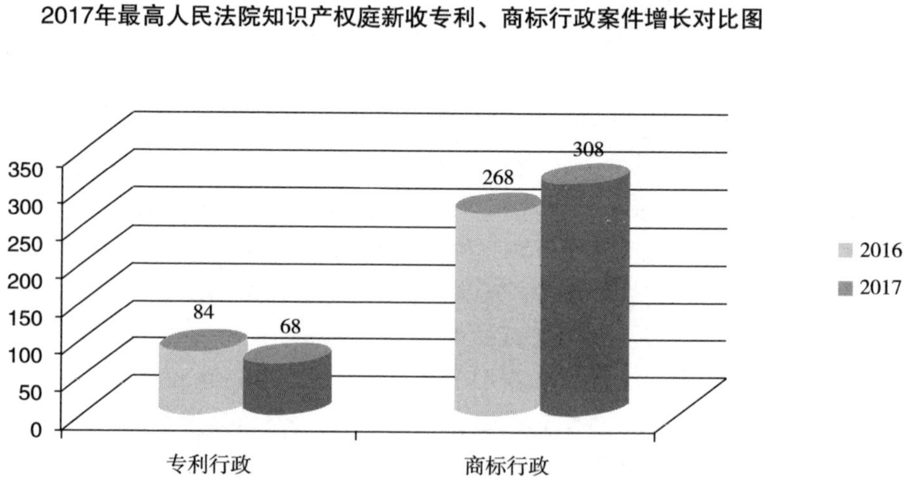
2017年最高人民法院知识产权庭新收专利、商标行政案件增长对比图
350
300
250
200
150
100
50
0
84
68
268
308
2016
2017
专利行政
商标行政

2017年最高人民法院知识产权庭受理专利、商标民事及行政案件数量对比图

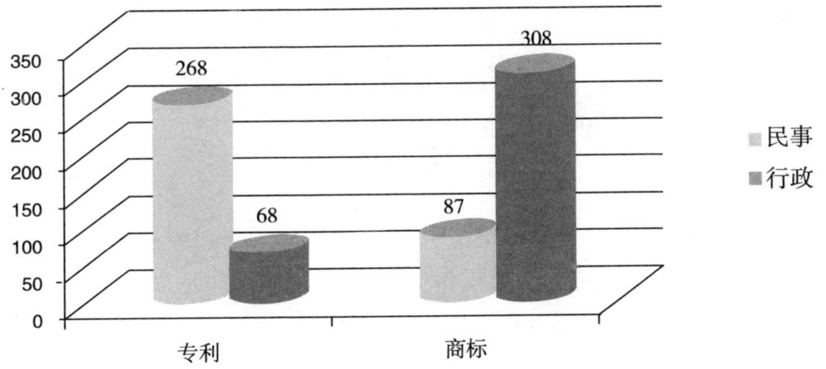

2017年最高人民法院再审审查案件结案方式统计图

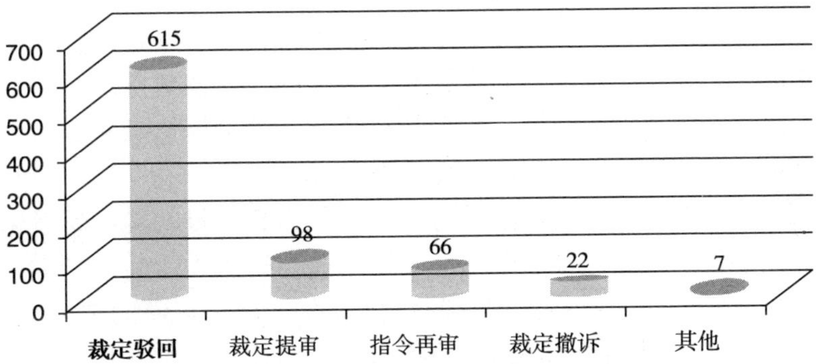

2017年最高人民法院知识产权庭审结案件类型图

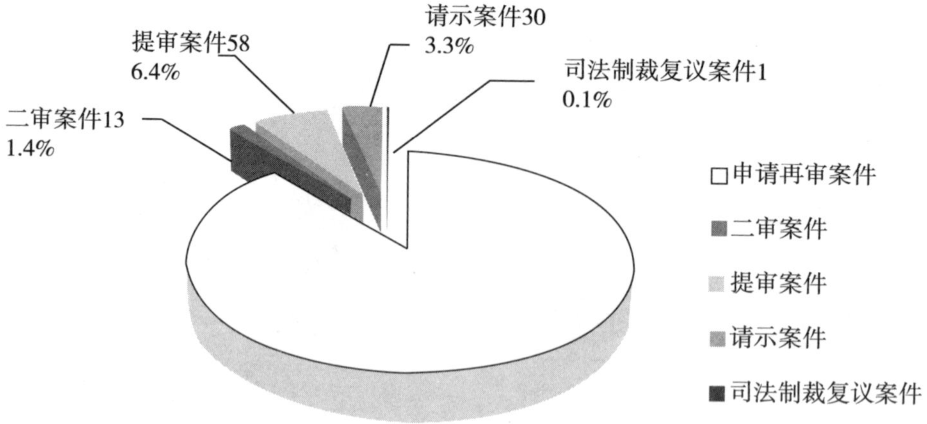

最高人民法院 2017 年审理的知识产权和竞争案件的基本规律和特点是：与专利和商标有关的知识产权案件仍在全部受理案件中占有最大比重，专利民事案件出现较大增长，商标行政案件继续保持较快增幅；专利民事案件中争议较多的问题为技术特征划分和权利要求解释，涉及职务发明创造发明人奖励、报酬纠纷的关联案件较多。专利行政案件的争议焦点问题仍集中于新颖性和创造性的评价，涉及程序问题的案件比例有所提高。此外，专利行政执法过程中存在较多问题，司法对行政执法行为的监督功能不断强化；商标民事案件中，正当使用、合法来源、先用权成为普遍采用的抗辩事由。商标近似、商品类似、在先权利保护等问题仍是商标行政案件的主要焦点问题；著作权案件数量有所下降，独创性的判断仍是案件主要焦点和难点；竞争案件中的侵害商业秘密纠纷和擅自使用知名商品特有名称、包装、装潢纠纷占比较大，竞争案件对市场竞争秩序的引领作用更加突出。垄断案件较少，相关市场如何认定，经营者是否具有市场支配地位是法院审理的难点；植物新品种案件增长较快，主要涉及销售侵权行为的认定以及侵权比对问题；技术合同和特许经营合同纠纷案件中，合同违约、合同解除等问题较为突出。

本年度报告从最高人民法院 2017 年审结的知识产权和竞争案件中精选了 33 件（案件事实和法律问题基本相同的关联案件计为 1 件）典型案件。我们从中归纳出 42 个具有一定指导意义的法律适用问题，反映了最高人民法院在知识产权和竞争领域处理新型、疑难、复杂案件的审理思路和裁判方法，现予公布。

各类知识产权案件审理情况概要

一、专利案件审判

（一）专利民事案件审判

2017年，最高人民法院知识产权庭审结的专利民事案件共273件，其中，申请再审案件261件，再审案件9件，二审管辖异议案件3件。在申请再审案件中，裁定驳回212件，裁定提审19件，指令再审28件，裁定准许撤回再审申请1件，终止审查1件。案件类型涉及侵害发明专利权纠纷68件，侵害实用新型专利权纠纷47件，侵害外观设计专利权纠纷36件。上述案件反映出如下特点和问题：

第一，总体数量及系列案件数量增幅明显。与2016年相比，专利民事案件审结数量同比增长73.9%，系列案件117件，占比42.9%，均创历史新高。系列案件中，职务发明创造发明人、设计人奖励、报酬纠纷系列案件一起99件，专利权权属纠纷系列案件一起11件，侵害实用新型专利权纠纷系列案件两起各2件，侵害外观设计专利权纠纷系列案件一起3件。系列案件往往数量多，涉案双方当事人争议较大，最高人民法院在审理过程中认真查明事实，准确适用法律，依法支持了其中115件案件的二审裁判结果，对于2件进行了纠正。

第二，指令再审案件占一定比例。261件申请再审案件中，指令下级法院再审28件，在不考虑系列案件为基数的前提下，指令再审率较2016年有显著提升。从案件所涉争议看，大多为原审法院在权利要求解释、等同特征认定、证据规则适用、审查范围确定等方面出现问题导致事实查明不清、行为定性有误。对于该类案件，最高人民法院在指出原审错误的同时，明确了再审裁判标准、审查重点或者应注意的问题，既避免当事人受到审级损失，也为原审法院再审指明了方向。

第三，技术特征划分和权利要求解释问题仍存在较多争议。在116件侵害发明和实用新型专利权纠纷案件中，有23件案件中当事人对技术特征划分和权利要求解释发生了分歧。对于技术特征划分，最高人民法院强调技术特征的划分应该结合发明的整体技术方案，考虑能够相对独立地实现一定技术功能并产生相对独立的技术效果的较小技术单元。

第四，强化再审程序终局裁判的作用。申请再审案件是最高人民法院受理案件的主要类型，2017年审结的专利民事案件中，申请再审案件占比达95.6%。最高人民法院通过强化裁判文书说理，客观评述原审法院判定结论，在保障当事人实体权利的基础上，对原审法院部分认定存在瑕疵但结论正确的3起案件，依法驳回了申请人的再审请求，避免审判程序重复循环导致司法资源的浪费。

（二）专利行政案件审判

2017年，最高人民法院知识产权审判庭审结专利行政案件73件，其中专利授权确权行政案件56件，专利侵权行政查处案件11件，其他行政案件6件。从案件处理结果看，裁定驳回再审59件，提审后改判6件，裁定提审2件，裁定指令再审6件。在56件专利授权确权行政案件中，涉及发明专利43件，实用新型专利11件，外观设计专利2件；涉及专利驳回复审行政纠纷28件，专利权无效行政纠纷28件。上述案件反映出如下特点和问题：

第一，专利行政执法存在问题较多，司法对行政执法行为的监督功能不断强化。在11件专利侵权行政查处案件中，多达10件案件的被诉行政决定被法院最终撤销，撤销原因包括程序违法、认定事实主要证据不足和适用法律错误等。最高人民法院在（2017）最高法行再84号再审案件中，明确了专利行政执法程序违法的认定和处理标准，有力规范和促进了行政机关依法行政，彰显了知识产权司法保护的主导作用。

第二，在专利授权确权行政案件中，涉及新颖性、创造性的案件占有较大比例。在56件专利授权确权行政案件中，有37件涉及创造性问题，占比66%；6件涉及新颖性问题，占比10.7%。在涉及创造性问题的案件中，有6件案件裁判结果与无效决定或一、二审判决结果不一致，主要原因在于对权利要求解释、区别特征和技术问题的确定、技术启示的判断等存在不同认识，这也反映出有关创造性的判断标准还有待于进一步统一。在涉及新颖性问题的案件中，主要涉及对比文件公开内容的确定和推导等问题。

第三，在专利授权确权行政案件中，发明专利占比较高，且涉及电子、化学、医药等技术性较强的案件有所增长。56件专利授权确权行政案件中，涉及发明专利43件，占比76.8%。在这些案件中，电子、化学、医药等技术性较强领域均有涉及，法律问题也较为典型，主要包括：在认定权利要求是否以说明书为依据时，如何理解专利所要解决的技术问题、物理化学参数表征的化学产品的新颖性的审查、马库什权利要求的性质、修改方式和创造性判断等。

第四，涉及外观设计专利的案件较少。仅有2件案件涉及外观设计，实体法律问题主要为外观设计与对比设计相同近似的判断。

第五，涉及程序问题的案件比例有所提高。涉及程序问题的案件共18件，主要涉及专利行政诉讼中起诉期限的起算、未单独提交中文译文的外文证据的处理、以权利冲突为由提出专利无效宣告请求的请求人主体资格、当事人恒定原则在专利无效宣告程序和行政诉讼程序中的适用、当事人在行政诉讼中新提交公知常识性证据的采纳、行政诉讼审理范围和专利行政执法程序违法的认定等。这些程序问题的处理结果直接影响到当事人的实体权益，有必要明确规则，统一裁判标准。

二、商标案件审判

（一）商标民事案件审判

2017 年，最高人民法院知识产权庭审结的商标民事案件共 87 件，相比 2017 年 75 件增长了 16%。其中，最高人民法院裁定提审 6 件，改判 7 件，维持 1 件，指令再审 7 件，抗诉案件 1 件，终结审查 1 件，驳回再审申请 61 件，管辖异议上诉 3 件。案件类型涉及侵害商标权纠纷 82 件，商标合同纠纷 3 件（商标权转让合同纠纷 2 件、商标许可使用合同纠纷 1 件），商标权权属纠纷 2 件。上述案件反映出如下特点和问题：

第一，侵害商标权案件审理难度呈现出两极化，既有案件事实比较简单、适用法律比较清晰的销售侵害商标权商品的案件，又有案件事实繁杂、涉及多种法律关系的侵害商标权案件。在 87 件商标民事案件中，侵害商标权与反不正当竞争纠纷竞合的案件达 26 件；公司和个人侵权行为相互交织，在（2017）最高法民申 1406 号案件中，法院判定公司法定代表人与公司就侵权行为承担连带责任；当事人之前具有复杂的历史纠葛，相关商标权状况判断难度大，例如在（2015）民提字第 46 号案中，法院从历史传承、现实情况、法律适用和社会效果四个方面综合判断当事人是否存在历史承继关系、是否享有在先权利。

第二，正当使用、合法来源、先用权已成为侵害商标权案件中的常见抗辩理由。通过这些案件的审理，确立了相关裁判标准。在（2017）最高法民申 288 号案中，法院认定有证据证明在先使用与他人注册商标近似的宣传用语并有一定影响的构成在先权利，注册商标权人无权禁止该宣传用语在原有范围内继续使用。在（2017）最高法民申 4920 号案件中，法院认定当注册商标中含有具有描述性质的文字，而他人使用的目的在于指示或描述客观事实时，权利人无权禁止该种使用行为。

第三，涉互联网商标民事案件地域管辖问题得以明确。在（2017）最高法民辖 29 号案件中，明确指出"鉴于《最高人民法院关于审理商标民事纠纷案件适用法律若干问题的解释》对因侵犯注册商标专用权行为提起民事诉讼的侵权行为地作出了明确规定，本案不宜适用《最高人民法院关于适用〈中华人民共和国民事诉讼法〉的解释》第二十五条的规定以侵权结果发生地确定本案管辖。”

第四，商标刑民案件的关系及相关法律适用问题进一步澄清。在（2017）最高法民申3846号案件中，法院还就民事侵权诉讼中如何援引在先生效的刑事判决已认定的事实进行了论述。法院认定在没有提供相反证据的情况下，对被诉侵权人在刑事诉讼中的供述内容可以在民事诉讼中采信，其非法盈利的供述可以作为确定损害赔偿数额的重要因素。被诉侵权人已经受到刑事制裁的，民事侵权之诉中仍然应当承担损害赔偿责任。

第五，商标民事案件中的诉讼程序问题日益突出。在87件商标民事案件中，主要争议焦点涉及程序问题的有10件，包括重复诉讼、超出审理范围、诉讼主体资格、涉网络销售行为的管辖权、中止审理、证据质证等程序性问题。

（二）商标行政案件审判

2017年，最高人民法院知识产权庭共审结商标行政案件330件，按案件类型划分：商标驳回复审案件96件，商标异议复审案件106件，商标争议案件37件，商标无效案件46件，商标撤销复审案件43件，其他案件2件；按裁判结果划分：裁定驳回再审申请200件，裁定提审68件，裁定指令再审6件，裁定撤诉（包括和解撤诉）18件，裁定中止诉讼2件，提审后改判30件，其他案件6件。上述案件主要反映出如下问题与特点：

第一，商标近似、商品类似判断问题仍然是商标行政案件争议的主要焦点。在裁定驳回再审申请的200件案件中，有72件涉及商标是否近似、商品是否类似的问题。在30件提审判决中，有19件涉及商标近似、商品类似的问题。最高人民法院认为，认定商标是否近似需要综合考虑商标标志构成要素及其整体的近似程度，也要考虑相关商标的在先使用状况、显著性和知名度、所使用商品的关联程度等因素，以相关公众是否容易导致混淆作为判断标准。

第二，已注册驰名商标的保护范围应当与其驰名程度相适应。最高人民法院在（2017）最高法行再46号案中明确，人民法院应当综合考虑引证商标的显著性和知名程度、商标标志是否足够近似、指定使用的商品情况、相关公众的重合程度及注意程度、与引证商标近似的标志被其他市场主体合法使用的情况或者其他相关因素，以认定诉争商标的使用是否足以使相关公众认为其与驰名商标具有相当程度的联系，从而误导公众，致使驰名商标注册人的利益可能受到损害。

第三，关于在先权利保护的商标行政案件中，涉及著作权及商号权益保护的案件数量占比较大。对于以著作权主张在先权利保护的案件，最高人民法院明确，人民法院应当依照著作权法等相关规定，对所主张的客体是否构成作品、当事人是否为著作权人或者其他有权主张著作权的利害关系人以及诉争商标是否构成对著作权的侵害等进行审查。

第四，由于引证商标被撤销、无效或者转让至申请商标权利人，申请商标注册的在先权利障碍不复存在，人民法院根据新的事实撤销商标评审委员会相关裁决的案件增多。在提审改判的30件案件中，有14件涉及该问题。在上述案件中，最高人民法院明确，人民法院审理商标授权确权行政案件的过程中，商标评审委员会对诉争商标予以驳回、不予核准注册或者予以无效宣告的事由不复存在的，从提高商标授权确权行政案件审理效率，避免当事人遭受不必要的损失的角度考虑，人民法院可以依据新的事实撤销商标评审委员会相关裁决，并判令其根据变更后的事实重新作出裁决。

第五，对商标法第十条第一款第八项“不良影响”条款的适用标准，在审判实践中仍待进一步统一和明晰。在涉及“不良影响”条款适用的案件审理过程中，最高人民法院明确“不良影响”条款适用的条件，应当是对申请商标是否可能损及公共利益或善良风俗的道德评价，是否导致消费者的误认误购并不构成不良影响。

第六，对于连续三年停止使用撤销案件中的商标使用行为的界定仍是争议较大的问题。最高人民法院明确，商标权人自行使用、他人经许可使用以及其他不违背商标权人意志的使用，均可认定属于商标实际使用行为。实际使用的商标标志与核准使用的商标标志有细微差别，但未改变其显著特征的，可以视为注册商标的使用。

三、著作权案件审判

2017年，最高人民法院知识产权庭共审结著作权纠纷案件30件。其中，提审后改判2件，裁定指令下级法院再审7件，裁定驳回再审申请21件。上述案件反映出如下特点和问题：

第一，著作权基本法律问题仍然是案件争议的焦点。在30件案件中，独创性判断问题仍占较大比重。对于模型作品的认定，最高人民法院明确，从原物等比例缩小而来的模型，在不具有独创性的情况下，不构成受我国著作权法保护的模型作品。此外，最高人民法院在部分案件中指出，在涉及经典人物形象创作的动漫作品独创性认定上，应重点考察动漫作品与经典人物形象之间的差异，注意区分它们之间的独创性表达元素，不能因为动漫作品系由经典形象改编，就轻易将动漫作品纳入公有领域。对于经典角色的名称能否受著作权保护，最高人民法院指出要考察该名称是否体现作者一定程度的选择、安排、设计或组合。

第二，著作权与其他知识产权冲突问题值得注意。著作权与商标权、著作权与专利权等权利交织的情形愈发增多，如何解决这些权利冲突的问题值得进一步研究。

第三，著作权损害赔偿额的计算规则得以进一步明确。最高人民法院在部分案件中明确，擅自将他人作品用作商标构成侵权的，应以著作权许可使用费作为计算依据；当事人在著作权合同中约定的违约金可以作为计算损害赔偿的依据。

第四，著作权合同纠纷中违约金高低的判断规则得到明确。在最高人民法院 2017 年审理的著作权案件中，有合同纠纷案件 4 件。最高人民法院在部分案件中指出，对于著作权合同中约定的违约金是否过高或过低，应该严格按照合同法解释处理，不可将著作权法定赔偿额的额度等同于对违约金数额高低的判断。

四、不正当竞争案件审判

2017 年，最高人民法院知识产权庭共审结反不正当竞争案件 48 件，比 2016 年（30 件）大幅增长了 60%。其中，最高人民法院驳回再审申请 33 件，驳回上诉、维持原裁定 5 件，驳回上诉、维持原判 2 件，改判 3 件，指定管辖 2 件，撤销原裁定、重新确定管辖 1 件，指令再审 2 件。案件类型涉及侵害商业秘密纠纷 9 件，擅自使用知名商品特有的名称、包装、装潢纠纷 8 件，擅自使用企业名称纠纷 7 件，将他人注册商标作为字号使用的不正当竞争纠纷 6 件，虚假宣传纠纷 1 件，互联网不正当竞争纠纷 1 件。上述案件主要反映出如下特点和问题：

第一，不正当竞争纠纷案由呈现多元化。主要涉及侵害商业秘密（18.7%），擅自使用他人知名商品特有的名称、包装、装潢（16.7%），擅自使用他人企业名称（14.6%），将他人注册商标作为字号使用（12.5%）四类法律问题。大部分不正当竞争纠纷案件还涉及其他知识产权纠纷类型，如同时涉及侵害商标权纠纷的案件 26 件，同时涉及侵害著作权纠纷的案件 1 件。

第二，反不正当竞争法适用中疑难问题更加复杂。部分案件既涉及相关法学基础理论的界定，又涉及历史渊源、市场现状的查明，给权益归属的认定以及被诉侵权行为定性带来了极大困难。此外，民事责任承担方式及赔偿数额的认定仍然是当事人攻防焦点和法院审理难点。

第三，反不正当竞争案件对市场竞争秩序的引领作用更加突出。最高人民法院依法审结的广东加多宝公司与大健康公司以及广药集团与广东加多宝公司擅自使用知名商品特有包装装潢纠纷两案，社会影响较大，明确了相关法律适用标准，合理平衡各方当事人的利益，对于维护诚实信用原则的核心价值，营造公平有序的市场竞争秩序起到了积极的引导作用。

第四，侵害商业秘密案件问题较为突出。总体上看，商业秘密内容的确定、保密措施的认定仍是案件审理中的焦点和难点。最高人民法院在多起案件中指出，权利人应当明确其主张商业秘密保护的范围。但同时指出，由于请求作为商业秘密保护的技术信息或者经营信息的类型、所涉领域等不同，不能对商业秘密具体内容的描述提出过于严苛的要求。此外，侵害商业秘密纠纷刑民交叉案件的相关法律适用问题较为突出。

五、垄断案件审判

2017 年，最高人民法院知识产权庭共审结垄断案件 2 件，案件类型均为滥用市场支配地位纠纷，审结方式均为驳回再审申请。该两案反映出如下特点和问题：

第一，垄断案件总体数量少，当事人的诉讼能力较弱，对于反垄断法缺乏了解。

第二，相关市场如何认定，经营者是否具有市场支配地位，既是当事人诉辩对抗的焦点，也是法院审理的难点。

六、植物新品种案件审判

2017 年，最高人民法院知识产权庭共审结植物新品种案件 11 件。其中，最高人民法院裁定指令再审 6 件（串案），驳回再审申请 5 件。案件类型涉及侵害植物新品种权纠纷 7 件，植物新品种实施许可合同纠纷 3 件，植物新品种申请权属纠纷 1 件。上述案件反映出如下特点和问题：

第一，植物新品种案件总体数量不多，但增幅较大，2016 年无该类型案件，2017 年增长为 11 件。

第二，关联案件占比较大，针对同一植物新品种，若干市场主体分别构成销售侵权，反映出人们对尊重植物新品种权的法律意识不强。

第三，案件的争议焦点主要涉及销售侵权行为的认定以及侵权比对。

七、技术合同案件审判

2017 年，最高人民法院知识产权庭共审结各类技术合同纠纷案件 25 件。其中，再审改判 1 件、指令再审 6 件、驳回再审申请 17 件、准许撤回再审申请 1 件。在案件类型方面，涉及计算机软件开发合同纠纷 4 件，技术服务合同纠纷 4 件，技术合作开发合同纠纷 4 件，技术委托开发合同纠纷 2 件，技术转让合同纠纷 3 件，其他技术合同纠纷 8 件。上述案件反映出如下特点和问题：

第一，在案件类型上，技术委托开发合同纠纷和技术合作开发合同纠纷较为集中，技术服务合同纠纷和技术转让合同纠纷、技术咨询合同纠纷次之。技术进口纠纷、技术出口纠纷、技术培训纠纷等案件类型未出现。

第二，在涉及法律问题上，合同解除问题最为突出，主要表现为法定解除权的行使是否符合法律规定。最高人民法院在一起案件中指出，在涉及技术工业化的合同中，区分技术工业化和产品商业化的概念，避免在没有明确约定的情况下，将产品商业化认定为技术合同的目的。在另一起案件中，法院以受委托方完成打压采样工作但未提供评价结果为由，认为主要合同义务未完成，而支持委托方的诉讼请求，判决合同解除。

第三，由于技术成果的无形性和技术合同的高风险性，对违约行为的审查判断仍然为案件审理的焦点，尤其是较多案件涉及特定行业的行业规范和专业术语等，需要根据双方的诉辩情况重点审查合同履行的相关证据。

八、特许经营合同案件审判

2017 年，最高人民法院知识产权审判庭共审结特许经营合同纠纷案件 17 件，均为申请再审案件。其中，裁定指令再审 1 件、裁定驳回再审申请 16 件。上述案件反映出如下特点和问题：

第一，对涉案合同的法律属性是否为特许经营合同的审查判断仍为案件审理的焦点。最高人民法院在部分案件中指出，这取决于合同对双方权利义务的约定，而与双方对合同的命名没有直接关联。

第二，如何认定合同的效力、判断是否构成违约以及责任承担等问题在案件当中涉及较多。最高人民法院在部分案件中指出，即使合同违反了地方性法规、行政规章的有关规定，该合同或者合同条款亦不当然因之无效。对于被特许人在履约过程中实施的行为已在实质上阻碍合同目的实现，构成违约的，特许人依法有权单方解除涉案合同。合同解除后，当事人可根据合同履行情况和合同性质，要求恢复原状、采取补救措施，并有权要求违约方赔偿损失等。

一、专利案件审判

（一）专利民事案件审判

1. 当事人在与涉案专利享有共同优先权的其他专利的授权确权程序中所作意见陈述的参考作用

【裁判要旨】

在确定权利要求用语含义时，同一专利申请人或专利权人在与涉案专利享有共同优先权的其他专利的授权确权程序中，对该相同用语已经作出了明确陈述的，可以参考上述陈述。

【关键词】

发明专利　侵权　权利要求用语　共同优先权　意见陈述

【案号】

最高人民法院（2017）最高法民申 1461 号

【基本案情】

在再审申请人戴森技术有限公司（以下简称戴森公司）与被申请人苏州索发电机有限公司（以下简称索发公司）侵害发明专利权纠纷案[①]中，戴森公司于 2006 年 7 月 18 日在英国提出 GB0614235.0 号名称为“手持式真空吸尘器”的专利申请。2007 年 7 月 6 日，戴森公司向国家知识产权局提出发明名称为“清洁设备”的 PCT 国际申请（即涉案专利），申请号 200780027417.5，于 2011 年 8 月 24 日获授权公告。戴森公司以索发公司生产、销售、许诺销售型号为 DV－888A 等的吸尘器产品，侵害其涉案专利权为由，提起诉讼。江苏省苏州市中级人民法院一审认为，被诉侵权产品中所述电源线并非电源，因此，不具备涉案专利“电源”这一技术特征，判决驳回戴森公司的诉讼请求。戴森公司不服，提起上诉。江苏省高级人民法院二审判决驳回上诉、维持原判。戴森公司不服，向最高人民法院申请再审称，一、二审判决将“电源线”排除出涉案专利权利要求记载的“电源”范畴，既不符合本领域技术人员对“电源”的一般理解，又违背了基本的生活常识。最高人民法院查明，索发公司一审提交了专利号为 200780027217.X 的中国专利文献（以下简称相关专利），其与涉案专利均是以英国 GB0614235.0 专利为基础享有优先权，戴森公司在相关专利审查程序的意见陈述中明确认为“电源线并非电源”。最高人民法院于 2017 年 11 月 13 日裁定驳回戴森公司的再审申请。

【裁判意见】

最高人民法院审查认为：《最高人民法院关于审理侵犯专利权纠纷案件应用法律若干问题（二）》第六条规定：人民法院可以运用与涉案专利存在分案申请关系的其他专利及其专利审查档案、生效的专利授权确权裁判文书解释涉案专利的权利要求。由于本案中，相关专利与涉案专利并非是分案关系，因此本案不能直接适用上述规定。所述分案申请是指，专利申请人将其在申请日提交的母案申请文件中已经批露、但因单一性等原因不能在母案中获得保护的发明创造另行提出的专利申请，同时保留原申请日。分案申请不

---

① 本案裁定书参见第 87 页。

得超出母案申请文件公开的范围，即不得在分案申请中补充母案申请文件未曾记载的新内容，以避免专利申请人将申请日后完成的发明创造通过分案申请抢占在先的申请日。因此，分案申请要受到母案申请文件的约束，母案申请构成分案申请特殊的专利审查档案。本案中，相关专利和涉案专利为享有同一外国优先权的两件中国专利，而所谓外国优先权是指申请人在一个成员国首次提出申请后，在一定期限内就同一主题在其他成员国提出的申请，其在后申请同样享有首次申请的申请日，但在后申请不能超出优先权文本记载的范围。因此，相关专利和涉案专利要求保护的主题都必须记载在共同优先权申请中。在此意义上，在后申请与优先权申请之间的关系与分案申请与母案申请之间的关系基本一致。因此，在相关专利发明实质审查阶段，戴森公司在答复意见中就“电源”一词的含义作出的具体陈述，可以用于解释涉案专利的权利要求，即电源线并非“电源”，且上述对“电源”一词含义的确定亦符合涉案专利的发明目的。

2. 专利侵权案件中适用禁止反悔原则的限制条件

【裁判要旨】

人民法院在专利侵权案件中适用禁止反悔原则时，判断权利人作出的意见陈述是否符合《最高人民法院关于审理侵犯专利权纠纷案件应用法律若干问题的解释（二）》第十三条规定的“明确否定”，应当对专利授权和确权阶段技术特征的审查进行客观全面的判断，着重考察权利人对技术方案作出的限缩性陈述是否最终被裁判者认可，是否由此导致专利申请得以授权或者专利权得以维持。

【关键词】

发明专利　侵权　禁止反悔　明确否定

【案号】

最高人民法院（2017）最高法民申 1826 号

【基本案情】

在再审申请人曹桂兰、胡美玲、蒋莉、蒋浩天与被申请人重庆力帆汽车销售有限公司（以下简称力帆销售公司）等侵害发明专利权纠纷案[①]中，蒋小平拥有第 200710019425.7 号“鲨鱼鳍式天线”发明专利（即涉案专利），其以力帆销售公司等六被告未经许可擅自实施其专利为由提起诉讼。江苏省南京市中级人民法院一审认定被诉侵权产品落入涉案专利权的保护范围，判

① 本案裁定书参见第 92 页。

决停止侵权并赔偿损失。力帆销售公司等不服，向江苏省高级人民法院提起上诉。在二审审理中，蒋小平因病死亡，其法定继承人曹桂兰、胡美玲、蒋莉、蒋浩天参加诉讼。二审法院查明，在涉案专利的无效审查程序中，蒋少平提交给国家知识产权局专利复审委员会（以下简称专利复审委员会）的意见陈述书认可涉案专利权利要求与证据1 CN1841843A存在区别特征a、区别特征b和区别特征c。专利复审委员会在第25637号无效审查决定书中并没有对区别特征a和b是否使得涉案专利具有创造性进行具体评价，而仅就区别特征c使得涉案专利具备创造性作出了认定，并在此基础上维持专利权有效。二审法院认为《最高人民法院关于审理侵犯专利权纠纷案件应用法律若干问题的解释（二）》第十三条规定的"明确否定"应当是指以明示的方式作出否定性意思表示，而不能是推定具有否定性意思表示。本案中，蒋小平就区别特征a、b所作限缩性意见陈述，涉及到与专利创造性的实质性判断相关的内容，而专利复审委员会并没有对区别特征a、b是否使得涉案专利具有创造性作出明确评价，不符合"明确否定"的要求。本案应适用禁止反悔原则，对于专利权人在无效程序中已经放弃的技术方案，在侵权诉讼中不能再以等同特征纳入专利权的保护范围，因此，被诉侵权产品未落入涉案专利权的保护范围。遂判决撤销一审判决，驳回曹桂兰、胡美玲、蒋莉、蒋浩天的诉讼请求。曹桂兰、胡美玲、蒋莉、蒋浩天不服，向最高人民法院申请再审。最高人民法院查明，在涉案专利授权程序中，专利审查部门对蒋小平关于区别特征a、b的陈述意见不予认可。最高人民法院于2017年12月22日裁定指令江苏省高级人民法院再审本案。

【裁判意见】

最高人民法院审查认为：根据本案的相关事实，在授权程序中，国家知识产权局专利审查部门对蒋小平关于区别特征a、b的陈述意见不予认可，持明确否定意见，而且，涉案专利获得授权并非基于对区别特征a、b作出的限缩性陈述。在后续的无效审查程序，专利复审委员会并未推翻实质审查阶段所持的否定意见，不能得出专利复审委员会认为通过连接元件来进行阻抗匹配不是本领域的惯用技术手段，不属于本领域的公知常识的结论，也不能得出"注塑嵌装"及"固定卡装"不是本领域常用的锁固方式，不属于本领域的公知常识的结论。在评价涉案专利具有创造性时，尽管无效决定将特征a、b作为区别特征予以了罗列，但特征a、b的存在并未影响专利复审委员会以现有技术存在相反的技术教导，本领域技术人员不存在结合特征c"所述无线电接收天线为AM/FM共用天线"的动机，而使得涉案专利具有创造性的审查评判。由于专利权人作出的限缩性陈述在实质审查中已被明确否定，而无效审查程序并未推翻该认定得出相反的结论，在这种情况下，应当认定存在专利权人的限缩性陈述已被明确否定的事实。这与所作的限缩性陈述并未带来专利权的获得和专利权的维持的事实相符，与“禁止反悔”原则防止权利人“两头得利”的目的不相悖。因此，蒋小平关于区别特征 a、b 的意见陈述，不发生技术方案被放弃的法律效果。根据《最高人民法院关于审理侵犯专利权纠纷案件应用法律若干问题的解释（二）》第十三条的规定，本案侵权判定不应适用禁止反悔原则。

3. 专利侵权判断中权利要求技术特征的划分标准

【裁判要旨】

恰当划分专利权利要求的技术特征是进行侵权比对的基础。技术特征的划分应该结合发明的整体技术方案，考虑能够相对独立地实现一定技术功能并产生相对独立的技术效果的较小技术单元。

【关键词】

实用新型专利　侵权　权利要求　技术特征

【案号】

最高人民法院（2017）最高法民申 3802 号

【基本案情】

在再审申请人刘宗贵与被申请人台州市丰利莱塑胶有限公司（以下简称丰利莱公司）侵害实用新型专利权纠纷案[①]中，刘宗贵系专利号为 ZL200510060680.7，名称为“可调节的婴幼儿座椅”的发明专利（即涉案专利）权利人。该专利权利要求 1 为：一种可调节的婴幼儿座椅，包括两根前腿和两根后腿，前腿与其所对应的后腿相绞接，且绞接处位于前腿和后腿的顶端，在每根前腿上均套有一个椅体座，椅体座可沿前腿上下滑动，在两个椅体座之间固连有横杆，椅体设置在横杆上，其特征在于，所述横杆的两端分别固连有调节座，所述调节座上设有若干卡槽；在椅体的靠背处设有一个能移动的调节拉杆，其上分别设有与上述调节座上的卡槽相卡配的销体；所述的调节拉杆呈 U 型，其两端分别套设有弹簧，在弹簧的外围套有孔径小于弹簧直径的套体。被诉侵权产品的争议技术特征为调节拉杆两端分别挂设有弹簧，弹簧挂设在销体上。浙江省台州市中级人民法院一审认为，与涉案专利技术特征相比，被诉侵权产品的上述特征减少了套体这一部件，且其采用的是弹簧的压缩原理，涉案专利相应技术特征使用的是弹簧的拉伸原理。弹

① 本案裁定书参见第 99 页。

簧的拉伸技术和压缩技术均是涉案专利申请日前公知的技术方案，涉案专利权利要求使用了弹簧的压缩技术，即为将弹簧的拉伸技术排除在涉案专利权的保护范围之外，故被诉侵权产品未落入涉案专利权利要求 1 的保护范围。遂判决驳回刘宗贵的诉讼请求。刘宗贵不服，提出上诉。浙江省高级人民法院二审认为，“套体”是实现涉案专利调节座椅所不可缺少的技术特征，被诉侵权产品缺少“套体”这一技术特征，不落入涉案专利权的保护范围。遂判决驳回上诉，维持原判。刘宗贵不服，向最高人民法院申请再审。最高人民法院于 2017 年 12 月 20 日作出裁定，指令浙江省高级人民法院再审本案。

【裁判意见】

最高人民法院审查认为：本案的关键在于恰当划分技术特征以便正确地进行技术特征比对。技术特征的划分应该结合发明的整体技术方案，考虑能够相对独立地实现一定技术功能并产生相对独立的技术效果的较小技术单元。如果划分技术特征时未恰当考虑该技术特征是否能够相对独立地实现一定技术功能并产生相对独立的技术效果，导致技术特征划分过细，则在侵权比对时容易因被诉侵权技术方案缺乏该技术特征而错误认定侵权不成立，不适当地限缩专利保护范围；如果未恰当考虑该技术特征是否系相对独立地实现一定技术功能和技术效果的较小技术单元，导致技术特征划分过宽，则在侵权比对时容易忽略某个必要技术特征而错误认定侵权成立，不适当地扩大专利保护范围。因此，恰当划分技术特征是进行侵权比对的基础。本案中，涉案专利权利要求 1 关于“其（调节拉杆）两端分别套设有弹簧，在弹簧的外围套有孔径小于弹簧直径的套体”的记载所实现的功能是：当需要调节椅体高度时，对调节拉杆产生回复力，使得销体和卡槽扣紧。可见，“套体”虽然是一个部件，但其功能和效果必须依赖于弹簧的配合才能实现，两者相互配合才能在整体技术方案中发挥作用。因此，在涉案专利权利要求 1 中，套体本身无法实现相对独立的功能，不宜作为一个独立的技术特征对待。在将涉案专利权利要求的技术特征与被诉侵权产品的相应技术特征进行比对时，应当将“其两端分别套设有弹簧，在弹簧的外围套设有孔径小于弹簧直径的套体”作为一个独立的技术特征进行比对，而不是将“套体”作为一个独立的技术特征进行比对。对比涉案专利权利要求 1 的上述技术特征与被诉侵权产品的相应特征，被诉侵权产品是通过在调节拉杆两端设置销轴并挂设弹簧的方式实现相应的功能，而涉案专利则是通过在调节拉杆两端设置套体并套装弹簧的方式实现相应功能。两者虽然不属于相同的技术特征，但是无论是利用弹簧的拉伸原理调节座椅，还是采用弹簧的压缩原理调节座椅，均是利用了弹簧具有回复力的基本性质，手段基本相同，实现利用其回复力使得销体和卡槽扣紧的功能，并且两者所能达到的效果基本相同。而且，采用弹簧拉伸还是压缩的方式对于本领域普通技术人员来说是容易联想到的。因此，两者属于等同技术特征。二审法院将涉案专利权利要求记载的“套体”作为单独的技术特征，在此基础上进行侵权比对，进而以被诉侵权产品缺少套体特征为由认定未落入涉案专利权保护范围，未考虑相关技术特征是否构成等同，技术特征划分和侵权比对均有失妥当，应予纠正。

4. 仅具有技术功能的零部件不构成外观设计侵权

【裁判要旨】

将侵犯外观设计专利权的产品作为零部件，制造另一产品并销售的，如零部件在另一产品中仅具有技术功能，该行为不构成侵权。

【关键词】

外观设计专利　侵权　零部件　技术功能

【案号】

最高人民法院（2017）最高法民申 2649 号

【基本案情】

在再审申请人欧介仁与被申请人泰州市金申家居用品有限公司（以下简称金申公司）侵害外观设计专利权纠纷案①中，欧介仁主张金申公司制造、销售的移门产品侵害了其享有的名称为“铝型材（8）”、专利号为 ZL201230029521.1 的外观设计专利（即涉案专利），请求法院判令金申公司停止侵权并赔偿损失 20 万元。江苏省南京市中级人民法院一审认为，涉案移门产品在正常使用状态下无法与授权外观设计进行比对，消费者在购买涉案移门产品时也不可能对其进行破坏性拆解来观察被诉侵权设计铝型条的各个视图，从而影响其对涉案移门产品的购买需求，因此，金申公司销售、许诺销售涉案移门产品的行为未侵害涉案专利权，判决驳回欧介仁的诉讼请求。欧介仁不服，提起上诉。江苏省高级人民法院二审判决驳回上诉，维持原判。欧介仁不服，向最高人民法院申请再审。主要理由为：铝型材产品既具有连接型材及镶嵌固定玻璃的技术功能，又具有装饰功能，其横截面的设计特征兼具功能性与装饰性；在制造门、窗的过程中，由于连接型材、镶嵌固定玻璃，从而造成最能体现铝型材设计特征的横截面不能显示于外，但不能因此就认为这一制造过程仅利用了铝型材的技术功能，没有利用装饰功能。最高人民法院于 2017 年 9 月 27 日裁定驳回欧介仁的再审申请。

---

① 本案裁定书参见第 103 页。

【裁判意见】

最高人民法院审查认为：涉案专利名称为“铝型材”，授权公告图片由主视图、左视图、右视图、俯视图组成。涉案专利的简要说明中记载，最能表明设计要点的图片为主视图。主视图显示的是铝型材的端面造型，呈两个相对的“个”字并通过一个反“C”字（开口朝左）相连。本案中，被诉侵权产品为金申公司在南京河西国际博览中心进行销售的玻璃移门。作为该玻璃移门的部件，铝型材与移门上的玻璃镶嵌为一体，在正常使用状态下无法观察到铝型材的端面，在该产品中仅具有技术功能。根据《最高人民法院关于审理侵犯专利权纠纷案件应用法律若干问题的解释》第十二条第二款关于“将侵犯外观设计专利权的产品作为零部件，制造另一产品并销售的，人民法院应当认定属于专利法第十一条规定的销售行为，但侵犯外观设计专利权的产品在该另一产品中仅具有技术功能的除外”的规定，金申公司将铝型材作为零部件制造玻璃移门并进行销售的行为，不构成侵权。

5. 专利侵权案件中制造行为的认定

【裁判要旨】

被诉侵权人虽未直接制造被诉侵权产品，但根据其对他人制造行为的控制、最终成品上标注的被诉侵权人企业名称和专属产品型号等因素，可以推定被诉侵权人实施了制造行为。

【关键词】

实用新型专利　侵权　合法来源抗辩　制造

【案号】

最高人民法院（2017）最高法民再 122 号

【基本案情】

在再审申请人沈阳中铁安全设备有限责任公司（以下简称沈阳中铁公司）与被申请人哈尔滨铁路局减速顶调速系统研究中心（以下简称哈铁减速顶中心）、宁波中铁安全设备制造有限公司（以下简称宁波中铁公司）及一审被告哈尔滨铁路局侵害实用新型专利权纠纷案①中，沈阳中铁公司主张兰州铁路局兰州北编组站安装的短型减速顶侵害了其享有的“短型减速顶”实用新型专利权（专利号为 ZL02282495.2，即涉案专利），该侵权产品由哈铁减速顶中心与宁波中铁公司制造、销售，请求法院判令哈铁减速顶中心、哈尔滨铁路局、宁波中铁公司连带赔偿经济损失 608 万元。甘肃省兰州市中级

---

① 本案裁定书参见第 105 页。

人民法院一审认为，哈铁减速顶中心未经许可实施涉案专利，应承担侵权赔偿责任；关于其提出的合法来源抗辩，因哈铁减速顶中心作为铁路系统专门从事减速顶项目研究的科研单位，不可能不知道铁道用减速顶在国内的技术发展状况，涉案专利作为铁路减速顶领域内的优秀技术申请实用新型专利并获授权公告，应推定涉案专利已为业界公知，故哈铁减速顶中心不知所施工安装的减速顶产品为侵权产品的理由不能成立，其安装施工行为为侵权行为，应承担相应侵权赔偿责任。遂判决哈铁减速顶中心和宁波中铁公司连带赔偿沈阳中铁公司经济损失 4549200 元。哈铁减速顶中心不服，提起上诉。甘肃省高级人民法院二审认为，一审法院推定涉案专利已为业界公知，哈铁减速顶中心应当知道，属适用法律不当；哈铁减速顶中心提供了购货合同和发票，且宁波中铁公司亦认可其生产被诉侵权产品，哈铁减速顶中心的合法来源抗辩成立。遂改判由宁波中铁公司赔偿沈阳中铁公司 4549200 元。沈阳中铁公司不服，向最高人民法院申请再审。主要理由为：哈铁减速顶中心向宁波中铁公司提供产品规格、技术特征、工艺要求、数量等加工要求后，宁波中铁公司进行加工制作，且被诉侵权产品上标注了哈铁减速顶中心的“TDJ”标识，因此哈铁减速顶中心的行为属于制造行为，而非销售行为，其合法来源抗辩不能成立。最高人民法院裁定提审本案，并于 2017 年 9 月 18 日判决撤销二审判决，维持一审判决。

【裁判意见】

最高人民法院提审认为：本案中，哈铁减速顶中心先是与兰州铁路局签订减速顶设备买卖合同，约定哈铁减速顶中心作为卖方向兰州铁路局提供减速顶设备；其后，哈铁减速顶中心又与宁波中铁公司签订减速顶供货合同，约定由宁波中铁公司负责加工型号为“TDJ－205”的减速顶；然后，哈铁减速顶中心将宁波中铁公司加工完成的减速顶提供给兰州铁路局。综合本案事实，对哈铁减速顶中心相关行为的法律定性应当考察以下因素：第一，宁波中铁公司的加工生产行为完全受控于哈铁减速顶中心，哈铁减速顶中心在合同中为宁波中铁公司指定了减速顶的型号及各项技术指标，并约定哈铁减速顶中心有权对宁波中铁公司的加工生产行为进行检查、监督及提出整改要求；第二，宁波中铁公司在加工完成的减速顶产品上并不标注公司标识，而是交由哈铁减速顶中心标注其专属的“TDJ－205”型号及单位名称。哈铁减速顶中心虽没有在物理上实施制造行为，但基于其对宁波中铁公司制造行为的控制，以及最终成品标注哈铁减速顶中心专属的产品型号和单位名称这一事实，应当认定哈铁减速顶中心不仅是本案被诉侵权产品的销售者，同时也是制造者。因此，本案中哈铁减速顶中心的相关行为不符合专利法第七十条的规定，其合法来源抗辩不成立，应与宁波中铁公司向沈阳中铁公司承担连带赔偿责任。

6. 实用新型专利的非形状构造类技术特征在认定现有技术抗辩时原则上不予考虑

【裁判要旨】

实用新型专利的保护对象是由形状、构造及其结合所构成的技术方案，故权利要求中非形状构造类技术特征对于该权利要求的新颖性和创造性不产生贡献。因此，在实用新型专利侵权案件中，现有技术抗辩的认定原则上不考虑现有技术是否公开了权利要求记载的非形状构造类技术特征。

【关键词】

实用新型专利　侵权　现有技术抗辩　非形状构造类技术特征

【案号】

最高人民法院（2017）最高法民申 3712 号

【基本案情】

在再审申请人谭熙宁与被申请人镇江新区恒达硅胶有限公司（以下简称恒达公司）侵害实用新型专利权和外观设计专利权纠纷案①中，谭熙宁主张恒达公司制造、销售的产品侵害了其名为“一种矩形密封圈”的实用新型专利（ZL 201020117558.5，即涉案专利）与名为“橡胶密封圈（包覆聚四氟乙烯）”的外观设计专利（ZL 201330402267.X），请求法院判令恒达公司停止侵权并赔偿损失 50 万元以及维权合理费用 4 万元。江苏省镇江市中级人民法院一审认为，被诉侵权产品侵害了谭熙宁享有的实用新型专利权与外观设计专利权，判决恒达公司停止侵权并赔偿损失与合理开支共 30 万元。恒达公司不服，提起上诉。江苏省高级人民法院二审认为，恒达公司上诉提出的现有技术抗辩和现有设计抗辩成立，故恒达公司不构成侵权，判决撤销一审判决，驳回谭熙宁的全部诉讼请求。谭熙宁不服，向最高人民法院申请再审，主要理由为：恒达公司在二审诉讼中提交的证据“管法兰用非金属聚四氟乙烯包覆垫片 GB/T 13404－2008”（以下简称管法兰国家标准），是用冷加工方法将聚四氟乙烯嵌入橡胶圈，两种材质是分离的，不是热压结合在一起，而涉案专利是将聚四氟乙烯与橡胶通过热压的方法有机地结合在一起，故现有技术管法兰国家标准未公开涉案专利权利要求 1 的技术方案。最高人民法院于 2017 年 9 月 28 日裁定驳回谭熙宁的再审申请。

① 本案裁定书参见第 110 页。

【裁判意见】

最高人民法院审查认为：根据《中华人民共和国专利法》第二条第三款的规定，实用新型是对产品的形状、构造或者其结合所提出的适于实用的新的技术方案。据此可知，实用新型专利的保护对象是由形状、构造及其结合所构成的技术方案。实用新型专利权利要求中非形状构造类技术特征对于该实用新型专利权利要求的新颖性和创造性不能产生贡献。因此，审查针对该具有非形状构造类技术特征的实用新型专利权利要求所提出的现有技术抗辩时，原则上不考虑该现有技术是否公开了该非形状构造类技术特征。相反，如果考虑该非形状构造类技术特征，则会将已经全部公开了有关形状构造类技术特征的现有技术囊括在该具有非形状构造类技术特征的实用新型专利权利要求的保护范围之内，导致该实用新型专利权利要求的保护范围与其技术贡献不相适应。本案中，尽管涉案专利在其权利要求 1 中用“热压”限制聚四氟乙烯包裹层，但“热压”既不属于形状范畴，也不属于构造范畴，故不属于涉案专利的保护范围，因而管法兰国家标准未公开“热压”这一非形状构造类技术特征，不影响恒达公司根据该标准主张现有技术抗辩。

（二）专利行政案件审判

7. 专利行政执法中程序违法的认定和处理

【裁判要旨】

已经被明确变更的合议组成员又在被诉行政决定书上署名，实质上等于“审理者未裁决、裁决者未审理”，构成对法定程序的严重违反。原则上，作出被诉行政决定的合议组应由该行政机关具有专利行政执法资格的工作人员组成。即使异地调配执法人员，也应当履行正式、完备的公文手续。

【关键词】

实用新型专利专利行政执法　程序违法　执法资格

【案号】

最高人民法院（2017）最高法行再 84 号

【基本案情】

在再审申请人西峡龙成特种材料有限公司（以下简称西峡公司）与被申请人榆林市知识产权局（以下简称榆林局）、陕西煤业化工集团神木天元化工有限公司（以下简称天元公司）专利侵权纠纷行政处理案①中，西峡公司以天元公司制造、使用的设备侵犯其 ZL201020586802. 2 号“内煤外热式煤物

① 本案裁定书参见第 113 页。

质分解设备”实用新型专利权（即涉案专利）为由，请求榆林局行政处理。2015 年 9 月 1 日，榆林局作出榆知法处字［2015］9 号《专利侵权纠纷案件处理决定书》（以下简称被诉行政决定），认定被控侵权设备中的相应技术特征与涉案专利的“密封窑体”和“煤物质推进分解管道”不构成等同特征，前者未落入后者的保护范围，故天元公司不构成对涉案专利的侵权。被诉行政决定合议组成员包括宝鸡市知识产权局工作人员苟红东，但无正式公文决定调其参与涉案纠纷的行政处理，且榆林局的口头审理笔录没有记载将苟红东的正式身份及其参与合议组的理由告知西峡公司、天元公司。此外，榆林局对涉案专利侵权纠纷进行了两次口头审理，在第二次口头审理时告知当事人的合议组成员与被诉行政决定书上署名的合议组成员不同。西峡公司不服被诉行政决定，提起行政诉讼。陕西省西安市中级人民法院一审认为，行政执法人员在系统内调度，属于行政机关内部行为，不违反内部交流制度。鉴于榆林局现有工作人员欠缺，经请示陕西省知识产权局后，抽调宝鸡市知识产权局工作人员参与案件处理并无不当，被诉行政决定的作出并未违反法定程序。此外，被诉行政决定在侵权实体问题的认定上亦无不当，故判决驳回西峡公司诉讼请求。西峡公司不服，提起上诉。陕西省高级人民法院二审判决驳回上诉、维持原判。西峡公司不服，向最高人民法院申请再审。最高人民法院裁定提审本案，并于 2017 年 12 月 25 日判决撤销一、二审判决及被诉行政决定，责令榆林局重新作出行政决定。

【裁判意见】

最高人民法院提审认为：被诉行政决定的作出违反法定程序，应予撤销。首先，榆林局在处理平等民事主体关于涉案专利的侵权纠纷时，实际上处于居中裁决的地位，本应秉持严谨、规范、公开、平等的程序原则，但是，在合议组成员已经被明确变更的情况下，却又在被诉行政决定书上署名，实质上等于“审理者未裁决、裁决者未审理”，构成对法定程序的重大且明显违反。其次，作出被诉行政决定的榆林局合议组应由该局具有专利行政执法资格的工作人员组成。即便在特殊情况下需要跨区域调配执法人员，也应履行正式、完备的公文手续。否则，行政执法程序的规范性和严肃性无从保证，既不利于规范行政执法活动，也不利于强化行政执法责任。榆林局提交的陕西省知识产权局协调保护处的所谓答复（复印件），实为该处写给该局领导的内部请示，既无文号，更无公章，国家知识产权局专利管理司给陕西省知识产权局的《关于在个案中调度执法人员的复函》晚于被诉行政决定的作出时间，从内容上看与本案无直接关联，均不能作为苟红东参与被诉行政决定合议组的合法、有效依据。再次，榆林局虽主张在口头审理时将苟红东的具体身份以及参与合议组的理由告知过当事人，但其提交的证据并不能证明该项主张，当事人是否认可合议组成员身份并不能成为评判被诉行政行为程序是否合法的前提和要件。因此，榆林局和天元公司提出的“西峡公司对于合议组成员不持异议，故程序合法”的主张不能成立。

8. 行政诉讼起诉期限起算点的确定

【裁判要旨】

行政诉讼的起诉期限从知道或者应当知道具体行政行为内容之日、或者具体行政行为作出之日起计算，而非从知道或者应当知道具体行政行为违法之日起计算。

【关键词】

行政诉讼　起诉期限　起算点　行政行为违法

【案号】

最高人民法院（2017）最高法行申 2778 号

【基本案情】

在再审申请人北京泰隆自动化设备有限公司（以下简称北京泰隆公司）、王宇与被申请人河南省知识产权局其他行政纠纷案[①]中，2004 年 11 月 9 日，河南省知识产权局向国家知识产权局递交豫知［2004］74 号《河南省知识产权局关于河南郑州拓普轧制技术有限公司专利纠纷案件及有关新闻媒体报道事件的调查的报告》（以下简称调查报告）。2015 年，北京泰隆公司、王宇以该调查报告侵害其合法权益为由向河南省郑州市中级人民法院提起行政诉讼。一审法院认为，北京泰隆公司知道该调查报告在社会上扩散的时间为 2006 年 12 月，而其到 2015 年才对该行政行为提起本案诉讼，明显超过了法律规定的五年起诉期限，据此裁定驳回起诉。北京泰隆公司、王宇不服，提起上诉。河南省高级人民法院二审裁定维持一审裁定。北京泰隆公司、王宇不服，向最高人民法院申请再审称，被诉行政行为源于所谓郑州拓普轧制技术有限公司提起的涉案专利侵权诉讼，由于 2012 年 9 月 24 日专利被宣告无效，河南省高级人民法院于 2013 年 12 月对涉案专利侵权诉讼作出终审判决，驳回郑州拓普轧制技术有限公司的诉讼请求。上述情况属于其意志以外和难以掌控的原因，应当以河南省高级人民法院院终审判决时间即 2013 年 12 月作为计算本案起诉期限的起算时间。最高人民法院于 2017 年 6 月 27 日裁定驳回其再审申请。

---

① 本案裁定书参见第 126 页。

【裁判意见】

最高人民法院审查认为：1990 年实施的行政诉讼法第三十九条和《最高人民法院关于执行〈中华人民共和国行政诉讼法〉若干问题的解释》① 第四十二条规定的起诉期限起算时间为公民、法人或者其他组织知道或者应当知道具体行政行为内容之日与具体行政行为作出之日，而非知道或者应当知道具体行政行为违法之日；而且，对本案被诉行政行为是否合法的司法审查不是必须以涉案专利侵权诉讼的审理结果为依据，涉案专利侵权诉讼的审理并不影响北京泰隆公司、王宇就河南省知识产权局被诉行政行为提起行政诉讼的权利，因此对北京泰隆公司、王宇的相应申请再审理由不予支持。

9. 说明书是否清楚完整的认定

【裁判要旨】

判断专利说明书是否清楚、完整，应当以本领域技术人员是否理解技术方案并能够实现作为判断标准。如果本领域技术人员在阅读说明书公开的内容时，即能理解、发现并更正其错误，且该理解和更正并不会导致权利要求的技术方案发生变化，则应当允许对专利说明书中存在的错误予以更正理解。

【关键词】

发明　无效程序　说明书　清楚完整

【案号】

最高人民法院（2016）最高法行再 95 号

【基本案情】

在再审申请人斯托布利—法韦日公司（以下简称斯托布利公司）与被申请人常熟纺织机械厂有限公司（以下简称常熟纺织公司），一审被告、二审被上诉人国家知识产权局专利复审委员会（以下简称专利复审委员会）发明专利权无效行政纠纷案②中，斯托布利公司系第 97123475.2 号名称为“旋转多臂机构以及装备此类多臂机构的织机”的发明专利（即本专利）的权利人。2010 年 8 月 27 日，常熟纺织公司针对本专利权向专利复审委员会提出无效宣告请求。专利复审委员会于 2011 年 11 月 8 日作出第 17563 号无效宣告请求审查决定（以下简称第 17563 号决定），认为常熟纺织公司所提出的 5 点不清楚之处，本领域技术人员根据说明书上下文的记载和附图能够清楚理解。本专利说明书已对本发明的技术内容作出了清楚、完整的说明，本领域

---

① 编者注：已失效。

② 本案裁定书参见第 132 页。

技术人员基于说明书中描述的内容能够实现本发明，故本专利权利要求 1～5 所要求保护的技术方案已在说明书中得以充分公开。据此维持本专利有效。常熟纺织公司不服，提起行政诉讼。北京市第一中级人民法院一审认为，说明书对技术内容是否作出清楚、完整的说明，应从说明书全文和附图整体上把握。常熟纺织公司指出的 5 点不清楚之处并没有事实依据。据此判决维持第 17563 号决定。常熟纺织公司不服，提出上诉。北京市高级人民法院二审认为，本专利说明书撰写存在多处严重错误，所描述的技术方案不清楚，也不完整，所属技术领域的技术人员需要过度劳动或需要进行大量纠错行为才能再现专利技术方案。由于本专利说明书存在严重错误，导致权利要求所要求保护的技术方案未在说明书中得以充分公开。据此判决撤销一审判决和第 17563 号决定并责令专利复审委员会重新作出审查决定。斯托布利公司不服，向最高人民法院申请再审。最高人民法院裁定提审本案，并于 2017 年 6 月 28 日判决撤销二审判决，维持一审判决。

【裁判意见】

最高人民法院提审认为：本专利说明书确有部分语句不清楚或者标记错误，但这些不清楚之处更多是对本专利的背景技术、现有技术所进行的描述。由于本领域技术人员在阅读本专利说明书公开的内容时，即能理解说明书不清楚之处的相关技术含义，看出其存在的错误，且在再现本发明的技术方案时，可以在自行理解和纠正的基础上实现发明创造的技术方案。因此，不宜以错误多少或者是否严重作为判断标准，而应当以本领域技术人员是否理解技术方案并能够实现作为判断标准。说明书记载达到何种程度才算清楚、完整，与阅读者的水平有关。无论是判断专利说明书是否清楚、完整，还是判断说明书中是否存在错误，判断主体都是本领域技术人员，而非一般的公众。如果本领域技术人员在阅读说明书公开的内容时，即能理解、发现并更正其错误，尤其是该理解和更正并不会导致权利要求的技术方案发生变化，进而损害权利要求的公示性和稳定性的情况下，若不对说明书的不清楚之处及标记错误作出更正性理解，将会导致专利权人获得的利益与其对社会作出的贡献明显不相适应。从保护发明创造，鼓励发明创造的基本原则出发，一方面应当允许对授权后的专利说明书中存在的错误予以更正理解；另一方面，也要防止专利权人滥用这一规则。要准确界定错误，在合理保护专利权人利益和维护社会公众利益之间进行利益平衡，以契合专利法鼓励发明创造、促进科技进步与经济社会发展的立法本意。

10. 权利要求是否以说明书为依据的认定

【裁判要旨】

权利人有权在说明书充分公开的具体实施方式等内容的基础上，通过合理概括的方式撰写权利要求，以获得适度的保护范围。权利要求限定的保护范围应当与涉案专利的技术贡献和说明书充分公开的范围相适应。

【关键词】

发明专利　无效程序　权利要求　以说明书为依据

【案号】

最高人民法院（2016）最高法行再19号

【基本案情】

在再审申请人传感电子有限责任公司（以下简称传感电子公司）与被申请人国家知识产权局专利复审委员会（以下简称专利复审委员会）、一审第三人宁波讯强电子科技有限公司（以下简称讯强公司）发明专利权无效行政纠纷案（以下简称"电子货品监视用标识器"发明专利权无效行政纠纷案）① 中，涉及专利号为97197519.1、名称为"具有低矫顽磁力特性的偏磁元件的磁力式电子货品监视用标识器"的发明专利（即涉案专利），其包括47项权利要求，传感电子公司为专利权人。针对涉案专利，讯强公司以全部权利要求均未能以说明书为依据，不符合专利法第二十六条第四款的规定等为由，向专利复审委员会提出无效宣告请求。专利复审委员会作出第18161号无效宣告请求审查决定（以下简称被诉决定）。被诉决定认定：涉案专利权利要求1~4、6、7、9~12、14~18、20~26、29、30、34、35、37~42、44、46、47未能以说明书为依据，不符合专利法第二十六条第四款的规定，故宣告所述权利要求无效。讯强公司关于权利要求5、8、13、19、27、28、31~33、36、43、45未能以说明书为依据，不符合专利法第二十六条第四款规定的无效理由不能成立，故在所述权利要求的基础上维持专利权继续有效。讯强公司未就被诉决定提起行政诉讼。传感电子公司不服被诉决定，提起行政诉讼。北京市第一中级人民法院一审判决维持被诉决定。传感电子公司不服，提起上诉。北京市高级人民法院二审判决驳回上诉，维持原判。传感电子公司不服，向最高人民法院申请再审。最高人民法院裁定提审本案，并于2017年3月23日判决撤销一、二审判决；部分撤销被诉决定中有关权利要求5、8、13、19、27、28、32、36、43和45符合专利法第二十六条第四款规定，维持所述权利要求有效的认定，由专利复审委员会就所述权利要求是否符合

---

① 本案裁定书参见第146页。

专利法第二十六条第四款的规定重新作出审查决定。

【裁判意见】

最高人民法院提审认为：权利人有权在说明书充分公开的具体实施方式等内容的基础上，通过合理概括的方式撰写权利要求，以获得适度的保护范围而不仅仅限于具体实施方式本身，从而给发明创造提供必要、适度的激励。另一方面，权利要求限定的保护范围应当与涉案专利的技术贡献和说明书充分公开的范围相适应，以免过宽的保护范围阻碍科学技术的进步。“权利要求应当以说明书为依据”是维护权利人与社会公众的利益平衡，防止专利权侵蚀公有领域，为后续创新保留必要空间的重要制度保障。针对涉案专利的47 项权利要求，分别作出如下认定：1. 关于权利要求 1 ~4、6、7、9 ~12、14 ~18、20 ~26、29、30、37 ~42、44、46 ~47，其中均没有限定制作偏磁元件、磁致伸缩元件的具体材料，而是以材料或者标识器应当具有的某种或某几种特性及其参数范围来限定权利要求的保护范围。根据涉案专利说明书的记载，特定材料以及由其制作的标识器具有多种材料特性，仅仅在权利要求中限定某项或者某几项特定的特性及其参数范围，则限定的保护范围中不仅包括了涉案专利说明书中充分公开的实施例的技术方案，也包括了其他数目无法穷尽，由各种已知甚至未知的材料制作的偏磁元件以及标识器。而对于哪些具体材料可用于实施涉案专利技术方案，本领域技术人员基于涉案专利说明书充分公开的技术内容，涉案专利作出的技术贡献，以及现有技术的整体状况，难以作出合理的预测，而是必须通过大量的选择、实验验证甚至发现，才能确认在所述权利要求所限定的范围内的哪些具体材料能够，或者不能解决涉案专利所要解决的技术问题，实现涉案专利所要实现的技术效果。权利要求 1 ~4、6、7、9 ~12、14 ~18、20 ~26、29、30、37 ~42、44、46 ~47 的保护范围明显超出了涉案专利说明书充分公开的程度和涉案专利的技术贡献程度，未能以说明书为依据。2. 权利要求 34、35 限定的技术方案缺乏具体实施方式支持，不符合专利法第二十六条第四款的规定。3. 关于被诉决定维持有效的权利要求 5、8、13、19、27、28、31、32、33、36、43 和 45。第一，权利要求 5、8、13、19、27、28、36、43 和 45 中没有限定制作偏磁元件、磁致伸缩元件的具体材料，而是以偏磁元件或者标识器具有的某种或某几种特性及其参数范围来限定权利要求的保护范围，未能以说明书为依据，不符合专利法第二十六条第四款的规定。第二，权利要求 31、33 均引用权利要求 30，分别进一步限定了“偏磁元件由 SB1 材料形成”，以及“磁致伸缩元件由 2628CoA 材料形成”，能够得到说明书中充分公开的具体实施方式的支持。权利要求 31、33 符合专利法第二十六条第四款的规定。第三，涉案专利说明书中没有公开与权利要求32中限定的“Metglas 2628MB材料”对应的具体实施方式，本领域技术人员不能合理确认权利要求32限定的技术方案能够解决涉案专利所要解决的技术问题，实现所要实现的技术效果，故权利要求32未能以说明书为依据，不符合专利法第二十六条第四款的规定。

11. 在认定权利要求是否以说明书为依据时涉案专利所要解决的技术问题的确定

【裁判要旨】

在认定权利要求是否以说明书为依据时，可以结合说明书中记载的背景技术及其存在的缺陷，发明内容中记载的“发明目的”“所要解决的技术问题”“有益效果”，以及具体实施方式中与“技术问题”“有益效果”相关的内容等，对涉案专利所要解决的技术问题和实现的技术效果进行认定。根据权利要求与“最接近的现有技术”的区别技术特征所重新确定的“实际解决的技术问题”可能不同于涉案专利所要解决的技术问题，不能直接作为认定权利要求是否以说明书为依据的基础。

【关键词】

发明专利　无效程序　权利要求以说明书为依据　技术问题

【裁判意见】

在前述“电子货品监视用标识器”发明专利权无效行政纠纷案①中，最高人民法院还针对在认定权利要求是否以说明书为依据时，如何认定涉案专利所要解决的技术问题进行了明确。最高人民法院提审认为：正确认定涉案专利所要解决的技术问题和所要实现的技术效果，对于认定涉案专利权利要求1~47是否以说明书为依据具有重要意义。根据专利法实施细则第十八条第一款有关专利说明书撰写作出的规定，对于涉案专利所要解决的技术问题、实现的技术效果，以及具体实施方式等，说明书中均应当予以写明。人民法院可以结合说明书中记载的背景技术及其存在的缺陷，发明内容中记载的“发明目的”“所要解决的技术问题”“有益效果”，以及具体实施方式中与“技术问题”“有益效果”相关的内容等，对涉案专利所要解决的技术问题和实现的技术效果进行认定。综合考虑涉案专利说明书中有关背景技术、发明目的、有益效果、具体实施方式等内容，涉案专利相对于背景技术作出的改进主要在于以特定材料制作偏磁元件，以使得标识器更容易退活化，并且标识器不会因“存储、运输或装卸时所可能会出现的磁场作用”而意外退活

---

① 本案裁定书参见第146页。

化。针对传感电子公司有关“应根据权利要求与‘最接近的现有技术’的区别技术特征，参照说明书中的相关内容综合确定技术问题”的主张，最高人民法院认为，专利法第二十六条第四款规定的“以说明书为依据”涉及的主要是权利要求书与说明书的相互关系问题，相应地，在适用该法律规定的过程中，应当以说明书本身记载的相关内容为基本依据来认定涉案专利要解决的技术问题和实现的技术效果。虽然在判断权利要求是否具有创造性时，会根据权利要求与“最接近的现有技术”的区别技术特征所重新确定“实际解决的技术问题”。但是，该“实际解决的技术问题”可能并不同于涉案专利要解决的技术问题，不能直接作为认定权利要求是否以说明书为依据的基础。具体理由如下：第一，重新确定“实际解决的技术问题”的目的是为了在判断权利要求是否具有创造性的过程中，确定“现有技术整体上是否存在某种技术启示，即现有技术中是否给出将上述区别特征应用到该最接近的现有技术以解决其存在的技术问题（即“实际解决的技术问题”）的启示”。因此，确定“最接近的现有技术”“实际解决的技术问题”的目的与专利法第二十六条第四款的立法目的并不一致。第二，“最接近的现有技术”的认定是相对的、动态的，并与无效宣告请求人或者审查员的举证、检索情况密切相关。因此，权利要求与“最接近的现有技术”的区别技术特征，以及“实际解决的技术问题”都是相对的、动态的，会随着判断主体选择的“最接近的现有技术”改变而改变。“实际解决的技术问题”往往会不同于说明书中记载的专利要解决的技术问题。第三，在认定权利要求是否以说明书为依据时，并不以该权利要求具有或不具有创造性为前提。如果案件中并未同时涉及该权利要求是否具有“创造性”的争议，自然更不会涉及对“最接近的现有技术”“实际解决的技术问题”的认定。

12. 权利要求是否以说明书为依据与该权利要求是否具有创造性的关系

【裁判要旨】

即使权利要求具备创造性，对于其中记载的包括区别技术特征在内的各项技术特征是否概括适当，以及权利要求限定的技术方案整体上是否概括适当，仍然需要根据专利法第二十六条第四款的规定进行认定。

【关键词】

发明专利　无效程序　权利要求以说明书为依据　创造性

【裁判意见】

在前述“电子货品监视用标识器”发明专利权无效行政纠纷案①中，最高人民法院还就权利要求是否以说明书为依据与权利要求的创造性的关系问题作出了认定。最高人民法院提审认为：专利法第二十二条第三款、第二十六条第四款分别对创造性和权利要求应当以说明书为依据做出规定。因此，即使权利要求具备创造性，对于其中记载的包括区别技术特征在内的各项技术特征是否概括适当，以及权利要求限定的技术方案整体上是否概括适当，仍然需要根据专利法第二十六条第四款的规定进行认定。在权利要求相对于现有技术具备区别技术特征，且现有技术整体上未能给出技术启示的情况下，如果该区别特征概括得过于宽泛，未能以说明书为依据，则只能依据专利法第二十六条第四款的规定请求宣告该权利要求无效。专利法中有关创造性、权利要求以说明书为依据的规定分别从不同角度，对权利要求的合法性进行规范和调整，共同保障专利制度的运行符合立法目的。综上，创造性和以说明书为依据均属于权利要求应当满足的法律规定，应当分别进行认定。

13. 马库什权利要求的性质

【裁判要旨】

以马库什方式撰写的化合物权利要求应当被理解为一种概括性的技术方案，而不是众多化合物的集合。

【关键词】

发明专利　无效程序　马库什权利要求　性质

【案号】

最高人民法院（2016）最高法行再 41 号

【基本案情】

在再审申请人国家知识产权局专利复审委员会（以下简称专利复审委员会）与被申请人北京万生药业有限责任公司（以下简称万生公司）、一审第三人第一三共株式会社发明专利权无效行政纠纷案（以下简称“马库什权利要求”专利无效行政纠纷案）② 中，第一三共株式会社系名称为“用于治疗或预防高血压症的药物组合物的制备方法”、专利号为 97126347.7 的发明专利（即涉案专利）的权利人。涉案专利权利要求以马库什方式撰写。万生公司以涉案专利不具备创造性等为由向专利复审委员会提出无效宣告请求。

---

① 本案裁定书参见第 146 页。

② 本案裁定书参见第 196 页。

2010年8月30日，第一三共株式会社对权利要求进行了修改，其中包括：删除了权利要求1中“或其可作药用的盐或酯”中的“或酯”两字；删除权利要求1中R4定义下的“具有1至6个碳原子的烷基”；删除了权利要求1中R5定义下除羧基和式COOR5a外的其他技术方案。专利复审委员会在口头审理过程中告知第一三共株式会社，对于删除权利要求1中“或酯”的修改予以认可，但其余修改不符合专利法实施细则第六十八条的相关规定，该修改文本不予接受。第一三共株式会社和万生公司对此无异议。2011年1月14日，第一三共株式会社提交了修改后的权利要求书替换页，其中删除权利要求1中的“或酯”。专利复审委员会作出第16266号无效宣告请求审查决定（以下简称第16266号决定），认为涉案专利权利要求1相比于证据1是非显而易见的，具有创造性，符合专利法第二十二条第三款的规定。遂在第一三共株式会社于2011年1月14日提交的修改文本的基础上，维持涉案专利权有效。万生公司不服，提起行政诉讼。北京市第一中级人民法院认为，专利复审委员会以不符合专利法实施细则第六十八条的规定对第一三共株式会社于2010年8月30日提交的修改文本不予接受，不存在法律适用错误。涉案专利权利要求1相对于证据1是非显而易见的，具备创造性。遂判决维持第16266号决定。万生公司不服，提起上诉。北京市高级人民法院二审认为，马库什权利要求属于并列技术方案的特殊类型，第一三共株式会社于2010年8月30日提交的修改文本缩小了涉案专利权的保护范围，符合专利法实施细则第六十八条第一款规定。涉案专利权利要求所涵盖的一个具体实施例的效果与现有技术的证据1中实施例329的技术效果相当，因此，涉案专利权利要求1未取得预料不到的技术效果，不具备创造性。遂判决撤销一审判决和第16266号决定，专利复审委员会重新作出决定。专利复审委员会不服，向最高人民法院申请再审。最高人民法院裁定提审本案，并于2017年12月20日判决撤销二审判决，维持一审判决。

【裁判意见】

最高人民法院提审认为：马库什权利要求是化学发明专利申请中一种特殊的权利要求撰写方式，即一项申请在一个权利要求中限定多个并列的可选择要素概括的权利要求。马库什权利要求撰写方式的产生是为了解决化学领域中多个取代基基团没有共同上位概念可概括的问题，其本身一直被视为结构式的表达方式，而非功能性的表达方式。马库什权利要求限定的是并列的可选要素而非权利要求，其所有可选择化合物具有共同性能和作用，并且具有共同的结构或者所有可选择要素属于该发明所属领域公认的同一化合物。虽然马库什权利要求的撰写方式特殊，但是也应当符合专利法和专利法实施细则关于单一性的规定。马库什权利要求具有极强的概括能力，一旦获得授权，专利权保护范围将涵盖所有具有相同结构、性能或作用的化合物，专利权人权益将得到最大化实现。而从本质而言，专利权是对某项权利的垄断，专利权人的所享有的权利范围越大，社会公众所受的限制也就越多，因此，从公平角度出发，对马库什权利要求的解释应当从严。马库什权利要求不管包含多少变量和组合，都应该视为一种概括性的组合方案。选择一个变量应该生成一种具有相同效果药物，即选择不同的分子式生成不同的药物，但是这些药物的药效不应该有太大差异，相互应当可以替代，而且可以预期所要达到的效果是相同的，这才符合当初创设马库什权利要求的目的。因此，马库什权利要求应当被视为马库什要素的集合，而不是众多化合物的集合，马库什要素只有在特定情况下才会表现为单个化合物，但通常而言，马库什要素应当理解为具有共同性能和作用的一类化合物。如果认定马库什权利要求所表述的化合物是众多化合物的集合，就明显与单一性要求不符，因此二审判决认为马库什权利要求属于并列技术方案不妥，应当予以纠正。

14. 马库什权利要求在无效程序中的修改原则

【裁判要旨】

允许对马库什权利要求进行修改的原则应当是不能因为修改而产生具有新性能和作用的一类或单个化合物，但是同时也要充分考量个案因素。

【关键词】

发明专利　无效程序　马库什权利要求　修改方式

【裁判意见】

在前述“马库什权利要求”专利无效行政纠纷案①中，最高人民法院还对以马库什方式撰写的化合物权利要求在无效程序中的修改方式进行了明确。最高人民法院提审认为，2010 年《专利审查指南》规定无效宣告请求审查阶段，发明和实用新型专利文件的修改应仅限于权利要求书，其遵循的基本原则是：1. 不得改变原权利要求的主题名称；2. 与授权的权利要求相比，不得扩大原专利的保护范围；3. 不得超出原说明书和权利要求书中技术特征；4. 一般不得增加未包含在授权权利要求书中的技术特征。但是，目前修改方式已经改为在满足上述修改原则的前提下，修改权利要求书的具体方式一般限于权利要求的删除、技术方案的删除、权利要求的进一步限定、明显错误的修正。权利要求进一步限定是指在权利要求中补入其他权利要求中记载的一

① 本案裁定书参见第 196 页。

个或者多个技术特征，以缩小保护范围。可见，在无效程序中，专利文件修改方式更加多样化。但是，化学领域发明专利申请审查存在诸多特殊问题，如化学发明是否能够实施需要借助于实验结果才能确认，有的化学产品需要借助于参数或者制备方法定义，已知化学产品新的性能和用途并不意味着结构或者组分的改变等。鉴于化学发明创造的特殊性，同时考虑到在马库什权利要求撰写之初，专利申请人为了获得最大的权利保护范围就有机会将所有结构方式尽可能写入一项权利要求，因此在无效阶段对马库什权利要求进行修改必须给予严格限制，允许对马库什权利要求进行修改的原则应当是不能因为修改而产生新性能和作用的一类或单个化合物，但是同时也要充分考量个案因素。如果允许专利申请人或专利权人删除任一变量的任一选项，即使该删除使得权利要求保护范围缩小，不会损伤社会公众的权益，但是由于是否因此会产生新的权利保护范围存在不确定性，不但无法给予社会公众稳定的预期，也不利于维护专利确权制度稳定，因此二审法院相关认定明显不妥，应当予以纠正。

15. 马库什权利要求的创造性判断方法

【裁判要旨】

以马库什方式撰写的化合物权利要求的创造性判断应当遵循创造性判断的基本方法，即专利审查指南所规定的“三步法”。意料不到的技术效果是创造性判断的辅助因素，通常不宜跨过“三步法”直接适用具有意料不到的技术效果来判断专利申请是否具有创造性。

【关键词】

发明专利　无效程序　马库什权利要求　创造性

【裁判意见】

在前述“马库什权利要求”专利无效行政纠纷案①中，最高人民法院还对以马库什方式撰写的化合物权利要求的创造性判断进行了明确。最高人民法院提审认为，马库什权利要求创造性判断应当遵循创造性判断的基本方法，即专利审查指南所规定的“三步法”。意料不到的技术效果是创造性判断的辅助因素，而且作为一种倒推的判断方法，具有特殊性，不具有普遍适用性。因此，只有在经过“三步法”审查和判断得不出是否是非显而易见时，才能根据具有意料不到的技术效果认定专利申请是否具有创造性，通常不宜跨过“三步法”直接适用具有意料不到的技术效果来判断专利申请是否具有创造

① 本案裁定书参见第 196 页。

性。关于技术效果比对结果的问题，本案中，专利复审委员会在无效程序中并未将比文件1实施例10、17、50和69和涉案专利的实施例进行比对且就此作出认定，而二审直接进行比对并作出认定，明显超出了无效审查决定的审查范围，不符合行政诉讼法和相关司法解释的规定，应当予以纠正。无效宣告请求人万生公司认为涉案专利权利要求1不具备创造性，并将证据1作为最接近的对比文件。专利复审委员会和一审法院在对涉案专利权利要求1的创造性进行判断时，严格遵循了“三步法”，认定权利要求1的式I化合物和证据1的式I化合物相比较具有两项区别技术特征，然后对两项区别技术特征的非显而易见性进行了分析，从而认定涉案专利权利要求1具有创造性并无不当。

16. 外观设计专利权无效案件中区别设计特征的认定

【裁判要旨】

对于在外观设计专利主视图中没有任何体现，且立体图无清晰显示的特征，不构成外观设计专利与对比设计的区别设计特征。

【关键词】

外观设计专利　无效程序　区别设计特征　立体图

【案号】

最高人民法院（2016）最高法行申3687号

【基本案情】

在再审申请人YKK株式会社与被申请人国家知识产权局专利复审委员会（以下简称专利复审委员会）、一审第三人理想（广东）拉链实业有限公司（以下简称理想公司）、开易（广东）服装配件有限公司（以下简称开易公司）外观设计专利权无效行政纠纷案①中，专利号为200930191288.5、名称为“拉链用牙链”的外观设计专利（即涉案专利），专利权人为YKK株式会社。涉案专利由主视图、后视图、右视图、俯视图、仰视图和立体图表示。理想公司、开易公司分别以涉案专利违反专利法第二十三条规定为由请求宣告涉案专利权无效，并提交了专利号为200530086728.2的外观设计专利（即对比设计）。专利复审委员会作出第24208号无效宣告请求审查决定（以下简称第24208号决定）认为：将涉案专利与对比设计相比，两者的主要相同点在于：链牙均由上下两层结构组成，上下结构通过中间的芯部连接在一起，且下层结构、形状完全相同。两者的主要不同点在于：1. 涉案专利牙链的上层结构整体呈瓶形，而对比设计呈子弹形。2. 涉案专利的牙链端部较后部

① 本案裁定书参见第212页。

薄，而对比设计厚度无明显变化。虽然涉案专利与对比设计存在上述区别，但整体形状非常接近，上层结构均为前窄后宽，加之链牙本身体积较小，上述区别仅属于局部细微变化，不会对整体视觉效果产生影响，涉案专利与对比设计构成相近似的外观设计。遂宣告涉案专利权全部无效。YKK 株式会社不服，提起行政诉讼。北京知识产权法院一审判决维持专利复审委员会第 24208 号决定。YKK 株式会社不服，提起上诉。北京市高级人民法院二审判决驳回上诉，维持原判。YKK 株式会社不服，向最高人民法院申请再审。最高人民法院于 2017 年 12 月 29 日裁定驳回 YKK 株式会社的再审申请。

【裁判意见】

最高人民法院审查认为：YKK 株式会社主张与现有设计相比，涉案专利还具有如下创新设计特征：1. 上层链牙长宽高的尺寸比例关系，特别是牙身部的长宽高的尺寸比例关系不同；2. 上层链牙的上表面形状不同，上层链牙的上表面具有明显的下倾斜面、上表面整体上呈前低后高的曲面设计；3. 上层链牙的牙头部和牙颈部的形状不同，牙头部呈海豚嘴状，牙颈部左右侧面分别为向外鼓而后向内收的平滑曲面形状；4. 上层链牙的牙身部的形状不同，上层链牙的牙身部呈上宽下窄的梯台形。对于 YKK 株式会社主张的涉案专利与现有设计的区别 1，通过对比涉案专利设计与现有设计，确实存在链牙长宽高比例关系及修长与否的区别，但修长设计亦应属于本领域的惯常设计。至于 YKK 株式会社主张的区别 2，无效决定已经认定涉案专利的牙链端部较后部薄，只是 YKK 株式会社主张牙链端部较后部“明显”薄，牙头与牙身间具有明显的倾斜。涉案专利设计的右视图和立体图，存在牙头与牙身的倾斜设计。对比设计的仰视图与俯视图亦显示，牙头与牙身间是弧线设计，也具有一定角度的倾斜。鉴于涉案专利设计的倾斜角度未达到超过 45 度的程度，而对比设计也存在一定的弧度，二者在倾斜度上的区别应当属于细微差别，尚不足以对专利整体外观产生实质性的影响。对于 YKK 株式会社主张的区别 3 即有关牙颈部设计的不同，在专利文件即外观设计图片中并不明显。对于 YKK 株式会社主张的区别 4，亦存在与 3 同样的问题，即 YKK 株式会社在再审审查中提交的三维模型证据中比较明显，但专利文件图片显示不明显。外观设计的特征应以专利文件附图为准，在专利文件附图中无法看出或者不明显的特征，不能作为涉案专利的技术特征。而且，尽管在立体图中对 3 和 4 似有指示，但主视图没有任何体现，按照 YKK 株式会社的主张，即上述特征明显的情况下，不仅右视图、立体图中应有展现，主视图亦应有所呈显。鉴于涉案专利的图片未能清晰展现 YKK 株式会社主张的区别 3 和 4，对 YKK 株式会社关于涉案专利与现有设计存在区别 3 和 4 的主张，不予采信。

二、商标案件审判

（一）商标民事案件审判

17. 注册商标的保护与被诉侵权商品商标知名度的关系

【裁判要旨】

注册商标作为一项标识性民事权利，商标权人不仅有权禁止他人在相同类似商品上使用该注册商标标识，更有权使用其注册商标标识，在相关公众中建立该商标标识与其商品来源的联系。相关公众是否会混淆误认，既包括将使用被诉侵权标识的商品误认为商标权人的商品或者与商标权人有某种联系，也包括将商标权人的商品误认为被诉侵权人的商品或者误认商标权人与被诉侵权人有某种联系。

【关键词】

商标　侵权　知名度　商品来源　混淆误认

【案号】

最高人民法院（2017）最高法民再273号

【基本案情】

在再审申请人曹晓冬与被申请人云南下关沱茶（集团）股份有限公司（以下简称下关沱茶公司）侵害商标权纠纷案[①]中，曹晓冬起诉下关沱茶公司，称该公司生产的茶产品侵犯了曹晓冬注册取得的第5492697号“金戈铁马”注册商标专用权（即涉案商标）。下关沱茶公司在其生产的金印系列产品包装上使用了“甲午金戈铁马铁饼”字样，字体为简体字，其中“甲午”及“铁饼”字体较小，而“金戈铁马”四字字体较大，在“金戈铁马”四字旁边还配有一匹呈现奔跑状态马的图案。同时，下关沱茶公司在其生产的上述茶饼的内、外包装上均标注有“松鹤延年”注册商标和“下关沱茶”字样，并在内、外包装上标注有下关沱茶公司名称。云南省昆明市中级人民法院一审判决下关沱茶公司停止侵权行为并赔偿经济损失20万元。下关沱茶公司不服，提起上诉。云南省高级人民法院二审认为：从商标的知名度和显著性来看，下关沱茶公司提交的一份“中华老字号”认定书可以证实，该公司在被诉侵权商品上使用的“下关沱茶”商标，已经被国家商务部认定为“中华老字号”；而曹晓冬没有提交任何证据证明涉案商标获得过能表示其知名

---

① 本案裁定书参见第217页。

度的国家权威机构的认证。二审法院由此推断，被诉侵权商品上所使用的“下关沱茶”商标的知名度，远远高于涉案商标的知名度，被诉侵权商品没有必要攀附涉案商标来提高自己的知名度。而且涉案商标所使用的“金戈铁马”四字，在文学作品中经常出现，相关公众即使注意到被诉侵权商品上的这四个字，也不会将被诉侵权商品当然地与涉案商标的商品联系在一起，更不会当然地误认为二者都是曹晓冬或者曹晓冬所授权的公司生产的商品。遂判决撤销一审判决，驳回曹晓冬的全部诉讼请求。曹晓冬不服，向最高人民法院申请再审。最高人民法院裁定提审，并于2017年9月20日判决撤销二审判决，维持一审判决。

【裁判意见】

最高人民法院提审认为：首先，商标作为一种区分商品或者服务来源的标识，其基本属性是其标识性。金戈铁马虽然是文学作品中的常见词汇，但其注册使用在第30类茶、蜂蜜、糖、咖啡等商品上具有显著性，能够发挥识别商品来源的作用。其次，人民法院认定事实应当是在审查当事人提供证据的基础上进行审查判定，而非进行简单推断。即使根据案件优势证据需要对当事人的相关意图进行推断时，也须结合相关证据认定的事实进行。根据一审法院查明的事实，曹晓冬第5492697号“金戈铁马”商标注册时间早于下关沱茶公司的“松鹤延年”（第6209882号）和“下关沱茶”商标（第12201774号）注册时间；曹晓冬于2009年8月16日许可云南金戈铁马茶业有限公司使用其注册商标，而下关沱茶公司生产被诉侵权商品系2014年，也晚于曹晓冬注册商标的使用时间；第5492697号“金戈铁马”注册商标在多款茶叶上使用，并已形成了一定的市场份额，具有一定的消费群体。在没有证据证明“下关沱茶”商标具有更高知名度的情况下，原审此推断并无事实依据。最后，即使下关沱茶商标较本案诉争商标具有更高的知名度，原审法院认定被诉侵权商品没有必要攀附涉案商标来提高自己的知名度虽有一定的可能性，但该推断忽视了注册商标作为一项标识性民事权利的权能和作用，其不仅有权禁止他人在相同类似商品上使用该注册商标标识，更有权使用其注册商标标识其商品或者服务，在相关公众中建立该商标标识与其商品来源的联系。相关公众是否会混淆误认，既包括将使用被诉侵权标识的商品误认为商标权人的商品或者与商标权人有某种联系，也包括将商标权人的商品误认为被诉侵权人的商品或者误认商标权人与被诉侵权人有某种联系，妨碍商标权人行使其注册商标专用权，进而实质性妨碍该注册商标发挥识别作用。因此，如果认为被诉侵权人享有的注册商标更有知名度即可以任意在其商品上使用他人享有注册商标的标识，将实质性损害该注册商标发挥识别商品来源的基本功能，对该注册商标专用权造成基本性损害。二审法院以被诉侵权商品自有商标知名度高为由认定不构成侵犯涉案商标专用权，认定事实和适用法律均有不当，予以纠正。

18. 特殊历史背景下商标与字号共存的考量因素

【裁判要旨】

在特殊历史背景下，对于使用与他人商标相同的字号是否构成商标侵权和不正当竞争，应当从历史传承、现实情况、法律适用和社会效果等方面综合考量。

【关键词】

商标　不正当竞争　字号　共存

【案号】

最高人民法院（2015）民提字第46号

【基本案情】

在申诉人太原大宁堂药业有限公司（以下简称大宁堂药业）与被申诉人山西省药材公司商标侵权、不正当竞争纠纷案[①]中，2000年10月7日，山西省药材公司在国家工商管理局商标局注册了第1455748号“大宁堂”文字及图商标（即涉案商标），核定服务项目为第35类，即推销（替他人），注册有效期限为“自2000年10月7日至2010年10月6日止”。《山西通志》第四十一卷记载，太原中药厂前身为大宁堂药铺，建于明末清初，1956年经过公私合营，隶属太原药材公司中药总店领导，之后中药店厂分设，在大宁堂制药生产的基础上建立了太原中药厂。1999年4月9日经太原中药厂第一届职工代表大会专题会议通过，成立“太原大宁堂药业有限公司”，该公司为股份合作制公司，注册资金50万元，经营方式为制造、销售中西成药，公司租用太原中药厂厂房、设备、有偿使用或受让太原中药厂的生产技术。山西省药材公司主张大宁堂药业将与其注册商标完全相同的“大宁堂”登记为企业名称中的字号，该行为构成对其注册商标专用权的侵犯，并构成不正当竞争。山西省太原市中级人民法院一审认为，早在山西省药材公司申请注册商标之前大宁堂药业已经合法登记并使用了现在继承使用的企业名称，因此，其完全有权利在自己的企业名称中使用“大宁堂”字号。遂判决驳回山西省药材公司的诉讼请求。山西省药材公司不服，提起上诉。山西省高级人民法院二审认为，大宁堂药业称其由太原中药厂改制而来，但二者之间并无法律

---

① 本案裁定书参见第228页。

上的承继关系。大宁堂药业将与他人注册商标相同的文字登记为企业名称中的字号，属于侵犯商标专用权的行为，同时也是不正当竞争行为。遂判决撤销一审判决，大宁堂药业立即停止侵权。大宁堂药业不服，向最高人民法院申请再审，最高人民法院裁定驳回再审申请。最高人民检察院就本案向最高人民法院提起抗诉，最高人民法院裁定提审，并与 2017 年 9 月 20 日判决撤销二审判决，维持一审判决。

【裁判意见】

最高人民法院再审认为：大宁堂药业与太原中药厂之间存在历史承继关系，对“大宁堂”字号享有在先权利。第一，从历史传承看，太原中药厂的前身大宁堂药铺采“前店后厂”模式，其于 1956 年公私合营后店厂分设，前店（包括匾牌）归山西药材公司，后厂（包括生产批件和大宁堂秘制药方）归太原中药厂，太原中药厂后来又历经分立、破产并改制成大宁堂药业，因此，大宁堂药业与太原中药厂乃至山西药材公司之间存在历史传承关系。大宁堂药业是因历史原因而使用大宁堂字号，与通常那种恶意搭车攀附而做大做强的情形不同。在太原中药厂破产前对其所承载的大宁堂商誉如何处置没有明确约定情况下，可以认定大宁堂药业承继了相应的商誉。第二，从现实情况看，山西省药品监督管理局的批复、山西省中药厂和山西太原中药厂工会委员会共同做出的“关于设立太原大宁堂药业有限公司的决议”以及纠纷出现后山西省经贸委多次协调等事实均表明，该企业分立是主管部门批准的企业自救行为，原厂的领导班子和绝大多数职工均进入大宁堂药业。这种自救行为在上个世纪八九十年代比较常见，一方面通过分立或破产来解决外部债务问题，另一方面通过设立新的股份制企业来解决职工安置和企业转型问题。现实情况是，大宁堂药业拥有大宁堂药铺传统配方秘制中药的生产批件并一直在生产，而山西省省药材公司只拥有“大宁堂”商标和牌匾，因此为了承继和弘扬大宁堂药铺商誉，两者善意共存较为合理。第三，从法律适用看，太原中药厂在分立改制时并没有现在企业的知识产权观念和意识，该企业及其上级主管部门最关心的不是商誉问题，而是企业如何生存、职工如何安置的问题。因此，若以现行商标法的规则和理念去认定和解决 20 多年前的问题，实质是适用市场经济时代的法律去解决计划经济下形成的法律关系，不仅违反“法不溯及既往”原则，也有悖公平合理之精神。四是从社会效果看，如果不认可大宁堂药业享有在先权利，就会导致大宁堂药铺秘方药和商誉得不到传承，因为大宁堂传统秘制中药药方的实际传承人大宁堂药业将不得不停止使用大宁堂字号，其已经注册的商标亦将被撤销；而山西省药材公司只有“大宁堂”商标和牌匾，却一直没有生产和销售大宁堂药铺的传统秘方药。综上，比较公平合理的解决方式应当是允许两者善意共存，大宁堂公司继续使用大宁堂字号并生产大宁堂传统秘方药品，山西省药材公司可销售大宁堂药业生产的药品。如此，前店后厂的历史传承关系能够被继续维系，大宁堂的商誉亦可以由两家共同弘扬。

19. 法定通用名称的认定

【裁判要旨】

农作物品种审定办法规定的通用名称与商标法意义上的通用名称含义并不完全相同，不能仅以审定公告的品种名称为依据，认定该名称属于商标法意义上的法定通用名称。

【关键词】

商标　侵权　法定　通用名称

【案号】

最高人民法院（2016）最高法民再 374 号

【基本案情】

在再审申请人福州米厂与被申请人五常市金福泰农业股份有限公司（以下简称五常公司）、福建新华都综合百货有限公司福州金山大景城分店（以下简称大景城分店）、福建新华都综合百货有限公司（以下简称新华都公司）侵害商标权纠纷案（以下简称“稻花香”侵害商标权纠纷案）①中，福州米厂为第 1298859 号“稻花香 DAOHUAXIANG”注册商标（即涉案商标）专用权人，涉案商标于 1998 年 3 月提出申请，于 1999 年 7 月 28 日获准注册，核定使用商品为第 30 类大米。2009 年 3 月 18 日，黑龙江省农作物品种审定委员会出具的《黑龙江省农作物品种审定证书》记载：品种名称为“五优稻 4 号”，原代号为“稻花香 2 号”，推广区域为黑龙江省五常市平原自流灌溉区插秧栽培，该品种经区域试验和生产试验，符合推广优良品种条件，决定从 2009 年起定为推广品种。2014 年 2 月 18 日，福州米厂经过公证程序，在大景城分店购买了一袋由五常公司生产、销售的“乔家大院稻花香米”。大米实物包装袋正面中间位置以大字体标注有“稻花香（字体中空，底色黑色）DAOHUAXIANG”。福州米厂以五常公司生产、销售、大景城分店、新华都公司销售的被诉侵权产品侵害其商标权为由，提起诉讼。请求法院判令：五常公司停止生产、销售行为，赔偿损失 30 万；大景城分店、新华都公司停止销售行为，赔偿损失 3 万。一审中，五常公司主张“稻花香”构成通用名称，

---

① 本案裁定书参见第 241 页。

并提供了五常市农业局、五常市龙凤山镇人民政府、育种人出具的证明材料和媒体的相关报道等证据。福建省福州市中级人民法院一审认为，五常公司未经许可，在产品包装袋上使用与涉案商标非常近似的标志，容易误导消费者，侵害了涉案商标权。“稻花香”不构成通用名称。遂判决五常公司停止生产、销售行为，赔偿经济损失 97000 元；大景城分店、新华都公司停止销售行为，支付合理费用 3000 元等。五常公司不服，提起上诉。福建省高级人民法院二审认为，黑龙江省农作物品种审定委员会所审定的“五优稻 4 号”，原代号为“稻花香 2 号”的水稻品种可以认定为法定的通用名称。五常这一特定地域范围内的相关种植农户、大米加工企业和消费者均普遍认为“稻花香”指代的是一类稻米品种。可以认定，基于五常市这一特定的地理种植环境所产生的“稻花香”大米属于约定俗成的通用名称。五常公司在其生产、销售的大米产品包装上使用“稻花香”文字及拼音以表明大米品种来源的行为，主观上出于善意，客观上也未造成混淆误认，应属于正当使用，并未构成商标侵权。遂改判撤销一审判决，驳回福州米厂全部诉讼请求。福州米厂不服，向最高人民法院申请再审。最高人民法院裁定提审本案，并于 2017 年 12 月 22 日判决撤销二审判决，维持一审判决。

【裁判意见】

最高人民法院提审认为：首先，法律规定为通用名称的，或者国家标准、行业标准中将其作为商品通用名称使用的，应当认定为通用名称。本案中，五常公司并无证据证明“稻花香”依据法律规定或者国家标准、行业标准应认定为法定的通用名称。其次，农作物品种审定办法规定的通用名称与商标法意义上的通用名称含义并不完全相同，不能仅以审定公告的名称为依据，认定该名称属于商标法意义上的通用名称。《主要农作物品种审定办法》[①] 第三十二条第三款规定，“审定公告公布的品种名称为该品种的通用名称。禁止在生产、经营、推广过程中擅自更改该品种的通用名称。”此处规定的通用名称是指根据农作物品种审定办法审定公告的主要农作物品种名称，用以指代该特定品种。该名称在生产、经营、推广过程中禁止擅自更改。商标法中的通用名称指代某一类商品，因该名称不能用于指代特定的商品来源，故相关公众都可以正当使用。再次，根据《主要农作物品种审定办法》第三十二条的规定，审定公告的通用名称在实际的使用过程中不得擅自更改。审定公告的原代号为“稻花香 2 号”，并非“稻花香”，在在先存在涉案商标权的

① 编者注：该条文为《主要农作物品种审定办法（2013）》，已因《主要农作物品种审定办法（2016）》的颁布而失效。

情况下，不能直接证明“稻花香”为法定的通用名称。综上，现有证据不足以证明“稻花香”为法定的通用名称。

20. 约定俗成通用名称的认定

【裁判要旨】

产品的相关市场并不限于特定区域而是涉及全国范围的，应以全国范围内相关公众的通常认识为标准判断是否属于约定俗成的通用名称。

【关键词】

商标　侵权　约定俗成　通用名称

【裁判意见】

在前述“稻花香”侵害商标权纠纷案①中，最高人民法院还对约定俗成的通用名称的判断标准进行了明确。最高人民法院提审认为：约定俗成的通用名称一般以全国范围内相关公众的通常认识为判断标准。当然，基于历史传统、风土人情、地理环境等原因，某些商品所对应的相关市场相对固定，如果不加区分地仍以全国范围相关公众的认知为标准，判断与此类商品有关的称谓是否已经通用化，有违公平原则。但是，适用不同评判标准的前提是，当事人应首先举证证明此类商品属于相关市场较为固定的商品。否则，是否构成约定俗成的通用名称，仍应当以全国范围内相关公众的通常认知作为判断依据。本案中，被诉侵权产品销售范围并不局限于五常地区，而是销往全国各地，在福州米厂的所在地福建省福州市的超市内就有被诉侵权产品销售。在这种情况下，被诉侵权产品相关市场并非较为固定在五常市地域范围内，应以全国范围内相关公众的通常认识为标准判断“稻花香”是否属于约定俗成的通用名称。为证明“稻花香”属于约定俗成的通用名称，五常公司先后提交了五常市农业局出具的《关于稻花香大米名称的使用证明》、五常市龙凤山镇人民政府出具的《证明》、五常市稻米商业商会提供的《关于五常市稻花香大米品牌维权的综合材料》、“稻花香2号”主要育种人田永太出具的证明材料、媒体的相关报道等证据，并申请证人出庭作证。上述证据多为五常市当地有关部门、稻农或育种人出具的证明材料，媒体报道数量有限，以全国范围内相关公众的通常认识为标准，现有证据不足以证明“稻花香”属于约定俗成的通用名称。

---

① 本案裁定书参见第241页。

21. 农作物品种名称的正当使用

【裁判要旨】

在存在他人在先注册商标权的情况下，经审定公告的农作物品种名称可以规范使用于该品种的种植收获物加工出来的商品上，但该种使用方式仅限于表明农作物品种来源且不得突出使用。

【关键词】

商标　侵权　审定公告　品种来源

【裁判意见】

在前述“稻花香”侵害商标权纠纷案①中，最高人民法院还对在存在他人在先注册商标权的情况下，经审定公告的品种名称如何使用的问题进行了明确。最高人民法院提审认为：本案的特殊之处在于，福州米厂申请注册涉案商标主观上并无恶意，注册商标专用权在全国范围内具有效力，应得到有效保护。根据现有证据，“稻花香 2 号”作为审定公告的品种，对于五常这一特定地域范围内的相关种植农户、大米加工企业和消费者而言，在以“稻花香 2 号”种植加工出的大米上使用“稻花香”主观上也并无攀附涉案商标的恶意。基于公平原则，考虑到双方的利益平衡，最高人民法院认为，对于五常这一特定地域范围内的相关种植农户、大米加工企业和消费者而言，可以在以“稻花香 2 号”种植加工出的大米上规范标注“稻花香 2 号”，以表明品种来源。但需要在此特别强调，该种标注方式仅限于表明品种来源且不得突出使用。

22. 商标侵权案件中正当使用的认定

【裁判要旨】

被诉侵权人在其企业名称中及其他商业活动中使用相关符号的主要目的在于客观描述并指示其服务的特点，并且在其实际使用过程中，从未完整使用与涉案商标相同的图文组合形式，亦无证据显示被诉侵权人对相关符号文字的使用旨在攀附涉案商标的商业信誉，可以认定被诉侵权行为并不具有使相关公众混淆误认的可能性，进而不构成侵害涉案商标权。

【关键词】

商标　侵权　正当使用　客观描述

【案号】

最高人民法院（2017）最高法民申 4920 号

---

① 本案裁定书参见第 241 页。

【基本案情】

在再审申请人冯印与被申请人西安曲江阅江楼餐饮娱乐文化有限公司（以下简称阅江楼公司）侵害商标权纠纷案[①]中，冯印经国家工商行政管理总局商标局核准，于2011年3月27日从山东省淄博市临淄区桓公路小三峡川菜馆受让了2002年10月21日即被核准注册的第1962118号注册商标（即涉案商标），核定服务项目为第42类的“餐馆；餐厅；饭店；快餐馆；旅馆预订；提供食宿旅馆；自助餐馆（截止）。”阅江楼公司于2010年8月16日经西安市工商行政管理局登记成立，该公司企业法人营业执照登记的经营范围为餐饮服务。冯印起诉主张阅江楼公司在其经营场所正门悬挂有“阅江楼”三字的牌匾，且菜单、餐具等服务用具上均有“阅江楼”字样，阅江楼公司在网络上也对“阅江楼”进行宣传，相关行为构成了对其注册商标专用权的侵犯。陕西省西安市中级人民法院一审认为，首先，“阅江楼”作为中国名楼（位于南京市狮子山巅）及水边楼阁的常见称谓，弱化了其作为餐饮商标的显著性，且冯印未提供证据证明因其大量宣传和使用“阅江楼”与其餐饮服务和商品建立更为特定的联系，故其商标中的“阅江楼”文字保护强度很弱。其次，阅江楼公司虽将“阅江楼”文字作为企业字号在餐饮服务上突出使用，但其经营场所在陕西省西安市曲江，而冯印的经营场所位于山东省淄博市张店区，冯印未提交证据证明两者的经营地域产生交叉，也未证明阅江楼公司的使用使一般消费者认为二者的商品或服务是同一主体提供，或认为二者存在特定联系，阅江楼公司的使用行为并未使相关公众产生混淆、误认，故，判决认定阅江楼公司使用“阅江楼”字号的行为不构成对涉案商标专用权的侵犯。冯印不服，提起上诉。陕西省高级人民法院二审判决驳回上诉、维持原判。冯印不服，向最高人民法院申请再审。最高人民法院于2017年12月13日裁定驳回冯印的再审申请。

【裁判意见】

最高人民法院审查认为：根据商标法第五十七条的规定，未经商标注册人的许可，在同一种商品上使用与其注册商标近似的商标，或者在类似商品上使用与其注册商标相同或者近似的商标并容易导致混淆的，构成侵害注册商标专用权的行为。同时，根据商标法第五十九条第一款的规定，注册商标中含有的本商品的通用名称、图形、型号，或名称、图形、型号，或者直接表示商品的质量、主要原料、功能、用途、重量、数量及其他特点，或者含有地名，注册商标专用权人无权禁止他人正当使用。具体到本案而言，涉案

---

① 本案裁定书参见第254页。

商标由“阅江楼”文字及其上方的图形部分组合而成，冯印指称阅江楼公司实施的被诉侵权行为包括：将“阅江楼”文字作为其企业字号从事餐饮服务、在经营场所正门悬挂“阅江楼”巨幅招牌并在餐具、菜单等处突出使用“阅江楼”文字。对于上述主张，最高人民法院认为，注册商标专用权人有权制止他人未经许可，在相同或类似商品上使用相同或者近似商标并可能导致公众混淆的行为，但同时，商标权人应当遵循诚实信用原则，依法正当行使自身的权利。当注册商标中含有具有描述性质的文字，而他人使用的目的在于指示或描述客观事实时，权利人无权禁止该种使用行为。具体到本案被诉侵权行为而言，根据原审法院已经查明的事实，西安阅江楼为座落于西安曲江池遗址公园内的一处景观。根据阅江楼公司与西安曲江文化（旅游）集团有限公司的协议，阅江楼公司获得了在阅江楼经营餐饮项目的权利。阅江楼公司的企业名称完整使用了“曲江阅江楼”字样，且根据阅江楼租赁合作协议，阅江楼及其相关场地、设备、设施、装饰、装修等附属资产，亦全部来自于原有的阅江楼景观。因此，无论是阅江楼公司在其企业名称中选用“阅江楼”文字，还是在其经营场所及菜单、餐具上使用“阅江楼”文字的行为，主要目的仍在于客观描述并指示其经营场所所在地西安阅江楼。在其使用过程中，阅江楼公司从未完整使用与涉案商标相同的图文组合形式，亦无证据显示阅江楼公司对“阅江楼”文字的使用旨在攀附涉案商标的商业信誉。据此，一审、二审法院认定被诉侵权行为并不具有使相关公众混淆误认的可能性，进而不构成侵害涉案商标权的结论，具备事实与法律依据，予以支持。当然，也需要指出的是，市场经营者在开展经营活动的过程中，应当秉持诚实信用原则，尽量保持有关商业标识之间的足够距离。因此，阅江楼公司在今后的经营活动中，亦应合理、审慎地使用有关商业标识，避免引发不必要的纠纷。

（二）商标行政案件审判

23. 商标近似性判断的考量因素

【裁判要旨】

判断被异议商标与引证商标是否构成使用在相同或类似商品上的近似商标，应当综合考虑被异议商标和引证商标的构成要素、被异议商标的在先使用状况及知名度等因素，若不会导致相关公众的混淆误认，则应认定被异议商标与引证商标不构成近似。

【关键词】

商标　异议程序　商标近似　混淆误认

【案号】

最高人民法院（2014）知行字第37号

【基本案情】

在再审申请人四川省宜宾五粮液集团有限公司（以下简称五粮液公司）与被申请人国家工商行政管理总局商标评审委员会（以下简称商标评审委员会）、甘肃滨河食品工业（集团）有限责任公司（以下简称滨河公司）商标异议复审行政纠纷案①中，滨河公司于2005年5月9日申请在第33类“酒（饮料）、烧酒”等商品上注册“滨河九粮液”商标（即被异议商标），五粮液公司以被异议商标与其在第33类商品上合法注册的“WULIANGYE五粮液及图”商标（即引证商标）构成使用在相同或类似商品上的近似商标为由，对被异议商标提出异议申请，国家工商行政管理总局商标局裁定被异议商标不予核准注册。滨河公司不服，向商标评审委员会申请异议复审，商标评审委员会于2012年7月30日作出商评字［2012］第32222号《关于第4646265号“滨河九粮液”商标异议复审裁定》（以下简称第32222号裁定），裁定被异议商标予以核准注册。五粮液公司不服，提起行政诉讼。北京市第一中级人民法院一审判决撤销被诉裁定，判令商标评审委员会重新作出裁定。商标评审委员会及滨河公司不服，提起上诉。北京市高级人民法院二审判决撤销一审判决，维持第32222号裁定。五粮液公司不服，向最高人民法院申请再审，最高人民法院于2017年6月30日裁定驳回五粮液公司的再审申请。

【裁判意见】

最高人民法院审查认为：本案的引证商标为“五粮液及图”，被异议商标为“滨河九粮液”文字，二者相比对，标志本身存在一定程度的区别。虽然考虑到“五粮液”商标的知名度较高，相关公众容易将“五粮液”视作引证商标的主要识别部分，但是，根据二审法院查明的事实，滨河公司于1987年7月21日就申请注册了“滨河及图”商标，并于1988年2月20日被核准注册，该商标经过使用已经具有较高知名度，“滨河”作为该商标的主要识别部分，已经在相关公众中与滨河公司形成对应联系。在这种情况下，被异议商标在整体上与引证商标形成较大差异，白酒类商品的相关公众施以一般注意力可以将二者进行区分，不会造成混淆误认。此外，滨河公司主张其在被异议商标中使用“九粮”二字，源于其自主研发的“九粮九轮酿制工艺”，滨河公司已经将该酿制工艺向主管部门申报备案了“九粮香型白酒”生产企业标准；而且，根据现有证据，在被异议商标申请日前，滨河公司就于1996

---

① 本案裁定书参见第256页。

年将“滨河九粮液”项目在“第八届中国新技术新产品博览会”上展出，并获得该博览会颁发的金牌。综合考虑引证商标和被异议商标的构成要素、被异议商标的使用状况及知名度等情况，两商标共同使用在相同商品上不会导致相关公众混淆误认，不构成商标法第二十八条规定的相同或类似商品上的相同或近似商标。二审判决认定事实和适用法律并无不当，应当予以维持。

24. 主张在先著作权适格主体的证明

【裁判要旨】

著作权人、著作权的利害关系人均可依据商标法第三十一条的规定主张在先著作权。诉争商标申请日之后的著作权登记证书不能单独作为在先著作权的权属证据。诉争商标申请日之前的商标注册证虽不能作为著作权权属证据，但可以作为确定商标权人为有权主张商标标志著作权的利害关系人的初步证据。

【关键词】

商标　无效程序　在先著作权　利害关系人

【案号】

最高人民法院（2017）最高法行申 7174 号

【基本案情】

在再审申请人温州市伊久亮光学有限公司（以下简称伊久亮公司）与被申请人达马股份有限公司（以下简称达马公司）及二审被上诉人国家工商行政管理总局商标评审委员会（以下简称商标评审委员会）商标权无效宣告请求行政纠纷案①中，第 1316126 号鲨鱼图形商标（即诉争商标），于 1998 年 5 月 4 日申请注册，于 2008 年 3 月 26 日被核准注册，注册人为伊久亮公司，核定使用的商品为第 9 类眼镜。第 250160 号“PAUL&SHARK YACHTING 及图”商标（即引证商标），于 1985 年 7 月 27 日申请注册，1986 年 5 月 15 日被核准注册，注册人为达马公司，核定使用的商品为第 25 类服装。达马公司申请撤销伊久亮公司注册的诉争商标，其主要理由之一为诉争商标构成对达马公司在先著作权的侵害。商标评审委员会认为，达马公司提交的经过公证的作品登记证书的登记日期晚于诉争商标的申请注册日，在达马公司未能提交其他证据证明其在诉争商标申请注册前已创作完成或公开发表其美术作品的情况下，不能认定达马公司对鲨鱼图形作品享有著作权。达马公司主张撤销诉争商标的各项理由均不能成立。商标评审委员会作出商评字［2015］第

---

① 本案裁定书参见第 260 页。

66491 号《关于第 1316126 号图形商标无效宣告请求裁定书》（以下简称被诉裁定），维持了诉争商标。达马公司不服，提起行政诉讼。北京知识产权法院一审认为，在没有在先署名的情况下，仅凭在后作品上的署名及在先商标的申请注册，尚不具备推定其为在先著作权人的前提条件，更不能以此推定其为在先著作权人，故达马公司主张诉争商标的注册损害了其在先著作权依据不足。据此，判决驳回达马公司的诉讼请求。达马公司不服，提起上诉。北京市高级人民法院二审认为，在无相反证据的情况下，可以依据达马公司所提交的诉争商标申请日之后的著作权登记证书，认定其享有“鲨鱼”图形的著作权。该著作权登记证书所载创作完成时间与达马公司提交的意大利共和国商标注册证的登记时间互相印证，故可认定该作品创作完成的时间早于诉争商标申请日。综合考虑达马公司在诉争商标申请日前即在中国大陆申请注册含“鲨鱼”图形的引证商标的事实，以及诉争商标中“鲨鱼”图形与达马公司主张著作权的“鲨鱼”图形完全相同的事实，可以认定伊久亮公司申请注册诉争商标侵害了达马公司对该“鲨鱼”图形享有的在先著作权。据此，判决撤销了一审判决及被诉裁定，判令商标评审委员会重新作出裁定。伊久亮公司不服，向最高人民法院申请再审。最高人民法院于 2017 年 10 月 27 日裁定驳回伊久亮公司的再审申请。

【裁判意见】

最高人民法院审查认为：因我国实行作品自愿登记制度，著作权登记机关在制作、颁发著作权登记证书时不对所登记内容进行实质审查，故当著作权登记时间晚于诉争商标申请日时，仅凭著作权登记证书尚不足以认定登记的著作权人在诉争商标申请日之前即享有著作权。但除诉争商标申请日之后的著作权登记证书外，达马公司还提交了诉争商标申请日之前的意大利商标注册证和引证商标注册证，参照商标授权确权司法解释第十九条第三款之规定，商标注册证可以作为确定商标申请人为有权主张商标标志著作权的利害关系人的初步证据。本案中，鉴于伊久亮公司、商标评审委员会均未提交相反证据，故应认定达马公司有权主张涉案“鲨鱼”图形的著作权。伊久亮公司关于达马公司无权主张该图形著作权的主张，缺乏依据，不能成立。

25. 对他人是否享有在先著作权的审查认定

【裁判要旨】

对于当事人是否享有在先著作权，需要综合考量相关证据予以认定。在著作权登记证明晚于诉争商标申请日时，可以结合商标注册证、包含商标标志的网站页面、记载作品创作过程的报刊内容、产品实物、著作权转让证明等证据，在确认相关证据相互印证，已形成完整的证据链时，可以认定当事人对该商标标志享有在先著作权。

【关键词】

商标　异议程序　在先著作权　证据审查认定

【案号】

最高人民法院（2017）最高法行再35号

【基本案情】

在再审申请人杰杰有限公司（以下简称杰杰公司）与被申请人国家工商行政管理总局商标评审委员会（以下简称商标评审委员会）、一审第三人金华市百姿化妆品有限公司（以下简称百姿公司）商标异议复审行政纠纷案①中，百姿公司于2006年2月20日申请注册第5165219号“TOOFACED及图”商标（即被异议商标），指定使用在第3类化妆品、清洁制剂、指甲油、香皂、香水成套化妆用具等商品上。经初步审定公告后，杰杰公司在法定异议期内对被异议商标提出异议，认为其在中国大陆地区对“”（ENVYDOT-LOGO，以下简称羡慕标志）作品享有在先著作权，被异议商标侵犯了其在先著作权。国家工商行政管理总局商标局（以下简称商标局）裁定对被异议商标予以核准注册。杰杰公司不服，提出异议复审申请。商标评审委员会作出商评字（2013）第19020号《关于第5165219号“TOOFACED及图”商标异议复审裁定书》（以下简称被诉裁定），裁定被异议商标予以核准注册。杰杰公司不服，提起行政诉讼。北京市第一中级人民法院一审以杰杰公司提供的作品登记证书、登记证明、作品存档证明、著作权转让证明等证据均晚于被异议商标申请注册日，羡慕标志的美国商标注册证明等证据对于著作权而言证明力不足等理由，认定杰杰公司提供的证据不足以证明在被异议商标申请日之前，其在中国大陆地区对羡慕标志作品享有著作权。据此判决驳回杰杰公司的诉讼请求。杰杰公司不服，提起上诉。北京市高级人民法院二审判决驳回上诉、维持原判。杰杰公司不服，向最高人民法院申请再审。在再审审查及审理程序中，杰杰公司补充提交了羡慕标志作品前身“ENVY”系列作品的《美国著作权登记证书》、包含有杰杰公司网站（toofaced. com）过去特定时间页面的公证书、2004年12月6日美国《橘子郡商业报》、杰杰公司2005年部分产品实物及照片等证据。最高人民法院裁定提审本案，并于2017年12月21日判决撤销一审、二审判决及被诉裁定，商标评审委员会重新作出复审裁定。

① 本案裁定书参见第263页。

【裁判意见】

最高人民法院审查认为：虽然杰杰公司在一审期间提交的作品登记证书、登记证明、作品存档证明、著作权转让证明等证据均形成于2014年，但杰杰公司向最高人民法院提交的羡慕标志作品前身“ENVY”系列作品的《美国著作权登记证书》，可以证明杰罗德·布兰丁于1997年将羡慕标志作品的前身ENVY作品向美国版权局进行登记。杰杰公司网站过去特定时间页面的相关内容表明，该公司至迟于2001年已使用涉案羡慕标志作品。2004年12月6日美国《橘子郡商业报》中关于杰罗德·布兰丁的采访报道，不仅提及杰罗德·布兰丁对羡慕标志作品的创作过程，包括设计了一个夸张的曲线型女性轮廓剪影，而且该报还刊登了带有羡慕标志作品的TOO FACED品牌化妆品照片。杰杰公司2005年推出的部分产品实物表明，其多款化妆品包装盒上使用了羡慕标志作品。杰杰公司除在该公司网站及有关产品包装上就著作权保留作出声明之外，还专门指明相关作品系杰罗德·布兰丁为杰杰公司独家创作。尽管前述著作权保留声明是笼统针对网页或产品包装，但羡慕标志作品作为其中的重要内容，应当包括在前述声明的内容之中。羡慕标志的美国商标注册证亦可明确表明，含有羡慕标志的涉案商标图形至迟于2005年11月前已形成。在没有相反证据的情况下，前述证据与杰杰公司在原审期间提交的羡慕标志作品《美国著作权登记证明》、作品存档证明、著作权转让证明等证据相结合，能够证明杰罗德·布兰丁为羡慕标志作品的作者，亦可以证明其在创作完成羡慕标志作品后将其依法享有的相关著作权让与杰杰公司进行商业使用的事实，发生在被异议商标2006年2月20日申请注册之前。杰杰公司关于被异议商标的申请注册损害其在先著作权的主张，具有事实和法律依据。

26. 作为在先权利保护的“肖像”应当具有可识别性

【裁判要旨】

肖像权所保护的“肖像”应当具有可识别性，其中应当包含足以使社会公众识别其所对应的权利主体，即特定自然人的个人特征，从而能够明确指代该特定的权利主体。

【关键词】

商标　争议程序　肖像权　可识别性

【案号】

最高人民法院（2015）知行字第332号

【基本案情】

在再审申请人迈克尔·杰弗里·乔丹（以下简称迈克尔·乔丹）与被申请人国家工商行政管理总局商标评审委员会（以下简称商标评审委员会）、一审第三人乔丹体育股份有限公司（以下简称乔丹公司）商标争议行政纠纷案[①]中，涉及乔丹公司的第6020570号“”图形商标（即涉案商标），核定使用在国际分类第28类的游戏机、木偶、玩具等商品上，商标注册号为6020570。迈克尔·乔丹主张该商标含有其特定篮球运动形象，易使相关公众将之与其相联系，损害了其在先肖像权，故依据商标法第三十一条的规定针对涉案商标提起撤销申请。商标评审委员会认为，涉案商标图形部分为运球人物剪影，动作形象较为普通，并不具有特定指向性，难以认定该图形与迈克尔·乔丹存在一一对应关系，故作出商评字〔2014〕第52052号《关于第6020570号图形商标争议裁定书》（以下简称第52052号裁定），裁定诉争商标予以维持。迈克尔·乔丹不服，提起行政诉讼。北京市第一中级人民法院一审判决驳回其诉讼请求。迈克尔·乔丹不服，提起上诉。北京市高级人民法院二审判决驳回上诉，维持原判。迈克尔·乔丹不服，向最高人民法院申请再审。迈克尔·乔丹提交了其在相关期刊上登载的其本人持球运动照片，并主张涉案商标标识“”与照片中其运动形象的身体轮廓基本一致，损害其肖像权。最高人民法院于2017年12月27日裁定驳回迈克尔·乔丹的再审申请。

【裁判意见】

最高人民法院审查认为：肖像权所保护的“肖像”是对特定自然人体貌特征的视觉反映，社会公众通过“肖像”识别、指代其所对应的自然人，并能够据此将该自然人与他人相区分。根据肖像权以及肖像的性质，肖像权所保护的“肖像”应当具有可识别性，其中应当包含足以使社会公众识别其所对应的权利主体，即特定自然人的个人特征，从而能够明确指代其所对应的权利主体。如果请求肖像权保护的标识不具有可识别性，不能明确指代特定自然人，则难以在该标识上形成依法应予保护，且归属于特定自然人的人格尊严或人格利益。从社会公众的认知习惯和特点来看，自然人的面部特征是其体貌特征中最为主要的个人特征，一般情况下，社会公众通过特定自然人的面部特征就足以对其进行识别和区分。如果当事人主张肖像权保护的标识并不具有足以识别的面部特征，则应当提供充分的证据，证明该标识包含了其他足以反映其所对应的自然人的个人特征，具有可识别性，使得社会公众

① 本案裁定书参见第274页。

能够认识到该标识能够明确指代该自然人。关于迈克尔·乔丹在本案中主张的肖像权，照片中的迈克尔·乔丹运动形象清晰反映了其面部特征、身体形态、球衣号码等个人特征，社会公众据此能够清楚无误地识别该照片中的自然人为迈克尔·乔丹，故迈克尔·乔丹就照片中的运动形象享有肖像权。关于涉案商标标识“”，虽然该标识与照片中迈克尔·乔丹运动形象的身体轮廓的镜像基本一致，但该标识仅仅是黑色人形剪影，除身体轮廓外，其中并未包含任何与迈克尔·乔丹有关的个人特征。并且，迈克尔·乔丹就该标识所对应的动作本身并不享有其他合法权利，其他自然人也可以作出相同或者类似的动作，该标识并不具有可识别性，不能明确指代迈克尔·乔丹。因此，迈克尔·乔丹不能就该标识享有肖像权，其有关涉案商标的注册损害其肖像权的主张不能成立。

三、著作权案件审判

27. 模型作品的认定标准

【裁判要旨】

在判断是否构成受著作权法保护的模型作品时，不能将著作权法实施条例第四条第（十三）项模型作品的规定与第二条作品的规定割裂开来适用。在仅仅满足著作权法实施条例第四条第（十三）项规定的情况下，尚不能认定构成受著作权法保护的模型作品。

【关键词】

著作权　侵权　模型作品　独创性

【案号】

最高人民法院（2017）最高法民再353号

【基本案情】

在再审申请人深圳市飞鹏达精品制造有限公司（以下简称飞鹏达公司）与被申请人北京中航智成科技有限公司（以下简称中航智成公司）侵害著作权纠纷案①中，中航智成公司一审起诉主张飞鹏达公司制造、销售的歼十飞机模型侵害其歼十飞机美术作品著作权，侵害其于2007年11月16日从中国航空工业集团公司成都飞机设计研究所（以下简称成飞所）获得授权制造、销售的歼十飞机模型的模型作品著作权，侵害其设计图纸的图形作品及美术

---

① 本案裁定书参见第279页。

作品著作权。中航智成公司主张其获得授权的歼十飞机模型是从歼十飞机等比例缩小而来。北京市第一中级人民法院一审判决驳回中航智成公司的全部诉讼请求。中航智成公司不服，提起上诉。二审期间中航智成公司仅主张歼十飞机构成美术作品，歼十飞机模型构成模型作品，并主张其要求保护的歼十飞机模型产生于歼十飞机（1998 年 3 月首飞）之前。北京市高级人民法院二审认定歼十飞机不构成美术作品，同时认定中航智成公司要求保护的模型作品是 2007 年 1 月 5 日央视国际报道上公开的由成飞所完成的模型，该模型是歼十飞机等比例缩小而来。根据著作权法实施条例第四条第（十三）项的规定，模型与原物的近似程度越高或越满足需要，其独创性越高，歼十飞机模型构成模型作品。飞鹏达公司构成侵害中航智成公司歼十飞机模型作品著作权，判令飞鹏达公司停止侵权并赔偿中航智成公司经济损失 40 万元及合理费用 33360 元等。飞鹏达公司不服，向最高人民法院申请再审。中航智成公司于申请再审期间不要求保护歼十飞机的美术作品著作权。最高人民法院裁定提审本案，并于 2017 年 12 月 29 日判决撤销二审判决，维持一审判决。

【裁判意见】

最高人民法院提审认为：中航智成公司一审起诉要求保护的歼十飞机模型作品，是其从成飞所获得授权制造、销售的歼十飞机模型，该模型是歼十飞机的等比例缩小，故歼十飞机产生在先，中航智成公司在本案中要求保护的歼十飞机模型产生在后。中航智成公司主张飞鹏达公司生产、销售的歼十飞机模型侵害其对歼十飞机模型享有的模型作品著作权，应当对其获得授权制造、销售的歼十飞机模型构成受我国著作权法保护的模型作品负有举证责任。中航智成公司在本案中要求保护的歼十飞机模型与歼十飞机相比，除材质、大小不同外，外观造型完全相同。因此，无论中航智成公司在将歼十飞机等比例缩小的过程中付出多么艰辛的劳动，中航智成公司均未经过自己的选择、取舍、安排、设计、综合、描述，创作出新的点、线、面和几何结构，其等比例缩小的过程仅仅只是在另一载体上精确地再现了歼十飞机原有的外观造型，没有带来新的表达，属于严格按比例缩小的技术过程。在中航智成公司不能证明其根据歼十飞机等比例缩小而制造的歼十飞机模型具有独创性的情况下，该过程仍然是复制，产生的歼十飞机模型属于歼十飞机的复制件，不构成受我国著作权法所保护的模型作品。即便按二审法院认定的事实，中航智成公司制造、销售的歼十飞机模型是对成飞所完成的歼十飞机模型的复制，因二审法院认定由成飞所完成的歼十飞机模型，亦为歼十飞机的等比例缩小，故基于与上述同样的理由，该成飞所完成的模型亦不具有独创性，不受我国著作权法的保护。因此，二审法院关于“模型与原物的近似程度越高，其独创性越高”的认定，违背我国著作权法的基本原理。又鉴于我国著作权法只保护作品的表达，不延及思想、工艺、操作方法或数学概念，且我国著作权法保护的表达是具有文学、艺术和科学审美意义的智力成果，不保护为满足人们实际生活需要的实用性和功能性的表达，因此，二审法院关于“模型越满足实际需要，其独创性越高”的认定，也违背我国著作权法的立法本意。中航智成公司关于飞鹏达公司侵害其歼十飞机模型作品著作权的起诉主张缺乏事实和法律依据，一审法院对其诉讼主张不予支持正确。

28. 将他人作品作为商标使用时侵权损害赔偿的计算

【裁判要旨】

未经许可将他人作品作为商标使用，构成侵害他人著作权的，不应依据权利人损失或侵权人获益计算损害赔偿，而应主要考虑著作权许可使用费。被诉侵权人商标设计费用可以作为确定著作权许可使用费的参考。

【关键词】

著作权　侵权损害赔偿　商标使用

【案号】

最高人民法院（2017）最高法民申 2348 号

【基本案情】

在再审申请人李艳霞与被申请人吉林市永鹏农副产品开发有限公司（以下简称永鹏公司）及一审第三人南关区本源设计工作室（以下简称本源工作室）侵害著作权纠纷案[①]中，2008 年 9 月，李艳霞创作完成“鹿献灵芝”“为鹿疗伤”“人鹿和谐”等连环画形式的系列剪纸作品，取名为《老爷岭的传说》，后改名为《老爷岭的故事》。该系列剪纸作品在 2009 年 2 月出版的《剪纸画吉林》、2012 年 2 月出版的《剪纸画关东》《中华剪纸》等多种书刊上进行过公开发表。永鹏公司设立于 2002 年 2 月，经营范围为大米加工等。2012 年 6 月 13 日，永鹏公司与本源工作室签订《本源设计项目委托合同书》，约定的设计项目内容为各种不同规则的包装袋，设计费为 1.5 万元。合同签订后，本源工作室向永鹏公司提供了产品外包装的设计图，永鹏公司如约支付设计费。2012 年 10 月，永鹏公司申请将该设计图中的“人鹿图案”注册为商标，并于 2014 年 3 月 14 日取得商标注册证，永鹏公司将该商标用于多种粮食产品的外包装上进行销售经营。李艳霞以永鹏公司侵害其著作权为由，提起诉讼，主张按照权利人损失或侵权人获利计算损害赔偿，永鹏公

---

① 本案裁定书参见第 297 页。

司需赔偿210万元。吉林省吉林市中级人民法院一审认为，永鹏公司注册并在产品外包装上使用的“人鹿图案”商标与李艳霞创作的“人鹿和谐”剪纸作品中的人、鹿形象高度相似，永鹏公司提供的现有证据不足以证明其注册并使用的商标具有合法独立创作来源或授权，应认定构成著作权侵权。李艳霞主张的损失赔偿计算方式，缺乏合理合法依据。综合考虑涉案作品价值、独创性程度、侵权情节、主观过错程度及诉讼合理支出等因素，酌定赔偿数额为8万元。李艳霞不服，提起上诉。吉林省高级人民法院二审判决驳回上诉、维持原判。李艳霞不服，向最高人民法院申请再审。最高人民法院于2017年9月26日裁定驳回了李艳霞的再审申请。

【裁判意见】

最高人民法院审查认为：本案所涉作品为剪纸美术作品。就美术作品而言，如果侵权行为系出版行为，可按照权利人因此遭受的稿酬损失计算；如果侵权行为系复制美术品的方式，一般应按照侵权人的市场利润即复制品数量与单位利润计算，因为作品是侵权复制品定价的核心，侵权复制品的获利应当视为来自作品的全部贡献或主要贡献。如果是将美术作品用于宣传其他商品，如用于广告、装饰装潢等，商品利润与作品价值之间并无直接的因果关系，不宜将商品利润直接作为作品损失。侵权行为的收益往往表现在应当支付但未支付的成本，即著作权许可费用。本案所涉侵权行为系擅自将他人作品用作商标的行为。作品被用作商标，一般有两种情况，一种是通过许可使用合同获得已有作品的授权，一种是自行或委托他人创作。在使用许可合同中，作品的独创性可能对商标显著性有影响，作品的知名度对商标的知名度有贡献，均可作为作品价值的参考要素，体现在许可使用费中。如果是自行创作或委托创作，一般分为两阶段，商标设计制作和商标交付使用阶段。在商标设计制作阶段，设计人使用的是作品，其通过创作作品获得相应报酬，因此商标设计费是作品被用作商标的对价。在商标使用过程中，使用人主要使用的是商标而非作品，其产生的价值应当主要属于商标价值而非作品价值。无论上述哪种情况，对于作品权利人而言，当作品被他人擅自用作商标，丧失的既非出版稿酬损失，也非美术品损失，而是许可他人用作商标的费用与机会损失。因此，二审法院认为，不宜以标有商标的包装袋数量作为侵权复制品的数量，应以作品授权许可费用作为标准计算本案损失，符合法律规定。本案中，作品被复制侵权的第一使用人系本源工作室，其通过为永鹏公司设计商标获取的费用，是其使用涉案作品获得的直接利益，可以作为衡量作品损失的参考标准。一般认为，侵权复制者的成本较低，其授权作品的价格可能低于合法授权作品的价格，因此，可在参考该费用的基础上，考虑侵权行为的性质、影响等因素，乘以适当倍数，进行计算。有鉴于此，一审、二审法院综合考虑涉案作品价值、独创性程度、侵权情节、主观过错程度及诉讼合理支出等因素，酌定赔偿数额为 8 万元并无不妥。

四、不正当竞争案件审判

29. 知名商品特有包装装潢中的“商品”与“包装装潢”应当具有特定指向关系

【裁判要旨】

反不正当竞争法第五条第二项规定的“知名商品”和“特有包装装潢”之间具有互为表里、不可割裂的关系，只有使用了特有包装装潢的商品，才能够成为反不正当竞争法调整的对象。抽象的商品名称或无确定内涵的商品概念，脱离于包装装潢所依附的具体商品，缺乏可供评价的实际使用行为，不具有依据反不正当竞争法第五条第二项规定进行评价的意义。

【关键词】

不正当竞争　知名商品　特有包装装潢　权益归属

【案号】

最高人民法院（2015）民三终字第 2 号、第 3 号

【基本案情】

在上诉人广东加多宝饮料食品有限公司（以下简称加多宝公司）与被上诉人广州医药集团有限公司（以下简称广药集团）、广州王老吉大健康产业有限公司（以下简称大健康公司）擅自使用知名商品特有包装装潢纠纷两案（以下简称“红罐”特有包装装潢纠纷案）[①] 中，2012 年 7 月 6 日，广药集团与加多宝公司于同日分别向法院提起诉讼，均主张享有“红罐王老吉凉茶”知名商品特有包装装潢的权益，并据此诉指对方生产销售的红罐凉茶商品的包装装潢构成侵权。广东省高级人民法院一审认为，“红罐王老吉凉茶”包装装潢的权益享有者应为广药集团，大健康公司经广药集团授权生产销售的红罐凉茶不构成侵权。由于加多宝公司不享有涉案包装装潢权益，故其生产销售的一面“王老吉”、一面“加多宝”和两面“加多宝”的红罐凉茶均构成侵权。一审法院遂判令加多宝公司停止侵权行为，刊登声明消除影响，并赔偿广药集团经济损失 1.5 亿元及合理维权费用 26 万余元。加多宝公司不

① 本案裁定书参见第 300 页。

服两案一审判决，向最高人民法院提起上诉。最高人民法院终审判决认为，本案中的知名商品为“红罐王老吉凉茶”，在红罐王老吉凉茶产品的罐体上包括“黄色王老吉文字、红色底色等色彩、图案及其排列组合等组成部分在内的整体内容”，为知名商品的特有包装装潢。广药集团与加多宝公司均主张对红罐王老吉凉茶的特有包装装潢享有权益，具体而言，作为“王老吉”注册商标的权利人，广药集团认为，因“王老吉”商标是包装装潢不可分割的组成部分，并发挥了指示商品来源的显著识别作用，消费者当然会认为红罐王老吉凉茶来源于“王老吉”商标的权利人，而配方、口味并不会影响消费者对商品的识别和判断。作为红罐王老吉凉茶曾经的实际经营者，加多宝公司认为，包装装潢权益与“王老吉”商标权的归属问题各自独立，互不影响。消费者喜爱的是由加多宝公司生产并选用特定配方的红罐王老吉凉茶，本案包装装潢由加多宝公司使用并与前述商品紧密结合，包装装潢的相关权益应归属于加多宝公司。最高人民法院对此认为，结合红罐王老吉凉茶的历史发展过程、双方的合作背景、消费者的认知及公平原则的考量，因广药集团及其前身、加多宝公司及其关联企业，均对涉案包装装潢权益的形成、发展和商誉建树，各自发挥了积极的作用，将涉案包装装潢权益完全判归一方所有，均会导致显失公平的结果，并可能损及社会公众利益。因此，涉案知名商品特有包装装潢权益，在遵循诚实信用原则和尊重消费者认知并不损害他人合法权益的前提下，可由广药集团与加多宝公司共同享有。在此基础上，广药集团所称加多宝公司生产销售的红罐凉茶商品，以及加多宝公司所称大健康公司根据广药集团授权生产销售的红罐凉茶商品构成擅自使用他人知名商品特有包装装潢权益的主张，均不能成立。最高人民法院遂于 2017 年 7 月 7 日二审判决对广药集团及加多宝公司的诉讼请求均予以驳回。

【裁判意见】

最高人民法院二审认为：包装装潢具有显著识别特征，并使用于具有一定知名度的商品之上，是与包装装潢有关的商业标识性权益获得反不正当竞争法保护的条件。在适用反不正当竞争法第五条第二项的规定时，应对“特有包装装潢”与“知名商品”之间的关系作出正确理解，即二者具有互为表里、不可割裂的关系。只有使用了特有包装装潢的商品，才能够成为反不正当竞争法评述的对象。相反，抽象的商品名称，或无确定内涵的商品概念，脱离于包装装潢所依附的具体商品，缺乏可供评价的实际使用行为，不具有依据反不正当竞争法第五条第二项规定进行评价的意义。“王老吉凉茶”作为一种商品名称，在双方纠纷发生之时，至少可以指代由广药集团生产的绿色纸盒或加多宝公司生产的红色罐装等不同包装装潢形式的凉茶商品。而本案界定“知名商品”的目的，是为了判断附着于其上的、特定的包装装潢形式，是否符合反不正当竞争法对商业标识性权益提供保护的条件。因此，该“知名商品”应当与涉案包装装潢形式具有明确的指向关系。一审法院脱离了商品与包装装潢所应具有的依附关系，将指代并不唯一的商品名称“王老吉凉茶”认定为本案的“知名商品”，缺乏事实与法律依据，对此予以纠正。

30. 确定知名商品特有包装装潢权益归属的考量因素

【裁判要旨】

在确定特有包装装潢的权益归属时，既要在遵循诚实信用原则的前提下鼓励诚实劳动，也应当尊重消费者基于包装装潢本身具有的显著特征而客观形成的对商品来源指向关系的认知。

【关键词】

不正当竞争　知名商品　特有包装装潢　权益归属

【裁判意见】

在前述“红罐”特有包装装潢纠纷案①中，最高人民法院还明确了确定知名商品特有包装装潢权益归属的考量因素。最高人民法院二审认为：本案所涉知名商品特有包装装潢纠纷的产生，源于双方在签订和履行商标许可使用合同的过程中，并未对可能产生于许可使用期间的衍生利益如何进行分割作出明确的约定。通常情况下，在商标许可使用关系终止后，被许可人应停止使用行为，被许可使用商标之上所积累的商誉，应同时归还于许可人。但本案纠纷发生的特殊之处在于，许可使用期间形成的特有包装装潢，既与被许可商标的使用存在密切联系，又因其具备反不正当竞争法下独立权益的属性，而产生了外溢于商标权之外的商誉特征。双方各自提出的权利主张，既涉及与商业标识性权益保护有关的一般性法律适用问题，也体现了本案所特有的包装装潢权益在形成过程中所包含的复杂历史和现实因素。注册商标制度与知名商品特有包装装潢权益保护制度虽然均属于对商业标识性权益提供保护的法律制度，但二者的权利来源和保护条件有所不同。注册商标与包装装潢可以各自发挥其独立的识别作用，并分属于不同的权利主体。红罐王老吉凉茶推出市场后，经过加多宝公司及其关联企业有效的营销活动，红罐王老吉凉茶使用的包装装潢因其知名度和独特性，已经形成了独立的商业标识性权益。但本案的特殊之处在于，作为涉案包装装潢实际经营者的加多宝公司，在设计、使用及宣传推广的过程中，始终将作为广药集团注册商标的

---

① 本案裁定书参见第340页。

“王老吉”文字在包装装潢中进行了突出使用，且从未着意阻断和清晰区分包装装潢与其中包含的注册商标之间的关系，客观上使包装装潢同时指向了加多宝公司与广药集团。消费者亦不会刻意区分法律意义上的商标权与知名商品特有包装装潢权益，而会自然地将红罐王老吉凉茶与广药集团、加多宝公司同时建立联系。实际上，涉案包装装潢中确实也同时蕴含了广药集团“王老吉”品牌的影响力，以及加多宝公司通过十余年的生产经营和宣传推广而形成、发展而来的商品知名度和包装装潢的显著识别效果。综合考虑上述因素，结合红罐王老吉凉茶的历史发展过程、双方的合作背景、消费者的认知及公平原则的考量，因广药集团及其前身、加多宝公司及其关联企业，均对涉案包装装潢权益的形成、发展和商誉建树，各自发挥了积极的作用，将涉案包装装潢权益完全判归一方所有，均会导致显失公平的结果，并可能损及社会公众利益。因此，涉案知名商品特有包装装潢权益，在遵循诚实信用原则和尊重消费者认知并不损害他人合法权益的前提下，可由广药集团与加多宝公司共同享有。

五、植物新品种案件审判

31. 植物新品种保护条例第六条规定中“销售”的含义

【裁判要旨】

对于植物新品种保护条例第六条规定中“销售”一词的含义，应该结合我国已经加入的《国际植物新品种保护公约》（1978 年文本）第五条第一款的规定予以理解。根据国际法与国内法解释一致性原则，植物新品种保护条例第六条所称的“销售”应该包括许诺销售行为。

【关键词】

植物新品种　侵权　销售　国际公约

【案号】

最高人民法院（2017）最高法民申 4999 号

【基本案情】

在再审申请人莱州市永恒国槐研究所（以下简称永恒国槐研究所）与被申请人葛燕军侵害植物新品种权纠纷案[①]中，永恒国槐研究所系名称为“双季米槐”的植物新品种的权利人，品种权自 2004 年 12 月 20 日起生效，有效

① 本案裁定书参见第 390 页。

期限20年。永恒国槐研究所以葛燕军未经许可生产、销售“双季米槐”苗木侵害其植物新品种权为由，提起诉讼。一审时，永恒国槐研究所提交了《购苗木合同》、录音、录像等证据，以证明葛燕军侵权的事实。《购苗木合同》仅有甲方葛燕军的签名，无乙方永恒国槐研究所签章。山西省太原市中级人民法院一审认为，《购苗木合同》仅一方签章，不符合合同成立的要件。依据现有证据，永恒国槐研究所不能证明葛燕军存在侵犯其植物新品种权的行为。遂判决驳回永恒国槐研究所的诉讼请求。永恒国槐研究所不服，提起上诉。山西省高级人民法院二审判决驳回上诉，维持原判。永恒国槐研究所不服，向最高人民法院申请再审。2017年12月26日，最高人民法院裁定指令山西省高级人民法院再审本案。

【裁判意见】

最高人民法院审查认为：虽然《购苗木合同》上无买方签章、该合同亦未生效，但是《购苗木合同》中品种名称明确载明为“双季米槐”，结合该合同书的形成过程及内容可以认定，葛燕军至少实施了推销“双季米槐”繁殖材料的行为。音像材料亦显示，葛燕军认可其销售的是“双季米槐”。《中华人民共和国植物新品种保护条例》第十八条第一款规定：“授予品种权的植物新品种应当具备适当的名称，并与相同或者相近的植物属或者种中已知品种的名称相区别。该名称经注册登记后即为该植物新品种的通用名称。”据此可知，授权品种的名称具有独特性，在没有相反证据时，名称相同的品种可推定为同一品种。因此，基于本案原审现有证据，可以认定葛燕军对外推销的繁殖材料为授权品种“双季米槐”的可能性较大，达到了高度盖然性的证明尺度。根据植物新品种保护条例第六条的规定，未经品种权人许可，为商业目的生产或者销售该授权品种的繁殖材料属于侵犯品种权的行为。对于该规定中“销售”一词的含义，应该结合我国已经加入的《国际植物新品种保护公约》（1978年文本）中的相关规定予以理解，使得对国内法的解释与我国加入的国际公约保持协调。该公约第五条第一款规定：“授予育种者权利的效果是在对受保护品种自身的有性或无性繁殖材料进行下列处理时，应事先征得育种者同意：以商业销售为目的之生产；许诺销售；市场销售。”根据国际法与国内法解释一致性原则，植物新品种保护条例第六条所称的“销售”应该包括许诺销售行为。本案中，葛燕军通过合同磋商销售“双季米槐”繁殖材料的行为构成许诺销售，属于销售行为的一种。对此，葛燕军应承担相应的民事责任。

六、技术合同案件审判

32. 技术工业化合同中合同目的的认定

【裁判要旨】

能否产出符合合同约定的产品，与该产品能否上市销售、是否适销对路、有否利润空间等，并非同一层面的问题。在涉及技术工业化的合同中，如无明确约定，不应将产品商业化认定为合同目的。

【关键词】

技术合同　技术工业化产品商业化　合同目的

【案号】

最高人民法院（2016）最高法民再251号

【基本案情】

在再审申请人陕西天宝大豆食品技术研究所（以下简称天宝所）与被申请人汾州裕源土特产品有限公司（以下简称裕源公司）技术合同纠纷案①中，裕源公司、天宝所于2006年5月5日签订了《专利实施许可合同》，约定天宝所将其“核桃乳酸菌饮料及其制备方法”专利（即涉案专利）许可裕源公司实施。次日，双方又签订了《投资合作协议书》。裕源公司以利用天宝所的涉案技术生产出的核桃乳酸菌饮料不合格，涉案技术达不到工业化生产的条件，致使合同无法履行，构成根本性违约为由，请求解除《专利实施许可合同》和《投资合作协议书》（统称涉案合同），返还技术服务费并赔偿损失。山西省吕梁市中级人民法院一审认为，裕源公司已举证证明其履行了合同义务，并就涉案设备、产品等所存在的问题和缺陷提交了证据，天宝所并未提交反证，故应由天宝所承担举证不利的后果。据此，判决解除涉案合同，返还技术使用费并赔偿相关损失。天宝所不服，提起上诉。山西省高级人民法院二审认为，裕源公司始终未能生产出符合上市条件的合格产品，双方就涉案非标设备的质量问题亦有争议。因天宝所未能解决试生产饮品存在的口感不稳定、沉淀等问题，故可以认定天宝所并没有按合同约定完成其合同义务。鉴于裕源公司签订涉案合同的目的落空，故应判决解除合同、返还技术使用费。但因双方均不存在主观过错，故对相关损失应依照公平原则分担，由裕源公司承担20%的损失；由天宝所承担80%的损失。故判决维持了一审

① 本案裁定书参见第394页。

判决关于解除合同和返还技术使用费的判项，对赔偿损失的数额作出了调整。天宝所不服，向最高人民法院申请再审。最高人民法院裁定提审本案，并于2017年1月24日作出再审判决，撤销了一审、二审判决，驳回裕源公司的全部诉讼请求。

【裁判意见】

最高人民法院提审认为：合同法第九十四条确立了合同法定解除权制度。其作为合同法项下的制度，必然须以维护意思自治、鼓励市场交易、稳定市场秩序、实现资源的有效配置的合同法立法宗旨和价值取向为依归，故对合同法定解除权的适用条件予以严格限定才是这一制度的主要方面和价值侧重。技术合同领域，特别是在涉及技术工业化的合同中，尤应注意对合同法定解除权的适用予以严格规范。区分技术工业化和产品商业化的概念，避免在没有明确约定的情况下，将产品商业化认定为技术合同的目的。技术工业化以技术的工业化运用为目标，其仅解决技术能否从实验室走向工厂，产出合格产品的问题；产品商业化则以盈利为目标，其所关心的是供给侧和需求侧在质和量上是否匹配的问题，亦即产品是否适销对路、有无利润空间的问题。技术工业化只是产品商业化的必要条件，而非充分条件。产品商业化的达成，还需要满足诸如精准分析市场需求、巧妙设定营销策略、严格控制产销成本、切实保障资金流转等与技术无关的其他条件。故若在无明确约定的情况下将产品商业化，乃至盈利，认定为技术合同的合同目的，将阻滞技术向生产力的转化。本案中，涉案合同明确约定，合同项下合格产品的认定标准为国家标准。二审法院以“符合上市条件”作为认定产品合格的依据，将合同约定的技术标准拔高为市场标准，系对涉案合同关于合格产品认定标准条款的错误理解，其关于天宝所因始终未能解决试产产品存在的口感不稳定、有沉淀等问题而构成根本违约的认定，确有错误。最高人民法院亦指出，投资方应审慎签订涉及技术工业化的合同，在技术指标的设置和产品合格标准的选择上，应当尽可能贴近市场对产品的要求，尤应避免在市场竞争较为激烈或相关公众要求较高的领域，仅以市场准入标准作为合同项下的产品合格标准，从而陷入产品合格而商业失败的窘境。

七、关于知识产权诉讼程序与证据

（一）知识产权民事诉讼程序与证据

33. 网络购物收货地不宜作为知识产权和不正当竞争案件的侵权行为地

【裁判要旨】

侵犯知识产权和不正当竞争案件中，原告通过网络购物方式购买被诉侵权产品，不宜适用民事诉讼法司法解释第二十条的规定，以网络购物收货地作为侵权行为地确定案件的地域管辖。

【关键词】

不正当竞争　管辖　网络购物收货地　侵权行为地

【案号】

最高人民法院（2016）最高法民辖终107号

【基本案情】

在上诉人广东马内尔服饰有限公司（以下简称马内尔公司）、周乐伦与被上诉人新百伦贸易（中国）有限公司（以下简称新百伦公司）、一审被告南京东方商城有限责任公司（以下简称南京东方商城）不正当竞争纠纷管辖异议案[①]中，广州市星珈服饰有限公司（以下简称广州星珈公司）于2013年4月1日至2014年3月31日期间在南京东方商城开设专柜销售“新百伦”和“百伦”牌男鞋，消费者购买被诉产品后向南京东方商城付款，并由其出具发票。新百伦公司通过网络向马内尔公司购买“新百伦”和“百伦”牌鞋（即被诉侵权产品），后者交付被诉侵权产品的地址即收货地为南京。2015年4月21日，新百伦公司以其享有“新百伦”在先企业字号权、知名商品特有名称“新百伦”、周乐伦恶意受让“百伦”、恶意抢注“新百伦”商标、南京东方商城和马内尔公司销售被诉产品，共同构成不正当竞争为由，向江苏省高级人民法院提起不正当竞争之诉。周乐伦、马内尔公司在答辩期内提出管辖权异议。江苏省高级人民法院一审认为，本案系不正当竞争纠纷案件，双方当事人争议内容涉及企业字号及商标侵权，故在案件性质上属于侵权纠纷的一种类型。网络交易的特性决定了侵权行为人是在买受人收货地交付被诉侵权产品，因而网络交易收货地既是侵权行为实施地，也是侵权结果发生地，二者高度重合。我国相关知识产权法律均明确规定未经权利人许可，销售侵

---

① 本案裁定书参见第409页。

权产品构成侵权行为。为方便权利人维权诉讼、及时制止侵权行为，销售地作为侵权行为地早已成为知识产权侵权以及不正当竞争纠纷案件确定地域管辖的重要联结点，也是确定地域管辖的全球通例。根据本案相关事实，南京地区既是被告南京东方商城的住所地，也是被诉侵权行为地，故江苏省高级人民法院依法享有管辖权，裁定驳回周乐伦、马内尔公司对本案管辖权提出的异议。周乐伦、马内尔公司不服，提起上诉。最高人民法院于 2017 年 6 月 13 日作出二审裁定，撤销一审裁定，本案应分案后重新确定管辖法院。

【裁判意见】

最高人民法院审理认为：侵犯知识产权案件和不正当竞争案件均属于侵权类案件，根据民事诉讼法第二十八条以及民事诉讼法司法解释第二十四条规定，可以依据侵权行为地确定案件的管辖法院，侵权行为地包括侵权行为实施地和侵权结果发生地。在此类案件中，由于附着了相关知识产权的商品具有大范围的可流通性，如何确定侵权行为地有不同于一般民事纠纷案件的特殊性。根据《关于审理商标民事纠纷案件适用法律若干问题的解释》（法释〔2002〕32 号）第六条的规定，在侵犯商标权案件中，除了大量侵权商品的储藏地以及海关、工商等行政机关依法查封、扣押侵权商品的所在地外，仅侵权行为的实施地或者被告住所地可以作为管辖依据，不再依据侵权结果发生地确定管辖。本案中，新百伦公司认为马内尔公司的侵权行为是基于周乐伦的授权，通过网络销售被诉侵权产品，参照前述司法解释规定，新百伦公司可以在马内尔公司被诉侵权行为的实施地以及该公司住所地的人民法院提起诉讼。马内尔公司住所地位于广东省广州市天河区，新百伦公司亦无其他证据证明其在公司住所地之外的其他地区实施了侵权行为，故应以该住所地作为对马内尔公司相应行为确定管辖的依据。民事诉讼法司法解释第二十条规定："以信息网络方式订立的买卖合同，通过信息网络交付标的的，以买受人住所地为合同履行地；通过其他方式交付标的的，收货地为合同履行地。合同对履行地有约定的，从其约定。"该条规定是对民事诉讼法第二十三条、第三十四条关于合同履行地的补充规定。对于以信息网络方式订立的买卖合同，确定被告住所地或者合同履行地存在一定的困难，故司法解释该条进行了明确。由于合同案件与侵犯知识产权及不正当竞争案件存在较大的不同，合同案件一般发生在合同当事人之间，且其影响基本仅限于特定的行为和特定的当事人，而在侵犯知识产权和不正当竞争案件中，当事人通过网络购物方式取得被诉侵权产品，虽然形式上与"以信息网络方式订立买卖合同"并无区别，但其所提出的侵权主张并非仅针对这一特定的产品，而是包含了特定权利的所有产品；其主张也并非仅针对合同的另一方主体，而可能是与此产品相关的、根据法律规定可能构成侵权的其他各方主体。考虑到上述区别，并考虑到侵犯知识产权案件和不正当竞争案件中对侵权行为地的确定有专门的规定，在此类案件中，如果原告通过网络购物方式购买被诉侵权产品，不宜适用民事诉讼法司法解释第二十条的规定来确定案件的地域管辖。一审法院援引民事诉讼法司法解释第二十条的规定，认定南京市既是马内尔公司的侵权行为实施地，也是侵权结果发生地，适用法律不当，予以纠正。

34. 对涉及市场统计调查的公证书证据的审查认定

【裁判要旨】

对涉及市场统计调查的公证书证据的审查认定，应当具体审查该市场统计调查的客观性、科学性、适法性等有关情况，不能仅因该调查经过公证就当然采信。

【关键词】

不正当竞争　侵权　市场统计调查　公证书

【案号】

最高人民法院（2017）最高法民申 3918 号

【基本案情】

在再审申请人河北六仁烤饮品有限公司（以下简称六仁烤公司）与被申请人河北养元智汇饮品股份有限公司（以下简称养元公司）及一审被告金华市金东区叶保森副食店（以下简称叶保森副食店）擅自使用知名商品特有包装、装潢纠纷案[①]中，养元公司主张该公司的“六个核桃”核桃乳饮品为知名商品，该饮品采用“蓝罐奶花飘带图”“奶花篮框祥云图”“六个核桃六六大顺贺岁图”“蓝罐奶花飘带复合图”等作为产品包装、装潢，六仁烤公司未经许可在其生产的核桃乳产品上使用了与养元公司相似的包装、装潢，构成不正当竞争，请求法院判令六仁烤公司与叶保森副食店停止该不正当竞争行为并共同赔偿损失 20 万元。浙江省金华市中级人民法院一审认为，养元公司生产、销售的“六个核桃”核桃乳饮料的包装装潢属于知名商品特有的包装装潢，六仁烤公司生产、销售被诉侵权产品的行为构成不正当竞争，判决六仁烤公司停止侵权并赔偿养元公司损失与合理开支共 12 万元，叶保森副食店停止销售被诉侵权产品并赔偿养元公司损失与合理开支共 5000 元。六仁烤公司不服，提起上诉。浙江省高级人民法院二审判决驳回上诉，维持原判。六仁烤公司不服，向最高人民法院申请再审，主要理由包括：原判决认定六

---

① 本案裁定书参见第 415 页。

仁烤公司的商品包装、装潢与养元公司的商品包装、装潢近似，易使相关公众产生误认，该认定缺乏证据证明。六仁烤公司在一审诉讼中提交的证据（2016）晋证经字第498号公证书（以下简称第498号公证书）可以证明消费者对该两种商品不会产生混淆误认。最高人民法院于2017年9月29日裁定驳回六仁烤公司的再审申请。

【裁判意见】

最高人民法院审查认为：关于六仁烤公司所称第498号公证书可以证明其商品包装、装潢与养元公司商品包装、装潢不近似、不会使消费者产生混淆误认一节，第498号公证书涉及市场统计调查，对该项证据应否采信，应当具体审查该市场统计调查的客观性、科学性、适法性等有关情况，不能仅因该调查经过公证就当然采信。第498号公证书所记载的市场统计调查，由六仁烤公司设计、提供相关表格，并派员参与调查过程，非由中立第三方独立完成，故其客观性存疑；从调查表格的设计来看，一张调查表同时记录多名受访人的意见，每名受访人均能看到其他受访人的选择结果，不是在不受外界影响的状态下独立作出判断，易出现从众效应，故不具有科学性；调查过程中，对两种商品的摆放不符合判断商品包装装潢是否近似时应隔离比对的要求，每名受访人均能同时看到两种商品；从问卷问题的设计来看，直接询问受访人是否发生实际混淆，没有考虑混淆可能性。因此，原审法院对第498号公证书不予采信并无不当。

35. 在申请再审程序中以新的证据主张现有技术抗辩不应予以支持

【裁判要旨】

专利侵权案件中，被诉侵权人在申请再审程序中以新的证据主张现有技术抗辩，表面上系以新证据为由申请再审，但实质上相当于另行提出新的现有技术抗辩。如允许被诉侵权人在申请再审程序中无限制地提出新的现有技术抗辩，与专利权人应当在一审法庭庭审辩论终结前固定其主张的权利要求相比，对专利权人显失公平，且构成对专利权人的诉讼突袭，亦将架空一、二审诉讼程序。

【关键词】

专利　侵权　申请再审程序　现有技术抗辩

【案号】

最高人民法院（2017）最高法民申768号

【基本案情】

在再审申请人唐山先锋印刷机械有限公司（以下简称先锋公司）与被申

请人天津长荣印刷设备股份有限公司（以下简称长荣公司）、一审被告常州市恒鑫包装彩印有限公司（以下简称恒鑫公司）侵害发明专利权纠纷案[①]中，2004 年 11 月 29 日，长荣公司向国家知识产权局提出了名称为“一种一次走纸供多次压印工位的模压工艺及自动模切烫印机”的发明专利申请，该申请于 2005 年 5 月 11 日公开，并于 2008 年 12 月 24 日获得授权，专利号为 ZL200410093700.6（即涉案专利）。长荣公司一审起诉先锋公司及恒鑫公司侵犯其涉案专利权。先锋公司在一审诉讼中提交授权公告号为 CN2416050Y，专利号为 00226345.9，名称为“烫金模切机”，授权公告日为 2001 年 1 月 24 日的专利文件，主张被诉侵权产品实施的技术属于现有技术。江苏省常州市中级人民法院一审认定先锋公司的现有技术抗辩不成立，判令先锋公司停止侵权并赔偿长荣公司经济损失。先锋公司不服，提起上诉。江苏省高级人民法院二审判决驳回上诉，维持原判。先锋公司不服，向最高人民法院申请再审，称其实施的技术属于现有技术，并提交了未曾在一、二审程序中提交过的公开号为 CN1302730A，申请号为 00134692.X，名称为“一种烫印模切联动机及其联动方法”，公开日为 2001 年 7 月 11 日的专利文件。最高人民法院于 2017 年 3 月 29 日裁定驳回先锋公司的再审申请。

【裁判意见】

最高人民法院审查认为：《中华人民共和国专利法》第六十二条规定，在专利侵权纠纷中，被诉侵权人有证据证明其实施的技术或者设计属于现有技术或者现有设计的，不构成侵犯专利权。本案中，先锋公司在一审、二审诉讼中提交授权公告号为 CN2416050Y 的专利文件，主张被诉侵权产品实施的技术属于现有技术。先锋公司现申请再审称其实施的技术属于现有技术，并提交了公开号为 CN1302730A 的另一份专利文件作为新证据。该证据是先锋公司在一审、二审阶段可以取得的，其在不同诉讼程序中以不同的证据主张现有技术抗辩，表面上系以新证据为由申请再审，但实质上相当于另行提出新的现有技术抗辩。根据《最高人民法院关于审理侵犯专利权纠纷案件应用法律若干问题的解释》第一条关于“人民法院应当根据权利人主张的权利要求，依据专利法第五十九条第一款的规定确定保护范围。权利人在一审法庭辩论终结前变更其主张的权利要求的，人民法院应当准许”之规定，专利权人应当在一审法庭庭审辩论终结前固定其权利要求。如允许先锋公司无限制地提出新的现有技术抗辩，与专利权人应当在一审法庭庭审辩论终结前固定其主张的权利要求相比，对专利权人显失公平，且构成对专利权人长荣公

---

① 本案裁定书参见第 419 页。

司的诉讼突击，亦将架空一审、二审的诉讼程序，不利于引导当事人在法定的一审、二审程序中解决纠纷，故对其相关主张不予支持。

36. 合法来源抗辩应当提供符合交易习惯的相关证据

【裁判要旨】

一方当事人出具的有关其生产并提供被诉侵权产品给其他当事人的“声明”属于当事人陈述，在专利权人对该声明不予认可，且缺乏其他客观证据证明的情况下，应认定合法来源抗辩不能成立。

【关键词】

外观设计专利　侵权　合法来源抗辩　当事人陈述

【案号】

最高人民法院（2017）最高法民申1671号

【基本案情】

在再审申请人宁波欧琳实业有限公司（以下简称欧琳公司）与被申请人宁波搏盛阀门管件有限公司（以下简称搏盛公司），二审上诉人宁波欧琳厨具有限公司、宁波欧琳网络科技有限公司，二审被上诉人宁波市鄞州时蓉塑胶有限公司（以下简称时蓉公司）侵害外观设计专利权纠纷案[①]中，涉及专利号为200930140537.8、名称为“开关（圆形双头-1）”外观设计专利（即涉案专利），搏盛公司系专利权人。搏盛公司向浙江省宁波市中级人民法院起诉，请求判令欧琳公司、宁波欧琳厨具有限公司、宁波欧琳网络科技有限公司承担停止侵权、赔偿损失的民事责任。一审法院根据欧琳公司申请，追加时蓉公司为本案被告参加诉讼。一审法院审理认为，被诉侵权产品并未落入涉案专利权的保护范围，故判决驳回搏盛公司的诉讼请求。博盛公司不服，提起上诉。浙江省高级人民法院二审认为，被诉侵权产品与涉案专利外观设计构成相近似的设计，落入涉案专利权的保护范围；欧琳公司等有关现有设计抗辩、合法来源抗辩的主张不能成立，故判决撤销一审判决，欧琳公司等承担停止侵权，赔偿损失等民事责任。欧琳公司不服，向最高人民法院申请再审，并提供了时蓉公司出具的“声明”，称被诉侵权产品系由时蓉公司生产并提供给欧琳公司，据此主张合法来源抗辩成立。最高人民法院于2017年9月28日裁定驳回欧琳公司的再审申请。

【裁判意见】

最高人民法院审查认为：被诉侵权人主张合法来源抗辩的，应当提供符

---

① 本案裁定书参见第421页。

合交易习惯的相关证据。本案中，欧琳公司并未提供符合交易习惯的相关证据，以证明被诉侵权产品来自于时蓉公司，具有合法来源。首先，欧琳公司提交的“买卖总合同”以及“采购订单”不能相互印证，不足以证明被诉侵权产品源于时蓉公司。其次，时蓉公司出具的“产品清单”真实性难以确认。最后，关于时蓉公司出具的“声明”，声称被诉侵权产品系由时蓉公司生产并提供给欧琳公司。由于时蓉公司是一审法院根据欧琳公司申请，将其追加为本案被告，而博盛公司在一、二审中均对此明确提出异议。时蓉公司作为被告之一，其出具的“声明”以及被诉侵权产品由其生产的主张均属于《中华人民共和国民事诉讼法》第六十三条规定的“当事人陈述”。时蓉公司的陈述是否被采信，对于欧琳公司在本案中承担何种侵权责任，以及博盛公司能否获得充分的赔偿，均具有潜在的重大影响。然而经反复释明，时蓉公司以及欧琳公司始终未能提供充分的证据，证明被诉侵权产品系由时蓉公司生产并提供给欧琳公司。《最高人民法院关于民事诉讼证据的若干规定》第七十六条规定“当事人对自己的主张，只有本人陈述而不能提出其他相关证据的，其主张不予支持。但对方当事人认可的除外。”由于博盛公司对欧琳公司有关合法来源抗辩的主张不予认可，对时蓉公司有关其生产被诉侵权产品的主张亦不予认可，故对时蓉公司的陈述不予支持。综上，欧琳公司有关被诉侵权产品具有合法来源的主张不能成立。

（二）知识产权行政诉讼程序与证据

37. 以外观设计专利权与他人在先取得的合法权利相冲突为由提起无效宣告请求的请求人资格

【裁判要旨】

专利无效理由可以区分为绝对无效理由和相对无效理由两种类型，两者在被规范的客体本质、立法目的等方面存在重大区别。有关外观设计专利权与他人在先合法权利冲突的无效理由属于相对无效理由。当专利法第四十五条关于请求人主体范围的规定适用于权利冲突的无效理由时，基于相对无效理由的本质属性、立法目的以及法律秩序效果等因素，无效宣告请求人的主体资格应受到限制，原则上只有在先合法权利的权利人及其利害关系人才能主张。

【关键词】

外观设计专利　无效程序　权利冲突　主体资格

【案号】

最高人民法院（2017）最高法行申 8622 号

【基本案情】

在再审申请人斯特普尔斯公司与被申请人罗世凯、一审被告国家知识产权局专利复审委员会（以下简称专利复审委员会）外观设计专利权无效行政纠纷案（以下简称“碎纸机”外观设计专利权无效行政纠纷案）[①] 中，专利号为200830102005.0、名称为“碎纸机（HC0802）”的外观设计专利（即本案专利），申请日为2008年2月22日，授权公告日为2009年8月5日，专利权人为罗世凯。2012年5月25日，斯特普尔斯公司以本案专利与其在先著作权相冲突为由，请求宣告本案专利无效。2013年4月2日，专利复审委员会作出第20813号无效宣告请求审查决定认为，本案专利与斯特普尔斯公司取得的合法有效的在先著作权相冲突，不符合专利法第二十三条的规定。罗世凯不服，提起行政诉讼。北京市第一中级人民法院一审认为，斯特普尔斯公司提交的证据不足以证明其享有在先著作权，亦无法证明本案专利与其在先取得的著作权相冲突。专利复审委员会宣告本案专利全部无效结论错误，应予撤销。斯特普尔斯公司不服，提起上诉。二审法院查明，斯特普尔斯公司主张其享有在先著作权的作品已于2012年11月20日转让给案外人铁志公司。北京市高级人民法院二审认为，当请求人以外观设计专利权与他人在先取得的合法权利相冲突为由，提起无效宣告请求时，该请求人主体资格应限定为权利人或利害关系人。根据在案证据，无论是基于斯特普尔斯公司所主张的在先著作权已经转让的事实，或是该公司所提交的相关证据存在前后矛盾的情形，均不足以证明斯特普尔斯公司为其所主张的在先著作权的权利人或利害关系人，故斯特普尔斯公司所提无效宣告请求缺乏事实和法律依据。遂判决驳回上诉、维持原判。斯特普尔斯公司不服，向最高人民法院申请再审。最高人民法院于2017年12月25日裁定指令北京市高级人民法院再审本案。

【裁判意见】

最高人民法院审查认为：本案中，无效宣告请求人以专利法第二十三条关于授予专利权的外观设计不得与他人在先取得的合法权利相冲突为由提出无效请求，对于依据该特定无效理由提出无效宣告的请求人资格问题，首先，关于被规范的客体本质。无效宣告请求人依据专利法第四十五条提出无效宣告请求时，根据专利法关于专利权授予条件的相关规定，其据以主张的无效理由可以大致分为两类：一是有关可专利性、新颖性、创造性、实用性、充分公开、权利要求得到说明书支持等专利授权实质条件的无效理由；二是有

① 本案裁定书参见第427页。

关外观设计专利权与他人在先合法权利冲突的无效理由。由于不同类型无效理由的本质属性存在差异，当专利法第四十五条关于请求人主体范围的规定适用于上述不同类型的无效理由时，其请求人主体资格问题与无效理由本质属性密切相关。专利申请被授权后，专利权人将获得在一定期间内排他性实施该专利的独占权。为保证被授权的专利值得获得这种保护，要求该专利真正符合新颖性、创造性、实用性等专利实质条件，以使其获得的保护与其贡献相匹配。任何不符合专利实质条件的专利申请的授权，均将不当限制社会公众的自由利用与创新。为此，专利法设置了无效宣告制度，意在借助公众的力量，发现和清除不当授予的专利权，以维护有利于创新的公共空间。同时，对于社会公众而言，其亦有能力和机会获得有关可专利性、新颖性、创造性、实用性、充分公开、权利要求得到说明书支持等专利授权实质条件的证据材料，对此并不存在实际障碍。因此，有关专利授权实质条件的前述第一类无效理由属于专利无效的绝对理由，任何人均可主张。对于外观设计专利权而言，其有关新颖性和区别性的无效理由，同样属于任何人均可主张的绝对理由。与第一类无效理由不同，有关外观设计专利权与他人在先合法权利冲突的第二类无效理由具有自身特殊的属性。如果外观设计专利权与他人在先合法权利冲突，直接影响的仅仅是在先合法权益，与公共利益无涉。同时，在实践操作层面上，证明外观设计专利权与他人在先合法权利相冲突的证据通常只有在先权利的权利人或者利害关系人才能掌握，他人难以获知。因此，关于外观设计专利权与他人在先合法权利冲突的无效理由属于相对无效理由，通常只能由在先权利的权利人或者利害关系人主张。主张该无效理由的请求人主体资格受到相对无效理由本质属性的天然限制。其次，关于专利法第二十三条有关权利冲突规定的立法目的。“授予专利权的外观设计不得与他人在先取得的合法权利相冲突”这一规定系专利法第二次修正时加入，其目的在于解决实践中出现的外观设计专利申请人未经许可将他人享有权利的客体结合自己的产品申请外观设计专利的问题，为在先权利人请求宣告相应外观设计专利无效提供法律依据。因此，该规定的立法目的本身即为维护在先权利。基于该立法目的，自应由权利人或者利害关系人提出该无效主张。专利法实施细则第六十五条第三款的规定即是在实践层面对上述立法目的的贯彻实施。最后，关于法律秩序效果。如果任何人均可主张外观设计专利权与他人在先合法权利冲突的无效理由，可能会在法律秩序上造成不良效果。允许任何人均可以外观设计专利权与他人在先合法权利冲突为由提出无效宣告请求，不可避免地会造成违背在先权利人意志的窘境。还应注意的是，外观设计专利权与他人在先合法权利冲突的本质在于外观设计专利权的实施将侵害他人在先权利，该冲突状态将因外观设计专利人获得在先权利人的许可或者同意而消除。因此，在先权利人及其利害关系人之外的社会公众发动无效宣告程序后，其后的行政程序和行政诉讼程序均可能因权利冲突状态的消除而随时归于无效，造成行政和司法资源的浪费。相反，如果仅允许在先权利人及其利害关系人主张权利冲突的无效理由，则可避免上述不良效果。基于上述理由，当专利法第四十五条关于请求人主体范围的规定适用于有关外观设计专利权与他人在先合法权利冲突的无效理由时，无效宣告请求人的主体资格将因被规范的客体本质、立法目的以及法律秩序效果等而受到限制，原则上只有在先合法权利的权利人及其利害关系人才能主张。二审判决从外观设计专利保护客体的特殊性方面立论，理由虽欠妥当，但认定结论正确，予以确认。

38. 当事人恒定原则可以适用于专利无效宣告行政程序

【裁判要旨】

在行政诉讼程序中，人民法院受理相关诉讼后，为保证诉讼程序的稳定和避免诉讼不确定状态的发生，当事人的主体资格不因有关诉讼标的的法律关系随后发生变化而丧失。专利无效宣告行政程序属于准司法程序，当事人恒定原则对于该程序亦有参照借鉴意义。对于无效宣告行政程序启动时符合资格条件的请求人，即便随后有关诉讼标的的法律关系发生变化，其亦不因此当然丧失主体资格。

【关键词】

外观设计专利　无效程序　当事人恒定原则　主体资格

【裁判意见】

在前述“碎纸机”外观设计专利权无效行政纠纷案[①]中，最高人民法院还对无效宣告行政程序启动时符合资格条件的请求人是否因有关诉讼标的的法律关系发生变化而丧失资格的问题表明了态度。最高人民法院审查认为，《最高人民法院关于适用〈中华人民共和国民事诉讼法〉的解释》第二百四十九条第一款规定：“在诉讼中，争议的民事权利义务转移的，不影响当事人的诉讼主体资格和诉讼地位。人民法院作出的发生法律效力的判决、裁定对受让人具有拘束力。”该规定体现了民事诉讼中的当事人恒定原则，该原则和精神对于行政诉讼亦有参照作用。根据该原则和精神，在行政诉讼程序中，人民法院受理相关诉讼后，为保证诉讼程序的稳定和避免诉讼不确定状

---

① 本案裁定书参见第427页。

态的发生，当事人的主体资格不因有关诉讼标的的法律关系随后发生变化而丧失。相反，如果允许当事人的主体资格因随后有关诉讼标的的法律关系发生变化而丧失，导致已经进行的行政诉讼程序归于无效，将对程序的稳定性和结果的确定性产生严重的不利影响，造成司法资源的浪费。同时，有关诉讼标的的法律关系发生变化后，新权利人的利益可以通过程序设计予以保障。例如，新权利人可以申请替代原当事人承担诉讼，人民法院根据案件具体情况决定是否准许。人民法院予以准许的，原当事人已经完成的诉讼行为对新权利人具有拘束力。对于专利无效宣告行政程序而言，其具有双方当事人参与和专利复审委员会原则上居中裁决的特点，属于准司法程序。当事人恒定原则对于该程序亦有参照借鉴意义。否则，同样可能导致专利无效宣告行政程序的不稳定及行政资源的浪费。因此，对于无效宣告行政程序启动时符合资格条件的请求人，即便随后有关诉讼标的的法律关系发生变化，其亦不因此当然丧失主体资格。本案中，假定斯特普尔斯公司在提出无效宣告请求时确实是涉案作品的著作权人或者利害关系人，即便其随后将该作品著作权转让给案外人，亦不会因此而丧失以权利冲突为由提出无效宣告请求的请求人主体资格。二审判决以斯特普尔斯公司所主张的涉案著作权已经转让为由，否定斯特普尔斯公司以涉案外观设计专利与其在先著作权相冲突为由提出无效宣告请求的请求人资格，适用法律错误，应予纠正。

39. 对于已为在先生效判决所羁束的行政裁决提起行政诉讼所引致的新判决申请再审的受理条件

【裁判要旨】

当事人对于商标评审委员会依据法院生效判决作出的行政裁决再次提起行政诉讼，人民法院依据原生效判决的认定作出维持该行政裁决的判决，当事人可否针对该新判决申请再审，应结合被诉行政裁决的法律性质、新判决的内容及尽可能防止循环诉讼等因素予以考虑。如果被诉行政裁决完全被在先生效判决所羁束，新判决系根据在先生效判决确定的事实和理由作出，未对被诉行政裁决进行实体审理，为避免循环诉讼，对于该新判决不应允许申请再审。

【关键词】

商标　撤销程序　申请再审　受理条件

【案号】

最高人民法院（2017）最高法行申 5093 号

【基本案情】

在再审申请人三得利控股株式会社（以下简称三得利株式会社）与被申请人国家工商行政管理总局商标评审委员会（以下简称商标评审委员会）、原审第三人杭州保罗酒店管理集团股份有限公司（以下简称保罗公司）之商标权承继人浙江向网科技有限公司商标撤销复审行政纠纷案①中，保罗公司系第313758号“三得利SDL及图”注册商标（即诉争商标）的权利人。三得利株式会社以三年不使用为由，向国家工商行政管理总局商标局（以下简称商标局）提出撤销诉争商标的申请。商标局作出决定，认定诉争商标继续有效。三得利株式会社不服，向商标评审委员会申请复审。商标评审委员会作出商评字［2012］第35021号复审决定，撤销商标局的决定，诉争商标予以撤销。保罗公司不服，提起行政诉讼。北京市第一中级人民法院经审理作出（2013）一中知行初字第470号行政判决，撤销第35021号复审决定，责令商标评审委员会重新作出决定。商标评审委员会和三得利株式会社均不服，提出上诉。北京市高级人民法院经审理作出（2013）高行终字第1751号行政判决，驳回上诉，维持原判。商标评审委员会依据第470号行政判决和第1751号行政判决作出商评字［2012］第35021号重审第14号复审决定，对诉争商标予以维持。三得利株式会社不服，再次提起行政诉讼。北京知识产权法院以商标评审委员会根据在先生效判决作出第35021号重审第14号复审决定、三得利株式会社没有足够证据推翻在先生效判决为由，判决维持第35021号重审第14号复审决定。三得利株式会社仍不服，再次提起上诉。北京市高级人民法院以基本相同理由作出二审判决，维持一审判决。三得利株式会社针对该二审判决申请再审。最高人民法院于2017年12月28日作出裁定，驳回三得利株式会社的再审申请。

【裁判意见】

最高人民法院审查认为：本案涉及当事人对于商标评审委员会依据法院生效判决作出的复审决定再次提起行政诉讼，人民法院依据原生效判决的认定作出维持该复审决定的判决，当事人可否针对该新判决申请再审的法律问题。对此问题应结合被诉复审决定的法律性质、新判决的内容及尽可能防止循环诉讼等因素予以考虑。首先，本案第35021号重审决定系商标评审委员会依据在先生效判决确定的裁判内容作出，商标评审委员会依法忠实履行了在先生效判决确定的法律义务，作为本案诉讼标的的被诉复审决定已为在先生效判决所羁束。其次，本案一、二审判决系根据在先生效判决确定的事实

---

① 本案裁定书参见第434页。

和理由作出裁决，对第35021号重审决定实际上并未进行实体审理。最后，如果允许当事人对于新的判决可以申请再审，则可能导致已为在先生效判决所羁束的复审决定再次进入司法程序，造成循环诉讼和纠纷久拖不决。为防止循环诉讼问题，《最高人民法院关于审理商标授权确权行政案件若干问题的规定》第三十条明确规定："人民法院生效裁判对于相关事实和法律适用已作出明确认定，相对人或者利害关系人对于商标评审委员会依据该生效裁判重新作出的裁决提起诉讼的，人民法院依法裁定不予受理；已经受理的，裁定驳回起诉。"虽然该司法解释在本案发生后才施行，但是其所蕴含的法律精神对于适用2001年修正的商标法审理的商标授权确权行政案件仍可参照适用。根据该规定，对于已为在先生效判决所羁束的复审决定提起行政诉讼的，应该不予受理或者驳回起诉。参照该规定的精神，对于已为在先生效判决所羁束的复审决定提起行政诉讼所引致的一审、二审判决，当然更不应该允许申请再审。因此，三得利株式会社的再审申请不符合应予受理的条件。

40. 人民法院可以对行政部门漏审的重要事实依职权作出认定

【裁判要旨】

申请人在申请商标注册时主张有优先权，行政部门对申请商标是否享有优先权存在漏审，导致被诉决定错误的，人民法院应当在查清相关事实的基础上依法作出裁判。

【关键词】

商标　复审程序　优先权　漏审

【案号】

最高人民法院（2017）最高法行再10号

【基本案情】

在再审申请人普兰娜生活艺术有限公司（以下简称普兰娜公司）与被申请人国家工商行政管理总局商标评审委员会（以下简称商标评审委员会）商标申请驳回复审行政纠纷案[①]中，普兰娜公司于2010年12月28日向商标局申请注册第8996648号"prAna及图"商标（即申请商标），指定使用的商品为国际分类第28类第2807、2809群组"瑜伽砖；瑜伽板；瑜伽带；攀岩用皮带"。引证商标一为第8885559号"Prana"商标，申请日期为2010年11月26日。引证商标二为第G686680号"PRADA及图"商标，国际注册日为1997年12月23日。商标局认定申请商标与引证商标一、二构成类似商品上

① 本案裁定书参见第444页。

的近似商标，驳回申请商标的注册申请。普兰娜公司不服，申请复审。商标评审委员会作出商评字［2013］第129449号关于第8996648号“prAna及图”商标驳回复审决定（以下简称被诉决定），申请商标予以驳回。普兰娜公司不服，提起行政诉讼。北京市第一中级人民法院一审认为，申请商标指定使用的“攀岩用皮带”与引证商标一核定使用的“滑板”等商品不构成类似商品。引证商标二的权利人已同意申请商标在“瑜伽砖；瑜伽板；瑜伽带；攀岩用皮带”商品上的中国注册，考虑到上述情况以及申请商标与引证商标二标识本身并非完全相同，引证商标二已非申请商标在全部商品上获准注册的在先权利障碍。据此判决撤销被诉决定，商标评审委员会重新作出决定。普兰娜公司不服，提起上诉。北京市高级人民法院二审判决驳回上诉，维持原判。二审判决后，商标评审委员会于2016年1月27日重新作出复审决定书，申请商标指定使用在“攀岩用皮带”商品上的注册申请予以初步审定，申请商标指定使用在其余复审商品上的注册申请予以驳回。2016年3月29日，普兰娜公司对该决定不服，向北京知识产权法院提起行政诉讼，其理由之一为商标评审委员会关于引证商标一为在先商标的认定属于事实认定错误。普兰娜公司不服本案二审判决，向最高人民法院申请再审，其主要理由为申请商标的优先权日期早于引证商标一的申请日期，指定使用在“瑜伽砖；瑜伽板；瑜伽带”商品上的申请商标应予核准注册。最高人民法院查明，普兰娜公司依据其于2010年11月19日在美国提交的“prAna及图”商标申请，于2010年12月28日向商标局提交了申请商标的注册申请，在申请书中主张优先权，并于2011年1月27日提交了相应的优先权证明文件。申请商标的优先权日期为2010年11月19日。最高人民法院裁定提审本案，并于2017年5月9日判决撤销一审、二审判决以及被诉决定，商标评审委员会重新作出复审决定。

【裁判意见】

最高人民法院审查认为：普兰娜公司在商标授权的行政程序中曾经提出过优先权的主张，商标局并未对该申请给予回复，商标评审委员会亦未能在审查阶段对该事实予以认定，导致被诉决定存在遗漏当事人请求的情形。根据查明的事实，申请商标的优先权日期应当为2010年11月19日，申请商标的优先权日期早于引证商标一的申请日期。本案一、二审法院均已判决商标评审委员会对申请商标重新作出决定，而对于优先权认定的基本事实，商标评审委员会重新作出的决定并未涉及。由于优先权的认定是判断本案引证商标一是否能够成为申请商标的权利障碍的关键事实，且普兰娜公司对重新作出的商标驳回复审决定再次提出了行政诉讼。鉴于被诉决定对申请商标的优先权日存在漏审，导致错误认定了引证商标一成为注册申请的权利障碍，为避免循环诉讼、及时维护当事人权益、提高诉讼效率，参照《最高人民法院关于审理商标授权确权行政案件若干问题的规定》第二条关于“人民法院对商标授权确权行政行为进行审查的范围，一般应根据原告的诉讼请求及理由确定。原告在诉讼中未提出主张，但商标评审委员会相关认定存在明显不当的，人民法院在各方当事人陈述意见后，可以对相关事由进行审查并做出裁判”的规定，对被诉决定认定的错误事实予以纠正，申请商标的优先权日期为2010年11月19日，而非2010年12月28日。由于申请商标的优先权日期早于引证商标一的申请日期，故引证商标一不构成申请商标能否注册申请的权利障碍。在此情形下，无需讨论申请商标与引证商标一是否构成同一种或类似商品上的近似商标。综上，普兰娜公司关于优先权的再审申请理由成立，商标评审委员会作出的被诉决定结论错误，应予撤销。

41. 人民法院可部分撤销专利无效决定

【裁判要旨】

被诉专利无效决定的相关认定可以区分处理的，人民法院可部分撤销无效决定中认定错误的部分。

【关键词】

发明专利　无效程序　无效决定　部分撤销

【裁判意见】

在前述“电子货品监视用标识器”发明专利权无效行政纠纷案①中，最高人民法院还就发明专利无效行政纠纷案件中的判决方式问题作出了改进。最高人民法院提审认为，行政诉讼法第七十条规定：“行政行为有下列情形之一的，人民法院判决撤销或者部分撤销，并可以判决被告重新作出行政行为：……”根据该规定，在被诉决定中的各项认定属于可以区分的情况下，人民法院可以依法判决部分撤销被诉决定中的有关认定。本案中，被诉决定对权利要求1～47是否符合专利法的有关规定分别作出认定。由于每一项权利要求是一项独立的技术方案，其单独限定保护范围，也可以单独用于主张专利权的保护，或者单独被宣告无效，故被诉决定中关于各项权利要求的合法性的认定是可以区分的。此外，被诉决定中涉及专利法第二十二条第三款，第二十六条第三款、第四款，第三十三条等不同法律规定，被诉决定就相关权利要求是否符合所述法律规定也是分别作出认定，故被诉决定中关于各个

---

① 本案裁定书参见第444页。

法律规定的认定亦属于可以区分的情形。综上，本案可区分不同权利要求以及不同的法律规定，对被诉决定中的相关认定分别审理并作出认定，部分撤销被诉决定中认定错误的部分。由此可以避免不加区分地一并撤销被诉决定，使得已经由被诉决定宣告无效的权利要求又回复为有效状态，对既已稳定的权利义务关系和社会公众的合理信赖造成损害。由此也可避免不必要地增加专利复审委员会重新作出审查决定时的行政成本，避免循环诉讼。关于本案的 47 项权利要求。第一，关于权利要求 1～4、6、7、9～12、14～18、20～26、29、30、34、35、37～42、44、46～47，被诉决定认定所述权利要求未能以说明书为依据，不符合专利法第二十六条第四款规定，宣告所述权利要求无效的认定正确，对于传感电子公司的相关申请再审理由不予支持。第二，关于权利要求 31、33，被诉决定认定该两项权利要求符合专利法第二十六条第四款规定，维持该两项权利要求有效的认定正确。第三，关于权利要求 5、8、13、19、27、28、32、36、43 和 45，被诉决定认定所述权利要求符合专利法第二十六条第四款规定，维持所述权利要求有效的认定错误，对被诉决定中的该部分认定应予部分撤销，由专利复审委员会针对所述权利要求是否符合专利法第二十六条第四款的规定另行作出审查决定。

42. 无效宣告程序中外文证据并非一律需要单独提供中文译文

【裁判要旨】

在专利无效宣告程序中，对于外文证明文件并非一律需要单独提供中文译文，国务院专利行政部门可以根据具体情况决定是否有必要要求当事人提交中文译文。提交中文译文的必要性通常需要考量方便专利复审委员会和对方当事人理解证据内容、保证行政效率、保障和便利当事人行使发表意见的权利等因素，在特殊情况下无需单独提供中文译文。

【关键词】

发明专利　无效程序　外文证据　中文译文

【案号】

最高人民法院（2017）最高法行申 4798 号

【基本案情】

在再审申请人中兴通讯股份有限公司（以下简称中兴公司）因与被申请人国家知识产权局专利复审委员会（以下简称专利复审委员会）、美商内数位科技公司（以下简称美商内数位公司）发明专利权无效行政纠纷案[1]中，

---

① 本案裁定书参见第 451 页。

美商内数位公司拥有专利号为03810259.5的发明专利（即涉案专利）。针对该专利，中兴公司向专利复审委员会提出无效宣告请求，并提交了相应的对比文件，包括附件3、附件6和附件7。其中，附件3为标题为“HS－SCCH：Performance results and improved structure”的3GPP草案，附件6和附件7为证明附件3的公开日期的文件，以上材料均为英文。中兴公司提交了附件3相应内容的中文译文。对于附件6和附件7，中兴公司用以证明附件3公开日期的内容仅为“Last modified 02－Apr－2002”这一英文短语。中兴公司在意见陈述书中指出，根据附件6可以确定，附件3的文件上传日期为2002年4月2日。在审查过程中，当事人就附件3中“Last modified”的中文译文达成了一致意见，即“最后修订日”。专利复审委员会认为，附件6和附件7可以证明附件3的最后修订日为2002年4月2日，结合3GPP网站的性质及附件3的压缩文件的特点，附件3的最后修订日可以作为专利法意义上的公开日，附件3可以作为现有技术评价涉案专利的创造性。据此，专利复审委员会作出第18492号无效宣告请求审查决定，认定涉案专利部分权利要求不具备创造性。美商内数位公司不服，提起行政诉讼。美商内数位公司主张，中兴公司未就附件6、7中“Last modified”进行翻译，上述证据不应被采信。北京市第一中级人民法院对美商内数位公司的上述主张不予支持。美商内数位公司不服，提起上诉。北京市高级人民法院认为，因中兴公司未提交附件6和附件7外文的中文译文，上述证据中的外文部分应当视为未提交，不能作为证据使用。中兴公司不服，向最高人民法院申请再审。最高人民法院于2017年12月27日作出裁定，指令北京高级人民法院再审本案。

【裁判意见】

最高人民法院审查认为：2010年修订的专利法实施细则第三条规定：“依照专利法和本细则规定提交的各种证件和证明文件是外文的，国务院专利行政部门认为必要时，可以要求当事人在指定期限内附送中文译文；期满未附送的，视为未提交该证件和证明文件。”该规定明确了对于外文证明文件需要提交中文译文的条件、时限以及未在指定期限内提交的法律后果。根据上述规定，对于外文证明文件并非一律需要提供中文译文，国务院专利行政部门可以根据具体情况决定是否有必要要求当事人提交中文译文。在专利无效宣告程序中，提交中文译文的必要性通常是考量方便专利复审委员会和对方当事人理解证据内容、保证行政效率、保障和便利当事人行使发表意见的权利等因素的结果。因此，对于《专利审查指南》中有关“当事人提交外文证据的，应当提交中文译文，未在举证期限内提交中文译文的，该外文证据视为未提交”，以及“当事人应当以书面方式提交中文译文，未以书面方式提交中文译文的，该中文译文视为未提交”等规定，应理解为一种适用于一般情况的原则性规定，容许在特殊情况下存在例外。如果该外文证据内容短小，无效宣告程序的双方当事人对于相关外文的中文含义并无争议，专利复审委员会亦不认为有专门提供中文译文的必要，此时便存在无需单独提交中文译文的可能性。具体到本案，首先，本案事实上无需另行单独提交中文译文。在无效宣告程序中，各方当事人经协商对于该英文词组的中文含义已无异议，均认可其中文含义是“最后修订日期”，本案事实上已经不存在另行单独提交中文译文的必要。其次，中兴公司实际上已经对相关外文的中文含义进行了说明。中兴公司虽然未就附件6和附件7中“Last modified”一词提供单独的中文译文页，但其在无效宣告程序中已经通过意见陈述书、口头陈述等方式对“Last modified”一词的中文含义进行了解释和说明。最后，美商内数位公司在无效宣告程序中并没有对中兴公司未提交附件6和附件7的中文译文提出异议，上述异议系在行政诉讼程序中才首次提出，对此不宜给予支持和鼓励。二审法院以中兴公司未提交附件6和附件7的中文译文为由，认定上述证据中的外文部分应当视为未提交，不能作为证据使用，与专利法实施细则第三条规定的法律精神不符，应予纠正。

结 语

今年是最高人民法院第十次发布知识产权案件年度报告，年度报告作为最高人民法院知识产权案例指导制度体系的重要组成部分，在明晰裁判规则、指导审判实践、统一法律适用方面发挥着重要的作用。需要予以说明的是，年度报告是最高人民法院在具体案件裁判中针对新型、复杂、疑难问题形成的认识，具有较强的个案性、探索性和阶段性，在法律适用标准和方法方面难免存在局限，并可能随着认识的深入和时代的发展发生调整和变化。在未来的工作中，最高人民法院将紧紧围绕“努力让人民群众在每一个司法案件中感受到公平正义”目标，坚持司法为民、公正司法，不断深化知识产权审判领域改革，充分发挥知识产权司法保护主导作用，树立保护知识产权就是保护创新的理念，优化科技创新法治环境，推动实施创新驱动发展战略，为实现“两个一百年”奋斗目标和建设知识产权强国、世界科技强国提供有力司法保障。

审判案例指导

最高人民法院2017年典型知识产权案件

裁判文书选登

一、专利案件审判

（一）专利民事案件审判

1. 当事人在与涉案专利享有共同优先权的其他专利的授权确权程序中所作意见陈述的参考作用

——再审申请人戴森技术有限公司与被申请人苏州索发电机有限公司侵害发明专利权纠纷案[①]

中华人民共和国最高人民法院民事裁定书（2017）最高法民申1461号

再审申请人（一审原告、二审上诉人）：戴森技术有限公司（Dyson Technology Limited）。住所地：大不列颠及北爱尔兰联合王国威尔特郡马姆斯伯里泰特伯里山（Tetbury Hill，Malmesbury，Wiltshire SN16ORP，The United Kingdom of Great British and Northern Ireland）

法定代表人：Gillian Ruth Smith，该公司知识产权总监。

委托诉讼代理人：王友贵，北京市国首律师事务所律师。

委托诉讼代理人：孔勤，浙江导司律师事务所律师。

被申请人（一审被告、二审被上诉人）：苏州索发电机有限公司。住所地：中华人民共和国江苏省苏州市吴中区胥口镇东欣路388号。

法定代表人：戴香明，该公司董事长。

委托诉讼代理人：孙仿卫，男，1962年12月3日出生，汉族，苏州创元专利商标事务所有限公司专利代理人，住中华人民共和国江苏省苏州市金阊区。

---

① 本案在年度报告中的位置为第14页。

委托诉讼代理人：汪青，女，1985 年 8 月 4 日出生，汉族，苏州创元专利商标事务所有限公司专利代理人，住中华人民共和国江苏省苏州市姑苏区。

再审申请人戴森技术有限公司（以下简称戴森公司）因与被申请人苏州索发电机有限公司（以下简称索发公司）侵害发明专利权纠纷一案，不服江苏省高级人民法院（2015）苏知民终字第 00270 号民事判决书，向本院申请再审。本院依法组成合议庭进行了审查，现已审查终结。

戴森公司申请再审称，（一）二审判决对于“电源”和“电源线”的解释错误。二审判决将专利说明书中的“电源线”狭隘地解释为一根“传输电能的导线”，从而将“交流电源”排除出权利要求记载的“电源”范畴，既不符合本领域技术人员对专利说明书的一般理解，也违背了基本的生活常识。（二）二审判决基于对“电源”和“电源线”概念的错误解释，不合理地限缩了专利的保护范围，将被控侵权物技术方案的比对范围仅限于专利优选实施例所采用的干电池方案，导致了错误的比对结论。因此，请求依法撤销一审、二审民事判决，改判支持戴森公司的原审诉讼请求。

索发公司辩称，（一）索发公司一审提交了专利号是 200780027217. X 中国专利文献，其与涉案专利均是基于英国的优先权 GB0614235. 0 的专利，戴森公司在 200780027217. X 专利的意见陈述中明确认为“电源线并非电源”，根据最高法院关于审判专利案件司法解释二第六条的规定，戴森公司在答复意见中就“电源”一词的含义作出的具体陈述，可以用于解释涉案专利的权利要求，即电源线并非“电源”。（二）电源线是电源和负载之间的连接导线，是传输电流用的，电源线和电源不是一个概念。涉案专利说明书中记载电源可以用干电池、电源线，并不能认为权利要求中的电源是其上位包括，而是贡献性的公开。故原审事实认定正确，法律适用正确。

本院经审查认为，本案的焦点问题在于：（一）专利权利要求中的“电源”是否包含“电源线”；（二）如不包含，被控侵权产品是否落入了涉案专利的保护范围。

关于焦点问题（一），本院认为，从广义上讲，“电源”一词的含义是“将其他形式的能量转变为电能的装置”，其既包含直流电源，也包含交流电源，但本案中涉案专利说明书中并未对“电源”作具体说明，因此，涉案专利权利要求中所述“电源”是否属于上述广义含义，仍应结合本领域普通技术人员阅读说明书及附图后对权利要求的理解加以确定。通过阅读说明书及附图，本院进一步认为，涉案专利权利要求所述“电源”不能做上述广义的理解，具体理由如下：首先，涉案专利说明书发明内容部分记载：“本发明的另一个目的是提供一种手持式真空吸尘器，其中，手柄、马达和风扇组件及电源的配置可使得手持式真空吸尘器的操纵既方便又惬意。”“……电源被安置成邻近手柄的第二端。通过提供这种配置，使用者抓握手柄时，这些部件的每一个的质量中心之间的合力矩较小，因此使用时使用者的手可方便地操纵手持式真空吸尘器。”“更优选的是，手柄具有通过电源的至少一部分的纵向轴线。”综上可知，涉案专利为了达到操纵既方便又惬意的目的，将手柄设置在气流发生器（包括马达、风扇组件）与电源的合理位置，使得各个部件的质量中心之间的合力矩较小。因此，只有所述电源是具有一定重量的电源装置时才能达到涉案专利的发明目的，实现相应的技术效果。其次，涉案专利说明书（0027）还记载：“此外，手持式真空吸尘器不必装备可充电电源。可采用标准电池或电源线。”可见，涉案专利说明书中对可充电电源、标准电池和电源线作了严格区分，上述三者均属于广义上的电源。但是，从涉案专利说明书中记载的整体内容来看，至少电源线的技术方案并不能达到涉案专利的发明目的，因此，尚不能将其作为具体技术方案读入权利要求的保护范围，也不能据此将权利要求中所述“电源”解释为包含“电源线”。

本院进一步查明：索发公司在本案一审时，提供200780027217. X号发明专利（以下简称相关专利）审查档案作为证据，相关专利与涉案专利的申请人均为戴森公司，并且享有共同的优先权（GB0614235. 0，2006. 7. 18）。经对比可知，相关专利与涉案专利的独立权利要求的保护范围基本相同，而说明书公开的内容也基本一致。进一步地，在相关专利发明实质审查阶段，戴森公司在答复意见中就“电源”一词的含义做了具体陈述，明确电源线并非电源。

本院认为，《最高人民法院关于审理侵犯专利权纠纷案件应用法律若干问题的解释（二）》第六条第一款规定：人民法院可以运用与涉案专利存在分案申请关系的其他专利及其专利审查档案、生效的专利授权确权裁判文书解释涉案专利的权利要求。由于本案中，相关专利与涉案专利并非是分案关系，因此尚不能直接适用上述规定。《最高人民法院关于审理侵犯专利权纠纷案件应用法律若干问题的解释（二）》第六条第一款所述分案申请是指，专利申请人将其在申请日提交的母案申请文件中已经批露、但因单一性等原因不能在母案中获得保护的发明创造另行提出的专利申请，同时保留原申请日。分案申请不得超出母案申请文件公开的范围，即不得在分案申请中补充母案申请文件未曾记载的新内容，以避免专利申请人将申请日后完成的发明创造通过分案申请抢占在先的申请日。因此，分案申请要受到母案申请文件的约束，母案申请构成分案申请特殊的专利审查档案。这也是《最高人民法院关于审理侵犯专利权纠纷案件应用法律若干问题的解释（二）》允许运用与涉案专利存在分案申请关系的其他专利及其专利审查档案解释涉案专利权利要求的原因。

本案中，相关专利和涉案专利为享有同一外国优先权的两件中国专利，而所谓外国优先权是指申请人在一个成员国首次提出申请后，在一定期限内就同一主题在其他成员国提出的申请，其在后申请同样享有首次申请的申请日。目前如何判断先、后申请是否涉及相同的主题通常采用与修改超范围基本相同的判断方法，即在后申请不能超出优先权文本记载的范围。在此意义上，在后申请与优先权申请之间的关系与分案申请与母案申请之间的关系基本一致，即在后申请/分案申请均不能超出优先权申请/母案记载的范围。除此之外，由于享有优先权的在后申请应当与优先权申请具有同一主题，较之分案与母案之间的非单一性关系，显然具有更加密切的内在关系。因此，本院认为，在相关专利发明实质审查阶段，戴森公司在答复意见中就“电源”一词的含义作出的具体陈述，可以用于解释涉案专利的权利要求，即电源线并非“电源”。

综上所述，戴森公司的上述再审理由缺乏事实和法律依据，本院不予支持。

关于焦点问题（二），本院认为，本案中，被控侵权产品是通过电源线接入电源插座的方式提供电能，而所述“电源线”虽然本身不能提供电能，但使用状态下其必然会与电源插座连接，提供交流电能，因此，“电源线”不属于涉案专利权利要求所述“电源”的范畴，两者是不同的技术特征。在此基础上，本院认为两者亦不构成等同特征，理由如下：首先，两者系不同的技术手段。涉案专利权利要求中的电源，是指能够直接给吸尘器电机供电且具有一定重量的电源装置，而被控侵权产品通过电源线接入电源插座的方式提供电能，故两者系完全不同的技术手段。其次，两者所能达到的技术效果并不相同。根据涉案专利说明书的相关内容，涉案专利权利要求中将气流发生器和电源安置在手柄的两端，这种哑铃型结构可以使得气流发生器和电源相对于手柄握持中心点所产生的力矩刚好相反，可以相互抵消，其达到的效果是气流发生器和电源所产生的合力矩较小；而被控侵权产品只在手柄的第一端安置气流发生器，另一端并无电源装置，故气流发生器相对于手柄握持中心点处所产生的力矩无法被电源线产生的力矩抵消，故被控侵权产品的气流发生器与电源线所产生的合力矩较大。据此，被控侵权产品的电源线与涉案专利权利要求中的电源，其所产生的效果相差很大，并非基本相同。综上，被控侵权产品的电源线与涉案专利权利要求中的电源既不相同也不等同，被控侵权产品未落入涉案专利权利要求的保护范围，不构成侵权。

依照《中华人民共和国民事诉讼法》第二百零四条第一款、《最高人民法院关于适用〈中华人民共和国民事诉讼法〉的解释》第三百九十五条第二款的规定，裁定如下：

驳回戴森技术有限公司的再审申请。

审 判 长 周 翔
审 判 员 罗 霞
代理审判员 佟 姝
二〇一七年十一月十三日
书 记 员 包 硕

2. 专利侵权案件中适用禁止反悔原则的限制条件

——再审申请人曹桂兰、胡美玲、蒋莉、蒋浩天与被申请人重庆力帆汽车销售有限公司、重庆力帆乘用车有限公司、江苏骅盛车用电子股份有限公司、一审被告南京九华山汽车销售服务有限责任公司、力帆实业（集团）股份有限公司、杭州亚凡汽车有限公司侵害发明专利权纠纷案①

中华人民共和国最高人民法院民事裁定书（2017）最高法民申1826号

再审申请人（一审原告、二审被上诉人）：曹桂兰，女，1958年2月6日出生，汉族，住江苏省泰州市高港区××××。

委托诉讼代理人：赵彦雄，北京市隆安律师事务所律师。

委托诉讼代理人：曲文丽，北京市隆安律师事务所实习律师。

再审申请人（一审原告、二审被上诉人）：胡美玲，女，1939年11月22日出生，汉族，住江苏省泰州市高港区××××。

委托诉讼代理人：赵彦雄，北京市隆安律师事务所律师。

委托诉讼代理人：任可，男，1983年9月21日出生，土家族，住广东省深圳市福田区××××。北京市隆安律师事务所专利代理人。

再审申请人（一审原告、二审被上诉人）：蒋莉，女，1983年11月28日出生，汉族，住江苏省南京市鼓楼区××××。

委托诉讼代理人：赵彦雄，北京市隆安律师事务所律师。

委托诉讼代理人：宋娇娇，北京市隆安律师事务所实习律师。

再审申请人（一审原告、二审被上诉人）：蒋浩天，男，1997年2月28日出生，汉族，住江苏省泰州市高港区××××。

委托诉讼代理人：赵彦雄，北京市隆安律师事务所律师。

委托诉讼代理人：蔡栋，江苏纵联律师事务所律师。

被申请人（一审被告、二审上诉人）：重庆力帆汽车销售有限公司。住所地：重庆市经济技术开发区经开园金开大道1539号。

---

① 本案在年度报告中的位置为第16页。

法定代表人：尹喜地，该公司董事长。

委托诉讼代理人：孔繁文，北京市集佳律师事务所律师。

委托诉讼代理人：孙长龙，北京市集佳律师事务所律师。

被申请人（一审被告、二审上诉人）：重庆力帆乘用车有限公司。住所地：重庆市北部新区经开园金开大道1539号。

法定代表人：尹喜地，该公司董事长。

委托诉讼代理人：孔繁文，北京市集佳律师事务所律师。

委托诉讼代理人：刘磊，北京市集佳律师事务所律师。

被申请人（一审被告、二审上诉人）：江苏骅盛车用电子股份有限公司（原昆山骅盛电子有限公司）。住所地：江苏省昆山市张浦镇花苑路600号。

法定代表人：陈宏钦，该公司总经理。

委托诉讼代理人：苏军，江苏六典（上海）律师事务所律师。

委托诉讼代理人：张震，江苏六典律师事务所律师。

一审被告：南京九华山汽车销售服务有限责任公司。住所地：江苏省南京市秦淮区光卡路3号。

法定代表人：何婷婷，该公司董事长。

一审被告：力帆实业（集团）股份有限公司。住所地：重庆市沙坪坝区上桥张家湾60号。

法定代表人：尹明善，该公司董事长。

一审被告：杭州亚凡汽车有限公司。住所地：浙江省杭州市拱墅区康贤路39号B区4号楼。

法定代表人：潘建恩，该公司执行董事。

再审申请人曹桂兰、胡美玲、蒋莉、蒋浩天因与被申请人重庆力帆汽车销售有限公司（以下简称力帆销售公司）、重庆力帆乘用车有限公司（以下简称力帆乘用车公司）、江苏骅盛车用电子股份有限公司（以下简称骅盛公司）、一审被告南京九华山汽车销售服务有限责任公司、力帆实业（集团）股份有限公司、杭州亚凡汽车有限公司侵害发明专利权纠纷一案，不服江苏省高级人民法院作出的（2016）苏民终161号民事判决，向本院申请再审。本院依法组成合议庭并于2017年6月27日在本院对本案进行了询问。再审申请人曹桂兰的委托诉讼代理人赵彦雄、曲文丽，再审申请人胡美玲的委托诉讼代理人赵彦雄、任可，再审申请人蒋莉的委托诉讼代理人赵彦雄、宋娇娇，再审申请人蒋浩天的委托诉讼代理人赵彦雄、蔡栋以及被申请人力帆销售公司的委托诉讼代理人孔繁文、孙长龙，被申请人力帆乘用车公司的委托诉讼代理人孔繁文、刘磊到庭参加了询问。本案现已审查终结。

曹桂兰、胡美玲、蒋莉、蒋浩天向本院申请再审称，（一）蒋小平在涉案专利（名称为“鲨鱼鳍式天线”的发明专利，申请日为2007年1月23日，授权公告日为2012年5月23日，专利号为200710019425.7，专利权人为蒋小平，2015年4月7日，专利权人变更为蒋小平和泰州苏中天线集团有限公司）授权确权阶段作出的意见陈述，“相对于现有技术CN1841843A存在区别特征a（天线信号输出端通过天线连接元件与天线放大器信号输入端相连，或者直接与同轴电缆匹配相连）和区别特征b（所述无线电接收天线通过注塑嵌装或固定卡装在天线外壳内侧上部）”不属于技术方案的放弃，不应当适用“禁止反悔”原则。国家知识产权局专利复审委员会（以下简称专利复审委员会）作出的第25637号无效宣告请求审查决定书（以下简称无效决定）已明确否定了该陈述意见。二审判决对此存在事实认定的错误。（二）二审判决仅依据无效决定形式上没有明确否定蒋小平关于特征a、b的陈述，进而认定在确权程序存在“关于特征a、b技术方案的放弃”，适用“禁止反悔”原则过于机械和僵化，对《最高人民法院关于审理侵犯专利权纠纷案件应用法律若干问题的解释（二）》第十三条“明确否定”的认定标准存在法律适用的错误。（三）蒋小平的意见陈述不属于法律意义的“技术方案的放弃”，在侵权诉讼程序中不应适用“禁止反悔”原则。综上，请求本院撤销二审判决，维持一审判决，由被申请人承担本案诉讼费用。

被申请人力帆销售公司、力帆乘用车公司提交答辩意见称，（一）二审法院认定事实和适用法律正确。（二）蒋小平在专利无效程序中所作的陈述已经明确构成被诉技术方案的放弃，本案应当适用“禁止反悔”原则，被诉技术方案已被排除在涉案专利权保护范围之外。（三）被诉侵权产品并非采用天线连接元件，并非采用注塑嵌装、固定卡装，所使用的技术是蒋小平放弃的技术方案。（四）蒋小平针对特征a、b的陈述已被专利复审委员会明确承认，而非明确否定。（五）专利权人在实审程序中审查档案的引用与判断本案是否适用“禁止反悔”原则无关。综上，请求本院驳回再审申请人的再审申请。

被申请人骅盛公司提交书面意见认为，（一）本案被诉侵权使用的是现有技术，产品与台湾有吉电子企业有限公司授权公告号为CN1841843A的发明专利技术特征相同。（二）本案应当适用“禁止反悔”原则，二审法院事实认定以及法律适用正确，请求驳回再审申请人的再审申请。

本院查明如下事实。

一、涉案专利授权程序的相关事实

在涉案专利的实质审查程序中，国家知识产权局基于检索到的现有技术

(CN1841843A)于2010年9月29日向蒋小平发出《第一次审查意见通知书》指出，涉案专利公开文本权利要求1相对于现有技术不具备新颖性、创造性的缺陷。审查意见认为，对于“天线信号输出端通过天线连接元件与天线放大器输入端相连接”这种情况下的技术方案，现有技术已公开“所述AM天线连接到AM放大电路231（相当于天线放大器），连接处必然为AM天线的信号输出端及放大电路231的信号输入端……，故不具备新颖性；与之并列的另一种情况是“天线信号输出端直接与同轴电缆匹配相连”，当天线接收到的无线电讯号足以实现较佳接收效果时则不需要连接至放大电路进行信号放大，此时直接连接至同轴电缆，这是本领域技术人员根据实际情况的需要而设定的，属于本领域的公知常识。同时还指出，权利要求2的附加技术特征是对无线电接收天线固定到天线外壳上的方式进行了限定，“注塑嵌装”及“固定卡装”都是本领域常用的锁固方式，属于本领域的公知常识。蒋小平于2010年12月10日提交了意见陈述书称，涉案专利与现有技术相比，在无线电接收天线以及天线信号输出连接方式等方面存在不同；同时，申请人将权利要求2、4并入权利要求1，并提交了经过修改的申请文件。

国家知识产权局于2011年12月23日发出《第二次审查意见通知书》指出，涉案专利权利要求1以及权利要求2~5不具备创造性。审查意见认为，权利要求1包含两个并列的技术方案，天线信号输出端通过天线连接元件与天线放大器信号输入端相连接；天线信号输出端直接与同轴电缆匹配连接。对于技术方案一与对比文件（CN1841843A）相比，区别在于天线信号输出端与天线放大器信号输入端之间通过天线连接元件相连，所述天线通过注塑嵌装或固定卡装在天线外壳内侧上部。然而，通过连接元件来进行阻抗匹配是本领域的惯用技术手段，属于本领域的公知常识。在该对比文件的基础上结合上述公知常识以获得该权利要求所要求保护的技术方案，对所属技术领域的技术人员来说是显而易见的，该权利要求所要求保护的技术方案不具备突出的实质性特点和显著的进步，因而不具备创造性。对于技术方案二，当天线接收到的无线电讯号足以实现较佳接收效果时，不需要连接至放大电路进行信号放大，此时直接连接至同轴电缆，这是本领域技术人员根据实际情况的需要而设定的，属于本领域的公知常识，这种情况下，该权利要求也不具备创造性。针对“无线电接收天线通过注塑嵌装或固定卡装在天线外壳内侧上部”的技术方案，审查意见认为，对比文件公开了AM天线配设于鱼鳍状外盖21内侧的顶部，相当于涉案专利天线外壳内侧上部设置有无线电接收天线，而且“注塑嵌装”及“固定卡装”也都是本领域常用的锁固方式，属于本领域的公知常识。对蒋小平主张涉案专利的信号输出连接方式与对比文件不同，以及在天线外壳内侧上部的安装方式为非公知的陈述意见，审查意见予以了否定。蒋小平在2012年1月9日针对《第二次审查意见通知书》的答复意见中，申请将“所述无线电接收天线为AM/FM共用天线”补充入权利要求1，主张该内容在原说明书和附图中均有记载并能毫无疑义地导出。2012年5月23日，涉案专利被授权公告。

二、涉案专利授权公告的权利要求1

一种鲨鱼鳍式天线，其特征在于具有天线外壳，天线外壳内侧上部设置有无线电接收天线，无线电接收天线一端设有天线信号输出端，天线信号输出端通过天线连接元件与天线放大器信号输入端相连接，或直接与同轴电缆匹配相连，天线外壳底部装有安装底板；

所述无线电接收天线通过注塑嵌装或固定卡装在天线外壳内侧上部；

在天线外壳内侧上部设置有无线电接收天线，所述无线电接收天线采用螺旋状弹簧天线、或金属天线，增加了天线接收无线电信号的有效长度，实现360度全向性信号接收；

所述无线电接收天线为AM/FM共用天线。

三、有关涉案专利的确权程序

蒋小平在2014年9月18日无效程序意见陈述书中对于涉案争议的技术特征a、b的观点与授权阶段的答复意见一致。认为天线信号输出端通过天线连接元件与天线放大器信号输入端相连接并非惯用的技术手段，无线电接收天线通过注塑嵌装及固定卡装在天线外壳内侧上部的方式并未被公开。专利复审委员会于2015年4月7日作出的无效决定认定涉案专利具有创造性，其相关理由为，现有技术将AM天线和FM天线作分离式设计的技术手段与涉案专利特征c所述的无线电接收天线采用AM/FM共用天线的技术手段是相背离的。本领域技术人员面对现有技术存在的相反技术教导，在对比文件所公开的技术方案的基础上，无法获得将其与现有技术中使用AM/FM共用天线的技术手段相结合的技术启示，从而无法获得本专利权利要求1的技术方案。

本院认为，本案的焦点在于蒋小平对于技术特征a、b的陈述是否导致适用“禁止反悔”原则。

根据《最高人民法院关于审理侵犯专利权纠纷案件应用法律若干问题的解释（二）》第十三条的规定：“权利人证明专利申请人、专利权人在专利授权确权程序中对权利要求书、说明书及附图的限缩性修改或者陈述被明确否定的，人民法院应当认定该修改或者陈述未导致技术方案的放弃。”该条以是否存在“明确否定”作为“禁止反悔”原则适用的例外情形，当裁判者对权利人作出的意见陈述予以明确否定，不予认可时，则不导致技术方案的放弃，不适用禁止反悔。由于专利授权确权程序对于技术特征的认定存在连续性，权利人作出的陈述是否被“明确否定”，应当对专利授权和确权阶段技术特征的审查进行客观全面的判断，着重考察权利人对技术方案作出的限缩性陈述是否最终被裁判者认可，是否由此导致专利申请得以授权或者专利权得以维持。根据本案的上述相关事实，在授权程序中，国家知识产权局专利审查部门对蒋小平关于技术特征 a、b 的陈述意见不予认可，持明确否定意见，而且，涉案专利获得授权并非基于对特征 a、b 作出的限缩性陈述。在后续的无效审查程序，专利复审委员会并未推翻实质审查阶段所持的否定意见，不能得出专利复审委员会认为通过连接元件来进行阻抗匹配不是本领域的惯用技术手段，不属于本领域的公知常识的结论，也不能得出“注塑嵌装”及“固定卡装”不是本领域常用的锁固方式，不属于本领域的公知常识的结论。在评价涉案专利具有创造性时，尽管无效决定将技术特征 a、b 作为区别特征予以了罗列，但技术特征 a、b 的存在并未影响专利复审委员会以现有技术存在相反的技术教导，本领域技术人员不存在结合特征 c“所述无线电接收天线为 AM/FM 共用天线”的动机，而使得涉案专利具有创造性的审查评判。由于专利权人作出的限缩性陈述在实质审查中已被明确否定，而无效审查程序并未推翻该认定得出相反的结论，在这种情况下，应当认定存在专利权人的限缩性陈述已被明确否定的事实。这与所作的限缩性陈述并未带来专利权的获得和专利权的维持的事实相符，与“禁止反悔”原则防止权利人“两头得利”的目的不相悖。因此，蒋小平关于特征 a、b 的意见陈述，不发生技术方案被放弃的法律效果。根据《最高人民法院关于审理侵犯专利权纠纷案件应用法律若干问题的解释（二）》第十三条的规定，本案侵权判定不应适用“禁止反悔”原则。本案二审法院脱离涉案专利获得授权的具体审查事实，忽略专利权人的意见陈述已在实质审查程序被“明确否定”的事实，割裂了审查程序中对技术特征认定的连续性，仅审查了确权程序的相关认定，认为对权利人的限缩性意见陈述并未明确评价，相当于“未予评述”，不符合司法解释规定的明确否定的要求，进而得出了适用“禁止反悔”原则的错误结论。二审法院适用法律和认定事实均有错误，本院予以纠正。曹桂兰、胡美玲、蒋莉、蒋浩天的再审申请符合《中华人民共和国民事诉讼法》第二百条第二项规定的情形，应予支持。

另外，本案当事人对临时保护期后续的使用、销售以及现有技术抗辩、合法来源抗辩、民事责任承担等问题均有争议，涉案专利公开文本与授权文本请求保护的范围并不一致，江苏省高级人民法院在本案再审中应当注意专利申请公布日与专利授权公告日请求保护的范围并不一致的事实，并在审理查明相关事实的基础上，依法作出判断。

依照《中华人民共和国民事诉讼法》第二百零四条、第二百零六条、《最高人民法院关于适用〈中华人民共和国民事诉讼法〉的解释》第三百九十五条第一款规定，裁定如下：

一、指令江苏省高级人民法院再审本案；

二、再审期间，中止原判决的执行。

审　判　长　周　翔
审　判　员　罗　霞
代理审判员　佟　姝
二〇一七年十二月二十二日
书　记　员　包　硕

3. 专利侵权判断中权利要求技术特征的划分标准

——再审申请人刘宗贵与被申请人台州市丰利莱塑胶有限公司侵害实用新型专利权纠纷案①

中华人民共和国最高人民法院民事裁定书（2017）最高法民申3802号

再审申请人（一审原告、二审上诉人）：刘宗贵，男，1969年5月17日出生，汉族，住浙江省玉环县××××。

委托诉讼代理人：张智平，男，1966年1月7日出生，汉族，台州市方圆专利事务所专利代理人，住浙江省玉环县××××。

被申请人（一审被告、二审被上诉人）：台州市丰利莱塑胶有限公司。住所地：浙江省温岭市大溪镇鸿达塑料工业园区。

法定代表人：张顺德，该公司执行董事。

委托诉讼代理人：严忠泽，上海沪慧律师事务所律师。

委托诉讼代理人：姜磊，上海沪慧律师事务所律师。

再审申请人刘宗贵因与被申请人台州市丰利莱塑胶有限公司（以下简称丰利莱公司）侵害实用新型专利权纠纷一案，不服浙江省高级人民法院（2017）浙民终32号民事判决，向本院申请再审。本院依法组成合议庭进行了审查，现已审查终结。

刘宗贵申请再审称：（一）采用压缩弹簧和采用拉伸弹簧属于等同特征。为了使调节拉杆复位，涉案专利采用压缩弹簧，被诉侵权产品采用拉伸弹簧，但弹簧采用拉伸技术与采用压缩技术均是公知的技术。同时，两者的功能和技术效果完全相同，均实现调节拉杆的复位，因此两者属于等同特征。（二）涉案专利中的“套体”可以与被诉侵权产品中的“销轴”相对应。在涉案专利中，套体用于对弹簧的上端部进行定位，在被诉侵权产品中，调节弹簧的上端挂设在调节拉杆中的一根销轴上，从而得到定位。本案符合《中华人民共和国民事诉讼法》第二百条第六项规定的情形，请求撤销一、二审判决，判决丰利莱公司构成专利侵权并赔偿经济损失，一审、二审、再审费

① 本案在年度报告中的位置为第18页。

用由丰利莱公司承担。

丰利莱公司提交意见称：（一）被诉侵权产品缺少涉案专利的多个技术特征，未落入涉案专利保护范围。涉案专利权利要求 1 共包含 7 个技术特征，被诉侵权产品的技术方案有三个技术特征与涉案专利权利要求 1 的相应技术特征不同，分别是技术特征 3、6 和 7。关于技术特征 3，被诉侵权产品的座椅椅体没有设置在椅体座之间的横杆上，而是设置在椅体座的另一根轴上。关于技术特征 6 和 7 所描述的结构，被诉侵权产品是弹簧一端挂设在调节拉杆末端的销体上，另一端挂设在调节座上，不具备涉案专利权利要求 1 所述的“孔径小于弹簧直径的套体”，弹簧也不是套设在调节拉杆两端。（二）采用压缩弹簧和采用拉伸弹簧并不属于等同特征。1. 弹簧的压缩和拉伸是两种完全不同的属性，必然导致在利用其不同属性时采用不同的手段。当利用弹簧的压缩属性时，其技术方案只能是使弹簧被压缩，并配套相应部件，这种技术方案和部件在利用弹簧拉伸属性的技术方案中无法使用。由于弹簧的压缩和拉伸属于两种截然不同的属性，当选择了应用压缩属性时，就意味着放弃了应用拉伸属性，两者在一个技术方案中不可能共存。2. 涉案专利技术方案中的套体不仅仅起到定位作用，还起到使弹簧压缩以及支承件的作用，是发明目的得以实现的必不可少的技术特征。被诉侵权产品中的弹簧既不是套设在调节拉杆两端，弹簧外也没有套体。3. 被诉侵权产品使调节拉杆复位的技术方案比涉案专利技术方案更为简单，不但使用的部件不同，其对部件的材料要求也不同，安全度更高。综上，刘宗贵的申请再审理由不能成立，应予驳回。

本院认为，根据再审申请人的申请再审理由及本案案情，本案在再审审查阶段的焦点问题是：被诉侵权产品是否具备与涉案专利权利要求 1 所述“其（调节拉杆）两端分别套设有弹簧，在弹簧的外围套有孔径小于弹簧直径的套体”相同或等同的技术特征。

本案中，根据涉案专利权利要求 1 的记载，调节拉杆两端分别套设有弹簧，在弹簧的外围套有孔径小于弹簧直径的套体。经二审法院查明，被诉侵权产品的调节拉杆两端分别通过销轴挂设有弹簧，但没有孔径小于弹簧直径的套体。二审法院认为，根据权利要求书的记载，涉案专利的调节拉杆上套设弹簧，且在弹簧的外面还套有孔径小于弹簧直径的套体，而被诉侵权产品系直接将弹簧两端分别挂设在调节拉杆和椅体上以达到实现椅体调节之目的，缺少权利要求记载的“套体”这一技术特征，应当认定被诉侵权产品未落入涉案专利权的保护范围。对此，本院认为，本案的关键在于恰当划分技术特征以便正确地进行技术特征比对。技术特征的划分应该结合发明的整体技术方案，考虑能够相对独立地实现一定技术功能并产生相对独立的技术效果的较小技术单元。如果划分技术特征时未恰当考虑该技术特征是否能够相对独立地实现一定技术功能并产生相对独立的技术效果，导致技术特征划分过细，则在侵权比对时容易因被诉侵权技术方案缺乏该技术特征而错误认定侵权不成立，不适当地限缩专利保护范围；如果未恰当考虑该技术特征是否系相对独立地实现一定技术功能和技术效果的较小技术单元，导致技术特征划分过宽，则在侵权比对时容易忽略某个必要技术特征而错误认定侵权成立，不适当地扩大专利保护范围。因此，恰当划分技术特征是进行侵权比对的基础。本案中，涉案专利权利要求1关于“其（调节拉杆）两端分别套设有弹簧，在弹簧的外围套有孔径小于弹簧直径的套体”的记载所实现的功能是：当需要调节椅体高度时，对调节拉杆产生回复力，使得销体和卡槽扣紧。可见，“套体”虽然是一个部件，但其功能和效果必须依赖于弹簧的配合才能实现，两者相互配合才能在整体技术方案中发挥作用。因此，在涉案专利权利要求1中，套体本身无法实现相对独立的功能，不宜作为一个独立的技术特征对待。在将涉案专利权利要求的技术特征与被诉侵权产品的相应技术特征进行比对时，应当将“其两端分别套设有弹簧，在弹簧的外围套设有孔径小于弹簧直径的套体”作为一个独立的技术特征进行比对，而不是将“套体”作为一个独立的技术特征进行比对。对比涉案专利权利要求1关于“其（调节拉杆）两端分别套设有弹簧，在弹簧的外围套有孔径小于弹簧直径的套体”的技术特征与被诉侵权产品的相应特征，被诉侵权产品是通过在调节拉杆两端设置销轴并挂设弹簧的方式实现相应的功能，而涉案专利则是通过在调节拉杆两端设置套体并套装弹簧的方式实现相应功能。两者虽然不属于相同的技术特征，但是无论是利用弹簧的拉伸原理调节座椅，还是采用弹簧的压缩原理调节座椅，均是利用了弹簧具有回复力的基本性质，手段基本相同，实现利用其回复力使得销体和卡槽扣紧的功能，并且两者所能达到的效果基本相同。而且，采用弹簧拉伸还是压缩的方式对于本领域普通技术人员来说是容易联想到的。因此，两者属于等同技术特征。二审法院将涉案专利权利要求记载的“套体”作为单独的技术特征，在此基础上进行侵权比对，进而以被诉侵权产品缺少套体特征为由认定未落入涉案专利权保护范围，未考虑相关技术特征是否构成等同，技术特征划分和侵权比对均有失妥当，应予纠正。在此基础上，对于被诉侵权产品是否最终落入涉案专利权利要求1的保护范围以及民事责任承担问题，应该重新进行审查认定。

依照《中华人民共和国民事诉讼法》第二百零四条，《最高人民法院关于适用〈中华人民共和国民事诉讼法〉的解释》第三百九十五条第一款规定，裁定如下：

一、指令浙江省高级人民法院再审本案；

二、再审期间，中止原判决的执行。

审 判 长 朱 理
审 判 员 毛立华
代理审判员 佟 姝
二〇一七年十二月二十日
书 记 员 焦 媛

4. 仅具有技术功能的零部件不构成外观设计侵权

——再审申请人欧介仁与被申请人泰州市金申家居用品有限公司侵害外观设计专利权纠纷案①

中华人民共和国最高人民法院民事裁定书（2017）最高法民申 2649 号

再审申请人（一审原告、二审上诉人）：欧介仁，男，汉族，1971 年 5 月 25 日出生，住广东省饶平县××××。

委托诉讼代理人：李旭烽，河南科技通律师事务所律师。

委托诉讼代理人：高春利，河南闻禹律师事务所律师。

被申请人（一审被告、二审被上诉人）：泰州市金申家居用品有限公司。住所地：江苏省泰州市海陵区任景路 188 号。

法定代表人：王贵明，该公司执行董事。

再审申请人欧介仁因与被申请人泰州市金申家居用品有限公司（以下简称金申公司）侵害外观设计专利权纠纷一案，不服江苏省高级人民法院（2016）苏民终 171 号民事判决，向本院申请再审。本院依法组成合议庭进行了审查，现已审查终结。

欧介仁申请再审称：1. 二审法院认定的基本事实错误。二审法院认定金申公司只是对欧介仁享有专利权的“铝型材（8）”外观设计专利（以下简称本专利）进行“使用”，而没有认定金申公司存在生产、销售行为，属于认定基本事实错误。金申公司的工商登记资料显示其经营范围为：家具、移动门、建筑门窗的生产及销售，室内外装饰装潢。同时，二审判决还确认了金申公司提交的现有证据不能证明其销售的被诉侵权移门产品的来源。因此，在没有相反证据的情况下，应当推定金申公司生产并销售了被诉侵权移门产品及其组成零部件“铝型材”。2. 二审法院适用法律错误。二审法院认为，金申公司仅利用了铝型材的技术功能，其行为只能视为对涉案专利的“使用”，因未经外观设计专利权人许可的“使用”行为不构成侵权，故金申公司无需承担侵权责任。事实上，铝型材产品既具有连接型材及镶嵌固定玻璃

① 本案在年度报告中的位置为第 20 页。

的技术功能，又具有装饰功能，其横截面的设计特征兼具功能性与装饰性。在制造门、窗的过程中，由于连接型材、镶嵌固定玻璃，从而造成最能体现铝型材设计特征的横截面不能显示于外，但不能因此就认为这一制造过程仅利用了铝型材的技术功能，没有利用装饰功能。综上，欧介仁依据《中华人民共和国民事诉讼法》第二百条第二项、第六项的规定申请再审，请求：1. 撤销本案一审、二审判决；2. 改判金申公司赔偿欧介仁经济损失 20 万元；3. 判令金申公司承担全部诉讼费用。

本院经审查认为，根据欧介仁申请再审的理由，本案再审审查的焦点问题为：金申公司是否实施了侵害本专利的行为。

《中华人民共和国专利法》第五十九条第二款规定：外观设计专利权的保护范围以表示在图片或者照片中的该产品的外观设计为准，简要说明可以用于解释图片或者照片所表示的该产品的外观设计。根据已查明的事实，本专利名称为“铝型材”，授权公告图片由主视图、左视图、右视图、俯视图组成。本专利的简要说明中记载，最能表明设计要点的图片为主视图。主视图显示的是铝型材的端面造型，呈两个相对的“个”字并通过一个反“C”字（开口朝左）相连。本案中，被诉侵权产品为金申公司在南京河西国际博览中心进行销售的玻璃移门。作为该玻璃移门的部件，铝型材与移门上的玻璃镶嵌为一体，无法观察到铝型材的端面，在该产品中仅具有技术功能。根据《最高人民法院关于审理侵犯专利权纠纷案件应用法律若干问题的解释》第十二条第二款关于“将侵犯外观设计专利权的产品作为零部件，制造另一产品并销售的，人民法院应当认定属于专利法第十一条规定的销售行为，但侵犯外观设计专利权的产品在该另一产品中仅具有技术功能的除外”的规定，金申公司将铝型材作为零部件制造玻璃移门并进行销售的行为，不构成侵权，欧介仁的申请再审理由不能成立。

依照《中华人民共和国民事诉讼法》第二百零四条第一款，《最高人民法院关于适用〈中华人民共和国民事诉讼法〉的解释》第三百九十五条第二款规定，裁定如下：

驳回欧介仁的再审申请。

审　判　长　王艳芳
审　判　员　杜微科
代理审判员　何　鹏
二〇一七年九月二十七日
书　记　员　胡　凯

5. 专利侵权案件中制造行为的认定

——再审申请人沈阳中铁安全设备有限责任公司与被申请人哈尔滨铁路局减速顶调速系统研究中心、宁波中铁安全设备制造有限公司及一审被告哈尔滨铁路局侵害实用新型专利权纠纷案[①]

中华人民共和国最高人民法院民事判决书（2017）最高法民再122号

再审申请人（一审原告、二审被上诉人）：沈阳中铁安全设备有限责任公司。住所地：辽宁省沈阳经济技术开发区开发北二十六号路5号。

法定代表人：杨恩久，该公司经理。

委托诉讼代理人：张华，甘肃惠普律师事务所律师。

委托诉讼代理人：王勇，沈阳科威专利代理有限责任公司专利代理人。

被申请人（一审被告、二审上诉人）：哈尔滨铁路局减速顶调速系统研究中心。住所地：黑龙江省哈尔滨市南岗区邮政街339号。

法定代表人：周际，该中心总经理。

委托诉讼代理人：高玉生，北京市尚公律师事务所律师。

委托诉讼代理人：侯煊，甘肃中天律师事务所律师。

被申请人（一审被告、二审被上诉人）：宁波中铁安全设备制造有限公司。住所地：浙江省余姚市扶贫开发区鸿运路。

法定代表人：黄志东，该公司总经理。

一审被告：哈尔滨铁路局。住所地：黑龙江省哈尔滨市南岗区西大直街51号。

法定代表人：王进喜，该局局长。

委托诉讼代理人：赵连祥，该局职工。

再审申请人沈阳中铁安全设备有限责任公司（以下简称沈阳中铁公司）因与被申请人哈尔滨铁路局减速顶调速系统研究中心（以下简称哈铁减速顶中心）、宁波中铁安全设备制造有限公司（以下简称宁波中铁公司）及一审被告哈尔滨铁路局侵害实用新型专利权纠纷一案，不服甘肃省高级人民法院（2014）甘民三终字第62号民事判决，向本院申请再审。本院于2016年6月

① 本案在年度报告中的位置为第21页。

30日作出（2016）最高法民申529号民事裁定，提审本案。本院依法组成合议庭，开庭审理了本案。再审申请人沈阳中铁公司的委托诉讼代理人张华、王勇，被申请人哈铁减速顶中心的委托诉讼代理人高玉生、侯煊，被申请人宁波中铁公司的法定代表人黄志东，一审被告哈尔滨铁路局的委托诉讼代理人赵连祥到庭参加诉讼。本案现已审理终结。

沈阳中铁公司申请再审称，二审法院对案件的部分基本事实认定不清，且适用法律错误。（一）二审法院认定哈铁减速顶中心销售被诉侵权产品是善意不知情的，进而改判其不承担连带赔偿责任，系认定事实不清，适用法律错误。1. 哈铁减速顶中心完全知晓沈阳中铁公司涉案“短型减速顶”实用新型专利（专利号为ZL02282495.2，以下简称本专利）的技术特征。沈阳中铁公司曾于2005年4月8日将本专利的产品交哈铁减速顶中心进行检测，并取得涉及工艺、质量等多项指标全部合格的《检测报告》，哈铁减速顶中心称不知本专利的技术特征，与事实不符。此外，国家铁道部曾于2008年组织技术专家对沈阳中铁公司的本专利进行评审，当时，哈铁减速顶中心也委派了一名专家到场，并对本专利的新颖性、实用性给予了高度评价。2. 哈铁减速顶中心从宁波中铁公司处采购侵权产品，对侵权产品的技术特征是明知的。被诉侵权的短型减速顶产品是关系到铁路运输安全的专用产品，哈铁减速顶中心作为项目的中标方，对所提供产品的质量、构造、技术特征必须详尽了解，同时，还要对产品的技术安全、质量负责，包括提供产品现场安装、使用等方面的技术指导，以及提供售后维修、保养、更换等服务。因此，哈铁减速顶中心称不知道其所提供的短型减速顶产品的技术特征，违背客观事实。3. 哈铁减速顶中心与沈阳中铁公司均参加了兰州铁路局就兰州枢纽工程短型减速顶项目组织的招投标，对于双方各自产品的技术特征，哈铁减速顶中心是非常清楚的。（二）哈铁减速顶中心与宁波中铁公司签订的合同应属于承揽合同，哈铁减速顶中心应当承担侵权责任。短型减速顶产品不是一般的通用产品，是铁路专用技术产品，只能专业订购。哈铁减速顶中心向宁波中铁公司提供产品规格、技术特征、工艺要求、数量等加工要求后，宁波中铁公司才能进行加工制作。并且，被诉侵权的短型减速顶产品上标注了哈铁减速顶中心的“TDJ”标识。因此，哈铁减速顶中心与宁波中铁公司之间为加工定作的承揽合同关系，哈铁减速顶中心的行为属于制造行为，而非销售行为。综上，沈阳中铁公司依据《中华人民共和国民事诉讼法》第二百条第二项、第六项的规定申请再审，请求：1. 撤销二审判决；2. 维持一审判决；3. 判令哈铁减速顶中心、宁波中铁公司承担一审、二审诉讼费用。

哈铁减速顶中心辩称，被诉侵权产品是宁波中铁公司提供的，双方之间有供货合同，哈铁减速顶中心也支付了货款，根据《中华人民共和国专利法》（以下简称专利法）第七十条的规定，哈铁减速顶中心不应当承担赔偿责任。哈铁减速顶中心与兰州铁路局于2010年签订减速顶供货合同，但兰州铁路局两年后才要货，哈铁减速顶中心来不及组织生产才向宁波中铁公司购买。宁波中铁公司交付的减速顶产品与合同约定不一致，但其技术参数符合哈铁减速顶中心享有专利权的“TDJ－205”型减速顶的技术参数，宁波中铁公司亦保证该产品系该公司法定代表人黄志东享有专利权的专利产品，哈铁减速顶中心才收货。虽然哈铁减速顶中心在被诉侵权产品上标注了“TDJ－205”型号及单位名称，但其不是制造商，不应承担赔偿责任。

宁波中铁公司辩称，其生产涉案减速顶产品的行为合法、正当，不构成对沈阳中铁公司的专利侵权。宁波中铁公司曾于2003年10月2日与沈阳中铁公司签订《联合开发短型减速顶协议书》，后双方又于2004年底签订《协议书》，约定宁波中铁公司2005年度生产15000台减速顶，由沈阳中铁公司负责销售。然而，沈阳中铁公司后来并未履约，未销售一台产品，导致宁波中铁公司生产的减速顶产品大量积压，为减少经济损失宁波中铁公司只能自行销售。因此，一方面，宁波中铁公司按照其与沈阳中铁公司的协议生产减速顶的行为合法、正当，另一方面，宁波中铁公司对其与沈阳中铁公司联合生产的减速顶进行销售的行为也合法、正当。

沈阳中铁公司向一审法院起诉请求：判令哈铁减速顶中心、哈尔滨铁路局、宁波中铁公司连带赔偿经济损失608万元，并承担本案诉讼费。一审法院认定事实：（一）关于本专利。本专利的申请日为2002年11月6日，公告授权日为2003年12月3日，专利权人为杨楠、杨志宏、杨恩久。2006年8月1日，三专利权人共同决定用本专利技术出资入股经营沈阳中铁公司，经沈阳光辉资产评估事务所评估本专利价值为307.95万元，验资后进行了增资工商登记，但未在国家知识产权局进行专利权人变更登记。（二）关于被诉侵权产品。经法庭释明，哈铁减速顶中心申请，一审法院于2014年7月22日组织沈阳中铁公司与哈铁减速顶中心，在哈铁减速顶中心曾经施工过的兰州北编组站二场六道内，提取该道东端倒数第三个减速顶。（三）关于被诉侵权产品与本专利的比对。一审法院于2014年7月28日组织双方当事人在法庭对被诉侵权产品与本专利进行比对，认定两者的主要技术特征相同。（四）其他有关情况。兰州铁路局于2010年9月对在建铁路兰渝线兰州北站枢纽工程货车北环线及兰州北编组站各类工程减速顶项目进行施工招标，沈阳中铁公司与哈铁减速顶中心均参与投标，沈阳中铁公司未中标，哈铁减速顶中心中标并于2011年进行了供货、安装，且通过验收。后沈阳中铁公司在参与该枢纽工程建设的他项履约施工时，发现在建编组站安装的减速顶与其专利相同，查询得知该产品是哈铁减速顶中心中标施工，遂提起本案诉讼。

另查明，哈铁减速顶中心是哈尔滨铁路局依法设立并领取营业执照的分支机构，财务独立核算。宁波中铁公司法定代表人黄志东因涉嫌犯罪被羁押，公司财产已被余姚市人民法院依法拍卖执行清算完毕，现无偿债能力。一审法院判决：1. 哈铁减速顶中心与宁波中铁公司连带赔偿沈阳中铁公司经济损失4549200 元；2. 驳回沈阳中铁公司其他诉讼请求。案件受理费 54360 元，由哈铁减速顶中心与宁波中铁公司连带负担。

哈铁减速顶中心不服一审判决，上诉请求：撤销一审判决，驳回沈阳中铁公司的诉讼请求，一、二审诉讼费由沈阳中铁公司承担。二审法院认定事实与一审法院一致。二审法院认为，被诉侵权产品侵害了本专利权，一审法院根据沈阳中铁公司的请求按照其损失计算侵权赔偿数额，并无不当。但是，哈铁减速顶中心提供的其与宁波中铁公司签订的供货合同、购货发票等证据，能够证明哈铁减速顶中心销售的被诉侵权产品来源于宁波中铁公司，且宁波中铁公司对此一事实亦予以认可，因此，哈铁减速顶中心的合法来源抗辩成立，不应当承担赔偿责任。二审法院判决：1. 维持一审判决第二项，即“驳回沈阳中铁公司的其他诉讼请求”；2. 撤销一审判决第一项，即“哈铁减速顶中心与宁波中铁公司连带赔偿沈阳中铁公司经济损失 4549200 元”；3. 宁波中铁公司赔偿沈阳中铁公司经济损失 4549200 元，于判决生效之日起十日内付清。一审案件受理费 54360 元，由宁波中铁公司负担；二审案件受理费43194 元，由沈阳中铁公司负担。

再审期间，宁波中铁公司向本院提交了两份新证据，证据一为黄志东（宁波中铁公司法定代表人）与沈阳中铁公司于 2003 年 10 月 2 日签订的《联合开发短型减速顶协议书》，证据二为宁波中铁公司与沈阳中铁公司签订的《协议书（2005 年减速顶产品制造成本价格明细表定价）》。宁波中铁公司提交该两份新证据用以证明其生产、销售被诉侵权减速顶产品的行为合法、正当。沈阳中铁公司对该两份证据发表质证意见：该两份协议的签订时间距本案纠纷发生已近十年，与本案没有关联；并且，《联合开发短型减速顶协议书》中明确约定，“乙方（黄志东）未经甲方（沈阳中铁公司）同意不得自行销售产品整机和零配件，如有违约，应按销售额的双倍向甲方支付违约金，并另外赔偿甲方技术培训费 30 万元，甲方有权终止协议。”

本院对宁波中铁公司在再审期间提交的两份证据认定如下：该两份证据仅能证明宁波中铁公司与沈阳中铁公司在 2003 年至 2005 年期间，就减速顶产品的开发、生产、销售存在过合作，不能证明宁波中铁公司在本案中提供给哈铁减速顶中心的被诉侵权产品，是当年与沈阳中铁公司合作但未销售的产品。

本院再审认为，根据沈阳中铁公司申请再审的事由、请求以及哈铁减速顶中心、宁波中铁公司的答辩意见，本案再审审理的争议焦点为：哈铁减速顶中心主张的合法来源抗辩是否成立，其应否承担赔偿责任。

专利法第七十条规定：“为生产经营目的使用、许诺销售或者销售不知道是未经专利权人许可而制造并售出的专利侵权产品，能证明该产品合法来源的，不承担赔偿责任。”本案中，哈铁减速顶中心先是与兰州铁路局签订减速顶设备买卖合同，约定哈铁减速顶中心作为卖方向兰州铁路局提供减速顶设备；其后，哈铁减速顶中心又与宁波中铁公司签订减速顶供货合同，约定由宁波中铁公司负责加工型号为“TDJ－205”的减速顶；然后，哈铁减速顶中心将宁波中铁公司加工完成的减速顶提供给兰州铁路局。综合本案事实，对哈铁减速顶中心相关行为的法律定性应当考察以下因素：第一，宁波中铁公司的加工生产行为完全受控于哈铁减速顶中心，哈铁减速顶中心在合同中为宁波中铁公司指定了减速顶的型号及各项技术指标，并约定哈铁减速顶中心有权对宁波中铁公司的加工生产行为进行检查、监督及提出整改要求；第二，宁波中铁公司在加工完成的减速顶产品上并不标注公司标识，而是交由哈铁减速顶中心标注其专属的“TDJ－205”型号及单位名称。哈铁减速顶中心虽没有在物理上实施制造行为，但基于其对宁波中铁公司制造行为的控制，以及最终成品标注哈铁减速顶中心专属的产品型号和单位名称这一事实，应当认定哈铁减速顶中心不仅是本案被诉侵权产品的销售者，同时也是制造者。因此，本案中哈铁减速顶中心的相关行为不符合专利法第七十条的规定，其合法来源抗辩不成立，应与宁波中铁公司就被诉侵权减速顶产品向沈阳中铁公司承担连带赔偿责任。

综上所述，沈阳中铁公司的再审理由成立，其再审请求应予支持。依照《中华人民共和国民事诉讼法》第二百零七条第一款、第一百七十条第一款第二项之规定，判决如下：

一、撤销甘肃省高级人民法院（2014）甘民三终字第62号民事判决；

二、维持甘肃省兰州市中级人民法院（2014）兰民三初字第7号民事判决。

一审案件受理费54360元，由哈尔滨铁路局减速顶调速系统研究中心和宁波中铁安全设备制造有限公司连带负担；二审案件受理费43194元，由哈尔滨铁路局减速顶调速系统研究中心负担。

本判决为终审判决。

审　判　长　王艳芳
审　判　员　杜微科
代理审判员　何　鹏
二〇一七年九月十八日
书　记　员　胡　凯

6. 实用新型专利的非形状构造类技术特征在认定现有技术抗辩时原则上不予考虑

——再审申请人谭熙宁与被申请人镇江新区恒达硅胶有限公司侵害实用新型专利权和外观设计专利权纠纷案①

中华人民共和国最高人民法院民事裁定书（2017）最高法民申3712号

再审申请人（一审原告、二审被上诉人）：谭熙宁，男，1942年1月1日出生，汉族，住江苏省南京市秦淮区。

委托诉讼代理人：张继忠，山东昶灏律师事务所律师。

被申请人（一审被告、二审上诉人）：镇江新区恒达硅胶有限公司。住所地：江苏省镇江新区姚桥镇兴隆村。

法定代表人：杨萍，该公司董事长。

再审申请人谭熙宁因与被申请人镇江新区恒达硅胶有限公司（以下简称恒达公司）侵害实用新型专利权和外观设计专利权纠纷一案，不服江苏省高级人民法院（2016）苏民终1079号民事判决，向本院申请再审。本院依法组成合议庭进行了审查，现已审查终结。

谭熙宁申请再审称：（一）原判决认定事实的主要证据是伪造的。恒达公司在二审诉讼中提交的证据国家标准是伪造的，该国家标准“管法兰用非金属聚四氟乙烯包覆垫片GB/T13404－2008”（以下简称管法兰国家标准）的原文是“聚四氟乙烯包裹层的厚度为0.5mm，嵌入物的厚度为2.0mm，顾客另有要求时由供需双方协商解决”。恒达公司对其进行篡改性使用：删除了“嵌入物的厚度为2.0mm”的表述；管法兰国家标准适用于管道法兰密封，本实用新型专利适用于罐式集装箱罐口密封，两者不能进行比较；管法兰国家标准是用冷加工方法将聚四氟乙烯嵌入橡胶圈，两种材质是分离的，不是热压结合在一起，本实用新型专利是将聚四氟乙烯与橡胶通过热压的方法有机地结合在一起，这正是本实用新型专利的发明创造点。（二）原判决认定事实的主要证据未经质证。恒达公司在二审诉讼中提交的证据《实用新

① 本案在年度报告中的位置为第23页。

型专利评价报告》与管法兰国家标准，均未经当庭质证。恒达公司向二审法院提交管法兰国家标准，谭熙宁是在二审判决中才看到该标准被篡改的情况，恒达公司在二审庭审中并未提及被篡改的内容。此外，恒达公司是在二审庭审后才向法院提交《实用新型专利评价报告》，该证据未经当庭质证。（三）二审法院违反法律规定，剥夺谭熙宁的辩论权利。二审判决认定事实的主要证据《实用新型专利评价报告》与管法兰国家标准，均未经谭熙宁当庭质证，谭熙宁的辩论权利被剥夺。综上，谭熙宁依据《中华人民共和国民事诉讼法》第二百条第三项、第四项、第九项之规定向本院申请再审，请求撤销二审判决，依法对本案再审。

本院审查查明，谭熙宁于2016年12月14日二审期间向二审法院提交材料《专利权评价报告破析》，并随附手写说明一份，其上记载："恒达提出专利权评价报告一事，唐律师已转告我知，并要我直接与您联系。兹将对于专利权评价报告的分析提供给您，以供参考。"谭熙宁在二审诉讼中委托的诉讼代理人唐琪于2016年12月19日向二审法院提交了针对二审新证据《实用新型专利评价报告》的《质证意见》。

本院经审查认为，根据谭熙宁申请再审的理由，本案再审审查的焦点问题为：1. 原判决认定事实的主要证据是否是伪造的；2. 原判决认定事实的主要证据是否未经质证；3. 二审法院是否违反法律规定剥夺谭熙宁的辩论权利。

关于第一个问题，原判决认定事实的主要证据是否是伪造的。谭熙宁称，恒达公司在二审诉讼中提交的证据管法兰国家标准被恒达公司篡改，是伪造的证据。本院认为，首先，二审法院是根据审理本案的需要对管法兰国家标准进行节选使用，属于不完全引用，管法兰国家标准这一证据本身并非是伪造的证据。其次，本实用新型专利的名称为"一种矩形密封圈"，其权利要求1的表述当中也并未出现"集装箱罐口"这一限制使用环境的技术特征，故本实用新型专利的保护范围并不限于集装箱领域。"集装箱罐口"的密封技术与管法兰的密封技术，在现有技术背景下均涉及橡胶、聚四氟乙烯等材料的运用，其所要追求的功能与效果是相同的，因而两者属于相同技术领域，管法兰国家标准可以在本案中作为现有技术。谭熙宁所称本实用新型与管法兰国家标准属于不同技术领域、不能进行比较的主张不能成立。第三，谭熙宁还称本实用新型专利是将聚四氟乙烯与橡胶通过热压的方法有机地结合在一起，而管法兰国家标准采用冷加工方法，未公开"热压"这一技术特征，因而被诉侵权产品的现有技术抗辩不能成立。对此，本院认为，根据《中华人民共和国专利法》第二条第三款的规定，实用新型是对产品的形状、构造或者其结合所提出的适于实用的新的技术方案。据此可知，实用新型专利的保护对象是由形状、构造及其结合所构成的技术方案。实用新型专利权利要求中非形状构造类技术特征对于该实用新型专利权利要求的新颖性和创造性不能产生贡献。因此，审查针对该具有非形状构造类技术特征的实用新型专利权利要求所提出的现有技术抗辩时，原则上不考虑该现有技术是否公开了该非形状构造类技术特征。相反，如果考虑该非形状构造类技术特征，则会将已经全部公开了有关形状构造类技术特征的现有技术囊括在该具有非形状构造类技术特征的实用新型专利权利要求的保护范围之内，导致该实用新型专利权利要求的保护范围与其技术贡献不相适应。本案中，尽管本实用新型专利在其权利要求 1 中用“热压”限制聚四氟乙烯包裹层，但“热压”既不属于形状范畴，也不属于构造范畴，故不属于本实用新型专利的保护范围，因而管法兰国家标准未公开“热压”这一非形状构造类技术特征，不影响恒达公司根据该标准主张现有技术抗辩。综上，谭熙宁该项申请再审理由不能成立。

关于第二个问题，原判决认定事实的主要证据是否未经质证。首先，关于证据管法兰国家标准，从谭熙宁申请再审的陈述和二审庭审笔录可知，该证据在二审诉讼中已经质证，谭熙宁是对二审判决引用该证据时未援引“嵌入物的厚度为 2.0mm”一语有异议。其次，关于证据《实用新型专利评价报告》，根据本院审查查明的事实，谭熙宁及其二审委托诉讼代理人均在二审中对该证据发表过书面质证意见。当事人不能因其质证意见未被法院采纳，而否定证据已经经过质证的事实。因此，谭熙宁该项申请再审理由不能成立。

关于第三个问题，二审法院是否违反法律规定剥夺谭熙宁的辩论权利。谭熙宁该项申请再审理由与“主要证据未经质证”的理由相同，本院不予支持。

综上所述，谭熙宁的再审申请不符合《中华人民共和国民事诉讼法》第二百条的规定。依照《中华人民共和国民事诉讼法》第二百零四条第一款，《最高人民法院关于适用〈中华人民共和国民事诉讼法〉的解释》第三百九十五条第二款规定，裁定如下：

驳回谭熙宁的再审申请。

审 判 长 朱 理
审 判 员 毛立华
代理审判员 佟 姝
二〇一七年九月二十八日
法官助理 何 鹏
书 记 员 包 硕

（二）专利行政案件审判

7. 专利行政执法中程序违法的认定和处理

——再审申请人西峡龙成特种材料有限公司与被申请人榆林市知识产权局、陕西煤业化工集团神木天元化工有限公司专利侵权纠纷行政处理案①

中华人民共和国最高人民法院行政判决书（2017）最高法行再84号

再审申请人（一审原告、二审上诉人）：西峡龙成特种材料有限公司。住所地：河南省南阳市西峡县工业大道北段88号（311国道北段西侧）。

法定代表人：朱书成，该公司董事长。

委托诉讼代理人：杨存吉，北京市智汇律师事务所律师。

委托诉讼代理人：季发军，男，1979年4月10日出生，汉族，郑州知己知识产权代理有限公司专利代理人，住河南省南阳市卧龙区××××。

被申请人（一审被告、二审被上诉人）：榆林市知识产权局。住所地：陕西省榆林市榆阳区常乐路35号。

法定代表人：郝康林，该局局长。

委托诉讼代理人：张炜亮，该局科长。

委托诉讼代理人：苟红东，男，1965年12月6日出生，汉族，宝鸡市知识产权局副局长，住陕西省宝鸡市渭滨区××××。

被申请人（一审第三人、二审被上诉人）：陕西煤业化工集团神木天元化工有限公司。住所地：陕西省榆林市神木县锦界工业园区。

法定代表人：毛世强，该公司董事长。

委托诉讼代理人：李向东，北京恒都律师事务所律师。

委托诉讼代理人：李嫄，北京恒都律师事务所实习律师。

---

① 本案在年度报告中的位置为第24页。

再审申请人西峡龙成特种材料有限公司（以下简称西峡公司）因与被申请人榆林市知识产权局（以下简称榆林局）、陕西煤业化工集团神木天元化工有限公司（以下简称天元公司）专利侵权纠纷行政处理一案，不服陕西省高级人民法院（2016）陕行终94号行政判决，向本院申请再审。本院于2017年9月21日裁定提审本案。提审后，本院依法组成合议庭，于2017年12月15日公开开庭进行了审理，西峡公司的委托诉讼代理人杨存吉、季发军，榆林局的委托诉讼代理人张炜亮、苟红东，天元公司的委托诉讼代理人李向东、李嫄到庭参加诉讼。本案现已审理终结。

2015年6月10日，西峡公司以天元公司制造、使用的煤炭分质转化利用设备侵犯其ZL201020586802.2号“内煤外热式煤物质分解设备”实用新型专利权（以下简称涉案专利）为由，请求榆林局行政处理，责令天元公司停止上述侵权行为。

榆林局认为，西峡公司主张以涉案专利权利要求1确定其专利权的保护范围，被诉侵权设备由于体积庞大且正在生产使用中，无法拆解观察内部结构，故根据天元公司提供且经西峡公司认可的被诉侵权设备照片及设备结构简图确定被诉侵权设备的技术特征。经比对，涉案专利的密封窑体与被诉侵权设备的夹套在结构、功能和效果上不同，不构成等同特征。涉案专利的煤物质推进分解管道与被诉侵权设备的回转窑体在结构和工作原理上不同，亦不等同。涉案专利的煤物质推进分解管道位于密封窑体内被完全包围，该两者之间不能相对转动，被诉侵权设备的回转窑体没有位于夹套内，该两者之间可以相对转动。涉案专利窑体的密封性好，提高了热传递效率，被诉侵权设备在回转窑体外壁套设三个相对独立的加热夹套，将供热与热解过程完全隔绝，提高了安全性，两者的技术效果和目的不同。因此，被诉侵权设备未落入专利权的保护范围，不构成对涉案专利权的侵犯。另，天元公司在口头审理中明确不主张现有技术抗辩。2015年9月1日，榆林局作出榆知法处字（2015）9号《专利侵权纠纷案件处理决定书》（以下简称被诉行政决定），驳回西峡公司要求天元公司停止专利侵权行为的请求。

西峡公司不服该被诉行政决定，向陕西省西安市中级人民法院提起诉讼。

西峡公司诉称：1. 被诉侵权设备的夹套是由三块钢板铆接而成，夹套周向包围窑体设置，夹套与窑体密封固定形成密封的容器。在密封容器内通入高温气体，对窑体内的煤粉进行加热。夹套并不是单独使用的独立结构，而是要与窑体配合使用。但是，权利要求1没有限定窑体的具体结构，可以是方形、圆形、不规则形状，也可以是夹套结构，只要它构成密封容器，均与权利要求1的密封窑体等同。2. 被诉侵权设备采用三段式结构，无论被诉侵权设备的夹套有几个，其实质都是在夹套内设置有窑体，在夹套与窑体形成的密封容器内通入高温气体，并在窑体内通入煤。权利要求1并没有限定密封窑体的数量。3. 被诉侵权设备的回转窑体与涉案专利的煤物质推进分解管道等同。被诉侵权设备采用的技术手段（窑体），实现的功能（通入煤粉），达到的效果（使煤粉在窑体内充分加热，升温分解出燃气、焦油气和煤等）与涉案专利的手段、功能和效果等同。4. 被诉侵权设备的三段式夹套包裹窑体，将涉案专利窑体对煤物质分解推进通道全部包裹改成被诉侵权设备三段式夹套对窑体的部分包裹，牺牲了部分热能、降低热交换效率，对涉案专利的技术方案进行改进，理应落入涉案专利的保护范围。综上，榆林局认定天元公司不构成专利侵权，存在错误，请求法院依法撤销被诉行政决定，并由榆林局承担本案的诉讼费用。

榆林局辩称：1. 被诉侵权设备的夹套本身是固定包裹在回转窑体上不转动，只有回转窑体相对于夹套转动，夹套没有全部包裹回转窑体形成一个密封容器。而涉案专利的密封窑体是一个密封容器，并且相对于煤物质推进分解管道是固定的，其通过自身转动并带动内部的煤物质推进分解管道转动，使得物料运动推进，密封窑体与煤物质推进分解管道之间不能相对转动。因此，被诉侵权设备的夹套与涉案专利的密封窑体不相同也不等同。2. 被诉侵权设备的热交换空间和涉案专利的热交换仓尽管实现的功能都是容纳热气给煤物质加热使其分解，但涉案专利的热交换仓是煤物质推进分解管道与密封窑体内壁之间的一个连续空间，旨在提高热传递效率。而被诉侵权设备为了设备制造的便利和热解过程的安全，将热交换空间由回转窑体和三个夹套之间的三个不连续空间构成，提高了设备工作的安全性。因此，被诉侵权设备的回转窑体与涉案专利的煤物质推进分解管道不相同也不等同。综上，被诉侵权设备未落入专利权的保护范围，不构成对涉案专利权的侵犯。被诉行政决定认定事实清楚，证据充分，请求驳回西峡公司的诉讼请求。

天元公司述称：1. 被诉侵权设备的夹套是包围回转窑体的中空套筒，是非密封的，而涉案专利的窑体是密封结构。夹套的换热效率低于密封窑体，是以牺牲换热效率来简化设备结构、降低爆炸风险。两者在技术手段、效果上不同，不构成等同特征。被诉侵权设备没有涉案专利的“所述窑体内设置煤物质推进分解管道”这一特征。夹套只是作为加热套筒套设于窑体外壁上，不具有涉案专利的封闭密封结构，回转窑也没有处于外夹套之内，回转窑整体结构大于外夹套，无法将回转窑设置于外夹套内。被诉侵权设备不具有涉案专利的管道这样圆而细长的结构，回转窑体是相对于部分包裹外夹套进行转动，而涉案专利的煤物质分解推进管道完全密封于窑体内且未明确如何工作，两者的技术效果不同。2. 被诉侵权技术方案是现有技术。因此，天元公司不构成对涉案专利权的侵犯，被诉行政决定程序合法，适用法律正确，请求维持。

一审法院经审理查明：2010 年 10 月 26 日，西峡公司向国家知识产权局申请了名称为“内煤外热式煤物质分解设备”实用新型专利。2011 年 5 月 11 日获得授权，专利号为 ZL201020586802. 2。西峡公司在本案中明确表示请求保护权利要求 1，其内容为：一种内煤外热式煤物质分解设备，包括一个密封窑体，其特征在于：所述窑体内设置煤物质推进分解管道，所述煤物质推进分解管道设置进煤口、出煤口和分解气收集管，所述煤物质推进分解管道与窑体内壁之间设置热交换仓，所述热交换仓与高温气体加热机构连通，所述热交换仓设置加热气导出管。2014 年 1 月 4 日，国家知识产权局出具实用新型专利权评价报告，初步结论为，涉案专利全部权利要求未发现存在不符合授予专利权条件的缺陷。

2015 年 7 月 2 日，河南省南阳市智圣公证处作出的（2015）南智证民字第 1893 号公证书记载：在 360 导航栏中输入陕西煤业化工集团神木天元化工有限公司 http：//www. tvci. com. cn/SHowNews. asp？ id = 8705，点击访问后的页面为陕西煤业化工集团神木天元化工有限公司，内容为，公司低阶粉煤回转热解制取无烟煤工艺技术通过科技成果鉴定。该设计成果由天元公司使用。该低阶粉煤回转热解制取无烟煤装置主要包括以下技术特征：（1）回转窑体；（2）三个夹套分别位于回转窑体外壁上，回转窑体相对于夹套可转动；（3）加热机构；（4）进煤口、出煤口和加热气导出管；（5）回转窑体和夹套之间有热交换空间；（6）热交换空间对回转窑体内煤物质加热使其分解。

经将涉案专利权利要求 1 记载的技术特征与被诉侵权设备的技术特征比对后，西峡公司对榆林局认定的两者均具有加热机构、进煤口、出煤口和加热气导出管、回转窑体和夹套之间有热交换仓无异议，但对榆林局认定涉案专利的密封窑体与被诉侵权设备的夹套以及涉案专利的煤物质推进分解管道与被诉侵权设备的回转窑体不相同提出异议。

一审庭审中，西峡公司称：被诉行政决定的合议组人员有苟红东，但苟红东作为宝鸡市知识产权局副局长，不能参与对涉案专利侵权纠纷的处理，其对榆林局是否告知合议组人员不清楚，也未提出回避申请。被诉侵权设备图纸与设备实物的技术特征一致，无需到设备现场比对。

榆林局称：因本案案情重大，现有人员力量欠缺，经请示上级主管部门，最终决定由苟红东等与榆林局工作人员组成合议组，第一次口头审理时已将合议组成员的具体身份告知当事人，西峡公司没有提出异议。涉案纠纷是省市联合执法，《中华人民共和国专利法实施细则》第八十条规定了上级部门对下级部门进行业务指导，指导包含全省范围内调配人员进行执法，且行政机关在实践中均是相互调配人员。榆林局已通过陕西省知识产权局向国家知识产权局请示，国家知识产权局复函称，根据全国知识产权系统执法人员数量、能力不均衡的现状，国家知识产权局在全系统推进执法协作调度机制，包括人员、案件调度等内容，属于行政机关内部行为。

天元公司称：榆林局在口头审理之前给其和西峡公司都发出了通知，双方对合议组成员的身份均未提出异议。

一审法院另查明，国家知识产权局制定的《专利行政执法能力提升工程方案》明确要求建立全系统和若干区域专利行政执法协作调度中心，提高执法办案协作水平与效率。选择若干地区开展试点，建立若干区域专利行政执法协作调度中心；推进建立全系统专利行政执法指挥调度中心，加快实现跨地区执法协作的系统化、规范化。陕西省知识产权局按照《专利行政执法能力提升工程方案》的要求，开展了专利行政执法协作调度工作，调度专利行政执法实务经验丰富、执行专利法律法规水平较高的专利行政执法人员，跨市区参与专利行政案件审理。涉案合议组人员苟红东、白龙系宝鸡市知识产权局执法人员，其由陕西省知识产权局调度参加到榆林局的案件合议组，对涉案专利侵权纠纷进行行政处理。

一审法院认为：

1. 关于被诉行政决定的作出是否违反法定程序

西峡公司认为榆林局违反法定程序的行为有：被诉行政决定的合议组成员有苟红东，但苟红东是宝鸡市知识产权局副局长，不能参与对涉案纠纷的处理。对此，考虑到被诉行政决定作出前，因本案案情重大，现有工作人员力量欠缺，榆林局经请示上级主管部门，最终决定由宝鸡市知识产权局派员参加，并与榆林局工作人员共同组成合议组；同时，榆林局口头审理时已将合议组成员告知当事人，西峡公司没有提出异议；榆林局已通过陕西省知识产权局向国家知识产权局提出请示，国家知识产权局复函称，根据全国知识产权系统执法人员数量、能力不均衡的现状，国家知识产权局在全系统推进执法协作调度机制，包括人员、案件调度等内容，属于行政机关内部行为，按照现行人事机关内部规定开展执法人员调度工作，并不违反内部交流制度。由此证明，被诉行政决定的作出并未违反法定程序。

2. 关于被诉行政决定是否证据确凿

被诉侵权设备体积庞大且正在使用中，无法拆解观察内部结构，经西峡公司认可，榆林局使用被诉侵权设备的照片以及设备结构简图确定被诉侵权设备的技术特征，西峡公司、天元公司对此均无异议。在榆林局对技术特征进行比对过程中，西峡公司、天元公司对于涉案专利的密封窑体与被诉侵权设备的夹套、涉案专利的煤物质推进分解管道与被诉侵权设备的回转窑体两组技术特征是否构成等同存在争议，对于其余技术特征均无争议。由此证明，被诉行政决定证据确凿。

3. 关于被诉行政决定适用法律是否正确

（1）被诉侵权设备和涉案专利的主题相同，都属于煤物质分解利用设备，其技术特征为：回转窑体；三个夹套分别位于回转窑体外壁上，回转窑体相对于夹套可转动；加热机构；进煤口、出煤口和加热气导出管；回转窑体和夹套之间有热交换空间；热交换空间对回转窑体内煤物质加热使其分解。榆林局对于被诉侵权设备技术特征的认定正确。（2）涉案专利的窑体是指具有可包容其他物体的一个完整的空间结构，被诉侵权设备的夹套是指具有套筒结构的设备，两者技术手段不同；由于涉案专利密封窑体是一个可以转动的密封容器，不具有夹套的技术特征，而被诉侵权设备具有夹套，且三个夹套分别固定在回转窑体外壁上，回转窑体相对于夹套转动，两者功能不同；被诉侵权设备采用夹套的换热效率要远低于涉案专利密封窑体的换热效率，两者效果不同。因此，涉案专利的密封窑体与被诉侵权设备的夹套不构成等同特征。西峡公司认为权利要求 1 中没有限定窑体的具体结构、数量，只要被诉侵权设备构成密封容器，则与权利要求 1 中的密封窑体构成等同，与事实不符，不予采信。（3）涉案专利的煤物质推进分解管道是指圆而细长中空的结构，被诉侵权设备回转窑体不具有圆而细长的结构，两者的技术手段不同；涉案专利煤物质推进分解管道处于其密封窑体内部，依靠密封窑体内大量高温气体包围煤物质推进分解管道进行热解；被诉侵权设备的回转窑体有三个夹套，回转窑体相对于夹套进行转动，两者的功能不同；涉案专利的煤物质推进分解管道具有防止热量散失、提高热传递效率的效果，回转窑体是以牺牲换热效率来简化设备结构、降低爆炸风险，两者的效果不同。因此，涉案专利的煤物质推进分解管道与被诉侵权设备的回转窑体不构成等同特征。

一审法院认为，被诉行政决定认定事实清楚、证据确凿，适用法律正确，程序合法，于 2015 年 11 月 30 日作出（2015）西中行初字第 00267 号行政判决，驳回西峡公司的诉讼请求。一审案件受理费 50 元，由西峡公司负担。

西峡公司不服一审判决，向陕西省高级人民法院提起上诉。

二审法院查明的事实与一审判决认定的事实一致。

二审法院认为，榆林局对涉案专利侵权纠纷进行处理，有《中华人民共和国专利法》第六十条和《中华人民共和国专利法实施细则》第八十一条为依据。行政执法人员在系统内调度，属于行政机关内部行为，不违反内部交流制度。榆林局鉴于现有工作人员欠缺，经请示陕西省知识产权局后，抽调宝鸡市知识产权局工作人员参与案件处理。而且，口头审理时已将合议组成员告知当事人，西峡公司未提出异议。因此，被诉行政决定的作出未违反法定程序。涉案专利的密封窑体与被诉侵权设备的夹套，涉案专利的煤物质推进分解管道与被诉侵权设备的回转窑体，均不构成等同特征，被诉行政决定认定天元公司不构成专利侵权，认定事实清楚，证据确凿，适用法律正确。二审法院于2016年6月6日作出（2016）陕行终94号行政判决，驳回上诉，维持原判。二审案件受理费50元，由西峡公司负担。

西峡公司不服二审判决，向本院申请再审称：（一）被诉行政决定的作出违反法定程序。1. 榆林局辖区内的专利行政处理事务应由榆林局的工作人员处理。苟红东在其担任宝鸡市知识产权局副局长期间，不应当作为主审员审理涉案专利侵权纠纷。尽管在行政诉讼阶段，榆林局称其得到陕西省知识产权局的口头批准并有国家知识产权局专利管理司的复函，但仍不能证明苟红东参与合议组具有合法性。2. 榆林局第二次口头审理时，告知当事人合议组成员中的艾龙变更为冯学良，且冯学良参与了该次口头审理，但在被诉行政决定书上署名的是艾龙，而非冯学良。这种“审者不裁、裁者未审”的情况严重影响行政决定的公信力和公正性。（二）被诉行政决定以及一、二审判决错误地认定被诉侵权设备未落入专利权保护范围。1. 涉案专利的煤物质推进分解管道与被诉侵权设备的回转窑体是相同技术特征。二审判决认为涉案专利的密封窑体是具有可包容其它物体的一个完整的空间结构，煤物质推进分解管道是圆而细长中空的结构，但权利要求1并未限定上述具体形状。涉案专利的煤物质推进分解管道和被诉侵权设备的回转窑体，实质都是提供一个煤物质移动和分解的通道，二审判决认定涉案专利煤物质推进分解管道具有防止热量散失、提高热传递效率的效果，以及被诉侵权设备的回转窑体具有降低爆炸风险的效果，均没有依据。2. 涉案专利的密封窑体与被诉侵权设备的夹套是等同技术特征。在手段上，两者都是为高温加热气体提供一个聚集的空腔，唯一不同的是被诉侵权设备将该空腔分成依次相邻的三个空腔，但其在实现对被加热物体的加热功能方面并没有实质性差异。在效果上，虽然相对于整体式的加热空腔，三段式加热空腔在加热均匀度上会存在稍许差异，但该差异是本领域技术人员容易想到的。而且，涉案专利说明书未涉及对加热源的换热效率的改进，被诉侵权设备与涉案专利在换热效率上的差异与本案无关，且换热效率的比较缺乏评判标准和事实依据。被诉侵权设备的夹套相对于窑体是否能够转动以及如何转动，不应当作为评价密封窑体和夹套是否相同的依据。又因各方当事人对于权利要求 1 的其它技术特征与被诉侵权设备的相应技术特征构成相同无争议，故被诉侵权设备落入专利权的保护范围。综上，一、二审判决及被诉行政决定适用法律错误、主要事实认定缺乏证据支持、程序违法，根据《中华人民共和国行政诉讼法》第九十一条第三项、第四项、第五项的规定，请求本院再审撤销被诉行政决定以及一、二审判决，并责令榆林局重新作出行政决定。

榆林局提交意见称：（一）被诉行政决定的作出符合法律规定。1. 涉案专利侵权纠纷是跨省区、重大复杂有影响的案件，经请示，陕西省知识产权局决定调配人员参与涉案合议组，且得到国家知识产权局函件批复。合议组所有成员都持有执法证，都具有执法资格。榆林局在第一次口头审理时，告知了当事人合议组成员，并着重对苟红东、白龙参与合议组的理由进行了说明，西峡公司对此并无异议，也明确表态不提出回避请求。即使本案行政处理程序中的合议组人员组成有瑕疵，但未对西峡公司的权利产生实质影响，属于《中华人民共和国行政诉讼法》第七十四条第二项规定的无需撤销行政行为之情形。2. 第二次口头审理时，艾龙因临时有事变更为冯学良，但艾龙参加了第一次口头审理，且考虑到其是榆林局副局长，故艾龙在被诉行政决定书上署名，并无不当。（二）被诉行政决定认定天元公司不构成专利侵权，并无错误。当涉案专利煤物质推进分解管道简化为一个时，专利保护的结构将简化为双层夹套结构，核心结构为外部筒状密封窑体通入加热气体，与工业上早已使用的回转窑没有区别。传统的回转窑结构就是对管道内大块状煤料加热进行干馏的设备，但无法用于涉案专利所要加工的粉煤，故涉案专利采用多个均匀布置的煤物质推进分解管道，增加粉煤的受热面积并提高热解效率，如说明书及附图所述，涉案专利的发明点就是，采用多根平行密排管道组成的煤物质推进分解管道，而被诉侵权设备的煤料分解管道只有一个回转窑体。即使专利的结构变为两个筒体，外部筒体仍为封闭结构，与被诉侵权设备的三段式非封闭结构还是不同。被诉侵权设备的夹套与涉案专利的密封窑体、被诉侵权设备的回转窑体与涉案专利的煤物质推进分解管道在位置关系、安装结构、工作原理、技术效果和目的上均不同，不构成相同或等同特征。

天元公司提交意见称：（一）榆林局在口头审理中向当事人告知了合议组成员，西峡公司并未提出异议。艾龙虽未参加第二次口头审理，但参加过第一次口头审理，故其在被诉行政决定书上署名，不违反法定程序。（二）被诉侵权设备的夹套不等同于涉案专利的密封窑体，被诉侵权设备的夹套只是回转窑部分外壁上的加热套筒，不具有密封结构，其中的回转窑整体结构远大于夹套而且相对于夹套旋转，其旋转传动结构不可能放置于热风高温环境下，无法将回转窑设置于夹套内。涉案专利权利要求1虽然限定了管道上设置进出煤口，但因为管道处于密封的窑体内，实际上其不可能在管道上设置进出煤口，而被诉侵权设备的夹套没有进出煤口。涉案专利的热交换仓是在密封窑体内形成于窑体内壁和煤物质分解推进管道间，被诉侵权设备的夹套换热空间只是局部覆盖于回转窑体外壁，且不可能完全密封，故温度梯度大、热利用效率低，但夹套完全杜绝了热空气与窑体内热解气接触的风险，安全性较高。因此，被诉侵权设备未落入专利权的保护范围，被诉行政决定应予维持。

本案再审查明，一、二审法院查明的事实基本属实。

在本院庭审中，各方当事人对以下情况均予以确认：1. 被诉行政决定和一、二审判决对于涉案专利和被诉侵权设备的特征划分，均不持异议。存在争议的技术特征是，被诉侵权设备的夹套与涉案专利的密封窑体、被诉侵权设备的回转窑体与涉案专利的煤物质推进分解管道。2. 涉案专利的煤物质推进分解管道和被诉侵权设备的回转窑体里均直接装填煤料。3. 被诉侵权设备的每个夹套与管道之间分别形成密封的热交换仓。4. 被诉侵权设备的煤管道总长约35米，两个夹套之间的空隙约为2米。5. 天元公司在榆林局口头审理时明确表示不主张现有技术抗辩。6.《专利行政执法证》所载的执法地域是持证人工作单位所在行政区划的范围。

另查明，苟红东担任被诉行政决定合议组成员期间，系宝鸡市知识产权局工作人员，没有正式公文决定调其参与涉案纠纷的行政处理；榆林局的口头审理笔录没有记载将苟红东的正式身份及其参与合议组的理由告知西峡公司、天元公司；榆林局对涉案专利侵权纠纷进行了两次口头审理，在第二次口头审理时，告知西峡公司、天元公司合议组成员中的艾龙变更为冯学良。在被诉行政决定书上署名的合议组长是苟红东，审理员是艾龙、张炜亮、白龙、贺小娟。

上述事实，有庭审笔录、榆林局口头审理笔录等在案佐证。

本院认为，本案的争议焦点是：1. 被诉行政决定的作出是否违反法定程序。2. 被诉行政决定及一、二审判决适用法律是否错误。

关于第一个焦点问题，本院认为，被诉行政决定的作出违反法定程序，应予撤销。具体评述如下：

首先，对于西峡公司与天元公司两个平等民事主体之间的专利侵权纠纷，榆林局根据西峡公司的请求判断天元公司是否构成专利侵权，实际上处于居中裁决的地位。对于专利侵权的判断处理，事关专利权权利边界的划定，事关当事人的重大切身利益，事关科技创新和经济社会发展，需要严格、规范的纠纷解决程序予以保障。榆林局在处理涉案专利侵权纠纷时，本应秉持严谨、规范、公开、平等的程序原则。但是，合议组成员艾龙在已经被明确变更为冯学良的情况下，却又在被诉行政决定书上署名，实质上等于“审理者未裁决、裁决者未审理”。此等情形悖离依法行政的宗旨，减损社会公众对行政执法主体的信任。本案历经中、高级法院的审理仍难以案结事了，主要原因亦在于此。对于上述重大的、基本的程序事项，榆林局并未给予应有的、足够的审慎和注意，其在该问题上的错误本身即构成对法定程序的重大且明显违反，显然不属于榆林局所称“行政行为程序轻微违法，无需撤销行政行为”之情形。

其次，本案的被诉行政行为是，榆林局对于专利侵权纠纷的行政处理。该行政处理系以榆林局的名义作出，并由五人合议组具体实施。行政执法人员具备相应的执法资格，是行政主体资格合法的应有之义，也是全面推进依法行政的必然要求。原则上，作出被诉行政决定的榆林局合议组应由该局具有专利行政执法资格的工作人员组成。各方当事人均确认，《专利行政执法证》所载的执法地域是持证人工作单位所在行政区划的范围，此亦可印证上述结论。即使如榆林局所称，其成立时间短、执法人员少、经验不足，需要调配其他地区经验丰富的行政执法人员参与案件审理，这也不意味着“审理者未裁决、裁决者未审理”的情况可以被允许，不意味着调配执法人员可以不履行正式、完备的公文手续。否则，行政执法程序的规范性和严肃性无从保证，既不利于规范行政执法活动，也不利于强化行政执法责任。然而，榆林局在本案中并未提交调苟红东参与涉案纠纷处理的任何正式公文。其在一审中提交的陕西省知识产权局协调保护处的所谓答复（复印件），实为该处写给该局领导的内部请示，既无文号，更无公章，过于简单、随意，本院不认可该材料能够作为苟红东参与被诉行政决定合议组的合法、有效依据。至于国家知识产权局专利管理司给陕西省知识产权局的《关于在个案中调度执法人员的复函》，从形式上看，该复函于2015年11月20日作出，晚于被诉行政决定的作出时间。从内容上看，该复函称执法人员的调度不违反公务员交流的有关规定，与本案争议的执法人员调配手续是否正式、程序是否完备，并无直接关联。因此，该复函亦不能作为苟红东合法参与被诉行政决定合议组的依据。

再次，强化对知识产权行政执法行为的司法监督，大力规范和促进行政机关依法行政，是发挥知识产权司法保护主导作用的重要体现，是加强知识产权领域法治建设的重要内容，对于优化科技创新法治环境具有重要意义。

在本案中，榆林局虽主张在口头审理时将苟红东的具体身份以及参与合议组的理由告知过当事人，但其提交的证据并不能证明该项主张。因此，西峡公司是否认可合议组成员身份，并不是本院评判被诉行政行为程序是否合法的前提和要件。需要特别指出的是，合议组成员艾龙变更为冯学良后又在被诉行政决定书上署名，已经构成对法定程序的严重违反，不受行政相对人主观认知的影响，也不因行政相对人不持异议而改变。西峡公司在本案再审中对该问题提出异议及请求，并无不当。因此，对于榆林局和天元公司提出的“西峡公司对于合议组成员不持异议，故程序合法”的主张，本院不予支持。

关于第二个焦点问题，本院认为，被诉行政决定及一、二审判决适用法律错误，应予纠正。具体评述如下：

（一）关于涉案专利密封窑体的解释

被诉行政决定认为，专利说明书第 0021 段的描述和工作原理显示，涉案专利的密封窑体相对于煤物质推进分解管道是固定的，通过自身转动并带动内部的煤物质推进分解管道转动，而被诉侵权设备的夹套本身不转动，其包裹的回转窑体相对于夹套转动，故两者结构、功能和效果不同。对此，本院认为，依据《中华人民共和国专利法》第五十九条的规定，发明或者实用新型专利权的保护范围以其权利要求的内容为准，说明书及附图可以用于解释权利要求的内容。可见，权利要求的内容是划定专利权保护范围的唯一标准，说明书、附图只是用于解释权利要求的内容。因此，在运用说明书和附图解释权利要求时，不能将说明书对具体实施例的具体描述读入权利要求。否则，会不合理地限缩专利权的保护范围。涉案专利权利要求 1 并未限定密封窑体和煤物质推进分解管道是否回转，而涉案专利说明书第 0021 段是专利技术方案的一种具体实施方式，不应当将此段描述的回转窑体限定权利要求 1 的密封窑体。亦即，被诉侵权设备的窑体是否回转并不影响本案专利侵权的判断。

被诉行政决定还认为，为提高热利用效率和热解效率，涉案专利的密封窑体要求热交换仓是一个连续空间，而被诉侵权设备为了设备制造的便利和热解过程的安全，其热交换仓由三个夹套与窑体之间构成的三个不连续空间，两者的结构、效果和目的不同。对此，本院认为，被诉侵权设备的窑体被三个夹套分段包裹，并与之分别形成三个密封的热交换空间，其主要功能是对管道内的煤料进行加热，此亦是涉案专利所要实现的技术功能。虽然相对于涉案专利一体式的加热空腔，被诉侵权设备的三段式加热空腔在加热效果上有一定差异，但各方当事人均确认“被诉侵权设备的煤管道总长约35 米，两个夹套之间的空隙约为2 米”，一般而言，煤管道上十分之一左右的空隙应当不会导致煤管道整体的加热功能和效果产生实质性变化。对此，天元公司并未举证证明其设备的热交换效率明显低于涉案专利技术方案。至于被诉行政决定和天元公司主张的被诉侵权设备提高热解过程的安全性问题，亦无相关证据在案佐证。

因此，被诉行政决定对于涉案专利密封窑体的解释，存在错误。

（二）关于涉案专利煤物质推进分解管道的解释

被诉行政决定认为，涉案专利的煤物质推进分解管道固定在密封窑体内，而被诉侵权设备的回转窑体相对于夹套转动，两者的结构和工作原理不同。对此，本院认为，如前所述，涉案专利权利要求1并未限定煤物质推进分解管道是否回转，被诉侵权设备的窑体是否回转并不影响本案专利侵权的判断。

榆林局在本院再审中又称，如说明书第0023段及附图所述，涉案专利的发明点是，采用多根平行密排管道组成的煤物质推进分解管道，而被诉侵权设备的煤料分解管道只有一个回转窑体。对此，本院认为，涉案专利权利要求1并未对煤物质推进分解管道的数量和位置作进一步的限定，反而在其从属权利要求5记载，“如权利要求1或2所述的内煤外热式煤物质分解设备，其特征在于：所述煤物质推进分解管道由多根平行密排管道组成，所述多根平行密排管道一端设置分配盘，所述分配盘与所述进煤口连通，另一端设置汇聚盘，所述汇聚盘与出煤口连通。”根据《中华人民共和国专利法实施细则》规定的权利要求撰写规则，从属权利要求是对其所从属的独立权利要求的进一步限定，独立权利要求的保护范围应当大于其项下的从属权利要求的保护范围。因此，根据涉案权利要求5对于“所述煤物质推进分解管道由多根平行密排管道组成”的限定，可以反推其从属的权利要求1的煤物质推进分解管道并不要求是多根平行密排的。又据当事人均确认的“涉案专利的煤物质推进分解管道和被诉侵权设备的回转窑体里均直接装填煤料”可知，不论被诉侵权设备中直接装填煤料的装置的具体名称为何，其在手段、功能和效果与涉案专利的煤物质推进分解管道并无实质性差异。

因此，被诉行政决定对于涉案专利煤物质推进分解管道的解释，存在错误。

综上，被诉行政决定违反法定程序、适用法律错误，一、二审判决对于本案争议的实体和程序问题的认定亦存在错误，依法应予一并撤销。基于我国现行专利法律制度的实际状况，西峡公司与天元公司之间的专利侵权纠纷，通过民事诉讼可以得到更加切实有效的解决。为服判息诉之考虑，本院向西峡公司释明，征询其是否就涉案专利侵权纠纷另行选择向人民法院提起民事诉讼。西峡公司向本院提交书面意见，坚持要求榆林局依法重新作出行政决定。

另，天元公司于2017年12月15日向本院提交书面申请称，国家知识产权局专利复审委员会已受理针对涉案专利的无效宣告请求，涉案专利权利状态不稳定，专利侵权是否成立需以专利有效为前提，请求本院中止审理。对此，本院认为，西峡公司在行政处理程序中提交的实用新型专利权评价报告显示，涉案专利全部权利要求未发现存在不符合授予专利权条件的缺陷。目前，涉案专利权仍属有效。国家知识产权局专利复审委员会受理针对涉案专利的无效宣告请求，并不属于必须中止诉讼之情形。因此，对于天元公司提出的中止本案审理的请求，本院不予支持。

依照《中华人民共和国行政诉讼法》第七十条第二项、第三项、第八十九条第一款第二项、第三款，《最高人民法院关于执行〈中华人民共和国行政诉讼法〉若干问题的解释》第七十六条第一款、第七十八条之规定，判决如下：

一、撤销陕西省高级人民法院（2016）陕行终94号行政判决；

二、撤销陕西省西安市中级人民法院（2015）西中行初字第00267号行政判决；

三、撤销榆林市知识产权局榆知法处字［2015］9号专利侵权纠纷案件处理决定；

四、责令榆林市知识产权局重新作出行政决定。

一审案件受理费50元、二审案件受理费50元，均由榆林市知识产权局负担。

本判决为终审判决。

审 判 长 李 剑
审 判 员 张志弘
审 判 员 杜微科
二〇一七年十二月二十五日
法官助理 马云鹏
书 记 员 焦 媛

8. 行政诉讼起诉期限起算点的确定

——再审申请人北京泰隆自动化设备有限公司、王宇与被申请人河南省知识产权局其他纠纷案①

中华人民共和国最高人民法院行政裁定书（2017）最高法行申2778号

再审申请人（一审原告、二审上诉人）：北京泰隆自动化设备有限公司。

法定代表人：王宇，该公司董事长。

再审申请人（一审原告、二审上诉人）：王宇，系北京泰隆自动化设备有限公司法定代表人。

共同委托诉讼代理人：王琦，北京市大正一国都律师事务所律师。

共同委托诉讼代理人：徐伟，北京泰隆自动化设备有限公司办公室主任。

被申请人（一审被告、二审被上诉人）：河南省知识产权局。住所地：郑州市金水区政三街4号。

法定代表人：刘怀章，该局局长。

委托诉讼代理人：田小伍，北京大成（郑州）律师事务所律师。

再审申请人北京泰隆自动化设备有限公司（以下简称北京泰隆公司）、王宇因与被申请人河南省知识产权局其他纠纷一案，不服河南省高级人民法院（2016）豫行终147号行政裁定，向本院申请再审。本院依法组成合议庭审查本案，现已审查终结。

北京泰隆公司、王宇申请再审称：（一）一审裁定适用2014年修正的《中华人民共和国行政诉讼法》（以下简称行政诉讼法）第四十六条第二款规定认定本案超过起诉期限，而未以当事人"知道或者应当知道"行政行为为起算时间标准，存在适用法律不当。1.《最高人民法院关于行政诉讼证据若干问题的规定》第四条第三款规定："被告认为原告起诉超过法定期限的，由被告承担举证责任。"但河南省知识产权局未提交超过起诉期限的相关证据。2.《最高人民法院关于适用〈中华人民共和国行政诉讼法〉若干问题的

① 本案在年度报告中的位置为第26页。

解释》[1] 第二十六条第二款规定："2015 年 5 月 1 日前尚未审结案件的审理期限，适用修改前的行政诉讼法关于审理期限的规定。"本案于 2015 年 3 月 10 日立案交费，属于 2015 年 5 月 1 日前尚未审结的案件，应该适用 1990 年实施的行政诉讼法关于起诉期限的规定。一审裁定适用 2014 年修正的行政诉讼法第四十六条第二款规定驳回起诉，违反上述司法解释规定。3. 1990 年实施的行政诉讼法没有五年最长起诉期限的规定。4.《最高人民法院关于执行〈中华人民共和国行政诉讼法〉若干问题的解释》[2] 第四十三条规定："由于不属于起诉人自身的原因超过起诉期限的，被耽误的时间不计算在起诉期间内。因人身自由受到限制而不能提起诉讼的，被限制人身自由的时间不计算在起诉期间内。"河南省知识产权局被诉行政行为即向国家知识产权局递交豫知（2004）74 号《河南省知识产权局关于河南郑州拓普轧制技术有限公司专利纠纷案件及有关新闻媒体报道事件的调查的报告》，源于所谓郑州拓普轧制技术有限公司（以下简称郑州拓普公司）提起的涉案专利侵权诉讼。在涉案专利侵权诉讼期间，涉案专利经过两轮确权程序，于 2012 年 9 月 24 日被宣告无效，河南省高级人民法院（以下简称河南高院）因此于 2013 年 12 月对涉案专利侵权诉讼作出终审判决，驳回郑州拓普公司的诉讼请求。上述种种法律状态，都属于北京泰隆公司、王宇意志以外和难以掌控的原因。（二）一审裁定认定："本案中，北京泰隆公司所诉豫知（2004）74 号《河南省知识产权局关于河南郑州拓普轧制技术有限公司专利纠纷案件及有关新闻媒体报道事件的调查的报告》作出的时间为 2004 年 11 月 9 日，其知道该调查报告在社会上扩散的时间为 2006 年 12 月，而其到 2015 年才对该行政行为提起本案诉讼，明显超过了法律规定的五年起诉期限。北京泰隆公司所称其知道权益受到侵害时间应为河南高院二审终审的时间即 2013 年，从 2013 年起算至今不超过两年或五年的起诉期限的理由，不予采纳。"一审裁定对关键事实认定不清。1. 行政诉讼法第二条规定："公民、法人或者其他组织认为行政机关和行政机关工作人员的具体行政行为侵犯其合法权益，有权依照本法向人民法院提起诉讼"。该条规定的是"认为"而非"知道"。"认为"系行政相对人切实地感受和认识到权利被行政机关侵害的事实。北京泰隆公司、王宇只有在 2013 年 12 月河南高院判决驳回郑州拓普公司的诉讼请求后，才最终"认为"河南省知识产权局行政行为违法。2. 河南高院判决驳回郑州拓普公司的诉讼请求后，才从法律上最终确认河南省知识产权局行政

---

① 编者注：已失效。

② 编者注：已失效。

行为违法。参照《中华人民共和国民事诉讼法》第一百五十条第一款第五项规定，北京泰隆公司、王宇提起本案行政诉讼，必须以河南高院针对专利侵权诉讼的审理结果作为认定被诉行政行为违法的依据。（三）二审裁定适用法律错误。二审中，北京泰隆公司、王宇多次要求河南省知识产权局对“超过起诉期限”进行举证，但河南省知识产权局未能举证。一审裁定也明确载明“被告在法定期限内未向本院提交证据”。北京泰隆公司、王宇在二审中多次出具一审裁定，以证明河南省知识产权局未能对“超过起诉期限”进行举证，二审裁定既没有对未采纳证据说明理由，也没有对北京泰隆公司、王宇的意见说明理由。（四）二审裁定另查明：“本案北京泰隆公司及王宇一审起诉状的落款时间是2015年5月15日。北京泰隆公司缴纳一审案件受理费的时间是2015年6月3日。”二审裁定认为：“本案北京泰隆公司、王宇起诉时间在2015年5月1日之后，并非其上诉所称的3月10日。”北京泰隆公司、王宇认为，本案于2015年3月10日立案，既是一审法院确认的事实，也是河南省知识产权局承认的事实，更是北京泰隆公司、王宇二审庭审时反复强调说明的事实。2014年10月22日，北京泰隆公司、王宇针对河南省知识产权局发布河南省十大专利案件之一《敢于拿起法律武器捍卫权利、保护自身利益，也是维护市场经济秩序》、召开“国内最大专利侵权赔偿案情况说明会”、向国家知识产权局递交《河南省知识产权局关于河南郑州拓普轧制技术有限公司专利纠纷案件及有关新闻媒体报道事件的调查的报告》三项行政行为向河南省郑州市中级人民法院提起行政诉讼，并于2015年3月10交纳案件受理费。后根据法院要求，北京泰隆公司、王宇向法院出具落款日期为2015年5月14日且明确撤诉理由为根据合议庭意见撤诉的撤诉申请书，撤回对后两项行为的起诉，另行分别提起行政诉讼。因此，本案的起诉期限应当适用1990年实施的行政诉讼法。合议庭要求北京泰隆公司、王宇撤诉重新立案，但是未依法履行向北京泰隆公司、王宇解释2014年修正的行政诉讼法关于起诉期限相关规定的释明义务。在二审庭审调查中，北京泰隆公司、王宇也对此详细说明、反复强调。故请求撤销一、二审裁定，重新审理、公正判决。

河南省知识产权局提交意见称：北京泰隆公司、王宇的再审理由不能成立，请求驳回其再审申请。

本院认为，本案争议焦点在于北京泰隆公司、王宇针对本案被诉行政行为提起本案诉讼是否超过起诉期限。北京泰隆公司、王宇申请再审应当针对生效的二审裁定，但其提交的再审申请书先后列明了其主张的一审裁定和二审裁定存在的错误。为分析论证方便和说理充分，本院对北京泰隆公司、王宇的申请再审理由逐一进行分析和回应。

根据北京泰隆公司、王宇向本院提交的2014年11月28日行政起诉状、署名为河南省知识产权局且日期为2015年4月22日的答辩状、落款日期为2015年5月14日的撤诉申请书、日期为2015年3月10日且缴款人为北京泰隆公司的案件受理费专用票据等证据可以认定，北京泰隆公司、王宇针对河南省知识产权局发布河南省十大专利案件之一《敢于拿起法律武器捍卫权利、保护自身利益，也是维护市场经济秩序》、召开“国内最大专利侵权赔偿案情况说明会”、向国家知识产权局递交《河南省知识产权局关于河南郑州拓普轧制技术有限公司专利纠纷案件及有关新闻媒体报道事件的调查的报告》三项行政行为向河南省郑州市中级人民法院提起行政诉讼，并于2015年3月10日交纳案件受理费。后北京泰隆公司、王宇向法院出具落款日期为2015年5月14日且明确撤诉理由为“鉴于合议庭认为本案第二、三项应分别审理，重新立案”的撤诉申请书，撤回对后两项行为的起诉，另行分别提起行政诉讼。北京泰隆公司、王宇撤回对本案被诉行政行为的起诉是根据一审法院分别审理的要求，二审法院未考虑本案这一具体情况，认定本案于2015年5月以后提起诉讼，存在不当。北京泰隆公司、王宇主张，提起本案诉讼的时间应当为2015年3月10日，本院予以支持。

2015年发布的《最高人民法院关于适用〈中华人民共和国行政诉讼法〉若干问题的解释》第二十六条第一款规定：“2015年5月1日前起诉期限尚未届满的，适用修改后的行政诉讼法关于起诉期限的规定。”本案起诉时间为2015年3月10日，2014年修正的行政诉讼法于2015年5月1日起实施。一审裁定适用2014年修正的行政诉讼法第四十六条第二款规定认定本案超过起诉期限。二审裁定认为：“本案北京泰隆公司、王宇起诉时间在2015年5月1日之后，并非其上诉所称的3月10日。一审法院适用修订后的行政诉讼法审理本案并无不当。”鉴于二审裁定在起诉时间认定方面存在不当，本院根据相关法律、司法解释的规定和本案具体情况判断本案是否超过起诉期限。

1990年实施的行政诉讼法第三十九条规定：“公民、法人或者其他组织直接向人民法院提起诉讼的，应当在知道作出具体行政行为之日起三个月内提出。法律另有规定的除外。”2000年实施的《最高人民法院关于执行〈中华人民共和国行政诉讼法〉若干问题的解释》第四十二条规定：“公民、法人或者其他组织不知道行政机关作出的具体行政行为内容的，其起诉期限从知道或者应当知道该具体行政行为内容之日起计算。对涉及不动产的具体行政行为从作出之日起超过20年、其他具体行政行为从作出之日起超过5年提起诉讼的，人民法院不予受理。”本案中，河南省知识产权局于2004年11月向国家知识产权局递交豫知（2004）74号《河南省知识产权局关于河南郑州拓普轧制技术有限公司专利纠纷案件及有关新闻媒体报道事件的调查的报告》，北京泰隆公司、王宇于2006年12月知道上述报告被郑州拓普公司在社会上散发，北京泰隆公司、王宇针对河南省知识产权局上述行为于2015年3月向一审法院提起本案诉讼，此时距离被诉行政行为作出之日、甚至距离北京泰隆公司等知道报告在社会上散发之日均远远超出了五年。本案应当适用1990年实施的行政诉讼法及前述司法解释关于起诉期限的规定，一、二审裁定适用2014年修正的行政诉讼法第四十二条第二款关于起诉期限的规定存在不当，本院予以纠正。但是，一、二审裁定关于本案超过起诉期限的认定并无不妥。二审裁定在认定事实、适用法律方面存在瑕疵，但裁判结果正确。对于此种情况如何处理，行政诉讼法并未作出明确规定。但根据行政诉讼法第一百零一条的规定，对此可参照适用民事诉讼法的相关规定。《最高人民法院关于适用〈中华人民共和国民事诉讼法〉的解释》第三百三十四条规定："原判决、裁定认定事实或者适用法律虽有瑕疵，但裁判结果正确的，第二审人民法院可以在判决、裁定中纠正瑕疵后，依照民事诉讼法第一百七十条第一款第一项规定予以维持。"依照和参照上述规定，在对二审裁定认定事实、适用法律存在的瑕疵予以纠正的基础上，对北京泰隆公司、王宇以一、二审裁定适用2014年修正的行政诉讼法存在错误的申请再审理由不予支持。

北京泰隆公司、王宇主张，应当由河南省知识产权局举证证明其起诉超过法定期限。本院认为，在判断是否超过起诉期限之前需要查明起诉期限的起算时间。鉴于本案中被诉行政行为作出的时间即上述报告在社会上散发时间已经查明，在此情况下，不存在就起诉期限进行举证的需要，因此对北京泰隆公司、王宇的相应申请再审理由不予支持。

北京泰隆公司、王宇主张，应当以河南高院判决驳回郑州拓普公司在涉案专利侵权诉讼中提出的诉讼请求的时间即2013年12月作为计算本案起诉期限的起算时间，其于河南高院作出上述判决之后才认为河南省知识产权局违法，其在此前未提起本案诉讼，属于其意志以外和难以掌控的原因。本院认为，1990年实施的行政诉讼法第三十九条和《最高人民法院关于执行〈中华人民共和国行政诉讼法〉若干问题的解释》第四十二条规定的起诉期限起算时间为公民、法人或者其他组织知道或者应当知道具体行政行为内容之日与具体行政行为作出之日，而非知道或者应当知道具体行政行为违法之日；而且，对本案被诉行政行为是否合法的司法审查不是必须以涉案专利侵权诉讼的审理结果为依据，涉案专利侵权诉讼的审理并不影响北京泰隆公司、王宇就河南省知识产权局被诉行政行为提起行政诉讼的权利，因此对北京泰隆公司、王宇的相应申请再审理由不予支持。

综上，北京泰隆公司、王宇的再审申请不符合《中华人民共和国行政诉讼法》第九十一条规定的情形。依照《中华人民共和国行政诉讼法》第一百零一条、《最高人民法院关于执行〈中华人民共和国行政诉讼法〉若干问题的解释》第七十四条，参照《中华人民共和国民事诉讼法》第一百七十条第一款第一项、《最高人民法院关于适用〈中华人民共和国民事诉讼法〉的解释》第三百三十四条之规定，裁定如下：

驳回北京泰隆自动化设备有限公司、王宇的再审申请。

审 判 长 夏君丽
审 判 员 郎贵梅
代理审判员 傅 蕾
二〇一七年六月二十七日
书 记 员 石华亚

9. 说明书是否清楚完整的认定

——再审申请人斯托布利—法韦日公司与被申请人常熟纺织机械厂有限公司一审被告、二审被上诉人国家知识产权局专利复审委员会专利权无效行政纠纷案①

中华人民共和国最高人民法院行政判决书（2016）最高法行再95号

再审申请人（一审第三人、二审第三人）：斯托布利—法韦日公司。住所地：法兰西共和国法韦日市罗伯特·斯托布利广场。

法定代表人：克劳德·戴格斯，该公司技术开发和保护经理。

委托诉讼代理人：彭久云，北京市柳沈律师事务所律师。

委托诉讼代理人：姚冠扬，北京市柳沈律师事务所律师。

被申请人（一审原告、二审上诉人）：常熟纺织机械厂有限公司。住所地：中华人民共和国江苏省常熟市××××。

法定代表人：彭晓虹，该公司董事长。

委托诉讼代理人：毕艳红，北京金言诚信知识产权代理有限公司专利代理人。

一审被告、二审被上诉人：国家知识产权局专利复审委员会。住所地：中华人民共和国北京市海淀区××××。

法定代表人：葛树，该委员会副主任。

委托诉讼代理人：岑艳，该委员会审查员。

委托诉讼代理人：王潇，该委员会审查员。

再审申请人斯托布利—法韦日公司（以下简称斯托布利公司）因与被申请人常熟纺织机械厂有限公司（以下简称常熟纺织公司），一审被告、二审被上诉人国家知识产权局专利复审委员会（以下简称专利复审委员会）专利权无效行政纠纷一案，不服北京市高级人民法院（2013）高行终字990号行政判决，向本院申请再审。本院于2016年6月29日作出（2016）最高法行申321号行政裁定，提审本案。本院依法组成合议庭进行审理，现已审理终结。

斯托布利公司向本院申请再审称，（一）二审判决在理解2000年修正的

① 本案在年度报告中的位置为第27页。

《中华人民共和国专利法》（以下简称专利法）第二十六条第三款方面存在错误。对于专利法第二十六条第三款，不能机械地从字面上理解其含义。而是需要从所属领域技术人员的角度出发，根据说明书的文字部分和附图的结合来判断说明书是否对技术方案作出清楚、完整的说明，以及本领域技术人员能否实现权利要求保护的发明。不能因为只要说明书文字部分存在不清楚、不完整的内容，就断定说明书不清楚、不完整。二审判决中提到三个概念"个别错误""过度劳动"和"大量纠错行为"，这三个概念不属于专利法的概念。（二）二审判决在认定事实、适用法律上均存在明显错误。本案涉案专利为第97123475.2号"旋转多臂机构以及装备此类多臂机构的织机"发明专利（以下简称本专利）。本专利说明书符合专利法第二十六条第三款的规定，权利要求1~5符合专利法第二十六条第四款的规定。对于所谓说明书不清楚的（a）~（e）五点，这些都属于文字错误，本领域技术人员结合说明书全文和附图不需要创造性劳动就能够理解相应的技术内容，不会使得本领域技术人员不能够实现权利要求的发明。本领域技术人员在理解这些技术内容的过程中并未做"过度劳动"，也不需要"大量纠错行为"。对于（a）点，专利复审委员会对于"放松"所做的解释并不是纠正性的解释，而是与本专利说明书的描述完全一致，不存在任何差异，而且本领域技术人员参照说明书和附图完全能够理解其含义；对于（b）点，本专利的说明书附图不存在错误，而只是说明书的附图标记描述上存在明显的文字错误，对于该明显文字错误，本领域技术人员仅仅通过阅读说明书即可确定错误之处，不需要花费过度劳动，也不会对传动关系产生错误认识；对于（c）点，本领域技术人员结合上下文完全能够清楚地理解"没有踏踪盘时"的含义，不会产生任何误解；对于（d）点，本专利的说明书上下文对于图1和图3的说明以及转臂11的位置描述非常清楚，本领域技术人员根据这一内容不会产生误认；对于（e）点，本领域技术人员根据说明书上下文和附图完全能够理解转臂11和锤式运动的操作方式，不会出现难以理解技术方案的情形。综上，本专利说明书已经对技术内容作出清楚、完整的说明，使得本领域技术人员能够实现权利要求保护的发明。二审判决认定事实、适用法律存在错误。斯托布利公司请求本院依法再审本案，并判决撤销二审判决，维持专利复审委员会作出的第17563号专利无效审查决定（以下简称第17563号决定）。

常熟纺织公司辩称，（一）二审判决适用法律正确。二审判决认定本专利说明书是否公开充分的最终标准仍然是专利法第二十六条第三款所规定的标准，即说明书应当对发明或者实用新型作出清楚、完整的说明，以所属技术领域的技术人员能够实现。二审判决虽然提及"过度劳动"以及"多次纠错”，均是为了说明本专利说明书未作出清楚、完整的说明从而无法实现。因此，二审判决适用法律正确，斯托布利公司关于二审判决适用法律错误的主张不成立。（二）二审判决认定事实正确。本专利说明书所存在的（a）～（e）五处缺陷不属于明显笔误，也不是本领域技术人员通过阅读本专利说明书上下文及说明书附图即可理解并实现的。专利权人有义务将专利文件公开至本领域技术人员能够实现的程度，否则以公开换保护将失去专利本身所肩负的推动技术创新与发展的意义与使命。本专利说明书并未对权利要求保护的技术方案作出清楚、完整的说明，导致所属技术领域的技术人员依据本专利说明书包括附图的记载不能够实现本发明。综上，常熟纺织公司认为二审判决认定事实清楚，适用法律正确，请求本院予以维持。

专利复审委员会述称，本专利说明书已对本发明的技术内容作出了清楚、完整的说明，本领域技术人员基于说明书中描述的内容能够实现本发明，在此基础上，本领域技术人员也能够从本专利说明书公开的内容中得到本专利权利要求所要求保护的技术方案，因此，本专利说明书符合专利法第二十六条第三款的规定，本专利权利要求 1～5 符合专利法第二十六条第四款的规定。综上，专利复审委员会认为，第 17563 号决定认定事实清楚、适用法律正确、审理程序合法，请求本院予以维持。

本案涉及国家知识产权局于 2000 年 10 月 11 日授权公告的名称为“旋转多臂机构以及装备此类多臂机构的织机”的发明专利（即本专利）。其专利号为 97123475. 2 号，申请日为 1997 年 12 月 30 日，优先权日为 1996 年 12 月 31 日，专利权人为斯托布利公司。在再审程序中，双方当事人的争议焦点为本专利是否符合专利法第二十六条第三款、第四款的规定。以下对本专利内容、专利复审委员会针对本专利作出的第 17563 号决定和一、二审判决情况的介绍将围绕上述争议焦点展开。

常熟纺织公司向北京市第一中级人民法院（以下简称一审法院）起诉请求：撤销第 17563 号决定。

一审法院认定事实：第 97123475. 2 号“旋转多臂机构以及装备此类多臂机构的织机”的发明专利授权公告时的权利要求书如下：

“1. 一种织机用旋转多臂机构，包括在每页综片的水平位置，连接到综框（6）并且与所述多臂机构主轴（1）上间隙地安装的驱动元件（2）相连的摆动部件（4），可移动连接元件（8）靠在盘片（3）上，盘片（3）固连在驱动元件上，这个运动机构采取弹性装置将所述盘片与驱动盘（7）有效地角连接，驱动盘（7）和主轴固连在一起，两个绞支转臂（11），在一方面受读取装置（16，16′，16″）作用，另一方面受弹性装置（13）的作用，该弹性装置有助于所述转臂上的掣子（17）与所述盘片两个结合表面（18，19）相互啮合，其特征在于：当所述转臂与所述结合表面啮合时，一个所述转臂位于所述读取装置的一个驱动元件的作用范围之外。

2. 根据权利要求 1 的一个旋转多臂机构，其特征在于，所述盘片（3）有形成第一个结合表面（18）的径向延伸区，这第一个结合表面与所述轴（1）旋转轴线的距离（D_1）大于第二个结合表面（19）与该轴线（XX'）的距离（D_2），第二个结合表面在所述盘片上与上述第一个结合表面完全相反。

3. 根据权利要求 2 的一个旋转多臂机构，其特征在于，所述第一结合表面（18）是盘片（3）的一个消极的结合表面，此时第二个结合表面（19）是积极的结合表面，或是由所述盘片所控制。

4. 根据权利要求 1 的一个旋转多臂机构，其特征在于，所述每一个绞支转臂（11）上的掣子（17）具有一个外支承表面（20）和一个内支承表面（21），该支承表面具有不同的角顶（α，β）。

5. 一个织机，它装备有根据权利要求 1 所述的一个旋转多臂机构。"

针对本专利，常熟纺织公司于 2010 年 8 月 27 日向国家知识产权局专利复审委员会提出无效宣告请求，请求宣告本专利全部无效。

2011 年 11 月 8 日，专利复审委员会作出第 17563 号决定，该决定对专利法第二十六条第三款、第四款认定如下：

常熟纺织公司认为：本专利说明书中对本发明技术内容未作出清楚的说明，以致所属技术领域的技术人员不能实现本发明，不符合专利法第二十六条第三款的规定。本专利权利要求 1 ~5 也不符合专利法第二十六条第四款的规定。

专利复审委员会认为：对于常熟纺织公司指出的不清楚之处的（a）点，从本专利说明书第 5 页第 2、3 段可知，绞支转臂 11 由于弹簧 13 的作用而靠在相应的止动块 14 上，掣子 8 的控制由绞支转臂 11 来完成。结合图 1 的右侧可见，弹簧 13 为绞支转臂 11 提供一个大体竖直向上的拉力，由此使得绞支转臂 11 的掣子 17 能够与掣子 8 相互作用，致使掣子 8 的末端棘爪 8a 与凹槽 7a 分隔开一定距离。掣子 8 的末端棘爪 8a 还可与凹槽 7a 相啮合，这一啮合是通过本专利说明书第 6 页第 3 段中的操作实现的，即，通过弹簧 10 的作用使掣子 8 的棘爪 8a 伸入凹槽 7a 中。因此，根据说明书的上述记载并且结合图 1 可以清楚地理解技术特征"弹簧 10 持续地作用于棘爪 8a，使之从掣子 8 向轴 1 放松"是描述上述啮合操作的过程，弹簧 10 向掣子 8 的棘爪 8a 提供拉力，使棘爪 8a 朝向轴 1 运动靠近。因此，本领域技术人员能够清楚理解上述技术内容的含义。

对于（b）点，根据本专利说明书第 5 页第 14～15 行所述，“凸缘 16’由环绕固定销轴 12 的一个转臂 11 往复驱动”，在该句之后，进一步具体地说明：“例如通过一个没有在此描述的凸轮机构”，此外，说明书还公开了凸缘 16’的其他类似驱动方式。结合图 1 可知，上述技术内容中的“转臂 11”并不是指绞支转臂 11，而是另一个转臂，虽然该转臂没有在图 1 中明确地使用附图标记标识出来，但是根据图 1 所示，本领域技术人员可以确定，该转臂即指与凸缘 16′一体形成的转臂。这里，“转臂 11”的“11”属于明显标记错误。而说明书第 6 页所述的两个技术特征都是指图 1 中右侧的绞支转臂 11，本领域技术人员根据说明书第 6 页第 3 段并结合图 1 可知，上述两个技术特征都表示踏踪盘 16 通过右侧的绞支转臂 11 上的驱动杆 15 而驱动右侧的绞支转臂 11 这一操作过程。因此，说明书中上述第 5 页和第 6 页的描述并不矛盾，本领域技术人员能够清楚理解它们的技术含义。

对于（c）点，在说明书第 6 页第 4～7 行“在读取装置中没有踏踪盘时”的下文还记载有“每个盘片 1 的停顿时刻面对掣子 17，弹簧 13 驱动这些掣子与凹槽形状结合表面 19 相互作用”。本领域技术人员根据本专利说明书的记载能够清楚地理解织机中不可能没有踏踪盘，因为根据说明书第 6 页第 10 行的描述，转臂 11 是在踏踪盘 16 的作用下克服相对应的弹簧 13 的作用力反向动作的，所以转臂 11 必须在踏踪盘 16 的作用下才能产生作用。同时，说明书中也没有记载关于踏踪盘从织机上拆卸下来的技术内容。而根据说明书上下文的记载，尤其是说明书第 6 页第 4 行中“在读取装置中没有踏踪盘时”接下来的有关“盘片 3 对应于转臂 11 的积极的结合作用”的记载可知，所谓的“没有踏踪盘时”表示的是“踏踪盘没有施加作用时”，正是由于踏踪盘没有对转臂 11 施加作用，所以掣子 17 才会在弹簧 13 的作用下与盘片的表面 19 相互作用，从而使盘片停顿。因此，本领域技术人员结合说明书上下文的描述，能够清楚理解“没有踏踪盘时”的技术含义。

对于（d）点，由说明书第 7 页的上下文，尤其是第 7 页第 2、3 段中“作用原理如下：在图 1 位置，如有必要”“另一个方面，如没有必要”的表述可知，第 7 页第 2、3 段记载的内容都是“在图 1 位置”的情况下掣子 17 与凹槽 19 脱离或啮合时踏踪盘 16 的作用原理，这两段说明文字针对“在图 1 位置”，显然是对图 1 所示的技术内容的说明，而不是对图 3 的说明，对图 3 的说明是从第 7 页第 5 段开始的，在文字上采用“在图 3 中，盘片 3 的位置是它在图 1 中旋转 180°后的位置”来明显地指出。说明书第 7 页第 3 段中采用的“在图 3 右侧的转臂 11”中“图 3 右侧”仅仅是对相对方位的描述，因为图 3 与图 1 的区别主要在于盘片 3 进行了 180°旋转，而转臂 11 的相对位置并未发生变化，因此本领域技术人员不会仅因为使用“图 3 左侧或右侧”等表示方位的字眼就认为这两段文字是对图 3 的说明。而将说明书第 7 页第10～13 行的记载与图 1 相对应，就可以理解所述记载的技术含义，因此所述记载没有不清楚之处。

对于（e）点，一方面，如图 3 所示，位于图 3 右侧的转臂 11 与结合表面 18 接触并受其作用绕销轴 12 旋转，因此，本领域技术人员能够理解该转臂 11 会在盘片 3 旋转时受到盘片 3 的作用而被驱动绕销轴 12 向外旋转；另一方面，说明书第 7 页倒数第 6 行至第 8 页第 1 行记载的内容是图 3 右侧的转臂 11 超出了踏综盘 16 的作用范围，那么踏综盘 16 向右侧的转臂 11 倾斜时即使产生“锤式运动”，该锤式运动也不会作用于该转臂 11 上。根据说明书上下文的内容来理解，该段中“由于这个运动才使得转臂 11 中的一个和驱动元件 16 相接触”仅是对锤式运动的作用的一般性解释说明，该段中“如上，如果没有必要……”的表述表明本段记载的情形与第 7 页第 3 段对图 1 的描述类似。因此，本领域技术人员根据说明书上下文的记载和图 3 能够清楚理解上述描述的技术含义。

综上所述，本专利说明书已对本发明的技术内容作出了清楚、完整的说明，本领域技术人员基于说明书中描述的内容能够实现本发明，在此基础上，本领域技术人员也能够从本专利说明书公开的内容中得到本专利权利要求所要求保护的技术方案，因此本专利说明书符合专利法第二十六条第三款的规定，本专利权利要求 1～5 符合专利法第二十六条第四款的规定。

此外，专利复审委员会还就本专利是否符合专利法第二十二条第三款、第三十三条、2002 年修订的《中华人民共和国专利法实施细则》（以下简称专利法实施细则）第二十一条第二款等条款进行了认定。

综上，专利复审委员会作出第 17563 号决定，维持本专利有效。

一审法院认为，本案应适用 2000 年修正的专利法进行审理。说明书对技术内容是否作出清楚、完整的说明，应从说明书全文和附图整体上把握。关于（a）点，说明书第 5 页第 7 行提到“弹簧 10 持续地作用于棘爪 8a，使之从掣子 8 向轴 1 放松”，结合上下文及附图来看，本领域技术人员可以清楚得知这句话指的是棘爪 8a 与凹槽 7a 啮合，从而靠向轴 1 的过程；关于（b）点，说明书第 5 页第 14～15 行记载“踏踪盘 16 安装在凸缘 16’上，凸缘 16’由环绕固定销轴 12 的一个转臂 11 往复驱动”，尽管此处的转臂具有与两绞支转臂相同的附图标记 11，但本领域技术人员仍能清楚得知该可表现为例如凸轮机构形式的转臂明显与说明书第 6 页第 10～11 行、14～16 行由踏踪盘施加作用力的转臂非同一部件，故前后记载并不矛盾；关于（c）点，本领域技术人员结合上下文，能够清楚理解“没有踏踪盘”应是指“没有踏踪盘施加作用”；关于（d）点，本领域技术人员不会因为转臂使用“图3左侧或右侧”这一方位描述就认为第5~14行没有必要退出的过程是针对图3而言，故所述记载并不存在不清楚之处。关于（e）点，说明书第7页最后一段前半部分即“在图3中，盘片3的位置是它在图1中旋转180°后的位置。在此位置，位于图3右侧的转臂11将被驱动沿三角防线环绕销轴12向外运动，因此它超出了踏踪盘16的作用范围”，其表述的含义与附图3描绘一致，清楚易懂，即右侧转臂绕销轴向外运动后，该转臂的杆向盘片方向运动，脱离踏踪盘的作用范围；对于后半部分，该部分描述了如何使右侧转臂与驱动元件接触的过程，本领域技术人员对此能有清楚地理解。综上，常熟纺织公司关于说明书公开不清楚，不符合专利法第二十六条第三、四款规定的主张不予支持。同时，一审法院还结合专利法第二十二条第三款、第三十三条、专利法实施细则第二十一条第二款的规定，对第17563号决定作出审理。

综上，一审法院依照修改前的《中华人民共和国行政诉讼法》第五十四条第（一）项之规定，判决：维持专利复审委员会作出的第17563号决定。案件受理费100元，由常熟纺织公司负担。

常熟纺织公司不服一审判决，向北京市高级人民法院（以下简称二审法院）上诉请求：撤销一审判决及第17563号决定，判令专利复审委员会重新作出决定。

二审法院认为，关于专利法第二十六条第三、四款。根据专利法第二十六条第三、四款的规定，说明书应当准确地表达发明或者实用新型的主题及其具体技术方案、效果等内容，使所属技术领域的技术人员按照说明书记载的内容，不需要创造性的劳动，就能够再现该发明或实用新型的技术方案，达到其发明目的。对于专利撰写过程中存在的错误，如果仅有个别错误，所属技术领域的技术人员根据其自身具备的专业知识水平，结合说明书的内容，可以直接、毫无疑义地确定该个别错误属于明显的笔误的，可以认为该专利符合专利法第二十六条第三款的规定。但是，如果错误较多，使所属技术领域的技术人员需要过度劳动或需要进行大量纠错行为才能再现专利技术方案的，说明该专利说明书撰写存在严重错误，不符合专利法第二十六条第三款的规定。在专利说明书不符合专利法第二十六条第三款规定的情况下，该专利权利要求一般也不符合专利法第二十六条第四款的规定。

常熟纺织公司认为：本专利说明书中对本发明技术内容未作出清楚地说明，以致所属技术领域的技术人员不能实现本发明，不符合专利法第二十六条第三款的规定。说明书不清楚之处具体有（a）～（e）五点。根据对本专利不符合专利法第二十六条第三款的理由的论述，所属技术领域的技术人员也无法从本专利说明书公开的内容中得到或概括得出本专利权利要求所要求保护的技术方案。因此，本专利权利要求1～5也不符合专利法第二十六条第四款的规定。

关于（a）点，说明书第5页第7行载明："弹簧10持续地作用于棘爪8a，使之从掣子8向轴1放松"。常熟纺织公司认为，本专利技术人员无法理解"放松"是什么意思。对此，专利复审委员会认为，结合上下文及附图来看，本领域技术人员可以清楚得知"弹簧10持续地作用于棘爪8a，使之从掣子8向轴1放松"指的是棘爪8a与凹槽7a啮合，从而靠向轴1的过程。由此可知，专利复审委员会将"放松"纠正解释为"弹簧13为绞支转臂11提供一个大体竖直向上的拉力，由此使得绞支转臂11的掣子17能够与掣子8相互作用，致使掣子8的末端棘爪8a与凹槽7a分隔开一定距离。掣子8的末端棘爪8a还可与凹槽7a相啮合，这一啮合是通过弹簧10的作用使掣子8的棘爪8a伸入凹槽7a中。因此，'放松'是描述上述啮合操作的过程。"虽然专利复审委员会的纠正解释正确地描述了说明书上述内容的工作机理，但是，不容否认的是，客观上专利复审委员会的解释与说明书的上述描述存在明显差异。

关于（b）点，说明书第5页第14～15行记载"踏踪盘16安装在凸缘16'上，凸缘16'由环绕固定销轴12的一个转臂11往复驱动"。常熟纺织公司认为，以上描述与后文所述的"一个转臂11在踏综盘16的作用下…反向运动"与"如果驱动元件16将踏综盘施加的作用力传递到与之相应右侧的转臂11上的驱动杆15上去"对机构传动方式的描述自相矛盾。对此，专利复审委员会认为，上述技术内容中的"转臂11"并不是指绞支转臂11，而是另一个转臂，虽然该转臂没有在图1中明确地使用附图标记标识出来，但是根据图1所示，本领域技术人员可以确定，该转臂即指与凸缘16'一体形成的转臂。这里，"转臂11"的"11"属于明显标记错误。由此可知，专利复审委员会通过上下文分析纠正了本专利说明书存在的错误。然而，说明书附图标记应当与说明书中文字描述一致，这是对说明书的基本要求。如果说明书附图存在错误，必然导致所属领域的普通技术人员作出错误的认识，进而需要花费过度的劳动才能确定错误之处。况且，从附图可知，凸缘16'通过踏踪盘16与绞支转臂11接触，说明书的上述描述会导致所属领域的普通技术人员将三者的传动关系产生错误认识。

关于（c）点，说明书载明："在读取装置中没有踏综盘时，每个盘片1

的停顿时刻面对掣子17，弹簧13驱动这些掣子与凹槽形状结合表面19相互作用，表面19具有使盘片12生硬地停止的相应效果并与偏心齿轮2和连杆4相互作用”。常熟纺织公司认为，这里的“读取装置中没有踏综盘时”是一种具有歧义的说法。所属技术领域的技术人员无法理解对技术方案的上述描述，本专利的织机在“没有踏综盘时”是无法对其中的综框进行操作的。对此，专利复审委员会认为，本领域技术人员结合上下文，能够清楚理解“没有踏踪盘”应是指“没有踏踪盘施加作用”。专利复审委员会的解释虽然正确，但是，所属技术领域的技术人员在理解“读取装置中没有踏综盘时”，容易产生误解，需要根据说明书上下文进行理解。

关于（d）点，说明书有如下记载：“如没有必要，使在图3右侧的转臂11上的掣子17与凹槽脱离，踏综盘16就在控制元件16"作用下向图3左侧转臂11倾斜，由于它超出踏综盘16的作用范围，在踏综盘16和图3左侧的转臂11之间就没有冲击，因此也就无噪音产生”。常熟纺织公司认为，在图3中所显示的技术内容与上述记载明显不同。因此，上述说明书中所出现的相互矛盾的技术内容使本领域技术人员对本专利的技术方案从整体上无法理解。对此，专利复审委员会认为，该部分记载的内容都是“在图1位置”的情况下掣子17与凹槽19脱离或啮合时踏踪盘16的作用原理，这两段说明文字针对“在图1位置”，显然是对图1所示的技术内容的说明，而不是对图3的说明，本领域技术人员不会因为转臂使用“图3左侧或右侧”这一方位描述就认为第5～14行没有必要退出的过程是针对图3而言，故所述记载并不存在不清楚之处。然而，由于说明书第7页第3段涉及附图时均记载为“附图3”，因此，对所属技术领域普通技术人员而言，阅读说明书该段内容时必然会根据图3记载的内容进行理解，从而产生误认，需要根据上下文及附图1、3以及本专利权利要求所记载的技术方案才能认定此处的“附图3”应为“附图1”。

关于（e）点，说明书第7页第5段及第8页第1段载明：“在图3中，盘片3的位置是它在图1中旋转180°后的位置。在此位置，位于图3右侧的转臂11将被驱动沿三角方向环绕销轴12向外运动，因此，它超出踏综盘16的作用范围。如上，如果没有必要作用在图3左侧的转臂11，踏综盘16向位于图3右侧的转臂11倾斜，上面安装着踏综盘的凸缘16′就会传递给它往复或者锤式运动，由于这个运动才使得转臂11中的一个和驱动元件16相接触”。常熟纺织公司认为：本领域技术人员无法理解上述对技术方案的描述。对此，专利复审委员会认为，说明书此部分表述的含义与附图3描绘一致，并且描述了如何使右侧转臂与驱动元件接触的过程，本领域技术人员对此能有清楚地理解。然而，所属技术领域普通技术人员难以理解“沿三角方向环绕销轴 12 向外运动”中的“三角方向”是何含义，而根据附图 3 方能理解转臂 11 实际上是环绕销轴 12 作圆周运动；此外，“如果没有必要作用在图 3 左侧的转臂 11，踏综盘 16 向位于图 3 右侧的转臂 11 倾斜，上面安装着踏综盘的凸缘 16′就会传递给它往复或者锤式运动，由于这个运动才使得转臂 11 中的一个和驱动元件 16 相接触”的记载与对应的附图 3 的内容并不相同，在图 3 中“右侧的转臂 11”已经“超出踏踪盘 16 的作用范围”。由此可见，所属技术领域普通技术人员在阅读说明书及附图 3 的内容时会出现难以理解所述技术方案的情形。

本专利说明书实施例部分多处存在严重的错误，这说明本专利说明书撰写质量存在严重问题，所描述的技术方案不清楚，也不完整，所属技术领域的技术人员需要过度劳动或需要进行大量纠错行为才能再现专利技术方案的，因此，本专利不符合专利法第二十六条第三款的规定，应当被宣告无效。由于本专利说明书存在严重错误，导致权利要求所要求保护的技术方案未在说明书中得以充分公开，因此，本专利权利要求也不符合专利法第二十六条第四款的规定，应当被宣告无效。

同时，二审法院还结合专利法第三十三条、专利法实施细则第二十一条第二款等规定，对一审判决及第 17563 号决定作出审理。

综上，二审法院认为，一审判决及第 17563 号决定事实认定不清，适用法律错误，依据修改前的《中华人民共和国行政诉讼法》第六十一条第（三）项、《最高人民法院关于执行〈中华人民共和国行政诉讼法〉若干问题的解释》第七十条之规定，判决：一、撤销一审判决和第 17563 号决定。二、专利复审委员会就专利号为 97123475. 2、名称为“旋转多臂机构以及装备此类多臂机构的织机”的发明专利权重新作出无效宣告请求审查决定。一、二审案件受理费各 100 元，均由专利复审委员会负担。

专利法第二十六条第三款规定：“说明书应当对发明或者实用新型作出清楚、完整的说明，以所属技术领域的技术人员能够实现为准；必要的时候，应当有附图。摘要应当简要说明发明或者实用新型的技术要点。”第四款规定：“权利要求书应当以说明书为依据，说明要求专利保护的范围。”

说明书是申请人必须向国家知识产权局提交的公开其发明或者实用新型的文件之一，提供了包括技术领域、背景技术、发明内容、附图、具体实施方式等信息。说明书应当清楚地记载发明或者实用新型的技术方案，详细地描述实现发明或者实用新型的具体实施方式，完整地公开对于理解和实现发明或者实用新型必不可少的技术内容，达到所属技术领域的技术人员能够实现该发明或者实用新型的程度。但对于说明书的理解，不能机械地从字面上理解其含义，而需要从所属领域技术人员的角度出发，结合说明书的文字和附图来判断说明书是否对技术方案作出清楚、完整的说明，以及本领域技术人员能否实现本发明。

本案中，常熟纺织公司列举了本专利说明书中存在的（a）～（e）五点不清楚的地方，并据此主张本专利说明书未对本发明技术内容作出清楚、完整的说明，以致所属技术领域的技术人员不能实现本发明，不符合专利法第二十六条第三款的规定。由于本领域技术人员无法从本专利说明书公开的内容中得到或概括得出本专利权利要求所要求保护的技术方案，因此，本专利权利要求1～5也不符合专利法第二十六条第四款的规定。

对此，本院逐一分析如下：

1. 关于（a）点，本专利说明书第5页第7行载明："弹簧10持续地作用于棘爪8a，使之从掣子8向轴1放松"。常熟纺织公司认为，本专利技术人员无法理解"放松"是什么意思。

本专利说明书第6页第3段第2～3行描述："由弹簧10作用的掣子8将使它的棘爪8a伸入与之对应驱动盘7的两个凹槽7a中的一个里"；本专利说明书第7页第2段第3行描述："掣子8上的棘爪8a由弹簧10作用向凹槽7a运动"。本领域技术人员结合上下文进行理解后，能够理解所谓"放松"描述的是上述啮合操作的过程。而且，从说明书第5页第2、3段得知，掣子8一端受到转臂11的作用，另一端的棘爪8a端还受弹簧10持续地施加作用。当转臂11的作用力卸下后，掣子8不再同时受两个方向的力，此时，掣子8只能在弹簧10的作用下朝向凹槽7a的方向啮合，即变化为一种放松状态。凹槽7a与轴1相对于掣子8来说处于相同的方向。那么，如图1所示，掣子8必然朝向轴1运动，也即朝向轴1放松。因此，虽然"放松"一词存在不清楚之处，但本领域技术人员根据本专利说明书的文字并结合附图1，可以对技术方案得到清楚、完整的理解。

2. 关于（b）点，本专利说明书第5页第14～15行记载"踏踪盘16安装在凸缘16′上，凸缘16′由环绕固定销轴12的一个转臂11往复驱动"。常熟纺织公司认为，以上描述与后文所述的"一个转臂11在踏综盘16的作用下…反向运动""如果驱动元件16将踏综盘施加的作用力传递到与之相应右侧的转臂11上的驱动杆15上去"对机构传动方式的描述自相矛盾。

本专利说明书第5页第14～15行记载"踏踪盘16安装在凸缘16′上，凸缘16′由环绕固定销轴12的一个转臂11往复驱动"，其后还记载"例如通过一个没有在此描述的凸轮机构"，结合图1可以看到，上述技术内容中的

“转臂 11”并不是指绞支转臂 11，而是指销轴 12 上安装的与凸缘 16′一体形成的转臂。这里，“转臂 11”的“11”属于明显标记错误。而且，本领域技术人员通过阅读本专利说明书第 5 页第 9～12 行已经对转臂 11 的位置、自身结构等有了一定的了解，再通过阅读说明书第 6 页第 3 段，并结合图 1 可知凸缘 16′与转臂 11 的位置及其相互关系。因此，虽然本专利说明书存在标记错误，但本领域技术人员通过阅读说明书上下文并结合附图，能够清楚地认识到这个错误，并更正其错误。

3. 关于（c）点，本专利说明书第 6 页第 4～7 行记载“在读取装置中没有踏综盘时，每个盘片 1 的停顿时刻面对掣子 17，弹簧 13 驱动这些掣子与凹槽形状结合表面 19 相互作用，表面 19 具有使盘片 12 生硬地停止的相应效果并与偏心齿轮 2 和连杆 4 相互作用”。常熟纺织公司认为，这里的“读取装置中没有踏综盘时”是一种具有歧义的说法。所属技术领域的技术人员无法理解对技术方案的上述描述，本专利的织机在“没有踏综盘时”是无法对其中的综框进行操作的。

本专利说明书第 6 页第 2 段介绍了盘片 3 对应于转臂 11“积极的”结合作用，第 3、4 段介绍了盘片 3 对应于转臂 11“消极的”停顿作用。积极结合与消极停顿两个过程是交替顺序进行的，根据本专利说明书第 6 页第 10～11 行的描述，“另一方面，转臂 11 是在踏踪盘 16 的作用下克服相对应的弹簧 13 的作用力反向作用的”，既然消极停顿中体现了踏踪盘的作用，则在积极结合阶段，转臂 11 也必须在踏踪盘 16 的作用下才能产生作用。因此，本领域技术人员根据本专利说明书上下文的记载，能够理解所谓的“没有踏踪盘时”表示的是“踏踪盘没有施加作用时”。只有踏踪盘 16 没有对转臂 11 施加作用时，掣子 17 才会在弹簧 13 的作用下与盘片 3 的表面 19 相互作用，从而使盘片停顿。因此，虽然说明书记载“没有踏踪盘时”存在不清楚之处，但本领域技术人员结合本专利说明书上下文的记载及其附图，能够清楚理解“没有踏踪盘时”表示的是“踏踪盘没有施加作用时”的技术含义。

4. 关于（d）点，本专利说明书第 7 页第 10～13 行记载“如没有必要，使在图 3 右侧的转臂 11 上的掣子 17 与凹槽 19 脱离，踏踪盘 16 就在控制元件 16" 作用下向图 3 左侧转臂 11 倾斜，由于它超出踏踪盘 16 的作用范围，在踏踪盘 16 和图 3 左侧的转臂 11 之间就没有冲击，因此也就无噪音产生”。常熟纺织公司认为，在图 3 中所显示的技术内容与上述记载明显不同，上述互相矛盾的记载使得所属技术领域的技术人员无法理解本发明。

从本专利说明书第 7 页来看，第 2 段有“在图 1 位置……”、第 5 段中有“在图 3 中……”的表述，根据汉语的常用语法，第 2、3、4 段按常理是围绕

图1进行解释的；从具体内容来看，第7页第2、3段记载的内容是掣子17与凹槽19脱离或啮合时踏踪盘16的作用原理，这两段说明文字描述的显然是对图1所示的技术内容的说明；而且，图1与图3的区别仅仅是盘片旋转了180°，转臂11在图3和图1中的位置相同，因此本领域技术人员不会因为转臂使用“图3左侧或右侧”这一方位描述就认为这两段文字是针对图3而言。故虽然本专利说明书存在附图标记错误，但本领域技术人员通过阅读说明书上下文并结合附图，能够清楚地认识到这个错误，并理解本发明。

5. 关于（e）点，本专利说明书第7页倒数第6行至第8页第1行中记载“在图3中，盘片3的位置是它在图1中旋转180°后的位置。在此位置，位于图3右侧的转臂11将被驱动沿三角方向环绕销轴12向外运动，因此它超出踏综盘16的作用范围。如上，如果没有必要作用在图3左侧的转臂11，踏综盘16向位于图3右侧的转臂11倾斜，上面安装着踏综盘的凸缘16′就会传递给它往复或者“锤式”运动，由于这个运动才使得转臂11中的一个和驱动元件16相接触”。常熟纺织公司认为，所属技术领域的技术人员无法理解上述技术方案的内容。

对于本专利说明书中“转臂11将被驱动沿三角方向环绕销轴12向外运动”，转臂11由于是安装在销轴12上的，转臂11只能以销轴12为圆心做圆周运动，该圆周运动可以是离开盘片3的也可以是朝向盘片3的。因此，本领域技术人员能够理解该转臂11会在盘片3旋转时受到盘片3的作用而被驱动绕销轴12向外旋转。本专利说明书第7页倒数第6行至第8页第1行记载的内容是图3右侧的转臂11超出了踏踪盘16的作用范围，那么踏踪盘16向右侧的转臂11倾斜时即使产生“锤式运动”，该锤式运动也不会作用于该转臂11上。根据本专利说明书上下文的内容来理解，该段中“由于这个运动才使得转臂11中的一个和驱动元件16相接触”仅是对锤式运动作用的一般性解释说明。因此，本领域技术人员根据说明书的记载和图3能够清楚理解上述技术方案描述的技术含义。

综上，本专利说明书确有部分语句不清楚或者标记错误，但这些不清楚之处更多是对本专利的背景技术、现有技术所进行的描述。由于本领域技术人员在阅读本专利说明书公开的内容时，即能理解说明书不清楚之处的相关技术含义，看出其存在的错误，且在再现本发明的技术方案时，可以在自行理解和纠正的基础上实现发明创造的技术方案。因此，不宜以错误多少或者是否严重作为判断标准，而应当以本领域技术人员是否理解技术方案并能够实现作为判断标准。

本院认为，说明书记载达到何种程度才算清楚、完整，与阅读者的水平有关。无论是判断专利说明书是否清楚、完整，还是判断说明书中是否存在错误，判断主体都是本领域技术人员，而非一般的公众。如果本领域技术人员在阅读说明书公开的内容时，即能理解、发现并更正其错误，尤其是该理解和更正并不会导致权利要求的技术方案发生变化，进而损害权利要求的公示性和稳定性的情况下，若不对说明书的不清楚之处及标记错误作出更正性理解，将会导致专利权人获得的利益与其对社会做出的贡献明显不相适应。从保护发明创造，鼓励发明创造的基本原则出发，一方面应当允许对授权后的专利说明书中存在的错误予以更正理解；另一方面，也要防止专利权人滥用这一规则。要准确界定错误，在合理保护专利权人利益和维护社会公众利益之间进行利益平衡，以契合专利法鼓励发明创造、促进科技进步与经济社会发展的立法本意。

由于本专利说明书已对本发明的技术内容作出了清楚、完整地说明，在此基础上，本领域技术人员也能够从本专利说明书公开的内容中得到本专利权利要求保护的技术方案，因此，权利要求 1 ~5 符合专利法第二十六条第四款的规定。

综上所述，本专利符合专利法第二十六条第三款、第四款的规定。二审判决撤销专利复审委第 17563 号决定，适用法律错误，依法应予撤销。斯托布利公司所提再审申请理由成立。依照 2000 年修正的《中华人民共和国专利法》第二十六条第三款、第四款，《中华人民共和国行政诉讼法》第八十九条第一款第（二）项和《最高人民法院关于执行〈中华人民共和国行政诉讼法〉若干问题的解释》第七十六条第一款、第七十八条之规定，判决如下：

一、撤销北京市高级人民法院（2013）高行终字 990 号行政判决；

二、维持北京市第一中级人民法院（2012）一中知行初字第 1704 号行政判决。

本案一审案件受理费和二审案件受理费各 100 元，均由常熟纺织机械厂有限公司负担。

本判决为终审判决。

审 判 长 夏君丽

审 判 员 曹 刚

代理审判员 傅 蕾

二〇一七年六月二十八日

书 记 员 包 硕

10. 权利要求是否以说明书为依据的认定

——再审申请人传感电子有限责任公司与被申请人国家知识产权局专利复审委员会、一审第三人宁波讯强电子科技有限公司发明专利权无效行政纠纷案①

中华人民共和国最高人民法院行政判决书（2016）最高法行再19号

再审申请人（一审原告、二审上诉人）：传感电子有限责任公司。住所地：美利坚合众国佛罗里达州博卡拉顿市交易中心4700号300室。

法定代表人：迈克尔·威廉姆·瑞恩，该公司总裁。

委托诉讼代理人：吴丽丽，中国国际贸易促进委员会专利商标事务所专利代理人。

委托诉讼代理人：王会卿，中国国际贸易促进委员会专利商标事务所专利代理人。

被申请人（一审被告、二审被上诉人）：国家知识产权局专利复审委员会。住所地：中华人民共和国北京市海淀区北四环西路9号银谷大厦10－12层。

法定代表人：葛树，该委员会副主任。

委托诉讼代理人：阮文，该委员会审查员。

委托诉讼代理人：万琦，该委员会审查员。

一审第三人：宁波讯强电子科技有限公司。住所地：中华人民共和国浙江省宁波市北仑明州西路505号。

法定代表人：李霖，该公司总经理。

委托诉讼代理人：郝传鑫，广州三环专利代理有限公司专利代理人。

再审申请人传感电子有限责任公司（以下简称传感电子公司）因与被申请人国家知识产权局专利复审委员会（以下简称专利复审委员会）、一审第三人宁波讯强电子科技有限公司（以下简称讯强公司）发明专利权无效行政纠纷一案，不服北京市高级人民法院（2013）高行终字第961号行政判决，向本院申请再审。本院于2015年12月18日作出（2014）知行字第96号行政裁定，提审本案。本院依法组成合议庭对本案进行了审理，现已审理终结。

① 本案在年度报告中的位置为第29页。

本案涉及专利号为97197519.1，名称为“具有低矫顽磁力特性的偏磁元件的磁力式电子货品监视用标识器”发明专利（以下简称涉案专利），其优先权日为1996年8月28日，申请日为1997年8月21日，专利权人为传感电子公司。

2010年4月27日，讯强公司向专利复审委员会提出无效宣告请求，请求宣告涉案专利权全部无效。其理由为：1. 涉案专利各权利要求均不符合2001年修正的《中华人民共和国专利法》（以下简称专利法）第二十六条第三、四款的规定；2. 涉案专利各权利要求均不符合2001年修订的《中华人民共和国专利法实施细则》（以下简称专利法实施细则）第二十条第一款的规定；3. 涉案专利独立权利要求1、4、9、14、20、25、30、37不符合专利法实施细则第二十一条第二款的规定；4. 权利要求5~8、10~19、25~35的修改不符合专利法第三十三条的规定；5. 相对于证据4，权利要求1~3、20~24、37、42、44、46、47不符合专利法第二十二条第二、三款关于新颖性、创造性的规定；6. 相对于证据4、6的结合，权利要求1~4、20~25、37、42、44、46、47不符合专利法第二十二条第三款关于创造性的规定；7. 相对于证据4至6的结合，权利要求1~4、6、7、9、11、12、20~25、37、42、44、46、47不符合专利法第二十二条第三款关于创造性的规定。

涉案专利授权公告的权利要求1~47如下：

“1. 一种使用在磁力式电子货品监视系统中的标识器，包括：（a）一个非结晶型磁致伸缩元件；（b）一个配置在与所述磁致伸缩元件相邻接位置处的偏磁元件，其特征在于所述标识器有随退活化磁场变化的共振频率漂移特性，漂移梯度大于100Hz/Oe。

2. 一种如权利要求1所述的标识器，其特征在于所述的标识器的随退活化磁场变化的共振频率漂移特性的梯度大于200Hz/Oe。

3. 一种如权利要求2所述的标识器，其特征在于所述的标识器的随退活化磁场变化的共振频率漂移特性的梯度大于400Hz/Oe。

4. 一种使用在磁力式电子货品监视系统中的标识器，包括：

（a）一个非结晶型磁致伸缩元件；（b）一个配置在与所述磁致伸缩元件相邻接位置处的偏磁元件，其特征在于所述的偏磁元件由具有小于55 Oe的矫顽磁力Hc的半硬化磁性材料制成。

5. 一种如权利要求4所述的标识器，其特征在于所述偏磁元件具有AC退磁化磁场特性，当所述偏磁元件处于完全磁化状态并且曝露在具有峰值幅度为4 Oe的AC磁场Hms中时，所述偏磁元件的磁化水平至少保持在完全磁化水平的95%以上。

6. 一种如权利要求 4 所述的标识器，其特征在于所述偏磁元件由具有小于 40 Oe 的矫顽磁力 Hc 的半硬化磁性材料制成。

7. 一种如权利要求 6 所述的标识器，其特征在于所述偏磁元件由具有小于 20 Oe 的矫顽磁力 Hc 的半硬化磁性材料制成。

8. 一种如权利要求 7 所述的标识器，其特征在于所述偏磁元件具有 AC 退磁化磁场特性，当所述偏磁元件处于完全磁化状态并且曝露在具有峰值幅度为 4 Oe 的 AC 磁场 Hms 中时，所述偏磁元件的磁化水平至少保持在完全磁化水平的 95% 以上。

9. 一种使用在磁力式电子货品监视系统中的标识器，包括：（a）一个非结晶型磁致伸缩元件；（b）一个配置在与所述磁致伸缩元件相邻接位置处的偏磁元件，其特征在于所述偏磁元件由具有 DC 磁化磁场特性的半硬化磁性材料制成，使所述偏磁元件达到饱和所需要的 DC 磁场 Ha 小于 350 Oe。

10. 一种如权利要求 9 所述的标识器，其特征在于所述偏磁元件具有 AC 退磁化磁场特性，当所述偏磁元件处于完全磁化状态并且曝露在具有峰值幅度为 4 Oe 的 AC 磁场 Hms 中时，所述偏磁元件的磁化水平至少保持在完全磁化水平的 95% 以上。

11. 一种如权利要求 10 所述的标识器，其特征在于所述的 DC 磁化特性使所述偏磁元件达到饱和所需要的 DC 磁场 Ha 小于 200 Oe。

12. 一种如权利要求 11 所述的标识器，其特征在于所述的 DC 磁化特性使所述偏磁元件达到饱和所需要的 DC 磁场 Ha 小于 150 Oe。

13. 一种如权利要求 12 所述的标识器，其特征在于所述的 DC 磁化特性使所述偏磁元件达到饱和所需要的 DC 磁场 Ha 小于 50 Oe。

14. 一种使用在磁力式电子货品监视系统中的标识器，包括：

（a）一个非结晶型磁致伸缩元件；（b）一个配置在与所述磁致伸缩元件相邻接位置处的偏磁元件，其特征在于所述偏磁元件由具有 AC 退磁化磁场特性的半硬化磁性材料制成，当将其峰值幅度小于 150 Oe 的 AC 退磁化磁场 Hmd 施加在处于完全磁化状态的偏磁元件上时，所述偏磁元件退磁化至不超过完全磁化水平的 5% 的水平。

15. 一种如权利要求 14 所述的标识器，其特征在于所述偏磁元件具有 AC 退磁化磁场特性，当所述偏磁元件处于完全磁化状态并且曝露在具有峰值幅度为 4 Oe 的 AC 磁场 Hms 中时，所述偏磁元件的磁化水平至少保持在完全磁化水平的 95% 以上。

16. 一种如权利要求 15 所述的标识器，其特征在于所述偏磁元件具有 AC 退磁化磁场特性，当所述偏磁元件处于完全磁化状态并且曝露在具有峰值幅度为20 Oe的AC磁场Hms中时，所述偏磁元件的磁化水平至少保持在完全磁化水平的95%以上。

17. 一种如权利要求15所述的标识器，其特征在于所述偏磁元件的AC退磁化磁场特性使得将其峰值幅度小于100 Oe的AC退磁化磁场Hmd施加在处于完全磁化状态的偏磁元件上时，所述偏磁元件退磁化至不超过完全磁化水平的5%的水平。

18. 一种如权利要求17所述的标识器，其特征在于所述偏磁元件的AC退磁化磁场特性使得所述偏磁元件处于完全磁化状态并且曝露在具有峰值幅度为12 Oe的AC磁场Hmd中时，所述偏磁元件的磁化水平至少保持在完全磁化水平的95%以上。

19. 一种如权利要求15所述的标识器，其特征在于所述偏磁元件的AC退磁化磁场特性使得将其峰值幅度小于30 Oe的AC退磁化磁场Hmd施加在处于完全磁化状态的偏磁元件上时，所述偏磁元件退磁化至不超过完全磁化水平的5%的水平。

20. 一种使用在磁力式电子货品监视系统中的标识器，包括：（a）一个非结晶型磁致伸缩元件；（b）一个配置在与所述磁致伸缩元件相邻接位置处的偏磁元件，其特征在于所述标识器的目标共振频率与所述电子货品监视用系统的操作频率相对应，所述标识器具有与退活化磁场相关的共振频率漂移特性，从而使得将所述标识器曝露在其峰值幅度为50 Oe以下的AC退活化磁场中时，所述标识器的共振频率相对于所述目标共振频率的漂移至少为1.5kHz。

21. 一种如权利要求20所述的标识器，其特征在于所述与退活化磁场相关的共振频率漂移特性使得将所述标识器曝露在其峰值幅度为50 Oe以下的AC退活化磁场中时，所述标识器的共振频率相对于所述目标共振频率的漂移至少为2kHz。

22. 一种如权利要求21所述的标识器，其特征在于所述与退活化磁场相关的共振频率漂移特性使得将所述标识器曝露在其峰值幅度为35 Oe以下的AC退活化磁场中时，所述标识器的共振频率相对于所述目标共振频率的漂移至少为2kHz。

23. 一种如权利要求21所述的标识器，其特征在于所述与退活化磁场相关的共振频率漂移特性使得将所述标识器曝露在其峰值幅度为35Oe以下的AC退活化磁场中时，所述标识器的共振频率相对于所述目标共振频率的漂移至少为1kHz。

24. 一种如权利要求23所述的标识器，其特征在于所述与退活化磁场相关的共振频率漂移特性使得将所述标识器曝露在其峰值幅度为 20 Oe 以下的 AC 退活化磁场中时，所述标识器的共振频率相对于所述目标共振频率的漂移至少为 1kHz。

25. 一种使用在可以按预定频率发出呈间歇式脉冲串的标识器问询信号的磁力式电子货品监视用系统中的标识器，这种标识器包括：（a）一个非结晶型磁致伸缩元件；（b）一个配置在与所述磁致伸缩元件相邻接位置处的偏磁元件，其特征在于所述标识器的随退活化磁场变化的输出信号特性使得将该标识器曝露在峰值幅度低于 35 Oe 的 AC 退活化磁场中时，由所述标识器产生的 A1 输出信号水平将降低所述标识器曝露在所述退磁化磁场之前时产生的 A1 输出信号水平的至少 50%，其中的 A1 输出信号是由标识器在施加在标识器处的问询信号脉冲结束后 1 毫秒时产生的信号。

26. 一种如权利要求 25 所述的标识器，其特征在于所述偏磁元件具有 AC 退磁化磁场特性，当所述偏磁元件处于完全磁化状态并且曝露在具有峰值幅度为 4 Oe 的 AC 磁场中时，所述偏磁元件的磁化水平至少保持在完全磁化水平的 95% 以上。

27. 一种如权利要求 26 所述的标识器，其特征在于所述标识器的随退活化磁场变化的输出信号特性使得将该标识器曝露在峰值幅度低于 25 Oe 的 AC 退活化磁场中时，由所述标识器产生的 A1 输出信号水平将降低所述标识器曝露在所述退磁化磁场之前时产生的 A1 输出信号水平的至少 50%。

28. 一种如权利要求 26 所述的标识器，其特征在于所述标识器的随退活化磁场变化的输出信号特性使得将该标识器曝露在峰值幅度低于 30 Oe 的 AC 退活化磁场中时，由所述标识器产生的 A1 输出信号水平将降低所述标识器曝露在所述退磁化磁场之前时产生的 A1 输出信号水平的至少 75%。

29. 一种如权利要求 26 所述的标识器，其特征在于所述标识器的随退活化磁场变化的输出信号特性使得将该标识器曝露在峰值幅度低于 35 Oe 的 AC 退活化磁场中时，由所述标识器产生的 A1 输出信号水平将降低所述标识器曝露在所述退磁化磁场之前时产生的 A1 输出信号水平的至少 75%。

30. 一种使用在磁力式电子货品监视系统中的标识器，包括：（a）一个非结晶型磁致伸缩元件；（b）一个配置在与所述磁致伸缩元件相邻接位置处的偏磁元件，其特征在于所述偏磁元件由具有 AC 退磁化磁场特性的半硬化磁性材料制成，从而使所述偏磁元件在完全磁化且未设置在所述标识器中时曝露在具有一定峰值幅度的 AC 磁场中时，所述 AC 磁场将使所述的偏磁元件的磁化水平产生明显降低，而且当所述偏磁元件被完全磁化且配置在所述标识器中与所述磁致伸缩元件相邻近的位置处，并且使所述偏磁元件在曝露在具有一定峰值幅度的 AC 磁场中时，所述磁致伸缩元件使磁通由所述偏磁元件处偏移开，从而使所述偏磁元件的磁化基本上不会受到所述 AC 磁场的影响。

31. 一种如权利要求 30 所述的标识器，其特征在于所述偏磁元件由 Metg1as 2605SB1 材料形成。

32. 一种如权利要求 31 所述的标识器，其特征在于所述偏磁元件由 Metglas 2628MB 材料形成。

33. 一种如权利要求 31 所述的标识器，其特征在于所述非结晶型磁致伸缩元件由 Metglas 2628CoA 材料形成。

34. 一种如权利要求 30 所述的标识器，其特征在于所述偏磁元件由 Vacozet 材料形成。

35. 一种如权利要求 34 所述的标识器，其特征在于所述非结晶型磁致伸缩元件由 Metglas 2628CoA 材料形成。

36. 一种如权利要求 30 所述的标识器，其特征在于所述 AC 磁场的一定峰值幅度范围由 5 Oe 至 15 Oe。

37. 一种对使用在磁力式 EAS 系统中的 EAS 标识器实施活化和退活化用的方法，这种方法包括以下步骤：设置一个由一个非结晶型磁致伸缩元件和一个配置在与所述磁致伸缩元件相邻接位置处的偏磁元件构成的 EAS 标识器；磁化所述偏磁元件，使所述偏磁元件产生一个对所述磁致伸缩元件实施偏置的磁场，以便在所述 EAS 系统的运行频率下形成共振；通过将所述标识器曝露在其峰值幅度低于 150 Oe 的 AC 磁场中的方式，对所述 EAS 标识器实施退活化。

38. 一种如权利要求 37 所述的方法，其特征在于当所述标识器曝露在其峰值幅度等于或低于 4 Oe 的 AC 磁场中时，所述标识器的共振特性不会发生变化。

39. 一种如权利要求 38 所述的方法，其特征在于当所述标识器曝露在其峰值幅度等于或低于 20 Oe 的 AC 磁场中时，所述标识器的共振特性不会发生变化。

40. 一种如权利要求 38 所述的方法，其特征在于所述的退活化步骤是通过将所述标识器曝露在其峰值幅度低于 100 Oe 的 AC 磁场中的方式实施的。

41. 一种如权利要求 40 所述的方法，其特征在于当所述标识器曝露在其峰值幅度等于或低于 12 Oe 的 AC 磁场中时，所述标识器的共振特性不会发生变化。

42. 一种如权利要求 37 所述的方法，其特征在于所述的退活化步骤是通过将所述标识器曝露在其峰值幅度低于 30 Oe 的 AC 磁场中的方式实施的。

43. 一种如权利要求42所述的方法，其特征在于当所述标识器曝露在其峰值幅度等于或低于4 Oe的AC磁场中时，所述标识器的共振特性不会发生变化。

44. 一种如权利要求37所述的方法，其特征在于所述的退活化步骤是通过将所述标识器曝露在其峰值幅度低于16 Oe的AC磁场中的方式实施的。

45. 一种如权利要求44所述的方法，其特征在于当所述标识器曝露在其峰值幅度等于或低于6 Oe的AC磁场中时，所述标识器的共振特性不会发生变化。

46. 一种如权利要求37所述的方法，其特征在于所述的磁化步骤是在将所述偏磁元件安装在所述标识器中之后实施的。

47. 一种如权利要求37所述的方法，其特征在于所述的磁化步骤是在将所述偏磁元件安装在所述标识器中之前实施的。”

涉案专利说明书记载的背景技术为：

“在常规的磁力式EAS标识器中，偏磁元件是由诸如‘SemiVac 90’（以下简称S材料）等半硬化磁性材料构成的，这类材料可以由德国Hanau的Vacuumschmelze处购得。S材料的矫顽磁力大约为70至80 Oe。目前一般认为，偏磁元件的矫顽磁力至少要为60 Oe，以防止在标识器的储存、运输或装卸时所可能会出现的磁场作用下而使偏置磁铁意外地退磁化（进而使标识器退活化），S材料需要位于450 Oe或更高的DC磁场中以达到99%的磁化饱和，并且需要接近200 Oe的AC退磁化磁场实施95%的退磁化。

由于需要使用比较高的AC退活化磁场，所以产生AC退活化磁场的常规装置必须按脉冲方式运行，以减少能量损耗，并满足管理规章的限制。然而由于AC磁场仅仅是以脉冲形式产生的，所以就必须确保标识器在退活化磁场脉冲出现时在该装置附近。目前已知的确保在产生有脉冲时标识器在退活化装置附近的技术包括，响应装置操作者的人工输入而产生出脉冲的技术，以及将标识器检测电路设置在退磁化装置中的技术等等。前一种技术是将这一负担加在操作该退活化装置的操作者的身上，而且这两种技术均对部件有一定的限制，这会增大退活化装置的成本。而且，以脉冲形式产生退活化磁场时还会使发出磁场用的线圈变热，所以还需要使装置中的电子部件有较高的质量，进而使成本进一步增大。将足够强的退活化磁场施加在标识器上的困难，还会由于不断增加着的‘源标记（source tagging）’通用操作而增大，即在生产过程中，在生产工厂或分配站点对商品的包装过程中，将EAS标识器固定于货品之上。而且在某些场合下，标识器可能会被定位粘结在商业制品上难以、甚至不可能与常规的退磁化装置相接近的位置。”

涉案专利说明书记载的发明目的及发明概述为：

“本发明的一个目的就是提供一种可以通过施加其强度比对常规磁力式标识器实施退活化用的强度更低的退活化磁场的方式实施退活化的磁力式EAS标识器。

本发明的另一个目的就是提供一种可以通过连续方式而不是以脉冲形式产生的磁场实施退活化的磁力式EAS标识器。

本发明的还一个目的就是提供一种可以在标识器与退活化装置之间的距离比常规磁力式标识器与常规退活化装置之间的距离更大的条件下实施退活化的磁力式标识器。

本发明的再一个目的就是提供一种可以比常规磁力式标识器更容易实施退活化的磁力式标识器。

本发明的又一个目的就是提供一种可以使用其强度比活化常规磁力式标识器用的磁场强度更低的DC磁场实施活化的磁力式标识器。

根据本发明所提供的原理，磁力式标识器是使用具有相当低的矫顽磁力特性的控制元件构成的，而且当施加有水平相当低的磁场时，标识器的共振频率也可以产生相当急剧的漂移。因此，本发明可以降低由标识器退活化装置所产生的磁场水平，进而使得可以产生连续的退活化磁场。因此，本发明不再需要在退活化装置中配置标识器检测电路，也不再需要由退活化装置的操作者在需要被退活化的标识器位于该退活化装置附近时，人工触发退活化磁场脉冲。”

涉案专利说明书中“对附图的简要说明”的记载为：

“图3与图2相类似，为表示一种根据本发明构造的磁力式标识器的共振频率和输出信号振幅与施加在该标识器上的退磁化磁场强度之间变化关系用的示意性曲线图。

图5为表示磁化水平与所施加的AC退活化磁场强度之间变化关系用的示意性曲线图，该AC退磁化磁场是施加在根据本发明构造的、在这一实例中被用作为磁力式标识器中的偏磁元件的完全磁化元件上的。

在图3中，参考标号24表示的是一种根据本发明构成的、采用Magna-Dur材料（以下简称M材料）制作偏磁元件的标识器的共振频率漂移特性曲线，该曲线随着所施加的退磁化磁场的变化而变化。曲线26表示的是一种根据本发明构成的标识器的输出信号特性曲线，该曲线也随着所施加的退磁化磁场的变化而变化。如曲线26所示的输出水平随按曲线24上的相应点处所示的共振频率产生的问询信号的变化而变化。

如图3所示的特性曲线中的一个重要特点在于，大约为60.5KHz的最大共振频率漂移可以在所施加的退磁化磁场强度低至大约35 Oe时获得，如图3所示的频率漂移特性曲线24中的突变或称急剧变化也是相当明显的：在其突变点处，曲线24的变化梯度超过200Hz/Oe。与此不同，如图2所示的曲线20在任何一处的梯度均不超过大约60Hz/Oe。曲线20的梯度在其所有的点处都远低于100Hz/Oe。

图4和图5分别示出了制作本发明中的偏磁元件用的M材料的磁化特性曲线和退磁化特性曲线。

在图4中，参考标号Mra表示的是对材料实施饱和磁化时用的水平，参考标号Ha表示的是在材料中产生饱和磁化时所需要的DC磁场强度。

正如图4所示，如果将大约为150 Oe的DC磁化磁场施加在处于非磁化状态的M材料上时，将使该材料基本上完全磁化。与此相对应的是，要使S材料产生完全磁化，则需要水平为450 Oe或更高的DC磁场。

在图5中，参考标号Mrs表示的是达到95%的磁化饱和时的磁化水平，参考标号Hms表示的是当其施加在处于饱和状态的材料上时，不会使该材料退磁化至饱和状态的95%以下的AC磁场的水平。而且，参考标号Mrd表示的是形成5%的饱和磁化时的磁化水平，参考标号Hmd表示的是当其施加在处于饱和状态的材料上时，将使该材料退磁化至饱和状态的5%以下的AC磁场的水平。

正如图5所示，如果将一个由M材料制作的完全磁化偏磁元件放入100 Oe的AC退磁化磁场中，将退磁化至完全磁化的5%以下。而且，M材料对于所施加的AC磁场为大约20 Oe或更低时具有一个“稳定”区域，这使得这种材料的磁化基本上不会受到所施加的、不高于20 Oe的AC磁场的影响。因此，配置有作为偏磁元件的M材料的标识器在环境磁场不超过20 Oe时，将不会产生比较大的意外退磁化。

根据本发明构造的磁力式标识器，由于其中的偏磁元件是用诸如M材料等具有相当低的矫顽磁力特性的材料制作的，所以可以用比在常规条件下所需要的强度低得多的AC退活化磁场实施退活化。这使得根据本发明构造的标识器可以在不非常靠近退活化装置的位置处实施退活化，而对于在先技术则必须要非常靠近退活化装置。因此，本发明实际上还提供了一种可以在比常规退活化装置低得多的水平下运行的退活化装置。由于退活化所需的水平比常规技术中的更低，所以可以使用速率更低的部件，并且可以连续地产生退活化磁场，而在常规的退活化装置中则必须采用脉冲型磁场。由于可以使用连续地、相当低的退活化磁场，所以不再需要在退活化装置中配置检测标识器是否出现的电路，以及供装置操作者触发退活化磁场脉冲用的电路。这可以降低与该退活化装置相关的成本，并且可以消除操作者触发脉冲退活化装置的工作。

而且，根据本发明构成的、由具有相当低的矫顽磁力特性的偏磁元件构成的标识器与使用S构成的偏磁元件的标识器相比，可以利用原有的退活化装置并可以更容易地实施退活化。

在根据本发明构造的第三实施例中，标识器10中的偏磁元件16是采用所谓的Vacozet合金（以下简称V材料）构成的。这种V材料的矫顽磁力为22.7 Oe（在这儿采用的是V材料的参考数据）。

V材料的磁化特性示出在图9中，而且这种材料的退磁化特性示出在图10中。正如图9所示，大约为50 Oe的DC磁场足以使该材料基本上完全磁化。图10表明，如果将由V材料制作的，完全磁化的偏磁元件放置在大约30 Oe的AC退磁化磁场中，该元件将被退磁至完全磁化的5%以下。正如SB1材料那样，当这种V材料曝露在低水平的AC磁场中，比如说曝露在峰值幅度为6至15 Oe的AC磁场中时，它将具有一定的稳定性。但是当其曝露在峰值幅度为5 Oe或更低的AC磁场中时，这种材料的磁化将降低5%以下。

图11示出了采用V材料制作偏磁元件，采用2628CoA材料制作可激活型元件时的标识器的共振频率漂移特性曲线和输出信号幅度特性曲线。在图11中，曲线32表示的是使用V材料的标识器的共振频率漂移的特性曲线，该曲线随着所施加的退磁化磁场的强度变化而变化，曲线34表示的是该标识器的输出信号幅度的特性曲线。曲线32可以参考图中右侧处的标尺（千赫兹）进行说明，曲线34可以参考图中左侧处的标尺（微伏）进行说明。”

2012年2月29日，专利复审委员会作出第18161号无效宣告请求审查决定（以下简称被诉决定）。被诉决定认定：涉案专利权利要求1~4、6、7、9~12、14~18、20~26、29、30、34、35、37~42、44、46、47不能得到说明书的支持，不符合专利法第二十六条第四款的规定，故宣告所述权利要求无效。专利复审委员会在权利要求5、8、13、19、27、28、31~33、36、43、45的基础上维持专利权继续有效。

被诉决定认为，关于现有技术中存在的问题，以及本发明解决的技术问题或要得到的技术效果。根据涉案专利说明书背景技术中的记载，对于标识器的偏磁元件，现有技术中一般认为其矫顽磁力至少要为60 Oe，以防止偏置元件在标识器储存、运输或装卸期间可能会出现的磁场作用下意外退磁化，进而使标识器退活化，因此需要使用较高的AC退活化磁场，而在这种情况下为减少能量损耗以符合规章规定，AC退活化磁场的产生装置必须按脉冲方式运行。相应地，标识器必须确保在退活化磁场脉冲出现时在该装置附近。

同时，背景技术中列举了一种现有偏磁元件材料 S，并对该材料的磁学特性进行了描述，例如其矫顽磁力约为 70 至 80 Oe，至少需要 450 Oe 的 DC 磁场才能达到 99% 的磁化饱和，需要约 200 Oe 的 AC 退磁化磁场才能实现 95% 的退磁化。被诉决定认为，现有技术中存在的问题是：为防止偏置元件在标识器储存、运输或装卸期间可能会出现的磁场作用下意外退磁化，通常要求偏磁元件的矫顽磁力至少为 60 Oe，导致标识器需要较高的退活化磁场，其具体表现是 AC 退活化磁场必须为脉冲形式，标识器在退活化时必须在退活化场产生装置附近等。相应地，本发明所要解决的技术问题或要得到的技术效果是获得在常规操作期间不被意外退活化，同时退活化磁场小于利用 Hc≥60 Oe 的偏磁元件的常规标识器的标识器，而不只是单独地要去解决现有技术中使用到的某种偏磁元件材料的 DC 饱和磁场过高（≥450 Oe）或实现 95% 退磁化需要的 AC 退磁化磁场过大（约为 200 Oe）的问题。

关于涉案专利说明书中公开的三个实施例，被诉决定认为，三个实施例分别以 M 材料、SB1 材料和 V 材料作为偏磁元件材料。本领域技术人员根据以 SB1 为偏磁元件的实施例，能够获得退活化磁场小于常规标识器，且在常规操作环境下不会意外退活化的标识器，即能够解决本发明所要解决的技术问题并获得预期的技术效果。因此，以 SB1 为偏磁元件的实施例属于说明书中充分公开的内容。然而，涉案专利说明书中以 M 材料、V 材料为偏磁元件的实施例中，均存在偏磁材料特性与标识器特性相矛盾的描述，使得本领域技术人员无法确信这两个实施例能够解决本发明所要解决的技术问题和获得预期的技术效果，因此，这两个实施例不属于说明书中充分公开的内容。

关于权利要求 1 ~47 是否符合专利法第二十六条第四款的规定，被诉决定分别认定如下：

（一）关于权利要求 1 ~3

讯强公司认为，根据涉案专利说明书充分公开的内容，仅当所施加的退磁化磁场在特定区间时，标识器才具有共振频率漂移梯度大于 100Hz/Oe 的特性，且说明书中仅公开了共振频率漂移梯度约为 100Hz/Oe、200Hz/Oe、400Hz/Oe 的实施例，由此不能概括得出权利要求 1 的特征“所述标识器有随退活化磁场变化的共振频率漂移特性，漂移梯度大于 100Hz/Oe”，权利要求 1 得不到说明书支持；其从属权利要求 2 ~3 也因为存在相同问题而得不到说明书的支持。

传感电子公司认为，涉案专利的第一实施例中随退活化磁场变化的漂移部分所对应的退活化磁场的具体区间范围均不相同，这说明涉案专利可以在不同的“随退活化磁场变化”的区间都获得大于 100Hz/Oe 的漂移梯度，且涉案专利说明书中已公开了共振频率漂移梯度超过 100Hz/Oe、200Hz/Oe、400Hz/Oe 的多个实施例，由这些内容能够概括得到权利要求 1 限定的技术方案，权利要求 1 符合专利法第二十六条第四款的规定。

专利复审委员会认为，首先，涉案专利说明书中仅充分公开了以 SB1 制作标识器中偏磁元件的技术方案，其中 SB1 材料是矫顽磁力 Hc 约为 19 Oe 的半硬化材料，该材料在单独置于约 15 Oe 的 AC 磁场中将退磁化至完全磁化的约 70%，而当其与 2628CoA 合金材料一起形成标识器时，标识器在环境磁场不超过 15 Oe 时共振频率基本不变，同时该标识器在约 20～25Oe 的 AC 退活化磁场区间内具有超过 100Hz/Oe 的共振频率漂移梯度。涉案专利权利要求 1 请求保护使用在磁力式电子货品监视系统中的标识器，该权利要求 1 中的特征“所述标识器有随退活化磁场变化的共振频率漂移特性，漂移梯度大于 100Hz/Oe”使得该权利要求 1 的保护范围覆盖了所有共振频率随退活化磁场变化的漂移梯度大于 100Hz/Oe 的标识器，其中包括例如以软磁材料制作标识器的偏磁元件的技术方案，以及利用 Hc 大于 60 Oe 且具有使标识器的共振频率随退活化磁场变化的漂移梯度大于 100Hz/Oe 的退磁特性的半硬化材料制作标识器的偏磁元件的技术方案。然而，涉案专利说明书中仅充分公开了一个以半硬化材料制作偏磁元件的技术方案，本领域技术人员基于涉案专利申请日之前的知识，无法预测利用软磁材料制作标识器的偏磁元件也能够确保标识器在曝露于常规操作期间可能出现的低水平磁场中时不会意外退活化，从而解决本发明所要解决的技术问题并获得预期的技术效果；此外，对于以 Hc 大于 60 Oe 且具有使标识器共振频率随退活化磁场变化的漂移梯度大于 100Hz/Oe 的退磁特性的半硬化材料制作标识器的偏磁元件的技术方案，尽管可能使标识器获得大于 100Hz/Oe 的共振频率漂移梯度，但其不能使标识器的退活化磁场低于采用 Hc≥60 Oe 的偏磁元件的常规标识器，解决不了本发明所要解决的降低退活化磁场技术问题。由此可见，该权利要求 1 限定的技术方案中不仅包含了专利权人推测、效果难以确定的内容，而且还覆盖了不能解决本发明所要解决的技术问题且难以达到预期技术效果的实施方式。因此，该权利要求 1 得不到说明书的支持，不符合专利法第二十六条第四款的规定。

其次，基于与权利要求 1 相似的理由可知，权利要求 2 和 3 的保护范围中同样既包含了专利权人推测、效果难以确定的内容，又覆盖了不能解决本发明所要解决的技术问题且达到预期技术效果的实施方式，该权利要求 2 和 3 得不到说明书的支持，不符合专利法第二十六条第四款的规定。由于权利要求 1～3 不符合专利法第二十六条第四款的规定，因此专利复审委员会不再对有关权利要求1～3的其他无效理由进行评述。

（二）关于权利要求4～8

讯强公司认为，涉案专利说明书未公开矫顽磁力在10～18 Oe和23～55 Oe区间的半硬化磁性材料同样可用于制作本发明的偏磁元件，因此权利要求4中的特征“偏磁元件由具有小于55 Oe的矫顽磁力Hc的半硬化磁性材料制成”不能从说明书充分公开的内容得到或概括得出；其从属权利要求5也存在同样问题，也不符合专利法第二十六条第四款的规定；权利要求6、7中的“偏磁元件由具有小于40 Oe的矫顽磁力Hc的半硬化磁性材料制成”“偏磁元件由具有小于20 Oe的矫顽磁力Hc的半硬化磁性材料制成”的概括也得不到说明书的支持，不符合专利法第二十六条第四款的规定。

传感电子公司认为，涉案专利说明书对半硬化材料的定义是针对一般情况的，广义来说半硬化材料可以具有小于10 Oe的矫顽磁力，涉案专利说明书已公开了矫顽磁力为11 Oe、20 Oe、19 Oe、22.7 Oe的多个实施例，本领域技术人员知晓如何调整偏磁元件的矫顽磁力至多个需要水平，因此基于说明书的多个实施例能够概括得出“偏磁元件由具有小于55 Oe的矫顽磁力Hc的半硬化磁性材料制成”。同理权利要求5～8的技术方案也能够从说明书的多个实施例中概括得出，符合专利法第二十六条第四款规定。

专利复审委员会认为，首先，涉案专利说明书充分公开了以SB1材料制作标识器的偏磁元件的技术方案，其中SB1材料具有19 Oe的矫顽磁力，能够使标识器具有超过100Hz/Oe的漂移梯度。涉案专利权利要求4中的特征“偏磁元件由具有小于55 Oe的矫顽磁力Hc的半硬化磁性材料制成”使得该权利要求4不仅包括利用Hc小于55 Oe且具有陡峭的退磁化曲线（例如使标识器具有大于100Hz/Oe的共振频率漂移梯度）而使其具有一定低场稳定性的半硬化材料制作标识器偏磁元件的技术方案，还包含了利用Hc小于55 Oe且退磁化曲线平缓的半硬化材料制作标识器偏磁元件的技术方案，显然，采用这种Hc小于55 Oe且退磁化曲线平缓的半硬化材料制作标识器的偏磁元件的技术方案虽然能够通过小于常规标识器的退活化磁场实现退活化，但难以确保在常规操作期间可能出现的低水平磁场下不发生意外退磁化，即，该技术方案不能解决本发明所要解决的技术问题且难以获得预期的技术效果。由此可见，该权利要求4的范围中覆盖了不能解决本发明所要解决的技术问题且难以达到预期技术效果的实施方式。因此，该权利要求4得不到说明书的支持，不符合专利法第二十六条第四款的规定。

其次，权利要求6是权利要求4的从属权利要求，其附加技术特征进一步限定“偏磁元件由具有小于40 Oe的矫顽磁力Hc的半硬化磁性材料制成”，权利要求7是权利要求6的从属权利要求，其附加技术特征进一步限定“偏磁元件由具有小于20 Oe的矫顽磁力Hc的半硬化磁性材料制成”，通过与关于权利要求4类似的分析可以得出，权利要求6和7限定的范围中均覆盖了不能解决本发明所要解决的技术问题且难以达到预期技术效果的实施方式，不符合专利法第二十六条第四款的规定。由于权利要求4、6~7不符合专利法第二十六条第四款的规定，专利复审委员会不再对有关权利要求4、6~7的其他无效理由进行评述。

再次，权利要求5是权利要求4的从属权利要求，其进一步限定了标识器中的偏磁元件由Hc小于55 Oe，且当处于完全磁化状态并曝露在峰值幅度为4 Oe的AC磁场时磁化水平至少保持在完全磁化水平的95%以上的半硬化材料制成，这使得该标识器在常规操作时可能出现的环境磁场中不会意外发生退活化。因此，结合上述分析可知，涉案专利说明书充分公开了SB1材料制作标识器的偏磁元件的技术方案，本领域技术人员基于说明书充分公开的内容可以合理预测利用权利要求5中限定的偏磁元件均能够使得标识器在小于常规标识器的退活化磁场中实现退活化，同时确保在常规操作时可能出现的环境磁场中不发生退活化，该权利要求5能够得到说明书的支持，符合专利法第二十六条第四款的规定。基于类似的理由，权利要求8也符合专利法第二十六条第四款的规定。

（三）关于权利要求9~13

讯强公司认为，权利要求9中的“偏磁元件由具有DC磁化磁场特性的半硬化磁性材料制成，使所述偏磁元件达到饱和所需要的DC磁场Ha小于350 Oe”不能从说明书充分公开的内容得到或概括得出。其从属权利要求10~13也存在同样问题，不符合专利法第二十六条第四款的规定。

传感电子公司认为，涉案专利说明书中公开了使偏磁元件达到饱和所需要的DC磁场强度小于150 Oe、50 Oe的实施例，且本领域技术人员知晓如何调整偏磁元件以在各种不同的磁化磁场水平下实现饱和，因此权利要求9符合专利法第二十六条第四款的规定。同理，其从属权利要求10~13也符合专利法第二十六条第四款的规定。

专利复审委员会认为，首先，涉案专利权利要求9中的特征“偏磁元件由具有DC磁化磁场特性的半硬化磁性材料制成，使所述偏磁元件达到饱和所需要的DC磁场Ha小于350 Oe”限定了标识器的偏磁元件可以采用任何一种Ha小于350 Oe的半硬化材料。然而，在涉案专利说明书充分公开的内容中，只记载了一种Hc在70至80 Oe之间的半硬化材料SB1的Ha约为450 Oe，尽管磁性材料的饱和DC磁场通常是随着矫顽磁力Hc减小呈现减小趋势的，但是本领域技术人员仅根据说明书公开的上述内容，难以预测 Ha 小于 350 Oe 的半硬化材料所具有的矫顽磁力 Hc 必然小于 60 Oe，将其用于标识器的偏磁元件都能够使得标识器的退活化磁场小于采用 Hc 大于 60 Oe 的偏磁元件的常规标识器所需要的退活化磁场，该权利要求 9 限定的技术方案中显然包含了专利权人推测的内容，其效果又难以确定；另外，该权利要求 9 限定的范围中还包括了利用 Hc 小于 60 Oe 且退磁化曲线平缓的半硬化材料制作标识器的偏磁元件的技术方案，该方案虽然能够通过小于常规标识器的退活化磁场实现退活化，但难以确保在常规操作期间可能出现的低水平磁场下不发生意外退磁化，不能解决本发明所要解决的技术问题和获得预期的技术效果。由此可见，该权利要求 9 限定的技术方案中既包含了专利权人推测、效果难以确定的内容，又覆盖了不能解决本发明所要解决的技术问题且难以达到预期技术效果的实施方式。因此，该权利要求 9 概括过宽，得不到说明书的支持，不符合专利法第二十六条第四款的规定。

其次，权利要求 10 是权利要求 9 的从属权利要求，其进一步限定了“偏磁元件在完全磁化且曝露于具有峰值幅度为 4 Oe 的 AC 磁场中时磁化水平至少保持在完全磁化水平的 95% 以上”，而根据有关权利要求 9 的评述可以得出，权利要求 10 限定的技术方案中仍包含了专利权人推测且效果难以确定的内容，因此该权利要求 10 同样存在概括过宽的问题，得不到说明书的支持，不符合专利法第二十六条第四款的规定；权利要求 11 是权利要求 10 的从属权利要求，其进一步限定“使所述偏磁元件达到饱和所需要的 DC 磁场 Ha 小于 200 Oe”，权利要求 12 是权利要求 11 的从属权利要求，其进一步限定“使所述偏磁元件达到饱和所需要的 DC 磁场 Ha 小于 150 Oe”，同样依据关于权利要求 9 的评述可以得出，本领域技术人员仅仅根据说明书公开的上述内容难以预测 Ha 小于 200 Oe 和 150 Oe 的半硬化材料所具有的矫顽磁力 Hc 必然小于 60 Oe，将其用于标识器的偏磁元件都能够使得标识器的退活化磁场小于采用 Hc 大于 60 Oe 的偏磁元件的常规标识器所需要的退活化磁场，该权利要求 11 和 12 限定的技术方案中包含了专利权人推测且效果难以确定的内容，该权利要求 11 和 12 概括过宽，得不到说明书的支持，不符合专利法第二十六条第四款的规定。由于权利要求 9 ~ 12 不符合专利法第二十六条第四款的规定，因此专利复审委员会不再对有关权利要求 9 ~ 12 的其他无效理由进行评述。

再次，权利要求 13 是权利要求 12 的从属权利要求，其中限定了标识器中的偏磁元件由饱和 DC 磁场 Ha 小于 50 Oe 且当处于完全磁化状态并曝露在峰值幅度为 4 Oe 的 AC 磁场时磁化水平至少保持在完全磁化水平的 95% 以上的半硬化材料制成。本领域技术人员公知的是，磁性材料的饱和 DC 磁场 Ha 要大于或等于其矫顽磁力 Hc，由此可见，权利要求 13 限定的标识器中的偏磁元件的矫顽磁力 Hc 应小于 50 Oe，因此该标识器能够通过比利用 Hc 大于 60 Oe 的半硬化材料制作偏磁元件的常规标识器小的退活化磁场实现退活化，同时，权利要求 13 限定了偏磁元件在处于完全磁化状态并曝露在峰值幅度为 4 Oe 的 AC 磁场时磁化水平至少保持在完全磁化水平的 95% 以上，由涉案专利说明书中关于 SB1 作为偏磁元件的实施例可知（例如参见图 6），SB1 材料的偏磁元件在峰值幅度为 4 Oe 的 AC 退磁化磁场中时，磁化水平保持在完全磁化水平的 95% 以上，由此可以推知，该权利要求限定的标识器能够在常规操作期间可能出现的低水平磁场下不发生意外退磁化。由此可见，本领域技术人员基于说明书充分公开的内容可以合理预测权利要求 13 所覆盖的技术方案均能够解决本发明所要解决的技术问题，并获得预期的技术效果。因此，该权利要求 13 能够得到说明书的支持，符合专利法第二十六条第四款的规定。

（四）关于权利要求 14 ~ 19

讯强公司认为，权利要求 14 中的“偏磁元件由具有 AC 退磁化磁场特性的半硬化磁性材料制成，当将其峰值幅度小于 150 Oe 的 AC 退磁化磁场 Hmd 施加在处于完全磁化状态的偏磁元件上时，所述偏磁元件退磁化至不超过完全磁化水平的 5% 的水平”不能从说明书充分公开的内容得到或概括得出。其从属权利要求 15 ~ 19 也存在同样问题，不符合专利法第二十六条第四款的规定。

传感电子公司认为，涉案专利说明书的各个实施例公开了使用小于 100、30 Oe 的 AC 退磁化磁场，因此该权利要求 14 的技术方案得到了说明书各个实施例充分支持，符合专利法第二十六条第四款的规定。同理，其从属权利要求 15 ~ 19 也符合专利法第二十六条第四款的规定。

专利复审委员会认为，首先，涉案专利权利要求 14 中的特征“偏磁元件由具有 AC 退磁化磁场特性的半硬化磁性材料制成，当将其峰值幅度小于 150 Oe 的 AC 退磁化磁场 Hmd 施加在处于完全磁化状态的偏磁元件上时，所述偏磁元件退磁化至不超过完全磁化水平的 5% 的水平”限定了标识器的偏磁元件可以采用任何在峰值幅度小于 150 Oe 的 AC 退磁化磁场下退磁至不超过完全磁化水平的 5% 的半硬化材料。然而，如前所述，在涉案专利说明书充分公开的内容中，只公开了在峰值幅度约为 20 ~ 30 Oe 下实现 95% 退磁且具有陡峭退磁化曲线而使标识器具有低场稳定性的半硬化材料制作标识器的偏磁元件的技术方案，另外在说明书中还记载了一种 Hc 在 70 至 80 Oe 之间且退磁化曲线较为平缓的半硬化材料SB1，其实现95%退磁需要约200 Oe的AC退磁化磁场。尽管磁性材料实现95%退磁所需要的AC退磁化磁场通常是随着矫顽磁力Hc减小而减小的，但是本领域技术人员仅仅根据说明书公开的上述内容，难以预测实现95%退磁所需AC退磁化磁场小于150 Oe的半硬化材料所具有的矫顽磁力Hc必然小于60 Oe，将其用于标识器的偏磁元件都能够使得标识器的退活化磁场小于采用Hc大于60 Oe的偏磁元件的常规标识器所需要的退活化磁场，即该权利要求14限定的技术方案中显然包含了专利权人推测且效果难以确定的内容。另外，权利要求14限定的范围中还包含利用Hc小于60 Oe且退磁化曲线平缓的半硬化材料制作标识器的偏磁元件的技术方案，该技术方案虽然能够通过小于常规标识器的退活化磁场实现标识器的退活化，但难以确保在常规操作期间可能出现的低水平磁场下不发生意外退磁化，即不能解决本发明所要解决的技术问题和获得预期的技术效果。由此可见，权利要求14限定的技术方案中既包含了专利权人推测且效果难以确定的内容，又覆盖了不能解决本发明所要解决的技术问题且达到预期技术效果的实施方式，故权利要求14概括过宽，得不到说明书的支持，不符合专利法第二十六条第四款的规定。

其次，权利要求15是权利要求14的从属权利要求，其进一步限定“偏磁元件在处于完全磁化状态并曝露在峰值幅度为4 Oe的AC磁场时磁化水平至少保持在完全磁化水平的95%以上”，权利要求16是权利要求15的从属权利要求，其进一步限定偏磁元件在处于完全磁化状态并曝露在峰值幅度为20 Oe的AC磁场时磁化水平至少保持在完全磁化水平的95%以上，而通过与前面关于权利要求14相似的分析可以得出，权利要求15和16限定的技术方案中仍包含了专利权人推测且效果难以确定的内容，该权利要求15和16同样存在概括过宽的问题，得不到说明书的支持，不符合专利法第二十六条第四款的规定。

再次，权利要求17是权利要求15的从属权利要求，其进一步限定“偏磁元件AC退磁化磁场特性使得将其峰值幅度小于100 Oe的AC退磁化磁场Hmd施加在处于完全磁化状态的偏磁元件上时，所述偏磁元件退磁化至不超过完全磁化水平的5%的水平”，权利要求18是权利要求17的从属权利要求，其进一步限定偏磁元件的AC退磁化磁场特性使得所述偏磁元件处于完全磁化状态并且曝露在具有峰值幅度为12 Oe的AC磁场Hmd中时磁化水平至少保持在完全磁化水平的95%以上，而通过与前面关于权利要求14相似的分析可以得出，权利要求17和18限定的技术方案中仍包含了专利权人推测且效果难以确定的内容，该权利要求17和18同样存在概括过宽的问题，得不到说明书的支持，不符合专利法第二十六条第四款的规定。由于权利要求 14 ~ 18 不符合专利法第二十六条第四款的规定，因此专利复审委员会不再对有关权利要求 14 ~ 18 的其他无效理由进行评述。

最后，权利要求 19 是引用权利要求 15 的从属权利要求，其限定了标识器的偏磁元件可以采用任何在峰值幅度小于 30 Oe 的 AC 退磁化磁场下从完全磁化水平退磁至不超过完全磁化水平的 5% 且在峰值幅度为 4 Oe 的 AC 磁场下磁化水平至少保持在完全磁化水平的 95% 以上的半硬化材料制成。尽管涉案专利说明书充分公开了在峰值幅度约为 30 Oe 下实现 95% 退磁的半硬化材料制作标识器的偏磁元件的技术方案，能使标识器通过比常规标识器小的退活化磁场实现退活化，但是，由于磁性材料实现 95% 退磁所需要的 AC 退磁化磁场通常是随着矫顽磁力 Hc 减小而减小的，因此本领域技术人员可以合理预测利用在峰值幅度小于 30 Oe 的 AC 退磁化磁场下退磁至不超过完全磁化水平的 5% 的半硬化材料制作偏磁元件，也应当能够使标识器所需要的退活化磁场小于常规标识器，同时权利要求 19 限定了标识器中的偏磁元件在处于完全磁化状态并曝露在峰值幅度为 4 Oe 的 AC 磁场中时磁化水平至少保持在完全磁化水平的 95% 以上。由涉案专利说明书中关于 SB1 作为偏磁元件的实施例可知（例如参见图 6），SB1 材料的偏磁元件在峰值幅度为 4 Oe 的 AC 退磁化磁场中时，磁化水平保持在完全磁化水平的 95% 以上。由此可以推知，该权利要求限定的标识器能够在常规操作期间可能出现的低水平磁场下不发生意外退磁化。由此可见，本领域技术人员可以合理预测权利要求 19 所覆盖的技术方案均能够解决本发明所要解决的技术问题，并获得预期的技术效果。因此，权利要求 19 能够得到说明书的支持，符合专利法第二十六条第四款的规定。

（五）关于权利要求 20 ~ 24

讯强公司认为，权利要求 20 中的“所述标识器具有与退活化磁场相关的共振频率漂移特性，从而使得将所述标识器曝露在峰值幅度为 50 Oe 以下的 AC 退活化磁场中时，所述标识器的共振频率相对于所述目标共振频率的漂移至少为 1. 5kHz”不能从说明书充分公开的内容得到或概括得出；其从属权利要求 21 ~ 24 也存在同样问题，不符合专利法第二十六条第四款的规定。

传感电子公司认为，涉案专利说明书的各个实施例公开了在 30 和 35 Oe 的 AC 退磁化磁场下标识器具有 1. 5kHz 的频率漂移，因此该权利要求 20 的技术方案得到了说明书各个实施例充分支持，符合专利法第二十六条第四款的规定。同理，其从属权利要求 21 ~ 24 也符合专利法第二十六条第四款的规定。

专利复审委员会认为，首先，涉案专利权利要求20中的特征“所述标识器具有与退活化磁场相关的共振频率漂移特性，从而使得将所述标识器曝露在峰值幅度为50 Oe以下的AC退活化磁场中时，所述标识器的共振频率相对于所述目标共振频率的漂移至少为1.5kHz”覆盖了所有在峰值幅度小于50 Oe的AC退活化磁场中共振频率相对于目标共振频率漂移至少1.5kHz的标识器。然而，涉案专利说明书充分公开了利用SB1材料制作标识器偏磁元件的技术方案能够解决本发明所要解决的技术问题并获得预期的技术效果，其中该标识器的共振频率在30 Oe的AC退活化磁场中相对于目标共振频率漂移1.5kHz，同时说明书中还记载了一种现有技术中的标识器，其中以Hc为70～80 Oe且退磁化曲线较为平缓的半硬化材料S制作标识器的偏磁元件，该标识器的共振频率在50 Oe的AC退活化磁场中相对于目标共振频率漂移小于1.5kHz。尽管使标识器共振频率相对于目标共振频率漂移1.5kHz所需要的AC退活化磁场通常是随着标识器中偏磁元件的矫顽磁力减小而降低的，但是本领域技术人员仅根据说明书公开的上述内容，难以预测使得标识器共振频率相对于目标共振频率漂移1.5kHz所需要的AC退活化磁场小于50 Oe的偏磁材料所具有的矫顽磁力Hc必然小于60 Oe，将其用于标识器的偏磁元件都能够使得标识器的退活化磁场小于采用Hc大于60 Oe的偏磁元件的常规标识器所需要的退活化磁场。另外，该权利要求20还包含了利用软磁材料制作标识器的偏磁元件的技术方案，而在涉案专利申请日之前，基于本领域技术人员对软磁材料特性的了解（例如矫顽磁力低，极易退磁化），仅根据涉案专利说明书公开的内容无法预测利用软磁材料制作标识器的偏磁元件也能够解决本发明所要解决的技术问题并获得预期的技术效果。由此可见，该权利要求20限定的技术方案中包含了专利权人推测、效果难以确定的内容，得不到说明书的支持，不符合专利法第二十六条第四款的规定。

其次，权利要求21～24是直接或间接引用权利要求20的从属权利要求，其附加技术特征分别对标识器的共振频率漂移特性进行了限定。然而，这些权利要求所限定的范围中均覆盖了以软磁材料制作标识器的偏磁元件的技术方案，基于与前面相同的理由，本领域技术人员基于说明书充分公开的内容无法预测利用软磁材料制作标识器偏磁元件的技术方案也能够解决本发明所要解决的技术问题，并获得预期的技术效果，这些权利要求21～24限定的范围中包含了专利权人推测、效果难以确定的内容，得不到说明书的支持，不符合专利法第二十六条第四款的规定。

由于权利要求20～24不符合专利法第二十六条第四款的规定，因此专利复审委员会不再对有关权利要求20～24的其他无效理由进行评述。

（六）关于权利要求 25 ~ 29

讯强公司认为，权利要求 25 中的“所述标识器的随退活化磁场变化的输出信号特性使得将该标识器曝露在峰值幅度低于 35 Oe 的 AC 退活化磁场中时，由所述标识器产生的 A1 输出信号水平将降低所述标识器曝露在所述退磁化磁场之前时产生的 A1 输出信号水平的至少 50%，其中的 A1 输出信号是由标识器在施加在标识器处的问询信号脉冲结束后 1 毫秒时产生的信号”不能从说明书充分公开的内容得到或概括得出；其从属权利要求 26 ~ 29 也存在同样问题，不符合专利法第二十六条第四款的规定。

传感电子公司认为，权利要求 25 中的“在低于 35 Oe 的 AC 退活化磁场中降低 A1 输出信号水平的至少 50%”，是克服现有技术的技术偏见的教导，符合专利法第二十六条第四款规定。同理，权利要求 26 – 29 也符合专利法第二十六条第四款规定。

专利复审委员会认为，首先，涉案专利权利要求 25 中的特征“所述标识器的随退活化磁场变化的输出信号特性使得将该标识器曝露在峰值幅度低于 35 Oe 的 AC 退活化磁场中时，由所述标识器产生的 A1 输出信号水平将降低所述标识器曝露在所述退磁化磁场之前时产生的 A1 输出信号水平的至少 50%，其中的 A1 输出信号是由标识器在施加在标识器处的问询信号脉冲结束后 1 毫秒时产生的信号”覆盖了所有在峰值幅度小于 35 Oe 的 AC 退活化磁场中标识器的 A1 输出信号降低标识器曝露在退磁化磁场之前产生的 A1 输出信号水平的至少 50% 的标识器。涉案专利说明书充分公开了以 SB1 材料制作标识器的偏磁元件的技术方案，使得标识器通过比利用 Hc 大于 60 Oe 的偏磁元件的常规标识器小的退活化磁场实现退活化，其中 SB1 材料的矫顽磁力为 19 Oe，该标识器曝露于约 25 Oe 的 AC 退活化磁场中时 A1 输出信号水平将降低 50%，曝露于约 30 Oe 的 AC 退活化磁场中时 A1 输出信号水平将降低 75%。尽管使标识器的 A1 输出信号水平降低至少 50% 所需要的 AC 退磁化磁场通常是随着偏磁元件矫顽磁力减小而降低的，但是本领域技术人员仅根据说明书充分公开的上述内容仍难以预测使标识器的 A1 输出信号水平在低于 35 Oe 的 AC 退活化磁场中降低至少 50% 的偏磁元件的矫顽磁力 Hc 必然小于 60 Oe，将其用于标识器的偏磁元件能够使得标识器的退活化磁场小于采用 Hc 大于 60 Oe 的偏磁元件的常规标识器所需要的退活化磁场，该权利要求 25 限定的范围中包含了专利权人推测且效果难以确定的内容；并且，权利要求 25 限定的范围中还包含了低矫顽磁力（例如在 35 Oe 的 AC 退活化磁场中可实现完全退磁化）且退磁化曲线平缓的偏磁材料制作标识器偏磁元件的技术方案，其中由于偏磁元件矫顽磁力低且退磁曲线平缓，偏磁元件在曝露于低水平磁场中时容易发生退磁化，因此尽管这种技术方案能够通过小于常规标识器的退活化磁场实现退活化，但难以确保在常规操作期间可能出现的低水平磁场下不发生意外退磁化，同样不能解决本发明所要解决的技术问题和获得预期的技术效果。由此可见，该权利要求 25 限定的范围中既包含了专利权人推测且效果难以确定的内容，又覆盖了不能解决本发明所要解决的技术问题且达到预期技术效果的实施方式，得不到说明书的支持，不符合专利法第二十六条第四款的规定。

其次，权利要求 26 是权利要求 25 的从属权利要求，其进一步限定了"偏磁元件在完全磁化且曝露于具有峰值幅度为 4 Oe 的 AC 磁场中时磁化水平至少保持在完全磁化水平的 95% 以上"，而根据有关权利要求 25 的评述可以得出，权利要求 26 限定的范围中仍包含了专利权人推测且效果难以确定的内容，得不到说明书的支持，不符合专利法第二十六条第四款的规定。权利要求 29 是权利要求 26 的从属权利要求，其进一步限定"标识器的随退活化磁场变化的输出信号特性使得将该标识器曝露在峰值幅度低于 35 Oe 的 AC 退活化磁场中时，由所述标识器产生的 A1 输出信号水平将降低所述标识器曝露在所述退磁化磁场之前时产生的 A1 输出信号水平的至少 75%"。如前所述，在说明书充分公开的利用 SB1 材料制作偏磁元件的技术方案中，公开了该标识器在曝露于约 30 Oe 的 AC 退活化磁场中时，A1 输出信号水平将降低至少 75%，但是本领域技术人员由此仍难以预测使标识器的 A1 输出信号水平在低于 35 Oe 的 AC 退活化磁场中降低 75% 的偏磁元件的矫顽磁力 Hc 必然小于 60 Oe，将其用于标识器的偏磁元件能够使得标识器的退活化磁场小于采用 Hc 大于 60 Oe 的偏磁元件的常规标识器所需要的退活化磁场，该权利要求 29 限定的范围中包含了专利权人推测且效果难以确定的内容，得不到说明书的支持，不符合专利法第二十六条第四款的规定。由于权利要求 25、26 和 29 不符合专利法第二十六条第四款的规定，因此专利复审委员会不再对有关权利要求 25、26 和 29 的其他无效理由进行评述。

再次，权利要求 27 是权利要求 26 的从属权利要求，其限定了通过使标识器的 A1 输出信号水平在低于 25 Oe 的 AC 退活化磁场中降低至少 50% 且在峰值幅度为 4 Oe 的 AC 磁场下磁化水平至少保持在完全磁化水平的 95% 以上的偏磁材料制作偏磁元件的技术方案。涉案专利说明书公开了使标识器曝露于约 25 Oe 的 AC 退活化磁场中时 A1 输出信号水平将降低 50% 的技术方案使得标识器能够通过比利用 Hc 大于 60 Oe 的偏磁元件的常规标识器小的退活化磁场实现退活化，由于使标识器的 A1 输出信号水平降低至少 50% 所需要的 AC 退磁化磁场通常是随着偏磁元件矫顽磁力减小而降低的，因此本领域技术人员基于说明书充分公开的上述内容可以合理地预测使标识器的 A1 输出信号水平在低于 25 Oe 的 AC 退活化磁场中降低至少 50% 的偏磁材料制作偏磁元件的技术方案可以使标识器的退活化磁场低于 Hc 大于 60 Oe 的常规标识器所需要的退活化磁场，同时权利要求 27 限定了标识器中的偏磁元件在处于完全磁化状态并曝露在峰值幅度为 4 Oe 的 AC 磁场中时磁化水平至少保持在完全磁化水平的 95% 以上，由涉案专利说明书中关于 SB1 作为偏磁元件的实施例可知（例如参见图 6），SB1 材料的偏磁元件在峰值幅度为 4 Oe 的 AC 退磁化磁场中时，磁化水平保持在完全磁化水平的 95% 以上，由此可以推知，该权利要求限定的标识器能够在常规操作期间可能出现的低水平磁场下不发生意外退磁化。本领域技术人员可以合理预测权利要求 27 所覆盖的技术方案能够解决本发明所要解决的技术问题，并获得预期的技术效果，该权利要求 27 能够得到说明书的支持，符合专利法第二十六条第四款的规定。

最后，权利要求 28 是权利要求 26 的从属权利要求，其限定了通过使标识器的 A1 输出信号水平在低于 30 Oe 的 AC 退活化磁场中降低至少 75% 且在峰值幅度为 4 Oe 的 AC 磁场下磁化水平至少保持在完全磁化水平的 95% 以上的偏磁材料制作偏磁元件的技术方案，通过与前面类似的分析可以得出，该权利要求 28 能够得到说明书的支持，符合专利法第二十六条第四款的规定。

（七）关于权利要求 30 ~ 36

讯强公司认为，权利要求 30 中未对“具有一定峰值幅度的 AC 磁场”和偏磁材料进行限定，使得该权利要求 30 得不到说明书的支持，不符合专利法第二十六条第四款的规定，其从属权利要求 31 ~ 35 也不符合专利法第二十六条第四款的规定；权利要求 36 中未对偏磁材料进行限定，也不符合专利法第二十六条第四款的规定。

传感电子公司认为，权利要求 30 的技术方案至少对应于使用 SB1 材料的实施例及使用 V 材料的实施例，因此，对于本领域技术人员而言，权利要求 30 的技术方案完全能够从说明书公开的内容概括得出，符合专利法第二十六条第四款的规定。

专利复审委员会认为，首先，权利要求 30 中限定了“偏磁元件由具有 AC 退磁化磁场特性的半硬化磁性材料制成，从而使所述偏磁元件在完全磁化且未设置在所述标识器中时曝露在具有一定峰值幅度的 AC 磁场中时，所述 AC 磁场将使所述的偏磁元件的磁化水平产生明显降低，而且当所述偏磁元件被完全磁化且配置在所述标识器中与所述磁致伸缩元件相邻近的位置处，并且使所述偏磁元件曝露在具有一定峰值幅度的 AC 磁场中时，所述磁致伸缩元件使磁通由所述偏磁元件处偏移开，从而使所述偏磁元件的磁化基本上不会受到所述 AC 磁场的影响”。涉案专利说明书充分公开了一种以 SB1 材料为偏磁材料的标识器，其中 SB1 的矫顽磁力 Hc 约为 19 Oe，单独置于约 15 Oe 的 AC 磁场中将退磁化至完全磁化的约 70%，当与 2628CoA 合金材料一起形成标识器时标识器在环境磁场不超过 15 Oe 时共振频率基本不变；并且，关于标识器中的磁屏蔽效应，本领域技术人员能够理解，标识器中的磁致伸缩元件通常为软磁材料，其磁导率高于通常为半硬化材料的偏磁元件，上述磁屏蔽作用是通过高磁导率的磁致伸缩元件中流过较多磁通（其与磁致伸缩元件和偏磁元件的磁导率等磁性差异有关）来实现的，这种作用如同电路中的旁路电路分流效应一样，从理论上讲采用磁屏蔽不能完全消除磁场的影响，并且随着高磁导率材料趋于饱和，其对磁通的分流效果降低，磁屏蔽效果降低，亦即，对于标识器而言，当退活化磁场较小时，磁致伸缩元件对退活化磁场的屏蔽效应较明显，直接作用于偏磁元件上的退活化磁场明显小于外部退活化磁场，随着退活化磁场进一步增大，磁致伸缩元件趋于饱和时，对退活化磁场的屏蔽作用逐渐减弱，对新增退活化磁场部分的分流能力下降，新增加的退活化磁场部分中直接作用于偏磁元件上的比例增大，偏磁元件开始产生退磁。而已知的是，标识器中磁致伸缩元件的饱和磁化磁场通常较小（远小于 60 Oe），因此，在涉案专利说明书的上述公开内容的基础上结合本领域的公知常识，本领域技术人员可以合理预测在完全磁化且未设在标识器中时，曝露于某 AC 磁场中时磁化水平产生明显降低，而当完全磁化且设在标识器中与磁致伸缩元件相邻处时曝露在相同 AC 磁场中时磁化水平基本不受 AC 磁场影响的偏磁元件单独设置时，会在远小于 60 Oe 的 AC 退磁化磁场中发生退磁化，其矫顽磁力应当小于 60 Oe，包括此偏磁元件的标识器能够通过比利用 Hc 大于 60 Oe 的偏磁材料的常规标识器小的退活化磁场实现退活化。但该权利要求 30 中同时也包含了利用 Hc 小于 60 Oe 且退磁化曲线平缓变化的半硬化材料制作偏磁元件的标识器，这种标识器能够通过小于常规标识器的退活化磁场实现退活化，但难以确保在常规操作期间可能出现的低水平磁场下不发生意外退磁化，即不能解决本发明所要解决的技术问题和获得预期的技术效果，权利要求 30 限定的范围中覆盖了不能解决本发明所要解决的技术问题且达到预期技术效果的实施方式。因此，权利要求 30 得不到说明书的支持，不符合专利法第二十六条第四款规定。

其次，权利要求 34 是权利要求 30 的从属权利要求，其进一步限定标识器中的偏磁元件由 V 材料形成。权利要求 35 是权利要求 34 的从属权利要求，其进一步限定标识器中的偏磁元件由 V 材料形成，非结晶型磁致伸缩元件由 Metglas 2628CoA 形成。它们所请求保护的技术方案对应于涉案专利说明书中公开的有关“V材料”的实施例。如前面有关专利法第二十六条第三款的无效理由的评述中所述，涉案专利说明书中有关“V材料”的实施例未充分公开，本领域技术人员无法确信利用V材料为偏磁元件、Metglas 2628CoA为磁致伸缩元件的标识器能够解决本发明所要解决的技术问题，因此该权利要求34和35不能从说明书充分公开的内容中得出，得不到说明书的支持，不符合专利法第二十六条第四款规定。由于权利要求30、34和35不符合专利法第二十六条第四款的规定，因此专利复审委员会不再对有关权利要求的其他无效理由进行评述。

再次，权利要求31是权利要求30的从属权利要求，其进一步限定标识器中的偏磁元件由SB1材料形成，涉案专利说明书充分公开了一种以SB1材料为偏磁材料的标识器，其中SB1的矫顽磁力Hc约为19 Oe，单独置于约15 Oe的AC磁场中将退磁化至完全磁化的约70%，当与2628CoA合金材料一起形成标识器时标识器在环境磁场不超过15 Oe时共振频率基本不变。根据说明书充分公开的上述内容，本领域技术人员能够合理地预测利用SB1材料制作偏磁元件的标识器均能够解决本发明所要解决的技术问题并获得预期的技术效果，使得标识器实现退活化所需要的退活化磁场小于常规标识器，同时在常规操作期间可能出现的低水平磁场中不发生意外退活化。因此，该权利要求31得到了说明书的支持，符合专利法第二十六条第四款规定。同理，其从属权利要求32和33也符合专利法第二十六条第四款规定。

最后，权利要求36是权利要求30的从属权利要求，其进一步限定所述AC磁场的一定峰值幅度范围由5 Oe至15 Oe。经过与权利要求30类似的分析可知，本领域技术人员可以合理预测在完全磁化且未设在标识器中时曝露于5至15 Oe的AC磁场中时，磁化水平产生明显降低，而当完全磁化且设在标识器中与磁致伸缩元件相邻处时曝露在相同AC磁场中时磁化水平基本不受AC磁场影响的偏磁元件单独设置时会在远小于60 Oe的AC退磁化磁场中发生退磁化，其矫顽磁力应当小于60 Oe，因此采用该偏磁元件的标识器能够通过比常规标识器小的退活化磁场实现退活化。另外，由于该偏磁元件在置于标识器中时，在5至15 Oe的AC退活化磁场中其磁化基本不受AC磁场影响，因此可以预测采用该偏磁元件的标识器在小于5 Oe的AC退活化磁场中基本不发生退活化，能够在常规操作期间所可能出现的低水平磁场中不发生意外退活化。综上所述，根据说明书充分公开的内容，本领域技术人员能够合理预测权利要求36所限定的技术方案均能够解决本发明所要解决的技术问题，并获得预期的技术效果，该权利要求36得到了说明书的支持，符合专利法第二十六条第四款的规定。

（八）关于权利要求 37 ~ 47

讯强公司认为，权利要求 37 中的特征“将所述标识器曝露在其峰值幅度低于 150 Oe 的 AC 磁场中的方式，对所述 EAS 标识器实施退活化”没有以说明书为依据来限定 AC 退活化磁场强度的范围，不符合专利法第二十六条第四款的规定。同理，权利要求 42、44 中也未以说明书为依据来限定 AC 退活化磁场强度的范围，得不到说明书的支持。从属权利要求 38 ~ 41、43、45 ~ 47 因而也不符合专利法第二十六条第四款的规定。

传感电子公司认为，涉案专利说明书的各个实施例公开了使用小于 100、30 Oe 的 AC 退磁化磁场，因此该权利要求 37 的技术方案得到了说明书各个实施例的充分支持，符合专利法第二十六条第四款的规定。同理，其从属权利要求 38 ~ 47 也符合专利法第二十六条第四款的规定。

专利复审委员会认为，首先，涉案专利权利要求 37 请求保护一种对使用在磁力式 EAS 系统中的 EAS 标识器实施活化和退活化用的方法，其中要提供由非结晶型磁致伸缩元件和配置在与磁致伸缩元件邻接处的偏磁元件构成的标识器，并且磁化偏磁元件，使得在 EAS 系统的运行频率下形成共振，然后通过将标识器曝露在峰值幅度低于 150 Oe 的 AC 磁场中的方式，对 EAS 标识器实施退活化。该权利要求 37 覆盖了所有提供在峰值幅度低于 150 Oe 的 AC 磁场中实现退活化的标识器的技术方案。涉案专利说明书中充分公开了一种利用 SB1 材料制作标识器偏磁元件的技术方案，能够使标识器的退活化磁场小于利用 Hc 大于 60 Oe 的偏磁材料的常规标识器，其中 SB1 的矫顽磁力 Hc 约为 19 Oe，标识器在约 50 Oe 的 AC 退磁化磁场下基本实现退活化。然而同时，说明书中记载了一种对利用矫顽磁力 Hc 为 70 ~ 80 Oe 的半硬化材料 S 为偏磁元件的标识器实施退活化的方法，其中指出为获得共振频率相对于标准操作频率的最大漂移（即实现标识器的完全退活化），需要施加约 140 ~ 150 Oe 的 AC 退磁化磁场。本领域技术人员根据说明书公开的上述内容，难以预测低于 150 Oe 的 AC 退活化磁场必然小于使利用 Hc 大于 60 的偏磁材料的标识器所需要的退活化磁场，该权利要求 37 限定的技术方案中包含了专利权人推测且效果难以确定的内容。另外，该权利要求 37 限定的范围中还包含以软磁材料制作偏磁元件，以及以 Hc 小于 60 Oe 且退磁化曲线平缓的半硬化材料制作偏磁元件的技术方案，这些技术方案虽然能够通过小于常规标识器的退活化磁场实现标识器的退活化，但难以确保在常规操作期间可能出现的低水平磁场下不发生意外退磁化，不能解决本发明所要解决的技术问题和获得预期的技术效果。由此可见，该权利要求 37 限定的技术方案中既包含了专利权人推测、效果难以确定的内容，又覆盖了不能解决本发明所要解决的技术问题且达到预期技术效果的实施方式，因此，得不到说明书的支持，不符合专利法第二十六条第四款的规定。权利要求38、39是直接或间接引用权利要求37的从属权利要求，分别限定了标识器曝露在峰值幅度等于或低于4 Oe的AC磁场中，和曝露在峰值幅度等于或低于20 Oe的AC磁场中时共振特性不会发生变化。通过与前面关于权利要求37相似的分析可以得出，权利要求38、39限定的技术方案中仍包含了专利权人推测且效果难以确定的内容，得不到说明书的支持，不符合专利法第二十六条第四款的规定。

其次，权利要求40是引用权利要求38的从属权利要求，其限定了标识器曝露在峰值幅度等于或低于4 Oe的AC磁场中时共振特性不会发生变化，且标识器的退活化是在峰值幅度低于100 Oe的AC磁场中实现的。通过与前面关于权利要求37相似的分析可以得出，本领域技术人员根据说明书公开的上述内容，难以预测低于100 Oe的AC退活化磁场必然小于使利用Hc大于60 Oe的偏磁材料的标识器所需要的退活化磁场，权利要求40限定的技术方案中仍包含了专利权人推测且效果难以确定的内容，得不到说明书的支持，不符合专利法第二十六条第四款规定。

再次，权利要求41是引用权利要求40的从属权利要求，其限定了标识器曝露在峰值幅度等于或低于12 Oe的AC磁场中时共振特性不会发生变化。通过与前面关于权利要求40相似的分析可以得出，权利要求41限定的技术方案中仍包含了专利权人推测且效果难以确定的内容，得不到说明书的支持，不符合专利法第二十六条第四款的规定。

复次，权利要求42是权利要求37的从属权利要求，其进一步限定退活化步骤是通过将标识器曝露在其峰值幅度低于30 Oe的AC磁场中的方式实施的，因此该权利要求42覆盖了所有提供在峰值幅度低于30 Oe的AC磁场中实现退活化的标识器的技术方案，显然，在这种方案下实现退活化所需要的AC磁场必然小于常规标识器。然而该权利要求42限定的范围中还包含以软磁材料制作偏磁元件及以Hc小于30 Oe且退磁化曲线平缓的半硬化材料制作偏磁元件的技术方案，这些技术方案虽然能够通过小于常规标识器的退活化磁场实现标识器的退活化，但难以确保在常规操作期间可能出现的低水平磁场下不发生意外退磁化，即，不能解决本发明所要解决的技术问题和获得预期的技术效果。由此可见，该权利要求42限定的技术方案中覆盖了不能解决本发明所要解决的技术问题且达到预期技术效果的实施方式，因此，得不到说明书的支持，不符合专利法第二十六条第四款规定。基于类似的理由，引用权利要求37的从属权利要求44、46、47也不符合专利法第二十六条第四款规定。由于权利要求37~42、44、46~47不符合专利法第二十六条第四款的规定，因此专利复审委员会不再对有关权利要求 37 ~ 42、44、46 ~ 47 的其他无效理由进行评述。

最后，权利要求 43 是引用权利要求 42 的从属权利要求，其限定了退活化步骤是通过将标识器曝露在峰值幅度低于 30 Oe 的 AC 磁场中的方式实施的，且在峰值幅度为 4 Oe 的 AC 磁场下标识器的共振频率不发生变化。如前所述，标识器在峰值幅度低于 30 Oe 的 AC 磁场中实现退活化的技术方案实现退活化所需要的 AC 磁场必然小于常规标识器，同时权利要求 43 中限定了在峰值幅度为 4 Oe 的 AC 磁场中时标识器的共振频率不发生变化，由涉案专利说明书中关于 SB1 作为偏磁元件的实施例可知（例如参见图 6），SB1 材料的偏磁元件在峰值幅度为 4 Oe 的 AC 退磁化磁场中时，磁化水平保持在完全磁化水平的 95% 以上，标识器的共振频率基本不发生变化。由此可以推知，该权利要求限定的标识器能够在常规操作期间可能出现的低水平磁场下不发生意外退磁化。本领域技术人员可以合理预测权利要求 43 所覆盖的技术方案均能够解决本发明所要解决的技术问题，并获得预期的技术效果。因此，该权利要求 43 能够得到说明书的支持，符合专利法第二十六条第四款的规定。基于类似的理由，引用权利要求 44 的从属权利要求 45 也符合专利法第二十六条第四款的规定。

基于上述事实和理由，被诉决定宣告涉案专利权利要求 1 ~ 4、6、7、9 ~ 12、14 ~ 18、20 ~ 26、29、30、34、35、37 ~ 42、44、46 ~ 47 无效，在权利要求 5、8、13、19、27、28、31 ~ 33、36、43 和 45 的基础上维持涉案专利权有效。

传感电子公司不服被诉决定，向北京市第一中级人民法院提起行政诉讼，请求撤销被诉决定。

北京市第一中级人民法院一审认为，第一，涉案专利说明书中以 M 材料和 V 材料为偏磁元件的实施例中，均存在偏磁材料特性与标识器特性相矛盾的描述，使得本领域技术人员无法确信这两个实施例能够解决本发明所要解决的技术问题和获得预期的技术效果。被诉决定认为这两个实施例不属于说明书中充分公开的内容是正确的。

第二，涉案专利说明书中仅充分公开了以 SB1 制作偏磁元件的技术方案，其中 SB1 材料是矫顽磁力 Hc 约为 19 Oe 的半硬化材料，该材料单独置于约 15 Oe 的 AC 磁场中，将退磁化至完全磁化的约 70%。当其与 2628CoA 合金材料一起形成标识器时，标识器在环境磁场不超过 15 Oe 时，共振频率基本不变，同时该标识器在约 20 ~ 25 Oe 的 AC 退活化磁场区间内具有超过 100Hz/Oe 的共振频率漂移梯度。涉案专利权利要求 1 的技术方案中，不仅包含了传感电子公司推测的效果难以确定的内容，而且还覆盖了不能解决本发明所要解决的技术问题，且难以达到预期技术效果的实施方式，故其得不到说明书的支持，不符合专利法第二十六条第四款规定。基于相似的理由，涉案专利权利要求 2、3 也不符合专利法第二十六条第四款规定。

第三，涉案专利权利要求 4 不仅包括利用 Hc 小于 55 Oe 且具有陡峭的退磁化曲线，而使其具有一定低场稳定性的半硬化材料制作偏磁元件的技术方案，还包含了利用 Hc 小于 55 Oe 且退磁化曲线平缓的半硬化材料制作偏磁元件的技术方案，而采用这种材料难以确保在常规操作期间可能出现的低水平磁场下不发生意外退磁化。因此，权利要求 4 的范围中覆盖了不能解决本发明所要解决的技术问题且难以达到预期技术效果的实施方式，其得不到说明书的支持，不符合专利法第二十六条第四款的规定。基于相似的理由，涉案专利权利要求 6 和 7 也不符合专利法第二十六条第四款的规定。

第四，涉案专利权利要求 9 限定的技术方案中包含了传感电子公司推测的内容，其效果又难以确定。权利要求 9 限定的范围中还包括了利用 Hc 小于 60 Oe 且退磁化曲线平缓的半硬化材料制作偏磁元件的技术方案，该方案难以确保在常规操作期间可能出现的低水平磁场下不发生意外退磁化。因此，权利要求 9 因概括过宽得不到说明书的支持，不符合专利法第二十六条第四款的规定。基于相似的理由，涉案专利权利要求 10 ~ 12 也不符合专利法第二十六条第四款的规定。

第五，涉案专利权利要求 14 限定了标识器的偏磁元件可以采用任何在峰值幅度小于 150 Oe 的 AC 退磁化磁场下，退磁至不超过完全磁化水平的 5% 的半硬化材料。本领域技术人员根据说明书公开的内容，难以预测实现 95% 退磁所需 AC 退磁化磁场小于 150 Oe 的半硬化材料所具有的矫顽磁力 Hc 必然小于 60 Oe，将其用于标识器的偏磁元件都能够使得标识器的退活化磁场小于采用 Hc 大于 60 Oe 的偏磁元件的常规标识器所需要的退活化磁场，该权利要求 14 限定的技术方案中包含了传感电子公司推测且效果难以确定的内容。另外，权利要求 14 限定的范围中还包含利用 Hc 小于 60 Oe，且退磁化曲线平缓的半硬化材料制作偏磁元件的技术方案，该技术方案不能解决本发明所要解决的技术问题和获得预期的技术效果。因此，权利要求 14 因概括过宽得不到说明书的支持，不符合专利法第二十六条第四款的规定。基于相似的理由，涉案专利权利要求 15 ~ 18 也不符合专利法第二十六条第四款的规定。

第六，涉案专利权利要求 20 覆盖了所有在峰值幅度小于 50 Oe 的 AC 退活化磁场中，共振频率相对于目标共振频率漂移至少 1.5kHz 的标识器。本领域技术人员根据说明书公开的内容，难以预测使得标识器共振频率相对于目标共振频率漂移1.5kHz所需要的AC退活化磁场小于50 Oe的偏磁材料所具有的矫顽磁力Hc必然小于60 Oe，将其用于标识器的偏磁元件都能够使得标识器的退活化磁场小于采用Hc大于60 Oe的偏磁元件的常规标识器所需要的退活化磁场。另外，权利要求20还包含了利用软磁材料制作标识器的偏磁元件的技术方案，而在涉案专利申请日之前，基于本领域技术人员对软磁材料特性的了解，仅根据涉案专利说明书公开的内容，无法预测利用软磁材料制作标识器的偏磁元件也能够解决本发明所要解决的技术问题并获得预期的技术效果。因此，权利要求20限定的技术方案中包含了传感电子公司推测、效果难以确定的内容，其得不到说明书的支持，不符合专利法第二十六条第四款的规定。基于相似的理由，涉案专利权利要求21~24也不符合专利法第二十六条第四款的规定。

第七，涉案专利权利要求25覆盖了所有在峰值幅度小于35 Oe的AC退活化磁场中，标识器的A1输出信号降低为标识器曝露在退磁化磁场之前产生的A1输出信号水平的至少50%的标识器。其中既包含了传感电子公司推测且效果难以确定的内容，又覆盖了不能解决本发明所要解决的技术问题且达到预期技术效果的实施方式，故其得不到说明书的支持，不符合专利法第二十六条第四款的规定。基于相似的理由，涉案专利权利要求26和29也不符合专利法第二十六条第四款的规定。

第八，关于权利要求30。在涉案专利说明书的公开内容的基础上，结合本领域的公知常识，本领域技术人员可以合理预测在完全磁化且未设在标识器中时，曝露于某AC磁场中时磁化水平产生明显降低，而当完全磁化且设在标识器中与磁致伸缩元件相邻处时，曝露在相同AC磁场中时磁化水平基本不受AC磁场影响的偏磁元件单独设置时，会在远小于60 Oe的AC退磁化磁场中发生退磁化，其矫顽磁力应当小于60 Oe。包括此偏磁元件的标识器能够通过比利用Hc大于60 Oe的偏磁材料的常规标识器小的退活化磁场实现退活化。但涉案专利权利要求30中包含了利用Hc小于60 Oe，且退磁化曲线平缓变化的半硬化材料制作偏磁元件的标识器，这种标识器难以确保在常规操作期间可能出现的低水平磁场下不发生意外退磁化。因此，涉案专利权利要求30限定的范围中覆盖了不能解决本发明所要解决的技术问题且达到预期技术效果的实施方式，其得不到说明书的支持，不符合专利法第二十六条第四款的规定。基于相似的理由，涉案专利权利要求34和35也不符合专利法第二十六条第四款的规定。

第九，涉案专利权利要求37覆盖了所有在峰值幅度低于150 Oe的AC磁场中实现退活化的标识器的技术方案。本领域技术人员根据说明书公开的内容，难以预测低于 150 Oe 的 AC 退活化磁场必然小于使利用 Hc 大于 60 的偏磁材料的标识器所需要的退活化磁场。另外，权利要求 37 限定的范围中还包含以软磁材料制作偏磁元件及以 Hc 小于 60 Oe 且退磁化曲线平缓的半硬化材料制作偏磁元件的技术方案，这些技术方案难以确保在常规操作期间可能出现的低水平磁场下不发生意外退磁化。因此，权利要求 37 限定的技术方案中既包含了传感电子公司推测、效果难以确定的内容，又覆盖了不能解决本发明所要解决的技术问题且达到预期技术效果的实施方式，故其得不到说明书的支持，不符合专利法第二十六条第四款的规定。基于相似的理由，涉案专利权利要求 38 ~ 42、44、46、47 也不符合专利法第二十六条第四款的规定。

综上，被诉决定认定事实清楚，适用法律正确，应予维持。北京市第一中级人民法院据此判决：维持被诉决定。一审案件受理费 100 元，由传感电子公司负担。

传感电子公司不服一审判决，向北京市高级人民法院提起上诉，请求撤销一审判决和被诉决定，判令专利复审委员会重新作出审查决定。传感电子公司的主要上诉理由为：涉案专利权利要求 1 ~ 47 均符合专利法第二十六条第四款的规定。一审法院和专利复审委员会对涉案专利各权利要求所要解决的技术问题或所要达到的技术效果认定错误，对说明书第一实施例和第三实施例未能充分公开本发明的认定错误，导致其错误认定涉案专利部分权利要求不符合专利法第二十六条第四款的规定。

专利复审委员会与讯强公司服从一审判决。

二审法院对一审法院查明的事实予以确认。

二审法院认为，专利法第二十六条第四款规定："权利要求书应当以说明书为依据，说明要求专利保护的范围。"权利要求书应当以说明书为依据，是指权利要求书中的每一项权利要求所要求保护的技术方案均应当是所属技术领域的技术人员能够从说明书充分公开的内容中得到或概括得出的技术方案，并且不得超出说明书公开的范围。如果权利要求所保护的范围超出了说明书所公开的范围，则该权利要求未以说明书为依据。基于新材料的选择形成的发明创造，权利要求的保护范围应当限于对该新材料或其明显等同替换材料的保护，即本领域技术人员根据权利要求的记载，应当能够确定该权利要求保护的对象正是该新材料或其明显等同替换材料。如果说明书仅仅是基于该新材料的选择来阐述其技术内容，而权利要求仅仅是记载了该新材料的部分属性或特征，而本领域技术人员通常认为仅仅依据权利要求中记载的这些属性或特征并不能直接推导出该新材料，还可能包括具备该属性或特征的其他材料，且本领域技术人员并不能确定该其他材料同样具备该新材料的全部功能时，表明权利要求所保护的基于新材料选择的发明超出了说明书所记载的新材料的范围，即此时通常可以认定权利要求保护的技术方案超出了说明书记载的范围，亦即权利要求未以说明书为依据。

本案中，从涉案专利说明书的记载来看，传感电子公司基于其对三种物质材料的选择，发现了其所选择的新材料在低场稳定性、漂移梯度、矫顽磁力等方面相对于现有技术具有一定的优势，具有更适宜使用于磁力式电子货品监视系统中的标识器的特性，故涉案专利说明书从低场稳定性、漂移梯度、矫顽磁力等方面限定了其选择的物质材料。本领域技术人员在阅读了涉案专利说明书后，可以清楚地认识到传感电子公司的技术贡献在于将其所选择的物质材料适用于磁力式电子货品监视系统中的标识器。但是，涉案专利权利要求1～4、6、7、9～12、14～18、20～26、29、30、34、35、37～42、44、46～47却未如说明书那样，从低场稳定性、漂移梯度、矫顽磁力等方面限定其选择的物质材料，而是选择了部分参数或指标来限定适用于磁力式电子货品监视系统中标识器的物质材料。显然，当传感电子公司在涉案专利权利要求中选择部分参数或指标来限定物质材料时，本领域技术人员有合理理由质疑仅具备其中部分参数或指标的物质材料可能并不限于传感电子公司在涉案专利说明书中所列举的三种物质材料，传感电子公司也并未提供有效证据证明具备涉案专利权利要求1～4、6、7、9～12、14～18、20～26、29、30、34、35、37～42、44、46～47中记载的部分参数或指标的物质材料仅仅限于其在涉案专利说明书中所列明的三种物质材料。而仅仅具备涉案专利说明书所列举的三种物质材料部分参数或指标的其他物质材料是否同样具备更适宜使用于磁力式电子货品监视系统中标识器的特性，却不是传感电子公司的技术贡献，涉案专利说明书也未予以记载。事实上，传感电子公司的技术贡献仅在于发现了涉案专利说明书所列举的三种物质材料具有更适宜使用于磁力式电子货品监视系统中的标识器的特性。因此，涉案专利权利要求在限定更适宜使用于磁力式电子货品监视系统中的标识器的物质材料时，可能包括了传感电子公司在说明书中公开的三种物质材料之外的物质材料，故其超出了涉案专利说明书的公开范围。在此基础上，一审法院及专利复审委员会认定涉案专利权利要求1～4、6、7、9～12、14～18、20～26、29、30、34、35、37～42、44、46～47未以说明书为依据是恰当的。传感电子公司有关涉案专利权利要求1～4、6、7、9～12、14～18、20～26、29、30、34、35、37～42、44、46～47符合专利法第二十六条第四款规定的上诉理由缺乏依据，二审法院不予支持。

此外，传感电子公司虽主张专利复审委员会错误认定涉案专利说明书所记载的第一实施例和第三实施例公开不充分，但如上所述，即便涉案专利说明书所记载的三个实施例不存在公开不充分的问题，其也仅仅是说明了传感电子公司所选择的三种物质材料具有更适宜使用于磁力式电子货品监视系统中的标识器的特性，并不能克服涉案专利权利要求未以说明书为依据的缺陷。

还应当指出的是，专利复审委员会基于涉案专利说明书记载的背景技术，指出现有技术中存在的问题，并在涉案专利说明书从低场稳定性、漂移梯度、矫顽磁力等方面限定其选择的物质材料的基础上，在被诉决定中认定涉案专利所要解决的技术问题或要得到的技术效果是获得在常规操作期间不被意外退活化，同时退活化磁场小于利用 Hc≥60 Oe 的偏磁元件的常规标识器的标识器，而不只是单独地要去解决现有技术中使用到的某种偏磁元件材料的 DC 饱和磁场过高（≥450 Oe），或实现 95% 退磁化需要的 AC 退磁化磁场过大（约为 200 Oe）的问题。应当说，专利复审委员会对涉案专利所要解决的技术问题的认定是正确的。如前所述，由于涉案专利权利要求并未以说明书为依据，故传感电子公司有关专利复审委员会对涉案专利所要解决的技术问题的认定错误，本案应当基于专利复审委员会在评价涉案专利创造性时所认定的涉案专利相对于现有技术的区别技术特征，来确定涉案专利所要解决的技术问题的主张缺乏依据，二审法院不予支持。

二审法院据此判决：驳回上诉，维持一审判决。一、二审案件受理费各 100 元，均由传感电子公司负担。

传感电子公司不服二审判决，向本院申请再审。具体理由如下：（一）涉案专利权利要求 1～47 可以分为八组，分别针对不同的发明目的，解决不同的技术问题，符合专利法第二十六条第四款的规定。1. 被诉决定和一、二审判决脱离权利要求的技术方案，认定所有权利要求共同解决唯一的技术问题，据此认定所有独立权利要求均没有以说明书为依据，认定事实不清，适用法律错误。被诉决定针对同一个权利要求，在认定创造性时认定了一个“技术问题”，而在判断是否符合专利法第二十六条第四款的规定时，又认定了不同的技术问题，法律适用错误。2. 被诉决定认定涉案专利各项权利要求相对于现有技术具有区别技术特征，具有创造性，说明各项权利要求相对于现有技术解决了各自要解决的技术问题，保护范围适当。3. 关于“技术问题”。《专利审查指南》（以下简称审查指南）仅在第二部分第四章第 3.2.1.1 节对技术问题给出了定义，是指“对最接近的现有技术进行改进的技术任务”。因此，应当根据权利要求区别于现有技术的区别技术特征，参照说明书中的发明目的、发明希望解决的技术问题、技术效果，综合确定正确的技术问题。

不能将涉案专利说明书背景技术中记载的现有技术的缺陷，等同于权利要求所要解决的技术问题。4. 涉案专利说明书中提到了多个发明目的，是各个独立权利要求分别解决的技术问题。因此，要结合各个权利要求的区别技术特征及其技术效果，确定各个权利要求对应的发明目的。一项权利要求只要能够解决一个技术问题，区别于现有技术，就符合专利法的规定。不能要求各项权利要求均解决相同的技术问题。5. 低场稳定性仅涉及部分权利要求，并非各项权利要求都要解决的技术问题。（1）涉案专利中，公开了至少两种在低场稳定性方面进行的改进。改进之一是选择具备某种物理参数要求的材料作为偏磁元件，对应于从属权利要求 5、8、10、15、26。另一项改进是说明书第 14、15 页记载的有关标识器中偏磁元件的磁化处理方式的技术方案，专利权人没有对其要求专利权保护。（2）根据各项独立权利要求的技术方案，能够制造出在正常使用环境下发挥功能的标识器，和存储、运输或者装卸环境下的低场稳定性没有关系。（二）关于涉案专利的技术贡献及其与权利要求是否以说明书为依据的关系。1. 判断权利要求是否以说明书为依据时，应当判断权利要求的技术贡献特征，即使得发明具备新颖性和创造性的技术内容，并且还要考虑权利要求相对于现有技术解决的技术问题和技术效果，基于说明书整体，判断说明书的公开内容与权利要求的保护范围是否相匹配，权利要求的保护范围是否与其技术贡献相适应。2. 关于技术贡献，审查指南第一部分第四章第 2 节规定：“对现有技术的贡献的技术信息是指在专利申请中明确披露的所有新颖的和非显而易见的技术信息。”在权利要求中，技术贡献是使得其具有新颖性和创造性的技术特征，即技术贡献特征。专利法第二十二条解决权利要求是否具有技术贡献特征，专利法第二十六条第四款解决技术贡献特征与其他技术特征共同限定的保护范围是否得到说明书公开的部分，尤其是与技术贡献特征相关部分的支持，使得权利要求的保护范围与专利对现有技术的贡献相匹配。3. 本发明各项权利要求对现有技术的贡献是如何根据特定的物理参数选择标准来选择磁性材料，并将该材料应用于标识器中的偏磁元件。专利复审委员会和一、二审法院错误地认为本发明涉及新材料的选择，认定事实不清。（三）关于说明书充分公开与权利要求以说明书为依据的关系。1. 涉案专利各项独立权利要求均能够得到说明书的支持。本领域技术人员根据说明书相应部分充分公开的内容，能够得到并实施权利要求限定的技术方案，解决其相对于现有技术所要解决的技术问题，获得相应的技术效果。2. 说明书关于第一实施例、第三实施例的公开是充分的，即使不考虑这两个实施例，相关权利要求也能得到说明书的支持。二审判决对被诉决定和一审判决中有关第一实施例、第三实施例的认定未予纠正错误。

3. 关于第一实施例。首先，虽然图3与图5都涉及M材料，但说明书中没有记载二者具有对应关系。图3与图5都是示意图，图3主要说明漂移梯度的变化，图5主要说明AC退磁场对M材料的影响，二者分别代表不同的特性，反映涉案专利在不同方面做出的改进。其次，随着加工工艺不同，相同材料的矫顽磁力可以不同。可以通过改变加工工艺，实现剩磁和矫顽磁力的组合。本领域技术人员能够理解利用矫顽磁力较小的M材料制作的偏磁元件具有图5所示的退磁化特性曲线。M材料的矫顽磁力可以在50~110 Oe的较大范围内设置。图3、5中的矫顽磁力都在这个范围内，是可以实现的。4. 关于第三实施例。说明书中记载的V材料矫顽磁力22.7 Oe仅仅是参考数据，实际测量的样品的矫顽磁力可以不同。图11用于说明漂移梯度的变化，并不关注矫顽磁力。V材料的矫顽磁力可以在12~60 Oe的范围内变化，因此，说明书中记载的矫顽磁力参考值与图11所示的测量值都是可以实现的。5. 被诉决定、一审判决对说明书第一实施例、第三实施例公开不充分的认定错误。在该认定与权利要求1~47是否符合专利法第二十六条第四款的规定密切相关的情况下，二审判决回避审理再审申请人的相关请求，违反法定程序。（四）关于本案的审理范围。对于再审审判监督程序，审理范围一般应该限于当事人申请的范围。专利复审委员会和讯强公司没有就被诉决定中维持有效的权利要求提出再审申请，故审理范围应当限于传感电子公司再审申请的请求范围。

被申请人专利复审委员会员会提交意见认为：（一）现有技术中存在的问题是：为防止偏磁元件可能出现的磁场作用下意外退磁化，通常要求偏磁元件的矫顽磁力至少为60 Oe，导致标识器需要较高的退活化磁场。（二）本发明所要解决的技术问题或要得到的技术效果是在常规操作期间，偏磁元件不被意外退活化，同时退活化磁场小于常规标识器。（三）在相关教科书中，矫顽磁力的概念均是在介绍磁滞回线时引入，本领域技术人员都知晓该数值应当是在直流退磁场下测量得到的结果。在我国国家标准GB/T13888－2099/IEC 60404－7：1982“在开磁路中测量磁性材料矫顽力的方法”第6.3节“矫顽力的测定”中，介绍了施加的退磁场是直流磁场。（四）关于第二实施例，讯强公司在无效请求程序中并未对屏蔽效果和原理提出质疑。说明书以及附图6、7的描述没有存在明显的矛盾之处。（五）二审判决认定事实清楚、适用法律正确，程序合法。（六）关于本案的审理范围。对于再审审判监督程序，审理范围一般应该限于当事人申请的范围。专利复审委员会和讯强公司没有就被诉决定中维持有效的权利要求提出再审申请，故审理范围应当限于传感电子公司再审申请的请求范围。

一审第三人讯强公司提交意见认为：（一）关于技术问题。1. 被诉决定以及一、二审判决对涉案专利要解决的技术问题的认定正确。2. 被诉决定以及一、二审判决均认定所有权利要求至少应当解决技术问题“获得在常规操作期间不被意外退活化（即低场稳定性），同时退活化磁场小于常规标识器偏磁元件的退活化磁场 Hc≥60 Oe”，被诉决定没有认定所有权利要求解决同一个技术问题。3. 被诉决定以及一、二审判决根据说明书的背景技术以及相关描述，正确确定“在常规操作期间不被退活化”是所有权利要求必须解决的技术问题。如果不解决该技术问题，无法获得可以正常使用的合格产品。4. 传感电子公司错误认定说明书中描述的现有技术，错误认定涉案专利对现有技术的贡献，导致其对技术问题的认识错误。（二）关于技术贡献。被诉决定以及一、二审判决均认定涉案专利对现有技术的贡献在于材料的选择，没有认定其技术贡献为具体的材料。各独立权利要求对参数的限定超出了其对现有技术的贡献。（三）关于第一实施例、第三实施例是否充分公开及其对权利要求是否以说明书为依据的影响。1. 说明书及其附图中公开的各实施例的信息相互矛盾，这种矛盾会使得读者对各实施例能否实施产生合理的怀疑，被诉决定认定第一实施例、第三实施例公开不充分正确。2. 关于第一实施例所涉及的 M 材料。说明书附图 3、5 均涉及该材料，但是在图 3、5 中所示的矫顽磁力不一致。其中，图 3 所示的矫顽磁力远远小于 62 Oe，而图 5 中的矫顽磁力大于 62 Oe，二者相互矛盾。3. 关于第二实施例所涉及的 SB1 材料。在附图 6 中，退磁化所需的磁场强度为 30 ~ 35 Oe，并不是说明书中记载的 19 Oe。在附图 7 中，退磁化磁场超过 19 Oe 后，标签的频率基本没有变化，表明偏磁元件 SB1 没有退磁。附图 6、7 所示的矫顽磁力与说明书中记载的偏磁材料矫顽磁力为 19 Oe 明显矛盾。4. 关于第三实施例所涉及的 V 材料。说明书中记载其矫顽磁力为 22. 7 Oe，而附图 11 所示的矫顽磁力为 18 Oe，二者明显矛盾。说明书中没有记载或暗示 V 材料的矫顽磁力是可以变化的，而是唯一地给出了 22. 7 Oe 的数据。5. 再审申请人有关偏磁材料的矫顽磁力可以在一定范围内变化的主张不能成立。6. 矫顽磁力是偏磁材料的基本参数，三个实施例必须公开其使用的偏磁材料的矫顽磁力，使得读者相信该实施例真实可靠。再审申请人主张的偏磁材料的矫顽磁力范围覆盖了现有技术（60 Oe），无法支持其有关权利要求以说明书为依据的主张。6. 二审判决认为，即使认为第一实施例、第三实施例公开充分，相关权利要求也没有以说明书为依据。二审判决没有对第一实施例、第三实施例是否公开充分进行认定，没有违反法定程序。（五）关于涉案专利说明书第二实施例中记载的屏蔽技术的效果和原理。1. 该技术仅仅是专利权人自己声称的技术，没有其他专利或者科技文献印证，也没有确定的科学依据。专利权人没有解释为何可激活元件可以保护偏磁元件，直到交流退磁场峰值 15 Oe。2. 按照说明书记载的屏蔽技术，可以选择矫顽磁力小于 15 Oe 的偏磁材料，可以将低场稳定性保持到 15 Oe，进一步降低矫顽磁力。但是，三个实施例选择的材料的矫顽磁力均明显超过 15 Oe（分别是 20 Oe、19 Oe、22.7 Oe）。而且，第三人发明的软磁偏磁材料标签根本没有涉案专利所述的屏蔽效果。3. 在附图 7 中，在 AC 退磁场峰值大于 15 Oe 时，第二实施例没有出现急剧的退活化，而是保持到 20 Oe，与说明书记载的“退磁化磁场的水平超过 15 Oe 左右时，可激活元件的导磁性急剧降低，从而使退磁化磁场导致偏磁元件退磁”相互矛盾。4. 第二实施例中，15 Oe 以下的低场稳定性不是缘于所谓的屏蔽，而是采用了比 19 Oe 更高的矫顽磁力。权利要求 4 的保护范围包含了远低于 19 Oe 的矫顽磁力，不能得到说明书的支持。5. 涉案专利说明书记载的内容以及数据未能清楚地解释屏蔽技术的效果和原因，甚至存在自相矛盾之处。首先，本领域技术人员不会相信矫顽磁力为 11 Oe 的偏磁片可以在 15 Oe 的磁场下实现所谓的屏蔽效果。其次，第三实施例中没有任何有关屏蔽的具体实验数据。在图 11 中，在 15 Oe 的直流退磁场下，以 V 材料制作的标签已经基本被退磁，没有所谓的屏蔽效果，与说明书记载的内容不符。再次，在标签的存储和运输时，大量标签产生的退磁场是直流退磁场，而不是交流退磁场，因此，低场稳定性实际上是对直流退磁场的稳定性要求。综上，涉案专利对于所谓屏蔽技术的原因、如何选择新的材料来获得屏蔽的描述是模糊和不确定的，不应该获得有关屏蔽技术的保护。（六）本案的审理范围可以包括被诉决定维持有效的权利要求。

围绕当事人的再审请求，本院对有争议的事实查明并认定如下：

（一）关于矫顽磁力的含义

讯强公司向本院提交的 1982 年 11 月第二次印刷的《铁磁学》中记载：“如将磁场反向增加，则 I 沿 DE 下降，到 I = 0 时，此时的磁场强度称为矫顽磁力。”

（二）涉案专利说明书、附图中记载的有关内容

1. 关于以 M 材料制作偏磁元件的第一实施例

说明书第 8 页记载：“根据本发明构造的、与如上所述的图 1 中的标识器相类似的标识器中的偏磁元件 16，是采用具有非常低的矫顽磁力特性的、诸如所谓的 M 材料等合金材料制作的（它的矫顽磁力大约为 20 Oe），而不是采用具有比较高矫顽磁力特性的、诸如 S 等材料制作的。”

说明书第 9 页记载：“在图 3 中，参考标号 24 表示的是一种根据本发明

构成的、采用M材料制作偏磁元件的共振频率漂移特性曲线。……如图3所示，……最大共振频率漂移可以在所施加的退磁化磁场强度低至大约35 Oe时获得。

说明书第10页记载："由于其中的偏磁元件是用诸如M等等的、具有相当低的矫顽磁力特性的材料制作的，所以可以用比在常规条件下所需要的强度低得多的AC退活化磁场实施退活化。这使得根据本发明构造的标识器可以在不非常靠近退活化装置的位置处实施退活化，而对于在先技术则是必须要非常靠近退活化装置的。……由于退活化所需的水平比常规技术中的更低，所以可以使用速率更低的部件，并且可以连续地产生退活化磁场，而在常规的退活化装置中则必须采用脉冲型磁场。"

"根据本发明构成的、由具有相当低的矫顽磁力特性的偏磁元件构成的标识器与使用S材料构成的偏磁元件的标识器相比，可以利用原有的退活化装置并可以更容易地实施退活化。"

"由于可以用强度更低的磁场对标识器实施退活化，所以可以在标识器位于比在先技术中的标识器距退活化装置更远的位置处实施退活化。"

说明书附图3、4、5均涉及第一实施例。图3表示采用M材料制作偏磁元件的标识器的共振频率、输出信号振幅与施加在该标识器上的退磁化磁场强度之间的变化关系的示意图。附图3中显示，在退磁化磁场约为35 Oe时，可以获得最大共振频率漂移。讯强公司据此主张附图3所示M材料的矫顽磁力约为35 Oe，与说明书中记载的"矫顽磁力大约为20 Oe"相矛盾。

附图4、5分别示出了制作本发明中的偏磁元件用的M材料的磁化特性曲线和磁退化特性曲线。图4中，在磁场为150 Oe左右时，达到饱和磁化。图5中，在AC退磁化磁场为50 Oe时，仍有90%左右的磁化水平，只有在接近100 Oe时，才能够使M材料退磁化至饱和状态的5%以下。讯强公司主张附图4、5均与图3矛盾，并且与说明书中记载的M材料的矫顽磁力大约为20 Oe相矛盾。

2. 关于以SB1材料制作偏磁元件的第二实施例

说明书第10页记载："在根据本发明构造的第二实施例中，偏磁元件16是采用具有比M材料更低的矫顽磁力特性的、在低于20 Oe的磁场中不具有稳定区域的材料制作的。""偏磁元件16可以采用诸如SB1等等的材料制作。""经过这种退火处理后的材料的矫顽磁力大约为19 Oe，……正如图6所示，采用低至15 Oe的AC磁场即可以使退火处理后的SB1合金基本退磁化（退磁化至完全磁化的大约70%）。

说明书第11~12页记载："尽管SB1材料在低水平AC磁场中具有不稳

定性，但本申请人发现，如果将这种材料作为偏磁元件配置在磁力式标识器中的与可激活型元件相接近的位置处，所制作出的标识器曝露在相当低的 AC 磁场中时将具有相当高的稳定性。”“当将某一低水平（比如说为 5 至 15 Oe）的退磁化磁场施加在采用着 SB1 材料的标识器上时，标识器的特性，特别是其共振频率基本上不会出现变化，因而不会产生退磁化，尽管这一磁场在偏磁元件单独设置时会使其产生重大退磁化。不难理解，在所施加的此种退活化磁场水平下，这种磁场将耦合在可激活型元件和偏磁元件之间，从而使可激活型元件作为一个分流器，保护着 SB1 材料元件免受退磁化磁场的影响。当所施加的退磁化磁场水平超过 15 Oe 左右时，可激活型元件的导磁性将急剧降低，从而使退磁化磁场导致偏磁元件的退磁。”“由于可激活型元件提供的屏蔽作用，使得偏磁元件可以采用相当不稳定的材料制作。”

附图 6 表示磁化水平与 AC 退磁化磁场强度之间变化关系的示意性曲线图，该 AC 退磁化磁场施加在根据第二实施例构造的、作为偏磁元件的材料（SB1 材料）之上。在 AC 退磁化磁场为 19 Oe 时，退磁至饱和状态的 40% 左右；在 AC 退磁化磁场为 30 Oe 左右时，退磁至饱和状态的 5% 左右。在 AC 退磁化磁场为 45 至 50 Oe 时，磁化水平逐渐趋于零。

图 7 表示根据第二实施例构造的标识器的共振频率和输出信号振幅与施加的磁场强度之间的变化关系示意性曲线图。在退磁化磁场为 40 至 50 Oe 时，共振频率趋于峰值，输出信号振幅趋于零。

3. 关于以 V 材料制作偏磁元件的第三实施例

说明书第 12 页记载，第三实施例中标识器 10 内的偏磁元件 16 是采用 V 材料构成的。这种 V 材料的矫顽磁力为 22. 7 Oe（采用的是 V 的参考数据）。“图 10 表明，如果将由 V 材料制作的、完全磁化的偏磁元件放置在大约为 30 Oe 的退磁化磁场中，该元件将退磁至完全磁化的 5% 以下。正如 SB1 材料那样，当这种 V 材料曝露在低水平的 AC 磁场中，比如说曝露在峰值幅度为 6 至 15 Oe 的 AC 磁场中时，它将具有一定的稳定性。但是将其曝露在峰值幅度为 5 Oe 或更低的 AC 磁场中时，这种材料的磁化将降低 5% 以下。

说明书第 13 页记载：“这种采用着 V 材料的标识器将具有一定的‘屏蔽’效应，就像在有关 SB1 材料的实施例中所描述的那样。采用 V 材料的实施例将比采用 SB1 材料的实施例在施加有低水平的退磁化磁场时，具有更大的频率漂移，而且它还具有更急剧的频率漂移特性曲线。……因此，施加幅度在 20 Oe 以下的退磁化磁场便可以对使用 V 材料的标识器实施有效地退活化。”

附图 9 表示磁化水平与施加的 DC 磁化磁场强度之间变化关系用的示意

性曲线图，该DC磁化磁场是施加在根据本发明第三实施例构造的、作为偏磁元件的材料之上的。

图10表示磁化水平与所施加的AC退活化磁场强度之间变化关系用的示意性曲线图，该AC退磁化磁场是施加在第三实施例中被用作为偏磁元件的材料之上的。图10中显示，在6至15 Oe的AC磁场中，其磁化水平显著降低。在50 Oe的AC退磁化磁场中，磁化水平趋于零。

图11表示根据第三实施例构造的磁力式标识器的共振频率和输出信号振幅与所施加的退磁场强度之间变化关系用的示意性曲线图。图11中，在DC磁化磁场约18 Oe时，共振频率漂移特性曲线32、标识器输出信号幅度特性曲线34均发生反转。讯强公司据此主张V材料的矫顽磁力约18 Oe，与说明书记载的22.7 Oe不符。

4. 关于其他实施方式

涉案专利说明书第13页记载："除了如上所述的M合金、V合金和SB1合金之外，也可以采用其他的材料来制作这种偏磁元件16，如果举例来说，这些材料包括具有如图4、图5、图6、图9和图10所示的特性曲线的各种材料。"

（三）被诉决定中有关涉案专利是否符合专利法第二十六条第三款规定的认定

讯强公司认为涉案专利不符合专利法第二十六条第三款的规定，并向专利复审委员会提出了15个方面的具体理由。

被诉决定认为，首先，说明书第11页第17行至第12页第12行，以及附图6、7中记载了一种标识器，其以SB1材料为偏磁元件，2628CoA合金材料作可激活型元件。本领域技术人员按照说明书公开的上述内容，能够实现该发明的技术方案，解决其技术问题，并且产生预期的技术效果，因此，涉案专利符合专利法第二十六条第三款的规定。

其次，关于讯强公司的理由（1）（2）（13）（15），均涉及以M材料作为偏磁元件的第一实施例。被诉决定认为，附图3中可以看出，偏磁元件在35 Oe的AC退活化磁场中基本退磁。而根据附图5，该偏磁元件在35 Oe的退活化磁场中基本不退磁。"在说明书公开的以M材料为偏磁元件的实施例中，有关标识器性能的表述与有关偏磁元件性能的描述相矛盾，致使本领域技术人员无法确信该实施例能得到所声称的技术效果"。

再次，关于讯强公司的理由（4）（5）（6）（7）（8），均涉及以V材料作为偏磁元件的第三实施例。附图11中显示标识器中的V材料的矫顽磁力应当不大于18 Oe，但说明书中记载V材料的矫顽磁力为22.7 Oe，即说明书第三实施例中公开的有关标识器性能的描述与有关偏磁元件性能的描述存在矛盾之处。

但是，本领域技术人员依据说明书公开的以 SB1 为偏磁元件的实施例能够实现本发明，故被诉决定认为讯强公司关于第一实施例的理由（1）（2）（13）（15），以及关于第三实施例的理由（4）（5）（6）（7）（8）均不能成立，涉案专利符合专利法第二十六条第三款的规定。

本院认为，本案争议焦点为：（一）在认定涉案专利权利要求是否以说明书为依据时，如何理解涉案专利所要解决的技术问题？（二）涉案专利说明书中记载的第一实施例、第三实施例是否充分公开，对认定涉案专利权利要求是否以说明书为依据有何影响？（三）涉案专利权利要求是否以说明书为依据？

（一）在认定涉案专利权利要求是否以说明书为依据时，如何理解涉案专利所要解决的技术问题？

专利法第二十六条第四款规定：“权利要求书应当以说明书为依据，说明要求专利保护的范围。”审查指南第二部分第二章第 3. 2. 1 规定：“权利要求书应当以说明书为依据，是指权利要求应当得到说明书的支持。权利要求书中的每一项权利要求所要求保护的技术方案应当是所属技术领域的技术人员能够从说明书充分公开的内容中得到或概括得出的技术方案，并且不得超出说明书公开的范围。权利要求通常由说明书记载的一个或者多个实施方式或实施例概括而成。权利要求的概括应当不超出说明书公开的范围。”根据专利法第二十六条第四款的规定并参照上述审查指南的规定，权利要求限定的保护范围应当与说明书充分公开的技术内容和涉案专利作出的技术贡献程度相适应。如果权利要求限定的保护范围过于宽泛，包括了无法解决涉案专利所要解决的技术问题，实现涉案专利所要实现的技术效果的技术方案，并且本领域技术人员根据说明书充分公开的内容以及现有技术的整体状况，仍然无法合理确定、排除该技术方案的，应当认定该权利要求未能“以说明书为依据”，不符合专利法第二十六条第四款的规定。因此，正确认定涉案专利所要解决的技术问题和所要实现的技术效果，对于认定涉案专利权利要求 1 ~47 是否以说明书为依据具有重要意义。

关于专利说明书的撰写，专利法实施细则第十七条第一款规定：“说明书应当包括下列内容：……（二）背景技术：写明对发明或者实用新型的理解、检索、审查有用的背景技术；有可能的，并引证反映这些背景技术的文件；（三）发明内容：写明发明或者实用新型所要解决的技术问题以及解决其技术问题采用的技术方案，并对照现有技术写明发明或者实用新型的有益效果；……（五）具体实施方式：详细写明申请人认为实现发明或者实用新型的优选方式……”根据上述规定，对于涉案专利所要解决的技术问题、实现的技术效果，以及具体实施方式等，说明书中均应当予以写明。人民法院可以结合说明书中记载的背景技术及其存在的缺陷，发明内容中记载的“发明目的”“所要解决的技术问题”“有益效果”，以及具体实施方式中与“技术问题”“有益效果”相关的内容等，对涉案专利所要解决的技术问题和实现的技术效果进行认定。

本案中，涉案专利说明书中记载的与技术问题、技术效果有关的内容主要包括以下四个方面：第一，关于涉案专利的背景技术。现有的电子货品监视系统（EAS）中的磁力式标识器包括可激活型磁致伸缩元件，以及用于提供偏置磁场的偏磁元件。为了防止存储、装卸、运输时可能会出现的磁场作用下的意外退磁化，一般认为偏磁元件的矫顽磁力至少要为 60 Oe，例如以矫顽磁力大约为 70 至 80 Oe 的 S 材料制作偏磁元件。由于 S 材料的磁化磁场要达到450 Oe 或者更高，并使用比较高的 AC 退活化磁场（接近200 Oe 实施95% 的退磁化），故存在退活化磁场的常规装置必须以脉冲方式进行，以减少能量损耗，必须确保标识器在脉冲出现时在装置附近，容易导致线圈变热，增加装置成本等技术问题。从上述内容可以看出，磁力式标识器包括可激活型磁致伸缩元件和偏磁元件，以及使用具有较高矫顽磁力（70 至 80 Oe）的 S 材料制作偏磁元件等均属于涉案专利的背景技术，不是涉案专利的技术贡献所在。背景技术存在的技术缺陷本质上与用于制作偏磁元件的 S 材料的矫顽磁力、退磁化磁场强度较高等材料特性密切相关。本领域技术人员由此容易想到采用矫顽磁力较低的材料制作偏磁元件，以便于对标识器退活化，并且在常规操作（存储、装卸、运输）时不被意外退活化。此时，偏磁元件具体材料的选择显得至关重要。第二，关于涉案专利的发明目的。虽然涉案专利说明书第 3 页记载了 5 项发明目的，包括：“强度更低的退活化磁场”“以连续方式而不是以脉冲方式产生退活化磁场”“距离更大的条件下实施退活化”“更容易实施退活化”，以及“强度更低的 DC 磁场实施活化”，但上述 5 项发明目的实质上都与用于制作偏磁元件的材料本身的矫顽磁力、退活化磁场强度、活化磁场强度等材料特性密切相关。各项发明目的实质上是从不同角度，对标识器中偏磁元件的退活化或者活化的难易程度进行表述，并非各自完全独立。因此，对于传感电子公司有关涉案专利解决了多个技术问题的主张，本院不予支持。第三，关于涉案专利所要实现的技术效果。说明书第 5、6 页“发明目的和发明概述”中记载：“根据本发明的原理，磁力式标识器是使用具有相当低的矫顽磁力特性的控制元件构成的，而且当施加有水平相当低的磁场时，标识器的共振频率也可以产生相当急剧的漂移。因此，本发明可以降低由标识器退活化装置所产生的磁场水平，进而使得可以产生连续的退活化磁场。因此，本发明不再需要在退活化装置中配置标识器检测电路，也不再需要由退活化装置的操作者在需要被退活化的标识器位于该退活化装置附近时，人工触发退活化磁场脉冲”“由于本发明可以使用水平更低的退活化磁场，……还可以进一步降低成本”“对于这种根据本发明原理构造的、更容易退活化的标识器，还可以在标识器距离退活化装置相距一定距离时，……实施退活化。”因此，涉案专利中有关有益效果的表述，也均是与标识器及其偏磁元件的退活化难易程度密切相关的。第四，关于涉案专利的具体实施方式。在说明书“具体实施方式”中，涉案专利公开了分别以 M 材料、SB1 材料和 V 材料制作偏磁元件的 3 个具体实施例。其中说明书第 10 页第 2 段记载的有关第一实施例的有益效果中，记载了：“由于其中的偏磁元件使用诸如 M 材料等等的、具有相当低的矫顽磁力特性的材料制作的，所以可以用比在常规条件下所需要的强度低得多的 AC 退活化磁场实施退活化”“可以在不非常靠近退活化装置的位置处实施退活化”“可以在比常规退活化装置低得多的水平下运行”“可以使用速率更低的部件”“并且可以连续地产生退活化磁场”“可以降低与该退活化装置相关的成本”等内容。上述内容，同样也与偏磁元件的退活化难易程度密切相关。

综上，综合考虑说明书中有关背景技术、发明目的、有益效果、具体实施方式等内容，本院认为，涉案专利相对于背景技术作出的改进主要在于以特定材料制作偏磁元件，以使得标识器更容易退活化，并且标识器不会因“存储、运输或装卸时所可能会出现的磁场作用”而意外退活化。因此，被诉决定将涉案专利解决的技术问题认定为“获得在常规操作期间不被意外退活化，同时退活化磁场小于利用 Hc≥60 Oe（即背景技术中记载的“一般认为的偏磁元件的矫顽磁力”）的偏磁元件的标识器，而不只是单独地去解决现有技术中使用到的某种偏磁元件材料的 DC 饱和磁场过高（≥450 Oe），或实现 95% 退磁化需要的 AC 退磁化磁场过大（约为 200 Oe）的问题”，并无不当。

传感电子公司认为，应当参照审查指南第四章第 3.2.1.1 节中有关“技术问题”的规定，根据权利要求与“最接近的现有技术”的区别技术特征，参照说明书中的相关内容综合确定技术问题。本院认为，专利法第二十六条第四款规定的“以说明书为依据”涉及的主要是权利要求书与说明书的相互关系问题，相应地，在适用该法律规定的过程中，应当以说明书本身记载的相关内容为基本依据来认定涉案专利要解决的技术问题和实现的技术效果。

传感电子公司所援引的审查指南第四章第 3.2.1.1 节中有关“技术问题”的规定，是在判断权利要求是否具有创造性时，根据权利要求与“最接近的现有技术”的区别技术特征所重新确定的“实际解决的技术问题”。该“实际解决的技术问题”可能并不同于涉案专利要解决的技术问题，不能直接作为认定权利要求是否以说明书为依据的基础。具体理由如下：第一，参照审查指南第二部分第四章 3.2.1.1 节的规定，重新确定“实际解决的技术问题”的目的是为了在判断权利要求是否具有创造性的过程中，确定“现有技术整体上是否存在某种技术启示，即现有技术中是否给出将上述区别特征应用到该最接近的现有技术以解决其存在的技术问题（即“实际解决的技术问题”）的启示”。因此，确定“最接近的现有技术”“实际解决的技术问题”的目的与专利法第二十六条第四款的立法目的并不一致。第二，“实际解决的技术问题”是根据权利要求与“最接近的现有技术”的区别技术特征来认定的。审查指南第二部分第四章 3.2.1.1 节中列举了确定“最接近的现有技术”的不同方式，以及需要考虑的技术领域、公开的技术特征、技术效果、用途、功能等多种因素，故“最接近的现有技术”的认定是相对的、动态的，并与无效宣告请求人或者审查员的举证、检索情况密切相关。因此，权利要求与“最接近的现有技术”的区别技术特征，以及“实际解决的技术问题”都是相对的、动态的，会随着判断主体选择的“最接近的现有技术”改变而改变。“实际解决的技术问题”往往会不同于说明书中记载的专利要解决的技术问题。第三，在认定权利要求是否以说明书为依据时，并不以该权利要求具有或不具有创造性为前提。如果案件中并未同时涉及该权利要求是否具有“创造性”的争议，自然更不会涉及对“最接近的现有技术”“实际解决的技术问题”的认定。综上，本院对于传感电子公司的主张不予支持。

（二）关于涉案专利说明书中记载的第一实施例、第三实施例是否充分公开？对认定涉案专利权利要求是否以说明书为依据有何影响

参照审查指南第二部分第二章第 3.2.1 节的规定，权利要求通常由说明书记载的一个或者多个实施例概括而成。在认定权利要求是否以说明书为依据时，应当以说明书中充分公开的技术内容为基础。对于说明书中未能充分公开的内容，由于该部分内容不能达到让本领域技术人员能够实现的程度，不宜将其作为认定权利要求是否以说明书为依据的基础。如果说明书中记载的具体实施方式的技术内容存在明显矛盾，使得本领域技术人员对该具体实施方式的真实性、客观性产生合理怀疑，无法合理确认该具体实施方式能够解决涉案专利所要解决的技术问题，实现涉案专利所要实现的技术效果的，应当认定该具体实施方式未能充分公开。

首先，关于使用 M 材料制作偏磁元件的第一实施例。根据说明书附图 3，在退磁化磁场为 35 Oe 时，标识器可获得最大共振频率漂移。而根据附图 5，将 M 材料制作的完全磁化的偏磁元件放入 100 Oe 的 AC 退磁化磁场中，将退磁化至完全磁化的 5% 以下。由于标识器的最大共振频率漂移与偏磁元件的退磁化程度密切相关，故附图 3 和附图 5 中公开的上述内容明显矛盾。在涉案专利说明书中没有就标识器与 M 材料本身的退磁化情况的明显矛盾作出合理说明的情况下，本领域技术人员会对第一实施例的真实性、客观性产生合理怀疑，难以确认第一实施例的技术方案能够解决涉案专利所要解决的技术问题，实现涉案专利所要实现的技术效果。因此，被诉决定认定第一实施例未能充分公开，不能作为认定权利要求 1 ~ 47 是否以说明书为依据的基础，并无不当。

其次，关于使用 V 材料制作偏磁元件的第三实施例。说明书第 12 页中记载："V 材料的矫顽磁力为 22.7 Oe。"但根据说明书附图 11，当 DC 磁场大于 18 Oe 后，标识器的共振频率向标准共振频率漂移，意味着偏磁元件开始反向充磁。涉案专利说明书中虽然公开了"当施加有某一低水平的退磁化磁场，频率漂移和幅度特性曲线将保持有相当大的稳定性，……采用 V 材料的标识器将具有一定的'屏蔽'效应"。但是，根据附图 11，仅在 DC 磁场为 10 Oe 以下时，频率漂移和幅度特性曲线才是稳定的。而在 10 Oe 至 14 Oe 之间，频率漂移将有超过 1.6KHz 的显著变化，相应的漂移梯度将超过 400Hz/Oe。因此，虽然涉案专利说明书中公开了当施加低水平的退磁化磁场（10 Oe 以下）时，磁致伸缩元件的"屏蔽"效应会导致频率漂移和幅度特性曲线具有稳定性，但并没有公开在 DC 磁场为 22.7 Oe 或 18 Oe 时，磁致伸缩元件仍然具有"屏蔽"效应，进而实质性地影响以 V 材料制作的偏磁元件及标识器的退活化。综上，说明书第 12 页记载的矫顽磁力"22.7 Oe"与本领域技术人员从附图 11 中看到的信息（DC 磁场大于 18 Oe 后，标识器的共振频率向标准共振频率漂移）明显矛盾，使得本领域技术人员对第三实施例的真实性、客观性会产生合理怀疑，无法合理确认第三实施例的技术方案能够解决涉案专利所要解决的技术问题，实现涉案专利所要实现的技术效果。因此，被诉决定认定第三实施例不能作为认定权利要求 1 ~ 47 是否以说明书为依据的基础，亦无不当。

最后，在涉案专利说明书中，并没有明确记载 M 材料、SB1 材料或者 V 材料的矫顽磁力可以在一定范围内变化。相反，涉案专利说明书明确记载了对 SB1 材料以特定方式退火处理后，可获得矫顽磁力为 19 Oe 的材料，并将该材料用于制作偏磁元件。因此，对于传感电子公司有关"涉案专利中有关材料的矫顽磁力为参考值，可在一定范围内变化”的主张，本院不予支持。

综上，涉案专利说明书中记载的有关第一实施例、第三实施例的技术内容未能充分公开，不能作为认定权利要求1～47是否“以说明书为依据”的基础。被诉决定认定“以M材料和V材料为偏磁元件的实施例中均存在偏磁材料特性与标识器特性相矛盾的描述，……这两个实施例不属于说明书中充分公开的内容”并无不当，传感电子的相关申请再审理由不能成立。

二审判决认为：“即便涉案专利说明书所记载的三个实施例不存在公开不充分的问题，……并不能克服涉案专利权利要求未以说明书为依据的缺陷。”上述认定已经充分考虑了传感电子公司有关涉案专利说明书充分公开的上诉理由。因此，传感电子公司有关二审法院遗漏其上诉理由，违反法定程序的申请再审理由不能成立。

（三）关于权利要求1～47是否以说明书为依据，符合专利法第二十六条第四款的规定

根据专利法第一条的规定，在一定期限内授予专利权的目的在于鼓励发明创造，提高创新能力，促进科学技术进步和经济社会发展。在适用本案所涉及的专利法第二十六条第四款有关“权利要求应当以说明书为依据”的规定时，亦应当符合上述立法目的。一方面，权利人有权在说明书充分公开的具体实施方式等内容的基础上，通过合理概括的方式撰写权利要求，以获得适度的保护范围而不仅仅限于具体实施方式本身，从而给发明创造提供必要、适度的激励。另一方面，权利要求限定的保护范围应当与涉案专利的技术贡献和说明书充分公开的范围相适应，以免过宽的保护范围阻碍科学技术的进步。“权利要求应当以说明书为依据”是维护权利人与社会公众的利益平衡，防止专利权侵蚀公有领域，为后续创新保留必要空间的重要制度保障。

本案中，涉案专利说明书中记载的三个实施例中，仅有第二实施例充分公开，故本院主要根据说明书中记载的第二实施例，以及说明书中记载的其他有关内容，对权利要求1～47是否以说明书为依据进行认定。根据说明书的记载，第二实施例的偏磁元件采用了在低于20 Oe的磁场中不具有稳定区域的SB1材料制作。经过特定退火处理后的SB1材料的矫顽磁力大约为19 Oe，采用低至15 Oe的AC磁场即可以基本退磁化至完全磁化的大约70%。尽管SB1材料在低水平AC磁场中不具有稳定性，但如果将该材料作为偏磁元件，配置在与采用2628CoA合金材料制作的可激活型元件相接近的位置处，由于可激活型元件作为分流器所提供的屏蔽作用，可以保护SB1材料制作的偏磁元件免受退磁化磁场的影响，标识器在相当低的AC磁场中也具有相当高的稳定性。而当退磁化磁场水平超过15 Oe左右时，可激活型元件的

导磁性将急剧降低，从而使偏磁元件在退磁化磁场中退磁。当退磁化磁场的水平为 20 ~ 30 Oe 时，共振频率漂移特性曲线呈急剧变化，梯度将超过 100Hz/Oe。当施加的退磁化磁场强度低于 50 Oe 时，将产生非常大的共振频率漂移（大于 1.5KHz），而且 A1 输出信号基本上已经被消除。综上，第二实施例作出的主要贡献在于以特定的材料 SB1 制作偏磁元件，以 2628CoA 合金材料作为可激活型元件，并且可激活型元件在较低磁场水平下具有屏蔽作用，使得标识器及其中的偏磁元件在较低的退磁化磁场中不被意外退磁化。而在比背景技术中的 S 材料更低的退磁化磁场强度（20 至 30 Oe）中，第二实施例的标识器很容易退磁化。由于在涉案专利说明书的背景技术中，已经记载了标识器、偏磁元件、可激活型元件，以及现有偏磁元件材料（S 材料）存在的矫顽磁力较高，不易磁化和退活化等问题，故所述内容并非涉案专利的贡献所在。此外，涉案专利说明书中没有公开涉案专利的改进在于偏磁元件或者可激活型元件的材料选择标准等内容，因此，对于再审申请人有关涉案专利对现有技术的贡献是如何根据特定的物理参数选择标准来选择磁性材料的主张，本院不予支持。

基于上述认定，本院对权利要求 1 ~ 47 是否以说明书为依据分别认定如下：

1. 关于被诉决定宣告无效的权利要求 1 ~ 4、6、7、9 ~ 12、14 ~ 18、20 ~ 26、29、30、34、35、37 ~ 42、44、46 ~ 47（以下统称宣告无效的权利要求）

首先，除权利要求 34、35 之外，宣告无效的权利要求 1 ~ 4、6、7、9 ~ 12、14 ~ 18、20 ~ 26、29、30、37 ~ 42、44、46 ~ 47 中均没有限定制作偏磁元件、磁致伸缩元件的具体材料，而是以材料或者标识器应当具有的某种或某几种特性及其参数范围来限定权利要求的保护范围。例如，在权利要求 1 ~ 3 中仅限定了标识器在退活化磁场中共振频率的“漂移梯度”，在权利要求 4 中则仅限定了偏磁元件的矫顽磁力小于 55 Oe，在权利要求 9 中则仅限定了偏磁元件达到饱和时所需的磁化水平。本院认为，根据涉案专利说明书的记载，SB1 材料、2628CoA 合金以及由其制作的标识器具有多种材料特性，仅仅在权利要求中限定某项或者某几项特定的特性及其参数范围，则限定的保护范围中不仅包括了涉案专利第二实施例的技术方案，也包括了其他数目无法穷尽，由各种已知甚至未知的材料制作的偏磁元件以及标识器。而对于哪些具体材料可用于实施涉案专利技术方案，本领域技术人员基于涉案专利说明书充分公开的技术内容，涉案专利作出的技术贡献，以及现有技术的整体状况，难以作出合理的预测，而是必须通过大量的选择、实验验证甚至发现，才能确认在所述权利要求所限定的范围内的哪些具体材料能够，或者不能解决涉案专利所要解决的技术问题，实现涉案专利所要实现的技术效果。而且，在权利要求1～3中仅限定了标识器在退活化磁场中共振频率的“漂移梯度”，在权利要求4中仅限定了偏磁元件的矫顽磁力小于55 Oe，在权利要求9中仅限定了偏磁元件达到饱和时所需的磁化水平等情况下，所述权利要求也不能解决涉案专利所要解决的技术问题，实现涉案专利所要实现的技术效果。综上，权利要求1～4、6、7、9～12、14～18、20～26、29、30、37～42、44、46～47的保护范围明显超出了涉案专利说明书充分公开的程度和涉案专利的技术贡献程度，未能以说明书为依据。被诉决定关于上述权利要求不符合专利法第二十六条第四款规定的认定正确。

其次，关于权利要求34、35。权利要求34引用权利要求30，限定了“偏磁元件以V材料形成”；权利要求35引用权利要求34，进一步限定了“磁致伸缩元件由2628CoA材料形成”。由于涉案专利说明书中有关V材料的第三实施例未能充分公开，故第三实施例不能作为认定权利要求34、35是否以说明书为依据的基础。在缺乏具体实施方式支持的情况下，被诉决定认定权利要求34、35不符合专利法第二十六条第四款的规定并无不当。

2. 关于被诉决定维持有效的权利要求5、8、13、19、27、28、31、32、33、36、43和45（以下统称维持有效的权利要求）

首先，关于本案的审理范围。《中华人民共和国行政诉讼法》（以下简称行政诉讼法）第六条规定：“人民法院审理行政案件，对行政行为是否合法进行审查。”根据该规定，人民法院可主要根据当事人提出的诉讼请求以及主张的事实和理由，对被诉决定的合法性进行审理，但并不以此为限。人民法院发现被诉决定存在违反法律规定的其他情形的，可以一并审查。本案中，专利复审委员会作出被诉决定，于权利要求5、8、13、19、27、28、31、32、33、36、43和45的基础上维持涉案专利权继续有效。虽然讯强公司没有提起行政诉讼，传感电子公司在起诉时也没有对被诉决定中维持上述权利要求有效的认定提出异议，但本院在对前述宣告无效的权利要求审理过程中，发现维持有效的权利要求中的大部分权利要求同样存在未能以说明书为依据的情形，不符合专利法第二十六条第四款的规定。本院认为，如果对被诉决定中有关维持有效的权利要求的错误认定部分不予纠正，则被错误维持有效的权利要求会使得专利权人仍然享有排他权，会对他人的合法权益和社会公共利益带来不应有的限制。而且，参照审查指南第四部分第三章有关无效宣告请求“一事不再理原则”的相关规定，其他人今后针对被错误维持有效的权利要求，以同样的理由再行主张其不符合专利法第二十六条第四款的规定时，专利复审委员会将基于本案被诉决定而“不予受理或者审理”。综上，为了监督专利复审委员会依法行政，避免错误维持有效的权利要求损害第三人的合法权益和社会公共利益，本院在充分听取各方当事人意见的基础上，根据行政诉讼法第六条的规定对维持有效的权利要求是否符合专利法第二十六条第四款的规定一并进行审理，并分别认定如下：

首先，关于权利要求5、8、13、19、27、28、36、43和45。所述权利要求中没有限定制作偏磁元件、磁致伸缩元件的具体材料，而是以偏磁元件或者标识器具有的某种或某几种特性及其参数范围来限定权利要求的保护范围。基于与前述权利要求1～4、6、7、9～12、14～18、20～26、29、30、37～42、44、46～47相同的理由，本院认为权利要求5、8、13、19、27、28、36、43和45同样未能以说明书为依据，不符合专利法第二十六条第四款的规定。被诉决定错误认定所述权利要求符合专利法第二十六条第四款的规定，继而错误维持所述权利要求有效，认定事实和适用法律均有错误，应予撤销。

其次，关于权利要求31、33。其中，权利要求31引用权利要求30，权利要求33引用权利要求31，两项权利要求基于涉案专利说明书中充分公开的第二实施例，在权利要求30的基础上分别进一步限定了“偏磁元件由SB1材料形成”，以及“磁致伸缩元件由2628CoA材料形成”。本院认为，权利要求31、33限定的保护范围与涉案专利的技术贡献和公开范围相适应，能够解决涉案专利所要解决的技术问题，实现涉案专利所要实现的技术效果，符合专利法第二十六条第四款的规定。被诉决定维持权利要求31、33有效的认定正确，应予维持。

复次，关于权利要求32。虽然其形式上引用权利要求31，但又限定了“偏磁元件由Metglas 2628MB材料形成”，故权利要求32实质上是以“Metglas 2628MB材料”替代了权利要求31中的“SB1材料”，与权利要求31构成并列的技术方案，不再是权利要求31的从属权利要求。由于涉案专利说明书中没有公开有关Metglas 2628MB材料的具体实施方式，本领域技术人员不能合理确认权利要求32限定的技术方案能够解决涉案专利所要解决的技术问题，实现所要实现的技术效果，故权利要求32未能以说明书为依据，不符合专利法第二十六条第四款的规定。被诉决定未能对权利要求32限定的技术方案进行具体分析，简单地以“其从属权利要求32……也符合专利法第二十六条第四款的规定”为由，错误维持权利要求32有效，认定事实和适用法律均有错误，应予撤销。

最后，传感电子公司认为，被诉决定认定涉案专利各项权利要求相对于现有技术具有区别技术特征，具有创造性，说明各项权利要求相对于现有技术解决了各自要解决的技术问题，保护范围适当，符合专利法第二十六条第四款的规定。本院认为，专利法第二十二条第三款、第二十六条第四款分别对创造性和权利要求应当以说明书为依据做出规定。因此，即使权利要求具备创造性，对于其中记载的包括区别技术特征在内的各项技术特征是否概括适当，以及权利要求限定的技术方案整体上是否概括适当，仍然需要专利法第二十六条第四款的规定来进行认定。尤其是，在权利要求相对于现有技术具备区别技术特征，且现有技术整体上未能给出技术启示的情况下，如果该区别特征概括得过于宽泛，未能以说明书为依据，则只能依据专利法第二十六条第四款的规定请求宣告该权利要求无效。专利法中有关创造性、权利要求以说明书为依据的规定分别从不同角度，对权利要求的合法性进行规范和调整，共同保障专利制度的运行符合立法目的。综上，创造性和以说明书为依据均属于权利要求应当满足的法律规定，应当分别进行认定，本院对于传感电子公司的主张不予支持。

关于本案的处理方式。行政诉讼法第七十条规定："行政行为有下列情形之一的，人民法院判决撤销或者部分撤销，并可以判决被告重新作出行政行为……"根据该规定，在被诉决定中的各项认定属于可以区分的情况下，人民法院可以依法判决部分撤销被诉决定中的有关认定。本案中，被诉决定对权利要求 1 ~47 是否符合专利法的有关规定分别作出认定。由于每一项权利要求是一项独立的技术方案，其单独限定保护范围，也可以单独用于主张专利权的保护，或者单独被宣告无效，故被诉决定中关于各项权利要求的合法性的认定是可以区分的。此外，被诉决定中涉及专利法第二十二条第三款，第二十六条第三款、第四款，第三十三条等不同法律规定，被诉决定就相关权利要求是否符合所述法律规定也是分别作出认定，故被诉决定中关于各个法律规定的认定亦属于可以区分的情形。综上，本案可区分不同权利要求以及不同的法律规定，对被诉决定中的相关认定分别审理并作出认定，部分撤销被诉决定中认定错误的部分。由此可以避免不加区分地一并撤销被诉决定，使得已经由被诉决定宣告无效的权利要求又回复为有效状态，对既已稳定的权利义务关系和社会公众的合理信赖造成损害。由此也可避免不必要地增加专利复审委员会重新作出审查决定时的行政成本，避免循环诉讼。

综上，对于被诉决定中有关权利要求 1 ~47 是否以说明书为依据的认定，本院分为以下三种方式分别处理：第一，关于权利要求 1 ~4、6、7、9 ~12、14 ~18、20 ~26、29、30、34、35、37 ~42、44、46 ~47，被诉决定认定所述权利要求未能以说明书为依据，不符合专利法第二十六条第四款规定，宣告所述权利要求无效的认定正确，本院对于传感电子公司的相关申请再审理由不予支持。第二，关于权利要求31、33，被诉决定认定该两项权利要求符合专利法第二十六条第四款规定，维持该两项权利要求有效的认定正确。第三，关于权利要求5、8、13、19、27、28、32、36、43和45，被诉决定认定所述权利要求符合专利法第二十六条第四款规定，维持所述权利要求有效的认定错误，对被诉决定中的该部分认定应予部分撤销，由专利复审委员会针对所述权利要求是否符合专利法第二十六条第四款的规定另行作出审查决定。一审判决错误维持被诉决定，二审判决驳回上诉，均有错误，应予相应撤销。

依照《中华人民共和国专利法》第二十二条第三款、第二十六条第三款、第二十六条第四款，《中华人民共和国行政诉讼法》第六条、第七十条、第八十九条第一款第（二）项、《最高人民法院关于执行〈中华人民共和国行政诉讼法〉若干问题的解释》第七十六条第一款、第七十八条规定，本院判决如下：

一、部分撤销国家知识产权局专利复审委员会第18161号无效宣告请求审查决定中有关权利要求5、8、13、19、27、28、32、36、43和45符合专利法第二十六条第四款规定，维持所述权利要求有效的认定，由国家知识产权局专利复审委员会就所述权利要求是否符合专利法第二十六条第四款的规定重新作出审查决定；

二、撤销北京市第一中级人民法院（2012）一中知行初字第2111号行政判决；

三、撤销北京市高级人民法院（2013）高行终字第961号行政判决。

一审案件受理费100元，二审案件受理费100元，均由传感电子有限责任公司负担。

本判决为终审判决。

审　判　长　王艳芳
审　判　员　钱小红
代理审判员　杜微科
二〇一七年三月二十三日
书　记　员　崔心驰

13. 马库什权利要求的性质

——再审申请人国家知识产权局专利复审委员会与被申请人北京万生药业有限责任公司、一、二审第三人第一三共株式会社发明专利权无效行政纠纷案①

中华人民共和国最高人民法院行政判决书（2016）最高法行再41号

再审申请人（一审被告、二审被上诉人）：国家知识产权局专利复审委员会。住所地：中华人民共和国北京市海淀区北四环西路9号银谷大厦10－12层。

法定代表人：葛树，该委员会副主任。

委托诉讼代理人：刘洪尊，该委员会审查员。

委托诉讼代理人：刘新蕾，该委员会审查员。

被申请人（一审原告、二审上诉人）：北京万生药业有限责任公司。住所地：中华人民共和国北京市通州区通州工业开发区广源东街8号。

法定代表人：黄河，该公司总经理。

委托诉讼代理人：黄泽雄，北京邦信阳专利商标代理有限公司专利代理人。

委托诉讼代理人：侯海燕，北京邦信阳专利商标代理有限公司专利代理人。

一审第三人：第一三共株式会社。住所地：日本国东京都中央区日本桥本町三丁目5番1号。

法定代表人：中山让治，代表取缔役社长。

委托诉讼代理人：陈文平，北京市金杜律师事务所律师。

委托诉讼代理人：毛翃，北京市金杜律师事务所律师。

再审申请人国家知识产权局专利复审委员会（以下简称专利复审委员会）因与被申请人北京万生药业有限责任公司（以下简称万生公司）、一、二审第三人第一三共株式会社发明专利权无效行政纠纷一案，不服中华人民

① 本案在年度报告中的位置为第33页。

共和国北京市高级人民法院（以下简称北京市高级人民法院）（2012）高行终字第833号行政判决，向本院申请再审。本院于2015年12月23日作出（2014）知行字第56号行政裁定，提审本案。本院依法组成合议庭，开庭审理了本案。专利复审委员会委托诉讼代理人刘洪尊、刘新蕾，万生药业委托诉讼代理人黄泽雄、侯海燕和第一三共株式会社委托诉讼代理人陈文平、毛琎到庭参加诉讼。本案现已审理终结。

第一三共株式会社系名称为“用于治疗或预防高血压症的药物组合物的制备方法”、专利号为97126347.7的发明专利（以下简称本专利）的权利人。2010年4月23日，万生公司针对本专利权向专利复审委员会提出无效宣告请求。2011年4月1日，专利复审委员会作出第16266号无效宣告请求审查决定（以下简称第16266号决定），维持本专利权全部有效。万生公司不服第16266号决定，向北京市第一中级人民法院提起行政诉讼。

一审法院经审理查明：本案涉及国家知识产权局于2003年9月24日授权公告、申请日为1992年2月21日、名称为“用于治疗或预防高血压症的药物组合物的制备方法”的第97126347.7号发明专利，专利权人为第一三共株式会社。本专利授权公告的权利要求书如下：

“1. 一种制备用于治疗或预防高血压的药物组合物的方法，该方法包括将抗高血压剂与药物上的可接受的载体或稀释剂混合，其中抗高血压剂为至少一种如下所示的式（Ⅰ）化合物或其可用作药用的盐或酯，

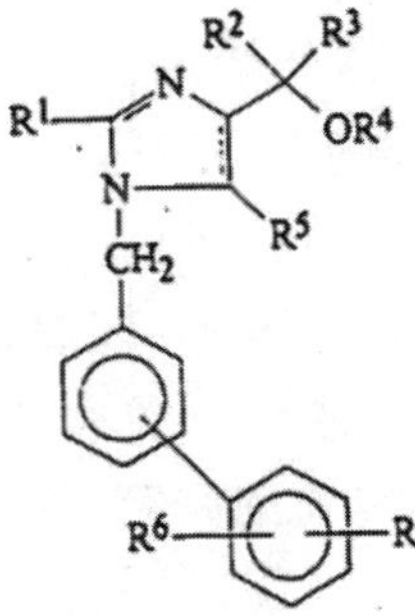

(I)

其中：

R^1代表具有1至6个碳原子的烷基；

R^2和R^3相同或不同，且各自代表具有1至6个碳原子的烷基；

R^4代表：

氢原子；或

具有1至6个碳原子的烷基；

R^5代表羧基、式$COOR^{5a}$基团或式$-CONR^8R^9$基团，其中R^8R^9相同或不

同并各自代表：

氢原子；

含有1至6个碳原子的未被取代的烷基；

含有1至6个碳原子的被取代的烷基，该烷基被羧基取代或被其烷基部分含有1至6个碳原子的烷氧羰基取代；或

R^8和R^9一起代表含有2至6个碳原子的被取代的亚烷基，该亚烷基被一个其烷基部分含有1至6个碳原子的烷氧羰基取代；

以及其中的R^{5a}代表：

含有1至6个碳原子的烷基；

烷酰氧烷基，其中的烷酰基部分和烷基部分各自含有1至6个碳原子；

烷氧羰基氧烷基，其中的烷氧基部分和烷基部分各自含有1至6个碳原子；

（5－甲基－2－氧代－1，3－二氧杂环戊烯－4－基）甲基；或

2－苯并［c］呋喃酮基；

R^6代表氢原子；和

R^7代表羧基或四唑－5－基。"

本专利说明书记载：我们已经发现有限种类的1－（联苯基甲基）－咪唑－5－羧酸衍生物具有优良的AⅡ受体拮抗活性，由此可用作抗高血压药物并用于治疗和预防心脏疾病。为此，本专利发明目的之一是提供了一系列新的1－（联苯基甲基）－咪唑－5－羧酸衍生物。本专利说明书第107～108页记载了权利要求1所述式I化合物的多个具体（试验）化合物的活性数据，其相对于现有技术的化合物A具有意外效果。

针对本专利权，万生公司于2010年4月23日向专利复审委员会提出无效宣告请求，其理由为本专利权利要求1不符合专利法第二十二条第三款、专利法第二十六条第四款和专利法实施细则第二十条第一款的规定。同时，提交了如下证据，其中：

证据1：第EP0324377A2号欧洲专利申请文件，公开日为1989年7月19日，复印件共271页，及该专利第1页、第2页倒数第2行至第15页倒数第1行的中文译文，译文共15页。其译文第15页记载：作为抗高血压活性最优选的是下列新化合物及其药物上可接受的盐。其中优选化合物的第2个化合物为证据1实施例329的化合物：2－丙基－1－［（2'－（1H－四唑－5－基）联苯－4－基）甲基］咪唑－4，5－二羧酸；第3个化合物为证据1实施例265C的化合物：2－丙基－4－五氟乙基－1－［（2'－（1H－四唑－5－基）联苯－4－基）甲基］咪唑－5－羧酸。证据1的中译文第4－8页对于

证据1式I化合物定义了R^1、R^2、R^3、R^6、R^7、R^8的相关取代基的多种可选择要素，同时也定义了与R^1、R^2、R^3、R^6、R^7、R^8取代基相关的取代基R^{9-32}的多种可选要素。

2010年8月30日，第一三共株式会社针对该无效宣告请求陈述了意见，同时对其权利要求书进行了修改，其中包括：删除了权利要求1中“或其可作药用的盐或酯”中的“或酯”两字；删除权利要求1中R^4定义下的“具有1至6个碳原子的烷基”；删除了权利要求1中R^5定义下除羧基和式$COOR^{5a}$（其中R^{5a}为（5-甲基-2-氧代-1，3-二氧杂环戊烯-4-基）甲基）外的其他技术方案。

第一三共株式会社认为：在修改后的权利要求书中，已经删除了“或酯”的表述，涉及《中华人民共和国专利法》（以下简称专利法）第二十六条第四款、《中华人民共和国专利法实施细则》（以下简称专利法实施细则）① 第二十条第一款的无效请求理由已经不能成立。证据1没有公开万生公司所谓的“最接近的化合物”，本专利化合物咪唑4-位的取代基与证据1不相似、不接近，没有证据证明其具有相同或相似的效果。证据1没有教导本专利化合物具有显著优于证据1的抗高血压活性。

2011年1月12日，专利复审委员会进行了口头审理。在口头审理过程中确认了以下事实：

（1）专利复审委员会告知第一三共株式会社，对于其于2010年8月30日提交的修改文本，对于删除权利要求1中“或酯”的修改予以认可，但其余修改不符合专利法实施细则第六十八条的相关规定，该修改文本不予接受。第一三共株式会社和万生公司对此无异议。

第一三共株式会社明确表示只删除权利要求1中的“或酯”，庭后三天内提交修改文本。万生公司确认如果第一三共株式会社删除权利要求1中的“或酯”，则放弃专利法第二十六条第四款和专利法实施细则第二十条第一款的无效理由；否则坚持上述无效理由。

（2）万生公司承认其请求书中所述证据1的具体化合物或通式的定义都是从证据1的式I化合物选择的，证据1中并无记载；此外，万生公司承认本案中没有证据证明请求书第5页所述的公知常识。

（3）第一三共株式会社认可本专利的发明目的或达到的技术效果记载在本专利说明书第2页第3段，万生公司对此无异议。

2011年1月14日，第一三共株式会社提交了意见陈述书和修改后的权

---

① 编者注：本文的专利法实施细则为2002年修订版。

利要求书替换页，其中删除权利要求1中的“或酯”。

2011年2月1日，专利复审委员会将上述文件转送给万生公司，要求其在指定期限内答复。万生公司在指定期限内没有提出异议。

2011年4月1日，专利复审委员会作出第16266号决定，认定：（一）审查基础。本决定所依据的文本是：第一三共株式会社于2011年1月14日提交的权利要求第1项，授权公告的说明书第1~195页及说明书摘要。（二）关于专利法第二十二条第三款。将权利要求1的式I化合物与证据1的式I化合物相比较，其区别在于，首先：本专利权利要求1中咪唑5位的R^5和咪唑4-位的R^2R^3（OR^4）这两项取代基所定义的取代基不同于证据1中可以在咪唑4-位和5-位的R^7、R^8定义的取代基不同；其次，本专利的式I化合物的R^1、R^6、R^7的定义范围、咪唑和苯环的连接CH_2数目、苯环上取代基的定义范围与证据1的通式I化合物不同，证据1的式I化合物涵盖了数量更庞大的化合物。

首先，根据证据1中公开的内容可以看出，证据1的式I化合物不但包括了R^1、R^2、R^3、R^6、R^7、R^8所定义的多种取代基情况，而且与这些取代基有关的可选择取代基R^{9-32}定义了更多数量的证据1的式I化合物。证据1中既没有公开本专利权利要求1中结构I的化合物，也没有公开万生公司在请求书中所述的具体化合物，而且在咪唑4-位取代基的多种取代情况，即R^7和R^8定义的众多取代基选项中，甚至没有记载该通式化合物的咪唑4-位可以被羟基支链烷基或烷氧基支链烷基取代。其次，证据1中没有披露且万生公司也没有证据证明证据1的式I化合物中咪唑4-位的烷基与烷氧基支链烷基或羟基支链烷基之间可以互相替代，更没有披露咪唑4-位的烷基与烷氧基支链烷基或羟基支链烷基之间可以互相替代之后的作用相同或相似，因此，本领域技术人员根据证据1公开的内容选择得到本专利权利要求1的技术方案需要花费创造性劳动，权利要求1相对于证据1并非显而易见的。再次，本专利中不但记载了所述式I化合物的多个具体化合物的活性数据，而且证明本专利中化合物相比于背景技术中最接近的化合物A（参见本专利说明书第1、107和108页）相比具有意外效果，作为降血压药是有效的。而且，专利申请文件中通常无须提供该专利所有化合物与现有技术中的所有化合物进行对比的实验数据。如前所述，本领域技术人员不能从证据1的内容中得到本专利式I化合物的技术启示。因此本专利相比于证据1具有创造性，符合专利法第二十二条第三款的规定。

基于同样的理由，万生公司提出的所谓证据1中R^1代表4-位连接的任意取代的苯基，其取代部位为5位上，R^{13}为4-唑基，R^2代表氢，R^3代表氢；

R^6代表直链丙烷基；R^7代表支链丁烷基；R^8代表羧基时的化合物以及万生公司当庭提交的仅咪唑4－位取代基不同的具体化合物结构并不是证据1中公开的技术方案，万生公司也承认证据1并未公开上述通式和具体化合物，故这些化合物不能构成评价本专利创造性的最接近的现有技术方案。

而且，证据1的中译文第15页所公开的实施例329、265C化合物的结构与本专利权利要求1化合物相比，其区别在于证据1的实施例329、265C的化合物在咪唑4－位取代基分别为C_2F_5、COOH基团，而本专利权利要求1化合物中在咪唑4－位的取代基是指如定义所述的取代基R^2R^3（OR^4），即是羟基支链烷基或烷氧基支链烷基。然而，证据1中上述化合物咪唑环的4－位取代基C_2F_5、COOH与本专利定义的羟基支链烷基或烷氧基支链烷基不同，而且证据1甚至在定义咪唑4－位的多种取代基选项范围中没有记载该位置可选择羟基支链烷基或烷氧基支链烷基，证据1也没有披露所述咪唑4－位的取代基C_2F_5、COOH基团可以被羟基支链烷基或烷氧基支链烷基替代。由此可见，证据1中的上述内容没有给出咪唑4－位是羟基支链烷基或烷氧基支链烷基的启示。同时，万生公司没有提供证据证明现有技术中存在技术常识表明证据1中实施例329、265C的咪唑环4位可以被本专利的羟基支链烷基或烷氧基支链烷基替代，也没有证明替代之后化合物具有所述的活性或作用。因此，本专利权利要求1相比于证据1是非显而易见的，具有创造性，符合专利法第二十二条第三款的规定。

综上所述，专利复审委员会作出16266号审查决定，在第一三共株式会社于2011年1月14日提交的修改文本的基础上，维持本专利权有效。

另查明，在本专利授权程序中，国家知识产权局实审部门曾经认为本专利申请相对于本案的附件1具有极其相似的结构，并且都有抗高血压活性，不具备创造性，并要求本专利申请人提供实验数据。本专利申请人随后提供了本申请与附件1相比的实验数据，其中，申请人主张，将R^2分别是2－丙基的对比文件1的实施例251A、265A、265C、329和335的化合物与R^2分别是2－丙基的本申请实施例19和24的化合物相比较，对比文件1的化合物的ID50（其数值分别为0.04，0.02，0.1，0.031和1.7），比本专利的化合物的ID50（其数值分别为0.008和0.014）高出5，2.5，12.5，3.88，212.5倍和2.86，1.43，7.14，2.21，121.43倍，由此可见，本申请的化合物明显优于对比文件1的化合物。很显然，本申请的化合物含有在咪唑环的4－位上的叔丁醇基团显示出其所具有的令人惊异的活性。

本案二审审理期间，根据第一三共株式会社修改后的权利要求、本专利说明书表7所公开的部分实验化合物ID50数据、专利申请人向国家知识产权局实审部门提交的意见陈述书中记载的证据 1 实施例 329ID50 数据，可以得出下列表格：

实验化合物	ID50	329 ID50	比 329 的效果
10	0. 066	0. 031	差
17	0. 056		差
19	0. 008		好
22	0. 017		好
23	0. 043		差
24	0. 014		好
50	0. 22		差
69	0. 019		好

上述事实有第 16266 号决定、证据 1. 专利审查文档以及当事人陈述等证据在案佐证。

北京市第一中级人民法院认为，第 16266 号决定首页将无效宣告请求审查决定的类型确定为“维持专利权有效”仅能理解为是在第一三共株式会社于 2011 年 1 月 14 日提交的修改文本的基础上维持本专利权有效，而非是在本专利授权公告时的权利要求文本的基础上维持本专利权有效。第 16266 号决定并不存在认定事实错误。第一三共株式会社对该马库什权利要求中马库什要素的删除并不直接等同于并列技术方案的删除，不符合 2002 年修订的专利法实施细则第六十八条的规定。专利复审委员会对此以不符合上述规定而不予接受该修改文本并不存在法律适用错误。在专利无效的口头审理阶段，万生公司对于专利复审委员会不予接受该不属于并列技术方案的删除的文本也当庭表示同意。关于创造性判断，证据 1 并没有定义或记载万生公司所述的取代基 R^1、R^{13}、R^2、R^3、R^6、R^7、R^8同时分别是“R^1代表 4 位连接的任意取代的苯基，其取代部位为 5 位上，R^{13}为 4 唑基，R^2代表氢，R^3代表氢，R^6代表直链丙烷基，R^7代表支链丁烷基，R^8代表羧基”的具体化合物。因此，万生公司所述该具体化合物的技术方案并未在证据 1 中公开，不能据此评述本专利权利要求 1 的创造性。相对于证据 1 的中译文第 15 页所涉及的优选化合物的第 2 个化合物（即证据 1 实施例 329 的化合物）与第 3 个化合物（即证据 1 实施例 265C 的化合物）而言，与本专利权利要求 1 相比，其区别在于实施例 329、265C 的化合物在咪唑 4 – 位上的取代基分别为 C_2F_5、COOH 基团，而本专利权利要求 1 化合物在咪唑 4 – 位上的取代基为权利要求 1 中

所定义的 R^2R^3（OR^4），二者明显不同，因此，证据1并未给出咪唑4－位上的取代基是羟基支链烷基或烷氧基支链烷基的技术启示。同时，万生公司也未提供现有技术的证据证明实施例329、265C的化合物在咪唑4－位上的取代基可以被羟基支链烷基或烷氧基支链烷基替代且替代之后具有相似的活性或作用。此外，根据说明书第2页相应记载内容并无法得出万生公司所述“AⅡ受体抑制活性与咪唑其他位置上的取代基关系不大”的结论。关于本专利权利要求1技术方案的技术效果，本专利说明书第107～108页已经记载了权利要求1所述式Ⅰ化合物的多个具体化合物的活性数据，其相对于现有技术的化合物A具有意外效果。因此，本专利权利要求1相对于证据1是非显而易见的，具备2001年施行的专利法第二十二条第三款规定的创造性。

综上，根据《中华人民共和国行政诉讼法》第五十四条第（一）项之规定，北京市第一中级人民法院判决：维持专利复审委员会作出的第16266号决定。

万生公司不服一审判决，向北京市高级人民法院提起上诉，请求撤销一审判决及第16266号决定，责令专利复审委员会重新作出审查决定。其理由为：1. 一审判决和第16266号决定中对无效宣告请求决定的类型认定错误，应当是宣告专利权部分无效，而不是维持专利权有效。2. 一审判决和第16266号决定认定证据1公开的具体化合物不能构成评价本专利创造性的最接近的现有技术方案，这一认定是错误的。3. 一审判决和第16266号决定认定，相对于证据1实施例329、265C化合物，本专利权利要求1具备创造性，这一认定是错误的。4. 专利复审委员会不允许第一三共株式会社对本专利权利要求1所作的部分修改属于适用法律不当。

专利复审委员会、第一三共株式会社服从一审判决。

二审法院认为，（一）关于第16266号决定首页是否存在认定事实错误的问题。本案中，第一三共株式会社经主动修改放弃了本专利授权公告时的部分技术方案，第16266号决定在其“决定的理由”之“审查基础”部分已经明确，该决定所依据的文本是第一三共株式会社于2011年1月14日提交的权利要求第1项，而非本专利授权公告时的权利要求文本。专利复审委员会在第16266号决定正文部分明确指出，其是在第一三共株式会社于2011年1月14日提交的修改文本的基础上维持本专利权有效的。因此，就整体而言，第16266号决定首页将无效宣告请求审查决定的类型确定为“维持专利权有效”应当理解为是在第一三共株式会社于2011年1月14日提交的修改文本的基础上维持本专利权有效，而非是在本专利授权公告时的权利要求文本的基础上维持本专利权有效。因此，第16266号决定并不存在认定事实错误。万生公司关于第16266号决定首页存在认定事实错误的上诉主张不能成立。当然，专利复审委员会可以进一步完善无效决定首页的形式，增加在修改文本的基础上维持专利权有效之内容，以减少当事人由此产生的误解。

（二）关于专利复审委员会不允许第一三共株式会社修改权利要求是否存在法律适用错误的问题。专利法实施细则第六十八条第一款规定，在无效宣告请求的审查过程中，发明或者实用新型专利的专利权人可以修改其权利要求书，但是不得扩大原专利的保护范围。本专利权利要求采用马库什权利要求的撰写方法。马库什权利要求是在一项权利要求中限定多个并列的可选择要素，具体而言，是指在一个权利要求中包括多个变量，每一个变量又包括多个不同选择项的以并列可选项的罗列为主要特征来表达权利要求保护范围的一种权利要求类型。因此，当马库什权利要求涉及化合物时，这些化合物之间是并列选择关系，每个化合物是一个独立的技术方案，该权利要求所概括的是多个技术方案的集合，各要素间都可以相互替代而达到相同的效果。既然认为马库什权利要求属于并列技术方案的特殊类型，而且这种删除缩小了专利权的保护范围，符合专利法实施细则第六十八条第一款规定，并未损害公众利益，即应当允许专利权人删除相关的选择项。但是，鉴于马库什权利要求授权时该权利要求所涵盖的化合物并非均被合成出来，因此，允许修改的界限在于不得使修改后的权利要求成为说明书中未载明的具体化合物，否则，就会使针对马库什权利要求的选择发明失去存在的基础。

一审法院及专利复审委员会均认为马库什权利要求中马库什要素的删除并不直接等同于并列技术方案的删除，不符合专利法实施细则第六十八条的规定，这一观点实际上认为授权后的马库什权利要求属于一个整体技术方案，不允许进行删除。众所周知，在专利文件撰写及专利审查过程中，无论专利申请人还是审查员，只能在特定范围内检索现有技术的内容。由于现有技术范围广泛，任何人均不可能检索到所有的现有技术。如果将授权后的马库什权利要求视为一个整体技术方案而不允许删除任一变量的任一选择项，那么专利权人获得的专利权势必难以抵挡他人提出的无效请求。专利权人无法预料专利申请日前是否存在某个落入专利保护范围的具体技术方案，那么其获得的专利非常容易被宣告无效，所谓马库什权利要求就失去其存在的意义。因此，无论在专利授权审查程序中，还是在无效程序中，均应当允许专利申请人或专利权人删除任一变量的任一选择项，这种删除属于技术方案的删除。

本案中，第一三共株式会社于2010年8月30日提交的修改文本对权利要求1进行了如下修改：（1）删除了权利要求1中“或其可作药用的盐或酯”中的“或酯”；（2）删除了权利要求1中R^4定义下的“具有1至6个碳原子的烷基”；（3）删除了权利要求 1 中 R^5 定义下除羧基和式 $COOR^{5a}$（其中 R^{5a} 为（5－甲基－2－氧代－1，3－二氧杂环戊烯－4－基）甲基）外的其他定义。专利复审委员会不允许上述第（2）项和第（3）项修改有违专利法实施细则第六十八条的立法本意，虽有不妥，但是，鉴于第一三共株式会社并未提出异议，万生公司的权益也未受到损失，据此，万生公司关于第 16266 号决定违反专利法实施细则第六十八条应予撤销的上诉主张不能成立，不予支持。

（三）关于权利要求 1 是否具备创造性。专利法第二十二条第三款规定，创造性是指同申请日以前已有的技术相比，该发明有突出的实质性特点和显著的进步。众所周知，当马库什权利要求涉及化合物时，该权利要求往往涵盖成千上万的具体化合物，其保护范围较大，所涵盖的每个具体化合物与现有技术中结构相似的具体化合物相比，都应当具有预料不到的用途或者效果。当涉及不同范围的马库什权利要求创造性判断时，应当在不同范围的马库什权利要求范围内进行一定的筛选，选择尽可能相近的具体化合物进行技术效果的比较。只要在马库什权利要求所涵盖的具体实施例与现有技术中至少一个具体化合物的技术效果相比，不具有预料不到的用途或者效果，那么该马库什权利要求就不具备创造性。

本案中，将本专利实验化合物进行筛选，确定实施例 10、17、19、22～24、50 和 69 作为具体实施例，与结构上仅有一个取代基不同的证据 1 中实施例 329 进行 ID50 数据的比较，仅有四个实施例效果优于实施例 329，而其他四个实施例却明显较差。这一比较结果说明，本专利权利要求所涵盖的一个具体实施例的效果与现有技术的证据 1 中实施例 329 的技术效果相当，因此，本专利权利要求 1 未取得预料不到的技术效果，不具备创造性。万生公司关于本专利权利要求 1 不具备创造性的上诉主张成立，本院予以支持。

鉴于第 16266 号决定仅就本专利权利要求 1 是否具备创造性进行判断并作出决定，并未就其他从属权利要求进行审查，专利复审委员会应当在本专利权利要求 1 不具备创造性的基础上继续对其他权利要求进行审查，重新作出决定。

综上，一审判决及第 16266 号决定认定事实不清，适用法律错误，应当予以撤销。万生公司的部分上诉主张成立，对其上诉请求应予支持。依据《中华人民共和国行政诉讼法》第六十一条第（三）项、最高人民法院《关于执行〈中华人民共和国行政诉讼法〉若干问题的解释》第七十条之规定，二审法院判决：

一、撤销中华人民共和国北京市第一中级人民法院（2011）一中知行初字第2403号行政判决；

二、撤销中华人民共和国国家知识产权局专利复审委员会作出的第16266号无效宣告请求审查决定；

三、中华人民共和国国家知识产权局专利复审委员会就专利号为97126347.7、名称为“用于治疗或预防高血压症的药物组合物的制备方法”的发明专利重新作出无效宣告请求审查决定。

一、二审案件受理费各人民币一百元，均由中华人民共和国国家知识产权局专利复审委员会负担（均于本判决生效之日起七日内交纳）。

专利复审委员会申请再审称，（一）二审判决关于马库什权利要求法律属性的认定错误。1. 就通式化合物而言，以马库什方式撰写的化合物权利要求属于概括的技术方案，而不能简单地将其视为众多化合物的集合。2. 马库什通式中众多变量及其大量可选项的罗列表征并不能等同于马库什权利要求可以视同是明晰并列的具体化合物技术方案。3. 将马库什权利要求理解为清晰独立的具体化合物集合方案脱离了马库什化合物保护本意，专利申请人在申请当初以马库什方式撰写其权利要求的根本目的就在于最大限度的圈定类似化合物的范围，同时也会将其已经实施的核心化合物撰写为从属权利要求加以保护，二审判决孤立地理解马库什化合物作为权利要求书组成部分而非全部的事实。4. 马库什化合物本身多层级、树杈形衍生展开的客观事实并非具体化合物并列集合（类似容器内乒乓球的模型）模型能够准确表达的。（二）二审判决关于可删除马库什权利要求任一变量的任一选项、缩小范围就视为未损害公共利益以及允许修改的界限是不得出现说明书未记载的具体化合物的观点错误。1. 任一变量和任一选项的任意删除必然产生“全新”的“缩小”的中间保护范围，不符合专利法的相关规定。2. 目前无效程序中对修改后的权利要求数目没有限制，如果允许任意删除，专利权人可以通过删除不同层级、不同数量的可变量或可选项之后构建得到新的中间范围的马库什权利要求。3. 如果允许删除马库什通式的任一可变量的任一选项，则专利权人还可以增加所有在授权权利要求书中从未要求保护而在说明书提及的“具体化合物”作为新权利要求，这些新权利要求保护的具体化合物在说明书中可能仅仅是表格化合物，这将会严重影响公众对授权专利的信赖利益。4. 尽管删除可变量得到的一项中间范围的新权利要求相对于一项授权的马库什权利要求缩小了保护范围，但无效程序中新增加的中间范围的权利要求的数量可能远远超过原来的一项授权马库什权利要求，结果使专利权人经过无效程序，通过其新权利要求构建更加接近的新的现有技术，增加后续选择发明的难度，背离了缩小范围将有利于公众利益的设想。5. 授权阶段，专利权人虽然实施了有限的具体化合物，但是其借助于现代化学技术的发展，通过数据模拟等技术并基于现有技术要求保护了大量的类似化合物。允许任一变量的任一项修改实际上给出了马库什化合物可以此类专利申请撰写有一项权利要求就足矣的导向，其后可以在无效程序中通过修改得到许多范围不同的技术方案，或者得到某些具体化合物的技术方案。（三）二审判决关于涉案申请创造性地认定错误。1. 被诉决定并不存在选择不相近具体化合物的事实认定。第16266号决定有关其他不同范围的马库什化合物，是无效请求人在无效程序中反复强调的无效理由，属于无效程序中不得不予以回应认定的诉求。2. 在创造性的判断中，非显而易见性和预料不到的技术效果的判断应当有机统一。是否产生预料不到的技术效果不应当是创造性判断的单独因素，而应当通过发明实际解决的技术问题和技术启示的确定，蕴含于非显而易见性的判断过程中，或在非显而易见性的初步判断后，用作衡量发明人所做出的技术贡献与所获得的保护是否相称的辅助考虑因素。3. 证据1在咪唑4－位取代基为多种取代情况，甚至没有记载本专利通式化合物的咪唑4－位可以被“羟基支链烷基或烷氧基支链烷基”这一类上位类型取代基替代，由此可以看出证据1无论如何选择所述通式化合物的咪唑4－位的取代基，都没有动机选择本专利权利要求1的咪唑4－位的取代。证据1没有披露且请求人也没有证据证明证据1的式1化合物中咪唑4－位烷基与羟基支链烷基或烷氧基支链烷基之间可以相互替代，更没有披露咪唑4－位烷基与羟基支链烷基或烷氧基支链烷基之间相互替代之后的作用相同或相似，权利要求1项对于证据1是非显而易见的。（四）二审判决自行引入10、17、50和69化合物的效果数据，被诉决定和一审判决均未涉及，属于新事实，违反了行政诉讼法。故请求撤销二审判决，维持被诉决定。

万生公司答辩称：（一）二审判决关于马库什权利要求的修改方式认定正确。1. 马库什化合物权利要求应当理解为并列技术方案的集合，而非不可分割的整体技术方案，专利复审委员会不接受专利权人2010年8月30日提交修改文本的做法没有法律依据和实践基础。2. 司法实践中，对于以马库什方式撰写的通式化合物权利要求，当质疑其概括的范围过大而得不到说明书支持时或者当质疑其包括了一个现有技术中公开了的化合物而不具备新颖性时。3. 专利复审委员会允许删除“或酯”但不允许删除通式I化合物中取代基 R^4 和 R^5 部分可以选基团的做法逻辑上自相矛盾。4. 在无效程序中缩小权利要求的保护范围是法律赋予专利权人的权利，专利权人并未因此而获得任何利益，这种权利不应当由于权利要求写成了马库什的形式而被剥夺。5. 从平衡专利权人及公众利益的角度，在无效程序中没有理由禁止删除权利要求中马库什通式化合物的并列可选择基团。6. 无效宣告决定基于错误的审查文本进行的裁判，有违程序公正，应当予以撤销。（二）本专利权利要求1不具备创造性。针对马库什权利要求的通式化合物而言，其最接近的现有技术应当是要求保护的化合物相比，结构上最为接近且效果最好的已知化合物。当马库什权利要求中所包含的所有并列技术方案、最起码是具体实施了的所有发明化合物（它们构成对马库什权利要求的支持基础）、相对于最接近的现有技术都取得了预料不到的用途和效果时，该马库什权利要求才能够被认为具有创造性。本案中，证据1的实施例329化合物和实施例265c化合物从结构上看均属于与本专利化合物接近的化合物。本专利马库什权利要求1的通式化合物除了包含本专利经过活性实验的8个实施例化合物及其等同替代方案或明显变形外，实际上还包括数量巨大的其他化合物，这些化合物的活性效果并没有在本专利文件中得到实验验证，因此不能证明其具有预料不到的效果。本专利概括得到的马库什权利要求1并不能够满足相对于证据1公开的最接近的现有技术化合物取得了预料不到的用途或效果。因此，本专利权利要求1不具有创造性。（三）专利复审委员会认为二审判决引入了不利于专利权人的新事实（即10、17、50和69化合物的效果数据），对此万生公司不认可。上述实施例化合物的效果数据是本专利授权说明书记载了的，万生公司在一审程序中提交的行政诉状以及一审审理过程中均提及和评述了上述实施例。在一审程序中，万生公司和专利复审委员会都认可并使用专利权人提交的单方实验数据来评价本专利的创造性。故请求驳回专利复审委员会的再审申请，维持二审判决。

第一三共株式会社提交意见称，（一）审查指南第二部分第十章规定，如果一项中申请在一个权利要求中限定多个并列的可选择要素，则构成马库什权利要求。基于上述定义可知，马库什权利要求种不同的取代基属于并列的可选择要素，因此，应当认定为并列的技术方案，允许在无效程序中进行删除。对于无效程序的修改原则，即是否超出原说明书的保护范围，应当严格把握，放置在无效程序中损害社会公众的利益。但对于无效程序的修改方式，并不应该过于严格和苛刻，只要不损害原权利要求的公示效果，在社会公众的可预见范围内，就应当得以允许。（二）二审判决关于本专利不具备创造性的认定错误。1. 二审判决无视本专利就是针对证据1进行的改进这一事实。2. 与证据1实施例329相比，效果变差的四个本发明化合物（实施例10、17、23和50）中至少有三个不同的取代基，二审判决认定仅有一个取代基不同。3. 二审判决适用法律错误。根据审查指南第二部分第十章规定，结构上与已知化合物接近化合物，必须要有预料不到的技术效果。马库什权利要求保护范围内所有化合物，与该化合物的所有“接近的化合物”相比较，而不是与现有技术的所有化合物相比较都有预料不到的技术效果。故请求依法提审本案并改判支持第一三共株式会社的诉讼请求。

本院认为，本案的争议焦点是：（一）以马库什方式撰写的化合物权利要求属于概括的技术方案还是众多化合物的集合；（二）在宣告无效阶段，权利人可以采取什么方式修改马库什权利要求；（三）本专利申请权利要求1是否具有创造性。

（一）关于以马库什方式撰写的化合物权利要求属于概括的技术方案还是众多化合物的集合的问题

专利法第三十一条第一款规定：“一件发明或者实用新型专利申请应当限于一项发明或者实用新型。属于一个总的发明构思的两项以上的发明或者实用新型，可以作为一件申请提出。”专利法实施细则第三十四条规定：“依照专利法第三十一条第一款规定，可以作为一件专利申请提出的属于一个总的发明构思的两项以上的发明或者实用新型，应当在技术上相互关联，包含一个或者多个相同或者相应的特定技术特征，其中特定技术特征是指每一项发明或者实用新型作为整体，对现有技术做出贡献的技术特征。”马库什权利要求是化学发明专利申请中一种特殊的权利要求撰写方式，即一项申请在一个权利要求中限定多个并列的可选择要素概括的权利要求。马库什权利要求撰写方式的产生是为了解决化学领域中多个取代基基团没有共同上位概念可概括的问题，其本身一直被视为结构式的表达方式，而非功能性的表达方式。马库什权利要求限定的是并列的可选要素而非权利要求，其所有可选择化合物具有共同性能和作用，并且具有共同的结构或者所有可选择要素属于该发明所属领域公认的同一化合物。虽然马库什权利要求的撰写方式特殊，但是也应当符合专利法和专利法实施细则关于单一性的规定。

马库什权利要求具有极强的概括能力，一旦获得授权，专利权保护范围将涵盖所有具有相同结构、性能或作用的化合物，专利权人权益将得到最大化实现。而从本质而言，专利权是对某项权利的垄断，专利权人的所享有的权利范围越大，社会公众所受的限制也就越多，因此，从公平角度出发，对马库什权利要求的解释应当从严。马库什权利要求不管包含多少变量和组合，都应该视为一种概括性的组合方案。选择一个变量应该生成一种具有相同效果药物，即选择不同的分子式生成不同的药物，但是这些药物的药效不应该有太大差异，相互应当可以替代，而且可以预期所要达到的效果是相同的，这才符合当初创设马库什权利要求的目的。因此，马库什权利要求应当被视为马库什要素的集合，而不是众多化合物的集合，马库什要素只有在特定情况下才会表现为单个化合物，但通常而言，马库什要素应当理解为具有共同性能和作用的一类化合物。如果认定马库什权利要求所表述的化合物是众多化合物的集合，就明显与单一性要求不符，因此二审判决认为马库什权利要求属于并列技术方案不妥，应当予以纠正。

（二）关于在无效宣告请求审查阶段，权利人可以采取什么方式修改马库什权利要求的问题

《专利审查指南》[①]（2010 年）规定无效宣告请求审查阶段，发明和实用新型专利文件的修改应仅限于权利要求书，其遵循的基本原则是：1. 不得改变原权利要求的主体名称；2. 与授权的权利要求相比，不得扩大原专利的保护范围；3. 不得超出原说明书和权利要求书中技术特征；4. 一般不得增加未包含在授权权利要求书中的技术特征。但是，目前修改方式已经改为在满足上述修改原则的前提下，修改权利要求书的具体方式一般限于权利要求的删除、技术方案的删除、权利要求的进一步限定、明显错误的修正。权利要求进一步限定是指在权利要求中补入其他权利要求中记载的一个或者多个技术特征，以缩小保护范围。可见，在无效程序中，专利文件修改方式更加多样化。但是，化学领域发明专利申请审查存在诸多特殊问题，如化学发明是否能够实施需要借助于实验结果才能确认，有的化学产品需要借助于参数或者制备方法定义，已知化学产品新的性能和用途并不意味着结构或者组分的改变等。鉴于化学发明创造的特殊性，同时考虑到在马库什权利要求撰写之初，专利申请人为了获得最大的权利保护范围就有机会将所有结构方式尽可能写入一项权利要求，因此在无效阶段对马库什权利要求进行修改必须给予严格限制，允许对马库什权利要求进行修改的原则应当是不能因为修改而产生新性能和作用的一类或单个化合物，但是同时也要充分考量个案因素。如果允许专利申请人或专利权人删除任一变量的任一选项，即使该删除使得权利要求保护范围缩小，不会损伤社会公众的权益，但是由于是否因此会产生新的权利保护范围存在不确定性，不但无法给予社会公众稳定的预期，也不利于维护专利确权制度稳定，因此二审法院相关认定明显不妥，本院予以纠正。

（三）关于马库什权利要求创造性判断的问题

马库什权利要求创造性判断应当遵循创造性判断的基本方法，即专利审查指南所规定的“三步法”。意料不到的技术效果是创造性判断的辅助因素，而且作为一种倒推的判断方法，具有特殊性，不具有普遍适用性。因此，只有在经过“三步法”审查和判断得不出是否是非显而易见时，才能根据具有

① 编者注：已被修改。

意料不到的技术效果认定专利申请是否具有创造性，通常不宜跨过“三步法”直接适用具有意想不到的技术效果来判断专利申请是否具有创造性。

关于技术效果比对结果的问题，本案中，专利复审委员会在无效程序中并未将比文件 1 实施例 10、17、50 和 69 和本专利的实施例进行比对且就此作出认定，而二审直接进行比对并作出认定，明显超出了无效审查决定的审查范围，不符合行政诉讼法和相关司法解释的规定，本院予以纠正。

无效宣告请求人万生公司认为本专利权利要求 1 不具备创造性，并将证据 1 作为最接近的对比文件。专利复审委员会和一审法院在对本专利权利要求 1 的创造性进行判断时，严格遵循了“三步法”，认定权利要求 l 的式 I 化合物和证据 1 的式 I 化合物相比较具有两项区别技术特征，然后对两项区别技术特征的非显而易见性进行了分析，从而认定本专利权利要求 1 具有创造性并无不当，专利复审委员会的该项再审申请理由成立，本院予以支持。

综上，专利复审委员会的再审申请符合《中华人民共和国行政诉讼法》第九十一条规定的情形。依照《中华人民共和国行政诉讼法》第八十九条第二款和《最高人民法院关于执行〈中华人民共和国行政诉讼法〉若干问题的解释》第七十六条之规定，判决如下：

一、撤销中华人民共和国北京市高级人民法院（2012）高行终字第 833 号行政判决；

二、维持中华人民共和国北京市第一中级人民法院（2011）一中知行初字第 2403 号行政判决。

一、二审案件受理费各人民币一百元，均由北京万生药业有限责任公司负担（均于本判决生效之日起七日内交纳）。

本判决为终审判决。

审　判　长　秦元明
审　判　员　李　嵘
审　判　员　马秀荣
二零一七年十二月二十日
书　记　员　王　晨

16. 外观设计专利权无效案件中区别设计特征的认定

——再审申请人 YKK 株式会社与被申请人国家知识产权局专利复审委员会、第三人理想（广东）拉链实业有限公司、开易（广东）服装配件有限公司外观设计专利权无效宣告行政纠纷案①

中华人民共和国最高人民法院行政裁定书（2016）最高法行申 3687 号

再审申请人（一审原告、二审上诉人）：YKK 株式会社。住所地：日本国东京都千代田区神田和泉町 1 番地。

法定代表人：猿丸雅之，该会社董事长。

委托诉讼代理人：柳爱国，中国国际贸易促进委员会专利商标事务所专利代理人。

委托诉讼代理人：路传亮，中国国际贸易促进委员会专利商标事务所专利代理人。

被申请人（一审被告、二审被上诉人）：国家知识产权局专利复审委员会。住所地：中华人民共和国北京市海淀区北四环西路 9 号银谷大厦 10 - 12 层。

法定代表人：葛树，该委员会副主任。

委托诉讼代理人：张颖，该委员会审查员。

委托诉讼代理人：朱明雅，该委员会审查员。

第三人：理想（广东）拉链实业有限公司。住所地：中华人民共和国广东省肇庆市高新技术产业开发区工业园文德岗加油站南面。

法定代表人：罗盛锐，该公司总经理。

委托诉讼代理人：许志勇，北京国昊天诚知识产权代理有限公司专利代理人。

第三人：开易（广东）服装配件有限公司。住所地：中华人民共和国广东省佛山市南海区里水镇沙涌下亨田工业区。

---

① 本案在年度报告中的位置为第 37 页。

法定代表人：许锡南，该公司董事长。

再审申请人YKK株式会社因与被申请人国家知识产权局专利复审委员会（以下简称专利复审委员会）、第三人理想（广东）拉链实业有限公司（以下简称理想公司）、开易（广东）服装配件有限公司（以下简称开易公司）外观设计专利权无效宣告行政纠纷一案，不服中华人民共和国北京市高级人民法院（2016）京行终507号行政判决，向本院申请再审。本院依法组成合议庭进行了审查，现已审查终结。

YKK株式会社申请再审称，1. 本专利与对比设计的不同点，特别是本专利的创新设计特征对本专利的整体视觉效果具有显著的影响。

（1）上层链牙长宽高的尺寸比例关系，特别是其牙身部的长宽高的尺寸比例关系不同，造成本专利与对比设计产生较大的视觉反差，带来迥异的视觉效果。本专利上层链牙长度远大于宽度的设计，特别是其牙身部的长度也大于宽度的设计，决定了其纤细的造型，宽度略大于高度的设计，决定了其整体造型的修长，因而本专利整体造型呈纤细、修长的视觉效果。对比设计上层链牙长度略大于宽度，特别是其牙身部的长度与宽度基本相等，决定了其短粗的造型设计，宽度又大于高度的设计选择又决定了其厚重的整体造型，因而对比设计上层链牙整体造型呈短粗、厚重的视觉效果。因此，本专利与对比设计上层链牙的整体造型是风格迥异的两种不同的外观设计，给人以迥然不同的视觉效果。

（2）上层链牙的上表面形状不同。本专利上层链牙的上表面具有明显的下倾斜面、上表面整体上呈前低后高的曲面设计在现有设计中未曾出现过，为本专利相对于现有设计的创新设计特征；对比设计的上层链牙牙身部的上表面在平面设计的基础上增加两道横向直线凹槽的设计在现有设计中未曾出现过，为对比设计相对于现有设计的创新设计特征。本专利的该创新设计特征带来轻盈、动感的整体视觉效果，对比设计的该创新设计特征带来短粗、硬朗、稳固的视觉效果。本专利的该创新设计特征与对比设计的相应创新设计特征相比，风格迥异、视觉效果差异巨大，这种视觉上的差异对本专利的整体外观产生极为显著的不同的视觉影响。

（3）上层链牙的牙头部和牙颈部的形状不同。本专利上层链牙的牙头部呈“海豚嘴”状，牙颈部的左右侧面为分别向外鼓而后向内收的平滑曲面形状，曲面形状的牙颈部与“海豚嘴”状的牙头部的曲面平滑相接，这在现有设计中未曾出现过，该设计特征为本专利相对于现有设计的创新设计特征，该设计特征带来轻盈、动感的整体视觉效果。而对比设计牙头部的形状在现有设计中多次出现。因而，本专利的该创新设计特征对整体视觉效果的影响和权重均很大，从而对本专利整体视觉效果具有显著的影响。

（4）上层链牙的牙身部的形状不同。本专利上层链牙的牙身部呈“上窄下宽”的梯台形，这在现有设计中未曾出现过，该设计特征为本专利相对于现有设计的创新设计特征，上层链牙牙身部“梯台形”的设计加深了本专利链牙的纤细、修长、轻盈的整体视觉效果。而对比设计的上层链牙的牙身部为上表面宽度与下表面宽度基本相等的长方体的设计为现有设计中常见的设计。因而，本专利的该创新设计特征对整体视觉效果的影响和权重均很大，从而对本专利的整体视觉效果具有显著的影响。

2. 在采用“整体观察、综合判断”方式进行相同或者相近似判断的情况下，本专利与对比设计既不相同也不相近似。综上，请求提审本案。

专利复审委员会辩称，不存在遗漏区别特征的问题，比对时决定将各个视图还原为立体产品进行了比较，文字描述与图片的呈现是相互补充的关系，结合上下文看，并不存在明显错误或歧义之处。关于整体观察、综合判断，应当通过视觉进行直接观察，不能借助于放大镜、显微镜、化学分析等其他工具或者手段进行。

理想公司辩称，一审、二审判决认定事实清楚，适用法律正确，请求驳回 YKK 株式会社的再审申请。

开易公司未提交意见。

本院认为，《专利法》（2000 年修正）第二十三条规定，授予专利权的外观设计，应当同申请日以前在国内外出版物上公开发表过或者国内公开使用过的外观设计不相同和不相近似，并不得与他人在先取得的合法权利相冲突。专利法实施细则第二条第三款规定，专利法所称外观设计，是指对产品的形状、图案或者其结合以及色彩与形状、图案的结合所作出的富有美感并适于工业应用的新设计。因此，可授权的外观设计，应当是与现有设计不相同或不相近似的设计。

首先，关于涉案专利与对比设计的不同。无效决定认为，涉案专利与对比设计的主要不同点在于：（1）涉案专利牙链的上层结构整体呈瓶形，而对比设计呈子弹形；（2）涉案专利的牙链端部较后部薄，而对比设计厚度无明显变化。YKK 公司主张与现有设计相比，涉案专利还具有如下创新设计特征：（1）上层链牙长宽高的尺寸比例关系，特别是牙身部的长宽高的尺寸比例关系不同；（2）上层链牙的上表面形状不同，上层链牙的上表面具有明显的下倾斜面、上表面整体上呈前低后高的曲面设计；（3）上层链牙的牙头部和牙颈部的形状不同，牙头部呈海豚嘴状，牙颈部左右侧面分别为向外鼓而后向内收的平滑曲面形状；（4）上层链牙的牙身部的形状不同，上层链牙的牙身部呈上宽下窄的梯台形。

对于 YKK 株式会社主张的区别（3）即有关牙颈部设计的不同，在专利文件即外观设计图片中并不明显。对于 YKK 株式会社主张的区别（4），亦存在与（3）同样的问题，即 YKK 株式会社在再审审查中提交的三维模型证据中比较明显，但专利文件图片显示不明显。本院认为，外观设计的特征应以专利文件附图为准，在专利文件附图中无法看出或者不明显的特征，不能作为涉案专利的技术特征。而且，尽管在立体图中对（3）和（4）似有指示，但主视图没有任何体现，按照 YKK 株式会社的主张，即上述特征明显的情况下，不仅右视图、立体图中应有展现，主视图亦应有所呈显示。鉴于涉案专利的图片未能清晰展现 YKK 株式会社主张的区别（3）和（4），对 YKK 株式会社关于涉案专利与现有设计存在第三和第四项区别的主张，不予采信。

其次，关于涉案专利设计与现有设计区别是否对涉案专利的整体效果产生影响。无效决定认为，对比设计的子弹形与涉案专利的瓶形上层结构均为前窄后宽，整体形状非常接近。本院认为，拉链基本存在牙头与牙身等宽和牙头窄于牙身的设计，因此笼统的瓶形与子弹形上窄下宽的设计属于惯常设计，本院对此不持异议。对于 YKK 株式会社主张的涉案专利与现有设计的区别（1），通过对比涉案专利设计与现有设计，确实存在链牙长宽高比例关系及修长与否的区别，但修长设计亦应属于本领域的惯常设计。至于 YKK 株式会社主张的区别（2），无效决定已经认定涉案专利的牙链端部较后部薄，只是 YKK 株式会社主张牙链端部较后部“明显”薄，牙头与牙身间具有明显的倾斜。查涉案专利设计的右视图和立体图，存在牙头与牙身的倾斜设计。对比设计的仰视图与俯视图亦显示，牙头与牙身间是弧线设计，也具有一定角度的倾斜。鉴于涉案专利设计的倾斜角度未达到超过 45 度的程度，而对比设计也存在一定的弧度，二者在倾斜度上的区别应当属于细微差别，尚不足以对专利整体外观产生实质性的影响。

综上，涉案专利设计与对比设计相比，尽管存在一些差别，但均未构成实质性区别，涉案专利不属于不同于现有设计的新设计，专利复审委员会的决定及一审、二审判决依照专利法相关规定宣告涉案专利无效，并无不当。

另外，本院认为，无效决定以链牙本身体积较小，区别仅属于局部细微变化，并不会被一般消费者所关注为由，认定不会对整体视觉效果产生影响，存在不当之处：首先，链牙本身是否小，没有足够的依据。拉链存在不同的规格，链牙有大有小。其次，即使链牙体积较小，其在拉链中依然是主要部分，判断是否构成主要部分，应当按照比例考察，而不应按照绝对大小判断。第三，关于牙链的一般消费者，应当是具备一般拉链常识的公众，其应当具备观察到涉案专利整体设计特征的能力。对无效决定理由的不当之处，本院予以纠正，但鉴于其结论正确，本院予以维持。

综上，YKK 株式会社的再审申请不符合《中华人民共和国行政诉讼法》第九十一条规定的情形，依照《最高人民法院关于执行〈中华人民共和国行政诉讼法〉若干问题的解释》第七十四条之规定，裁定如下：

驳回 YKK 株式会社的再审申请。

审 判 长 骆 电
审 判 员 马秀荣
审 判 员 李 嵘
二〇一七年十二月二十九日
书 记 员 王 晨

二、商标案件审判

（一）商标民事案件审判

17. 注册商标的保护与被诉侵权商品商标知名度的关系

——再审申请人曹晓冬与被申请人云南下关沱茶（集团）股份有限公司侵害商标权纠纷案[①]

中华人民共和国最高人民法院民事判决书（2017）最高法民再273号

再审申请人（一审原告、二审被上诉人）：曹晓冬，男，汉族，1962年10月31日生，住云南省昆明市五华区××××。

委托诉讼代理人：王静波，云南方中律师事务所律师。

被申请人（一审被告、二审上诉人）：云南下关沱茶（集团）股份有限公司。住所地：云南省大理市下关镇建设西路13号。

法定代表人：褚九云，该公司总经理。

委托诉讼代理人：陈夷，云南观唐律师事务所律师。

再审申请人曹晓冬因与被申请人云南下关沱茶（集团）股份有限公司（以下简称下关沱茶公司）侵害商标权纠纷一案，不服云南省高级人民法院（2016）云民终738号民事判决，向本院申请再审。本院于2017年6月28日作出（2017）最高法民申2069号民事裁定，提审本案。本院依法组成合议庭审理了本案。本案现已审理终结。

曹晓冬申请再审称，一、被申请人在其茶叶生饼不管是外包装盒上还是盒内的，茶饼上均使用“金戈铁马”四个大字，字体粗黑并且均是在明显位

---

① 本案在年度报告中的位置为第39页。

置，字体排列为竖立，虽然再审申请人注册的“金戈铁马”为繁体字，字体为横向排列，被申请人使用的简体字，根据我国的文化传统，对其意的理解是没有任何的区别，特别是用在同一商品的包装上一般公众足以认为是商品的商标名称。二审法院认为公众能够予以区别显然是错误的。二、二审法院认为从被控侵权商品的包装装潢整体来看，该包装上的“金戈铁马”四字放大突出，在装潢中也比较显著，但该标志只是用在了包装正面，外包装侧面和后面明确标注了下关沱茶公司的公司名称、地址，而且正面左上角用显著的红色印有下关沱茶公司自己的“下关沱茶”商标，因此，整体而言，相关公众从被控侵权商品包装装潢上，不会将被控侵权商品误认为是涉案商标的商品或者与该商品有特定联系。再审申请人认为二审法院无视公众的一般判断能力和思维习惯，在一个商品包装装潢的正面显著位置使用显著“金戈铁马”标识，足以让公众认为此商品与“金戈铁马”的商标有密切联系甚至认为“金戈铁马”就是该商品的商标。更何况被申请人销售的侵权商品是整盒和单饼均可，特别是单饼的包装“金戈铁马”四个大字更为明显突出。在互联网各官方网站只要输入“金戈铁马茶叶”六个字均会显示被申请人销售的侵权商品茶饼。二审法院仅对被申请人销售侵权产品外包装盒进行审查对其包装盒内茶饼包装是否侵权没有审查，足以导致认定事实的依据不够全面、具体，虽然被申请人在其销售的商品上标注“下关沱茶”的商标和公司地址，均不是在明显位置且图样较小，一般公众均不会予以足够的注意，商品由谁生产和商标的使用是两个不同的法律关系，不是被申请人免责的法定理由。根据《中华人民共和国商标法实施条例》（以下简称商标法实施条例）第七十六条在同一种商品或者类似商品上将与他人注册商标相同或者近似的标志作为商品名称或者商品装潢使用，误导公众的，属于商标法第五十七条第二项规定的侵犯注册商标专用权的行为。三、二审法院以商标知名度的大小来衡量受法律保护的程度违背法律面前人人平等的原则。商标是区分商品的标识也是商品的身份证，依法受法律的保护，申请再审人合法注册的“金戈铁马”商标，一经注册就平等的受到法律保护，其在文学作品和生活中使用法律不会干涉和禁止，再审申请人已依法将其注册商标，在商品上使用任何人任何企业都要遵守《商标法》及其他法律法规的规定，不管是主观故意还是过失一旦客观上造成侵权均应依法承担侵权责任。这和注册商标的知名度大小没有必然的因果关系。综上所述，二审法院认定错误，请求本院依法予以纠正。

下关沱茶公司辩称，第一点，关于被申请人使用这个金戈铁马，它不是单独使用这四个字，而是甲午金戈铁马铁饼这几个字连在一起使用的。而且金戈铁马它是我国的一个成语它不具备独创性和显著性，这种注册商标不能排斥其他人使用商标。第二点，云南高院在判决书也阐述了尽管读音和含义上有近似但是商标是文字和图形的组合，而且印在商品包装上，对于相关公众而言，二者在视觉效果方面的区别，造成影响更大，能够抵消读音和含义相同可能造成的混淆。从相关公众来看，对于申请人和被申请人的商品，其实一眼就能看出区别，不会把他们作为混淆。第三点，被申请人拥有自己的注册商标“下关沱茶”还有“松鹤延年”，被申请人的这些商标在被申请人的商品上都是有突出显示的。包括下关沱茶，它是有显著的红色标志，还有下关沱茶公司的产品地址。另外被申请人的商标下关沱茶是中华老字号，也是驰名商标。而且松鹤延年商标是云南省的著名商标，而申请人的金戈铁马除了商标注册证并没有其他的国家权威部门认证的知名度。也就是说，被申请的商品是没有必要攀附涉案的商标来提高自己的知名度的。而且金戈铁马在文学作品中很常见，即使相关公众注意到这四个字，也不会将两者联系，更不会误认这两种商品都是曹晓冬或者曹晓冬授权生产的商品。综上所述，这两个商标不相同也不近似而且更不会误导公众。

曹晓冬向一审法院起诉请求：1. 被告立即停止对原告享有的第5492697号第30类注册商标“金戈铁马”商标专用权的侵害，停止销售标有“金戈铁马”字样的所有侵权产品；2. 被告在省级媒体（报纸或电台）刊登声明公开道歉、消除影响；3. 被告赔偿原告损失1260000元人民币；4. 被告赔偿原告律师代理费及其他合理费用共计63990元；5. 本案诉讼费由被告承担。一审法院认定事实：2009年6月14日，原告曹晓冬注册取得第5492697号注册商标，该商标系文字与图形组合商标，文字“金戈铁马”系横向排列繁体中文，在“金戈铁马”文字下面有一个树叶的图案。该商标核定使用商品为第30类：茶；蜂蜜；糖；咖啡；谷类制品；面粉制品；糕点；调味品；膨化水果片、蔬菜片；食用淀粉产品（截止），注册有效期限为2009年6月14日至2019年6月13日。被告下关沱茶公司分别于2010年1月21日、2014年9月7日通过注册取得第6209882号、12201774号注册商标，该两项商标分别为文字“松鹤延年”+圆形+鹤的图案组成的组合商标和“下关沱茶”文字商标，该两项商标核定使用商品均为包括茶在内的第30类商品。2014年（农历马年），被告在其生产的金印系列产品包装上使用了“甲午金戈铁马铁饼”字样，字体为简体字，其中“甲午”及“铁饼”字体较小，而“金戈铁马”四字字体较大，且位于茶饼外包装及内包装的显著位置，在“金戈铁马”四字旁边还配有一匹呈现奔跑状态马的图案。同时，被告在其生产的上述茶饼的内、外包装上均标注有“松鹤延年”注册商标和“下关沱茶”字样，并在内、外包装上标注有被告下关沱茶公司名称。2015 年 2 月，原告的委托代理人王静波曾向被告发出《律师函》，载明：被告生产销售的“甲午·金戈铁马·铁饼”侵犯了原告的“金戈铁马”商标专用权，要求被告立即停止侵权、赔偿损失、赔礼道歉。原告认为，被告在其生产、销售的产品上使用了“金戈铁马”标志侵犯了原告的注册商标专用权，遂诉至法院。庭审中，被告虽不认可原告提交的在昆明购买被控侵权商品的发票的真实性，但被告认可被控侵权商品实物系被告生产，并认可在昆明有销售。

另查明，被告下关沱茶公司系成立于 1995 年 3 月 14 日的非上市股份有限公司，该公司主要从事茶叶生产销售。原告曹晓冬系云南金戈铁马茶业有限公司法定代表人，该公司成立于 2007 年 2 月 6 日，主要从事茶叶、农副土特产品等销售。2009 年 8 月 16 日，曹晓冬与云南金戈铁马茶业有限公司签订《商标许可使用合同》，约定曹晓冬许可云南金戈铁马茶业有限公司在茶叶上使用第 5492697 号注册商标，许可期限自 2009 年 6 月 14 日至 2019 年 6 月 14 日止。云南金戈铁马茶业有限公司在景迈古树茶、景迈沱茶等多款产品上使用了第 5492697 号“金戈铁马”注册商标。2015 年 3 月 13 日，案外人韩永国向国家工商行政管理总局商标局申请撤销曹晓冬第 5492697 号第 30 类“金戈铁马”商标的注册，后商标局认为韩永国申请撤销理由不能成立，于 2015 年 12 月 4 日决定驳回韩永国的撤销申请。

一审法院认为：本案的争议焦点是：一、被控侵权商品是否侵犯了曹晓冬对涉案商标所享有的商标专用权；二、如果构成侵权，被告应如何承担法律责任。《中华人民共和国商标法》（以下简称商标法）第五十七规定，有下列行为之一的，属侵犯注册商标专用权：（一）未经商标注册人的许可，在同一种商品上使用与其注册商标相同的商标的；（二）未经商标注册人的许可，在同一种商品上使用与其注册商标近似的商标，或者在类似商品上使用与其注册商标相同或者近似的商标，容易导致混淆的……本案中，原告主张被告在同一种商品上使用了与其注册商标相同的商标；被告则辩称，“甲午金戈铁马铁饼”只是被告生产的系列产品的名称，并不是作为商标使用。对于被告使用“甲午金戈铁马铁饼”标志是否系作为商标性使用，一审法院认为，根据商标法第四十八条规定，本法所称商标的使用，是指将商标用于商品、商品包装或者容器以及商品交易文书上，或者将商标用于广告宣传、展览以及其他商业活动中，用于识别商品来源的行为。因此，识别性是商标的基本特性。本案被告使用“甲午金戈铁马铁饼”标志系使用在被控侵权商品的内、外包装上，并配以一匹呈现奔跑状态马的图案，同时在被控侵权商品内、外包装上均标注有“松鹤延年”注册商标和“下关沱茶”字样，因此，被告的使用仅是作为商品装潢的使用，并不是商标性使用。根据《中华人民共和国商标法实施条例》第七十六条规定，在同种商品或者类似商品上将与他人注册商标相同或者近似的标志作为商品名称或者商品装潢使用，误导公众的，属于商标法第五十七条第二项规定的侵犯注册商标专用权的行为。经审查，原告第5492697号注册商标核定使用商品为第30类，包括茶、蜂蜜、糖、咖啡等，而被控侵权商品为茶类，与原告的注册商标核定使用商品属于同种商品。同时，将被告使用的标志与原告注册商标进行视觉效果比对，从商标的构成要素来看，原告的注册商标系文字与图形组合商标，文字“金戈铁马”系横向排列繁体中文，在“金戈铁马”文字下面有一个树叶的图案；而被告使用的“金戈铁马”字样为简体中文，且并未使用树叶的图案，故原告注册商标与被告使用的标志不相同。但两者构成要素中存在一定相似要素，被告虽然主张其对“甲午金戈铁马铁饼”标志系整体使用，但经审查“甲午”及“铁饼”字体较小，而“金戈铁马”四字字体较大，而且位于茶饼外包装及内包装的显著位置，且原告虽是文字与图形组合商标，但该文字“金戈铁马”在原告注册商标构成元素中更为显著，而被告突出使用“金戈铁马”四字，虽然字体不一样，但读音和字意是相同的，故而两者构成近似。

然而视觉效果上存在相似要素，并不必然导致侵权成立，根据商标法实施条例第七十六条的规定，在同一种商品上使用与其注册商标的近似的标志作为商品装潢使用，误导公众的才属于侵犯注册商标专用权的行为。同时，在认定是否容易导致混淆、误导公众时，除了考虑近似因素之外，还应当根据主张权利的商标和被诉侵权的标志的实际使用状况、使用历史、相关公众的认知状态等因素综合予以判定。本案中，首先，原告早于2009年6月14日就已经注册了第5492697号“金戈铁马”注册商标，而被告的“松鹤延年”和“下关沱茶”商标，分别注册于2010年、2014年，均晚于原告商标注册时间；其次，原告于2009年8月16日许可云南金戈铁马茶业有限公司使用其注册商标，而被告生产被控侵权商品系2014年，也晚于原告注册商标的使用时间；再次，云南金戈铁马茶业有限公司在多款茶叶上使用了第5492697号“金戈铁马”注册商标，并已形成了一定的市场份额，具有一定的消费群体，被告在被控侵权商品上突出使用“金戈铁马”标志，容易使相关公众产生混淆、误导。综上，被告在同一种商品上使用与原告涉案注册商标近似的标志作为商品装潢使用，误导公众，且该使用行为未经原告许可，故侵犯了原告的第5492697号“金戈铁马”注册商标专用权。

关于被告应如何承担法律责任的问题，根据《最高人民法院关于审理商标民事纠纷案件适用法律若干问题的解释》（以下简称商标若干问题解释）

第二十一条第一款的规定，侵权成立的，可以判决停止侵权、赔偿损失、消除影响等民事责任。本案中，原告认为被告存在生产及销售行为，但庭审时原告明确只主张停止销售，对于该主张符合法律规定，应当予以支持。对于原告诉请要求被告在省级媒体刊登声明公开道歉、消除影响的主张，因侵犯商标权的行为主要是侵犯财产权，而本案被告生产的该产品只是在 2014 年生产，目前已经没有生产，其影响范围极为有限，判决停止销售已经足以使不良影响得到制止，故对该项请求，不予支持。对于赔偿损失的诉讼请求，被告辩称，因原告多年未使用其注册商标，即使构成商标侵权，被告也不应承担赔偿责任。对此，一审法院认为，原告提交的《商标许可使用合同》、相关茶叶产品等，能够证实原告许可他人使用其注册商标，故被告的抗辩主张不能成立。原告在本案中主张赔偿损失为 126 万元，原告认为被告发行被控侵权商品的数量为 252000 饼，每饼按 5 元的利润计算，合计 126 万元，但该主张缺乏事实依据，不予采信。根据商标法第六十三条第三款之规定，权利人因侵权所受到的实际损失、侵权人因侵权获得的利益、注册商标许可使用费难以确定的，由人民法院根据侵权行为的情节判决给予三百万元以下的赔偿，本案原告未能提交证据证明其实际损失或侵权人的非法所得及商标许可使用费不能确定，综合考虑涉案商标的知名度、被告侵权行为的性质、期间及被告的经营规模、原告为维权而支付的合理费用等因素，酌定被告赔偿原告经济损失共计人民币 20 万元。对于原告要求赔偿律师代理费及其他合理费用 63990 元，因在判定赔偿经济损失时已经予以考虑，故对该项请求不予支持。

一审法院判决：

一、云南下关沱茶（集团）股份有限公司立即停止销售标有“金戈铁马”标志的侵权商品；

二、云南下关沱茶（集团）股份有限公司于判决生效后十日内赔偿曹晓冬经济损失 20 万元；

三、驳回曹晓冬的其他诉讼请求。

下关沱茶公司不服一审判决，向云南高院提起上诉，上诉请求：撤销一审判决。其上诉事实和理由为：1. 曹晓冬是以下关沱茶公司在 2014 年生产的金印系列产品“甲午金戈铁马铁饼”的包装上使用了与曹晓冬的第 5492697 号“金戈铁马”商标完全相同的标识而认为下关沱茶公司构成侵权，但一审只认定二者构成近似而非相同，并在此基础上认定下关沱茶公司侵权，此举违反了我国民事审判中“不告不理”的原则；2. 下关沱茶公司在其“甲午金戈铁马铁饼”产品上的显著位置以鲜明色彩标注了该公司自己的注册商标及生产厂家名称，且该商标本身就是著名商标，而曹晓冬的商标缺乏显著性和知名度，相关公众不会把该公司的“甲午金戈铁马铁饼”产品的出处与曹晓冬的注册商标所标识的产品的出处相混淆，也不会误导公众，根据我国商标法律的相关规定，下关沱茶公司的“甲午金戈铁马铁饼”产品没有对曹晓冬构成侵权；3. 即使下关沱茶公司构成侵权，曹晓冬也没有证据证实其在起诉前三年生产销售过其注册商标所标识的商品，根据商标法律的相关规定，下关沱茶公司也无须赔偿曹晓冬的经济损失。二审法院认定的事实：二审中，下关沱茶公司提交一份商标局于 2016 年 4 月 11 日出具的《撤销连续三年不使用注册商标申请受理通知书》复印件，欲证实涉案商标自起诉前三年都未曾使用。经质证，曹晓冬确认该复印件与原件一致，并认可其真实性、合法性，但认为不能证明下关沱茶公司的观点，因为该通知书仅仅能证明下关沱茶公司的申请被受理，但商标局并没有对曹晓冬的商标是否连续三年未使用这一事实作出认定。二审法院经审查认为，这份通知书确实只能证明下关沱茶公司的申请被受理，其关于涉案商标“连续三年不使用”的撤销理由尚未被商标局确认，据此，对该通知书的证明力不予认可。对一审判决认定的事实，除下关沱茶公司坚持认为涉案商标在曹晓冬提起本案诉讼前连续三年均未使用以外，双方当事人对一审判决认定的其他事实没有异议，对此二审法院予以确认。关于涉案商标是否存在连续三年未使用的情形，二审法院经审查认为，曹晓冬向一审法院提交的商标局于 2015 年 12 月 4 日出具的《关于第 5492697 号第 30 类“金戈铁马”注册商标连续三年不使用撤销申请的决定》可以证明，2015 年 3 月 13 日，案外人韩永国就以曹晓冬的涉案商标连续三年不使用为由，向商标局申请撤销。商标局经审查认为，曹晓冬提交的商标使用证据有效，能够证明涉案商标在 2012 年 3 月 13 日至 2015 年 3 月 12 日期间被使用，韩永国关于涉案商标连续三年未使用的理由不能成立，并据此驳回了韩永国的撤销申请。二审法院认为，商标局的上述认定已经证明涉案商标自 2012 年 3 月 13 日至 2015 年 3 月 12 日期间被使用，下关沱茶公司关于涉案商标自本案起诉前三年，即 2013 年 2 月 23 日至 2016 年 2 月 22 日期间未使用的抗辩不成立。

二审法院经审理认为本案的争议焦点如下：一、一审判决是否违反“不告不理”原则？二审法院认为，“不告不理”这一法律原则在民事诉讼中，主要是指法院只能就当事人提出的诉讼请求进行审理和判决，而不能超出当事人诉请的范围，对当事人没有提出的诉讼请求进行审理和判决，因此，不告不理是指当事人的诉讼请求而言，并不是指当事人提出诉讼请求所依据的事实和理由。本案中，曹晓冬以涉案商标“金戈铁马”权利人的身份，并以下关沱茶公司的相关行为对该商标构成侵权为由提起了侵权诉讼并提出相关侵权责任的诉讼请求，一审法院根据本案具体情况和相关法律规定，以不同于曹晓冬主张下关沱茶公司侵权的理由认定下关沱茶公司对曹晓冬构成侵权，即以下关沱茶公司的被控侵权商品的包装装潢所用标志与曹晓冬的“金戈铁马”注册商标构成“近似”，而非曹晓冬主张的“相同”为由，认定下关沱茶公司构成侵权，这一认定并未超出曹晓冬基于侵权指控而提出的诉讼请求。据此，二审法院认为一审判决并未违反“不告不理”原则。

二、下关沱茶公司是否对曹晓冬享有的“金戈铁马”注册商标专用权实施侵权行为？一审是以下关沱茶公司的被控侵权商品包装装潢使用的“金戈铁马”标志与曹晓冬的“金戈铁马”涉案商标构成近似，并认为这种近似容易使相关公众将被控侵权商品与曹晓冬的商标混淆，误导公众，故根据商标法实施条例第七十六条的规定，认定下关沱茶公司构成侵权。而下关沱茶公司认为被控侵权商品包装装潢上所使用的“金戈铁马”标志，与涉案商标“金戈铁马”既不相同，也不相似，而且也不会误导公众，因此不构成侵权。

二审法院认为，在商标侵权案件中，如何判断被控侵权商品所使用的商标或标志与权利人的注册商标构成相似，商标若干问题解释第九条第二款和第十条已作了明确规定。该解释第九条第二款规定，“商标法第五十二条第（一）项规定的商标近似，是指被控侵权的商标与原告的注册商标相比较，其文字的字形、读音、含义或者图形的构图及颜色，或者其各要素组合后的整体结构相似，或者其立体形状、颜色组合近似，易使相关公众对商品的来源产生误认或者认为其来源与原告注册商标的商品有特定的联系。”而对于比对的原则，该解释第十条规定，“人民法院依据商标法第五十二条第（一）项的规定，认定商标相同或者近似按照以下原则进行：（一）以相关公众的一般注意力为标准；（二）既要进行对商标的整体比对，又要进行对商标主要部分的比对，比对应当在比对对象隔离的状态下分别进行；（三）判断商标是否近似，应当考虑请求保护注册商标的显著性和知名度。”具体到本案，首先，将被控侵权商品包装装潢上所使用的“金戈铁马”标志，与涉案商标“金戈铁马”相比，二者在读音和含义上没有区别，但在视觉效果方面存在以下区别：1. 排列上，前者的“金戈铁马”四字是竖向排列，而查阅了曹晓冬向法院提交的其产品实物图片，发现涉案商标中的“金戈铁马”四字基本上是横向排列；2. 构图上，前者的主体画面是竖向的“金戈铁马”四字旁边有一匹奔马，后者则是横向的“金戈铁马”四字下面加一片树叶；3. 字形字体上，前者是简体字，后者则是繁体字，字形也有明显区别。根据上述比对的结果，二者虽然在读音和含义上相同，但由于涉案商标属于文字和图形组合商标，而且是印在商品包装上，对于相关公众而言，二者在视觉效果方面的区别造成的影响更大，换言之，二审法院认为二者在视觉方面存在的上述区别，能够抵消读音和含义相同可能造成的混淆或误导公众。其次，从被控侵权商品的包装装潢整体来看，该包装上的“金戈铁马”四字虽然被放大突出，在装潢中也比较显著，但该标志只是用在了包装正面，外包装侧面和后面明确标注了下关沱茶公司的公司名称、地址，而且正面左上角用显著的红色印有下关沱茶公司自己的“下关沱茶”商标，因此，整体而言，相关公众从被控侵权商品包装装潢上，不会将被控侵权商品误认为是涉案商标的商品或者与该商品有特定联系。其三，从商标的知名度和显著性来看，下关沱茶公司提交的一份“中华老字号”认定书可以证实，该公司在被控侵权商品上使用的“下关沱茶”商标，已经被国家商务部认定为“中华老字号”，而曹晓冬没有提交任何证据，证明涉案商标除获得注册以外，还获得过其他能表示其知名度的国家权威机构的认证，二审法院由此推断，被控侵权商品上所使用的“下关沱茶”商标的知名度，远远高于涉案商标的知名度，被控侵权商品没有必要攀附涉案商标来提高自己的知名度，而且涉案商标所使用的“金戈铁马”四字，在文学作品中经常出现，相关公众即使注意到被控侵权商品上的这四个字，也不会将被控侵权商品当然地与涉案商标的商品联系在一起，更不会当然地误认为二者都是曹晓冬或者曹晓冬所授权的公司生产的商品。

有鉴于此，二审法院认为被控侵权商品包装装潢上所用的标志，与涉案商标既不相似，也不相同，更不会误导公众，下关沱茶公司在其“金戈铁马”系列茶饼的包装装潢上使用“金戈铁马”标志，不属于商标法第五十七条第（二）项规定侵犯曹晓冬注册商标专用权的行为，一审关于二者构成相似并误导公众，并据此作出下关沱茶公司构成侵权的认定错误，予以纠正。由于下关沱茶公司对曹晓冬不构成侵权，因此曹晓冬基于该侵权指控而要求下关沱茶公司承担相关侵权责任的诉讼请求也不应当得到支持。二审判决：撤销一审判决，驳回曹晓冬的全部诉讼请求。

本院认为，根据一、二审法院查明的事实并结合当事人的申请再审理由和答辩意见，本案的争议焦点是：被控侵权商品是否侵犯了曹晓冬对涉案商标所享有的商标专用权。

商标法第五十七规定，有下列行为之一的，属侵犯注册商标专用权：（一）未经商标注册人的许可，在同一种商品上使用与其注册商标相同的商标的；（二）未经商标注册人的许可，在同一种商品上使用与其注册商标近似的商标，或者在类似商品上使用与其注册商标相同或者近似的商标，容易导致混淆的……本案中曹晓冬第 5492697 号注册商标核定使用商品为第 30 类，包括茶、蜂蜜、糖、咖啡等，而被控侵权商品为茶类，与曹晓冬的注册商标核定使用商品属于同种商品。同时，将下关沱茶公司使用的标志与曹晓冬注册商标进行视觉效果比对，从商标的构成要素来看，曹晓冬的注册商标系文字与图形组合商标，文字“金戈铁马”系横向排列繁体中文，在“金戈铁马”文字下面有一个树叶的图案；而下关沱茶公司使用的“金戈铁马”字样为简体中文，且并未使用树叶的图案，故曹晓冬注册商标与下关沱茶公司使用的标志不相同。但两者构成要素中存在一定相似要素，下关沱茶公司虽然主张其对“甲午金戈铁马铁饼”标志系整体使用，但经审查，“甲午”及“铁饼”字体较小，而“金戈铁马”四字字体较大，而且位于茶饼外包装及内包装的显著位置。曹晓冬的注册商标虽是文字与图形组合商标，但该文字“金戈铁马”在曹晓冬注册商标构成元素中更为显著，而下关沱茶公司突出使用“金戈铁马”四字，虽然字体不一样，但读音和字意是相同的，故而两者构成近似，使用在同一种茶叶商品上易使相关公众产生混淆。二审法院关于“被控侵权商品包装装潢上所用的标志，与涉案商标既不相似，也不相同，更不会误导公众”的认定有误，本院予以纠正。

此外，原审法院推断“被控侵权商品上所使用的下关沱茶商标的知名度，远远高于涉案商标的知名度，被控侵权商品没有必要攀附涉案商标来提高自己的知名度”。关于该推断，本院认为，首先，商标作为一种区分商品或者服务来源的标识，其基本属性是其标识性。金戈铁马虽然是文学作品中的常见词汇，但其注册使用在第 30 类茶、蜂蜜、糖、咖啡等商品上具有显著性，能够发挥识别商品来源的作用，曹晓冬对该商标享有的注册商标权并不因该词汇常出现在文字作品中而与一般注册商标有所不同。其次，人民法院认定事实应当是在审查当事人提供证据的基础上进行审查判定，而非进行简单推断。即使根据案件优势证据需要对当事人的相关意图进行推断时，也须结合相关证据认定的事实进行。根据一审法院查明的事实，曹晓冬于 2009 年 6 月 14 日就已经注册了第 5492697 号“金戈铁马”注册商标，而下关沱茶公司的“松鹤延年”（第 6209882 号）和“下关沱茶”商标（第 12201774 号），分别注册于 2010 年、2014 年，均晚于原告商标注册时间；曹晓冬于 2009 年 8 月 16 日许可云南金戈铁马茶业有限公司使用其注册商标，而下关沱茶公司生产被控侵权商品系 2014 年，也晚于曹晓冬注册商标的使用时间；云南金戈铁马茶业有限公司在多款茶叶上使用了第 5492697 号“金戈铁马”注册商标，并已形成了一定的市场份额，具有一定的消费群体。在没有证据证明“下关沱茶”商标（第 12201774 号）具有更高知名度的情况下，原审此推断并无事实依据。最后，即使下关沱茶商标较本案诉争商标具有更高的知名度，原审法院认定被诉侵权商品没有必要攀附涉案商标来提高自己的知名度虽有一定的可能性，但该推断忽视了注册商标作为一项标识性民事权利的权能和作用，其不仅有权禁止他人在相同类似商品上使用该注册商标标识，更有权使用其注册商标标识其商品或者服务，在相关公众中建立该商标标识与其商品来源的联系。相关公众是否会混淆误认，既包括将使用被诉侵权标识的商品误认为商标权人的商品或者与商标权人有某种联系，也包括将商标权人的商品误认为被诉侵权人的商品或者误认商标权人与被诉侵权人有某种联系，妨碍商标权人行使其注册商标专用权，进而实质性妨碍该注册商标发挥识别作用。因此，如果认为被诉侵权人享有的注册商标更有知名度即可以任意在其商品上使用他人享有注册商标的标识，将实质性损害该注册商标发挥识别商品来源的基本功能，对该注册商标专用权造成基本性损害。二审法院以被诉侵权商品自有商标知名度高为由认定不构成侵犯涉案注册商标专用权，认定事实和适用法律均有不当，本院予以纠正。

综上，下关沱茶公司未经许可，在同一种商品上使用与曹晓冬涉案注册商标近似的标识，容易导致相关公众混淆，侵犯了曹晓冬对第 5492697 号“金戈铁马”注册商标享有的注册商标专用权。二审判决认定涉案行为不属于商标法第五十七条第（二）项规定的侵犯曹晓冬注册商标专用权的行为，认定事实和适用法律均有不当，本院依法予以撤销。一审判决认定下关沱茶公司未经曹晓冬许可，在同一种商品上使用与曹晓冬的涉案商标近似的标志作为商品装潢使用，误导公众，该行为侵犯了曹晓冬对涉案商标所享有的商标专用权，认定事实清楚，适用法律正确，本院予以维持。

本院认为，曹晓冬的再审申请符合《中华人民共和国民事诉讼法》第二百条规定的情形，应予支持。依照《中华人民共和国民事诉讼法》第二百零七条第一款、第一百七十条第一款第（二）项规定，判决如下：

一、撤销云南省高级人民法院（2016）云民终 738 号民事判决；

二、维持云南省昆明市中级人民法院（2016）云 01 民初 246 号民事判决。

一审案件受理费 16715. 91 元、二审案件受理费 4300 元，共计 21015. 91 元，由云南下关沱茶（集团）股份有限公司负担。

本判决为终审判决。

审 判 长 王艳芳

审 判 员 杜微科

代理审判员 何 鹏

二〇一七年九月二十日

书 记 员 胡 凯

18. 特殊历史背景下商标与字号共存的考量因素

——申诉人太原大宁堂药业有限公司与被申诉人山西省药材公司商标侵权、不正当竞争纠纷案①

中华人民共和国最高人民法院民事判决书（2015）民提字第46号

抗诉机关：中华人民共和国最高人民检察院。

申诉人（一审被告、二审被上诉人）：太原大宁堂药业有限公司。住所地：山西省太原市经济技术开发区医药园区唐明路39号。

法定代表人：马里贵，该公司董事长。

委托诉讼代理人：乔利刚，山西决疑律师事务所律师。

被申诉人（一审原告、二审上诉人）：山西省药材公司。住所地：山西省太原市双塔东街56号。

法定代表人：惠建荣，该公司总经理。

委托诉讼代理人：苏慧春，该公司法务部长。

委托诉讼代理人：王冬青，山西黄河律师事务所律师。

申诉人太原大宁堂药业有限公司（以下简称大宁堂药业）因与被申诉人山西省药材公司商标侵权、不正当竞争纠纷一案，不服山西省高级人民法院（2006）晋民终字第00331号民事判决，向检察机关申诉。最高人民检察院作出高检民抗〔2014〕11号抗诉书，向本院提起抗诉。本院于2014年5月29日作出（2014）民抗字第37号民事裁定，提审本案。本院依法组成合议庭，公开开庭审理了本案。最高人民检察院指派该院助理检查员滕艳军、苏彦来出庭。申诉人大宁堂药业的委托诉讼代理人乔利刚，被申诉人山西省药材公司的委托诉讼代理人苏慧春、王冬青到庭参加诉讼。本案现已审理终结。

最高人民检察院抗诉认为：（一）大宁堂药业企业名称中的“大宁堂”字号未侵犯山西省药材公司注册商标权，二审判决认定大宁堂药业构成商标侵权及不正当竞争缺乏事实和法律依据。大宁堂药业作为药品生产企业，与山西省药材公司注册的服务商标所属服务类别并非相同或类似，而山西省药

① 本案在年度报告中的位置为第41页。

材公司因其注册的“大宁堂”商标不属于驰名商标，不能对其进行跨类保护，故二审判决判令作为生产企业的大宁堂药业禁止使用“大宁堂”作为企业字号，缺乏事实和法律依据。

服务商标又称服务标志，是服务行业的经营者为了将自己提供的服务与他人提供的服务区别开来而使用的一种专用标志，只有驰名商标才拥有商标专用权。《中华人民共和国商标法》（以下简称商标法）[①] 第十三条规定：“就相同或者类似商品申请注册的商标是复制、摹仿或者翻译他人未在中国注册的驰名商标，容易导致混淆的，不予注册并禁止使用。就不相同或者不相类似商品申请注册的商标是复制、摹仿或者翻译他人已经在中国注册的驰名商标，误导公众，致使该驰名商标注册人的利益可能受到损害的，不予注册并禁止使用。”即是说，申请注册商标的商标不管是否相同或者类似，构成商标侵权的前提是被侵权的商标必须是驰名商标。2010 年，山西省药材公司 1455748 号商标“大宁堂”文字及图商标续展，有效期自 2010 年 10 月 7 日至 2020 年 10 月 6 日。但山西省药材公司注册的“大宁堂”商标不属于驰名商标，且该商标属服务类，与作为企业名称中的字号非同一类别，对此一、二审法院均予以确认。根据商标法第五十一条“注册商标的专用权，以核准注册的商标和核定使用的商品为限”的规定，山西省药材公司只能在被核定使用的服务类范围对其商标享有独家使用的权利。

（二）二审判决认定大宁堂药业“将与他人注册商标相同的文字登记为企业名称中的字号，引起相关公众对商标注册人与企业名称所有人的误认和误解，属于侵犯商标专用权的行为，同时也是不正当竞争行为”，属认定案件的基本事实缺乏证据证明。1. 虽然山西省药材公司注册的“大宁堂”商标在一定范围内享有禁止他人使用与其注册商标相同或相类似的文字的权利，但大宁堂药业作为药品生产企业，不提供服务，显然与作为药品经营企业的山西省药材公司所注册的第三十五类服务商标所服务类别并非相同或类似，且因山西省药材公司的注册商标已经被生效判决认定为非驰名商标，依法不能被跨类保护，故其只能在其所注册的第三十五类服务商标所属服务类别相同或类似的商品类别上受到保护，即山西省药材公司不能禁止大宁堂药业作为制成品类商品生产者使用与其注册商标相同或近似的文字作为字号。况且，大宁堂药业在所生产商品包装上使用的是其注册商标（其商标是由傅山肖像与傅山文字组合而成），而并非“大宁堂”字号，山西省药材公司作为药品经营流通企业，也从未生产过“大宁堂”药品。因此，“大宁堂”作为企业

---

① 编者注：本文商标法为 2001 年修正版。

字号不会“引起相关公众对商标注册人与企业名称所有人的误认和误解”。2. 因山西省药材公司名下所属大宁堂连锁药店已经被全部注销或吊销，大宁堂药业使用“大宁堂”作为企业字号不可能使相关公众产生误认和误解，大宁堂药业不具备构成商标侵权的必要条件。山西省药材公司曾于2002年7月4日向省工商行政管理局出具关于山西省药材公司变更所属药品零售企业名称情况的说明，内容为该公司将其原所属的药品零售药店统一变更为大宁堂连锁大药房一至十五部。在该说明所附的《山西省药材公司零售企业更名对照情况》中，仅有连锁一部原名为“山西省药材公司大宁堂零售部”，并且标注有七部、十部、十一部、十五部等四个连锁药店待申报或申验。依据山西省工商行政管理局出具的企业档案信息卡和山西省药材公司2002年至2010年的年检报告表明，山西省药材公司的分支机构中，未见上述待申报或待申验的四个连锁药店，该四个连锁药店并未成立。而依据山西省工商行政管理局出具的营业单位基本情况表明，截止到2005年12月29日，包括连锁一部在内已成立的十一个连锁药店全部被省工商行政管理局注销或吊销。依据山西省药材公司的工商年检报告，该公司名下至今依然没有使用其服务类“大宁堂”商标的药品销售单位。在此情形下，大宁堂药业恢复使用“大宁堂”作为企业字号不可能使相关公众产生误认或误解。故二审判决认定大宁堂药业的行为侵犯了山西省药材公司的商标专用权，缺乏事实和法律依据。3. 大宁堂药业在山西省药材公司申请商标之前已经合法登记并使用过“大宁堂”作为企业字号，其在先权利应受保护。大宁堂药业恢复使用“大宁堂”作为企业字号不存在故意假冒他人注册商标行为，不构成不正当竞争。大宁堂药铺创建于明末清初，由三晋名士傅山坐堂行医，并秘制和合丸、二仙丸等特效中成药，形成前铺后厂，互为依存的格局。1956年公私合营，在大宁堂药铺制药生产基础上成立了太原中药厂。1999年4月9日太原中药厂第一届职工代表大会专题会议通过了“关于设立太原大宁堂药业有限公司的决议”，决定采取职工自愿入股的形式，组建若干职工合股基金会，职工合股基金会作为股东发起人创立公司，并于1999年4月21日经山西省药品监督管理局批准，在工商行政管理部门登记注册成立了“太原大宁堂药业有限公司”，除太原中药厂的债权债务外，所有该厂的文号、生产批文、商标等均由大宁堂药业承继使用。而该公司成立时，山西省药材公司尚未申请注册服务类“大宁堂”商标。根据商标法第三十一条关于申请商标注册不得损害他人现有在先权利的规定，大宁堂药业有权继续使用“大宁堂”作为字号。同时，太原中药厂是以“大宁堂药铺”的后厂涉及的秘方、传统工艺及生产为基础所成立，太原中药厂改制后，大宁堂药业承继“大宁堂药铺”祖传名药

"和合丸""二仙丸"等秘方及太原中药厂100余个药品生产批文和"傅山"牌注册商标，表明大宁堂药业与太原中药厂有法律上的承继关系。山西省经贸委于1999年6也17日给山西省药品监督管理局出局了协调意见函，认为大宁堂药业和山西省药材公司大宁堂药店均与"大宁堂"字号有历史渊源，前者为生产企业，后者为商业（流通）企业，建议维持双方状况，同意大宁堂药业使用"大宁堂"字号。本案事实表明，对于"大宁堂药铺"历史商誉的传承，其核心的秘方及生产工艺已由大宁堂药业继承并发展，该公司与"大宁堂药铺"具有历史渊源，其使用"大宁堂"字号作为企业字号具有合理性。因此，保护大宁堂药业使用"大宁堂"字号符合保护在先权利原则，既有利于传承传统中药，也有利于企业发展。故大宁堂药业恢复使用"大宁堂"作为企业字号不存在故意假冒他人注册商标的行为，不构成不正当竞争行为。故依据民事诉讼法第二百条第二项、第六项及二百零八条第一款的规定，提出抗诉，请求依法对本案进行再审。

大宁堂药业同意抗诉意见。

山西省药材公司答辩称：1. 抗诉书混淆概念，适用法律错误。《中华人民共和国商标法实施条例》（以下简称商标法实施条例）[①]（2002）第五十三条规定："商标所有人认为他人将其驰名商标作为企业名称登记，可能欺骗公众或者对公众造成误解的，可以向企业名称登记主管机关申请撤销该企业名称登记。企业名称登记主管机关应当依照《企业名称登记管理规定》处理。"2013年修改的商标法第五十八条规定："将他人注册商标、未注册的驰名商标作为企业名称重的字号使用，误导公众，构成不正当竞争的，依照反不正当竞争法处理。"所谓跨类保护是指同一商标在不同类别的商品和服务上，是否受法律保护的问题，而本案是将他人注册商标用在生产企业上，是不正当竞争。2. 大宁堂药业作为生产企业，使用山西省药材公司的注册商标，足以使相关公众对商标注册人与企业名称所有人的误解，系不正当竞争。3. 大宁堂商标依法在续展注册期间，商标权依法不受侵害。4. 山西省药材公司使用"大宁堂"在先，大宁堂药业对大宁堂字号无承继权利。故请求维持二审判决。

2006年3月7日，山西省药材公司向太原市中级人民法院起诉称，其于2000年10月经国家工商行政管理局核准，注册"大宁堂"商标，有效期为"2000年10月7日至2010年10月6日"。原"太原中药厂"于2005年4月将与其注册商标完全相同的"大宁堂"登记为企业名称中的字号，该注册行

---

① 编者注：本文的商标法实施条例为2002年版。

为构成对其注册商标专用权的侵犯，并构成不正当竞争。请求：1. 依法认定“大宁堂”商标为驰名商标；2. 大宁堂药业立即停止使用（变更或销毁）“大宁堂”字号进行经营；3. 大宁堂药业立即停止使用（拆除或销毁）任何带有“大宁堂”的标识、招牌、宣传条幅、标语、海报、广告牌进行经营。4. 大宁堂药业赔偿山西省药材公司经济损失2万元。

太原市中级人民法院一审查明：1. 山西省药材公司是1955年1月经山西省人民政府成立的国有企业，其下属有十个分公司及山西中药厂和太原中药厂等，包括“太原大宁堂药店”。2.《山西通志》第四十一卷记载，太原中药厂前身为大宁堂药铺，建于明末清初，1956年经过公私合营，隶属太原药材公司中药总店领导，之后中药店厂分设，在大宁堂制药生产的基础上建立了太原中药厂，其所生产中药以和合丸、二仙丸著名。3. 1999年4月9日经太原中药厂第一届职工代表大会专题会议通过，以山西太原中药厂和山西太原中药厂工会委员会共同出文“关于设立太原大宁堂药业有限公司的决议”，成立“太原大宁堂药业有限公司”，该公司为股份合作制公司，注册资金50万元，经营方式为制造、销售中西成药，公司租用太原中药厂厂房、设备、有偿使用或受让太原中药厂的生产技术。经山西省药品监督管理局同意，于1999年4月21日在太原市工商行政管理局领取了“太原市大宁堂药业有限公司”营业执照。注册资金人民币100万元，企业类型为有限责任公司，住所地为太原市龙堡街29号。但山西省药材公司对“太原大宁堂药业有限公司”使用“大宁堂”字号提出异议。经山西省经贸委等部门多次协调，山西省经贸委提出了解决方案，但鉴于两者之间存在着行政隶属关系，“太原大宁堂药业有限公司”因此变更企业名称为山西泰源药业有限公司。注册资金人民币65970300元，企业类型为有限责任公司，住所地为太原经济技术开发区医药园区唐明路19号，经营范围为：丸剂、散剂、膏药、酒剂、片剂、胶囊剂、软胶囊剂、颗粒剂、口服液、煎膏剂的生产。4. 1994年4月12日，中华人民共和国国内贸易部认证“太原大宁堂药店”为“中华老字号”。5. 2000年10月7日，山西省药材公司在国家工商管理局商标局注册了“大宁堂”文字及图商标，注册证号为第1455748号，核定服务项目为第35类，即推销（替他人），注册有效期限为“自2000年10月7日至2010年10月6日止”。6. 2001年12月20日，太原中药厂经太原市中级人民法院宣告破产，2005年6月终结破产程序。7. 山西省药材公司对“大宁堂”商标没有进行宣传，也未进行广告投入。

太原市中级人民法院一审认为：根据山西省药材公司提交的商标注册证，可以认定山西省药材公司对“大宁堂”文字及图商标享有专用权。山西省药材公司于2000年10月注册“大宁堂”商标后，没有对该商标作过任何宣传工作，也没有投入任何资金在任何地方作过任何保护工作。依照商标法第十四条的规定，山西省药材公司请求认定“大宁堂”商标为驰名商标，没有事实依据，依法不予支持。

山西省药材公司与大宁堂药业曾存在行政隶属关系，双方对“大宁堂”品牌的形成均作出了贡献，双方有一定历史渊源。纠纷发生后，经过其共同的上级主管山西省经贸委等部门多次协调，山西省经贸委也提出了解决方案。故对于本案的处理，应当适用维护公平竞争和保护在先合法权利人利益原则。大宁堂药业有限公司于1999年4月21日领取了“太原市大宁堂药业有限公司”营业执照，1999年7月7日变更为“山西泰源药业有限公司”，2005年3月10日，变更为太原大宁堂药业有限公司。山西省药材公司的“大宁堂”商标于2000年10月注册。大宁堂药业关于其“早在山西省药材公司申请注册商标之前已经合法登记并使用了现在继承使用的企业名称”，因此，其“完全有权利在自己的企业名称中使用“大宁堂”字号”的答辩理由，应予采信。

由于山西省药材公司的“大宁堂”商标不能被认定为驰名商标，故不能进行跨类保护。山西省药材公司是药品经营企业，大宁堂药业是药品生产企业，属于不同的种类，故大宁堂药业使用“大宁堂”字号，不构成对山西省药材公司的不正当竞争。太原市中级人民法院依照《中华人民共和国民事诉讼法》（以下简称民事诉讼法）第六十四条、第一百二十八条的规定，判决：驳回山西省药材公司的诉讼请求。

山西省药材公司不服一审判决，向山西省高级人民法院提起上诉请求：依法改判支持其一审诉讼请求。

山西省高级人民法院二审查明：双方当事人对一审查明的第1、2、4、5、6项事实没有异议，二审予以确认。二审另查明，关于太原中药厂变更改制过程。1999年4月9日，太原中药厂第一届职工代表大会专题会议通过，以山西省中药厂和山西太原中药厂工会委员会共同出文“关于设立太原大宁堂药业有限公司的决议”，设立股份合作制公司“太原大宁堂药业有限公司”，采取职工自愿入股的形式，组建若干职工合股基金会，以其作为股东发起创立公司，注册资金50万元，经营方式为制造、销售中西成药，公司租用太原中药厂厂房、设备，有偿使用或受让太原中药厂的生产技术。经山西省药品监督管理局批复：特困企业可以分立自救，同意成立“太原大宁堂药业有限公司”，并鉴于省医药总公司已撤销，可按特事特办的原则办理开办企业的有关证照，进行注册登记。1999年4月21日“太原市大宁堂药业有限公司”在太原市工商行政管理局领取了营业执照，注册资金人民币100万元，企业类型为有限责任公司，公司股东为三个自然人，住所地为太原市龙堡街29号。后山西省药材公司对“太原大宁堂药业有限公司”使用“大宁堂”字号提出异议。1999年5月24日，山西省药监局核发“关于变更大宁堂药业为泰源药业的通知”，期间山西省经贸委等部门多次协调，1999年6月17日还给省药品监督局出具了协调意见函，认为太原大宁堂药业有限公司和山西省药材公司大宁堂药店均与“大宁堂”字号有历史渊源，前者为生产企业，后者为商业企业，建议暂时维持双方状况。但“太原大宁堂药业有限公司”仍于1999年7月15日变更企业名称为山西泰源药业有限公司。2005年3月10日，山西泰源药业有限公司又变更名称为原来的“太原大宁堂药业有限公司”，注册资金人民币5297.03万元，企业类型为有限责任公司，住所地为太原经济技术开发区医药园区唐明路，经营范围为丸剂、散剂、膏药、酒剂、片剂、胶囊剂、软胶囊剂、颗粒剂、口服液、煎膏剂的生产。

山西省高级人民法院二审认为：关于驰名商标的认定问题。《最高人民法院关于审理商标民事纠纷案件适用法律若干问题的解释》第二十二条第一款确认了人民法院在审理商标纠纷案件中，有权根据当事人的请求和案件的具体情况，对涉及的注册商标是否驰名依法作出认定，该条第二款同时规定，认定驰名商标应当依照商标法第十四条的规定进行。该条还规定了认定驰名商标应当考核的标准：1. 相关公众对该商标的知晓程度；2. 该商标使用的持续时间；3. 该商标的任何宣传工作的持续时间、程度和地理范围；4. 该商标作为驰名商标受保护的记录；5. 该商标驰名的其他因素。对照以上五点，“大宁堂”本身作为字号的历史源远流长，1994年4月还被国内贸易部认定为中华老字号，但字号不能等同于商标，“大宁堂”作为商标是药材公司2000年在工商部门注册后才享有注册商标专用权的，这样来看，从该商标使用的持续时间、该商标宣传的持续时间、程度和地理范围以及该商标作为驰名商标受保护的记录等方面考察，“大宁堂”商标还不符合驰名商标的认定标准。

关于大宁堂药业公司使用“大宁堂”作为企业名称是否构成对药材公司“大宁堂”注册商标的侵犯以及是否构成不正当竞争的问题。本案涉及“商标与企业名称之间的权利冲突”问题。商标是区别不同商品生产者或服务提供者的标记，即使用在商品或者服务上的一个记号，它主要由商标法调整。而企业名称是区别一个企业与其他企业或社会组织的标志，商标专用权与企业名称权属于不同性质的权利，二者的取得均应遵循《中华人民共和国民法通则》（以下简称民法通则）和《中华人民共和国反不正当竞争法》（以下简称不正当竞争法）中的诚实信用原则。山西药材公司的“大宁堂”商标为合法取得，其注册商标专用权受商标法保护，未经其许可，在同类商品或服务上使用与其注册商标相同的标识的行为都应视为侵权行为。大宁堂药业称其由太原中药厂改制而来，但二者之间并无法律上的承继关系。太原中药厂已于2005年破产终结后。大宁堂药业最早是由几个自然人于1999年4月登记设立，后由于山西省药材公司提出异议经政府有关部门协调变更名称为山西泰源药业有限公司，至2005年3月10日山西泰源药业公司又变更为大宁堂药业公司，其主观上明显具有借助“大宁堂”的商誉发展本企业的故意，虽然其与太原中药厂有着某种联系，但毕竟法律上没有承继关系，特别是对“大宁堂”这一品牌的使用没有合法依据。再者，从普通消费者的角度看，“大宁堂”药店是由傅山传下来的有着良好信誉、有一定知名度的品牌药店，特别是同一区域，又属于同一行业，消费者对“大宁堂”的任何招牌都很容易产生商品及服务来源的混淆。所以，将与他人注册商标相同的文字登记为企业名称中的字号，引起相关公众对商标注册人与企业名称所有人的误认和误解的，属于侵犯商标专用权的行为，同时也是不正当竞争行为。大宁堂药业辩称其有在先使用的情形不能成立。综上，一审法院认定事实清楚，但适用法律错误，实体处理明显不当，应予改判。故依照民事诉讼法第一百五十三条第二款、民法通则第一百一十八条、商标法第五十二条第一款第一项、反不正当竞争法第五条第一项之规定，判决：一、撤销太原市中级人民法院（2006）并民初字第66号民事判决；二、本判决生效之日起大宁堂药业立即停止使用与山西省药材公司注册的“大宁堂”文字和商标相同的商业标志；三、本判决生效之日起三个月内大宁堂药业有限公司停止使用含有“大宁堂”的企业名称。四、驳回山西省药材公司的其他诉讼请求。

大宁堂药业不服二审判决，于2009年9月23日向本院申请再审，本院于2010年3月18日作出（2009）民申字第1491号民事裁定驳回了其再审申请。本院认为，大宁堂药业和太原中药厂是两个不同法律主体，大宁堂药业是由三个自然人新设立的公司，太原中药厂已破产终结，大宁堂药业与太原中药厂没有法律上的继受关系。1956年公私合营及店厂分设后，传统“大宁堂”字号商誉的承载者仅是药店，而非后来设立的太原中药厂，太原中药厂只是太原中药厂设立后使用传统大宁堂制药秘方生产传统中成药新产生商誉的承载者。由于我国在商品零售服务项目上尚不能获得商标注册，山西药材公司在第35类的推销（替他人）服务项上注册涉案“大宁堂”图文商标，目的是在其提供的药品销售服务中使用该注册商标。大宁堂药业并不否认“大宁堂”药店是由傅山传下来的有着良好信誉、有一定知名度的品牌药店，山西药材公司是传统“大宁堂”字号商誉的拥有者，“大宁堂”老字号的权益应归山西药材公司享有。

因最高人民法院提出抗诉而本院替身本案后，在再审期间，大宁堂药业提交了下列新证据：

1. 山西省著名商标证书、山西省名牌产品证书、山西省守合同重信用企业证书、山西省质量信誉等级证书和优秀民营企业证书。用以证明大宁堂药业为公众认可、具有商誉的企业；2. 山西省食品药品监督管理局《关于停止64家药品经营企业药品经营活动的通知》及山西省到期未申报批发企业名称。用以证明山西省药材公司无药品经营活动资质；3. 国家工商行政管理总局商标局于2012年12月14日发布的《关于申请注册新增零售或批发服务商标有关事项的通知》。山西华元医药集团有限公司在第35类商品/服务上注册有大宁堂文字加图形商标，指定服务为：药品零售或批发服务；药品制剂零售或批发服务。用以证明大宁堂药业不存在注册商标侵权和不正当竞争行为。

经当庭质证，山西省药材公司对上述证据真实性、关联性不予认可，但未提供反证。本院对上述证据的真实性予以认可。

山西省药材公司提交了拍摄于2015年11月10日的店铺门面照片3张，用以证明其仍在使用大宁堂商标。经当庭质证，大宁堂药业对照片的真实性不予认可。

另查明，山西省太原中药厂晋药厂（1999）办字第8号“关于设立‘太原大宁堂药业有限公司’实行改组转制，分立扭亏的请示报告”内容如下：“1. 公司名称：太原大宁堂药业有限公司；经济性质：股份合作制。2. 资金来源：太原中药厂为主要发起人，太原中药厂成立几个合股基金会，作为股东。3. 组织机构：公司依法成立股东大会、董事会、监事会，制定公司章程，聘用经理层管理人员，建立严格的法人治理结构。4. 生产条件：公司租用太原中药厂的厂房、生产设备及配套设施，有偿使用或受让太原中药厂的生产技术（包括药品批准文件），依法开展生产经营。5. 人员组成：除管理人员、技术人员和营销人员外，优先聘用太原中药厂下岗职工，通过考核择优上岗并依据劳动法签订劳动合同。”“二、太原中药厂改组转制及运作办法。1. 太原中药厂保持独立法人主体不变，保持资产产权关系不变，保持债权、债务关系不变。由生产经营型向资产经营型转变。2. 坚持债务不悬空的原则，太原中药厂经营方式转变后，其债权债务关系并没有改变。资产租赁、技术转让和清欠变现收入，除用于保证下岗职工基本生活和交纳社会保险费外，优先偿还税金、贷款和利息，归还其他债务。3. 太原中药厂实行全员下岗后，根据资产经营管理的实际需要，按照效能、节约的原则，保留或设置必要的职能科室，通过竞争择优上岗。4. 集中力量抓好清理应收账款和其他债权的工作，采取有效措施，责任、指标到人，务求实效。5. 认真抓好职工下岗分流和再就业服务工作，创造条件，创办以社会服务业为主的经济实体，保障职工的基本生活，维护社会安定。”

太原中药厂第一届职工代表大会于1999年4月9日关于设立“太原大宁堂药业有限公司”的决议内容如下：一、采取职工自愿入股形式，组建若干职工合股基金会；二、职工合股基金会作为股东，发起、创立“太原大宁堂药业有限公司”；三、公司依法建立独立的法人治理结构，独立核算，自主经营，自负盈亏；四、公司租用太原中药厂厂房、设备，有偿使用或受让太原中药厂的生产技术。

山西省药品监督管理局于1999年4月14日批复同意成立“太原大宁堂药业有限公司”，该公司于1999年4月20日成立，股东为宋守财、胡原平和王景云。1999年7月6日名称变更为山西泰源药业有限公司。山西泰源药业有限公司于2002年3月11日召开第十次股东会议决议将公司股东由原来的宋守财等3人变更为宋守财等18人。

国家工商总局于2004年8月13日作出的《关于国际分类第35类是否包括商场、超市服务问题的批复》内容如下：商场、超市属于销售商品的企业，其主要活动是批发、零售。《商标注册用商品和服务国际分类》第35类的注释明确说明，该类别服务的主要目的在于“对商业企业的经营或管理进行帮助”，或者“对工商企业的业务活动或者商业职能的管理进行帮助”，且“尤其不包括：其主要职能是销售商品的企业，即商业企业的活动”。因此，《商标注册用商品和服务国际分类》第35类得服务项目不包括“商品的批发、零售”，商场、超市的服务不属于该类的内容。该类“推销（替他人）”服务的内容是：“为他人销售商品（服务）提供建议、策划、宣传、咨询等服务。”

国家工商行政管理总局商标局于2012年12月14日下发《关于申请注册新增零售或批发服务商标有关事项的通知》，在《类似商品和服务区分表》3509类似群中设立“药用、兽医用、卫生用制剂和医疗用品的零售或批发服务”、“药品零售或批发服务”、“药用制剂零售和批发服务”、“卫生制剂零售和批发服务”、“医疗用品零售或批发服务”、“兽药零售或批发服务”和“兽医用制剂零售或批发服务”共7个新增服务项目。新增服务商标注册所保护的对象不是上述具体商品，而是为销售该商品提供的综合便利服务行为。

山西华元医药集团有限公司在第35类商品/服务上被核准注册了大宁堂文字加图形商标，指定服务为：药品零售或批发服务；药品制剂零售或批发服务。

此外，大宁堂药业于2008年~2012年分别在第5类中药成药、人用药和第30类非医用营养胶囊上被核准注册了大宁堂文字加图形以及大宁堂文字加拼音商标。”其中，于2008年7月14日被核准注册在第5类中药成药等商品上的第4570166号“大宁堂及图”商标已经被北京高级人民法院（2011）高行终字第339号行政判决撤销。大宁堂药业就此判决向本院申请再审，本院于2014年2月27日以（2013）知行字第62号裁定驳回了其再审申请。上述判决和裁定理由均为大宁堂药业不享有“大宁堂”字号的在先权利，大宁堂药业申请注册涉案商标损害了山西省药材公司的在先字号权，而且上述判决和裁定在理由中均引用了本院（2009）民申字第1491号民事裁定。

本院再审认为，基于最高人民法院的抗诉意见以及当事人的申辩意见，本案的争议焦点是：大宁堂药业使用“大宁堂”字号是否构成对山西省药材公司“大宁堂”注册商标专用权的侵害和不正当竞争。该焦点可以细化为三个问题：1. 涉案“大宁堂”商标是否应受法律保护；2. 涉案商标核定使用的商品或服务与大宁堂药业的药品生产是否属于同种或类似商品（服务）；3. 大宁堂药业和太原中药厂是否存在历史传承关系以及大宁堂药业是否拥有对“大宁堂”字号的在先使用权。

（一）关于涉案“大宁堂”商标是否应受法律保护问题

依照商标法第三条的规定，经商标局核准注册的商标为注册商标，商标注册人享有注册商标专用权，受法律保护。即注册商标无论驰名与否，其商标专用权都依法受到保护。涉案“大宁堂”商标于2000年10月经国家工商管理局商标局核准注册，经续展后现仍在有效期内，虽然一、二审法院均认为涉案“大宁堂”商标不能构成驰名商标，但是作为注册商标依法应当受到保护。

（二）关于涉案商标核定使用的商品或服务与大宁堂药业的药品生产是否属于同种或类似商品（服务）问题

依照商标法第五十一条的规定，注册商标的专用权，以核准注册的商标和核定使用的商品为限。涉案“大宁堂”商标于2000年10月被核定使用在第35类推销（替他人）服务上。按照当时的《类似商品和服务区分表》（第七版），“推销（替他人）”服务的内容主要是指为他人销售商品（服务）提供建议、策划、宣传、咨询等服务，即涉案“大宁堂”商标受保护的范围应当是为他人销售商品（服务）提供建议、策划、宣传、咨询等服务项目。虽然涉案“大宁堂”图文商标不构成驰名，不能获得跨类保护，但是由于2012年12月以前我国法律不允许在商品零售服务项目上注册商标，山西药材公司在第35类的推销（替他人）服务项上注册涉案“大宁堂”图文商标，依据常理其目的应当是在其提供的药品销售服务中使用该注册商标。大宁堂药业本案中所提供的国家工商行政管理总局商标局《关于申请注册新增零售或批发服务商标有关事项的通知》以及山西华元医药集团有限公司注册服务商标的情形均发生在本案二审判决生效之后，对本案的事实认定和法律适用不产生影响。

（三）关于大宁堂药业和太原中药厂是否存在历史传承关系以及大宁堂药业是否拥有对“大宁堂”字号的在先使用权问题

本院认为，大宁堂药业与太原中药厂之间存在历史承继关系，享有在先权利。一是从历史传承看，太原中药厂的前身大宁堂药铺采“前店后厂”模式，其于1956年公私合营后店厂分设，前店（包括匾牌）归山西药材公司，后厂（包括生产批件和大宁堂秘制药方）归太原中药厂，太原中药厂后来又历经分立、破产并改制成大宁堂药业，因此，大宁堂药业与太原中药厂乃至山西药材公司之间存在历史传承关系。大宁堂药业是因历史原因而使用大宁堂字号，与通常那种恶意搭车攀附而做大做强的情形不同。在太原中药厂破产前对其所承载的大宁堂商誉如何处置没有明确约定情况下，可以认定大宁堂药业承继了相应的商誉。二是从现实情况看，山西省药品监督管理局的批复、山西省中药厂和山西太原中药厂工会委员会共同做出的“关于设立太原大宁堂药业有限公司的决议”以及纠纷出现后山西省经贸委多次协调等事实均表明，该企业分立是主管部门批准的企业自救行为，原厂的领导班子和绝大多数职工均进入大宁堂药业。这种自救行为在二十个世纪八九十年代比较常见，一方面通过分立或破产来解决外部债务问题，另一方面通过设立新的股份制企业来解决职工安置和企业转型问题。现实情况是，大宁堂药业拥有大宁堂药铺传统配方秘制中药的生产批件并一直在生产，而山西省省药材公司只拥有“大宁堂”商标和牌匾，因此为了承继和弘扬大宁堂药铺商誉，两者善意共存较为合理。三是从法律适用看，太原中药厂在分立改制时并没有现在企业的知识产权观念和意识，该企业及其上级主管部门最关心的不是商誉问题，而是企业如何生存、职工如何安置的问题。因此，若以现行商标法的规则和理念去认定和解决20多年前的问题，实质是适用市场经济时代的法律去解决计划经济下形成的法律关系，不仅违反“法不溯及既往”原则，也有悖公平合理之精神。四是从社会效果看，如果不认可大宁堂药业享有在先权利，就会导致大宁堂药铺秘方药和商誉得不到传承，因为大宁堂传统秘制中药药方的实际传承人大宁堂药业将不得不停止使用大宁堂字号，其已经注册的商标亦将被撤销；而山西省药材公司只有“大宁堂”商标和牌匾，却一直没有生产和销售大宁堂药铺的传统秘方药。综上，比较公平合理的解决方式应当是允许两者善意共存，大宁堂公司继续使用大宁堂字号并生产大宁堂传统秘方药品，山西省药材公司可销售大宁堂药业生产的药品。如此，前店后厂的历史传承关系能够被继续维系，大宁堂的商誉亦可以由两家共同弘扬。

综上所述，大宁堂药业的再审申请理由成立，二审判决认定事实错误，适用法律不当，依法应予撤销。经审判委员会讨论决定，本院依照《中华人民共和国民事诉讼法》第二百零七条第一款、第一百七十条第一款第二项，判决如下：

一、撤销山西省高级人民法院（2006）晋民终字第00331号民事判决；

二、维持山西省太原市中级人民法院（2006）并初字第66号民事判决。

本判决为终审判决。

审　判　长　王　闯
审　判　员　秦元明
代理审判员　马秀荣
二〇一七年九月二十日
书　记　员　王　晨

19. 法定通用名称的认定

——再审申请人福州米厂因与被申请人五常市金福泰农业股份有限公司、福建新华都综合百货有限公司福州金山大景城分店、福建新华都综合百货有限公司侵害注册商标专用权纠纷案①

中华人民共和国最高人民法院民事判决书（2016）最高法民再374号

再审申请人（一审原告、二审被上诉人）：福州米厂。住所地：福建省福州市鼓山镇樟林路166号。

法定代表人：刘忠清，该厂厂长。

委托诉讼代理人：徐军，北京大成（福州）律师事务所律师。

委托诉讼代理人：钟彬，北京大成（福州）律师事务所律师。

被申请人（一审被告、二审上诉人）：五常市金福泰农业股份有限公司（原五常市金福粮油有限公司）。住所地：黑龙江省五常市杜家镇半截河子村（金福现代农业产业园）。

法定代表人：乔文志，该公司总经理。

委托诉讼代理人：张建文，黑龙江建文律师事务所律师。

委托诉讼代理人：孙德仁，黑龙江建文律师事务所律师。

被申请人（一审被告、二审被上诉人）：福建新华都综合百货有限公司福州金山大景城分店。住所地：福建省福州市仓山区金山大道589号金山大景城商业大楼1-4层。

法定代表人：尤雪君，该公司总经理。

被申请人（一审被告、二审被上诉人）：福建新华都综合百货有限公司。住所地：福建省福州市鼓楼区五四路162号。

法定代表人：陈志勇。

再审申请人福州米厂因与被申请人五常市金福泰农业股份有限公司（以下简称五常公司）、福建新华都综合百货有限公司福州金山大景城分店（以下简称大景城分店）、福建新华都综合百货有限公司（以下简称新华都公司）

---

① 本案在年度报告中的位置为第43页。

侵害注册商标专用权纠纷一案，不服福建省高级人民法院（2014）闽民终字第1442号民事判决，向本院申请再审。本院于2016年6月30日作出（2015）民申字第2472号民事裁定，提审本案。提审后，本院依法组成合议庭，公开开庭审理了本案。福州米厂委托诉讼代理人徐军、钟彬，五常公司委托诉讼代理人张建文、孙德仁到庭参加诉讼。本案现已审理终结。

福州米厂申请再审称：（一）二审法院将"稻花香"认定为涉案食用大米的法定通用名称，适用法律错误。1. 根据2014年施行的《主要农作物品种审定办法》（以下简称品种审定办法）第三十二条的规定，品种名称只能是审定公告公布的名称，禁止擅自更改。本案中，"五优稻4号"是法定的品种名称，二审判决以"稻花香2号"和"五优稻4号"存在关联为由，认定"稻花香2号"也是法定通用名称完全错误。2. 依据《类似商品和服务区分表》，水稻种子属于第3107大类"种子"，大米属于第3008大类"大米"。因此，水稻种子与大米分属不同类别，是完全不同的商品。种子的通用名称不同于大米的通用名称。二审判决将水稻种子的通用名称当作大米的通用名称进行认定，明显错误。3. 大米的国家标准和地方标准的分类中，"稻花香"并不是大米的名称，涉案食用大米的通用名称是"五常大米"。因此，从国家标准、行业标准来看，"稻花香"并不是大米的通用名称。（二）二审判决将"稻花香"认定为约定俗成的通用名称，没有事实和法律依据。1. 二审判决仅凭五常市农业局、镇政府、村委会、村民代表出具的《证明》就由此认定相关公众普遍认为"稻花香"能够指代一类大米，明显依据不足。约定俗成的通用名称一般以全国范围内相关公众的通常认识为判断标准。五常市农业部门和乡镇部门出具的《证明》不能代表普通消费者对"稻花香"这一名称的认识，上述文件均为当地政府从保护当地经济发展角度提出的意见陈述，不能证明"稻花香"是约定俗成的通用名称。个别媒体的报道本身就缺乏事实依据，也不能代表普通消费者的观点。五常公司并没有提供充分证据证明"稻花香"作为大米品种名称客观上达到广泛和普遍使用的程度。2. 实际上，"稻花香"并不具有与其他大米相区别的特征和品质，国家标准已经认定"五常大米"是该类大米的通用名称。3. 二审判决仅以五常市这一特定地区作为认定通用名称的标准，违反法律规定。涉案大米产品属于日常消费用品，流通非常之广，涉及的经营者以及消费者遍布全国，因此，涉案大米产品的相关市场以及相关公众的涉及面绝非特定的五常市可以概括。二审判决将"相关市场"限定为五常市地区，并以此限定范围将"稻花香"认定为通用名称，与相关法律规定相冲突。（三）二审判决认定五常公司对"稻花香"文字及其拼音未进行不当的商标性突出使用，缺乏证据证明。1. 五常公司在涉案商品包装中用特大号字体居中使用“稻花香 DAOHUAXIANG”字样，“稻花香”文字居上、拼音居下，与第 1298859 号“稻花香 DAOHUAXIANG”注册商标（以下简称涉案商标）完全一致，上述使用行为就是典型的商标性突出使用。2. 五常公司突出使用“稻花香 DAOHUAXIANG”字样不是用于说明或客观描述商品特点，不是以善意方式在必要范围内予以标注说明。在进行描述性正当使用时，根本不需要使用到汉语拼音，但五常公司却使用与涉案商标完全相同的汉语拼音。该种使用方式已经超出说明或客观描述商品的界限，其主观上明显为恶意攀附。涉案商标是福建省著名商标，五常公司使用已经具有较高知名度的商标，客观上可能造成相关公众对商品来源的混淆。因此，二审判决认定五常公司是正当使用，缺乏法律依据。（四）二审判决认为五常公司使用“稻花香 DAOHUAXIANG”商标客观上不会造成相关公众混淆误认，明显属于适用法律错误。（五）涉案商标自 1999 年 7 月 28 日注册以来，已合法使用近 20 年且被评为福建省著名商标，建立了较大的市场和较好的商誉，具有较强的显著性特征，相关公众能够识别商标的来源，且涉案商标中并未包含描述性词汇，“稻花香”也不是商品通用名称，因此，二审判决认为福州米厂的涉案商标显著特征淡化是完全错误的。（六）五常公司、大景城分店、新华都公司已构成商标侵权，理应承担相应民事责任。综上，请求本院撤销二审判决，依法再审，支持福州米厂一审诉讼请求。

五常公司提交意见称：（一）二审判决认定“稻花香”是法定通用名称正确。1. 黑龙江省农作物品种审定委员会对“五优稻 4 号”，原代号“稻花香 2 号”的审定，是官方的行政许可行为。两个名称并列，是同时公布了两个名称。不能片面因为“五优稻 4 号”在前，而否定在后的“稻花香 2 号”。2. “稻花香”既是种子的名称，也是稻米的名称。在育种、插秧、成熟、生产的一系列过程中，相关公众都会认为是“稻花香”，不存在以种子名称当作大米名称之说。“稻花香”本身就是大米的名称，是五常大米中的最优良品种。3. 福州米厂对有关大米分类的认识是错误的。（二）二审判决认定“稻花香”为大米约定俗成的通用名称正确。“稻花香”育种、插秧、生产在五常，知名度享誉国内外。由于五常气候、土壤等原因，“稻花香”品种质量优良，“稻花香”已经成为在五常乃至黑龙江市场上一个固定的约定俗成的通用名称。（三）福州米厂注册了涉案商标，但其包装中装的不是“稻花香”大米，损害消费者利益。综上，请求本院驳回福州米厂的再审申请。

福州米厂向福建省福州市中级人民法院（一审法院）起诉请求：五常公司立即停止生产侵犯涉案商标权的产品，支付侵权赔偿金 300000 元；大景城分店、新华都公司立即停止销售侵犯涉案商标权的产品，支付侵权赔偿金

30000 元；五常公司、大景城分店、新华都公司共同支付其为制止侵权行为所支出的合理开支 15998 元；五常公司、大景城分店、新华都公司共同承担本案的诉讼费用。

一审法院查明如下事实：福州米厂为第 1298859 号“稻花香 DAOHUAX-IANG”（文字与字母呈上下结构，即涉案商标）注册商标专用权人，核定使用商品为第 30 类大米，有效期自 1999 年 7 月 28 日至 2009 年 7 月 27 日。经国家工商行政管理总局商标局核准，续展注册有限期自 2009 年 7 月 28 日至 2019 年 7 月 27 日。

2011 年 1 月 31 日，福州米厂与中粮国际（北京）有限公司签订《商标使用许可合同》，约定将涉案商标许可中粮国际（北京）有限公司使用，许可期限从 2011 年 2 月 1 日至 2014 年 1 月 31 日，许可费用及支付方式依相关协议另行约定。该合同于 2011 年 6 月 29 日经国家工商行政管理总局商标局审核予以备案。

2013 年 4 月 12 日，福州米厂与福州恒丰米业有限公司签订《商标使用许可合同》，约定将涉案商标以普通许可使用方式授权福州恒丰米业有限公司使用，使用期限为 2013 年 4 月 12 日至 2013 年 10 月 I1 日，许可使用费为 3 万元每半年。

2013 年 11 月 18 日，福州金谷贸易有限公司通过中国工商银行向五常公司付款 4930 元。2013 年 12 月 6 日，五常公司向福州金谷贸易有限公司出具增值税发票一张，货物名称为大米，含税金额为 4930 元。根据福州金谷贸易有限公司出具的《说明》，此系 100 袋“乔家大院稻花香米”的款项。

福州金谷贸易有限公司与新华都公司签订有《供需合同》，合同约定供方和需方之间有关出售和购买商品的整个协议由该合同及需方向供方发出的订单共同组成。2014 年 4 月 18 日，福州金谷贸易有限公司向新华都公司出具增值税发票一张，含税金额为 88292. 97 元。所附的销货清单中包括“乔家大院稻花香米”49 袋，单价 89. 84 元，含税金额为 4688. 33 元（折扣 6. 5%）。根据福州金谷贸易有限公司出具的《说明》，其从五常公司所购得的 100 袋“乔家大院稻花香米”中的 49 袋供应给新华都公司。

2014 年 2 月 18 日，福州米厂的委托代理人陈淑媛向福州市闽江公证处申请对大景城分店涉嫌出售侵权产品的行为进行证据保全。同日，该公证处的两位公证员与陈淑媛一同来到福州市仓山区新华都金山大景城店，由陈淑媛购买了一袋大米。2014 年 2 月 28 日，福州市闽江公证处出具了（2014）闽证内字第 00624 号公证书，对上述过程进行了公证。福州米厂为此支付公证费 900 元。上述公证书附新华都公司出具的发票一张，载明：商品名称为

"乔家大院稻花香米"5kg，金额98元。公证的大米实物包装袋正面设计为：左上方标注有"金福"二字，上方居中位置标注有"乔府大院©"（字体呈竖向排列）和以较小字体标注"五常大米"四字，正面中间位置以大字体标注有"稻花香（字体中空，底色黑色）DAOHUAXIANG"，正面下方以较小字体标注有"五常市金福粮油有限公司［净含量：5kg］"字样。

2014年3月11日，福州米厂与国浩律师（福州）事务所签订《委托代理合同》，该合同约定：国浩律师（福州）事务所指派王晨照、张志榕律师为福州米厂代理人，福州米厂于合同签订之日起三日内，支付律师代理费15000元。2014年3月12日，国浩律师（福州）事务所向福州米厂出具了增值税发票，金额15000元。

2009年3月18日，黑龙江省农作物品种审定委员会出具的《黑龙江省农作物品种审定证书》记载：编号为黑审稻2009005，品种名称为"五优稻4号"，原代号为"稻花香2号"，选育单位为五常市利元种子有限公司，选育者为田永太等7人，推广区域为黑龙江省五常市平原自流灌溉区插秧栽培，该品种经区域试验和生产试验，符合推广优良品种条件，决定从2009年起定为推广品种。2013年4月1日，五常市稻米产业商会出具《关于保护五常大米"稻花香"品牌的报告》。同日，又出具《致全市稻农朋友的呼吁书》，并附有村民的签名和村委会的盖章。

2011年12月，项文秀的项目名称为长粒型"五优稻4号（稻花香2号）"的选育与推广，获得黑龙江省人民政府颁发的科学技术奖二等奖。

一审法院经审理认为：五常公司在其生产、销售的"乔家大院稻花香米"的包装袋上使用了"乔府大院"商标，其使用与涉案商标非常近似的标志系作为装潢使用，五常公司这种未经许可的擅自使用行为，以及大景城分店和新华都公司未经授权的销售行为，容易误导消费者，侵害了涉案商标权。对于五常公司关于"稻花香"既是大米又是种子的通用名称的主张不予支持。

由于双方当事人均未提供权利人因被侵权所受到的实际损失和侵权人因侵权所获得的利益的充分证据，且诉讼中福州米厂选择依据法定赔偿确定赔偿数额，因此，本案应适用法定赔偿计算方式，确定侵权损失赔偿数额。黑龙江省五常市是我国重要的产粮地，对稻米品种"五优稻"（原代号"稻花香2号"）的研究作出了贡献。从五常公司提交的证据看，造成侵权的原因主要是其对大米种子品种名称的标注和商标即品牌之间的关系区分不太清晰，大米品种名称标注不当导致侵害涉案商标权。考虑上述因素，并结合本案侵权行为的性质、期间、后果，商标的声誉等因素综合考量，酌定赔偿数额为

9万元。福州米厂为制止侵权行为的合理开支包括律师费、购买产品费用和公证费等共计15998元，根据本案的具体情况，酌定合理费用为1万元较妥。大景城分店和新华都公司提供了侵权产品来源于福州金谷贸易有限公司的增值税发票和应税劳务清单，另外结合涉案商标的知名度，也无法认定大景城分店和新华都公司事先知道其所销售的“乔家大院稻花香米”在包装袋上使用的装潢涉及商标侵权，故依法认定大景城分店和新华都公司有合法来源，应承担停止侵权责任，无须承担侵权赔偿责任，但应承担合理费用中的3000元。五常公司作为生产商和销售商，应依法承担停止侵权、赔偿损失的法律责任。

一审法院依照2001年修正的《中华人民共和国商标法》（以下简称商标法）第五十六条第二款、2002年施行的《中华人民共和国商标法实施条例》（以下简称商标法实施条例）第四十九条、第五十条之规定，判决：（一）五常公司于判决生效之日起立即停止侵害福州米厂享有的涉案商标权的行为，即停止生产、销售标注有与涉案商标近似标志的“乔家大院稻花香米”；（二）大景城分店和新华都公司于判决生效之日起立即停止侵害福州米厂享有的涉案商标权的行为，即停止销售标注有与涉案商标近似标志的“乔家大院稻花香米”；（三）五常公司于判决书生效之日起十日内支付福州米厂经济损失及合理费用共计人民币97000元；（四）大景城分店和新华都公司于判决生效之日起十日内支付福州米厂合理费用人民币3000元；（五）驳回福州米厂的其他诉讼请求。案件受理费人民币6490元，由福州米厂负担3990元，大景城分店、新华都公司负担500元，五常公司负担2000元。

五常公司不服一审判决，向福建省高级人民法院（二审法院）上诉请求：撤销一审判决，改判驳回福州米厂的诉讼请求。

二审法院经审理查明，一审查明的事实基本属实。

二审法院认为，本案争议焦点在于五常公司在其生产销售的被诉侵权产品大米外包装上所使用的“稻花香”文字是否属于商品的通用名称以及五常公司对“稻花香”文字的使用是否属于正当使用。

（一）关于“稻花香”是否属于商品的通用名称的问题

根据五常公司提供的《黑龙江省农作物品种审定证书》可以证实，黑龙江省农作物品种审定委员会于2009年对品种名称为“五优稻4号”，原代号为“稻花香2号”的水稻品种予以了审定编号，并决定从当年起定为五常市区域内的推广品种。品种审定办法第三十二条规定，审定公告公布的品种名称为该品种的通用名称。禁止在生产、经营、推广过程中擅自更改该品种的通用名称。审定委员会作为省一级的地方专业审定机构，对其最终审定并决定推广的水稻品种应当认为具有法定确认的效力。因此，审定委员会所审定的“五优稻 4 号”，原代号为“稻花香 2 号”的水稻品种可以认定为法定的通用名称。

福州米厂提出该品种的审定名称是“五优稻 4 号”，而非“稻花香 2 号”，五常公司标注“稻花香”，属于违反品种审定办法第三十二条规定的擅自变更行为，不应认定“稻花香”为通用名称。对此二审法院认为，黑龙江省农作物品种审定委员会所审定的名称虽为“五优稻 4 号”，但该品种的原代号为“稻花香 2 号”，两个名称之间是具有关联性的。根据五常市农业局出具的《关于稻花香大米名称的使用证明》、五常市龙凤山镇人民政府出具的《证明》、五常市稻米商业商会提供的《关于五常市稻花香大米品牌维权的综合材料》中五常市部分稻农、村民代表的确认材料、“稻花香 2 号”主要育种人田永太出具的证明材料以及电视媒体对于“稻花香”大米的相关报道，上述证据材料互相印证，能够证明，“稻花香”的称谓无论在品种审定之前的研发育种、试种植阶段还是品种审定之后的大面积推广阶段，五常这一特定地域范围内的相关种植农户、大米加工企业和消费者均普遍认为其指代的是一类稻米品种。相关公众实际上只知“稻花香”，而不知“五优稻 4 号”。因此，可以认定，基于五常市这一特定的地理种植环境所产生的“稻花香”大米品种能够反映出一类稻米与其他稻米的根本区别，具有了其他产区的大米商品所不具有的特定品质。“稻花香”大米属于较为固定的，约定俗成的通用名称。

福州米厂提出其拥有的涉案商标于 1999 年 7 月 28 日就已核准注册，远早于五常公司主张的“稻花香”通用名称的出现时间。对此二审法院认为，从本案来看，五常公司所提供的证据虽无法直接证明“稻花香”名称的出现并呈通用化的事实状态的时间早于涉案商标的注册申请时间，但可以证明在福州米厂提起本案诉讼时，“稻花香”实际上已经成为一类被相关公众普遍认为的稻米品种的通用名称。另外，根据福州米厂所提供的证据来看，其自身对“稻花香”商标的使用亦存在不规范之处。其生产的部分大米产品包装正面左上角印有“米”字图形商标，下半部印有“稻花香©”标识，并与“米”字连用。可见，福州米厂对涉案商标并未进行规范使用，而实际是将“稻花香”作为商品名称加以使用，这在客观上进一步淡化乃至消灭了“稻花香 DAOHUAXIANG”文字作为商标的显著特征。

（二）关于五常公司对“稻花香”文字的使用是否正当的问题

对被诉侵权产品的外包装进行观察可见，该外包装正面左上角印有“金福”文字，系五常公司的企业字号，中间部分印有五常公司注册的“乔府大院”图文商标及“五常大米”文字。下半部印有“稻花香 DAOHUAXIANG”文字和拼音及五常公司的企业名称全称。从使用的具件情况来看，五常公司已经在产品包装正面的醒目位置标注了自有商标及企业字号和全称。如上所述，由于“稻花香”属于五常特定产区的大米品种，而五常公司就是五常当地一家专门的制米企业，其对“稻花香”一词文字及拼音的使用只是为了说明品种来源，并未进行商标性的不当突出使用，亦符合大米产品一般会在其包装正面注明品种类别的行业惯例，故其使用目的并不是为了借助福州米厂的商标商誉进行“傍品牌、搭便车”。其使用具有客观合理性，主观上系出于善意。从福州米厂提供的相关证据来看，讼争的涉案商标经其自己使用及许可他人使用虽然已经具有一定的知名度，但并无证据证明涉案商标与福州米厂已经形成一一对应的关系。福州米厂也没有提供证据证明五常公司在产品包装上使用“稻花香”标识，造成了相关市场的经营者、消费者的混淆误认。

综上，由于“稻花香”属于商品的通用名称，五常公司在其生产销售的大米产品包装上使用“稻花香”文字及拼音以表明大米品种来源的行为，主观上出于善意，客观上也未造成混淆误认，应属于正当使用，并未构成商标侵权。大景城分店及新华都公司销售该大米产品亦不构成侵权。原审法院认定五常公司及大景城分店、新华都公司的行为构成商标侵权，属认定不当，依法予以纠正。

本案中，“稻花香”虽经认定属于通用名称，但是由于其种植加工仅限于黑龙江省五常市特定的稻米产区，仍具有较为明确的地理位置的指向性，指代一种大米特产，并非全国范围内所有的大米生产经营者都有权在其大米商品上使用“稻花香”文字。由于福州米厂所拥有的涉案商标目前仍是合法有效的注册商标，为保护合法权利、规范市场秩序，五常公司在后续对“稻花香”文字的使用过程中，仍应尽到合理审慎的注意义务，即在产品外包装上应尽量突出使用自己的商标和企业名称及字号，正当标注“稻花香”文字，防止突出性及超范围的使用。

据此，依照《中华人民共和国民事诉讼法》第一百七十条第（二）项、商标法实施条例第四十九条的规定，二审法院判决：撤销福州市中级人民法院（2014）榕民初字第481号民事判决；驳回福州米厂的全部诉讼请求。一审案件受理费人民币6490元，二审案件受理费人民币2300元，均由福州米厂负担。

福州米厂在向本院申请再审时提交了11份证据，其中证据5、9、10、11为新证据。证据5是涉案商标被评为福建省著名商标以及福州米厂所获相关荣誉的证据；证据9是《类似商品和服务区分表》，以证明种子和大米分属不同类别的商品；证据10是《中华人民共和国国家标准》GB1354－2009（大米），以证明大米分为籼米、粳米和糯米，“稻花香”不属于法定的大米通用名称；证据11是《中华人民共和国国家标准》GB/T19266－2008（地理标志产品 五常大米），以证明“五优稻4号”水稻种子在五常地区种植而得到的粳稻加工成的大米应称为五常大米，五常大米是该类大米的法定通用名称。五常公司认可上述四份证据的真实性，但不认可其与本案的关联性。本院对上述四份证据的真实性予以确认。

五常公司在本院再审开庭时提交8份新证据。证据1是五常市龙凤山长粒香水稻研究所关于稻花香水稻的简介，以证明“稻花香”早在1999年就已培育成功，“稻花香”适应区域为五常市平原自流灌溉区；证据2是2010年第29期《中国经济周刊》刊载的《东北“袁隆平”传奇》文章，以证明“稻花香”早在1993年开始培育，问世时间是1999年，及这种水稻被称为“稻花香”的原因；证据3是2010年8月8日哈尔滨生活报“‘饿出来’的神奇稻种”报道，证明内容与证据2相同；证据4为大米品牌排名，以证明五常大米的“稻花香”被评为全国最好的大米，已经被全国消费者认可；证据5为中国龙志网关于哈尔滨市通河县成功试种“稻花香”水稻的报道，以证明“稻花香”水稻已经在五常地区以外推广种植；证据6是（2016）闽民申985号民事裁定，以证明福州米厂已经服从法院对“稻花香”是商品通用名称的认定；证据7是2009年黑龙江审定水稻品种审定公告和目录，以证明“稻花香”水稻品种被审定公告；证据8是2016年10月15日五常市农业技术推广中心出具的《证明》，证明“稻花香”的研发、种植及推广的情况。福州米厂对上述证据质证认为，上述证据不属于新证据，且超过了举证时限，其中对证据1、证据2、证据3、证据4、证据5、证据7、证据8的真实性、关联性不认可；对证据6，认可其真实性，但该份裁定没有记载“稻花香”是通用名称，不能达到其证明目的。本院认为，证据1、证据4、证据5、证据7均为网页打印件，对真实性不予确认；证据2、证据3为杂志或报纸的复印件，在没有相反证据情况下，对真实性予以确认；对证据7真实性予以确认，但不能证明“稻花香”已经成为一类大米品种的通用名称；证据8盖有五常市农业技术推广中心印章，在没有相反证据情况下，对真实性予以确认。

五常公司在再审开庭时申请两位证人出庭作证，以证明“稻花香”构成通用名称。第一位证人是“稻花香”培育研制者之一项文秀，第二位证人是五常市农业技术推广中心主任宋德旭。上述证人在本院再审开庭时接受了法庭和双方当事人的询问。

本院再审认为，本案争议焦点问题为："稻花香"是否属于法定的通用名称；"稻花香"是否属于约定俗成的通用名称；五常公司、大景城分店和新华都公司的行为是否构成侵害涉案商标专用权；民事责任如何承担。

(一)"稻花香"是否属于法定的通用名称

根据商标法实施条例第四十九条的规定，注册商标中含有的本商品的通用名称，注册商标专用权人无权禁止他人正当使用。

根据五常公司提供的《黑龙江省农作物品种审定证书》，黑龙江省农作物品种审定委员会于2009年对品种名称为"五优稻4号"、原代号为"稻花香2号"的水稻品种予以了审定编号，并决定从当年起定为五常市区域内的推广品种。二审法院认为品种审定办法第三十二条规定，审定公告公布的品种名称为该品种的通用名称。因此，黑龙江省农作物品种审定委员会所审定的"五优稻4号"、原代号为"稻花香2号"的水稻品种可以认定为法定的通用名称。对此，本院认为，首先，法律规定为通用名称的，或者国家标准、行业标准中将其作为商品通用名称使用的，应当认定为通用名称。本案中，五常公司并无证据证明"稻花香"依据法律规定或者国家标准、行业标准应认定为法定的通用名称。其次，品种审定办法规定的通用名称与商标法意义上的通用名称含义并不完全相同，不能仅以审定公告的名称为依据，认定该名称属于商标法意义上的通用名称。品种审定办法第三十二条第三款规定，"审定公告公布的品种名称为该品种的通用名称。禁止在生产、经营、推广过程中擅自更改该品种的通用名称。"此处规定的通用名称是指根据品种审定办法审定公告的主要农作物品种名称，用以指代该特定品种。该名称在生产、经营、推广过程中禁止擅自更改。商标法中的通用名称指代某一类商品，因该名称不能用于指代特定的商品来源，故相关公众都可以正当使用。再次，根据品种审定办法第三十二条的规定，审定公告的通用名称在实际的使用过程中不得擅自更改。审定公告的原代号为"稻花香2号"，并非"稻花香"，在在先存在涉案商标权的情况下，不能直接证明"稻花香"为法定的通用名称。

因此，现有证据不足以证明"稻花香"为法定的通用名称，二审判决以品种审定办法为依据认定"稻花香"为法定的通用名称，适用法律错误，本院予以纠正。福州米厂关于"稻花香"不属于法定的通用名称的申请再审理由成立，本院予以支持。

(二)"稻花香"是否属于约定俗成的通用名称

相关公众普遍认为某一名称能够指代一类商品的，应当认定该名称为约定俗成的通用名称。被专业工具书、辞典列为通用名称的，可以作为认定约定俗成的通用名称的参考。约定俗成的通用名称一般以全国范围内相关公众的通常认识为判断标准。对于由于历史传统、风土人情、地理环境等原因形成的相关市场较为固定的商品，在该相关市场内通用的称谓，可以认定为通用名称。

对于“稻花香”是否属于约定俗成的通用名称。二审法院认为，五常这一特定地域范围内的相关种植农户、大米加工企业和消费者均普遍认为“稻花香”指代的是一类稻米品种。可以认定，基于五常市这一特定的地理种植环境所产生的“稻花香”大米属于约定俗成的通用名称。可见，二审法院实际上认为稻米品种的通用名称也是大米商品的通用名称，同时认为“稻花香”大米属于由于五常市特定地理环境形成的在该相关市场内较为固定的商品，属于在该相关市场内的通用名称。

对此，本院认为，首先，关于稻米品种的通用名称是否可以作为大米商品的通用名称。根据水稻种植、收获、生产、销售的过程，水稻最终以大米这种商品的形式呈现给消费者。因此，如果“稻花香”为涉案特定稻米品种约定俗成的通用名称，对于用该稻米品种种植加工出来的大米，可以标注“稻花香”以表明大米品种来源，即稻米品种的通用名称可以延伸使用于以此品种种植加工出来的大米上。其次，关于“稻花香”是否属于涉案特定稻米品种约定俗成的通用名称。约定俗成的通用名称一般以全国范围内相关公众的通常认识为判断标准。当然，本院注意到，基于历史传统、风土人情、地理环境等原因，某些商品所对应的相关市场相对固定，如果不加区分地仍以全国范围相关公众的认知为标准，判断与此类商品有关的称谓是否已经通用化，有违公平原则。但是，适用不同评判标准的前提是，当事人应首先举证证明此类商品属于相关市场较为固定的商品。否则，是否构成约定俗成的通用名称，仍应当以全国范围内相关公众的通常认知作为判断依据。本案中，被诉侵权产品销售范围并不局限于五常地区，而是销往全国各地，在福州米厂的所在地福建省福州市的超市内就有被诉侵权产品销售。在这种情况下，被诉侵权产品相关市场并非较为固定在五常市地域范围内，应以全国范围内相关公众的通常认识为标准判断“稻花香”是否属于约定俗成的通用名称。为证明“稻花香”属于约定俗成的通用名称，五常公司先后提交了五常市农业局出具的《关于稻花香大米名称的使用证明》、五常市龙凤山镇人民政府出具的《证明》、五常市稻米商业商会提供的《关于五常市稻花香大米品牌维权的综合材料》、“稻花香 2 号”主要育种人田永太出具的证明材料、媒体的相关报道等证据，并申请证人出庭作证。上述证据多为五常市当地有关部门、稻农或育种人出具的证明材料，媒体报道数量有限，以全国范围内相关公众的通常认识为标准，现有证据不足以证明“稻花香”属于约定俗成的通用名称。二审判决认为“稻花香”属于五常地域范围内约定俗成的通用名称，未考虑被诉侵权产品已经销往全国，相关市场超出五常地域范围的实际情况，确有错误，本院予以纠正。福州米厂关于“稻花香”不属于约定俗成的通用名称的申请再审理由成立，本院予以支持。

（三）五常公司、大景城分店和新华都公司的行为是否构成侵害涉案商标专用权

根据商标法第五十二条规定，未经商标注册人的许可，在同一种商品或者类似商品上使用与其注册商标相同或者近似的商标的，属侵犯注册商标专用权。本案中，首先，涉案商标于1998年3月提出申请，于1999年7月28日获得注册。2009年3月18日，黑龙江省农作物品种审定委员会出具《黑龙江省农作物品种审定证书》，审定公告了“五优稻4号”、原代号“稻花香2号”的水稻品种。从时间顺序上，涉案商标的申请日远远早于“稻花香2号”水稻的审定公告日，五常公司现有证据也不能证明在涉案商标申请日之前“稻花香”作为一类稻米品种已经宣传推广并具有一定知名度，因此，福州米厂申请注册涉案商标主观上并无恶意。其次，被诉侵权产品系大米，涉案商标核定使用的商品也是大米，两者属于同一种商品。被诉侵权产品“乔家大院稻花香米”的包装袋正面居中位置以较大字体标注了“稻花香DAO-HUAXIANG”，将该标志与涉案商标进行比对，在文字和字母方面均相同，只是在文字的字体和背景颜色上稍有区别，构成近似商标。被诉侵权产品“乔家大院稻花香米”与涉案商标的商品共存于市场，容易造成相关公众的混淆误认。大景城分店和新华都公司对于被诉侵权产品“乔家大院稻花香米”系由大景城分店所销售的事实没有异议，五常公司对该产品系由其生产、供货给新华都公司，由大景城分店对外进行销售的事实亦无异议。因此，可以认定五常公司、大景城分店和新华都公司未经许可的行为，侵害了涉案商标专用权。二审法院关于“稻花香”属于通用名称，被诉侵权产品的标注方式属于正当使用不构成侵害涉案商标专用权的认定有误，本院予以纠正，福州米厂相应申请再审理由成立，本院予以支持。

本案的特殊之处在于，福州米厂申请注册涉案商标主观上并无恶意，注册商标专用权在全国范围内具有效力，应得到有效保护。根据现有证据，“稻花香2号”作为审定公告的品种，对于五常这一特定地域范围内的相关种植农户、大米加工企业和消费者而言，在以“稻花香2号”种植加工出的大米上使用“稻花香”主观上也并无攀附涉案商标的恶意。基于公平原则，

考虑到双方的利益平衡，本院认为，对于五常这一特定地域范围内的相关种植农户、大米加工企业和消费者而言，可以在以“稻花香 2 号”种植加工出的大米上规范标注“稻花香 2 号”，以表明品种来源。但本院需要在此特别强调：该种标注方式仅限于表明品种来源且不得突出使用。

（四）民事责任如何承担

根据福州米厂的诉讼请求及本案的具体案情，五常公司应承担停止侵权、赔偿损失的民事责任。虽然大景城分店和新华都公司因销售涉案被诉侵权商品具有合法来源而无须承担赔偿责任，但其仍应承担停止销售以及分担福州米厂部分合理费用的民事责任。关于赔偿损失的具体数额及合理费用的分担，综合考虑本案案情，本院认为一审判决结果并无不妥，予以维持。

综上所述，二审判决认定“稻花香”属于通用名称，被诉侵权产品的标注方式属于正当使用不构成侵害涉案商标权错误，本院予以撤销。一审判决结论正确，本院予以维持。依照《中华人民共和国民事诉讼法》第二百零七条第一款、第一百七十条第一款第（二）项、2001 年修正的《中华人民共和国商标法》第五十二条第（一）项、第五十六条、2002 年施行的《中华人民共和国商标法实施条例》第四十九条规定，判决如下：

一、撤销福建省高级人民法院（2014）闽民终字第 1442 号民事判决；

二、维持福建省福州市中级人民法院（2014）榕民初字第 481 号民事判决。

一审案件受理费人民币 6490 元，由福州米厂负担 3990 元，福建新华都综合百货有限公司福州金山大景城分店、福建新华都综合百货有限公司负担 500 元，五常市金福泰农业股份有限公司负担 2000 元。二审案件受理费 2300 元，由五常市金福泰农业股份有限公司负担。

本判决为终审判决。

审 判 长 周 翔
审 判 员 罗 霞
代理审判员 佟 姝
二〇一七年十二月二十二日
书 记 员 张 博

22. 商标侵权案件中正当使用的认定

——再审申请人冯印与被申请人西安曲江阅江楼餐饮娱乐文化有限公司侵害商标权纠纷案①

中华人民共和国最高人民法院民事裁定书（2017）最高法民申4920号

再审申请人（一审原告、二审上诉人）：冯印，男，1976年10月19日出生，汉族，住重庆市云阳县××××。

被申请人（一审被告、二审被上诉人）：西安曲江阅江楼餐饮娱乐文化有限公司。住所地：陕西省西安市曲江新区曲江池遗址公园内阅江楼。

法定代表人：李湃，该公司董事长。

再审申请人冯印因与被申请人西安曲江阅江楼餐饮娱乐文化有限公司（以下简称阅江楼公司）侵害商标权纠纷一案，不服陕西省高级人民法院（2015）陕民三终字第00053号民事判决，向本院申请再审。本院依法组成合议庭对本案进行了审查。现已审查终结。

冯印向本院申请再审称，（一）原审判决关于被诉侵权行为是否容易使相关公众产生误认的认定，适用法律错误。（二）被诉侵权行为在事实上导致了相关公众对产品和服务来源的误认。涉案商标“阅江楼＋图形”（以下简称涉案商标）的显著性识别部分为“阅江楼”文字而非图形，原审判决以涉案商标知名度不高为由，认定阅江楼公司使用“阅江楼”标识的行为不构成侵权，缺乏事实与法律依据。综上，冯印请求本院再审本案。

本院经审查认为，本案的争议焦点问题是：阅江楼公司使用“阅江楼”标识的行为是否侵害了涉案商标权。对此本院认为，根据《中华人民共和国商标法》（以下简称商标法）第五十七条的规定，未经商标注册人的许可，在同一种商品上使用与其注册商标近似的商标，或者在类似商品上使用与其注册商标相同或者近似的商标并容易导致混淆的，构成侵害注册商标专用权的行为。同时，根据商标法第五十九条第一款的规定，注册商标中含有的本商品的通用名称、图形、型号，或名称、图形、型号，或者直接表示商品的

① 本案在年度报告中的位置为第46页。

质量、主要原料、功能、用途、重量、数量及其他特点，或者含有地名，注册商标专用权人无权禁止他人正当使用。具体到本案而言，涉案商标由“阅江楼”文字及其上方的图形部分组合而成，冯印指称阅江楼公司实施的被诉侵权行为包括：将“阅江楼”文字作为其企业字号从事餐饮服务、在经营场所正门悬挂“阅江楼”巨幅招牌并在餐具、菜单等处突出使用“阅江楼”文字。对于冯印的上述主张，本院认为，注册商标专用权人有权制止他人未经许可，在相同或类似商品上使用相同或者近似商标并可能导致公众混淆的行为，但同时商标权人应当遵循诚实信用原则，依法正当行使自身的权利。当注册商标中含有具有描述性质的文字，而他人使用的目的在于指示或描述客观事实时，权利人无权禁止该种使用行为。具体到本案被诉侵权行为而言，根据原审法院已经查明的事实，西安阅江楼为座落于西安曲江池遗址公园内的一处景观。根据阅江楼公司与西安曲江文化（旅游）集团有限公司的协议，阅江楼公司获得了在阅江楼经营餐饮项目的权利。阅江楼公司的企业名称完整使用了“曲江阅江楼”字样，且根据阅江楼租赁合作协议，阅江楼及其相关场地、设备、设施、装饰、装修等附属资产，亦全部来自于原有的阅江楼景观。因此，无论是阅江楼公司在其企业名称中选用“阅江楼”文字，还是在其经营场所及菜单、餐具上使用“阅江楼”文字的行为，主要目的仍在于客观描述并指示其经营场所所在地——西安阅江楼。在其使用过程中，阅江楼公司从未完整使用与涉案商标相同的图文组合形式，亦无证据显示阅江楼公司对“阅江楼”文字的使用旨在攀附涉案商标的商业信誉。据此，一审、二审法院认定被诉侵权行为并不具有使相关公众混淆误认的可能性，进而不构成侵害涉案商标权的结论，具备事实与法律依据，本院予以支持。当然，本院需要指出的是，市场经营者在开展经营活动的过程中，应当秉持诚实信用原则，尽量保持有关商业标识之间的足够距离。因此，阅江楼公司在今后的经营活动中，亦应合理、审慎地使用有关商业标识，避免引发不必要的纠纷。综上，冯印所提再审申请理由均不能成立，本院不予支持。

依照《中华人民共和国民事诉讼法》第二百零四条第一款，《最高人民法院关于适用〈中华人民共和国民事诉讼法〉的解释》第三百九十五条第二款规定，裁定如下：

驳回冯印的再审申请。

审 判 长 朱 理
审 判 员 毛立华
代理审判员 佟 姝
二〇一七年十二月十三日
法官助理 赵 钊
书 记 员 包 硕

（二）商标行政案件审判

23. 商标近似性判断的考量因素

——再审申请人四川省宜宾五粮液集团有限公司与被申请人国家工商行政管理总局商标评审委员会、甘肃滨河食品工业（集团）有限责任公司商标异议复审行政纠纷案[①]

中华人民共和国最高人民法院行政裁定书（2014）知行字第37号

再审申请人（一审原告、二审被上诉人）：四川省宜宾五粮液集团有限公司。住所地：四川省宜宾市岷江西路150号。

法定代表人：唐桥，该公司董事长。

委托诉讼代理人：谭君祥，北京市惠诚律师事务所律师。

委托诉讼代理人：唐有龙，男，1985年11月26日出生，汉族，北京超凡知识产权代理有限公司职员，住山东省潍坊市××××。

被申请人（一审被告、二审上诉人）：国家工商行政管理总局商标评审委员会。住所地：北京市西城区茶马南街1号。

法定代表人：赵刚，该委员会主任。

委托诉讼代理人：尤丽丽，该委员会审查员。

被申请人（一审第三人、二审上诉人）：甘肃滨河食品工业（集团）有限责任公司。住所地：甘肃省民乐县城东门105号。

法定代表人：许福林，该公司董事长。

委托诉讼代理人：张发文，男，该公司副总经理。

委托诉讼代理人：王华，北京恒都（天津）律师事务所律师。

再审申请人四川省宜宾五粮液集团有限公司（以下简称五粮液公司）因与被申请人国家工商行政管理总局商标评审委员会（以下简称商标评审委员会）、甘肃滨河食品工业（集团）有限责任公司（以下简称滨河公司）商标异议复审行政纠

① 本案在年度报告中的位置为第48页。

纷一案，不服北京市高级人民法院（以下简称二审法院）（2013）高行终字第1718号行政判决，向本院申请再审。本院依法组成合议庭进行了审查，现已审查终结。

五粮液公司申请再审称，滨河公司2005年5月9日申请注册的第4646265号“滨河九粮液”商标与五粮液公司的第160922号“五粮液及图”商标构成使用在相同或者类似商品上的近似商标，应当不予核准注册。商标评审委员会裁定被异议商标予以核准注册以及二审法院判决维持该裁定，均属于认定事实不清、适用法律错误。具体理由如下：1. 滨河公司存在恶意注册行为，其在国内围绕五粮液公司的众多知名品牌商标进行了大量摹仿性注册，同时还在台湾地区申请注册过“九粮液”商标，其行为违反了2001年修正的《中华人民共和国商标法》（以下简称商标法）第十条第一款第八项及第四十一条第一款的规定，应当被法律所禁止。2. 滨河公司在产品瓶体及外包装上故意突出“九粮液”“九粮春”“九粮醇”“九粮王”等字样的行为，进一步印证了其“傍名牌”的主观恶意，上述行为极易导致消费者对商品来源产生混淆或误认，使消费者误认为其产品为五粮液公司提供，或者误认为其产品与五粮液公司具有关联性，损害五粮液公司与消费者的合法利益，违反了《中华人民共和国反不正当竞争法》第二条、第五条的规定，构成不正当竞争。3. 滨河公司在经营活动中并不是在提高产品质量、打造自身“滨河”著名商标方面下功夫，反而一味地宣传和推广与五粮液公司商标近似的“九粮液”“九粮春”“九粮王”“九粮醇”等商标，并在酒类专业营销网络或杂志上刊登招商广告，肆意销售侵权商品，其对五粮液公司“五粮”系列商标的摹仿存在不正当竞争的主观故意，违背了诚实信用原则，应当被法律所禁止。4. 被异议商标与五粮液公司具有极高知名度的“五粮液”驰名商标及2012年12月已经归属于五粮液公司的“九粮”商标构成相同或者类似商品上的近似商标，二者存在混淆的可能性，即使不发生直接的混淆，也容易淡化五粮液公司的“五粮液”驰名商标。被异议商标由文字“滨河九粮液”组成，其中“滨河”非常容易被理解为“九粮液”的修饰。引证商标中的“五粮液”文字为其主要识别部分，“九粮液”与“五粮液”仅一字不同，且该不同文字为表示数量的文字，使用在相同或类似商品上，相关公众容易误认为两商标的商品提供者之间存在某种关联，从而对商品的来源产生误认。因此，被异议商标与引证商标应当被认定构成近似商标，被异议商标的注册申请违反了商标法第二十八条及第十三条的规定，不应核准注册。综上，请求对本案进行再审，撤销二审判决，改判撤销商标评审委员会商评字（2012）第32222号《关于第4646265号“滨河九粮液”商标异议复审裁定》（以下简称第32222号裁定），判令其重新作出裁定。

商标评审委员会答辩称，坚持在第32222号裁定中的意见及在原两审程序中发表的意见。二审判决认定事实及适用法律正确，请求驳回五粮液公司的再审申请，维持二审判决。

滨河公司答辩称，1. 五粮液公司在商标评审和一、二审程序中已经明确，其诉讼主张仅限于基于商标法第二十八条规定所提出的复审及诉讼理由，明确放弃了基于商标法第十三条、第四十一条等其他条款规定所提出的主张，因此其以商标法第二十八条以外的第十三条等其他条款为依据提出权利主张或作为申请再审的理由，不符合法律规定。2. 商标法第十三条和第二十八条不能同时使用，在可以适用商标法第二十八条的情况下，不能再主张商标法第十三条的保护。3. 被异议商标与引证商标不构成近似，被异议商标在市场上经过了长达近二十年的长期使用，已经产生了较高的知名度，滨河公司在原审程序中提交了大量证据证明其使用“九粮”文字及“九粮液”商标并获得大量荣誉的事实。在使用过程中，与五粮液公司的产品并没有发生实际混淆，五粮液公司也没有提交存在实际混淆的证据。4. 滨河公司对“九粮”文字有在先权利，也有合理使用的依据。“滨河九粮液”属于“滨河”系列商标中的一种，同时也源于滨河公司自主研发的“九粮九轮”白酒酿造工艺，“九粮”还源自“九粮香型”，这种香型是滨河公司首创，并发展成为白酒的一种特定香型，滨河公司为了向市场推出“九粮液”产品，还向主管部门申报备案了“九粮香型”白酒生产的企业标准。此外，“九粮”文字也是对酿制白酒的九种粮食原料的客观描述。“九”体现了滨河公司的独特文化，除了“九粮”系列产品以外，滨河公司还开发了“九轮”“九天”“九坛”等系列品牌，“液”“醇”“春”等文字是白酒商品的惯常用字，与“九粮”文字一起使用并不能说明滨河公司存在主观恶意。5. 滨河公司 2002 年及 2006 年在酒类商品上申请的两个“滨河九粮液”文字商标均已获准注册并处于有效状态，五粮液公司对该两个商标也提出了异议，但是其最后服从了商标评审委员会的裁定，没有提起行政诉讼，本案被异议商标与前述两个商标文字完全相同，只是字体有差异，属于相似商标，依据前后一致的审查标准，也考虑到商标已经获得注册的稳定事实，本案的被异议商标也应当获得注册。6. 对于滨河公司在诉讼阶段提交的新证据，五粮液公司均已进行了质证，而且该公司在诉讼阶段也提交了新证据，因此其关于原审法院不应采信滨河公司新证据的主张不应支持。7. 被异议商标的申请不涉及对公共利益的损害，不符合商标法第十条第一款第八项规定的情形。请求驳回五粮液公司的再审申请，维持二审判决。

五粮液公司在本院于 2014 年 5 月 19 日进行的听证时陈述称，滨河公司在本案被异议商标之外的两个“滨河九粮液”商标的注册是否适当的问题，未经过司法审查程序，不能作为认定本案被异议商标是否应予核准注册的依据。此外，无论滨河公司是否使用“九粮九轮”的工艺酿造白酒，也不论其工艺如何，都与作为商标注册或使用没有关系，都不能损害五粮液公司在先注册的驰名商标的利益。

本院经审查认为，本案争议焦点为：被异议商标的注册是否违反商标法第二十八条的规定。

商标法第二十八条规定："申请注册的商标，凡不符合本法有关规定或者同他人在同一种商品或者类似商品上已经注册的或者初步审定的商标相同或者近似的，由商标局驳回申请，不予公告。"

本案中，被异议商标指定使用的商品与引证商标核定使用的商品均为第33类白酒等，构成相同商品，因此本案主要争议在于被异议商标与引证商标是否构成相同或近似，二者同时使用在白酒商品上是否容易导致相关公众混淆误认。

本案的引证商标为"五粮液及图"，被异议商标为"滨河九粮液"文字，二者相比对，标志本身存在一定程度的区别。虽然考虑到"五粮液"商标的知名度较高，相关公众容易将"五粮液"视作引证商标的主要识别部分，但是，根据二审法院查明的事实，滨河公司于1987年7月21日就申请注册了"滨河及图"商标，并于1988年2月20日被核准注册，该商标经过使用已经具有较高知名度，"滨河"作为该商标的主要识别部分，已经在相关公众中与滨河公司形成对应联系。在这种情况下，被异议商标在整体上与引证商标形成较大差异，白酒类相关公众施以一般注意力可以将二者进行区分，不会造成混淆误认。

此外，滨河公司主张其在被异议商标中使用"九粮"二字，源于其自主研发的"九粮九轮酿制工艺"，滨河公司已经将该酿制工艺向主管部门申报备案了"九粮香型白酒"生产企业标准；而且，根据现有证据，在被异议商标申请日前，滨河公司就于1996年将"滨河九粮液"项目在"第八届中国新技术新产品博览会"上展出，并获得该博览会颁发的金牌。综合考虑引证商标和被异议商标的构成要素、被异议商标的使用状况及知名度等情况，两商标共同使用在相同商品上不会导致相关公众混淆误认，不构成商标法第二十八条规定的相同或类似商品上的相同或近似商标。二审判决认定事实和适用法律并无不当，应当予以维持。

依照《最高人民法院关于执行〈中华人民共和国行政诉讼法〉若干问题的解释》第七十四条之规定，裁定如下：

驳回四川省宜宾五粮液集团有限公司的再审申请。

审　判　长　夏君丽
审　判　员　郎贵梅
代理审判员　董晓敏
二〇一七年六月三十日
书　记　员　曹佳音

24. 主张在先著作权适格主体的证明

——再审申请人温州市伊久亮光学有限公司与被申请人达马股份有限公司及二审被上诉人国家工商行政管理总局商标评审委员会商标权无效宣告请求行政纠纷案[①]

中华人民共和国最高人民法院行政裁定书（2017）最高法行申7174号

再审申请人（一审第三人、二审被上诉人）：温州市伊久亮光学有限公司。住所地：中华人民共和国浙江省温州市瓯海经济开发区红梅路33号。

法定代表人：陈乃孙，该公司总经理。

委托诉讼代理人：王学芝，北京市玖典律师事务所律师。

被申请人（一审原告、二审上诉人）：达马股份有限公司。住所地：意大利共和国瓦雷泽，比埃蒙大街174号。

法定代表人：安德烈亚·迪尼，该公司首席执行官。

二审被上诉人（一审被告）：国家工商行政管理总局商标评审委员会。住所地：中华人民共和国北京市西城区茶马南街1号。

法定代表人：赵刚，该委员会主任。

再审申请人温州市伊久亮光学有限公司（以下简称伊久亮公司）因与被申请人达马股份有限公司（以下简称达马公司）及二审被上诉人国家工商行政管理总局商标评审委员会（以下简称商标评审委员会）商标权无效宣告请求行政纠纷一案，不服北京市高级人民法院（以下简称二审法院）（2016）京行终4949号行政判决（以下简称二审判决），向本院申请再审。本院依法组成合议庭对本案进行了审查，现已审查终结。

伊久亮公司申请再审称：（一）达马公司并非涉案“鲨鱼”图形的著作权人，其无权主张该图形著作权，且诉争商标的注册并未侵害涉案“鲨鱼”图形的著作权。1. 二审法院在达马公司未提供设计底稿、原件、取得权利的合同等证据的情况下，仅凭在先的商标注册证书和在后的著作权登记证书，认定达马公司享有涉案“鲨鱼”图形的著作权，缺乏依据，且与此前的判例

① 本案在年度报告中的位置为第50页。

不符。2. 达马公司并未提交诉争商标注册申请日之前引证商标及涉案“鲨鱼”图形的使用证据，伊久亮公司不存在接触涉案“鲨鱼”图形的可能性。二审法院仅仅以引证商标的注册申请日早于诉争商标的注册申请日为由，推定伊久亮公司具有接触涉案“鲨鱼”图形的可能性，没有事实和法律依据。（二）诉争商标自申请至今已有近二十年的时间，已经形成了特定的消费群体和稳固的市场秩序，相关公众不会发生混淆误认。综上，请求撤销二审判决，依法改判，判令商标评审委员会就达马公司针对诉争商标提出的无效宣告请求重新作出裁定。

本院经审查认为，根据伊久亮公司申请再审的理由，本案的主要争议焦点有两个：一是达马公司是否有权主张涉案“鲨鱼”图形的著作权，二是诉争商标的注册是否侵害了涉案“鲨鱼”图形的著作权。

（一）关于达马公司是否有权主张涉案“鲨鱼”图形著作权的问题

本案实体问题的审理应适用 2001 年修正的《中华人民共和国商标法》（以下简称商标法）。根据《最高人民法院关于审理商标授权确权行政案件若干问题的规定》（以下简称商标授权确权司法解释）第三十一条之规定，人民法院依据 2001 年修正的商标法审理的商标授权确权行政案件可参照适用该规定。参照商标授权确权司法解释第十九条第二款、第三款之规定，商标标志构成受著作权法保护的作品的，当事人提供的涉及商标标志的设计底稿、原件、取得权利的合同、诉争商标申请日之前的著作权登记证书等，均可以作为证明著作权归属的初步证据。商标公告、商标注册证等可以作为确定商标申请人为有权主张商标标志著作权的利害关系人的初步证据。

本案中，诉争商标申请日为 1998 年 5 月 4 日。达马公司为证明其系涉案“鲨鱼”图形的著作权人提交了登记时间为 2015 年 1 月 4 日的“鲨鱼”图形著作权登记证书，以及申请日为 1984 年 12 月 19 日的意大利商标注册证和申请日为 1985 年 7 月 27 日的引证商标注册证，该意大利商标和引证商标中均含有涉案“鲨鱼”图形。

因我国实行作品自愿登记制度，著作权登记机关在制作、颁发著作权登记证书时不对所登记内容进行实质审查，故当著作权登记时间晚于诉争商标申请日时，仅凭著作权登记证书尚不足以认定登记的著作权人在诉争商标申请日之前即享有著作权。但除诉争商标申请日之后的著作权登记证书外，达马公司还提交了诉争商标申请日之前的意大利商标注册证和引证商标注册证，参照商标授权确权司法解释第十九条第三款之规定，商标注册证可以作为确定商标申请人为有权主张商标标志著作权的利害关系人的初步证据。本案中，鉴于伊久亮公司、商标评审委员会均未提交相反证据，故应认定达马公司有权主张涉案“鲨鱼”图形的著作权。伊久亮公司关于达马公司无权主张该图形著作权的主张，缺乏依据，不能成立。

（二）关于诉争商标的注册是否侵害了涉案“鲨鱼”图形著作权的问题

达马公司含有涉案“鲨鱼”图形的引证商标申请于1985年7月27日，并于1986年5月15日核准注册。基于商标申请注册流程的公开性，应当认定伊久亮公司具有接触涉案“鲨鱼”图形的可能性。二审法院综合考虑上述接触可能性，以及诉争商标的“鲨鱼”图形与达马公司主张著作权的涉案“鲨鱼”图形完全相同的事实，认定诉争商标侵害了涉案“鲨鱼”图形的著作权，并无不当。伊久亮公司关于诉争商标的注册未侵害涉案“鲨鱼”图形著作权的主张，缺乏依据，不能成立。

至于伊久亮公司关于诉争商标已经通过长期使用形成了特定的消费群体和稳固的市场秩序，相关公众不会发生混淆误认的主张，本院认为，诉争商标是否已有特定的消费群体和稳固的市场秩序并非判断诉争商标是否构成对涉案“鲨鱼”图形著作权侵害的考虑因素。鉴于诉争商标的注册已因违反商标法第三十一条之规定而应予宣告无效，故对其是否已经通过使用形成了特定的消费群体和稳固的市场秩序，进而是否会导致相关公众的混淆误认的问题，无须再予评述。

依据《最高人民法院关于执行〈中华人民共和国行政诉讼法〉若干问题的解释》第七十四条的规定，裁定如下：

驳回温州市伊久亮光学有限公司的再审申请。

审 判 长 李 剑
审 判 员 张志弘
代理审判员 佟 姝
二〇一七年十月二十七日
法官助理 廖继博
书 记 员 焦 媛

25. 对他人是否享有在先著作权的审查认定

——再审申请人杰杰有限公司与被申请人国家工商行政管理总局商标评审委员会、一审第三人金华市百姿化妆品有限公司商标异议复审行政纠纷案①

中华人民共和国最高人民法院行政判决书（2017）最高法行再35号

再审申请人（一审原告、二审上诉人）：杰杰有限公司。住所地：美利坚合众国加利福尼亚州92614欧文阿姆斯壮大街17361号。

法定代表人：艾里克·霍尔，该公司财务总监。

委托诉讼代理人：罗正红，北京罗杰律师事务所律师。

委托诉讼代理人：丛林，北京罗杰律师事务所律师。

被申请人（一审被告、二审被上诉人）：国家工商行政管理总局商标评审委员会。住所地：中华人民共和国北京市西城区茶马南街1号。

法定代表人：赵刚，该委员会主任。

委托诉讼代理人：马君丽，该委员会审查员。

一审第三人：金华市百姿化妆品有限公司。住所地：中华人民共和国浙江省金华市金东区曹宅工业区。

法定代表人：洪霞，该公司董事长。

委托诉讼代理人：雷东，北京中知律师事务所律师。

委托诉讼代理人：李建芳，北京中知律师事务所律师。

再审申请人杰杰有限公司（原名非常面孔化妆品有限公司，以下简称杰杰公司）因与被申请人国家工商行政管理总局商标评审委员会（以下简称商标评审委员会）、一审第三人金华市百姿化妆品有限公司（以下简称百姿公司）商标异议复审行政纠纷一案，不服北京市高级人民法院（2015）高行（知）终字第3565号行政判决，向本院申请再审。本院于2016年7月19日作出（2016）最高法行申2038号行政裁定，提审本案。本院依法组成合议庭，公开开庭审理了本案。再审申请人杰杰公司的委托诉讼代理人罗正红、

① 本案在年度报告中的位置为第51页。

丛林，一审第三人百姿公司的委托诉讼代理人雷东、李建芳到庭参加诉讼，被申请人商标评审委员会未到庭参加诉讼。本案现已审理终结。

杰杰公司申请再审称，（一）杰杰公司在再审中提交的 8 份新证据，进一步补强证明其对羡慕标志作品享有在先著作权，再结合杰杰公司在原审诉讼期间提交的证据，足以初步证明其对“”（ENVYDOTLOGO，以下简称羡慕标志）作品享有在先著作权。（二）羡慕标志作品不仅满足著作权法规定的作品属性，也满足商标法规定的商标属性。杰杰公司提交的关于在先著作权的证据足以证明，在被异议商标申请日之前，非常面孔化妆品有限公司（TOO FACED COSMETICS, INC.，以下简称非常面孔公司）已在中国大陆使用了“羡慕标志”和“ TOO FACED”两个商标，并在美国及中国具有一定影响。百姿公司以不正当手段抢注被异议商标，依法不应予以核准。（三）作为相关涉案作品和商标现在权利人的非常面孔化妆品有限责任公司（TOO FACED COSMETICS, LLC)，与本案处理结果存在利害关系，应当追加其参加本案再审诉讼。综上，二审判决认定事实和适用法律错误，请求本院撤销二审判决及商评字（2013）第 19020 号《关于第 5165219 号“TOOFACED 及图”商标异议复审裁定书》（以下简称被诉裁定），判令商标评审委员会对杰杰公司针对第 5165219 号“TOOFACED 及图”商标提出的异议复审请求重新作出复审裁定。

商标评审委员会提交书面意见辩称，被诉裁定认定事实清楚，适用法律正确，作出程序合法，杰杰公司的再审申请理由不能成立，请求本院予以驳回。

百姿公司述称，（一）杰杰公司提交的新证据在被异议商标申请日之前形成，不属于《中华人民共和国行政诉讼法》（以下简称行政诉讼法）规定的新证据，不应予以采信。（二）杰杰公司提交的证据自相矛盾，不能证明其对羡慕标志作品享有在先著作权。（三）杰杰公司没有提交任何在相关产品上使用羡慕标志的证据，不能证明其在中国大陆地区在先使用“羡慕标志”及“TOO FACED”商标并具有一定影响。杰杰公司也没有证据证明百姿公司在被异议商标申请日之前已经接触到羡慕标志，其关于百姿公司以不正当手段抢注其在先使用并具有一定影响商标的主张，不能成立。（四）商标保护具有地域性，杰杰公司在其他国家或地区获得商标注册证的事实，并不能受到我国商标法的保护。综上，请求本院依法驳回杰杰公司的再审申请。

杰杰公司向北京市第一中级人民法院（以下简称一审法院）起诉请求：撤销被诉裁定，判令商标评审委员会重新作出复审裁定。

一审法院认定事实：被异议商标为第 5165219 号“TOOFACED 及图”商

标，由百姿公司于2006年2月20日申请注册，指定使用在第3类化妆品、清洁制剂、指甲油、香皂、香水成套化妆用具等商品上。

在被异议商标初审公告期限内，杰杰公司提出注册异议。国家工商行政管理总局商标局（以下简称商标局）作出（2011）商标异字第26280号“TOOFACED及图”商标异议裁定书，裁定杰杰公司所提异议理由不成立，被异议商标在指定商品上的注册申请予以核准。杰杰公司不服该裁定，于法定期限内向商标评审委员会申请复审，请求依据2001年修正的《中华人民共和国商标法》（以下简称商标法）第十三条、第三十一条、第十条第一款第（八）项以及第四十一条规定，不予核准被异议商标注册。杰杰公司向商标评审委员会提交了商标异议复审申请书及相关材料等证据。

2013年6月24日，商标评审委员会经审查作出被诉裁定。该裁定认定：1. 结合杰杰公司提交的证据，证据1为杰杰公司在美国的商标注册证明；证据2为杰杰公司自行制作的图片且无法确定形成时间；证据3、4为外文证据，杰杰公司仅就少部分予以翻译，且均为杰杰公司自行制作并无其他证据佐证；证据5为杰杰公司罗列的商标注册信息。上述证据无法证明杰杰公司对被异议商标中所涉的图形享有在先著作权，故被异议商标的申请注册未构成商标法第三十一条所指损害他人现有在先权利之情形。2. 杰杰公司提交的证据不足以证明在被异议商标申请注册之前，杰杰公司在与被异议商标指定使用的化妆品、香水等商品为同一种或类似商品上，已经将与被异议商标相同或近似的标识作为商标使用并使之具有一定影响，故杰杰公司援引商标法第三十一条“不得以不正当手段抢先注册他人已经使用并有一定影响的商标”的规定，请求不予核准被异议商标的注册的主张缺乏依据。3. 结合杰杰公司提交的在案证据，尚不足以证明在被异议商标申请注册前，杰杰公司已将“TOOFACED”系列商标在中国市场在第3类化妆品等商品上进行使用，亦不足以证明“TOOFACED”商标在中国已成为相关公众广为知晓并享有较高声誉的驰名商标，故被异议商标的注册未构成商标法第十三条第一款所指的不予注册并禁止使用的情形。同时，鉴于杰杰公司在被异议商标申请注册前，未申请注册有“TOOFACED”商标，故本案不适用商标法第十三条第二款对已注册驰名商标保护的规定。4. 杰杰公司还主张被异议商标的注册违反了商标法第十条第一款第（八）项之规定，但该项规定的情形涉及的是公序良俗或公共利益，此条款适用的前提是该商标的使用造成了对公共利益的损害。杰杰公司所称被异议商标的注册使用对其权益的损害不属于该条款调整范畴，且被异议商标本身未构成对社会公共利益产生消极负面影响，故被异议商标不属于商标法第十条第一款第（八）项所指之情形。杰杰公司主张被异议商标违反了商标法第四十一条第一款“以欺骗手段或其他不正当手段取得注册的”情形亦缺乏事实依据。综上，商标评审委员会依据商标法第三十三条、第三十四条规定，裁定：被异议商标予以核准注册。

一审诉讼中，杰杰公司提交了中华人民共和国国家版权局的作品登记证书、美利坚合众国版权局登记证明、作品存档证明、著作权转让证明、美国商标注册证明、百度搜索材料等证据材料，以证明如下内容：美术作品羡慕标志（ENVYDOTLOGO）存档于美国版权局，著作权登记号为 VA1 - 902 - 220，作品完成年份为 1997 年，首次发表日期为 1998 年 11 月 9 日，首次发表国为美国，作者为杰杰公司，通过 2014 年 4 月的书面转让协议转让给非常面孔化妆品有限责任公司，转让生效日为 2011 年 12 月 22 日。该作品于 2014 年 4 月 18 日在美国版权局进行登记，2014 年 8 月 28 日在中华人民共和国国家版权局进行登记。羡慕标志作为商标于 2005 年 11 月 29 日在美国专利商标局注册，商标权人为非常面孔化妆品有限责任公司，有效期为 10 年；TOOFACED 作为商标在 2012 年 3 月 27 日在美国专利商标局注册，商标权人为非常面孔化妆品有限责任公司，有效期为 10 年。

此外，杰杰公司明确其本案诉讼的实体法律依据为商标法第三十一条，其权利为在先著作权。杰杰公司另确认美术作品羡慕标志、羡慕标志商标和 TOOFACED 商标的权利人均为其关联公司非常面孔化妆品有限责任公司。

一审法院认为，本案应适用 2001 年商标法进行审理。关于被异议商标的注册是否违反了商标法第三十一条的规定。被异议商标于 2006 年 2 月 20 日申请注册，其商标主要图形与羡慕标志（ENVYDOTLOGO）图形较为相似。但就杰杰公司主张的在先著作权而言，虽然杰杰公司提供了作品登记证书、登记证明、作品存档证明、著作权转让证明等证据，但上述证据形成的日期均在 2014 年，在被异议商标申请注册日期之后，而美国商标注册证明等证据仅能证明商标注册的相关情况，对于著作权而言证明力不足。故杰杰公司提供的证据不足以证明在被异议商标申请日之前，其在中国大陆地区对羡慕标志享有著作权。商标评审委员会据此认定被异议商标未构成对杰杰公司在先著作权的侵犯，并无不当。杰杰公司主张百姿公司是出于主观恶意，违反诚实信用原则，以不正当手段抢注杰杰公司在先使用并有一定影响商标，但杰杰公司就此并未提交其在先使用及具有影响力的有效证据，该项主张不能成立。

一审法院于 2015 年 6 月 18 日作出（2014）一中知行初字第 1430 号行政判决：驳回杰杰公司的诉讼请求。案件受理费 100 元，由杰杰公司负担。

杰杰公司不服一审判决，向北京市高级人民法院（以下简称二审法院）上诉请求：撤销一审判决和被诉裁定，判决商标评审委员会重新作出复审裁定。

二审法院认定事实：二审期间，杰杰公司补充提交了杰罗德·布兰丁出具的《作品申明》，称杰杰公司主张著作权的羡慕标志作品系其于1997年创作完成。百姿公司对该证据不予认可。因杰罗德·布兰丁出具的《作品申明》仅相当于证人证言，鉴于杰罗德·布兰丁并未出庭作证、该证据系二审诉讼新提交的证据及行政诉讼的合法性审查原则等因素，二审法院对该证据不予采信。

二审法院认为，本案主要是审查被异议商标于2006年2月20日申请注册时是否损害了杰杰公司在异议复审程序中所主张的在先著作权，而根据杰杰公司的主张，在被异议商标申请注册时是杰杰公司而不是非常面孔化妆品有限责任公司系杰杰公司所主张的在先著作权的权利人，且杰杰公司针对被异议商标提出了注册异议，并于2011年9月12日提出了异议复审，故杰杰公司应当向商标局或者商标评审委员会提供其享有在先著作权的证据。同时，杰杰公司所主张的在先著作权系其转让给非常面孔化妆品有限责任公司，作为转让人的杰杰公司主张转让前的商标注册侵犯其在先著作权，其通常比作为受让人的非常面孔化妆品有限责任公司更便于提供被异议商标是否损害其著作权的相关证据。因此，杰杰公司是本案的适格主体，其作为原告提起本案诉讼有利于查明被异议商标是否损害其在先著作权的事实，一审法院未通知非常面孔化妆品有限责任公司作为本案当事人参加一审诉讼，尚不致对杰杰公司主张的在先著作权造成实质性损害，故不宜通知非常面孔化妆品有限责任公司作为第三人参加二审诉讼。

杰杰公司主张被异议商标的注册损害其在先著作权，其应举证证明在被异议商标的申请日之前其在中国大陆地区形成了合法的在先著作权。杰杰公司虽然提供了作品登记证书、登记证明、作品存档证明、著作权转让证明等证据，但上述证据形成的日期均在2014年，即均在被异议商标申请注册日期之后，而美国商标注册证明等证据仅能证明商标注册的相关情况，并不能证明杰杰公司享有在被异议商标申请注册时即对羡慕标志图形享有著作权。因此，一审法院认定杰杰公司提供的证据不足以证明在被异议商标申请日之前，其在中国大陆地区对羡慕标志作品享有著作权并无不当，商标评审委员会据此认定被异议商标未构成对杰杰公司在先著作权的侵犯亦属正确。在此基础上，由于杰杰公司主张其于2011年12月22日将羡慕标志图形的著作权转让给非常面孔化妆品有限责任公司，但鉴于杰杰公司在本案中无法证明其于被异议商标注册申请时对羡慕标志作品享有著作权，故杰杰公司有关被异议商标损害了非常面孔化妆品有限责任公司在先著作权的上诉理由不能成立。此外，杰杰公司虽主张被异议商标构成以不正当手段抢注其在先使用并有一定影响商标，但杰杰公司并未提交其在中国大陆地区在先使用被异议商标并具有影响力的有效证据，故一审法院对杰杰公司该主张不予支持亦无不当。

二审法院于2015年12月2日作出（2015）高行（知）终字第3565号行政判决：驳回上诉，维持一审判决。一、二审案件受理费各100元，均由杰杰公司负担。

在本院再审审查及审理程序中，杰杰公司向本院提交了以下三组证据：

第一组：证明杰杰公司对羡慕标志作品享有在先著作权的证据。包括：1. 登记号为VA 851－298《美国著作权登记证书》。拟证明，1997年12月22日，杰杰公司创始人兼董事杰罗德·布兰丁将其创作完成的羡慕标志作品前身“ENVY”系列作品在美国进行了著作权登记，著作权人和作者均为杰罗德·布兰丁。该系列作品为羡慕标志作品的前身。2. 1998年5月《VOGUE》杂志。拟证明羡慕标志作品的前身“ENVY”作品至迟于1998年5月通过《VOGUE》杂志进行公开发表。3. 下载有杰杰公司网站过去特定时间页面的（2016）京海诚内民证字第02295号公证书。拟证明杰杰公司的网站（toofaced. com）至迟于2001年开始持续使用羡慕标志作品。同时，网页下方明确声明著作权所有人是杰杰公司，保留所有权利，即“©2005 Too Faced Cosmetics, Inc. All Rights Reserved”。4. 2004年12月6日美国《橘子郡商业报》报纸以及从中国国家图书馆获取的对应馆藏文献。拟证明羡慕标志作品被再次发表在美国《橘子郡商业报》上。该报一篇对杰罗德·布兰丁的采访报道中提及了杰罗德·布兰丁对羡慕标志作品的创作过程，包括设计了一个夸张的曲线型女性轮廓剪影（即“an exaggerated curvy female silhouette known as Envy”），该报还刊登了带有羡慕标志作品的TOO FACED品牌化妆品照片。5. 杰杰公司2005年推出的部分产品实物及照片。拟证明杰杰公司推出的多款化妆品包装盒上印有羡慕标志作品，并在包装盒的背面标有杰罗德·布兰丁为杰杰公司独家创作，2005年著作权所有人杰杰公司，保留所有权利，即“Created Exclusively by Jerrod Blandino for Too Faced Cosmetics, Inc. , ©2005 Too Faced Cosmetics, Inc. All Rights Reserved”。6. 2005年9月的《COSMO GIRL》杂志。拟证明2005年9月的《COSMO GIRL》杂志中报道的杰杰公司的TOO FACED品牌化妆品上显示有羡慕标志作品，羡慕标志作品再次通过该杂志公开发表。7. 2006年1月的《ALLURE》杂志。拟证明2006年1月的《ALLURE》杂志中报道的杰杰公司的TOO FACED品牌化妆品上显示有羡慕标志作品，羡慕标志作品再次通过该杂志公开发表。8. 2006年1月的《ELLE》杂志。拟证明2006年1月的《ELLE》杂志中报道的杰杰公司的

TOO FACED 品牌化妆品上显示有羡慕标志作品，羡慕标志作品再次通过该杂志公开发表。

第二组：更正后的第 3020605 号美国商标注册证及更正后的杰罗德·布兰丁的作品声明，是对评审和原审证据的补强证据。拟证明经过杰罗德·布兰丁的仔细回想，确认杰罗德·布兰丁于 1997 年创作了羡慕标志作品，1999 年将羡慕标志作品的著作权让与杰杰公司。羡慕标志作品于 1998 年 11 月 9 日首次发表于杰杰公司产品包装。羡慕标志商标的初次使用时间和用于商业时间均为 1998 年 11 月 1 日。

第三组：杰杰公司 2005 年发布的“Kissing Booth Gloss Set”化妆品照片、（2016）京海城内民证字第 03484 号公证书、（2016）京海城内民证字第 03479－03482 号公证书等证据。拟证明百姿公司具有抢注杰杰公司在先商标权的恶意。

商标评审委员会质证认为，除对第一组证据中（2016）京海诚内民证字第 02295 号公证书的内容真实性不予认可，对第一组其他证据的真实性予以认可，但认为不能实现其证明目的。百姿公司质证认为，对第一组证据的真实性、合法性、关联性都不认可；对第二组、第三组证据的证明内容不予认可。本院质证认为，杰杰公司提交的第一组证据的 2、6、7、8 涉及的《VOGUE》《COSMO GIRL》《ALLURE》和《ELLE》杂志均形成于国外，未依法办理公证认证手续，本院不予采信。杰杰公司提交的其他证据是对原审证据的补强证据，因当事人对真实性无异议或者虽有异议但未提交相反证据，故本院予以采信，并将结合争议焦点予以评述。

本院再审认为，本案的争议焦点问题是：（一）杰杰公司提交的证据是否属于行政诉讼法规定的新证据；（二）杰杰公司新提交的证据能否作为定案的依据；（三）被异议商标是否侵害了杰杰公司的在先著作权；（四）百姿公司是否构成以不正当手段抢先注册他人在先使用并有一定影响的商标；（五）非常面孔化妆品有限责任公司应否参加本案诉讼。

（一）杰杰公司提交的证据是否属于行政诉讼法规定的新证据

《最高人民法院关于行政诉讼证据若干问题的规定》第五十二条规定，本规定第五十条和第五十一条中的“新的证据”是指以下证据：（一）在一审程序中应当准予延期提供而未获准许的证据；（二）当事人在一审程序中依法申请调取而未获准许或者未取得，人民法院在第二审程序中调取的证据；（三）原告或者第三人提供的在举证期限届满后发现的证据。对于当事人在再审期间新提交的证据如何处理，行政诉讼法没有相关具体规定，但是参照《中华人民共和国民事诉讼法》的有关规定，除属于当事人因故意或者重大过失逾期提供的证据，人民法院不予采纳外，对于与案件基本事实有关的重要证据，人民法院都应当采纳，以免认定的基本事实发生偏差。

本案中，羡慕标志作品公开发表及使用行为不仅发生在国外，而且距今时日较长，当事人客观上收集证据的难度较大，且本案没有证据证明杰杰公司存在故意延迟举证的情形。相反，杰杰公司为了证明其主张，在评审、原审及再审阶段，不断提交相关证据予以补充。因此，本院对于杰杰公司二审之后新提交的证据予以采纳。

（二）杰杰公司新提交的证据能否作为定案的依据

杰杰公司新提交的证据中，（2016）京海诚内民证字第 02295 号公证书系在国内通过特定方式查询杰杰公司网站以往页面而形成。虽然商标评审委员会及百姿公司对该网站内容的真实性持有异议，但未提交相反证据支持其主张，故对相关异议本院不予采信。美国《橘子郡商业报》属于公开发行的报纸，在杰杰公司已经提交中国国家图书馆对应馆藏文献复印件的情况下，其作为证据的真实性、合法性及与本案的关联性亦与相关法律规定不悖；杰杰公司 2005 年部分产品实物及照片所注明的制造地为中国，在没有相反证据的情况下，应当认定这些产品作为证据形成于国内。更正后的杰罗德·布兰丁的作品声明，结合美国《橘子郡商业报》对杰罗德·布兰丁的采访报道内容，可以确认其内容的真实性。

（三）被异议商标是否侵害了杰杰公司的在先著作权

《最高人民法院关于审理商标授权确权行政案件若干问题的规定》第十九条第一、第二款规定，当事人主张诉争商标损害其在先著作权的，人民法院应当依照著作权法等相关规定，对所主张的客体是否构成作品、当事人是否为著作权人或者其他有权主张著作权的利害关系人以及诉争商标是否构成对著作权的侵害等进行审查。商标标志构成受著作权法保护的作品的，当事人提供的涉及商标标志的设计底稿、原件、取得权利的合同、诉争商标申请日之前的著作权登记证书等，均可以作为证明著作权归属的初步证据。

著作权法第十条第二项规定，署名权，即表明作者身份，在作品上署名的权利。第十一条第四款规定，如无相反证明，在作品上署名的公民、法人或者其他组织为作者。上述规定表明，现行法律对于作品作者身份的认定，采用推定方式。一般来讲，在作品上署名的人即为作者。除法人作品或委托作品等特殊情形外，作者在作品完成之时即为著作权人，其有权将其依法享有的权利转让或者许可他人使用。在一些特殊情形下，作者行使署名权的方式并非是在作品上直接署名，而可以采用其他适当方式表明其作者身份。他人对于其作者身份提出异议的，应当依法提供相反的证据。没有相反证据而仅持有异议的，对其异议依法不应采信。

本案中，各方当事人对于羡慕标志作品具有独创性不持异议，百姿公司认为杰杰公司提交的在先著作权证据不能证明系在被异议商标申请日以前，故下文将重点围绕上述问题予以评述。

虽然杰杰公司在一审期间提交的作品登记证书、登记证明、作品存档证明、著作权转让证明等证据均形成于2014年，但杰杰公司向本院提交了第一组证据，登记号为VA 851－298的《美国著作权登记证书》，证明杰罗德·布兰丁于1997年将羡慕标志作品的前身ENVY作品向美国版权局进行登记。(2016）京海诚内民证字第02295号公证书中载明的杰杰公司网站（toofaced. com）相关内容表明，该公司至迟于2001年已使用涉案羡慕标志作品。2004年12月6日美国《橘子郡商业报》中关于杰罗德·布兰丁的采访报道，不仅提及杰罗德·布兰丁对羡慕标志作品的创作过程，包括设计了一个夸张的曲线型女性轮廓剪影，而且该报还刊登了带有羡慕标志作品的TOO FACED品牌化妆品照片。杰杰公司2005年推出的部分产品实物表明，其多款化妆品包装盒上使用了羡慕标志作品。杰杰公司除在该公司网站及有关产品包装上就著作权保留作出声明之外，还专门指明相关作品系杰罗德·布兰丁为杰杰公司独家创作。尽管前述著作权保留声明是笼统针对网页或产品包装，但羡慕标志作品作为其中的重要内容，应当包括在前述声明的内容之中。第3020605号美国商标注册证亦可明确表明，含有羡慕标志的涉案商标图形至迟于2005年11月前已形成。

杰杰公司在本院再审期间提交的第二组证据，更正后的第3020605号美国商标注册证及更正后的杰罗德·布兰丁的作品声明。上述两份证据，与更正前向原审法院提交的证据相比，将羡慕标志商标的初次使用时间和用于商业使用的时间明确为1998年，而更正前的羡慕标志商标的初次使用时间和用于商业使用的时间分别为1995年及1996年。对上述两份补充证据，杰杰公司主张系基于诚信原则，对于作品创作时间及商标的初次使用时间经过反复核实后，请作者予以确认及向美国专利商标局申请予以更正。百姿公司质证认为该两份证据不能作为原审证据的补充，时间节点作为在先著作权的重要参考依据，不可随意更改及补正，更正后反而进一步证明羡慕标志作品及商标的时间的不稳定性。对上述两份证据，本院认为，无论是羡慕标志商标的初次使用时间，还是用于商业使用的时间，均是基于商标权人的自身陈述。虽然存在因更正而导致相关时间节点不确定的情形，但在无相反证据推翻及不侵害他人合法权益的情形下，上述两份证据相关时间节点的变更并不会影响对本案被异议商标申请日前在先著作权的认定。

综上，在没有相反证据的情况下，前述证据与杰杰公司在原审期间提交的登记号为 VA1－902－220《美国著作权登记证明》、登记证明、作品存档证明、著作权转让证明相结合，能够证明杰罗德·布兰丁为羡慕标志作品的作者，亦可以证明其在创作完成羡慕标志作品后将其依法享有的相关著作权让与杰杰公司进行商业使用的事实，发生在被异议商标 2006 年 2 月 20 日申请注册之前。因此，杰杰公司关于被异议商标的申请注册损害其在先著作权的主张，具有事实和法律依据，本院予以支持。二审法院关于杰杰公司在被异议商标申请日前对羡慕标志作品不享有在先著作权的认定有误，本院予以纠正。

（四）百姿公司是否构成以不正当手段抢先注册他人在先使用并有一定影响的商标

虽然杰杰公司所提交的关于在先著作权的证据，可以在一定程度上证明其将“羡慕标志”和“TOO FACED”作为商标在先使用的事实。但其提交的证据不足以证明上述商标在被异议商标申请日以前，已经在中国具有一定影响。在此情况下，杰杰公司有关百姿公司具有抢注杰杰公司在先商标恶意的主张，本院不再审查。杰杰公司向本院提交的关于证明百姿公司具有抢注杰杰公司在先商标恶意的第三组证据，本院亦不再予以认证。因此，杰杰公司关于百姿公司系以不正当手段抢先注册他人在先使用并有一定影响的商标的主张，本院不予支持。二审法院的相关认定正确，本院予以维持。

（五）非常面孔化妆品有限责任公司应否参加本案诉讼

本案系杰杰公司基于其在被异议商标申请日以前享有在先著作权，主张被异议商标损害其在先权利而不应核准注册。因此，本案的实体争议发生在杰杰公司与百姿公司之间。虽然在商标评审委员会审理本案期间，杰杰公司又将其在本案中所主张的羡慕标志作品的著作权等知识产权让与非常面孔化妆品有限责任公司，但本案所涉及的纠纷均系非常面孔化妆品有限责任公司受让相关权利之前形成，其受让相关权利的事实对本案的审理无直接影响。二审法院对于杰杰公司申请追加非常面孔化妆品有限责任公司的申请未予支持，不违反法律规定。杰杰公司的相关主张没有事实和法律依据，本院不予支持。

综上，二审判决关于被异议商标的申请注册未损害杰杰公司在先著作权的认定有误，本院予以纠正。杰杰公司相关再审申请理由成立，本院予以支持。依照 2001 年修正的《中华人民共和国商标法》第三十一条、《中华人民共和国行政诉讼法》第八十九条第一款第二项、《最高人民法院关于执行〈中华人民共和国行政诉讼法〉若干问题的解释》第七十六条第一款、第七十八条之规定，判决如下：

一、撤销北京市高级人民法院（2015）高行（知）终字第3565号行政判决；

二、撤销北京市第一中级人民法院（2014）一中知行初字第1430号行政判决；

三、撤销国家工商行政管理总局商标评审委员会商评字（2013）第19020号《关于第5165219号“TOOFACED及图”商标异议复审裁定书》；

四、国家工商行政管理总局商标评审委员会对杰杰有限公司针对第5165219号“TOOFACED及图”商标提出的异议复审请求重新作出复审裁定。

本案一审案件受理费100元、二审案件受理费100元，共计200元，由国家工商行政管理总局商标评审委员会负担。

本判决为终审判决。

审 判 长 夏君丽
审 判 员 郎贵梅
代理审判员 傅 蕾
二〇一七年十二月二十一日
书 记 员 石华亚

26. 作为在先权利保护的"肖像"应当具有可识别性

——再审申请人迈克尔·杰弗里·乔丹与被申请人国家工商行政管理总局商标评审委员会、一审第三人乔丹体育股份有限公司商标争议行政纠纷案①

中华人民共和国最高人民法院行政裁定书（2015）知行字第332号

再审申请人（一审原告、二审上诉人）：迈克尔·杰弗里·乔丹（Michael Jeffrey Jordan），男，1963年2月17日出生，美利坚合众国国籍，住美利坚合众国伊利诺伊州芝加哥市。

委托诉讼代理人：田甜，上海市方达（北京）律师事务所律师。

委托诉讼代理人：祁放，上海市方达（北京）律师事务所律师。

被申请人（一审被告、二审被上诉人）：国家工商行政管理总局商标评审委员会。住所地：中华人民共和国北京市西城区茶马南街1号。

法定代表人：赵刚，该委员会主任。

委托诉讼代理人：杨少文，该委员会审查员。

委托诉讼代理人：吴彤，该委员会审查员。

一审第三人：乔丹体育股份有限公司。住所地：中华人民共和国福建省晋江市陈埭溪边工业区。

法定代表人：丁国雄，该公司董事长。

委托诉讼代理人：马东晓，北京市中伦律师事务所律师。

委托诉讼代理人：韦之，北京市中伦律师事务所律师。

再审申请人迈克尔·杰弗里·乔丹因与被申请人国家工商行政管理总局商标评审委员会（以下简称商标评审委员会）、一审第三人乔丹体育股份有限公司（以下简称乔丹公司）商标争议行政纠纷一案，不服北京市高级人民法院（2015）高行（知）终字第965号行政判决，向本院申请再审。本院依法组成合议庭对本案进行了审查，现已审查终结。

迈克尔·杰弗里·乔丹申请再审称，（一）《中华人民共和国民法通则》

---

① 本案在年度报告中的位置为第53页。

（以下简称民法通则）第一百条对肖像权有明确规定，故肖像权可以构成 2001 年修正的《中华人民共和国商标法》（以下简称商标法）① 第三十一条规定的“在先权利”。（二）乔丹公司第 6020570 号“”图形商标（以下简称涉案商标）的注册损害了再审申请人的在先肖像权，不符合商标法第三十一条的规定。1.《美国职篮画刊（中文国际版）》中刊登了再审申请人的运动形象照片，该运动形象获得了广泛的传播和关注，再审申请人对其享有肖像权。2. 涉案商标标识“”使用了再审申请人的运动形象，容易导致相关公众联想到再审申请人并产生误认，侵犯了再审申请人的肖像权。3. 再审申请人提供了《Michael Jordan（迈克尔·乔丹）与乔丹体育商标认知调查报告（上海）》（以下简称调查报告 1），以及《Michael Jordan（迈克尔·乔丹）与乔丹体育商标认知调查报告（全国）》（以下简称调查报告 2），两份调查报告足以证明带有标识“”的商品容易使相关公众误以为乔丹公司与再审申请人之间存在代言、授权、许可、合作等特定关系，容易导致相关公众对商品来源产生混淆误认。可以证明在社会公众的认知中，标识“”已经与再审申请人建立了对应关系，而且这一对应关系明显强于该标识与乔丹公司之间的对应关系。4. 肖像权保护不应以再审申请人对其运动形象的主动使用为前提。5. 标识“”是否体现再审申请人的面部特征，并不是认定侵犯肖像权的必要条件。（三）一、二审判决对乔丹公司恶意注册涉案商标的事实未予认定错误。请求本院：1. 撤销商标评审委员会作出的商评字（2014）第 52052 号《关于第 6020570 号图形商标争议裁定书》（以下简称被诉裁定）；2. 撤销本案一、二审判决。

商标评审委员会提交意见认为，被诉裁定认定事实清楚，适用法律正确，作出程序合法，请求驳回再审申请。

乔丹公司提交意见认为，（一）再审申请人就标识“”不享有肖像权。1. 该标识与再审申请人的运动形象的身体轮廓并不完全相同，该图形对应的动作是篮球运动中的常见动作，没有表现出再审申请人的个人特征，与再审申请人无关。2. 肖像应当清楚反映人物的容貌特征，使得社会公众能够将该肖像识别为肖像权人。标识“”不具有容貌特征，与再审申请人不能对应，不具有可识别性，不能获得肖像权的保护。（二）再审申请人提交的调查报告 1、2 不能证明其主张。1. 两份调查报告系由再审申请人单方委托案外人北京零点市场调查与分析公司（以下简称零点公司）完成，且由再审申请人支付相关

① 编者注：本文中的商标法为 2001 年修正版。

费用，不具有中立性，不能作为认定案件事实的依据。2. 两份调查报告的调查对象样本不合格，所调查的问题具有提示性、诱导性，不具有客观性、科学性和合理性，不足以证明标识“ ”与再审申请人之间具有稳定的对应关系，不足以证明社会公众能够将该标识识别为再审申请人。（三）再审申请人主张的运动形象不具有知名度。乔丹公司对标识“ ”进行了大量的宣传和使用，具有较高的知名度，该标识与乔丹公司的对应关系明显强于与再审申请人的对应关系。（四）再审申请人提供的新证据与本案没有关联性。

围绕当事人的再审请求以及提交的有关证据，本院对与本案争议焦点有关的证据和事实查明并认定如下：

（一）关于再审申请人的姓名

再审申请人护照上记载的姓名为“Michael Jeffrey Jordan”。再审申请人提交的由北京百嘉翻译服务有限公司出具的中文翻译中，将其翻译为“迈克尔·杰弗里·乔丹”。商标评审委员会及乔丹公司对此没有异议。因此，被诉裁定以及一、二审判决认定再审申请人的姓名为“迈克尔·乔丹（Michael Jordan）”有误，本院予以纠正。

（二）与再审申请人在本案中主张的运动形象有关的事实

《美国职篮画刊（中文国际版）》第26期（1998.1.15－2.15）刊登了一张再审申请人持球运动形象照片，该照片中再审申请人右手水平持球，左手向左下方伸展，双脚腾空离地，其运动形象的身体轮廓与涉案商标标识“ ”基本一致，但二者呈左右对称的镜像关系。

（三）与调查报告1、2有关的事实

再审申请人委托案外人零点公司，于2012年6月作出调查报告1、2。两份调查报告所附的问题B1为“给您看一张图片（出示‘乔丹人形LOGO’的卡片），您觉得这个图片上的人是谁”。两份调查报告的结论为：展示乔丹体育品牌的人形LOGO时，在不提示选项的情况下，分别有81%、60.8%的受访者认为是美国篮球运动员迈克尔·杰弗里·乔丹。两份调查报告中所涉人形LOGO与涉案商标标识“ ”基本一致。

本院认为，本案争议焦点为：（一）再审申请人在本案中主张的肖像权是否可以构成商标法第三十一条规定的“在先权利”；（二）涉案商标的注册是否损害再审申请人在本案中主张的肖像权。

（一）关于再审申请人在本案中主张的肖像权是否可以构成商标法第三十一条规定的“在先权利”

商标法第三十一条规定：“申请商标注册不得损害他人现有的在先权利。”

本院认为，对于商标法已有特别规定的在先权利，应当根据商标法的特别规定予以保护。对于商标法虽无特别规定，但根据民法通则以及《中华人民共和国侵权责任法》（以下简称侵权责任法）和其他法律的规定应予保护，并且在争议商标申请日之前已由民事主体依法享有的民事权利或者民事权益，应当根据该概括性规定给予保护。对此，2017 年 3 月 1 日起施行的《最高人民法院关于审理商标授权确权行政案件若干问题的规定》第十八条亦规定："在先权利，包括当事人在诉争商标申请日之前享有的民事权利或者其他应予保护的合法权益。"

关于再审申请人在本案中主张的肖像权，民法通则第一百条规定："公民享有肖像权，未经本人同意，不得以营利为目的使用公民的肖像。"侵权责任法第二条第二款规定："本法所称民事权益，包括生命权、健康权、姓名权、名誉权、荣誉权、肖像权……等人身、财产权益。"根据上述规定，再审申请人在本案中主张的肖像权可以构成商标法第三十一条规定的"在先权利"。

（二）涉案商标的注册是否损害再审申请人在本案中主张的肖像权

再审申请人认为，涉案商标标识" "与照片中的再审申请人运动形象的身体轮廓基本一致，损害了再审申请人的肖像权。本院认为该申请再审理由不能成立，具体理由如下：

首先，根据民法通则以及侵权责任法的相关规定，肖像权是自然人享有的重要人身权利。保护自然人的肖像权，对于维护其人格尊严，保护其人格利益，均具有重要意义。肖像权所保护的"肖像"是对特定自然人体貌特征的视觉反映，社会公众通过"肖像"识别、指代其所对应的自然人，并能够据此将该自然人与他人相区分。本院认为，根据肖像权以及肖像的性质，肖像权所保护的"肖像"应当具有可识别性，其中应当包含足以使社会公众识别其所对应的权利主体，即特定自然人的个人特征，从而能够明确指代其所对应的权利主体。如果请求肖像权保护的标识不具有可识别性，不能明确指代特定自然人，则难以在该标识上形成依法应予保护，且归属于特定自然人的人格尊严或人格利益。

其次，从社会公众的认知习惯和特点来看，自然人的面部特征是其体貌特征中最为主要的个人特征，一般情况下，社会公众通过特定自然人的面部特征就足以对其进行识别和区分。如果当事人主张肖像权保护的标识并不具有足以识别的面部特征，则应当提供充分的证据，证明该标识包含了其他足以反映其所对应的自然人的个人特征，具有可识别性，使得社会公众能够认识到该标识能够明确指代该自然人。

再次，关于再审申请人在本案中主张的肖像权。照片中的再审申请人运动形象清晰反映了其面部特征、身体形态、球衣号码等个人特征，社会公众据此能够清楚无误地识别该照片中的自然人为再审申请人，故再审申请人就照片中的运动形象享有肖像权。而关于涉案商标标识“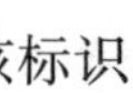”，虽然该标识与照片中再审申请人运动形象的身体轮廓的镜像基本一致，但该标识仅仅是黑色人形剪影，除身体轮廓外，其中并未包含任何与再审申请人有关的个人特征。并且，再审申请人就该标识所对应的动作本身并不享有其他合法权利，其他自然人也可以作出相同或者类似的动作，该标识并不具有可识别性，不能明确指代再审申请人。因此，再审申请人不能就该标识享有肖像权，再审申请人有关涉案商标的注册损害其肖像权的主张不能成立。

最后，关于再审申请人提交的调查报告1、2。调查报告系由再审申请人单方委托零点公司完成，所附的问题以及相应的结论均具有一定程度的引导性和推测性，不能单独作为认定案件事实的依据。在缺乏其他客观证据佐证，且标识“”本身并不具有足以识别的再审申请人个人特征的情况下，两份调查报告并不足以证明再审申请人的主张成立。

综上，迈克尔·杰弗里·乔丹的再审申请不符合《中华人民共和国行政诉讼法》第九十一条规定的情形，依照《最高人民法院关于执行〈中华人民共和国行政诉讼法〉若干问题的解释》第七十四条之规定，本院裁定如下：

驳回迈克尔·杰弗里·乔丹的再审申请。

审 判 长 夏君丽
审 判 员 王艳芳
审 判 员 杜微科
二〇一七年十二月二十七日
书 记 员 包 硕

附图1（争议商标）：

附图2（照片）：

三、著作权案件审判

27. 模型作品的认定标准

——再审申请人深圳市飞鹏达精品制造有限公司与被申请人北京中航智成科技有限公司侵害著作权纠纷案①

中华人民共和国最高人民法院民事判决书（2017）最高法民再353号

再审申请人（一审被告、二审被上诉人）：深圳市飞鹏达精品制造有限公司。住所地：广东省深圳市龙岗区横岗镇西坑第二工业区允固街3号1、2楼。

法定代表人：冯强，该公司总经理。

委托诉讼代理人：李静传，北京市中瑞律师事务所律师。

委托诉讼代理人：徐丹丹，北京市中瑞律师事务所律师。

被申请人（一审原告、二审上诉人）：北京中航智成科技有限公司。住所地：北京市朝阳区南郎家园18号楼11层1106室。

法定代表人：须智，该公司总经理。

委托诉讼代理人：姚欢庆，男，汉族，1971年10月14日出生，中国人民大学副教授，住北京市海淀区××××。

委托诉讼代理人：李月峰，北京市君永律师事务所律师。

再审申请人深圳市飞鹏达精品制造有限公司（以下简称飞鹏达公司）因与被申请人北京中航智成科技有限公司（以下简称中航智成公司）侵害著作权纠纷一案，不服北京市高级人民法院（以下简称二审法院）（2014）高民（知）终字第3451号民事判决，向本院申请再审。本院于2016年12月29日作出（2015）民申字第3004号民事裁定，提审本案。本院依法组成合议庭，

① 本案在年度报告中的位置为第55页。

于2017年12月27日公开开庭审理了本案。再审申请人飞鹏达公司的委托代理人李静传，被申请人中航智成公司的法定代表人须智，委托代理人姚欢庆、李月峰到庭参加诉讼。本案现已审理终结。

飞鹏达公司申请再审称，中航智成公司并非本案适格的诉讼主体，其对本案诉讼缺乏基本的诉权。中航智成公司向北京市第一中级人民法院（以下简称一审法院）提供的权属证据仅为《模型制作授权书》《关于模型制作授权协议》，无法证明中航智成公司对其主张的权利享有受《中华人民共和国著作权法》（以下简称著作权法）保护的著作权或取得著作权人的授权。依据《国防法》《武器装备研制合同暂行办法》《关于国家科研计划项目研究成果知识产权管理的若干规定》等相关法律规定，对涉及国家安全、国家利益的科研项目研究成果及其形成的知识产权，归国家所有，故歼十飞机（单座）（以下简称歼十飞机）的所有知识产权均归国家所有，而不应归中国航空工业集团公司成都飞机设计研究所（以下简称成飞所）所有。成飞所不具有授权他人生产、销售歼十飞机模型的权利，中航智成公司不属于本案的适格主体。即使上述两份协议合法有效，中航智成公司亦仅能在其被授权的范围内主张权利，其对歼十飞机及其设计图纸不享有任何权利或授权权利，无权在本案中主张相应的权利。中航智成公司二审期间补充提交了一份成飞所出具的《关于模型制作授权协议的说明》，将《关于模型制作授权协议》中的授权范围扩大解释为授权中航智成公司代为行使关于歼十飞机造型本身及相关模型知识产权的相关权利。该补充证据与原协议内容存在明显冲突，不属于新的证据。中航智成公司一审、二审期间关于本案相关事实的陈述自相矛盾。一审期间，中航智成公司明确其主张的诉讼权利包括三大项：歼十飞机、设计图纸及其模型的复制权、发行权。关于飞机模型，中航智成公司自述“在获得许可后，中航智成公司根据成飞所歼十飞机原始设计图纸及歼十飞机本身设计了相应的等比例模型”，歼十飞机与其模型的关系，是先有飞机，后有模型，且歼十飞机模型是中航智成公司根据歼十飞机及其设计图纸进行等比例缩放形成。一审法院据此认定歼十飞机模型仅为精确复制，缺乏独创性，不构成著作权法意义上的作品，驳回了中航智成公司的诉讼请求。中航智成公司二审中全盘否定其在一审中的陈述，主张歼十飞机模型的完成时间早于飞机本身的生产时间，但未提供任何证据证明。中航智成公司二审中提交的2007年1月5日央视国际关于“歼十飞机模型揭幕”的新闻报道，仅能证明2007年1月5日才出现歼十飞机模型，而歼十飞机于1998年3月便已首飞，足以证明中航智成公司反言后的陈述违反客观事实，不能成立。二审法院将中航智成公司主张模型作品的权利基础变更为成飞所2007年1月

5 日的歼十飞机模型，超出中航智成公司一审诉讼主张，变更了诉讼请求。即使二审期间引入成飞所 2007 年 1 月 5 日的歼十飞机模型，鉴于成飞所的歼十飞机模型晚于飞机本身，且是按照歼十飞机等比例缩小制成，该飞机模型是对歼十飞机的立体复制，亦缺乏独创性，不受著作权法保护。中航智成公司所主张的歼十飞机及其模型均非属著作权法意义上的作品。鄢兆飞是歼十飞机模型外观设计的合法专利权人，飞鹏达公司生产、销售歼十飞机模型获得了鄢兆飞的授权。况且，飞鹏达公司生产、销售的歼十飞机模型与成飞所设计的歼十飞机并不完全相同，具有独创性，构成新的作品。鄢兆飞的飞机模型产品并非歼十飞机的等比例缩放，机翼设计上增添了花纹，后尾设计由圆形改为凹凸形，体现层次感和利落的视觉效果。国家知识产权局对鄢兆飞设计的歼十飞机模型外观设计授予专利权，亦是对该设计独创性的肯定。歼十飞机设计图纸具有涉密性，无论是鄢兆飞还是飞鹏达公司均未接触过歼十飞机设计图纸。综上，请求依法撤销二审判决；判决驳回中航智成公司的全部诉讼请求。

中航智成公司向一审法院起诉请求：1. 飞鹏达公司立即停止生产、销售歼十飞机模型并销毁生产被诉侵权产品的全部模具、设备和库存的侵权产品及半成品；2. 飞鹏达公司在《中国航空报》上公开道歉、消除影响；3. 飞鹏达公司赔偿中航智成公司经济损失 500 万元；4. 飞鹏达公司赔偿中航智成公司为本案所支出的合理开支 33360 元（其中公证费 2500 元、律师费 30000 元、购买侵权产器费用 860 元）。

一审法院认定事实：

（一）关于中航智成公司主体资格的事实

2007 年 2 月 11 日，国务院授予中国航空工业第一集团公司第六一一研究所承担的“歼十飞机工程”项目获国家科学技术进步奖，等级为特等。

2010 年四川省国防科学技术工业办公室出具的《关于成都飞机设计研究所名称的情况说明》载有：“成飞所隶属予中国航空工业集团公司，其现行事业单位名称为：中国航空工业集团公司成都飞机设计研究所，现行事业单位代号名称为：中国航空工业集团公司第六一一研究所。成飞所曾用名称：……中国航空工业第一集团公司第六一一研究所。”

2007 年 10 月 10 日，成都飞机工业（集团）有限责任公司（以下简称成飞公司）出具《模型制作授权书》，该授权书载有歼十系列飞机和枭龙系列飞机由成飞公司制造、生产，成飞公司授权中航智成公司为制作上述两款飞机模型（范围限于 80cm 以下金属、树脂、塑料、木质等材料模型）的唯一供应商、生产商。同日，成飞公司（甲方）与中航智成公司（乙方）签订《关于模型制作授权协议》，其中第 3 条规定：“如有未经甲方授权的第三方在上述范围内制作飞机模型，乙方有权以乙方名义向侵权方提起权利主张或诉讼，甲方应支持乙方，赔偿所得归甲乙双方共同所有。”

2007 年 11 月 16 日成飞所亦出具了与上述授权书相似内容的《模型制作授权书》，并于同日与中航智成公司签订了与上述授权协议相同内容的《关于模型制作授权协议》。

（二）与中航智成公司主张的权利基础相关的事实

中航智成公司提交了以下证据用以证明成飞所或中航智成公司对其主张的涉案的作品享有著作权：

1. 落款为 2003 年 9 月 21 日、设计单位为成飞所的设计图纸原件，用以证明其成飞所对该设计图纸享有著作权：该设计图纸上显示有三张飞机外观图；

2. 源于央视国际等网站于 2007 年 1 月 5 日在网络上公开的歼十飞机照片网页打印件，用以证明成飞所对歼十飞机享有著作权；

3. 中航智成公司声称的由其制作的歼十飞机模型及其设计的图纸原稿，用以证明中航智成公司对该飞机模型享有著作权。该飞机模型未显示生产时间、生产商等信息，该图纸原稿由中航智成公司自行打印而成、未显示设计完成时间、设计人等信息。

中航智成公司一审庭审过程中明确表示其在本案中主张的作品类型分别为：歼十飞机设计图纸构成图形作品及美术作品。歼十飞机为实用艺术品，构成美术作品。歼十飞机模型构成模型作品。中航智成公司还表示其设计及生产的歼十飞机模型为按照歼十飞机的一定比例缩小制作而成。

（三）中航智成公司指控的飞鹏达公司涉嫌侵害其著作权的相关事实

2011 年 9 月 1 日，中航智成公司的委托代理人在公证员的陪同下在位于北京市西城区三里河路 40 号 3 号楼 2 单元三层 302 号的飞鹏达公司北京办事处购买了由飞鹏达公司制造、销售的被诉侵权的歼十飞机模型产品。北京市方圆公证处对上述事实出具了（2011）京方圆内经证字第 19149 号公证书。

中航智成公司主张飞鹏达公司的制造、销售的被诉侵权产品的行为侵害其对上述作品所享有的复制权及发行权。

（四）其他相关事实

2007 年 12 月 10 日，中航智成公司与上海欣盛航空工业投资发展有限公司签订《模型加工承揽合同》，约定该公司委托中航智成公司制作包括歼十模型等在内的飞机模型。

中航智成公司提交的货运单等用以证明其在先销售歼十飞机模型的最早时间为 2010 年 8 月 3 日。

案外人鄢兆飞于 2007 年 8 月 27 日、2011 年 11 月 29 日分别申请了专利号为ZL200730172725.X、ZL201130451088.6，名称为飞机模型（歼十）的外观设计专利，上述专利的授权公告日分别为2008年10月1日、2012年5月30日。

鄢兆飞与飞鹏达公司分别于2011年6月1日、2012年5月30日签署了《许可使用授权书》。上述授权书分别针对专利号为ZL200730172725.X及专利号为ZL201130451088.6的外观设计专利，授权内容均为鄢兆飞授予飞鹏达公司在中国大陆地区针对上述专利的排他使用权，许可期限分别为2011年6月1日至2012年5月1日、2012年5月30日至2014年12月31日。

一审法院认为，根据一审法院查明的事实可知，中国航空工业第一集团公司第六一一研究所为“歼十飞机项目”的承担单位，而中国航空工业第一集团公司第六一一研究所为成飞所的曾用名，二者为同一法律主体。同时，成飞所已出具相应的授权书并与中航智成公司签订了相应的授权协议。根据上述协议的内容，中航智成公司有权以自己的名义提起诉讼以制止第三方在协议授权范围内制作飞机模型，因此，飞鹏达公司关于中航智成公司不具备主体资格的主张，缺乏事实及法律依据，一审法院不予支持。基于此，本案的焦点在于中航智成公司据以主张的权利基础是否构成著作权法意义上的作品、飞鹏达公司的行为是否侵害中航智成公司享有的著作权以及是否应当承当相应侵权责任。

（一）关于中航智成公司主张的歼十飞机是否构成受著作权法保护的作品、飞鹏达公司的行为是否侵害中航智成公司享有的著作权以及是否应当承当相应侵权责任的问题

本案中，中航智成公司主张成飞所设计并由成飞公司制造的歼十飞机为实用艺术品，构成美术作品，飞鹏达公司制造、销售被诉侵权产品侵害其对该作品享有的复制权及发行权。

根据《中华人民共和国著作权法实施条例》（以下简称实施条例）第二条的规定，作品是指文学、艺术和科学领域内具有独创性并能以某种形式复制的智力成果。能以某种有形形式复制实质上要求作品为能够为他人所客观感知的外在表达。著作权法仅对思想的表达予以保护，而不保护作品所反映的思想。

实施条例第四条第八项规定，美术作品，是指绘画、书法、雕塑等以线条、色彩或者其他方式构成的有审美意义的平面或者立体的造型艺术作品。实用艺术品既具有实用性，又具有艺术性，由实用与艺术两方面共同组成。实用隐含体现了技术方案、实用功能等思想范畴，不属于著作权法保护的范畴。因此，实用艺术品作为美术作品获得著作权的保护时，应当排除其实用方面，而仅针对其艺术方面给予著作权保护。实用艺术品作为美术作品获得著作权的保护，除符合上述关于美术作品的条件外，至少还应满足该实用艺

术品中的实用与艺术方面可以相互独立，否则对艺术方面提供著作权的保护实质上同时亦对其实用方面进行了著作权保护，与著作权法基本规则不符。二者相互独立，既包括二者物理上相互分离，即具备实用功能的实用与体现艺术美感的艺术可以物理上相拆分后而单独存在；又包括二者观念上相互分离，即改动实用艺术品中的艺术方面，不会导致该实用功能的实质丧失。否则，应认定该实用艺术品的实用方面与艺术方面不能分离，而不能给予其著作权保护。

中航智成公司在本案中主张的歼十飞机客观上体现了动感、和谐等美感，属于其中的艺术方面，但在飞机，尤其是战斗机的研发、制造过程中，性能参数均更优为设计者或制造者所主要追求的目标。在设计、研发过程中，科研人员需要进行风洞试验等不同的科学测试并根据测试结果不断做出实质性改进，以实现飞机性能的最优。飞机设计完成后所产生的艺术方面仅为其设计过程中的附带产物，且其必然体现了相应的实用功能，该艺术方面的改变将影响实用功能的实现，即歼十飞机中的艺术与实用方面并非相互独立。综上，歼十飞机尚不满足实用艺术品作为美术作品获得著作权保护的条件，故中航智成公司主张飞鹏达公司实施被诉侵权行为侵害其对于歼十飞机所享有的著作权而应当承担相应责任的主张，缺乏事实及法律依据，一审法院不予支持。

（二）关于中航智成公司主张的歼十飞机模型是否构成受著作权法保护的作品、飞鹏达公司的行为是否侵害中航智成公司享有的著作权以及是否应当承当相应侵权责任的问题。

本案中，中航智成公司另主张由其设计并制造的歼十飞机模型为模型作品，飞鹏达公司制造、销售被诉侵权产品侵害其对该作品享有的复制权及发行权。

根据实施条例第四条第十三项的规定，模型作品属于对物体的形状和结构，按照一定的比例制成的立体作品，其目的在于展示、试验或者观测等。但是，根据实施条例第二条规定的著作权法意义上的作品，必须具有独创性。要求作品源于作者，且由作者独立构思创作产生，而非模仿或抄袭他人作品。

本案中，首先，中航智成公司提交的飞机模型及图纸原稿均由其自行制作而成，均未显示完成时间、完成人等因素，其真实性难以确认。其次，即便该飞机模型及图纸原稿的真实性可以确认，根据一审法院查明的事实，中航智成公司所主张的歼十飞机模型是根据歼十飞机等比例缩小制作而成，其所主张的飞机模型及图纸是对歼十飞机的精确复制，并非由中航智成公司独立创作而成，不符合著作权法关于作品之独创性的要求，故其不属于著作权法意义上的作品。再次，即便中航智成公司所主张的飞机模型早于歼十飞机产生，其亦无法获得著作权的保护。因歼十飞机的艺术性与实用性无法分离而难以获得著作权保护。对于等比例制作而成的歼十飞机模型，无论其产生早于或晚于歼十飞机，二者均属于同一表达的不同表达方式。对飞机模型提供著作权保护，实质上等同于对歼十飞机予以著作权保护，故基于与歼十飞机不能获得著作权保护之相同理由，歼十飞机模型也不能获得著作权保护。在此基础上，中航智成公司主张飞鹏达公司实施被诉侵权行为侵害其对歼十飞机模型所享有的著作权而应当承担相应责任的主张，缺乏事实及法律依据，一审法院不予支持。

（三）关于中航智成公司主张的设计图纸是否构成受著作权法保护的作品、飞鹏达公司的行为是否侵害中航智成公司享有的著作权以及是否应当承当相应侵权责任的问题

本案中，中航智成公司还主张由成飞所设计的歼十飞机设计图纸同时构成图形作品及美术作品，飞鹏达公司制造、销售被诉侵权产品侵害其对上述作品享有的复制权及发行权。

实施条例第四条第十二项规定，图形作品，是指为施工、生产绘制的工程设计图、产品设计图，以及反映地理现象、说明事物原理或者结构的地图、示意图等作品。工程设计图、产品设计图为施工、生产所绘制，其必然具备一定的实用功能，且其必然蕴含着相应的技术方案，但实用功能、技术方案等均属于著作权法不保护的思想范畴，故著作权法保护的是图形作品所展示的其由点、线、面等因素组合而成后产生的科学之美。实施条例第四条第八项规定的美术作品，是指绘画、书法、雕塑等以线条、色彩或者其他方式构成的有审美意义的平面或者立体的造型艺术作品，其获得著作权保护的原因在于该作品所具有的审美意义的艺术性。据此，图形作品与美术作品的区分主要在于图形作品的表达对象一般属于科学领域，而美术作品的表达对象一般属于艺术领域。在判断某一作品属于图形作品或美术作品时，应以该表达之表征对象所属的领域为判断标准。区分科学领域与艺术领域，应以该作品是否具备审美意义的艺术性为基本原则，结合该作品所具备的功能、创作作品的主观目的、是否能够依据该作品制作工业产品、根据该作品制作而成的工业产品是否仍属于美术作品等案件的具体情况予以综合的判断。

本案中，中航智成公司主张的设计图纸由特定的线、面等要素组成，体现了一定的科学之美。但是，该设计图纸为按照特定的制图规范绘制的歼十飞机的侧视图、后视图及俯视图，且图纸右下角标有相应的比例尺、绘制人、审核人等，属于为制造歼十飞机而绘制的产品设计图。歼十飞机并非美术作品，根据该设计图纸制作而成的歼十飞机亦不属于美术作品。可见，该设计图纸表达的对象属科学领域而非艺术领域，故该设计图纸仅能构成著作权法意义上的图形作品，而不满足美术作品的要件。由于图形作品保护的是科学

之美，不包含其体现的技术方案等思想因素，故图形作品之复制权的权利范围仅限于“平面到平面”的复制。飞鹏达公司制作歼十飞机模型，属于“平面到立体”的复制，利用的是该图纸所蕴含的技术方案，该行为并未侵害中航智成公司针对该图纸所享有的复制权。侵害发行权要求复制行为的在先存在，故飞鹏达公司的被诉行为亦未侵害中航智成公司针对该图纸所享有的发行权。综上，中航智成公司主张飞鹏达公司实施被诉侵权行为侵害其对于设计图纸所享有的著作权而应当承担相应责任的主张，缺乏事实及法律依据，一审法院不予支持。

需要指出的是，歼十飞机、等比例制作而成的歼十飞机模型、歼十飞机之设计图纸等均属于同一表达的不同表达方式。对其中特定表达方式提供著作权的保护实质上是对该具体表达方式所体现的表达提供了著作权的保护。由于歼十飞机的外形本身所体现的美感既包含艺术方面，又包含实用方面，且二者不能相互独立，其本身不属于著作权所保护的对象，该不同表达方式所体现的表达亦不属于著作权法所保护的对象，故中航智成公司的上述主张不能成立。

人民法院认定侵害著作权行为成立，需要满足被诉侵权人具备接触要求保护作品的可能性以及被诉侵权产品与要求保护的作品构成实质性近似两个条件。本案中，即便认定中航智成公司主张的设计图纸构成美术作品，在歼十飞机不构成作品的前提下，设计图纸与歼十飞机模型应认定为针对歼十飞机而形成的两种不同表达。因设计图纸属于涉密文件，在解密之前，飞鹏达公司并无接触该设计图纸的可能，且中航智成公司亦未提交飞鹏达公司可能接触该图纸的其他证据，故中航智成公司的上述主张亦不能成立。

综上，中航智成公司起诉飞鹏达公司之被诉侵权行为侵害其相关作品著作权的理由，均不能成立。

一审法院判决：驳回中航智成公司的全部诉讼请求。一审案件受理费47057元，由中航智成公司负担。

中航智成公司不服一审判决，向二审法院提起上诉，请求撤销一审判决，依法改判。

二审法院认定事实：一审法院查明的事实属实，依法予以确认。另查明：

中航智成公司在二审诉讼中向二审法院提交了由成飞所出具的《关于模型制作授权协议的说明》，其中记载：凡是涉及侵害歼十系列飞机造型本身及相关模型知识产权行为的，成飞所授权中航智成公司代为行使相关权利，中航智成公司在侵权诉讼中独立提出主张。

央视国际（www. cctv. com）2007年1月5日报道，中国航空工业第一集团于该日上午十时在北京钓鱼台国宾馆举行新闻发布会，推出、介绍我国的歼十飞机，并为歼十飞机模型揭幕。

中航智成公司在2015年1月12日接受二审法院询问过程中，明确表示其在二审诉讼中仅主张歼十飞机造型及其模型的著作权，不再主张飞机设计图纸的著作权。中航智成公司另主张，歼十飞机模型作品的完成时间早于歼十飞机生产时间。

飞鹏达公司在一审庭审中自认其生产歼十飞机模型始于2011年6月。

中航智成公司为本案支出合理费用33360元，其中公证费2500元、律师费30000元、购买侵权产品费用860元。

二审法院认为，根据查明的事实，中国航空工业第一集团公司第六一一研究所为歼十飞机项目的承担单位，而中国航空工业第一集团公司第六一一研究所为成飞所的曾用名，二者为同一法律主体。成飞所已出具相应的授权书，并与中航智成公司签订了相应的授权协议。根据上述协议的内容，中航智成公司有权以自己的名义提起诉讼以制止第三方在协议授权范围内制作歼十飞机模型，故飞鹏达公司关于中航智成公司不具备权利主体资格的主张，缺乏事实及法律依据，二审法院不予支持。

中航智成公司在2015年1月12日接受二审法院询问过程中，明确表示其在二审诉讼中仅主张歼十飞机造型及其模型的著作权，不再主张飞机设计图纸的著作权，据此，本案二审争议焦点是：歼十飞机造型及其模型是否分别构成美术作品及模型作品，飞鹏达公司制造、销售歼十飞机模型的行为是否构成侵权以及应当承担何种责任。

（一）关于歼十飞机造型是否构成美术作品以及飞鹏达公司制造、销售被诉侵权产品的行为是否侵害中航智成公司对该作品享有的复制权及发行权

本案中，中航智成公司主张歼十飞机造型构成美术作品，飞鹏达公司制造、销售被诉侵权产品的行为侵害其对该作品享有的复制权及发行权。

著作权法仅保护思想的独创性表达，而不保护思想、实用功能等要素，因此，在判断某一立体造型是否构成美术作品时，应当区分实用功能决定的造型成分和纯粹的艺术表达成分，亦即在剔除实用功能决定而无法分离的造型成分之后，再判断其中独立的艺术表达是否具有独创性从而构成美术作品，否则将导致著作权的保护延及实用功能，违背著作权法的基本原理。

歼十飞机既是作战武器，同时，对一般社会公众而言，其造型也确具美感。从著作权法的角度，排除实用功能决定的造型成分之外，歼十飞机造型属于具有独创性的艺术表达，可以作为美术作品受到著作权法的保护。但是，对于飞机尤其是战斗机的研发，性能参数的优化是设计者追求的主要目标。在研发设计过程中，科研人员需要进行风洞试验等不同的科学测试，并根据

测试结果不断改进飞机造型，以最大限度地优化飞机性能。因此，飞机研发设计所产生的特殊飞机造型，一般主要由飞机的性能即实用功能决定，该造型成分与飞机的功能融为一体，物理上、观念上均无法分离。本案中，中航智成公司主张歼十飞机造型为美术作品，应当举证证明或者合理说明歼十飞机造型中除飞机性能决定的造型成分之外，还有哪些造型成分属于可独立于飞机性能的纯粹艺术表达。中航智成公司未尽举证责任，二审法院无法认定歼十飞机造型构成美术作品。中航智成公司提出了事实主张，但没有尽到证明责任，应当承担不利的法律后果。

综上，中航智成公司主张歼十飞机构成美术作品以及飞鹏达公司制造、销售被诉侵权产品的行为侵害其对该作品享有的复制权及发行权，缺乏事实依据，二审法院不予支持。

（二）关于歼十飞机模型是否构成模型作品以及飞鹏达公司制造、销售被诉侵权产品的行为是否侵害中航智成公司对该作品享有的复制权及发行权

本案中，中航智成公司一审主张其制造的歼十飞机模型构成模型作品，飞鹏达公司制造、销售被诉侵权产品的行为侵害了其对该作品享有的复制权及发行权。在二审诉讼中，中航智成公司进一步主张，其据以主张权利的歼十飞机模型作品的完成时间早于歼十飞机的生产时间。

根据实施条例第四条第十三项的规定，模型作品是根据物体的一定比例放大或缩小而成。为了实现展示、试验或者观测等目的，模型与原物的近似程度越高或者越满足实际需要，其独创性越高。对模型作品的界定，应当从实施条例的相关规定及其目的出发，依法作出合理的解释，不能脱离现有法律规定。本案中，根据央视国际的报道，成飞所完成的歼十飞机模型于2007年1月5日已公开发布。虽然该模型是歼十飞机造型的等比例缩小，但已如上述，根据实施条例的相关规定，该模型的独创性恰恰体现于此，其已构成模型作品，应当受到著作权法的保护。因此，一审法院关于歼十飞机模型系对歼十飞机的等比例缩小和精确复制故而无论模型产生时间早晚均不具有独创性的认定有误，二审法院予以纠正。

中航智成公司制造、销售歼十飞机模型是歼十飞机的等比例缩小，实际上是对成飞所完成的歼十飞机模型的复制。虽然中航智成公司一审时主张其制造、销售的歼十飞机模型构成模型作品，但实际上其据以主张权利的基础应当是成飞所完成的歼十飞机模型作品。对此，中航智成公司在二审诉讼中也进一步予以明确。

根据央视国际的报道，成飞所完成歼十飞机模型的时间最迟不晚于2007年1月5日。案外人鄢兆飞申请飞机模型系列外观设计专利权的最早时间为

2007年8月27日。飞鹏达公司在一审庭审中自认其生产歼十飞机模型始于2011年6月。成飞所公开发表歼十飞机模型作品的时间早于鄢兆飞申请歼十飞机模型外观设计专利权和飞鹏达公司制造、销售歼十飞机模型。

由于成飞所完成的歼十飞机模型是歼十飞机的等比例缩小，而中航智成公司制造、销售的歼十飞机模型亦为歼十飞机的等比例缩小，故在进行侵权比对时，即确定被诉侵权产品与成飞所设计的歼十飞机模型是否实质性近似时，可以直接就被诉侵权产品与中航智成公司制造、销售的歼十飞机模型进行比对。经观察对比，二者的区别是细微的，属于高度近似的模型。

歼十飞机模型作品在先公开发表，飞鹏达公司具有接触该作品的高度可能性，被诉侵权产品与歼十飞机模型作品又高度近似，在飞鹏达公司没有提交足够的证据证明其系独立创作完成歼十飞机模型的情况下，应当认定飞鹏达公司制造、销售歼十飞机模型的行为侵害了成飞所对歼十飞机模型作品享有的复制权及发行权。根据有关授权协议，中航智成公司是歼十飞机模型的唯一授权制造商、销售商，可以向飞鹏达公司主张成飞所对歼十飞机模型作品享有的著作权。

飞鹏达公司抗辩称，其制造、销售歼十飞机模型是基于鄢兆飞享有的歼十飞机模型外观设计专利权且其获得了鄢兆飞的授权，并提交了相应的外观设计专利权证书和授权协议。但是，由于成飞所在先公开发表了歼十飞机模型作品，鄢兆飞和飞鹏达公司均具有接触该作品的高度可能性，前述证据不足以证明飞鹏达公司系独立创作完成歼十飞机模型，故其前述抗辩主张不能成立，二审法院不予支持。

综上，成飞所设计完成的歼十飞机模型构成模型作品，飞鹏达公司未经许可制造、销售被诉侵权产品的行为侵害成飞所对该作品享有的复制权及发行权，中航智成公司作为该作品著作权的唯一被许可人，可以要求飞鹏达公司承担相应的侵权责任。

（三）关于责任承担

根据著作权法第四十八条的规定，被指控侵害著作权的行为成立的，应当根据情况，承担停止侵害、消除影响、赔礼道歉、赔偿损失等民事责任。飞鹏达公司制造、销售歼十飞机模型的行为构成侵权，应当承担相应的侵权责任。首先，飞鹏达公司应当立即停止生产、销售被诉侵权产品的行为。但鉴于停止生产、销售被诉侵权产品的行为能够实现制止侵权的目的，中航智成公司要求销毁生产被诉侵诉产品的全部模具、设备和库存的侵权产品及半成品的主张，二审法院不再支持。其次，根据我国法律的规定，公开道歉系侵害人格权而非财产权应当承担的责任形式，飞鹏达公司的侵权行为是对财产权的侵害，中航智成公司要求飞鹏达公司在《中国航空报》上公开道歉的诉讼主张缺乏法律依据，二审法院不予支持。同时，鉴于本案侵权的具体情形，中航智成公司要求飞鹏达公司在《中国航空报》上消除影响的诉讼主张，二审法院亦不予支持。再次，关于赔偿数额和维权合理支出的负担。中航智成公司未提交证据证明其因飞鹏达公司的侵权行为所遭受的损失，亦未证明飞鹏达公司因侵权行为所获得的收益，故二审法院结合本案的具体情况，特别是参考歼十飞机模型价格等因素，在法定赔偿范围内酌情确定赔偿数额为 40 万元。另外，中航智成公司为本案支出合理费用 33360 元，其中公证费 2500 元、律师费 30000 元、购买侵权产品费用 860 元，这些费用尚属合理，亦应当由飞鹏达公司负担。

二审法院判决：1. 撤销一审判决；2. 飞鹏达公司于判决生效之日起立即停止制造、销售歼十飞机模型的行为；3. 飞鹏达公司于判决生效之日起十日内赔偿中航智成公司经济损失 40 万元及合理费用支出 33360 元；4. 驳回中航智成公司的其他诉讼请求。如未按判决指定的期间履行给付金钱义务，应当依照《中华人民共和国民事诉讼法》第二百五十三条之规定，加倍支付迟延履行期间的债务利息。一审、二审案件受理费各 47057 元，分别由中航智成公司负担 2 万元，飞鹏达公司负担 27057 元。

围绕当事人的再审请求，本院对有争议的证据和事实认定如下：

一审、二审法院查明的事实属实，本院予以确认。

本院另查明，中航智成公司再审期间明确表示本案中仅主张其制造、销售的歼十飞机模型构成受著作权法保护的作品，飞鹏达公司生产、销售歼十飞机模型的行为构成侵害中航智成公司模型作品的著作权。

2007 年 1 月 5 日，人民网发表题为《中国一航歼十飞机新闻发布会实录》的文章显示："歼十飞机终于揭开神秘面纱，在世人面前展露出壮丽容颜，为了纪念歼十飞机首次公开亮相，《中国航空报》今天出版了歼十飞机的专版号外……最早出现的可能是歼十的照片，是 1991 年航空工业部出版社出版的《中国航空工业四十年》图文集。该书中有一张'1990 年 2 月李鹏总理听取林宗棠部长关于新机研制的汇报'的照片，照片中在歼八型原型机模型旁有一架采用带鸭翼的战斗机模型，被认为是歼十最早的机型……歼十在发展过程中不得不做了过多修改，以适应中国空军不断改变和提高了的战术需要。这无疑导致了歼十战斗机最后的外形与早期设计有脱胎换骨的变化，歼十也从最初设计的一种单纯的空中优势战斗机演变为一种多用途战斗机……直到 2002 年后，国内媒体公开报道歼十，而军方已默许解密。民间有关歼十的消息愈来愈多。2002 年 4 月 4 日举行的第三届国防电子展上，有参展商的海报上更出现了一幅歼十图片。随后歼十将会在珠海航展上公开亮相的消息像长了翅膀一样广为传播开来。歼十的首架原型机可能于1996年中期就首飞了，而中国官方报道的首飞日期是1998年3月23日。但实际上，在后一个日子上天的是经过重大改进的3号原型机。”该报道中附有关于“1990年2月李鹏总理听取林宗棠部长工业新机研制的汇报”的图片。

2007年1月7日，新京报做了题为“歼十正式解密”的报道。

再审期间，中航智成公司确认其根据歼十飞机制造模型，同时又主张其在本案中要求保护的歼十飞机模型是《中国航空工业四十年》中图片报道“1990年2月李鹏总理听取林宗棠部长关于新机研制的汇报”上的模型，且歼十飞机系由该模型生产而来，其从成飞所获得授权制造、销售的歼十飞机模型与2007年1月5日央视国际公开的模型以及1990年2月听取汇报图片上的歼十飞机模型完全相同。

中航智成公司针对《中国航空工业四十年》发表的意见为，该画册是绝密资料，不是公开发行的，后来搜索到是在公开以后。歼十飞机模型真正公开是2007年珠海航展阅兵，才在新闻联播公布。不排除还有更早的，但是涉密没有公开。

中航智成公司还表示，制造飞机不是一开始就确定方案，而是根据设计师对产品的构思和设计，将想法落实到图纸或模型上，然后做一些选择，可能做了100个作品，最后只能有5～6个形成产品……跟绘画作品等一样，可能提交一个作品，其他也许没有提交也可能画坏了……被择优选择掉的没有定下来的就不是歼十飞机。

中航智成公司对其在一审和二审期间主张权利基础不同的解释是，该公司一审期间误以为其根据成飞所的歼十飞机图纸和飞机本身制造的模型可以产生著作权，著作权归其享有，飞鹏达公司生产的模型侵害其著作权，所以提出该主张，后来发现著作权归成飞所享有。

本院再审认为，本案双方当事人再审期间的争议焦点为：1. 中航智成公司是否为本案适格的原告。2. 中航智成公司主张保护歼十飞机模型作品的权利基础应如何确定。3. 中航智成公司要求保护的歼十飞机模型是否构成受我国著作权法保护的模型作品。

一、关于中航智成公司是否为本案适格原告的问题

首先，根据一审法院查明的事实，成飞所与中航智成公司于2007年11月16日签订《关于模型制作授权协议》，成飞所授权中航智成公司为歼十系列飞机和枭龙系列飞机的唯一供应商、生产商，如有未经成飞所授权的第三方在协议约定的范围内制作飞机模型，中航智成公司有权以自己的名义向侵

权方提起权利主张或诉讼，成飞所应支持中航智成公司，赔偿所得归成飞所与中航智成公司双方共同所有。二审期间，中航智成公司补充提交由成飞所出具的《关于模型制作授权协议的说明》显示，双方在签订上述协议时达成如下共识：凡是涉及侵害歼十系列飞机造型本身及相关模型知识产权行为的，成飞所授权中航智成公司代为行使相关权利，中航智成公司有权在侵权诉讼中独立提出主张。鉴于中航智成公司再审期间明确表示其在本案中仅主张飞鹏达公司生产、销售歼十飞机模型的行为构成侵害其歼十飞机模型作品的著作权，中航智成公司提起本案诉讼获得了歼十飞机模型设计者成飞所的授权，其有权以自己的名义提起本案诉讼，享有本案原告的主体资格。飞鹏达公司关于中航智成公司不属于本案适格原告的再审主张不成立，本院不予支持。

其次，飞鹏达公司再审期间主张根据《国防法》《武器装备研制合同暂行办法》《关于国家科研计划项目研究成果知识产权管理的若干规定》等相关法律规定，对涉及国家安全、国家利益的科研项目研究成果及其形成的知识产权，归国家所有。鉴于飞鹏达公司未提交证据证明本案歼十飞机涉及国家安全、国家利益和重大社会公共利益，属于上述法律法规调整的范围，故飞鹏达公司关于歼十飞机的研究成果归国家享有、成飞所无权授权中航智成公司制造、销售飞机及模型并提起诉讼的再审主张缺乏事实和法律依据，本院不予支持。

二、关于中航智成公司主张保护歼十飞机模型作品的权利基础应如何确定的问题

根据民事诉讼法的规定，起诉必须符合下列条件：（一）原告是与本案有直接利害关系的公民、法人和其他组织；（二）有明确的被告；（三）有具体的诉讼请求和事实、理由；（四）属于人民法院受理民事诉讼的范围和受诉人民法院管辖。诉讼请求是一方当事人向另一方当事人主张法律上的权利以及请求法院作出具体判决的要求。当事人在一审起诉时必须有明确具体的诉讼请求和事实、理由，当事人变更诉讼请求的，应当在一审法庭辩论结束前提出诉讼请求变更的申请。

（一）关于歼十飞机与模型的形成过程及其相互关系

首先，关于歼十飞机及其模型的形成过程。从人民网发表《中国一航歼十飞机新闻发布会实录》的内容及中航智成公司再审期间的陈述，结合一审、二审、再审期间查明的事实，可以认定歼十飞机及其模型的形成过程：设计师先将其对歼十飞机的构思和设计体现在图纸或模型上，“1990 年 2 月李鹏总理听取林宗棠部长工业新机研制的汇报”上显示的模型为最早的歼十飞机模型，经过多次修改形成近百个图形或模型，选择 5 ~6 个图纸或模型形

成产品，科研人员在此期间进行了风洞试验等不同的科学测试，根据最终确定的图纸或模型制作成歼十飞机（歼十飞机的首架原型机可能于1996年中期首飞，后又进行重大改进，制作成1998年首飞的歼十飞机）。2007年1月5日，歼十飞机模型首次公开亮相，该模型是成飞所完成的歼十飞机的等比例缩小。2007年11月16日，中航智成公司从成飞所获得制造、销售歼十飞机模型的授权后，开始根据成飞所提供的原始设计图纸及歼十飞机设计等比例模型，该模型亦为歼十飞机的等比例缩小。

其次，关于不同阶段产生的歼十飞机模型之间的相互关系。如前所述，歼十飞机根据生产前最终确定的图纸或模型制造，故歼十飞机与该飞机产生前最终确定的模型外观造型相同。2007年1月5日央视国际报道公开的歼十飞机模型、2007年11月16日中航智成公司获得授权制造、销售的模型均由歼十飞机等比例缩小而来，与歼十飞机的外观造型相同，故上述模型外观造型亦相同。上述模型的产生时间和设计生产者存在以下区别：歼十飞机生产前最终确定的模型产生于歼十飞机之前，设计生产者为成飞所及成飞公司；2007年1月5日央视国际报道公开的模型产生于歼十飞机之后，设计生产者亦为成飞所及成飞公司；2007年11月16日中航智成公司获得授权的模型产生于歼十飞机之后，该模型由中航智成公司根据成飞所的设计图纸及歼十飞机设计，生产者为中航智成公司。上述模型与最初的歼十飞机的模型，即1990年2月听取汇报图片上歼十飞机模型的外观造型相比，存在脱胎换骨的变化。

（二）关于中航智成公司在不同诉讼阶段主张保护歼十飞机模型作品的权利基础

1. 关于中航智成公司一审主张的权利基础

一审期间，中航智成公司起诉主张保护的模型作品是该公司于2007年11月16日从成飞所获得许可后，根据成飞所的歼十飞机原始设计图纸及歼十飞机设计相应的等比例模型，中航智成公司经成飞所授权有权制造、销售上述歼十飞机模型。由上可知，中航智成公司在本案中主张保护歼十飞机模型作品的权利基础在一审起诉时已经明确，且至一审法庭辩论结束前未提出权利变更申请。中航智成公司要求保护的模型作品，由歼十飞机原始设计图纸及歼十飞机等比例缩小而来，故该模型应当产生于歼十飞机之后。因此，本院确定中航智成公司在本案中要求保护的权利基础为该公司于2007年11月16日从成飞所获得许可的根据歼十飞机等比例缩小而制作的歼十飞机模型。

2. 关于中航智成公司二审主张的权利基础

二审期间，中航智成公司于2015年1月12日在接受二审法院询问过程中，主张其要求保护的歼十飞机模型作品的完成时间早于歼十飞机的生产时间。即中航智成公司二审期间将其要求保护的模型作品的完成时间变更至歼十飞机生产日之前。中航智成公司与飞鹏达公司均确认歼十飞机的首飞时间是1998年3月，故中航智成公司二审期间要求保护的是1998年3月之前由成飞所完成的模型。如前所述，成飞所在歼十飞机生产日之前完成了近百个模型，中航智成公司二审期间将其主张保护的权利基础变更为歼十飞机生产前成飞所完成的模型，但并未明确要求保护歼十飞机生产前不断改进过程中的具体哪一个模型造型，故中航智成公司二审要求保护模型作品的权利基础并不明确。对此，本院认为，因中航智成公司主张保护的权利在一审起诉时明确为其从成飞所获得授权制造、销售的歼十飞机模型，且至一审法庭辩论前未申请变更，在中航智成公司二审要求保护成飞所完成于歼十飞机之前、具体模型造型未确定的情况下，二审法院认定中航智成公司要求保护的歼十飞机模型是2007年1月5日央视国际报道公开的由成飞所完成的从歼十飞机等比例缩小而来、产生于歼十飞机之后的模型作品，二审法院的上述认定变更了中航智成公司一审主张的权利基础，也与中航智成公司二审要求保护产生于歼十飞机之前模型的主张不符。二审法院的上述认定存在错误，本院予以纠正。飞鹏达公司关于二审法院变更中航智成公司一审起诉的权利基础的再审主张成立，本院予以支持。

3. 关于中航智成公司再审主张的权利基础

再审期间，中航智成公司变更其一审主张的权利基础，主张其再审期间要求保护的歼十飞机模型是《中国航空工业四十年》中“1990年2月李鹏总理听取林宗棠部长工业新机研制的汇报”图片报道上的模型，并主张歼十飞机造型与该模型造型一致。首先，根据前述民事诉讼法的规定，中航智成公司变更其诉讼请求，未在一审法庭辩论结束前提出，对其变更权利基础的主张，本院不予支持。其次，从《中国一航歼十飞机新闻发布会实录》报道的内容看，“1990年2月李鹏总理听取林宗棠部长工业新机研制的汇报”照片上的歼十飞机，被认为是歼十最早的机型，此后为适应战术需要做了多次修改，歼十飞机最后的外形与其早期设计具有脱胎换骨的变化。即中航智成公司从成飞所获得授权制造、销售的歼十飞机模型、2007年1月5日央视国际报道公开的模型、歼十飞机生产前最终确定的模型，以及1998年3月首飞的歼十飞机造型，与1990年2月听取汇报图片上所显示最早的歼十飞机模型之间存在较大区别，故中航智成公司再审期间主张歼十飞机是从1990年2月听取汇报图片上的模型生产而来，其从成飞所获得授权制造、销售的模型与1990年2月听取汇报图片上的模型完全相同的主张与客观事实不符，且该主张与中航智成公司关于其从成飞所获得授权制造、销售的歼十飞机模型系从歼十飞机等比例缩小而来的主张相矛盾，本院不予采信。最后，即便中航智成公司在本案中要求保护的是1990年2月听取汇报图片上最早的歼十飞机模型，因其再审期间自认发表该图片的《中国航空工业四十年》属于非公开发行的绝密资料，故无法证明飞鹏达公司存在接触该模型图片的可能。在飞鹏达公司未接触1990年2月听取汇报图片显示的歼十飞机模型的情况下，即便该模型构成模型作品，仍不能认定飞鹏达公司的被诉侵权行为构成侵害该模型作品的著作权。

三、关于中航智成公司要求保护的歼十飞机模型是否构成受我国著作权法保护模型作品的问题

实施条例第第二条规定："著作权法所称作品，是指文学、艺术和科学领域内具有独创性并能以某种形式复制的智力成果。"实施条例第四条第十三项规定："模型作品，是指为展示、试验或者观测等用途，根据物体的形状和结构，按照一定比例制成的立体作品。"从实施条例第二条的规定看，我国著作权法保护的作品必须同时具备以下三个要件：一是必须属于文学、艺术和科学领域内的智力创作；二是具有独创性；三是能以有形的形式复制。在判断是否构成受我国著作权法保护的模型作品时，首先要判断该模型是否同时具备上述三要件，而不能将实施条例第四条第十三项的规定与实施条例第二条的规定割裂开来适用。即仅仅满足实施条例第四条第十三项的规定，在不能同时满足实施条例第二条规定的三要件的情况下，尚不能认定构成受我国著作权法保护的模型作品。作为上述三要件之一的作品的独创性，指作者在创作作品的过程中投入了某种智力性劳动，创作出来的作品具有最低限度的创造性，且作品是由作者独立思考并独立完成的，体现了作者的精神劳动和智力判断。

本案中，中航智成公司一审起诉要求保护的歼十飞机模型作品，是其从成飞所获得授权制造、销售的歼十飞机模型，该模型是歼十飞机的等比例缩小，故歼十飞机产生在先，中航智成公司在本案中要求保护的歼十飞机模型产生在后。中航智成公司主张飞鹏达公司生产、销售的歼十飞机模型侵害其对歼十飞机模型享有的模型作品著作权，应当对其获得授权制造、销售的歼十飞机模型构成受我国著作权法保护的模型作品负有举证责任。中航智成公司在本案中要求保护的歼十飞机模型与歼十飞机相比，除材质、大小不同外，外观造型完全相同。因此，无论中航智成公司在将歼十飞机等比例缩小的过程中付出多么艰辛的劳动，中航智成公司均未经过自己的选择、取舍、安排、设计、综合、描述，创作出新的点、线、面和几何结构，其等比例缩小的过程仅仅只是在另一载体上精确地再现了歼十飞机原有的外观造型，没有带来

新的表达，属于严格按比例缩小的技术过程。在中航智成公司不能证明其根据歼十飞机等比例缩小而制造的歼十飞机模型具有独创性的情况下，该过程仍然是复制，产生的歼十飞机模型属于歼十飞机的复制件，不构成受我国著作权法所保护的模型作品。即便按二审法院认定的事实，中航智成公司制造、销售的歼十飞机模型是对成飞所完成的歼十飞机模型的复制，因二审法院认定由成飞所完成的歼十飞机模型，亦为歼十飞机的等比例缩小，故基于与上述同样的理由，该成飞所完成的模型亦不具有独创性，不受我国著作权法的保护。因此，二审法院关于“模型与原物的近似程度越高，其独创性越高”的认定，违背我国著作权法的基本原理，本院予以纠正。又鉴于我国著作权法只保护作品的表达，不延及思想、工艺、操作方法或数学概念，且我国著作权法保护的表达是具有文学、艺术和科学审美意义的智力成果，不保护为满足人们实际生活需要的实用性和功能性的表达，因此，二审法院关于“模型越满足实际需要，其独创性越高”的认定，也违背我国著作权法的立法本意，本院予以纠正。综上，飞鹏达公司关于中航智成公司在本案中要求保护的歼十飞机模型不构成受我国著作权法保护模型作品的再审主张成立，本院予以支持。中航智成公司关于飞鹏达公司侵害其歼十飞机模型作品著作权的起诉主张缺乏事实和法律依据，一审法院对其诉讼主张不予支持正确，本院对一审判决予以维持。

综上所述，飞鹏达公司申请再审的主要理由成立，本院予以支持。依照《中华人民共和国民事诉讼法》第二百零七条第一款、第一百七十条第一款第（二）项的规定，判决如下：

一、撤销北京市高级人民法院（2014）高民（知）终字第3451号民事判决；

二、维持北京市第一中级人民法院（2013）一中民初字第7号民事判决。

本案一审、二审案件受理费各47057元，合计94114元，由北京中航智成科技有限公司负担。

本判决为终审判决。

审　判　长　骆　电
审　判　员　李　嵘
审　判　员　马秀荣
二〇一七年十二月二十九日
法官助理　卢　莹
书　记　员　王　晨

28. 将他人作品作为商标使用时侵权损害赔偿的计算

——再审申请人李艳霞与被申请人吉林市永鹏农副产品开发有限公司及原审第三人南关区本源设计工作室侵害著作权纠纷案①

中华人民共和国最高人民法院民事裁定书（2017）最高法民申2348号

再审申请人（一审原告、二审上诉人）：李艳霞，女，1957年2月15日生，汉族，住吉林省吉林市昌邑区。

委托诉讼代理人：卢庆元，吉林保民律师事务所律师。

被申请人（一审被告、二审上诉人）：吉林市永鹏农副产品开发有限公司。住所地：吉林省吉林市昌邑区望云北街88号。

法定代表人：冯其永，该公司董事长。

原审第三人：南关区本源设计工作室。住所地：吉林省长春市南关区星城国际A座1510室。

经营者：宛丽。

再审申请人李艳霞因与被申请人吉林市永鹏农副产品开发有限公司（以下简称永鹏公司）及原审第三人南关区本源设计工作室（以下简称本源工作室）侵害著作权纠纷一案，不服吉林省高级人民法院（2016）吉民终545号民事判决，向本院申请再审。本院依法组成合议庭进行了审查，现已审查终结。

李艳霞申请再审称，其向原审法院提供了调查永鹏公司市场销售价格、侵权商标印数和索赔依据等侵权的所有客观证据。一审判决认为李艳霞未能举证证明具体损失数额，亦未能证明永鹏公司因侵权而获利的数额。李艳霞索赔数量仅为300万枚，每个装袋按7角计算，主张的赔偿额应当得到支持。二审判决认为永鹏公司对该商标标识的侵权使用行为与著作权侵权使用行为分属不同领域，对著作权人著作权行使影响不大，未造成实质损失，不符合客观事实。一审、二审法院不顾当事人具体损失，按权利人的实际损失或者侵权人的违法所得不能确定的说法判决本案，判决酌定赔偿8万元，令人难以接受。一审、二审判决的赔偿额没有事实和法律根据，故请求再审本案。

---

① 本案在年度报告中的位置为第57页。

本院经审查认为，本案争议焦点是：本案判决的赔偿额是否有事实和法律依据。

《中华人民共和国著作权法》第四十九条规定，侵犯著作权或者与著作权有关的权利的，侵权人应当按照权利人的实际损失给予赔偿；实际损失难以计算的，可以按照侵权人的违法所得给予赔偿。赔偿数额还应当包括权利人为制止侵权行为所支付的合理开支。权利人的实际损失或者侵权人的违法所得不能确定的，由人民法院根据侵权行为的情节，判决给予五十万元以下的赔偿。

考察侵害作品著作权的损害，应着眼于权利人因作品被侵权使用遭受的损失，或者侵权人因侵权使用作品而增加的收益。由于作品的使用方式多样，所涉及的著作权权利亦不相同，因此，就同一件作品而言，不同的侵权行为，可以采取多种方式计算。如根据权利人因侵权所造成复制品发行减少量或者侵权复制品销售量与权利人发行该复制品单位利润乘积计算；以报刊、图书出版或者类似方式侵权的，参照国家有关稿酬的规定计算；参照合理的许可使用费计算等。

本案所涉作品为剪纸美术作品。就美术作品而言，如果侵权行为系出版行为，可按照权利人因此遭受的稿酬损失计算；如果侵权行为系复制美术品的方式，一般应按照侵权人的市场利润即复制品数量与单位利润计算，因为作品是侵权复制品定价的核心，侵权复制品的获利应当视为来自作品的全部贡献或主要贡献。如果是将美术作品用于宣传其他商品，如用于广告、装饰装潢等，商品利润与作品价值之间并无直接的因果关系，不宜将商品利润直接作为作品损失。侵权行为的收益往往表现在未支付应当支付的成本，即著作权许可费用。

本案所涉侵权行为系擅自将他人作品用作商标的行为。作品被用作商标，一般有两种情况，一种是通过许可使用合同获得已有作品的授权，一种是自行或委托他人创作。在使用许可合同中，作品的独创性可能对商标显著性有影响，作品的知名度对商标的知名度有贡献，均可作为作品价值的参考要素，体现在许可使用费中。如果是自行创作或委托创作，一般分为两阶段，商标设计制作和商标交付使用阶段。在商标设计制作阶段，设计人使用的是作品，其通过创作作品获得相应报酬，因此商标设计费是作品被用作商标的对价。在商标使用过程中，使用人主要使用的是商标而非作品，其产生的价值应当主要属于商标价值而非作品价值了。无论上述哪种情况，对于作品权利人而言，当作品被他人擅自用作商标，丧失的既非出版稿酬损失，也非美术品损失，而是许可他人用作商标的费用与机会损失。因此，二审法院认为，不宜以标有商标的包装袋数量作为侵权复制品的数量，应以作品授权许可费用作为标准计算本案损失，符合法律规定。

本案当事人并未授权他人将作品用作商标，未举证证明许可使用费的数额，也未举证类似作品的授权情况。依据著作权法的规定，一审、二审法院据此认为本案属于损失和违法所得均无法确定的情况，符合法律规定。

依据《最高人民法院关于审理著作权民事纠纷案件适用法律若干问题的解释》第二十五条第二款规定，人民法院在确定赔偿数额时，应当考虑作品类型、合理使用费、侵权行为性质、后果等情节综合确定。本案中，作品被复制侵权的第一使用人系南关区本源设计工作室，其通过为永鹏公司设计商标获取的费用，是其使用涉案作品获得的直接利益，可以作为衡量作品损失的参考标准。一般认为，侵权复制者的成本较低，其授权作品的价格可能低于合法授权作品的价格，因此，可在参考该费用的基础上，考虑侵权行为的性质、影响等因素，乘以适当倍数，进行计算。有鉴于此，一审、二审法院综合考虑涉案作品价值、独创性程度、侵权情节、主观过错程度及诉讼合理支出等因素，酌定赔偿数额为 8 万元并无不妥，应予维持。李艳霞关于赔偿数额没有事实和法律依据的申请再审理由不能成立，本院不予支持。

依照《中华人民共和国民事诉讼法》第二百零四条第一款，《最高人民法院关于适用〈中华人民共和国民事诉讼法〉的解释》第三百九十五条第二款规定，裁定如下：

驳回李艳霞的再审申请。

审判长　秦元明
审判员　马秀荣
审判员　李　嵘
二〇一七年九月二十六日
书　记员　王　晨

四、不正当竞争案件审判

29. 知名商品特有包装装潢中的"商品"与"包装装潢"应当具有特定指向关系

——上诉人广东加多宝饮料食品有限公司与被上诉人广州王老吉大健康产业有限公司擅自使用知名商品特有包装装潢纠纷案①

中华人民共和国最高人民法院民事判决书（2015）民三终字第2号

上诉人（一审原告）：广东加多宝饮料食品有限公司。住所地：广东省东莞市长安镇长青北路。

法定代表人：张树容，该公司总经理。

委托诉讼代理人：杨晓岩，北京市信睿律师事务所律师。

委托诉讼代理人：姚欢庆，男，1971年10月14日出生，汉族，中国人民大学法学院副教授，住北京市海淀区××××。

被上诉人（一审被告）：广州王老吉大健康产业有限公司。住所地：广东省广州市南沙区双山大道3号106。

法定代表人：徐文流，该公司董事长。

委托诉讼代理人：倪依东，男，该公司常务副董事长。

委托诉讼代理人：胡福传，广东明境律师事务所律师（2017年1月16日前为委托诉讼代理人）。

委托诉讼代理人：赵晓波，男，该公司合规与法律事务部副经理（2017年1月16日起为委托诉讼代理人）。

① 本案在年度报告中的位置为第59页。

上诉人广东加多宝饮料食品有限公司（以下简称加多宝公司）因与被上诉人广州王老吉大健康产业有限公司（以下简称大健康公司）擅自使用知名商品特有包装装潢纠纷一案，不服广东省高级人民法院（2013）粤高法民三初字第1号民事判决，向本院提起上诉。本院于2015年3月23日立案后，依法组成合议庭，公开开庭进行了审理。上诉人加多宝公司的委托诉讼代理人杨晓岩、姚欢庆，被上诉人大健康公司的委托诉讼代理人倪依东、胡福传到庭参加诉讼。本案现已审理终结。

加多宝公司上诉请求：撤销一审判决，改判支持加多宝公司的全部诉讼请求，具体事实及理由如下：

（一）一审法院对涉案“知名商品”的界定存在严重错误。第一，涉案知名商品是加多宝公司多年经营的使用王泽邦后人秘方的红色罐装凉茶，即加多宝公司经营的曾经贴有王老吉商标及现在贴有加多宝商标的红罐凉茶。界定知名商品，必须要考察该商品“知名”时是何种使用价值得到了消费者的普遍认可。根据加多宝公司在一审期间提交的大量证据可以证明，涉案红罐凉茶商品自1996年由东莞鸿道食品有限公司（以下简称东莞鸿道公司）推出市场，在1998年东莞鸿道公司注销后，由加多宝公司承继生产经营至今。通过加多宝公司的大规模生产、持续性的市场推广、广泛的媒体宣传，涉案红罐凉茶凭借优良品质和源自王泽邦后人秘方的独特口感，成了名副其实的“知名商品”。第二，广州医药集团有限公司（以下简称广药集团）和大健康公司生产的红罐凉茶，即使贴有“王老吉”商标，与前述“知名商品”也根本不是同一商品。一审法院在未对何为本案中的“知名商品”进行认定的前提下，直接将作为特有名称的“王老吉凉茶”与知名商品等同，属于事实认定错误。首先，王泽邦的后人曾明确表示从未将祖传秘方授予广药集团使用，足以说明大健康公司与加多宝公司生产的红罐凉茶秘方不同，秘方、生产工艺不同的凉茶当然属于不同的商品。其次，广药集团与大健康公司在一审审理过程中均明确表示广药集团、大健康公司与加多宝公司生产的红罐凉茶不是同一商品。在此基础上，他们当然也无权成为涉案知名商品包装装潢权的权利人并在本案中主张任何权利。最后，由于本案中双方当事人生产的红罐凉茶是在生产标准、工艺、品质、配方、口味和商品来源上完全不同的商品，即使在双方并无争议的商标许可使用期间，“王老吉凉茶”也无法唯一地指代双方产品中的任何一个，更无法作为知名商品的特有名称用于指代“知名商品”。一审法院在将加多宝公司与广药集团的相关产品予以混淆的基础上，对加多宝公司提供的证据1、证据7、证据12、证据32、证据38、证据45、证据48，以及大健康公司提供的证据1、证据5、证据6、证据8、证据10、证据12～13、证据21～25、证据27～34作出了错误认定，从而将涉案知名商品的所有权益全部转移至广药集团生产的完全不同的产品之上，并将无法与涉案知名商品唯一对应的“王老吉凉茶”这一商品名称认定为本案中的“知名商品”，这一结论是错误的。

（二）涉案知名商品特有包装装潢权归属于加多宝公司，一审法院所作应由广药集团享有的结论属于认定事实错误，且损害了消费者的利益。第一，涉案知名商品特有包装装潢从创意、设计到实际用于商品生产和宣传推广，直至成为知名商品的特有包装装潢，均是源于加多宝公司及其关联企业的行为，且商品本身标注的“加多宝出品”等具体信息均与加多宝公司建立了稳定而唯一的联系，加多宝公司应为涉案知名商品特有包装装潢当然的权利人，上述事实已经被在先的生效判决予以确认。第二，涉案知名商品包装装潢本身已经具有区分商品来源的功能，并非与“王老吉”三字不可分割。一审法院所作包装装潢权必须依附于商标权行使以及“王老吉”为涉案包装装潢中最吸引人之处的认定是错误的。商标权与知名商品包装装潢权是由不同法律予以保护的两种平等、独立的权利，二者之间不存在从属或包含关系。涉案包装装潢所具有的红色底色搭配黄色标识文字及黑色辅助文字的视觉效果，具有显著区别于其他同类商品包装的图案布局、色彩搭配、标识底色等，即使去除“王老吉”文字，仍然构成特有的包装装潢。一审法院所作“王老吉”商标与包装装潢融为一体、不可分离，相关公众不会刻意区分商标权与特有包装装潢权的认定是错误的。第三，一审法院所作鸿道（集团）有限公司（以下简称鸿道集团）、加多宝公司是基于“王老吉”品牌的知名度和市场价值才签订商标许可使用协议，并经广药集团的授权才推出王老吉红罐凉茶，故广药集团可同时收回商标权和具有附属关系的知名商品特有包装装潢权，并认为加多宝公司对该结果应有预期的结论缺乏事实和法律依据。在商标许可协议签订前，鸿道集团就已经在香港地区获得王泽邦后人授权的凉茶秘方并生产经营凉茶商品，其时“王老吉”商标在大陆地区已经由他人注册，为配合产品使用王泽邦后人秘方的特性，鸿道集团才通过签订商标许可使用协议的方式使用“王老吉”商标。此外，在最早的商标许可使用合同签署时，涉案包装装潢尚不存在，广药集团当然也不能就并不存在的权利许可他人使用。

（三）一审法院对加多宝公司所诉大健康公司侵害涉案知名商品特有包装装潢权构成不正当竞争的主张不予支持，属于认定事实错误。第一，涉案知名商品特有包装装潢与被诉侵权商品的包装装潢所识别的商品来源均指向加多宝公司，不会使相关公众产生混淆误认。第二，大健康公司生产的被诉侵权产品包装装潢与加多宝公司生产的知名商品包装装潢构成近似，大健康公司亦曾对两包装装潢近似的事实予以认可。第三，大健康公司生产的被诉侵权产品包装装潢与加多宝公司生产的知名商品包装装潢近似，会使消费者误认为被诉侵权产品与涉案知名商品来源相同，损害了加多宝公司和消费者的合法权益，构成不正当竞争。

（四）一审法院违反法定程序。具体表现在：一审法院采纳大健康公司于庭审当日、举证期限届满后提交的十三份证据，违反法律规定和公平原则，剥夺、限制了加多宝公司的合法诉讼权利。

综上所述，一审判决认定事实不清，适用法律不当，违反法定程序，具有严重的社会不良影响。据此，加多宝公司请求本院在查明事实的基础上，撤销一审判决，依法改判支持加多宝公司的全部诉讼请求。

大健康公司辩称，一审判决认定事实清楚，程序合法，适用法律正确，判决结果公平公正，请求驳回上诉，维持一审判决。其主要理由是：（一）一审判决认定本案所涉知名商品为“王老吉凉茶”，具有法律和事实依据。加多宝公司所提涉案知名商品为“由加多宝公司生产的使用王泽邦后人的正宗独家配方的红色罐装凉茶”的主张不能成立。早在“王老吉”商标许可协议签订前，“王老吉凉茶”在全国、特别是广东地区已经是非常知名的商品，且“王老吉凉茶”从药品到食品的转变是广药集团（及前身）的巨大贡献。另外，“知名商品”应以“名”而非商品内容物称呼，加多宝公司的相关主张也显然与消费者的辨识习惯、称呼习惯、记忆习惯不相符。（二）涉案包装装潢系红色罐身、罐身上用黄色居中竖写的“王老吉”文字以及相关辅助文字和配图组成的不可分割的整体，一审法院对此问题的认定是正确的。（三）一审判决认定“王老吉凉茶”知名商品特有包装装潢权益由广药集团而非加多宝公司享有的认定是正确的。知名商品特有包装装潢与知名商品密不可分，广药集团作为“王老吉”商标权人暨商标许可人和知名商品“王老吉凉茶”的所有人，应同时享有依附于“王老吉凉茶”知名商品的涉案包装装潢权益。而加多宝公司主张其设计、使用、宣传推广涉案知名商品特有包装装潢的行为是基于商标许可合同的实施，不能产生独立的、归属于加多宝公司的权利或权益。此外，判断本案权利归属、侵权与否的时间点，应当是广药集团提起另案诉讼时（2012 年 7 月 6 日）的事实状态，加多宝公司的持续侵权行为，不能成为其有权使用涉案包装装潢的理由。（四）大健康公司在其凉茶产品上使用的包装装潢获得了广药集团的许可，未侵犯加多宝公司的任何权利。

加多宝公司向一审法院起诉称：（一）1997 年 2 月 13 日，鸿道集团与王老吉商标的原所有人广州羊城药业股份有限公司王老吉食品饮料分公司（以下简称羊城药业）签订《商标许可使用合同》，约定羊城药业许可鸿道集团及其投资企业独家使用王老吉商标生产红色罐装凉茶。2000 年 5 月 2 日，鸿道集团与广药集团签订《商标许可协议》，许可条件与上述协议基本相同。加多宝公司为鸿道集团在广东东莞独资设立的全资子公司，负责红罐王老吉凉茶的生产和销售。1997 年 6 月 14 日，陈鸿道取得红罐王老吉凉茶外观设计专利，并许可加多宝公司实施，用于生产王老吉凉茶。红罐王老吉凉茶的产品配方也属于加多宝公司所有。（二）在加多宝公司开始生产红罐王老吉凉茶之初，市场上并无其他红罐王老吉凉茶产品，红罐王老吉凉茶的市场知名度和占有率非常低，2000 年红罐王老吉凉茶的销售总额只有 866 万元。而且王老吉凉茶作为一种地区产品，其市场前景非常不确定。从 2002 年到 2010 年，红罐王老吉凉茶的市场销售额得到大幅提升，而这一提升是加多宝公司和其他加多宝集团公司大规模投资建厂和对红罐王老吉凉茶产品的大规模广告宣传和市场推广形成的，红罐王老吉凉茶销量连续多年居全国罐装饮料第一，并获得各种荣誉，从而成为全国知名品牌。在加多宝公司长期的经营活动中，"红罐""红罐凉茶""红罐王老吉"获得了特定的指向性和确切的识别功能。（三）2012 年 6 月 3 日，大健康公司在北京八达岭水关长城举行红罐王老吉凉茶新装上市庆典，公开销售其生产的红罐"王老吉"凉茶，其产品的外包装与加多宝公司生产的红罐王老吉凉茶产品非常类似。大健康公司还同时派发了新闻通稿《新装红罐王老吉震撼亮相长城　五年实现 300 亿销售》，其中特别强调了"红罐"的"新装"。众多媒体对前述事项进行了大量的报道。大健康公司的上述行为，构成对加多宝公司知名商品红罐王老吉凉茶特有包装装潢的仿冒，侵犯了加多宝公司知名商品特有的包装装潢权和加多宝公司"红罐""红罐凉茶"和"红罐王老吉"等知名商品特有名称权，并且足以导致购买者对大健康公司生产的红罐王老吉凉茶产品的品质和产品来源发生混淆，构成不正当竞争行为，依法应当予以禁止。因此，请求法院判令大健康公司：1. 立即停止使用加多宝公司知名商品红罐王老吉凉茶特有的包装装潢；2. 立即停止使用加多宝公司"红罐""红罐凉茶"和"红罐王老吉"等知名商品特有名称；3. 立即停止生产红罐王老吉凉茶；4. 赔偿因其不正当竞争行为给加多宝公司造成的经济损失 50 万元；5. 承担本案全部诉讼费用。2013 年 3 月 6 日，加多宝公司变更其诉讼请求为请求判令大健康公司：1. 立即停止使用与加多宝公司知名凉茶商品特有包装装潢相同或者近似的包装装潢；停止生产和销售带有与加多宝公司知名商品特有包装装潢相同或者近似的产品，并销毁全部库存的侵权包装装潢；2. 在相关报纸上公开发表声明，消除因其使用与加多宝公司知名凉茶商品相同或者近似包装装潢而给加多宝公司造成的不良影响；3. 赔偿因其上述不正当竞争行为给加多宝公司造成的经济损失 50 万元人民币（最终具体赔偿数额以法庭调查或实际审计结果为准）；4. 承担本案全部诉讼费用。2013 年 5 月 15 日，加多宝公司又变更其诉讼请求为请求判令大健康公司：1. 立即停止使用与加多宝公司知名凉茶商品特有包装装潢相同或近似的包装装潢；停止生产和销售带有与加多宝公司知名商品特有包装装潢相同或近似的产品，并销毁全部库存的侵权包装装潢；2. 在相关媒体包括但不限于中央电视台、各省级电视台、各省级以上报刊、大型门户网站及其官方网站上公开发表声明，消除因其使用与加多宝公司知名凉茶商品相同或近似包装装潢而给加多宝公司造成的不良影响；3. 赔偿因其上述不正当竞争行为给加多宝公司造成的经济损失暂计 3096 万元人民币（最终具体赔偿数额以审计结果和年报中利润数额较大者为准）；加多宝公司保留针对 2013 年 2 月之后大健康公司的持续侵权行为继续索赔的权利。4. 承担本案全部诉讼费用。

大健康公司答辩称：（一）本案的知名商品是指带有“王老吉”商标的王老吉凉茶。正由于“王老吉”凉茶是在市场上有一定知名度，并为相关公众所知悉的商品，才被确认为知名商品。“王老吉”凉茶成为知名商品历史悠久，并非是在 1996 年之后因为红罐王老吉凉茶才会成为知名商品。不是鸿道集团经营红罐王老吉凉茶之后培育出了知名商品王老吉凉茶，而是知名商品王老吉凉茶成就了红罐王老吉凉茶。鸿道集团使用“王老吉”注册商标，实际享受了知名商品王老吉的商誉。（二）陈鸿道不是知名商品红罐王老吉凉茶名称、包装、装潢的所有权人。加多宝公司提供证据证实现有红罐王老吉装潢为陈鸿道设计并获得外观设计专利，该外观设计专利虽真实合法，但该专利不应为陈鸿道个人专有，因为该专利存在许多其他设计因素。经分析比对后可见，装潢中“王老吉”三个字是产品特有名称，另一比较显著的是王老吉注册商标，属于商标注册人广药集团所有。陈鸿道本人委托他人设计时间在鸿道集团与羊城药业签订《商标许可合同》之后，也基于《商标许可合同》的约定，限红色为底色，以王老吉名称为显著标志，又添加了王老吉注册商标在内等元素形成。因此，已经存在“王老吉”商标的前提下，其外观设计必须要经“王老吉”注册商标专用权人许可才能使用，作为红罐王老吉凉茶专用的装潢必然归属广药集团所有。（三）本案诉争标的物形成的特殊性，决定红罐王老吉凉茶特有装潢与“王老吉”商标具有不可分离性。红罐王老吉凉茶装潢发生在王老吉商标许可期内，经过十几年的发展作为知名商品“王老吉”凉茶系列之一，更使公众深入了解认同了该装潢与王老吉凉茶不可分，成就红罐王老吉凉茶在市场产生的巨大影响。加多宝公司之所以能在诉二十四味案中胜诉，即是因为加多宝公司所享有的装潢权产生的法律基础是广药集团与鸿道集团之间的《商标许可协议》，是广药集团授予了鸿道集团“王老吉”商标的使用权，在基于王老吉商标使用权的基础上，其装潢权在其合法经营期间才会得到法院的支持。（四）知名商品权利人与经营者之间的法律关系决定了红罐王老吉凉茶的包装装潢最终归属于王老吉商标持有人、王老吉凉茶所有权人，而经营者在无合法授权之后，丧失了使用权。加多宝公司是鸿道集团在东莞鸿道公司注销后新设立的生产、销售王老吉凉茶的企业，仍在与广药集团《商标许可协议》期限之内，它来生产红罐王老吉凉茶，所以它继受了这项权利。鸿道集团曾作为红罐王老吉凉茶的经营者，但在许可合同期满后就不再是经营者了，亦不再享有知名商品王老吉任何权利，全部由新的经营者大健康公司承受，享有排他权。加多宝公司作为原经营者不能带走商品品牌也带不走商誉。加多宝公司宣传、使用“王老吉”商标及装潢的行为只是履行广药集团与鸿道集团《商标许可协议》的行为。（五）广药集团为知名商品红罐王老吉凉茶包装装潢权利人，可以将商标许可给大健康公司，同时将知名商品上的特有装潢使用权一并授予合法经营者大健康公司使用。经仲裁确定鸿道集团自 2010 年 5 月 2 日起，停止使用王老吉商标后，意味着广药集团收回“王老吉”商标的同时，也将与“王老吉”知名商品特有的装潢一并收回。现又授权给大健康公司生产红罐王老吉凉茶，那么大健康公司就是红罐王老吉凉茶的合法经营者，其享有知名商品特有的装潢权，故其经营的“王老吉”知名商品的装潢权就应当受到法律保护。而加多宝公司无资格向知名商品王老吉凉茶合法经营者主张红罐王老吉凉茶特有名称、包装、装潢权利，其作为本案原告主张红罐装潢权不适格，法院依法应驳回其起诉。加多宝公司的行为已经构成侵权，应当承担侵权的法律责任。如前所述，加多宝公司不享有知名商品王老吉凉茶的包装装潢，其在已经不是合法经营者的基础上，再生产与大健康公司相近似包装装潢的产品，已经构成不正当竞争。综上所述，加多宝公司的诉讼请求缺乏法律依据，不应得到法院的支持。

一审法院认定事实：

（一）本案所涉相关公司的情况

1. 广药集团及其相关公司的情况

王老吉牌凉茶，始创于公元 1828 年（清道光八年），创始人是王泽邦。1956 年公私合营，王老吉与嘉宝栈等八家企业合组“王老吉联合制药厂”，1965 年改名为广州中药九厂，1982 年改名为广州羊城药厂，1992 年羊城药厂转制为股份制企业，成立广州羊城药业股份有限公司，1996 年 8 月 7 日广药集团正式成立，王老吉商标等无形资产划归广药集团持有，2012 年 2 月 28

日广药集团成立全资子公司大健康公司。

2. 加多宝公司及其相关公司的情况

东莞鸿道公司成立于1995年9月19日，于1998年8月31日注销；鸿道集团于1998年9月17日投资成立了东莞加多宝食品饮料有限公司（以下简称东莞加多宝公司），2000年5月21日，东莞加多宝公司企业名称变更为广东加多宝饮料食品有限公司。加多宝集团在国内设有6家企业，除本案加多宝公司于1998年设立外，其他五家加多宝公司的设立时间分别为：2004年3月3日，加多宝（中国）饮料有限公司成立，为外国法人独资；2004年8月31日，浙江加多宝饮料有限公司成立，为外国法人独资；2005年10月14日，福建加多宝饮料有限公司成立，为外国法人独资；2006年12月27日，杭州加多宝饮料有限公司成立，为台港澳法人独资；2007年3月28日，武汉加多宝饮料有限公司成立，为台港澳法人独资。

（二）有关“王老吉”商标的注册情况

第328241号“”注册商标核定使用商品为第37类的凉茶，注册人为广州羊城滋补品厂，注册有效期自1988年10月30日至1998年10月29日。1998年10月30日核准续展注册在商品国际分类第30类商品上。1998年9月，经国家工商行政管理局商标局（以下简称商标局）核准，该商标变更注册人为羊城药业。后经商标局核准，该商标转让给广药集团。该商标已续展至2018年10月29日。

第626155号“”注册商标核定使用商品为第32类的无酒精饮料，固体饮料，注册人为广州羊城滋补品厂，注册有效期自1993年1月20日至2003年1月19日止。1993年9月1日，经商标局核准，该商标变更注册人为羊城药业。1997年8月28日，经商标局核准，该商标转让给广药集团。该商标已续展至2023年1月19日。

第3980709号“”注册商标核定使用商品为第32类啤酒；果汁；水（饮料）；可乐；无酒精饮料；制饮料用糖浆；饮料制剂；奶茶（非奶为主）；豆奶；植物饮料。注册人为广药集团，注册有效期限自2006年3月7日至2016年3月6日。

第9095940号“”注册商标核定使用商品为第32类啤酒；水果饮料（不含酒精）；乳清饮料；水（饮料）；苏打水；无酒精饮料；汽水；植物饮料；果子粉；饮料制剂。注册人为广药集团，注册有效期限自2012年2月7日至2022年2月6日。

（三）王老吉品牌所获得的荣誉

1991 年 5 月 9 日，广州羊城药厂与广州市轻工研究所就“王老吉牌凉茶饮料”项目签订了《广州市技术开发合同书》，约定由广州市轻工研究所利用广州羊城药厂提供的王老吉牌广东凉茶浸膏，研究并确定可供工业生产的王老吉牌凉茶饮料配方、工艺技术条件及设备要求。

1991 年 10 月 8 日，广州市标准计量管理局标准管理处备案编号 QB/440100X751 －91《广州市企业标准备案回执》显示：兹收到广州羊城药厂、广州羊城滋补品厂送来备案企业产品标准壹份，标准名称《“王老吉”牌清凉茶饮料》，标准编号 Q/（WS）YS1 －91。

1991 年 10 月 15 日，广州羊城药厂、广州羊城滋补品厂向广东省食品卫生监督检验所提交了《广东省食品新产品申请审批表》，申报产品名称为“王老吉”牌清凉茶。1992 年 1 月 18 日，广州市食品卫生监督检验所同意上报，同年 3 月 24 日，广东省食品卫生监督检验所审批同意生产、销售“王老吉”牌清凉茶产品。

广州羊城滋补品厂就“王老吉”牌清凉茶使用的食品标签向广州市标准计量管理局申请批准，该局于 1991 年 10 月 23 日经审查后同意使用。

1991 年 12 月 2 日，广州市食品卫生监督检验所出具食监检字第 893932 号《检验证书》，载明广州羊城滋补品厂送检的 250ml/盒王老吉清凉茶符合食品卫生要求。1992 年 3 月 19 日，广东省食品卫生监督检验所出具粤食卫检字（1992）第 27 号《检验报告》，载明广州羊城滋补品厂生产的复合纸包装王老吉清凉茶符合国家 GB2759 －81 卫生标准。

1992 年 1 月 11 日，《粤港信息日报》第三版登载了广州羊城药厂、广州羊城滋补品厂的《严正声明》，内容为：广州羊城药厂、广州羊城滋补品厂的王老吉牌商标，经国家工商行政管理局注册在案，包装装潢外观设计经国家专利局受理在案。但近年来，市场上不断出现侵犯我厂商标、专利权事件发生。……为此我厂严正声明：有关厂商应立即停止对我厂侵权行为，不得印刷、生产、销售仿冒我厂商标、包装外观设计的产品及包装品，否则我厂即向执法机构起诉，追究印刷、生产、销售者的法律责任。

1992 年 11 月，广东省著名商标评选委员会认定广州羊城药厂“王老吉”商标为 1992 年广东省著名商标。1993 年 3 月 1 日广州市人民政府授予羊城药业“王老吉牌”商标为“广州市著名商标”称号。1995 年 9 月 95 中国（广东）十佳饮料推选活动组委会认定羊城药业生产经销的王老吉牌清凉茶（利乐包装）产品荣获“95 中国（广东）首届最受欢迎的十佳饮料奖”。1998 年 2 月广东省工商行政管理局认定羊城药业“王老吉”商标为广东省著名商标。

2005年8月24日、2006年2月18日、2007年7月30日广东省食品文化遗产认定委员会认定广州王老吉药业股份有限公司（以下简称王老吉药业）的凉茶为广东省食品文化遗产——“凉茶的配方及专用术语”之一。2008年4月王老吉药业“王老吉”品牌被广东省优秀自主品牌评审委员会评为2007年年度广东省优秀自主品牌。2008年10月，广东省食品行业协会认定王老吉药业“王老吉”为“改革开放三十年凉茶产业最具影响力品牌”。2009年4月24日，商标局认定广药集团使用在第32类无酒精饮料商品上的“王老吉”注册商标为驰名商标。2010年11月10日北京名牌资产评估有限公司评估广药集团的“王老吉”品牌的价值为1080.15亿元人民币。2011年12月王老吉药业“王老吉（盒装）”品牌被广东省食品行业协会认定在同行业中具有极高的知名度，被评为“广东省凉茶行业领军品牌”。2011年12月，王老吉药业的王老吉凉茶销售突破50亿盒。2012年7月15日王老吉药业“王老吉”凉茶荣获2012中国国际轻工消费品展览会最受消费者喜爱产品奖。2012年7月中国市场调查研究中心、中国社会经济决策咨询中心发给王老吉药业《荣誉证书》，称“始创于清朝道光年间 百年民族品牌‘王老吉’被认定为凉茶始祖”。

（四）有关王老吉商标许可使用情况

1995年3月28日，羊城药业与鸿道集团签订《商标使用许可合同》，约定羊城药业许可鸿道集团独家使用第626155号注册商标，限于红色纸包装清凉茶饮料，鸿道集团可委托其他厂进行加工制造上述产品并送羊城药业备案；双方在各自生产的清凉茶商品上的所有包装图案和颜色均不得与另一方相同；鸿道集团生产的带有“王老吉”三个字的清凉茶产品，须符合中国食品卫生有关标准，其包装上须注明生产企业名称及地址，产品包装及商标使用样板经羊城药业认可才可生产；鸿道集团使用上述商标有效期自1995年3月28日起至2003年1月止；关于商标许可使用费，第一年为人民币60万元，从第二年起每年比上年递增20%。

1995年9月14日，羊城药业与鸿道集团签订了《商标使用许可合同补充协议（一）》和《商标使用许可合同补充协议（二）》，主要是对1995年3月28日《商标使用许可合同》中的许可使用期限及商标许可使用费进行了补充约定。其中，许可使用期限自1995年9月14日至2003年1月止。关于商标许可使用费，头三年每年支付人民币10万元，第四年支付30万元，以后每年比上年递增23%。

1997年2月13日，羊城药业与鸿道集团签订了《商标许可使用合同》，其中约定：鸿道集团已于1995年从羊城药业处取得了独家使用“王老吉”

商标生产销售红色纸包装及红色铁罐装凉茶饮料的使用权。在本协议期内，鸿道集团有权在中华人民共和国境内为其生产或委托他人加工生产和销售的王老吉凉茶饮料和龟苓膏产品（以下简称：被许可商品）上使用王老吉商标（商标类别：32类，编号：626155、30类），这项权利是专有的、独占的，“被许可商品”取用铁罐（或铝罐装）。双方还约定，本合同生效后，羊城药业可以保留生产和销售原已生产的用纸包装的王老吉清凉茶，但包装颜色不能取用红色，包装设计图案不得与鸿道集团生产的“被许可商品”相同。许可期限自1997年2月13日至2011年12月31日止。关于商标许可使用费，双方约定1997年为人民币200万元，1998年起为每年支付人民币250万元。

2000年5月2日，广药集团与鸿道集团签订了《商标许可协议》（以下简称“2000年许可协议”），其中约定：广药集团许可鸿道集团独占使用第626155号“王老吉”商标，使用的商品范围为生产及销售红色罐装及红色瓶装王老吉凉茶，地域范围为中国境内，不包括香港、澳门和台湾地区，使用期限自2000年5月2日至2010年5月2日。关于商标许可使用费，双方约定如下：第一年及第二年每年为450万元，第三年至第六年为每年472.5万元，第七年至第十年为每年491.4万元。双方还约定，如鸿道集团知道任何第三者有任何侵权行为，可以书面形式将详细情况通知广药集团，在广药集团决定采取法律手段、制止侵权行为时，鸿道集团须向广药集团提供有关资料及予以协助，由此发生的一切费用（包括诉讼费用、律师费用和其他费用）及风险责任由鸿道集团承担，由此所获得的利益归鸿道集团享有；鸿道集团知道任何第三者有任何侵权行为时，可直接以鸿道集团的名义采取任何法律手段，制止任何侵权行为，由此引起的费用由鸿道集团负担，有关赔偿利益归鸿道集团享有。

2002年11月27日，广药集团与鸿道集团签订《“王老吉”商标许可补充协议》（以下简称“2002年补充协议”），将2000年许可协议的许可期限从10年变更为20年，期限从2000年5月2日起至2020年5月1日；并在许可使用期间划分为6个时间段，许可使用费按时间段自每年450万元递增至537万元。

2003年3月3日，广药集团出具《授权委托书》，授权鸿道集团在浙江省、广东省内对侵犯“王老吉”注册商标（注册号626155）的一切侵权行为采取法律手段予以制止，并可以鸿道集团名义进行诉讼活动，授权期限为2003年3月3日至2003年12月31日止。

2003年6月10日，广药集团与鸿道集团签订《关于“王老吉”商标使用许可合同的补充协议》（以下简称“2003年补充协议”，“2003年补充协议”与“2002年补充协议”合称“两份补充协议”)，约定：鸿道集团须在第626155号“王老吉”商标有效期终止日（2013年1月19日）前办理续展注册手续，并且在此后办理“王老吉”商标的许可备案手续，以使得鸿道集团依2000年许可协议和两份补充协议在许可期限内能依法使用“王老吉”商标。

（五）本案所涉包装装潢情况

1995年12月18日，陈鸿道向国家知识产权局申请名称为“饮料盒标帖”的外观设计专利，1997年2月12日予以公开，公开号为CN3054638，申请号为95318534.6，请求保护色彩，该外观设计专利见附图1。

1996年6月5日陈鸿道向国家知识产权局申请名称为“罐贴”的外观设计专利，1997年7月2日予以公开，公开号为CN3059953，申请号为96305519.4，请求保护色彩，该外观设计专利见附图2。

2012年8月15日，潘良生（香港身份证号码：××××）在香港德辅道中199号无限极广场22楼张永贤·李黄林律师行及在中国委托公证人及香港律师张德民面前作出《声明（独资东主的决定声明)》，声明其是新灵印刷设计公司（SUNNING PRINTING & DESIGN CO）独资东主，其为陈鸿道设计了许多罐装、纸盒装、瓶装的项目，红罐王老吉包装从1995年开始设计，1995年为第一阶段设计，1996年2月为第二阶段设计，1998年7月为第三阶段设计。

2012年9月19日，梁世和出具个人声明，称：本人梁世和（公民身份证号码：××××）于1990年7月1日至1999年10月15日期间在广东南方饮料厂任董事长职务。在本人任职期间，我厂受东莞鸿道公司委托，加工生产清凉茶。附件中的红色清凉茶利乐纸包装盒［（香港）王老吉（企业）有限公司监制，250毫升，标准代号Q/GDNF101－89，标签认可编号441900－207］是我厂受委托生产的清凉茶产品包装盒。该包装盒上标有此日期前饮用1993年6月26日，根据当年的产品质量要求，该产品的保质期为一年，因此该产品生产日期应为1992年6月26日。该声明附上（香港）王老吉（企业）有限公司监制的清凉茶纸包装盒照片一张。北京市长安公证处于2012年9月21日出具（2012）京长安内民证字第9906号《公证书》，证明梁世和于2012年9月19日来到公证处，在公证员面前在前面的《个人声明》上签名。

1996年5月1日，东莞鸿道公司与广东国际容器有限公司签订《委托加工合同书》，约定由前者委托后者加工生产“王老吉”300ml封易拉盖三缩颈三片罐24万套。2003年5月15日，广东国际容器有限公司出具《证明》，证明鸿道集团所属东莞鸿道公司于1996年5月1日开始，一直委托其制造“王老吉”空罐至今，现证明所提供的“王老吉”凉茶（罐装）设计彩图与我司制造的罐体是相符的。1997年1月28日，鸿道集团与广东国际容器有限公司签订《清欠及加工空罐协议书》，其中约定后者按前者所确认的1997年新版王老吉空罐的铁样于春节期间加工生产。

（六）1995年以来王老吉凉茶的产销量、广告宣传、获得的荣誉等

2002年8月25日，温州有线电视台广告部给喻梅霜出具的函称：加多宝公司在该台投放的红色罐装“王老吉”广告如下：1997年119956元、1998年489526元、1999年263288.8元、2000年521368元、2001年577062元、2002年1-9月624744元，合计广告费3095944.8元。

2003年7月15日，温州晚报社广告部向广东省佛山市中级人民法院出具《证明》，称其于1997年7月30日与鸿道集团、东莞鸿道公司签订的红色罐装王老吉产品系列广告合同已执行完毕。

2003年7月15日，温州有线电视台广告部向广东省佛山市中级人民法院出具《证明》，称其于1997年7月30日、1997年11月14日、1997年12月3日与东莞鸿道公司签订的红色罐装王老吉饮料的系列广告合同已执行完毕。

基于两份补充协议，2003年鸿道集团通过国内投资公司投资数亿元首次竞标拿到中央电视台3个黄金时段“标王”广告播放权，启动“怕上火、喝王老吉”的品牌广告语宣传，以后长达近十年时间在中央电视台不间断进行广告投放。

加多宝公司提供的《央视广告带审带单名细》表明，从2006年2月16日至2010年10月19日、2011年11月、12月有5秒、10秒、15秒、30秒的广告，内容均有“怕上火喝王老吉”的广告词。从2012年1月11日至2012年4月5日均有5秒、10秒、15秒、30秒的广告，内容主要有“正宗凉茶，加多宝出品”的广告词。

根据加多宝公司提供的《加多宝集团历年支出的建厂、广告、促销费用》提供的数据，1998年至2011年上半年，加多宝集团为生产和销售红罐王老吉凉茶产品，共支出建厂、广告、促销费用各22.2亿元、32.8亿元、29.5亿元，共计84.5亿元。加多宝集团历年参加各种慈善、公益活动所支出的费用合计3.09亿元，其中，2008年汶川大地震时捐助1亿元，2009年玉树大地震时捐助1.1亿元。

2005年8月24日，广东省食品文化遗产认定委员会认定凉茶为广东省食品文化遗产，加多宝公司提供的一种配方被认定为广东省食品文化遗产——“凉茶的配方及专用术语”之一。

2006年5月，加多宝公司和浙江加多宝饮料有限公司被湖北省消费者委员会授予为“放心消费品牌”。

2006年5月26日，东莞市食品（饮食）文化遗产工作领导小组授予加

多宝公司的凉茶16号秘方及专用术语为国家级非物质文化遗产代表作。

2006年11月，加多宝集团获得2007年中国成长百强最具成长性绿色产业奖。

2007年8月，加多宝公司获得2007年首届中国品牌节金谱奖。

2007年8月，陈鸿道先生被中国最具影响力创新成果评委会评为2007年影响中国百名创新人物。

2007年9月，红色罐装王老吉凉茶被授权在产品包装盒媒体宣传中使用“人民大会堂宴会用凉茶饮品”字样或广告语。

2007年11月，加多宝集团以2004～2006三年销售额的最大增长率，入选成为中国高峰年会组委会、中国成长百强评选组委会主办的“2007中国成长百强”第48名。

2007年11月，加多宝公司被中国红十字会授予中国红十字人道服务奖章。

2007年12月，加多宝集团被湖北省质量管理协会评为重质量、守诚信企业。

2008年1月，加多宝公司获得新浪、蒙牛组织的2007年度创新营销奖。

2008年度至2012年度，加多宝集团生产的罐装王老吉凉茶饮料连续名列中国行业企业信息发布中心颁给的上年度全国罐装饮料市场销售额第一名。

2008年4月，加多宝集团生产的红色罐装王老吉凉茶饮料获得“中华民族凉茶行业第一品牌”称号。

2008年10月，加多宝集团分别被广东省食品行业协会授予“改革开放三十年广东省食品行业最具社会责任企业”称号、“改革开放三十年广东省食品行业突出贡献奖”、“改革开放三十年广东省食品行业创新企业”称号。

2008年10月，陈鸿道被广东省食品行业协会评为“改革开放三十年广东省食品行业风云人物”。

2008年10月，加多宝集团被中国扶贫基金会授予“2008中国民生行动先锋”称号。

2008年12月，加多宝饮料有限公司被销售与市场杂志社、中国营销盛典评委会授予2008年中国营销盛典年度中国企业营销创新奖。

2008年12月，加多宝饮料有限公司成为广州2010年亚运会高级合作伙伴，其与广州亚运会标识并列的是“王老吉”三个字。

2008年，加多宝饮料有限公司获得2008中国体育营销案例奖——赫尔墨斯奖。

2009年，加多宝（中国）饮料有限公司获得北京大学、经济观察报主办的2008～2009年度中国最受尊敬企业称号。

2009 年 4 月，加多宝集团被中国食品工业协会评为中国软饮料制造业十强企业、中国食品工业百强企业。

2010 年 8 月，加多宝集团被国际食品科技组织授予全球食品工业奖。

2012 年 12 月 17 日，中国行业企业信息发布中心为加多宝（中国）饮料有限公司出具《关于〈2012 年前三季度中国饮料行业运行状况分析报告〉的说明》，称：本次报告中涉及的凉茶行业及罐装饮料市场的相关数据如下：1. 从行业产品品类结构看，截至 2012 年 9 月末，在饮料行业中，饮用水、碳酸饮料、茶饮料、凉茶、果汁、功能饮料分别占据了 25.65%、21.91%、16.36%、7.21%、22.24%和 6.63%销量份额。2. 1 –9 月全国主要的凉茶品牌销量情况看，排名前三位的品牌为加多宝（加多宝生产并销售的凉茶）、王老吉、和其正，分别占据 72.96%、8.9%、4.34%、其他品牌占据 13.8%。3. 1 –9 月全国罐装饮料主要品牌的销量情况分析，排名前三位的品牌为加多宝（加多宝生产并销售的凉茶）、可口可乐、露露，分别占据 11.21%、10.27%、10.03%。针对加多宝（中国）饮料有限公司要求说明以上数据的统计单位的需求，我中心说明如下：（1）计算全国凉茶品类的主要品牌的销售量时，以“升”为统计单位，即各品牌凉茶的统计总量包括其生产和销售的各种包装形态，含罐装、瓶装或盒装；（2）计算罐装饮料市场销售份额时，以“罐”为统计单位。

2013 年 3 月，中国行业企业信息发布中心出具《统计调查信息证明》，称加多宝集团生产的罐装饮料荣获 2012 年度全国罐装饮料市场销量第一名。

2013 年 4 月 23 日，国家统计局网站发布了部告第 G20130409 –1 号《政府信息部分公开告知书》，内容为：您好！2013 年 4 月 3 日，我局受理了您提出的政府信息公开申请 G20130409 –1 号。经查，申请获取的信息部分属于我局公开范围。根据《中华人民共和国政府信息公开条例》第二十二条规定，现将申请的内容答复如下：一、目前，《统计用产品分类目录》没有单设“凉茶”这一统计指标。国家统计局开展的国家统计调查项目，只对“软饮料”这一类别进行统计，没有对凉茶品牌及销量进行统计。二、中国行业企业信息发布中心是中国信息报社的下属机构。中国信息报社是国家统计局所属的事业单位（经费自理）。三、《2012 年前三季度中国饮料行业运行状况分析报告》，是中国行业企业信息发布中心独立调查和研究的结果。有关详情请询该中心。

从 2009 年开始，由于市场上不断发现仿冒红罐王老吉凉茶的产品，莆田市城厢区工商行政管理局、鄂州市工商行政管理局华容分局、汝城县工商行政管理局、泰州工商行政管理局、常宁市工商行政管理局、奉节县工商行政管理局、太原市工商行政管理局小店分局、富宁县工商行政管理局等分别对仿冒行为进行查处并作出相关的处罚决定。

2013 年 3 月 26 日，在新浪微博上登载了一篇《王泽邦后人王健仪发布联合声明：从未将祖传配方授予广药集团》的报道，称：2013 年 3 月 26 日，凉茶创始人王泽邦先生第五代玄孙王健仪女士携家族成员在深圳召开“凉茶创始人王泽邦后人媒体见面会”。王氏家族发表联合声明，表示从未将祖传秘方授予广药集团使用。同时，王健仪对广药集团滥用王泽邦及其他先祖的肖像注册商标及利用其先祖的名字、凉茶创始年份进行广告宣传等行为表示强烈抗议，或将会依法律程序捍卫家族的合法权利。

（七）有关判决及仲裁裁决情况

2003 年 2 月 13 日，加多宝公司向广东省佛山市中级人民法院提起诉讼，请求判令：被告三水华力饮料食品有限公司停止使用与“王老吉”凉茶相似的罐贴，销毁现存的该外包装装潢，停止销售有该罐贴和外包装的凉茶产品，赔偿经济损失 50 万元。2003 年 9 月 10 日，广东省佛山市中级人民法院作出（2003）佛中法民三初字第 19 号民事判决（以下简称第 19 号判决），其中认定：“加多宝公司是红色罐装‘王老吉’凉茶饮料的合法经营者和实际生产者，故加多宝公司作为争议装潢使用权人，是民事权利义务关系的主体……”“‘王老吉’凉茶是在市场上具有一定知名度，并为相关公众所知悉的商品，应确认为知名商品，那么罐装‘王老吉’凉茶饮料作为‘王老吉’凉茶系列产品中的一种，与知名商品‘王老吉’凉茶具有不可分离性，并且东莞鸿道公司从 1996 年已开始使用该装潢，并投入大量的广告宣传，因此其亦应是知名商品。”“本案中加多宝公司在其产品‘王老吉’凉茶饮料上的装潢，在文字、色彩、图案及其排列，寓意明确，设计独特，该装潢底色、图案与其名称融为一体，具有显著的区别性特征，并非为相关商品所通用，为该商品所特有，应确认为知名商品的特有包装装潢，应受法律保护。”“根据原告提供，被告认可的商标局出具的《核准转让注册商标证明》可以确认第 626155 号‘王老吉’商标注册人已经合法由羊城药业变更为广药集团。在‘王老吉’商标权利人变更前后，两个权利人均许可给鸿道集团独占使用‘王老吉’商标，从上述 1997 年的商标许可合同可以看出鸿道集团于 1995 年开始就取得了独家使用‘王老吉’商标生产红色罐装凉茶饮料的使用权。鸿道集团取得该权利后，于 1996 年设计了本案诉争的装潢并许可给东莞鸿道公司予以生产，东莞鸿道公司于 1996 年 5 月 1 日开始委托广东国际容器有限公司制造红色的‘王老吉’凉茶饮料的包装标识，至此本案诉争的包装装潢开始使用。东莞鸿道公司于 1998 年 8 月 31 日注销后，鸿道集团于 1998 年 9 月

17 日投资成立了加多宝公司，并许可其继续生产带有本案诉争的包装装潢标识的红色罐装‘王老吉’凉茶饮料。广东省佛山市中级人民法院认为，特有包装装潢具有与知名商品不可分离的显著特征，这种显著特征是基于反不正当竞争法可产生对于该装潢排他使用的权利，但这种排他性使用包装装潢的权利是否产生仅取决于该商品在相关公众和市场中的知名程度，商品达到了一定的知悉度，这种排他性使用装潢的权利可依《中华人民共和国反不正当竞争法》（以下简称反不正当竞争法）① 第五条的规定而产生，并自产生之日起归属该知名商品的合法经营人，并可随商品在不同的合法经营者之间继受。”被告三水华力饮料食品有限公司不服该判决，向广东省高级人民法院提起上诉，广东省高级人民法院于 2004 年 12 月 13 日作出（2003）粤高法民三终字第 212 号民事判决（以下简称第 212 号判决），认定：“涉案‘王老吉’罐装凉茶饮料在广东地区为广大消费者所知悉，在凉茶饮料市场中占有较大份额，享有比较高的知名度，在广东地区应属知名商品。‘王老吉’商标在 1998 年被评为广东省和广州市著名商标。2002 年被国家体育总局体育器材装备中心授予在其形象宣传、广告、品牌推广和其产品包装上使用‘中国体育代表团专用标志’‘第十四届亚运会中国体育代表团合作伙伴’‘第十四届亚运会中国体育代表团唯一专用茶饮料’。东莞鸿道公司从 1996 年开始在罐装凉茶饮料上使用该装潢，并投入了大量的广告进行产品宣传。上述事实进一步佐证说明本案‘王老吉’罐装凉茶属知名商品。”“本案中‘王老吉’罐装凉茶饮料上的装潢，在文字、色彩、图案及其排列组合上，设计独特，该装潢底色、图案与其名称融为一体，具有显著的区别性特征，并非为相关商品所通用，为该商品所特有，应为知名商品特有的装潢。”“知名商品特有的装潢权是随着该特有的装潢在商品上使用，当该商品成为知名商品时，而产生的一种排他使用的民事权利，该权利与知名商品密不可分，由知名商品的合法经营者享有，并随知名商品的经营者的变化而可由新的合法经营者继受。在 1996 年，东莞鸿道公司已开始在罐装‘王老吉’凉茶饮料上使用本案讼争的装潢标识，并投入大量的广告宣传，使该商品成为知名商品，该装潢在‘王老吉’罐装凉茶饮料上的使用时间明显早于上诉人使用的时间，加多宝公司是‘王老吉’罐装凉茶饮料的合法经营者，继受了该知名商品特有的装潢权，故其是本案知名商品特有装潢权的权利主体。”“通过以上分析，可以认定加多宝公司对其使用的‘王老吉’罐装凉茶饮料的装潢享有知名商品特有装潢权。”

---

① 编者注：本文反不正当竞争法为 1993 年版，已于 2017 年 11 月 4 日被修改。

2011年4月26日，广药集团向中国国际经济贸易仲裁委员会提出仲裁申请，要求裁决：1. 广药集团与鸿道集团于2002年11月27日签订的《“王老吉”商标许可补充协议》和于2003年6月10日签订的《关于“王老吉”商标使用许可合同的补充协议》无效；2. 鸿道集团停止使用“王老吉”商标；3. 鸿道集团承担本案仲裁费。2012年5月9日，中国国际经济贸易仲裁委员会作出（2012）中国贸仲京裁字第0240号《裁决书》，裁决：1.《“王老吉”商标许可补充协议》和《关于“王老吉”商标使用许可合同的补充协议》无效。2. 鸿道集团停止使用“王老吉”商标。3. 本案仲裁费为人民币928517元，由广药集团、鸿道集团各负担50%，即各负担人民币464258.5元。裁决的主要理由是：2005年7月1日，广东省广州市中级人民法院作出（2005）穗中法刑二初字第87号一审刑事判决，其中认定：2000年至2003年，被告人李益民在担任广药集团副董事长、总经理期间，利用职务之便，在广药集团与鸿道集团签订“王老吉”商标许可协议的过程中，先后三次收受鸿道集团董事长陈鸿道贿送的港币共计300万元，构成受贿罪。李益民不服，上诉到广东省高级人民法院，该院于2005年9月26日作出（2005）粤高法刑二终字第370号二审刑事判决，对李益民收受贿赂的事实予以确认，对判决结果予以维持。陈鸿道涉嫌刑事责任问题，目前仍处于取保候审状态。基于此，仲裁庭认为：广药集团原副董事长、总经理李益民与鸿道集团董事长陈鸿道之间三次受贿和贿送共计300万元港币的事实已经法院判决认定，受贿和贿送的时间与两份补充协议订立的时间契合，陈鸿道向李益民贿送300万港币的目的是两份补充协议的订立，李益民利用职位之便为陈鸿道担任董事长的鸿道集团谋取利益，李益民为鸿道集团谋取的利益是两份补充协议的订立，两份补充协议的订立既损害由李益民担任副董事长和总经理的广药集团的利益，也损害国家利益。因此，两份补充协议的订立属于《中华人民共和国合同法》第五十二条第二项所规定的“恶意串通，损害国家、集体或者第三人利益”的情形，两份补充协议应当被认定为无效。

广东省广州市中级人民法院于2013年1月31日作出的（2012）穗中法知民初字第263号之一民事裁定书及于2013年2月28日作出的（2012）穗中法知民初字第263号复议决定书，认为“言及‘全国销量领先的红罐凉茶’，普通消费者会自然联想到红色罐身的名为‘王老吉’的凉茶饮料”。

（八）有关产品目前使用的包装装潢情况

纠纷发生前加多宝公司生产的“王老吉”红罐包装装潢的凉茶产品，见附图3、4。

从2011年12月开始，加多宝公司开始生产、销售一面标注有“王老吉”、另一面标注有“加多宝”的红罐包装装潢的凉茶产品，见附图5。

从2012年5月10日开始，加多宝公司开始生产、销售两面均标注有“加多宝”红罐包装装潢的凉茶产品，见附图6、7。

2012年5月25日，广药集团与大健康公司签订《商标许可合同》，约定广药集团将第4771572“GPC+广药集团”、第3980709“王老吉+图”、第9095940“王老吉”、第958049“王老吉”、第626155“王老吉+图”商标独家许可给大健康公司使用。

广药集团于2012年6月3日在北京八达岭长城举行红色易拉罐装王老吉凉茶的新装上市活动，见附图8、9。该产品由大健康公司生产。

（九）加多宝公司要求大健康公司赔偿经济损失的依据

加多宝公司提供的广州药业股份有限公司《2012年年度报告》显示，其下属子公司大健康公司净利润为30962000元。从大健康公司向广药集团支付许可费1903.6万元可推算出大健康公司销售净额为17亿元，按照广药集团主张的7.3%的行业利润来计算，净利润应为1.24亿元。

加多宝公司向一审法院申请证据保全，请求对大健康公司凉茶产品自2012年6月以来的财务账册进行证据保全。一审法院于2013年3月27日对大健康公司进行了证据保全，依法复制了大健康公司《广州市会计报表及纳税申报表》（2012年4季度12月、2013年1季度1、2月）、《主要产品销售毛利明细表》（2012年12月、2013年1、2月）。

加多宝公司向一审法院申请，请求对大健康公司2012年6月1日至2013年3月31日的财务账册等会计资料进行审计，审计该公司在此期间生产、销售的“王老吉”红罐凉茶的数量、利润。2013年5月16日，在双方当事人派出代表到场监督下，一审法院通过公开摇珠的方式，确定由大信会计师事务所（特殊普通合伙人）广东分所进行审计，该分所于2013年8月19日作出粤大信专审字（2013）第11020号《专项审计报告》，结论为：大健康公司在2012年6月1日至2013年3月31日期间红罐凉茶产、销量及利润数据如下：1. 生产红罐凉茶1455826536罐；2. 销售红罐凉茶1293149988罐；3. 销售毛利：1217946221.09元；4. 利润总额：174199825.22元；5. 净利润：130589868.91元。大健康公司在此期间用于非销售及出口销售情况：1. 产品非销售出库情况。大健康公司在审计期间红罐凉茶非销售出库3742536罐，占产品出库总量的0.29%。其中：部门领用1344144罐用于产品宣传和员工福利；研发领用326640罐、报废2072424罐、盘亏调整-672罐，大健康公司解释，由于生产过程中产生的次品、散罐，因而作上述处理。

一审法院认为，本案的争议焦点是：1. 涉案知名商品及其特有包装装潢的内容是什么；2. 涉案知名商品特有包装装潢权益归属应如何认定；3. 大健康公司生产、销售“王老吉”红罐凉茶所使用的包装装潢是否构成不正当竞争。

（一）关于涉案知名商品及其特有包装装潢的内容是什么的问题

1. 关于本案知名商品所指向的对象

反不正当竞争法第五条第二项规定：擅自使用知名商品特有的名称、包装、装潢，或者使用与知名商品近似的名称、包装、装潢，造成和他人的知名商品相混淆，使购买者误认为是该知名商品的，构成不正当竞争。《最高人民法院关于审理不正当竞争民事案件应用法律若干问题的解释》（以下简称反不正当竞争法司法解释）第一条第一款规定：在中国境内具有一定的市场知名度，为相关公众所知悉的商品，应当认定为反不正当竞争法第五条第二项规定的“知名商品”。因此，知名商品是指不为相关商品所通用，具有显著区别性特征，并通过在商品上的使用，使消费者能够将该商品与其他经营者的同类商品相区别的商品名称。本案中，加多宝公司起诉称本案知名商品是指由加多宝公司生产的、“使用王泽邦后人的正宗独家配方”的红色罐装凉茶，而大健康公司则称本案知名商品为“王老吉凉茶”。

一审法院对此认为，加多宝公司在起诉状中明确陈述：“加多宝公司为鸿道集团在广东东莞独资设立的全资子公司，负责红罐王老吉凉茶的生产和销售。1997 年 6 月 14 日，陈鸿道取得红罐王老吉凉茶外观设计专利，并许可加多宝公司实施，用于生产王老吉凉茶。”“在加多宝公司开始生产红罐王老吉凉茶之初，市场上并无其他红罐王老吉凉茶产品，红罐王老吉凉茶的市场知名度和占有率非常低，2000 年红罐王老吉凉茶的销售总额只有 866 万元。而且王老吉凉茶作为一种地区产品，其市场前景非常不确定。从 2002 年到 2010 年，红罐王老吉凉茶的市场销售额得到大幅提升，而这一提升是加多宝公司和其他加多宝集团公司大规模投资建厂和对红罐王老吉凉茶产品的大规模广告宣传和市场推广形成的，红罐王老吉凉茶销量连续多年居全国罐装饮料第一，并获得各种荣誉，从而成为全国知名品牌。在加多宝公司长期的经营活动中，‘红罐’‘红罐凉茶’‘红罐王老吉’获得了特定的指向性和确切的识别功能。”因此，从加多宝公司的上述陈述中，可以明确确定其在本案中所称的知名商品，就是指其与广药集团发生纠纷之前的“王老吉凉茶”。而大健康公司在其答辩状中亦陈述：“本案的知名商品是指带有‘王老吉’商标的王老吉凉茶。‘王老吉’凉茶历史悠久，在广东省及东南亚几乎家喻户晓，产品行销全国，有良好的口碑，受到消费者的青睐。‘王老吉’商标在 1992 年及 1998 年被评为广东省著名商标，1993 年和 1998 年被评为广州市著名商标。正由于‘王老吉’凉茶是在市场上有一定知名度，并为相关公众所知悉的商品，才被确认为知名商品。‘王老吉’凉茶成为知名商品历史悠久，并非是在1996年之后因为红罐王老吉才成为知名商品。”从大健康公司的上述陈述中，亦可以明确确定其所称的知名商品，就是指广药集团与加多宝公司发生纠纷之前的“王老吉凉茶”。因此，综合双方当事人的主张，本案知名商品指的是“王老吉凉茶”，其中“凉茶”属于此类商品的通用名称，“王老吉”属于特有名称。

而且在涉案的王老吉红罐凉茶的包装装潢中，既标注有第626155号注册商标，更用黄色字体竖排突出标注“王老吉”三个汉字，再结合该包装装潢中标注的“凉茶始祖王老吉 创业于清朝道光年 已有百余年历史”“王老吉凉茶 依据祖传秘方……”等内容，足以认定该竖排标注的“王老吉”三个黄色汉字并不仅仅指第626155号注册商标，而且同时也是作为该商品名称使用，即该商品名称为“王老吉凉茶”。这从加多宝公司在中央电视台投放“怕上火、喝王老吉”的广告语中也可以得到充分的印证，该广告语中的“王老吉”既包含了该商品所用的商标为“王老吉”，也包含了该商品的名称为“王老吉凉茶”。

综上所述，从一般消费者的知识水平和认知能力出发，将本案知名商品界定为“王老吉凉茶”，已足以使消费者能够将该商品与其他经营者的同类商品相区别。加多宝公司认为本案知名商品是指“由加多宝公司生产的、使用王泽邦后人的正宗独家配方的红色罐装凉茶”，该主张显然与消费者的辨识习惯、称呼习惯、记忆习惯不相符，不能成立，一审法院不予支持。

2. 关于“王老吉凉茶”是不是知名商品的问题

根据反不正当竞争法司法解释第一条第一款的规定，人民法院认定知名商品，应当考虑该商品的销售时间、销售区域、销售额和销售对象，进行任何宣传的持续时间、程度和地域范围，作为知名商品受保护的情况等因素，进行综合判断。

本案证据证明，“王老吉”品牌始创于公元1828年清道光八年，创始人是王泽邦，在广州靖远路开设第一家凉茶铺，成为公认的凉茶始祖。1956年公私合营，王老吉成为国有企业。1991年5月，广州羊城药厂开始研制王老吉清凉茶饮料，并于1991年10月15日向广东省食品卫生监督检验所提交了《广东省食品新产品申请审批表》，产品名称为“王老吉”牌清凉茶，于1992年3月24日获得批准。至此，在广州羊城药厂的创新推动下，将王老吉凉茶从传统的药品开发出新的食品饮料产品。1992年1月11日，《粤港信息日报》第三版登载了广州羊城药厂、羊城滋补品厂就近年来市场上不断出现侵犯其商标、专利权事件发表的《严正声明》，证明当时王老吉品牌已经具有一定的知名度。1992 年 11 月，广州羊城药厂“王老吉”商标被广东省著名商标评选委员会认定为广东省著名商标，1993 年 3 月 1 日，广州市人民政府授予羊城药业“王老吉牌”商标为“广州市著名商标”称号。至此，在 1995 年 3 月“王老吉”商标被许可鸿道集团使用前，“王老吉”品牌凉茶在广东地区已为相关公众所知悉，已经具有较高的知名度。

1995 年 3 月 28 日，羊城药业与鸿道集团签订《商标使用许可合同》，约定羊城药业许可鸿道集团独家使用第 626155 号“王老吉”注册商标，并约定鸿道集团使用红色包装。此后，双方还先后签订了多份《商标使用许可合同》及补充协议，均约定鸿道集团独家使用“王老吉”商标生产销售红罐王老吉凉茶。为此，鸿道集团在广东省东莞市投资设立东莞鸿道公司，开始生产、销售王老吉红罐凉茶。1998 年东莞鸿道公司注销后，由加多宝公司承继生产经营。随着加多宝公司及其各关联公司通过大规模生产、持续性的市场推广、广泛媒体宣传和积极参与公益活动，王老吉凉茶生产、销售数量不断攀升，并连续多年稳居全国罐装饮料销量首位，多次获得各种荣誉，如 2007 年度至 2011 年度连续多年名列中国行业企业信息发布中心颁给的全国罐装饮料市场销售额第一名，2008 年 4 月获得“中华民族凉茶行业第一品牌”称号等等。至此，王老吉凉茶成为名副其实的知名商品，实现了由地区知名到全国知名的知名度的飞跃。因此，一审法院在第 212 号判决中认定：“涉案‘王老吉’罐装凉茶饮料在广东地区为广大消费者所知悉，在凉茶饮料市场中占有较大份额，享有比较高的知名度，在广东地区应属知名商品。‘王老吉’商标在 1998 年被评为广东省和广州市著名商标。2002 年被国家体育总局体育器材装备中心授予在其形象宣传、广告、品牌推广和其产品包装上使用‘中国体育代表团专用标志’‘第十四届亚运会中国体育代表团合作伙伴’‘第十四届亚运会中国体育代表团唯一专用茶饮料’。东莞鸿道公司从 1996 年开始在罐装凉茶饮料上使用该装潢，并投入了大量的广告进行产品宣传。上述事实进一步佐证说明本案‘王老吉’罐装凉茶属知名商品。”

因此，综合考虑涉案“王老吉凉茶”商品的销售时间、销售区域、销售额和销售对象，宣传的持续时间、程度和地域范围，以及作为知名商品受保护的情况等因素，应当认定“王老吉凉茶”是知名商品。

3. 本案知名商品特有包装装潢所指向的对象

涉案知名商品王老吉凉茶的包装装潢采用红色为底色，主视图中心是突出、引人注目的三个竖排黄色装饰的楷书大字“王老吉”，“王老吉”右边为两列小号宋体黑色文字“凉茶始祖王老吉 创业于清朝道光年 已有百余年历史”，“王老吉”左边下部为褐色底、宋体白色文字“凉茶”，再左边为三列小号宋体黑色文字“王老吉凉茶 依据祖传秘方 采用上等草本配制 老少咸宜 诸君惠顾 请认商标”；罐体上部有条深褐色的装饰线，该装饰线上有黄色英文“herbal tea”和“王老吉”楷书小字相间围绕，罐体下部有一粗一细两条装饰线；后视图与主视图基本相同；左视图是中文和英文的配料表及防伪条形码；右视图上部是“王老吉”商标及“王老吉凉茶”字样，下部是“东莞鸿道食品有限公司”及其地址、电话、传真、保质期等商品生产者的信息。此后，王老吉罐装凉茶一直沿用该包装装潢，虽然期间有更改之处，但只是在罐体的文字上等处作少许更改。在一审法院第212号判决中已经认定：“本案中‘王老吉’罐装凉茶饮料上的装潢，在文字、色彩、图案及其排列组合上，设计独特，该装潢底色、图案与其名称融为一体，具有显著的区别性特征，并非为相关商品所通用，为该商品所特有，应为知名商品特有的装潢。”

综上，本案所涉知名商品特有包装装潢的内容是指标明在王老吉红罐凉茶产品的罐体上包括黄色字体“王老吉”等文字、红色底色等色彩、图案及其排列组合等组成部分在内的整体内容。

（二）关于涉案知名商品特有包装装潢的权益归属应如何认定的问题

知名商品的特有包装装潢之所以受反不正当竞争法保护，是因为其经使用而具有识别商品来源的功能。而商品来源的识别功能是由其知名度而产生。因此，商品具有知名度及其包装装潢的实际使用并形成特有性、显著性，是该包装装潢受到反不正当竞争法保护的法定要件。因此，本案要判断大健康公司是否侵犯了加多宝公司的权利，首先要确定的是涉案王老吉红罐凉茶特有包装装潢权益的归属。本案中，广药集团与加多宝公司在王老吉商标许可使用合同中并没有对涉案王老吉红罐凉茶的包装装潢权益归属作出明确的约定，双方当事人均主张其对涉案王老吉红罐凉茶的特有包装装潢享有权利。

一审法院对此认为，正如前面所分析，在1995年3月28日广药集团的前身羊城药业将“王老吉”商标许可给鸿道集团使用之前，“王老吉”品牌已经具有百年历史，已经成为中华老字号，并先后获得广州市、广东省著名商标称号，在相关公众中已经具有相当高的知名度。对此，王老吉品牌的权利人先后作出了巨大的历史贡献。虽然由于历史更迭，王老吉品牌的所有权人先后发生变更，现在已经变更为广药集团，但是，前人对王老吉品牌所创造的商誉应由后人继承及享有。正是基于“王老吉”品牌的知名度以及该品牌实在的及潜在的巨大市场价值，鸿道集团才先后与羊城药业及广药集团签订王老吉商标许可使用协议，并在此基础上推出王老吉红罐凉茶。而在该王老吉红罐凉茶的包装装潢中所突出使用的“王老吉”三个汉字，就承载着王老吉品牌巨大的商誉和价值。涉案王老吉红罐凉茶的商誉和价值与涉案商标许可使用协议签订前的王老吉品牌的商誉和价值一脉相承，因此，广药集团及其前身对本案所涉知名商品及其特有包装装潢的知名度作出了巨大贡献，使涉案王老吉红罐凉茶刚推出市场，即享有较高的关注度，拥有较好的消费者群体基础和市场前景，同时广药集团作为“王老吉”商标权所有人，其对“王老吉”知名度和美誉度的维护和提高，是涉案王老吉红罐凉茶知名度得以延续和发展所不可或缺的因素。加多宝公司认为，在本案所涉商标许可使用协议签订前，所有涉及王老吉的商誉均是在药品方面，与本案作为饮料食品的红罐凉茶没有关联，该主张既与广药集团的前身早已开发出“王老吉”清凉茶产品的事实不符，显然也是将王老吉品牌的历史断然割裂开来，是不能成立的。

加多宝公司认为，装潢是为识别与美化商品而在商品或者其包装上附加的文字、图案、色彩及其排列组合，因此，在设计产品装潢时，必然将商品使用的商标及上述需要标识的内容，通过文字、图案、色彩及排列组合，从整体上形成显著区别特征，以识别商品来源，但是包括商标在内的上述标识内容本身并不是装潢保护范围，包装装潢权与注册商标专用权可以分离，即该两项权利可以分别属于两个不同的主体。一审法院对此认为，包装装潢是由文字、图案、色彩等元素及其排列组合而成的，既可以将商标作为包装装潢的组成要素，也可以将商标排除在包装装潢的组成要素之外。如果将商标标识作为包装装潢的一个组成部分，即商标与包装装潢已经融为一体，此时不应将商标与包装装潢的其他组成部分割裂开来，应将包括该商标标识在内的包装装潢作为一个整体而受到法律的保护。从本案所涉包装装潢可以看出，其最吸引相关公众注意之处在于红色主调和竖排的、黄色字体“王老吉”三个字，“王老吉”三个字已经与王老吉红罐凉茶包装装潢的其他组成部分紧密地结合在一起，已经成为该包装装潢的一个重要组成部分，即商标与包装装潢已经融为一体，不可分离，而且正如前面所分析的，该竖排的、黄色字体的“王老吉”三个字不仅仅指“王老吉”商标，同时还承载着百年老字号“王老吉”品牌的历史底蕴，承载着“王老吉凉茶”这一商品商誉的作用。因此广药集团的“王老吉”商标和该装潢中的其他构成要素，一并构成本案包装装潢，本案包装装潢已经不能脱离王老吉商标而单独存在，各构成要素作为一个整体在市场上发挥了识别商品来源的作用。对于相关公众而言，他们也是将本案所涉包装装潢的各种构成要素作为一个整体进行观察，从而对商品来源予以识别。因此，正是因为本案包装装潢包含了广药集团的“王老吉”商标，故在实际使用过程中，相关公众并不会刻意区分法律意义上的商标权与特有包装装潢权，而是认为本案所涉知名商品与广药集团存在密切联系。因此，加多宝公司认为涉案王老吉红罐凉茶包装装潢记载的所有信息无一指向广药集团，消费者根本无从知晓红罐凉茶与广药集团有何关系，甚至无从知晓广药集团是王老吉商标的权利人，自然无法将涉案装潢与广药集团联系起来，并认为本案所涉知名商品特有包装装潢权与商标权应分属于加多宝公司和广药集团的主张缺乏事实和法律依据，不能成立，一审法院不予支持。

加多宝公司还认为，本案所涉知名商品特有包装装潢是由鸿道集团委托他人设计并首先投入使用，此后加多宝公司及其各关联公司对涉案知名商品的生产、销售、宣传、推广作出了巨大贡献，使之成为全国知名的商品，而广药集团对此没有作出任何贡献，因此该包装装潢权应归属加多宝公司。一审法院对此认为，鸿道集团与广药集团及其前身先后签订王老吉商标许可使用合同，约定由广药集团授权鸿道集团使用第626155号注册商标并约定由鸿道集团生产经营红色罐装王老吉凉茶，鸿道集团据此先后在东莞投资设立东莞鸿道公司、加多宝公司，从事生产经营王老吉红罐凉茶，因此加多宝公司之所以有权生产经营王老吉红罐凉茶，是基于广药集团的授权。加多宝公司及其各关联公司确实对王老吉红罐凉茶知名度的提升做出了贡献，但是，由此所产生的商誉仍然附属于知名商品王老吉凉茶，应由该知名商品的权利人广药集团享有，这也是鸿道集团在签订商标许可使用合同时就应该预见到的。因此，在广药集团收回王老吉商标时，附属于涉案知名商品的特有包装装潢亦应一并归还给王老吉的商标权人广药集团。至于加多宝公司及其各关联公司对王老吉红罐凉茶在商标许可使用合同期内所投入的资金、广告宣传费用等，也已经在王老吉商标许可使用期内获得了巨额经济回报，即使未能收回其全部投资，也是其在签订商标许可使用合同时所能预计到的，由此所造成的后果亦应由其自行承担。因此，涉案知名商品特有包装装潢权在王老吉商标许可使用期满后，由广药集团收归其所用，并不会损害加多宝公司的利益，也不会造成不公平。

需要指出的是，本案系擅自使用知名商品特有包装装潢纠纷，而不是侵害专利权纠纷或者专利权属纠纷，因此，即使本案所涉包装装潢是由鸿道集团委托他人设计并获得外观设计专利权，但是外观设计本身并不能产生知名商品特有包装装潢权，其只能受专利法保护，而知名商品特有包装装潢权系通过使用而形成，其受反不正当竞争法保护。因此，专利权与知名商品特有包装装潢权属于两种不同的权利，分别受不同法律调整。加多宝公司认为涉案包装装潢系鸿道集团委托他人设计并获得专利授权，涉案知名商品特有包装装潢权应归加多宝公司所有，理由不成立，一审法院对此不予支持。

加多宝公司认为第19号判决和第212号判决均认定知名商品特有包装装潢权益归属于知名商品合法经营者，并可随知名商品在不同的合法经营者之间继受，由此可判定，两审法院均认为包装装潢权益并非随商标而发生继受，而加多宝公司是“王老吉”罐装凉茶饮料的合法经营者，继受了东莞鸿道公司该知名商品特有的包装装潢权益，是本案知名商品特有包装装潢权益的主体。一审法院对此认为，在上述纠纷案件中，加多宝公司之所以能以其名义提起诉讼，一、二审法院之所以认定加多宝公司是涉案知名商品特有包装装潢权益的主体，是基于：（1）广药集团及其前身与鸿道集团签订了系列商标许可使用协议，许可鸿道集团使用王老吉商标，而加多宝公司是鸿道集团投资设立的公司，据此获得许可生产、销售王老吉红罐凉茶，成为该产品的生产者。其中2000年5月2日签订的《商标许可协议》约定：鸿道集团知道任何第三者有任何侵权行为时，可直接以鸿道集团的名义采取任何法律手段，制止任何侵权行为，由此引起的费用由鸿道集团负担，有关赔偿利益归鸿道集团享有。（2）广药集团于2003年3月3日出具的《授权委托书》，授权鸿道集团在浙江省、广东省内对侵犯“王老吉”注册商标（注册号626155）的一切侵权行为采取法律手段予以制止，并可以鸿道集团名义进行诉讼活动。（3）当时广药集团与加多宝公司之间的关系相对于三水华力饮料食品有限公司而言属于内部关系，而且广药集团与加多宝公司之间并没有对涉案知名商品特有包装装潢的权属发生争议，因此在上述案件中无需对涉案知名商品特有包装装潢权是属于广药集团所有还是属于加多宝公司所有或者由两者共同享有予以明确界定。（4）在第19号判决和第212号判决中，只是认定加多宝公司继受了涉案知名商品特有包装装潢权，解决了加多宝公司的诉权问题，但并没有对涉案包装装潢权作原权利归属的认定。综上，加多宝公司的主张不能成立，一审法院不予支持。

综上，本案所涉知名商品特有包装装潢权应由广药集团享有，加多宝公司无权享有该权利。

（三）关于大健康公司生产、销售“王老吉”红罐凉茶所使用的包装装潢是否构成不正当竞争的问题

反不正当竞争法第五条第二项规定将“造成和他人的知名商品相混淆，使购买者误认为是该知名商品”规定为此类不正当竞争行为的构成要件之一。反不正当竞争法司法解释第四条规定：足以使相关公众对商品的来源产生误认，包括误认为与知名商品的经营者具有许可使用、关联企业关系等特定联系的，应当认定为反不正当竞争法第五条第二项规定的“造成和他人的

知名商品相混淆，使购买者误认为是该知名商品”。

本案中，加多宝公司认为大健康公司从2012年6月开始生产、销售标有黄色字体“王老吉”字样的红罐凉茶侵犯了其涉案知名商品特有包装装潢权。一审法院对此认为，正如前面所述，涉案知名商品特有包装装潢权属于广药集团，不属于鸿道集团或者加多宝公司。在2012年5月9日中国国际经济贸易仲裁委员会仲裁裁决广药集团收回“王老吉”商标的许可使用后，广药集团将“王老吉”商标及相应的包装装潢许可给大健康公司使用，由大健康公司生产、销售王老吉红罐凉茶，因此，大健康公司生产、销售王老吉红罐凉茶是有合法授权的，具有正当性。而加多宝公司对涉案知名商品特有包装装潢并不享有权益，因此，加多宝公司指控大健康公司生产、销售王老吉红罐凉茶侵害了其涉案知名商品特有包装装潢权并构成不正当竞争的主张，缺乏充分的事实和法律依据，一审法院不予支持。

综上所述，经一审法院审判委员会讨论认为，加多宝公司认为大健康公司生产、销售的王老吉红罐凉茶侵害了加多宝公司知名商品特有包装装潢权，要求判令大健康公司立即停止侵权行为、消除不良影响、赔偿经济损失和承担诉讼费用等诉讼请求均缺乏事实和法律依据，不能成立，依法应予驳回。依照反不正当竞争法第一条、第二条第一款，《中华人民共和国民事诉讼法》第一百四十二条的规定，判决驳回加多宝公司的全部诉讼请求。一审案件受理费196600元，证据保全费30元，审计费400000元，均由加多宝公司负担。

本院审理查明，一审法院查明的事实基本属实，本院予以确认。

本院认为，综合加多宝公司的上诉请求和大健康公司的答辩意见，并结合相关证据和事实，本案主要有四个争议焦点问题。本院对此逐一评述如下：

一、涉案知名商品特有包装装潢的内容和指向

根据反不正当竞争法第五条第二项的规定，擅自使用知名商品特有的名称、包装、装潢，或者使用与知名商品近似的名称、包装、装潢，造成和他人的知名商品相混淆，使购买者误认为是该知名商品的，构成不正当竞争。知名商品的特有包装、装潢，从本质上而言，是对商业标识性权益的保护。因此，确定本案中是否存在与包装装潢有关的、应受法律保护的合法权益，是首先需要评述的问题。

（一）关于涉案包装装潢的内容及其是否具备特有性的问题

1. 关于涉案包装装潢的内容

一审法院认为，本案所涉知名商品特有包装装潢的内容是指，标明在王老吉红罐凉茶产品的罐体上包括黄色字体“王老吉”等文字、红色底色等色

彩、图案及其排列组合等组成部分在内的整体内容。加多宝公司认为，涉案包装装潢所具有的红色底色搭配黄色标识文字及黑色辅助文字的视觉效果，与其他同类商品包装的显著区别在于图案布局、标识底色、文字颜色、文字排列位置、色彩搭配等方面，而并不在于文字内容。对此本院认为，首先，根据一审法院查明的事实，加多宝公司与大健康公司在一审法院审理期间所提供的，用以证明涉案包装装潢具体形式的产品实物，均为两面标明“王老吉”字样的红罐包装装潢，具体表现方式与一审法院认定相符，即：底色为红色，中心部位有三个竖向排列的黄色楷书大字“王老吉”，右侧为两列小号宋体黑色文字“凉茶始祖王老吉 创业于清朝道光年 已有百余年历史”，左下方为褐色底、白色宋体文字“凉茶”，再左侧为三列小号宋体黑色文字“王老吉凉茶 依据祖传秘方 采用上等草本配制 老少咸宜 诸君惠顾 请认商标”。罐体上部为深褐色装饰线，装饰线上有黄色英文文字“herbal tea”和“王老吉”楷书小字相间排列，罐体下部有粗细搭配的两条装饰线。此外，罐体之上还包含有“王老吉”商标图样、“王老吉凉茶”文字、生产厂家的名称、地址、电话等信息。在红罐王老吉凉茶生产、销售过程中，除对罐体之上的部分文字内容稍作更改之外，一直沿用了该包装装潢形式，而其中亦始终包含黄色字体的“王老吉”文字。其次，加多宝公司在本案诉讼过程中曾多次使用“红罐王老吉”指称本案其请求保护的知名商品，并援引第212号判决的内容作为其主张权利的依据，该判决亦认定“王老吉罐装凉茶饮料上的装潢，在文字、色彩、图案及其排列组合上，设计独特，并非为相关商品所通用，为该商品所特有，应为知名商品特有的装潢”。由此可见，加多宝公司关于在确定涉案包装装潢内容之时，应忽略文字含义的主张，与其作为权利依据的事实并不相符。最后，商品的包装装潢通常是由文字、图案、色彩等多种构成要素组合而成的整体形象，文字部分一般指向的是使用该包装装潢的商品名称或商标。在对包装装潢进行实际使用的过程中，既可以将商标作为包装装潢的组成要素之一，亦可将其明确排除在外，这完全取决于包装装潢设计或使用者自身的意愿。涉案包装装潢在实际使用过程中，除根据商标许可协议的约定，在包装装潢之上使用了第626155号“王老吉”注册商标图样外，还将以黄色字体书写的“王老吉”三字放置在包装装潢中的显著位置，且加多宝公司在生产、销售红罐王老吉凉茶的过程中，亦从未对包装装潢的上述表现方式作出过实质性变化。因此，加多宝公司既有在实际使用过程中将“王老吉”文字作为包装装潢组成部分的主观意愿，亦通过长期、稳定的使用行为和使用方式，使“王老吉”文字在事实上也成为了涉案包装装潢的组成部分，并与包装装潢中的其他内容紧密地结合在了一起。在该包装装潢之中，“王老吉”文字及王老吉注册商标为加多宝公司经广药集团许可使用的内容，包括红色底色、图案及排列组合在内的其他部分，为加多宝公司自行创设完成的部分。据此，一审法院所做“在王老吉红罐凉茶产品的罐体上包括黄色王老吉文字、红色底色等色彩、图案及其排列组合等组成部分在内的整体内容”为涉案特有包装装潢内容的认定，并无不妥之处。

2. 关于涉案包装装潢是否具备特有性

反不正当竞争法司法解释第二条规定，具有区别商品来源显著特征的商品的名称、包装、装潢，应当认定为反不正当竞争法第五条第二项规定的“特有的名称、包装、装潢”。

涉案包装装潢以红色为主色调，并选择使用色彩鲜艳、与主色调具有强烈对比效果的黄色字体书写包装装潢中心部位的“王老吉”三个大字，并与装潢中包含的被许可使用的“王老吉”商标标识、褐色或黑色文字、图案、线条组合等在内的其他构成要素进行了有机结合。因此，虽然以红色为主色调的表现形式在罐装饮料商品包装装潢的设计中并不鲜见，但考虑到饮料商品的包装装潢形式具有较大的设计空间，而涉案包装装潢通过对色彩、文字、图案等设计要素的选择和组合，呈现出了具有一定独特性并与商品的功能效果无关的视觉效果与显著特征，并通过经营者长时间及较大范围的宣传和实际使用行为，使涉案包装装潢所发挥的商品来源的指示作用得以不断加强。事实上，双方当事人亦未对涉案包装装潢是否具有特有性的问题提出质疑。因此，涉案包装装潢符合反不正当竞争法关于“特有包装装潢”的保护条件，本院对一审法院的相关认定予以支持。

（二）关于涉案包装装潢依附的商品及其知名度

包装装潢具有显著识别特征，并使用于具有一定知名度的商品之上，是与包装装潢有关的商业标识性权益获得反不正当竞争法保护的条件。在适用反不正当竞争法第五条第二项的规定时，应对“特有包装装潢”与“知名商品”之间的关系作出正确理解，即二者具有互为表里、不可割裂的关系。只有使用了特有包装装潢的商品，才能够成为反不正当竞争法评述的对象。相反，抽象的商品名称，或无确定内涵的商品概念，脱离于包装装潢所依附的具体商品，缺乏可供评价的实际使用行为，不具有依据反不正当竞争法第五条第二项规定进行评价的意义。

1. 关于涉案包装装潢依附的商品

反不正当竞争法司法解释第一条规定，在中国境内具有一定的市场知名度，为相关公众所知悉的商品，应当认定为反不正当竞争法第五条第二项规定的“知名商品”。具体到本案知名商品的界定，大健康公司认为，“王老吉凉茶”为本案中的知名商品。加多宝公司认为，“由加多宝公司生产、使用王泽邦后人正宗独家配方的红色罐装凉茶”是本案中的知名商品。一审法院认为，知名商品是指不为相关商品所通用，具有显著区别性特征，并通过在商品上的使用，使消费者能够将该商品与其他经营者的同类商品相区别的商品名称。本案知名商品指的是“王老吉凉茶”，其中“凉茶”属于此类商品的通用名称，“王老吉”属于特有名称。对此，本院认为：

首先，基于特有包装装潢与知名商品之间所应具有的指向和依附关系，结合本院前述已经认定的涉案特有包装装潢的内容，即，使用在红罐王老吉凉茶产品罐体之上、包括黄色“王老吉”文字、红色底色等色彩、图案及其排列组合等组成部分在内的整体内容，根据一审法院查明的事实，结合当事人主张权利的依据，前述包装装潢形式使用于加多宝公司生产经营的红罐王老吉凉茶商品之上，故加多宝公司生产经营的红罐王老吉凉茶应为本案特有包装装潢所依附的商品。此外，对于加多宝公司自 2011 年 12 月开始使用的一边标注“王老吉”、一边标注“加多宝”和两边均标注“加多宝”的红罐凉茶，以及大健康公司自 2012 年 6 月起经广药集团授权使用的红罐王老吉凉茶是否为知名商品的问题，本院认为，加多宝公司与大健康公司分别自 2011 年 12 月及 2012 年 6 月之后开始生产的凉茶商品，均不是双方在一审期间作为确定包装装潢具体内容的事实依据，故对广药集团与加多宝公司的上述主张，本院均不予评述。

其次，关于“王老吉凉茶”是否为本案中的“知名商品”。根据一审法院查明的事实，“王老吉凉茶”作为一种商品名称，在双方纠纷发生之时，至少可以指代由广药集团生产的绿色纸盒及加多宝公司生产的红色罐装等不同包装装潢形式的凉茶商品。而本案界定“知名商品”的目的，是为了判断附着于其上的、特定的包装装潢形式，是否符合反不正当竞争法对商业标识性权益提供保护的条件。因此，该“知名商品”应当与涉案包装装潢形式具有明确的指向关系。一审法院脱离了商品与包装装潢所应具有的依附关系，将指代并不唯一的商品名称“王老吉凉茶”认定为本案的“知名商品”，缺乏事实与法律依据，本院对此予以纠正。此外，由于本案所涉为知名商品特有包装装潢纠纷，一审法院关于“王老吉”是否属于特有名称的认定，与本案无关，本院对此一并予以纠正。

最后，关于配方或口味是否对知名商品的认定产生影响。加多宝公司认为，本案中的知名商品还应当包括“使用王泽邦后人的正宗独家秘方”的内容。本院认为，双方自 1995 年开始建立商标许可使用关系后，各自开展王老吉凉茶的生产经营活动。但是，并无证据显示，加多宝公司在生产、销售红罐王老吉凉茶的过程中，曾通过着力强调配方、口味的差异，而使得消费者能够据此对双方生产的王老吉凉茶形成区分。据此，加多宝公司要求以配方的内容或来源，进一步对本案“知名商品”的内涵作出限定的主张，本院不予支持。

2. 关于加多宝公司生产经营的红罐王老吉凉茶是否具备知名度

反不正当竞争法司法解释第一条规定，人民法院认定知名商品，应当考虑该商品的销售时间、销售区域、销售额和销售对象，进行任何宣传的持续时间、程度和地域范围，作为知名商品受保护的情况等因素，进行综合判断。据此，对于红罐王老吉凉茶是否为本案中的知名商品的问题，应当综合考虑如下因素：（1）“王老吉”品牌的历史渊源。“王老吉”品牌由王泽邦创始于清朝道光年间，被称之为凉茶始祖。1956 年公私合营后，历经广州羊城药厂、羊城药业等企业的经营，自 1992 年起即多次被认定为广东省和广州市的著名商标。因此，一审法院所作双方建立商标许可使用关系前，“王老吉”品牌在广东地区已为相关公众所知悉、具有了一定的市场知名度的认定，已为大健康公司提供的证据 8、证据 10、证据 12 ~ 13、证据 22 ~ 25、证据 27 ~ 33 等相关内容所佐证，具有事实依据。此外，一审法院对大健康公司提交的证据 1、证据 5 ~ 6、证据 21、证据 34 等显示的内容给予的客观描述并无不当，就加多宝公司对上述证据所提异议，本院不予支持。（2）红罐王老吉凉茶的市场销售及广告宣传情况。在羊城药业与鸿道集团签订《商标许可使用合同》后，加多宝公司及其关联企业对红罐王老吉凉茶进行了规模化的生产、销售，并开展了持续性的市场宣传和推广活动，红罐王老吉凉茶的生产、销售数量连年攀升，并连续多年在全国罐装饮料商品的销售中名列前茅，亦获得了包括“中华民族凉茶行业第一品牌”在内的多项荣誉称号，加多宝公司的上述生产经营活动使红罐王老吉凉茶在此期间的知名度获得了极大的提升。一审判决在“本案包装装潢情况”以及“1995 年以来王老吉凉茶的产销量、广告宣传、获得的荣誉”等部分，对加多宝公司提供的证据 1、证据 7 的相关内容，以及加多宝公司在此期间的生产经营情况均给予了客观表述，在缺乏关联性或真实性无法确定的基础上，对加多宝公司提供的证据 12、32、38、45、48 未予采信的作法并无不当，加多宝公司对此所提异议不能成立，本院不予支持。（3）红罐王老吉凉茶作为知名商品受到人民法院生效裁判保护的记录。第 212 号判决曾认定：涉案王老吉罐装凉茶饮料在广东地区为广大消费者所知悉，在凉茶饮料市场中占有较大份额，享有比较高的知名度，在广东地区应属知名商品。以上事实证明，红罐王老吉凉茶符合知名商品的认定条件。据此，综合考虑“王老吉”品牌的历史渊源、加多宝公司生产经营的红罐王老吉凉茶商品的销售、宣传、受到保护的记录，以及相关公众在此基础上对商品形成的知晓程度，应当认定其为本案中的知名商品。

二、涉案知名商品特有包装装潢权益归属的确定

本案中，加多宝公司认为，其为涉案包装装潢的权益主体。大健康公司认为，广药集团为涉案包装装潢的权益享有者，大健康公司系基于广药集团的合法授权，生产、销售标有黄色字体“王老吉”字样的红罐凉茶。故确定涉案包装装潢的权益归属，是判断大健康公司的行为是否构成侵权的前提。一审法院认为，涉案知名商品特有包装装潢权益应由广药集团享有，加多宝公司在上诉过程中对此明确提出异议。以案件事实为基础，结合双方当事人对权益归属问题所提主张，本院就涉案红罐王老吉凉茶包装装潢权益归属问题评述如下：

（一）商标许可使用合同是否曾对涉案包装装潢的权益归属作出约定。大健康公司认为，根据商标许可使用合同的约定，红色装潢由广药集团首先提出并许可给鸿道集团使用，故“王老吉”产品的包装装潢设计是基于商标权人的授权。本院认为，涉案知名商品特有包装装潢，是一个包含了文字、图案、色彩搭配等多种构成要素的综合表现形式。在“王老吉”系列商标许可使用合同中，虽然曾对鸿道集团有权在红色罐装凉茶饮料上独家使用“王老吉”商标，以及生产、销售红色罐装王老吉凉茶作出约定，但合同中并未明确包装装潢的具体表现形式。许可合同中使用的“红色罐装”的表述方式，并不足以表明由多种要素组合而成的涉案包装装潢已经存在，亦无证据显示，许可合同中虽未明确约定，但广药集团的关联企业已经设计完成或实际使用了涉案包装装潢，并具备了授权鸿道集团使用的事实基础。据此，一审法院所作广药集团与加多宝公司在王老吉商标许可使用合同中并没有对涉案红罐王老吉凉茶的包装装潢权益归属作出明确约定的认定，具备事实依据，本院对此予以维持。

（二）厂商信息能否成为确定权益归属的直接依据。加多宝公司认为，涉案包装装潢之上标注的厂商名称等信息，足以成为确定包装装潢权益归属的事实依据。加多宝公司进一步认为，涉案包装装潢之上标注的出品人、生产厂商等信息均与加多宝公司直接相关，却没有任何信息体现广药集团是商品的来源，而与生产厂商有关的信息，已经能够使消费者将该包装装潢与加多宝公司之间建立起稳固而唯一的联系，包装装潢的相关权益应由加多宝公司享有。本院对此认为，首先，商品的生产者在包装装潢之上标注厂商名称等信息，是根据《中华人民共和国产品质量法》等法律规定，履行其作为生产者的产品质量责任和义务的行为。厂商名称等信息对于商品的来源固然具

有指示作用，但厂商名称能否作为获得与商品有关的知识产权权益的直接依据，仍需作出具体分析。其次，具体到本案而言，涉案包装装潢作为一个包含多种构成要素的整体形象，既包括“王老吉”文字及商标标识，也包括线条、色彩的搭配与选择，以及包含厂商名称等在内的其他文字内容。上述构成要素相互结合，使涉案包装装潢在整体上发挥了指示商品来源的作用。因此，加多宝公司虽然通过在红罐王老吉凉茶之上标注厂商信息，以及向消费者昭示其为红罐王老吉凉茶的实际经营者等宣传使用行为，使相关公众将涉案包装装潢与加多宝公司建立了一定的联系，但不可否认的是，在“王老吉”品牌已经具有一定的市场知名度，且许可制度所带来的品牌控制人与实际经营者分离愈加普遍的情况下，消费者很难完全忽略涉案包装装潢中使用的“王老吉”文字及商标，以及该文字与商标权人之间的联系，而仅凭厂商名称的标注，即将涉案包装装潢与加多宝公司形成确定的联系。因此，加多宝公司所称本案包装装潢的权益归属可以直接依据厂商名称等信息而确定，缺乏充分的事实与法律依据，本院不予支持。

（三）已有判决内容对权益归属认定的影响。加多宝公司认为，第212号判决曾明确认定，加多宝公司是“王老吉”罐装凉茶饮料的合法经营者，继受了东莞鸿道公司知名商品特有包装装潢的权益，是本案知名商品特有包装装潢权益的主体。本院认为，前述判决所涉纠纷的发生时间，是在双方签订的系列商标许可使用合同的存续期间。加多宝公司得以在该案中以自身的名义，就红罐王老吉凉茶所涉知识产权纠纷提起诉讼，是根据广药集团曾经对鸿道集团作出的明确授权。广药集团基于之前双方对诉权处分问题进行的约定，未参与上述诉讼并与加多宝公司共同主张权利的事实，并不当然意味着其放弃了与红罐王老吉凉茶有关的知识产权权益。此外，就前述判决本身的阐述来看，并未对广药集团与加多宝公司之间就涉案包装装潢的权益享有关系作出认定，亦不足以直接得出加多宝公司为涉案包装装潢权益唯一享有者的结论。因此，在广药集团同时对涉案包装装潢权益主张权利的情况下，加多宝公司所称涉案包装装潢的权益归属问题，可根据前述判决内容直接确定的主张，本院不予支持。

（四）涉案知名商品特有包装装潢权益归属的确定。本案所涉知名商品特有包装装潢纠纷的产生，源于双方在签订和履行商标许可使用合同的过程中，并未对可能产生于许可使用期间的衍生利益如何进行分割作出明确的约定。通常情况下，在商标许可使用关系终止后，被许可人应停止使用行为，被许可使用商标之上所积累的商誉，应同时归还于许可人。但本案纠纷发生的特殊之处在于，许可使用期间形成的特有包装装潢，既与被许可商标的使用存在密切联系，又因其具备反不正当竞争法下独立权益的属性，而产生了外溢于商标权之外的商誉特征。广药集团与加多宝公司均主张对红罐王老吉凉茶的特有包装装潢享有权益，具体而言，作为“王老吉”注册商标的权利人，广药集团认为，因“王老吉”商标是包装装潢不可分割的组成部分，并发挥了指示商品来源的显著识别作用，消费者当然会认为红罐王老吉凉茶来源于“王老吉”商标的权利人，而配方、口味并不会影响消费者对商品的识别和判断。作为红罐王老吉凉茶曾经的实际经营者，加多宝公司认为，包装装潢权益与“王老吉”商标权的归属问题各自独立，互不影响。消费者喜爱的是由加多宝公司生产并选用特定配方的红罐王老吉凉茶，本案包装装潢由加多宝公司使用并与前述商品紧密结合，包装装潢的相关权益应归属于加多宝公司。本院认为，双方各自提出的权利主张，既涉及与商业标识性权益保护有关的一般性法律适用问题，也体现了本案所特有的包装装潢权益在形成过程中所包含的复杂历史和现实因素。因此，在确定其权益归属时，需要对如下因素作出综合考量：

1. “王老吉”品牌在涉案包装装潢权益形成过程中发挥的作用

从“王老吉”品牌的传承和发展来看，双方于1995年签订第一份许可使用合同之前，“王老吉”品牌即已是具有百年历史的“中华老字号”，作为“王老吉”注册商标曾经和现在的权利人，广药集团及其关联企业通过开发“王老吉牌清凉茶”饮品等生产经营活动，维系了“王老吉”品牌的历史传承和市场价值。对于加多宝公司所称广药集团及其关联企业曾经的生产经营活动与本案无关，进而否定“王老吉”品牌原有市场基础的主张，与客观事实不符。由此可见，在双方签订商标许可使用协议之前，“王老吉”品牌已经形成、积淀了一定的品牌知名度和市场价值。也正是基于“王老吉”品牌在中国大陆地区已经具有的历史渊源和品牌效应，使得加多宝公司在获得“王老吉”商标的使用权后，即选择以醒目、突出的字体在涉案包装装潢之中进行使用，并使得红罐王老吉凉茶一推出市场，即拥有了较好的消费者认知基础和市场前景。因此，作为“王老吉”商标权利人的广药集团，对于品牌知名度和美誉度的维护，是红罐王老吉凉茶的知名度得以产生、延续和发展的重要基础。

从“王老吉”品牌在涉案包装装潢中发挥的作用来看，涉案包装装潢包含了文字、图案、色彩及其排列组合等多种构成要素，属于文字图案类的装潢形式。其中，包装装潢选用的红色主色调，以及位于罐体中心部位，并与底色形成强烈视觉对比效果的“王老吉”三个大字，应当是包装装潢中最为引人注目的设计要素。对于涉案红罐王老吉凉茶的包装装潢而言，从最初投入市场流通环节至本案纠纷发生之时，黄色字体的“王老吉”文字在包装装潢中的使用方式一致、稳定、持续，这种使用方式除使消费者不断强化了“王老吉”文字已经与包装装潢融为一体的认知之外，还在事实上发挥了向消费者昭示商品来源的作用，即相关公众在购买红罐王老吉凉茶时，既会联想到作为实际经营者的加多宝公司，也会联想到“王老吉”商标的权利人广药集团。加多宝公司虽然认为，涉案包装装潢的显著识别特征表现在红色底色、黄色标识文字和黑色辅助文字结合而成的视觉效果，而不在于文字内容本身。但加多宝公司并未举证证明，其在对涉案包装装潢进行宣传、使用的过程中，虽然突出标注了“王老吉”文字，但曾采取措施，刻意阻断了包装装潢本身与“王老吉”文字之间的联系，以及“王老吉”文字所可能发挥的来源指向作用。因此，通过加多宝公司的实际使用行为，“王老吉”文字事实上已经成为红罐王老吉凉茶包装装潢的重要组成部分，否定其对涉案包装装潢同样发挥了来源识别的功能，缺乏事实与法律依据。

2. 加多宝公司对红罐王老吉凉茶的经营行为在涉案包装装潢权益形成过程中发挥的作用

从加多宝公司对红罐王老吉凉茶的生产经营活动来看，在鸿道集团与羊城药业于 1995 年签订第一份商标许可使用合同后，鸿道集团即通过委托他人设计红罐王老吉凉茶的包装装潢和申请外观设计专利，并由加多宝公司的前身东莞鸿道公司生产、销售红罐王老吉凉茶的方式，逐步将使用了涉案包装装潢的红罐王老吉凉茶推向市场。在东莞鸿道公司注销后，加多宝公司承接其生产经营业务，并继续生产、销售带有涉案包装装潢的红罐王老吉凉茶。在此期间，加多宝公司不断扩大生产经营规模，不断加强红罐王老吉凉茶的宣传推广力度。如鸿道集团于 2003 年首次竞标获得中央电视台 3 个黄金时段的广告播放权后，投入巨资、持续多年在中央电视台等媒体上，对红罐王老吉凉茶进行了大量的广告宣传活动。2006 年开始，加多宝公司及红罐王老吉凉茶还先后获得多项荣誉。由此可见，作为红罐王老吉凉茶的实际经营主体，加多宝公司通过多年持续、大规模的宣传和使用行为，不仅清晰地向消费者传递了红罐王老吉凉茶由加多宝公司实际经营这一信息，也显著地提升了加多宝公司及红罐王老吉凉茶的市场知名度，加多宝公司对涉案包装装潢权益的形成作出了重要贡献。

从加多宝公司的经营行为对涉案包装装潢权益形成发挥的作用来看，反不正当竞争法第五条第二项规定是为知名商品特有包装装潢提供法律保护的依据，包装装潢具有识别商品来源的显著特征，及该包装装潢依附于具有一定知名度的商品之上，是涉案包装装潢获得反不正当竞争法保护的法定要件。

显然，特有包装装潢权益的产生，与相关市场经营主体的实际使用行为具有密不可分的关系。本案中，自红罐王老吉凉茶推出市场至本案纠纷发生之前，加多宝公司是红罐王老吉凉茶的实际经营主体，其持续和稳定的使用行为，在显著提升了红罐王老吉凉茶知名度的同时，也使得包含有红色底色、黄色“王老吉”文字等显著识别部分的包装装潢，具备了受到反不正当竞争法保护的条件。同时，消费者在此过程中，亦逐步对加多宝公司是红罐王老吉凉茶在此期间的实际经营者这一事实产生了清晰的认知。因此，否定加多宝公司的经营行为在涉案包装装潢权益形成过程中所发挥的重要作用，亦与事实和法律相悖。

3. 消费者的认知与公平原则的衡量

本案为反不正当竞争法框架下的擅自使用知名商品特有包装装潢纠纷，虽然纠纷本身肇始于双方之间曾经存在的商标许可使用关系，但在解决包装装潢的权益归属这一本案中的核心法律问题时，仍需回归到反不正当竞争法关于特有包装装潢保护制度的法律规定本身。所谓知名商品的特有包装装潢，是指知名商品之上具有区别商品来源的显著特征的包装装潢形式。在确定特有包装装潢的权益归属时，既要在遵循诚实信用原则的前提下鼓励诚实劳动，也应当尊重消费者基于包装装潢本身具有的显著特征，而客观形成的对商品来源指向关系的认知。

注册商标制度与知名商品特有包装装潢权益保护制度虽然均属于对商业标识性权益提供保护的法律制度，但二者的权利来源和保护条件有所不同。注册商标与包装装潢可以各自发挥其独立的识别作用，并分属于不同的权利主体。红罐王老吉凉茶推出市场后，经过加多宝公司及其关联企业有效的营销活动，红罐王老吉凉茶使用的包装装潢因其知名度和独特性，已经形成了独立的商业标识性权益。但本案的特殊之处在于，作为涉案包装装潢实际经营者的加多宝公司，在设计、使用及宣传推广的过程中，始终将作为广药集团注册商标的“王老吉”文字在包装装潢中进行了突出使用，且从未着意阻断和清晰区分包装装潢与其中包含的注册商标之间的关系，客观上使包装装潢同时指向了加多宝公司与广药集团。消费者亦不会刻意区分法律意义上的商标权与知名商品特有包装装潢权益，而会自然地将红罐王老吉凉茶与广药集团、加多宝公司同时建立联系。实际上，涉案包装装潢中确实也同时蕴含了广药集团“王老吉”品牌的影响力，以及加多宝公司通过十余年的生产经营和宣传推广而形成、发展而来的商品知名度和包装装潢的显著识别效果。

综合考虑上述因素，结合红罐王老吉凉茶的历史发展过程、双方的合作背景、消费者的认知及公平原则的考量，因广药集团及其前身、加多宝公司及其关联企业，均对涉案包装装潢权益的形成、发展和商誉建树，各自发挥了积极的作用，将涉案包装装潢权益完全判归一方所有，均会导致显失公平的结果，并可能损及社会公众利益。因此，涉案知名商品特有包装装潢权益，在遵循诚实信用原则和尊重消费者认知并不损害他人合法权益的前提下，可由广药集团与加多宝公司共同享有。一审法院所作涉案知名商品特有包装装潢应由广药集团享有、加多宝公司无权享有的认定，缺乏事实与法律依据，亦有违社会效果，本院予以纠正。

三、大健康公司的被诉侵权行为是否构成不正当竞争

反不正当竞争法第五条第二项规定，擅自使用知名商品特有的名称、包装、装潢，或者使用与知名商品相近似的名称、包装、装潢，造成和他人的知名商品相混淆，使购买者误认为是该知名商品的，构成不正当竞争行为。

加多宝公司认为，大健康公司从2012年6月开始生产、销售标有黄色字体“王老吉”字样的红罐凉茶侵害其涉案知名商品特有包装装潢权。本院认为，首先，前述已经确认，广药集团及其“王老吉”品牌的美誉度和知名度，是红罐王老吉凉茶的知名度得以产生、延续和发展的重要基础。更为重要的是，加多宝公司曾经实际经营的红罐王老吉凉茶，自推出市场后，即始终将“王老吉”文字作为包装装潢的重要组成部分，消费者会自然地将涉案包装装潢与加多宝公司和广药集团同时建立联系。因此，在不损害他人合法利益的前提下，加多宝公司与广药集团可以共同享有涉案包装装潢权益。其次，在中国国际经济贸易仲裁委员会裁决确定广药集团收回“王老吉”商标使用权后，加多宝公司无权继续使用“王老吉”商标，即由加多宝公司生产的红罐王老吉凉茶实际上已经退出市场，广药集团在有权共同享有涉案包装装潢权益的前提下，授权大健康公司使用“王老吉”商标生产、销售红罐凉茶，不构成擅自使用他人知名商品特有包装装潢的行为。当然，本院亦注意到，大健康公司生产的红罐凉茶投放市场之初，可能会因包装装潢形式上的近似，使消费者对其与加多宝公司曾实际经营的红罐王老吉凉茶之间的关系，产生一定程度的联想，但考虑到如下因素，即：本案纠纷的发生与双方之间长达十余年的商标许可使用关系交织，具有复杂的历史背景；基于“王老吉”品牌的贡献，广药集团有权共同享有涉案包装装潢的相关权益；在双方终止商标许可使用关系后，加多宝公司曾经实际经营的红罐王老吉凉茶已经退出市场，双方于其后进行的大规模营销活动，实际上已经使消费者能够清晰区分加多宝公司的“加多宝”凉茶与大健康公司的“王老吉”凉茶，并基于对品牌的偏好而各取所需，亦不会带来不正当地挤占对方市场份额的结果。因此，大健康公司于商标许可使用关系终止后，经授权生产、销售使用“王

老吉”商标的红罐凉茶，与加多宝公司曾经生产、销售的红罐王老吉凉茶，所可能出现的一定程度的来源混淆，是在特定历史背景下出现的市场现象，并会随着双方在经营活动中对各自品牌的强化、产品的更新换代而逐渐消退。综上，加多宝公司所称大健康公司侵害其知名商品特有包装装潢权益的主张，缺乏充分的事实与法律依据，本院不予支持。

四、一审法院是否存在违反法定程序的行为

加多宝公司认为，一审法院接受大健康公司在庭审时补充提交证据的做法违反法定程序。经查，大健康公司于一审法院庭审当日补充提交了部分证据。对此本院认为，在一审法院审理期间，双方当事人均曾补充提交证据，一审法院综合考虑本案案情的复杂程度，以及因此而导致的当事人收集和提交证据的难度，在接受大健康公司于庭审当日补充提交证据的同时，亦给予加多宝公司发表质证意见的机会和时间，平等保护了双方当事人的诉讼权利，其相关做法并无不当之处，亦未违反法律规定，加多宝公司就此所提异议不能成立，本院不予支持。

纵观本案，本院认为，知识产权制度在于保障和激励创新。劳动者以诚实劳动、诚信经营的方式创造和积累社会财富的行为，应当为法律所保护。知识产权司法保护应当以维护有序规范、公平竞争、充满活力的市场环境为己任，并为社会公众提供明确的法律预期。知识产权纠纷常产生于复杂的历史与现实背景之下，权益的分割和利益的平衡往往交织在一起。对这类纠纷的处理，需要我们充分考量和尊重纠纷形成的历史成因、使用现状、消费者的认知等多种因素，以维护诚实信用并尊重客观现实为基本原则，严格遵循法律的指引，公平合理地解决纠纷。本院正是基于上述立场和基本原则，确认双方在不损害他人合法利益的前提下，可以共同享有涉案知名商品特有包装装潢权益。广药集团与加多宝公司，均曾为“王老吉”品牌商誉的积累，作出了积极的贡献。在有效提升企业知名度的同时，也获得了巨大的市场利益。但在“王老吉”商标许可使用关系终止后，双方所涉知识产权纠纷不断、涉诉金额巨大，引发了社会公众的一些关切与担忧，还有可能损及企业的社会评价。对此，双方应本着相互谅解、合理避让的精神，善意履行判决，秉持企业应有的社会责任，珍视经营成果，尊重消费者信赖，以诚实、守信、规范的市场行为，为民族品牌做大做强，为消费者提供更加优质的产品而努力。

综上所述，一审判决适用法律虽有不当之处，但裁判结果正确，故对加多宝公司的上诉请求不予支持。经本院审判委员会讨论决定，依照《中华人民共和国反不正当竞争法》第一条、第二条第一款、第五条第二项，《最高人民法院关于审理不正当竞争民事案件应用法律若干问题的解释》第一条、

第二条,《中华人民共和国民事诉讼法》第一百七十条第一款第一项、《最高人民法院关于适用〈中华人民共和国民事诉讼法〉的解释》第三百三十四条之规定,判决如下:

驳回上诉,维持原判。

一审案件受理费人民币 196600 元,证据保全费人民币 30 元,审计费人民币 400000 元,二审案件受理费人民币 196600 元,均由广东加多宝饮料食品有限公司负担。

本判决为终审判决。

审　判　长　宋晓明
审　判　员　夏君丽
审　判　员　周　翔
审　判　员　钱小红
代理审判员　佟　姝
二〇一七年七月二十七日
书　记　员　张　博
书　记　员　曹佳音

附图 1:第 95318534.6 外观设计专利

附图 2:第 96305519.4 号外观设计专利

主视图

附图3、4：纠纷发生前加多宝公司生产的“王老吉”凉茶产品

附图5：加多宝公司生产的一面标注有“王老吉”、另一面标注有“加多宝”的凉茶产品

附图6、7：加多宝公司生产的“加多宝”红罐凉茶产品

附图8、9：大健康公司生产的“王老吉”凉茶产品

30. 确定知名商品特有包装装潢权益归属的考量因素

——上诉人广东加多宝饮料食品有限公司与被上诉人广州医药集团有限公司擅自使用知名商品特有包装装潢纠纷案①

中华人民共和国最高人民法院民事判决书（2015）民三终字第3号

上诉人（一审被告）：广东加多宝饮料食品有限公司。住所地：广东省东莞市长安镇长青北路。

法定代表人：张树容，该公司总经理。

委托诉讼代理人：杨晓岩，北京市信睿律师事务所律师。

被上诉人（一审原告）：广州医药集团有限公司。住所地：广东省广州市荔湾区沙面北街45号第5层。

法定代表人：李楚源，该公司董事长。

委托诉讼代理人：史玉生，北京市金杜律师事务所律师。

委托诉讼代理人：孙明飞，北京市金杜（广州）律师事务所律师。

上诉人广东加多宝饮料食品有限公司（以下简称加多宝公司）因与被上诉人广州医药集团有限公司（以下简称广药集团）擅自使用知名商品特有包装装潢纠纷一案，不服广东省高级人民法院（2013）粤高法民三初字第2号民事判决，向本院提出上诉。本院于2015年3月23日立案后，依法组成合议庭，公开开庭进行了审理。上诉人加多宝公司的委托诉讼代理人杨晓岩、被上诉人广药集团的委托诉讼代理人史玉生、孙明飞到庭参加诉讼。本案现已审理终结。

加多宝公司上诉请求：撤销一审判决，改判驳回广药集团的全部诉讼请求，具体事实及理由如下：

（一）一审法院对涉案“知名商品”的界定存在严重错误。第一，涉案知名商品是加多宝公司多年经营的使用王泽邦后人秘方的红色罐装凉茶，即加多宝公司经营的曾经贴有王老吉商标及现在贴有加多宝商标的红罐凉茶。界定知名商品，必须要考察该商品“知名”时是何种使用价值得到了消费者

---

① 本案在年度报告中的位置为第61页。

的普遍认可。根据加多宝公司在一审期间提交的大量证据可以证明，涉案红罐凉茶商品自1996年由东莞鸿道食品有限公司（以下简称东莞鸿道公司）推出市场，在1998年东莞鸿道公司注销后，由加多宝公司承继生产经营至今。通过加多宝公司的大规模生产、持续性的市场推广、广泛的媒体宣传，涉案红罐凉茶凭借优良品质和源自王泽邦后人秘方的独特口感，成为了名副其实的“知名商品”。第二，广药集团和广州王老吉大健康产业有限公司（以下简称大健康公司）生产的红罐凉茶，即使贴有“王老吉”商标，与前述“知名商品”也根本不是同一商品。一审法院在未对何为本案中的“知名商品”进行认定的前提下，直接将作为特有名称的“王老吉凉茶”与知名商品等同，属于事实认定错误。首先，王泽邦的后人曾明确表示从未将祖传秘方授予广药集团使用，足以说明大健康公司与加多宝公司生产的红罐凉茶秘方不同，秘方、生产工艺不同的凉茶当然属于不同的商品。其次，广药集团与大健康公司在一审审理过程中均明确表示广药集团、大健康公司与加多宝公司生产的红罐凉茶不是同一商品。在此基础上，他们当然也无权成为涉案知名商品包装装潢权的权利人并在本案中主张任何权利。最后，由于本案中双方当事人生产的红罐凉茶是在生产标准、工艺、品质、配方、口味和商品来源上完全不同的商品，即使在双方并无争议的商标许可使用期间，“王老吉凉茶”也无法唯一地指代双方产品中的任何一个，更无法作为知名商品的特有名称用于指代“知名商品”。一审法院在将加多宝公司与广药集团的相关产品予以混淆的基础上，对加多宝公司提供的证据1、证据7、证据12、证据32、证据38、证据45、证据48，以及广药集团提供的证据2、证据5、证据7、证据9、证据10、证据27、证据28～30、证据32～39作出了错误认定，从而将涉案知名商品的所有权益全部转移至广药集团生产的完全不同的产品之上，并将无法与涉案知名商品唯一对应的“王老吉凉茶”这一商品名称认定为本案中的“知名商品”，这一结论是错误的。

（二）涉案知名商品特有包装装潢权归属于加多宝公司，一审法院所作应由广药集团享有的结论属于认定事实错误，且损害了消费者的利益。第一，涉案知名商品特有包装装潢从创意、设计到实际用于商品生产和宣传推广，直至成为知名商品的特有包装装潢，均是源于加多宝公司及其关联企业的行为，且商品本身标注的“加多宝出品”等具体信息均与加多宝公司建立了稳定而唯一的联系，加多宝公司应为涉案知名商品特有包装装潢当然的权利人，上述事实已经被在先的生效判决予以确认。第二，涉案知名商品包装装潢本身已经具有区分商品来源的功能，并非与“王老吉”三字不可分割。一审法院所作包装装潢权必须依附于商标权行使以及“王老吉”为涉案包装装潢中最吸引人之处的认定是错误的。商标权与知名商品包装装潢权是由不同法律予以保护的两种平等、独立的权利，二者之间不存在从属或包含关系。涉案包装装潢所具有的红色底色搭配黄色标识文字及黑色辅助文字的视觉效果，具有显著区别于其他同类商品包装的图案布局、色彩搭配、标识底色等，即使去除“王老吉”文字，仍然构成特有的包装装潢。一审法院所作“王老吉”商标与包装装潢融为一体、不可分离，相关公众不会刻意区分商标权与特有包装装潢权的认定是错误的。第三，一审法院所作鸿道（集团）有限公司（以下简称鸿道集团）、加多宝公司是基于“王老吉”品牌的知名度和市场价值才签订商标许可使用协议，并经广药集团的授权才推出王老吉红罐凉茶，故广药集团可同时收回商标权和具有附属关系的知名商品特有包装装潢权，并认为加多宝公司对该结果应有预期的结论缺乏事实和法律依据。在商标许可协议签订前，鸿道集团就已经在香港地区获得王泽邦后人授权的凉茶秘方并生产经营凉茶商品，其时“王老吉”商标在大陆地区已经由他人注册，为配合产品使用王泽邦后人秘方的特性，鸿道集团才通过签订商标许可使用协议的方式使用“王老吉”商标。此外，在最早的商标许可使用合同签署时，涉案包装装潢尚不存在，广药集团当然也不能就并不存在的权利许可他人使用。

（三）一审法院所作被诉侵权产品与王老吉红罐凉茶包装装潢构成近似，加多宝公司侵害了广药集团合法权利、构成不正当竞争的认定错误。第一，涉案知名商品特有包装装潢与被诉侵权商品的包装装潢所识别的商品来源均指向加多宝公司，不会使相关公众产生混淆误认。第二，一审法院认定“王老吉”文字是涉案知名商品包装装潢的重要组成部分，但在进行侵权对比时，却将“王老吉”三字淡化为“突出、引人注目的三个竖排黄色装饰的楷书大字”，进而认定二者在整体视觉效果上无实质性差异，上述认定显然自相矛盾。第三，广药集团自 2012 年 6 月之后才生产经营红罐凉茶，其在本案中据以主张权利的知名商品是加多宝公司生产经营的红罐凉茶，不存在加多宝公司挤占广药集团市场份额的事实。

（四）广药集团不是涉案知名商品特有包装装潢的权利人，加多宝公司没有侵犯广药集团的权利，不应当承担任何法律责任，一审法院确定的法律责任承担方式缺乏事实和法律依据。第一，一审判决对经济损失的计算方式不当。一审法院根据广药集团的申请确定加多宝公司获利数额的期间仅为 2012 年 5 月 10 日至 2013 年 3 月 31 日。对于 2011 年 12 月至 2012 年 5 月以及 2013 年 4 月 1 日之后的时间段，广药集团既未明确以审计结果作为计算依据，亦未就损失情况进行举证，一审法院直接以推算的方式确定获利数额并作为赔偿数额的作法违反法律规定。此外，一审法院将审计报告中的净利润加上出口销售收入之和作为加多宝公司的获利是错误的，因审计报告利润表中的第一项主营业务收入中已经包括了出口产品主营业务收入，故该部分获利已经包含在净利润中，一审法院的计算方法属于重复计算。第二，广药集团并未就加多宝公司生产涉案商品的行为为广药集团带来何种不良影响进行举证，一审法院判令加多宝公司在相关媒体上发布声明、消除影响，缺乏事实依据。

（五）一审法院违反法定程序。具体表现在：第一，一审法院接受广药集团当庭变更诉讼请求的作法违反了法律规定，并限制了加多宝公司依法应当享有的诉讼权利。第二，一审法院采纳广药集团于庭审当日、举证期限届满后提交的十三份证据，违反法律规定和公平原则，剥夺、限制了加多宝公司的合法诉讼权利。

综上所述，一审判决认定事实不清，适用法律不当，违反法定程序，具有严重的社会不良影响。据此，加多宝公司请求本院在查明事实的基础上，撤销一审判决，依法改判驳回广药集团的全部诉讼请求。

广药集团辩称，一审判决认定事实清楚，程序合法，适用法律正确，判决结果公平公正，请求驳回上诉，维持一审判决。其主要理由是：（一）一审判决认定本案所涉知名商品为“王老吉凉茶”，具有法律和事实依据。加多宝公司所提涉案知名商品为“由加多宝公司生产的使用王泽邦后人的正宗独家配方的红色罐装凉茶”的主张不能成立。早在“王老吉”商标许可协议签订前，“王老吉凉茶”在全国、特别是广东地区已经是非常知名的商品，且“王老吉凉茶”从药品到食品的转变是广药集团（及前身）的巨大贡献。另外，“知名商品”应以“名”而非商品内容物称呼，加多宝公司的相关主张也显然与消费者的辨识习惯、称呼习惯、记忆习惯不相符。（二）涉案包装装潢系红色罐身、罐身上用黄色居中竖写的“王老吉”文字以及相关辅助文字和配图组成的不可分割的整体，一审法院对此问题的认定是正确的。（三）一审判决认定“王老吉凉茶”知名商品特有包装装潢权益由广药集团而非加多宝公司享有的认定是正确的。知名商品特有包装装潢与知名商品密不可分，广药集团作为“王老吉”商标权人暨商标许可人和知名商品“王老吉凉茶”的所有人，应同时享有依附于“王老吉凉茶”知名商品的涉案包装装潢权益。而加多宝公司主张其设计、使用、宣传推广涉案知名商品特有包装装潢的行为是基于商标许可合同的实施，不能产生独立的、归属于加多宝公司的权利或权益。此外，判断本案权利归属、侵权与否的时间点，应当是广药集团提起本案诉讼时（2012 年 7 月 6 日）的事实状态，加多宝公司的持续侵权行为，不能成为其有权使用涉案包装装潢的理由。（四）加多宝公司在其凉茶产品上使用的包装装潢侵犯了广药集团的合法权益。（五）加多宝公司应当承担侵权责任。加多宝公司侵害了广药集团知名商品特有包装装潢权，构成不正当竞争，一审法院判令加多宝公司立即停止侵权行为、赔偿损失、消除影响于法有据。

广药集团向一审法院起诉称：广药集团是第626155、3980709、9095940号“王老吉”商标注册人，该商标核定使用商品为第32类（包括无酒精饮料，固体饮料等商品）。“王老吉”商标于1992年和1998年被评为广东省著名商标，1993年和1998年被评为广州市著名商标，2009年被评为“中国著名商标”。2000年5月2日，广药集团曾与鸿道集团签订《商标许可协议书》，约定由广药集团许可鸿道集团生产及销售红色罐装及红色瓶装王老吉凉茶，许可使用期限自2000年5月2日到2010年5月2日止。2010年8月30日，广药集团向鸿道集团、加多宝公司发出停止使用“王老吉”商标的律师函，2011年5月2日广药集团向中国国际经济贸易仲裁委员会提起仲裁后，鸿道集团、加多宝公司明知将要败诉的情况下恶意将原两边均为“王老吉”装潢的产品包装改为一边是“王老吉”，一边是“加多宝”装潢的产品包装，实施去“王老吉”化的不道德商业手段，将“王老吉”“加多宝”装潢标识混为一体。2012年5月9日，中国国际经济贸易仲裁委员会裁决：(一)《“王老吉”商标许可补充协议》和《关于“王老吉”商标使用许可合同的补充协议》无效。(二)鸿道集团停止使用“王老吉”商标。之后，鸿道集团、加多宝公司又将红罐两边字样都改为“加多宝”，并未再使用王老吉注册商标，其它装潢基本未变。“王老吉”红色罐装装潢属知名商品特有装潢，依《中华人民共和国反不正当竞争法》（以下简称反不正当竞争法）[①]第五条第二项规定，应受法律保护，这在广东省高级人民法院已生效的判决书中亦作了认定：“‘王老吉’罐装凉茶属知名商品，商标是商品的标识，其有表彰商品的质量功能，商标的著名与商品的知名两者之间有着内在的联系”。判决还认为：“本案中‘王老吉’罐装凉茶饮料上的装潢，在文字、色彩、图案及其排列组合上，设计独特，该装潢底色、图案与其名称融为一体，具有显著的区别特征，并非为相关商品所通用，为该商品所特有，应为知名商品特有的装潢。”鸿道集团、加多宝公司在失去许可使用“王老吉”商标之后，现生产和销售的“加多宝”装潢的红罐凉茶饮料，在设计的文字、色彩、图案及排列组合上与广药集团知名商品“王老吉”凉茶相似，其装潢近似程度足以引起与“王老吉”凉茶商品混淆。鸿道集团、加多宝公司在全国大小报刊、杂志刊物、网络和电视台大肆宣传作虚假广告，“红罐王老吉更

① 编者注：本文反不正当竞争法为1993年版，已于2017年11月4日修改。

名加多宝”“罐装凉茶更名加多宝凉茶”，并在网络以有奖手段转发，大造社会舆论，“王老吉”更名为“加多宝”。事实上“王老吉”并没有更名。鸿道集团、加多宝公司的上述行为违反了反不正当竞争法第九条“发布虚假广告”，性质恶劣，情节极为严重，在全国造成不良影响。鸿道集团、加多宝公司侵权商品在全国、重点在广州市各大商店、士多店销售，侵犯了广药集团合法权益。因此请求判令：1. 鸿道集团、加多宝公司立即停止侵犯广药集团“王老吉”品牌的虚假宣传，在全国地市级以上报刊、电视台及网络刊登向广药集团道歉的声明，消除不良影响；2. 鸿道集团、加多宝公司立即停止使用与“王老吉”凉茶饮料包装装潢相近似的罐装、瓶装“加多宝”凉茶饮料的包装装潢，并销毁全部库存侵权的装潢和停止生产、销售带有侵权包装装潢的凉茶产品；3. 判令鸿道集团、加多宝公司赔偿自2012年5月10日始其在广州地区侵犯广药集团知名商品特有包装装潢造成广药集团经济损失暂定为500万元（以评估机构核定数额为准）；4. 判令鸿道集团、加多宝公司赔偿广药集团为维护知识产权支付的合理费用100万元；5. 本案的诉讼费用由鸿道集团、加多宝公司承担。2012年12月4日，广药集团请求撤销上述诉讼请求第1项，保留其他第2至第5项诉讼请求。2013年4月15日，广药集团向一审法院提交了《增加、变更诉讼请求申请书》，将原诉讼请求增加、变更为：1. 判令鸿道集团、加多宝公司立即在罐装、瓶装上停止使用与广药集团“王老吉”凉茶特有包装装潢相同或相近似的包装装潢；停止生产、销售带有与广药集团“王老吉”凉茶特有包装装潢相同或相近似包装装潢的罐装、瓶装凉茶产品（“被控侵权产品”）；销毁全部库存的被控侵权产品以及带有与广药集团“王老吉”凉茶特有包装装潢相同或相近似包装装潢的空罐、空瓶；停止使用并移除或销毁所有载有被控侵权产品的广告（包括但不限于电视广告、视频广告和平面媒体广告）以及各种介绍、宣传材料等。2. 判令鸿道集团、加多宝公司连带赔偿广药集团自2012年5月10日始至本案终审判决作出前，鸿道集团、加多宝公司因侵犯广药集团“王老吉”凉茶特有包装装潢造成广药集团经济损失人民币1.5亿元。3. 判令鸿道集团、加多宝公司赔偿广药集团为制止上述侵权行为所支付的合理维权费用人民币100万元。4. 判令鸿道集团、加多宝公司在中央电视台、各省级电视台、省级以上报刊及其官网上连续6个月公开发布声明，澄清事实，消除因其使用与广药集团“王老吉”凉茶特有包装装潢相同或相近似的包装装潢而给广药集团造成的严重不良影响。5. 本案的诉讼费用由鸿道集团、加多宝公司共同承担。2013年4月16日，广药集团向一审法院提交了《关于撤回对鸿道集团起诉的申请书》。2013年4月23日，一审法院作出（2013）粤高法民三初字第2号之一民事裁定，准许广药集团撤回对鸿道集团的起诉。2013年5月15日开庭审理时，广药集团明确表示放弃4月15日诉讼请求中第1项有关“瓶装”凉茶的诉讼请求，即只保留“罐装”凉茶的诉讼请求，同时将第2项诉讼请求中计算赔偿的起始日期从“2012年5月10日始至本案终审判决作出前”变更为从“2011年11月或12月起至本案终审判决作出前”。

加多宝公司答辩称：（一）涉案知名商品特有包装装潢权的权利人为加多宝公司，而非广药集团。加多宝公司使用自有知名商品特有包装装潢并未侵害广药集团任何权利。1. 在2013年4月15日及5月8日法院组织的证据交换中，广药集团及大健康公司的共同委托诉讼代理人明确表示，其提交的主张构成知名商品的实物是由加多宝公司生产销售的红罐凉茶。据此，双方当事人针对以下事实已经达成共识：加多宝公司多年来生产销售的红色罐装凉茶商品是知名商品以及该知名商品具有特有的包装装潢，该装潢应当获得排他性法律保护。同时，这一事实已经被广东省高级人民法院（2003）粤高法民三终字第212号民事判决（以下简称第212号判决）认定。2. 加多宝公司对涉案知名商品特有包装装潢享有知名商品特有装潢权。（1）由于加多宝公司通过大规模生产、持续性的市场推广、广泛媒体宣传和积极参与公益活动，涉案红罐凉茶凭借优良品质和独特口感，连续多年稳居全国罐装饮料销量首位，成为知名商品。（2）加多宝公司提供的一系列证据形成完整的证据链，证明涉案知名商品包装装潢是由陈鸿道先生提出创意、委托设计并申请外观设计专利，进而加多宝公司作为凉茶商品的包装装潢使用的。广药集团自始至终从未参与任何涉案知名商品包装装潢的设计、专利申请、投入生产、广告宣传过程，自己并不享有任何权利，广药集团主张是其授权加多宝公司生产红色罐装凉茶纯属无稽之谈。（3）加多宝公司生产的涉案知名商品是市场上第一个也是本案争议发生前唯一一个红色罐装凉茶商品，故加多宝公司是涉案红罐凉茶知名商品特有包装装潢权的权利人。（4）加多宝公司生产的红罐凉茶知名商品是传承王泽邦后人的正宗配方，消费者对于广药集团委托生产的绿盒凉茶和加多宝公司生产的红罐凉茶业已形成明确的区分识别，应当尊重、确认这一事实。（5）通观涉案知名商品的实际包装装潢，共有三处体现了该商品的生产者，第一处为正面和背面相同的位置用中号黄色字体突出标注的“加多宝出品”，第二处为黑色字体标注的“鸿道集团有限公司授权”，第三处侧视图中黑色字体标注的为具体生产厂家加多宝公司。可见，消费者已将涉案知名商品红罐凉茶的包装装潢与加多宝公司建立了稳固而唯一的联系。与此相对，没有任何一个信息能够体现广药集团是商品的来源，因此，涉案知名商品的装潢权应归商品的生产者加多宝公司享有。（6）加多宝公司是涉案知名商品特有包装装潢的权利人已经第212号判决明确认定，在没有相反证据推翻该生效判决的情况下，该认定可以直接作为定案事实。3. 广药集团无权主张涉案知名商品特有包装装潢权。（1）根据鸿道集团与广州羊城药业股份有限公司（以下简称羊城药业）、广药集团签订的商标许可使用合同的约定，广药集团及其下属企业不能使用红色作为凉茶包装装潢颜色，只能生产绿色纸包装凉茶。正是基于该约定，加多宝公司生产的红罐凉茶中从未标注任何指向商标权人广药集团的信息，广药集团也从未要求加多宝公司进行标注。广药集团签署合同、收取商标许可费、让渡王老吉商标使用权、主动禁用红色装潢的一系列行为应当视为其承诺对红色包装装潢不主张任何权利，并承担一切法律后果。即使商标许可协议终止，广药集团如欲生产红色包装凉茶，也应当自己设计，而不能不问自取使用加多宝公司的知名商品特有包装装潢。（2）在2012年6月前，广药集团及其下属企业从未生产或委托生产过任何一罐红罐凉茶，亦没有对涉案知名商品的生产和宣传作出任何贡献，自无权针对涉案知名商品享有任何权利。（3）广药集团认为加多宝公司设计及使用涉案知名商品红色罐装包装装潢均是基于广药集团的授权，由此形成的知名商品特有包装装潢权归属商标权人，是毫无根据的主观臆断。（4）广药集团及其下属企业在生产销售绿色纸包装凉茶的过程中一直试图借加多宝公司生产的知名商品红罐凉茶知名度搭便车，增加绿盒凉茶的销量。（5）广药集团主张加多宝公司生产的红罐凉茶成为知名商品完全是依靠王老吉商标的良好声誉不符合事实。第一，第212号判决据以认定涉案知名商品的全部证据均为加多宝公司生产涉案知名商品及大规模广告宣传的证据，没有任何一份证据能够说明王老吉商标是涉案商品构成知名的前提和必要条件，广药集团的说法显然与判决相悖。第二，退一步讲，即使王老吉商标在双方签订商标许可协议时具有一定的知名度，但这只能证明在鸿道集团刚刚使用该商标的前一两年，商标原有群众基础能够起到一定的促进销售的辅助作用。实际上，加多宝公司在2000年时的销售收入也只有800余万元，此时鸿道集团已经获得许可使用王老吉商标5年时间，销售业绩并不理想。此后涉案商品销量大幅提升，商品知名程度有质的飞跃，都是加多宝公司持续的大力投入和广泛的宣传推广造就的。第三，广药集团未能提供任何证据证明在加多宝公司生产涉案知名商品之前其已经开始生产红罐凉茶，也没有任何证据证明在鸿道集团与羊城药业签订商标许可协议之前涉案王老吉商标已经在第32类具有知名度。第四，加多宝公司已经提交证据表明王老吉商标同时被广药集团及其下属企业使用在多种商品上，包括润喉糖、龟苓膏、口服液和各种药品，没有证据证明这些产品已经构成知名商品，可见，广药集团和大健康公司主张的涉案商品因王老吉商标而知名是不成立的。第五，事实上，如果广药集团认为涉案商品之所以知名完全是因为其王老吉商标，则其根本无需费尽心思抢夺涉案装潢，只需继续经营好已有的绿盒包装足矣。4. 商标权与知名商品的特有包装装潢权是相互独立、分别行使的权利，广药集团、大健康公司试图以“王老吉”商标权人身份偷换概念，将商标权扩大保护至知名商品特有装潢，缺乏法律及事实依据。(1) 我国现行所有的规范知名商品的特有名称、包装、装潢权的法律法规，均没有以商标权作为知名商品特有名称、包装、装潢权保护的条件或前提，二者相互独立，不能互相移植。广药集团和大健康公司有关包装装潢识别商品来源的作用是依托于商标而实现的观点显然是错误的，其试图将“王老吉”商标扩大保护至知名商品特有包装装潢，缺乏法律依据。(2) 广药集团起诉状中主张其是涉案知名商品权利人的事实和理由及其所附证据，均围绕广药集团为“王老吉”商标权人的事实，与本案知名商品特有装潢权无直接关联性。5. 由加多宝公司继续享有涉案知名商品特有包装装潢权不会对广药集团行使其“王老吉”商标权造成任何不良影响，亦不会使相关公众产生混淆及误认；相反，如果将涉案知名商品的相关权利判归广药集团，则不仅使广药集团、大健康公司不合理的攫取相应商业利益，而且会造成消费者的认知混乱，严重扰乱正常的市场竞争秩序。(1) 涉案知名商品红罐凉茶的配方从前及以后均由王泽邦后人授予加多宝公司使用，涉案知名商品也仍由加多宝公司继续生产，符合广东省佛山市中级人民法院（2003）佛中法民三初字第 19 号民事判决（以下简称第 19 号判决）中知名商品特有包装装潢权随知名商品而继受的认定。(2) 由于加多宝公司生产的红罐凉茶和广药集团委托生产的绿盒凉茶已在市场上并存多年，各自特有的包装、装潢是消费者区分二者的显著标记，继续沿用这一区别方式，有利于各自开展经营，也避免发生消费者混淆和误认的可能。(3) 如果判令广药集团、大健康公司可以使用涉案商品的红罐包装装潢，实际上是人为地强硬地摧毁消费者已经根深蒂固的认知习惯，不仅是对市场交易主体的不公平，而且是对消费者的漠视和欺骗。(4) 广药集团及大健康公司在涉案红罐凉茶成为知名商品的过程中，没有做出任何贡献，没有付出任何成本，由鸿道集团及加多宝公司享有涉案知名商品的相关权利不会对广药集团造成任何经济损失和不良影响；相反，鸿道集团和加多宝公司在涉案知名商品的经营管理中付出无法估量的人力财力物力，如果判决无法继续使用该知名商品的特有包装装潢，则鸿道集团和加多宝公司的上述努力将付诸东流，蒙受无法挽回的巨额损失。（二）广药集团主张的损害赔偿及诉讼支出合理费用缺乏事实及法律依据。广药集团并未证明其因加多宝公司使用自有知名商品包装装潢而遭受任何损失，实际上，广药集团在涉案红罐凉茶成为知名商品的过程中，没有做出任何贡献，没有付出任何成本，当然无法提供证据证明其所谓的损失。1. 广药集团主张以所谓的网站登载200亿销售额及饮料行业的利润率7.3%计算损害赔偿缺乏依据。广药集团提供证据24以证明加多宝公司2012年销售额超过200亿元，但是该证据显示的网站并无证据直接指向为加多宝公司网站，这个数据也不能确定与加多宝公司的销售额直接相关，另外，这一数据是否是已经扣除经营支出等费用的销售净额尚不可知，因此不能仅以该网站中提及的数据作为计算赔偿数额的依据。广药集团另提供证据25证明饮料行业的利润率7.3%，并主张以此利润率计算索赔，显然是缺乏依据的。该利润率数据即使真实也是针对所有饮料的，考虑到不同的饮料产品原料成本不同、生产工艺和销售渠道都有差别，因此，不能直接适用于涉案凉茶产品。广药集团针对加多宝公司在同样的期间内生产的同一产品依据同样的事实提起多个诉讼，分别为侵害商标权诉讼、虚假宣传诉讼，在多个案件中广药集团均主张以加多宝公司同一时间段的同一产品的利润作为计算赔偿的依据，属于重复主张赔偿，不应获得支持。2. 广药集团请求判令加多宝公司在中央电视台、各省级电视台、省级以上报刊及其官网上连续6个月公开发布声明，澄清事实，消除不良影响。但是，广药集团已经撤销了本案中虚假宣传诉讼的理由和请求，并早已另案起诉，在该案中也提出了与此类似的请求，依据的具体事实及理由亦与本案密切相关，因此，该项请求属重复请求，应另案解决。另外，广药集团并没有提供任何证据证明加多宝公司曾经在上述媒体上发表过时长多久的有关广告，更未提供证据证明加多宝公司生产涉案商品的行为给广药集团带来何种不良影响，以致亟须澄清事实、消除影响。故广药集团的该项请求应当予以驳回。3. 广药集团请求判令加多宝公司赔偿其合理维权费用100万元不应获得支持。广药集团提供了大量的律师费、公证费、调研费发票，但没有提供证据证明这些费用是为本案所支付。另外，其中大部分款项的付款主体为大健康公司，并非广药集团，因此与本案无关联性，不能计入诉讼支出；同时其提供的发票数额与其诉讼请求不符。因此，广药集团的该项诉讼请求应予驳回。综上，请求一审法院依法驳回广药集团的诉讼请求，维护加多宝公司的合法权利。

一审法院认定事实：

（一）本案所涉相关公司的情况

1. 广药集团及其相关公司的情况

王老吉牌凉茶，始创于公元1828年（清道光八年），创始人是王泽邦。1956年公私合营，王老吉与嘉宝栈等八家企业合组“王老吉联合制药厂”，

1965年改名为广州中药九厂，1982年改名为广州羊城药厂，1992年羊城药厂转制为股份制企业，成立广州羊城药业股份有限公司，1996年8月7日广药集团正式成立，王老吉商标等无形资产划归广药集团持有，2012年2月28日广药集团成立全资子公司大健康公司。

2. 加多宝公司及其相关公司的情况

东莞鸿道公司成立于1995年9月19日，于1998年8月31日注销；鸿道集团于1998年9月17日投资成立了东莞加多宝食品饮料有限公司（以下简称东莞加多宝公司），2000年5月21日，东莞加多宝公司企业名称变更为广东加多宝饮料食品有限公司。加多宝集团在国内设有6家企业，除本案加多宝公司于1998年设立外，其他五家加多宝公司的设立时间分别为：2004年3月3日，加多宝（中国）饮料有限公司成立，为外国法人独资；2004年8月31日，浙江加多宝饮料有限公司成立，为外国法人独资；2005年10月14日，福建加多宝饮料有限公司成立，为外国法人独资；2006年12月27日，杭州加多宝饮料有限公司成立，为台港澳法人独资；2007年3月28日，武汉加多宝饮料有限公司成立，为台港澳法人独资。

（二）有关“王老吉”商标的注册情况

第328241号“”注册商标核定使用商品为第37类的凉茶，注册人为广州羊城滋补品厂，注册有效期自1988年10月30日至1998年10月29日。1998年10月30日核准续展注册在商品国际分类第30类商品上。1998年9月，经国家工商行政管理局商标局（以下简称商标局）核准，该商标变更注册人为羊城药业。后经商标局核准，该商标转让给广药集团。该商标已续展至2018年10月29日。

第626155号“”注册商标核定使用商品为第32类的无酒精饮料，固体饮料，注册人为广州羊城滋补品厂，注册有效期自1993年1月20日至2003年1月19日止。1993年9月1日，经商标局核准，该商标变更注册人为羊城药业。1997年8月28日，经商标局核准，该商标转让给广药集团。该商标已续展至2023年1月19日。

第3980709号“”注册商标核定使用商品为第32类啤酒；果汁；水（饮料）；可乐；无酒精饮料；制饮料用糖浆；饮料制剂；奶茶（非奶为主）；豆奶；植物饮料。注册人为广药集团，注册有效期限自2006年3月7日至2016年3月6日。

第9095940号“王老吉”注册商标核定使用商品为第32类啤酒；水果饮料

（不含酒精）；乳清饮料；水（饮料）；苏打水；无酒精饮料；汽水；植物饮料；果子粉；饮料制剂。注册人为广药集团，注册有效期限自 2012 年 2 月 7 日至 2022 年 2 月 6 日。

（三）王老吉品牌所获得的荣誉

1991 年 5 月 9 日，广州羊城药厂与广州市轻工研究所就“王老吉牌凉茶饮料”项目签订了《广州市技术开发合同书》，约定由广州市轻工研究所利用广州羊城药厂提供的王老吉牌广东凉茶浸膏，研究并确定可供工业生产的王老吉牌凉茶饮料配方、工艺技术条件及设备要求。

1991 年 10 月 8 日，广州市标准计量管理局标准管理处备案编号 QB/440100X751 -91《广州市企业标准备案回执》显示：兹收到广州羊城药厂、广州羊城滋补品厂送来备案企业产品标准壹份，标准名称《“王老吉”牌清凉茶饮料》，标准编号 Q/（WS）YS1 -91。

1991 年 10 月 15 日，广州羊城药厂、广州羊城滋补品厂向广东省食品卫生监督检验所提交了《广东省食品新产品申请审批表》，申报产品名称为“王老吉”牌清凉茶。1992 年 1 月 18 日，广州市食品卫生监督检验所同意上报，同年 3 月 24 日，广东省食品卫生监督检验所审批同意生产、销售“王老吉”牌清凉茶产品。

广州羊城滋补品厂就“王老吉”牌清凉茶使用的食品标签向广州市标准计量管理局申请批准，该局于 1991 年 10 月 23 日经审查后同意使用。

1991 年 12 月 2 日，广州市食品卫生监督检验所出具食监检字第 893932 号《检验证书》，载明广州羊城滋补品厂送检的 250ml/盒王老吉清凉茶符合食品卫生要求。1992 年 3 月 19 日，广东省食品卫生监督检验所出具粤食卫检字（1992）第 27 号《检验报告》，载明广州羊城滋补品厂生产的复合纸包装王老吉清凉茶符合国家 GB2759 -81 卫生标准。

1992 年 1 月 11 日，《粤港信息日报》第三版登载了广州羊城药厂、广州羊城滋补品厂的《严正声明》，内容为：广州羊城药厂、广州羊城滋补品厂的王老吉牌商标，经国家工商行政管理局注册在案，包装装潢外观设计经国家专利局受理在案。但近年来，市场上不断出现侵犯我厂商标、专利权事件发生。……为此我厂严正声明：有关厂商应立即停止对我厂侵权行为，不得印刷、生产、销售仿冒我厂商标、包装外观设计的产品及包装品，否则我厂即向执法机构起诉，追究印刷、生产、销售者的法律责任。

1992 年 11 月，广东省著名商标评选委员会认定广州羊城药厂“王老吉”商标为 1992 年广东省著名商标，此后连续被认定为广东省著名商标。1993 年 3 月 1 日广州市人民政府授予羊城药业“王老吉牌”商标为“广州市著名商标”称号，此后连续被认定为广州市著名商标。1995 年 9 月 95 中国（广东）十佳饮料推选活动组委会认定羊城药业生产经销的王老吉牌清凉茶（利乐包装）产品荣获“95 中国（广东）首届最受欢迎的十佳饮料奖”。1998 年 2 月广东省工商行政管理局认定羊城药业“王老吉”商标为广东省著名商标。2005 年 8 月 24 日、2006 年 2 月 18 日、2007 年 7 月 30 日广东省食品文化遗产认定委员会认定广州王老吉药业股份有限公司（以下简称王老吉药业）的凉茶为广东省食品文化遗产——“凉茶的配方及专用术语”之一。2008 年 4 月王老吉药业“王老吉”品牌被广东省优秀自主品牌评审委员会评为 2007 年度广东省优秀自主品牌。2008 年 10 月，广东省食品行业协会认定王老吉药业“王老吉”为“改革开放三十年凉茶产业最具影响力品牌”。2009 年 4 月 24 日，商标局认定广药集团使用在第 32 类无酒精饮料商品上的“王老吉”注册商标为驰名商标。2010 年 11 月 10 日北京名牌资产评估有限公司评估广药集团的“王老吉”品牌的价值为 1080.15 亿元人民币。2011 年 12 月王老吉药业“王老吉（盒装）”品牌被广东省食品行业协会认定在同行业中具有极高的知名度，被评为“广东省凉茶行业领军品牌”。2011 年 12 月，王老吉药业的王老吉凉茶销售突破 50 亿盒。2012 年 7 月 15 日王老吉药业“王老吉”凉茶荣获 2012 中国国际轻工消费品展览会最受消费者喜爱产品奖。2012 年 7 月中国市场调查研究中心、中国社会经济决策咨询中心发给王老吉药业《荣誉证书》，称“始创于清朝道光年间百年民族品牌‘王老吉’被认定为凉茶始祖”。

（四）有关王老吉商标许可使用情况

1995 年 3 月 28 日，羊城药业与鸿道集团签订《商标使用许可合同》，约定羊城药业许可鸿道集团独家使用第 626155 号注册商标，限于红色纸包装清凉茶饮料，鸿道集团可委托其他厂进行加工制造上述产品并送羊城药业备案；双方在各自生产的清凉茶商品上的所有包装图案和颜色均不得与另一方相同；鸿道集团生产的带有“王老吉”三个字的清凉茶产品，须符合中国食品卫生有关标准，其包装上须注明生产企业名称及地址，产品包装及商标使用样板经羊城药业认可才可生产；鸿道集团使用上述商标有效期自 1995 年 3 月 28 日起至 2003 年 1 月止；关于商标许可使用费，第一年为人民币 60 万元，从第二年起每年比上年递增 20%。

1995 年 9 月 14 日，羊城药业与鸿道集团签订了《商标使用许可合同补充协议（一）》和《商标使用许可合同补充协议（二）》，主要是对 1995 年 3 月 28 日《商标使用许可合同》中的许可使用期限及商标许可使用费进行了补充约定。其中，许可使用期限自 1995 年 9 月 14 日至 2003 年 1 月止。关于商标许可使用费，头三年每年支付人民币 10 万元，第四年支付 30 万元，以后每年比上年递增23%。

1997年2月13日，羊城药业与鸿道集团签订了《商标许可使用合同》，其中约定：鸿道集团已于1995年从羊城药业处取得了独家使用“王老吉”商标生产销售红色纸包装及红色铁罐装凉茶饮料的使用权。在本协议期内，鸿道集团有权在中华人民共和国境内为其生产或委托他人加工生产和销售的王老吉凉茶饮料和龟苓膏产品（以下简称被许可商品）上使用王老吉商标（商标类别：32类，编号：626155、30类），这项权利是专有的、独占的，“被许可商品”取用铁罐（或铝罐装）。双方还约定，本合同生效后，羊城药业可以保留生产和销售原已生产的用纸包装的王老吉清凉茶，但包装颜色不能取用红色，包装设计图案不得与鸿道集团生产的“被许可商品”相同。许可期限自1997年2月13日至2011年12月31日止。关于商标许可使用费，双方约定1997年为人民币200万元，1998年起为每年支付人民币250万元。

2000年5月2日，广药集团与鸿道集团签订了《商标许可协议》（以下简称“2000年许可协议”），其中约定：广药集团许可鸿道集团独占使用第626155号“王老吉”商标，使用的商品范围为生产及销售红色罐装及红色瓶装王老吉凉茶，地域范围为中国境内，不包括香港、澳门和台湾地区，使用期限自2000年5月2日至2010年5月2日。关于商标许可使用费，双方约定如下：第一年及第二年每年为450万元，第三年至第六年为每年472.5万元，第七年至第十年为每年491.4万元。双方还约定，如鸿道集团知道任何第三者有任何侵权行为，可以书面形式将详细情况通知广药集团，在广药集团决定采取法律手段、制止侵权行为时，鸿道集团须向广药集团提供有关资料及予以协助，由此发生的一切费用（包括诉讼费用、律师费用和其他费用）及风险责任由鸿道集团承担，由此所获得的利益归鸿道集团享有；鸿道集团知道任何第三者有任何侵权行为时，可直接以鸿道集团的名义采取任何法律手段，制止任何侵权行为，由此引起的费用由鸿道集团负担，有关赔偿利益归鸿道集团享有。

2002年11月27日，广药集团与鸿道集团签订《“王老吉”商标许可补充协议》（以下简称“2002年补充协议”），将2000年许可协议的许可期限从10年变更为20年，计算期限仍是从2000年5月2日起至2020年5月1日；并在许可使用期间划分为6个时间段，许可使用费按时间段自每年450万元递增至537万元。

2003年3月3日，广药集团出具《授权委托书》，授权鸿道集团在浙江省、广东省内对侵犯“王老吉”注册商标（注册号626155）的一切侵权行为采取法律手段予以制止，并可以鸿道集团名义进行诉讼活动，授权期限为

2003年3月3日至2003年12月31日止。

2003年6月10日，广药集团与鸿道集团签订《关于“王老吉”商标使用许可合同的补充协议》（以下简称“2003年补充协议”，“2003年补充协议”与“2002年补充协议”合称“两份补充协议”），约定：鸿道集团须在第626155号“王老吉”商标有效期终止日（2013年1月19日）前办理续展注册手续，并且在此后办理“王老吉”商标的许可备案手续，以使得鸿道集团依2000年许可协议和两份补充协议在许可期限内能依法使用“王老吉”商标。

（五）本案所涉包装装潢情况

1995年12月18日，陈鸿道向国家知识产权局申请名称为“饮料盒标贴”的外观设计专利，1997年2月12日予以公开，公开号为CN3054638，申请号为95318534.6，请求保护色彩，该外观设计专利见附图1。

1996年6月5日陈鸿道向国家知识产权局申请名称为“罐贴”的外观设计专利，1997年7月2日予以公开，公开号为CN3059953，申请号为96305519.4，请求保护色彩，该外观设计专利见附图2。

2012年8月15日，潘良生［香港身份证号码：G448576（8）］在香港德辅道中199号无限极广场22楼张永贤·李黄林律师行及在中国委托公证人及香港律师张德民面前作出《声明（独资东主的决定声明）》，声明其是新灵印刷设计公司（SUNNING PRINTING & DESIGN CO）独资东主，其为陈鸿道设计了许多罐装、纸盒装、瓶装的项目，红罐王老吉包装从1995年开始设计，1995年为第一阶段设计，1996年2月为第二阶段设计，1998年7月为第三阶段设计。

2012年9月19日，梁世和出具个人声明，称：本人梁世和（公民身份证号码：442527194502280217）于1990年7月1日至1999年10月15日期间在广东南方饮料厂任董事长职务。在本人任职期间，我厂受东莞鸿道公司委托，加工生产清凉茶。附件中的红色清凉茶利乐纸包装盒［（香港）王老吉（企业）有限公司监制，250毫升，标准代号Q/GDNF101－89，标签认可编号441900－207］是我厂受委托生产的清凉茶产品包装盒。该包装盒上标有此日期前饮用93年6月26日，根据当年的产品质量要求，该产品的保质期为一年，因此该产品生产日期应为92年6月26日。该声明附上（香港）王老吉（企业）有限公司监制的清凉茶纸包装盒照片一张。北京市长安公证处于2012年9月21日出具（2012）京长安内民证字第9906号《公证书》，证明梁世和于2012年9月19日来到公证处，在公证员面前在前面的《个人声明》上签名。

1996年5月1日，东莞鸿道公司与广东国际容器有限公司签订《委托加工合同书》，约定由前者委托后者加工生产“王老吉”300ml封易拉盖三缩颈三片罐24万套。2003年5月15日，广东国际容器有限公司出具《证明》，证明鸿道集团所属东莞鸿道公司于1996年5月1日开始，一直委托其制造“王老吉”空罐至今，现证明所提供的“王老吉”凉茶（罐装）设计彩图与我司制造的罐体是相符的。1997年1月28日，鸿道集团与广东国际容器有限公司签订《清欠及加工空罐协议书》，其中约定后者按前者所确认的1997年新版王老吉空罐的铁样于春节期间加工生产。

（六）1995年以来王老吉凉茶的产销量、广告宣传、获得的荣誉等

2002年8月25日，温州有线电视台广告部给喻梅霜出具的函称：加多宝公司在该台投放的红色罐装“王老吉”广告如下：1997年119956元、1998年489526元、1999年263288.8元、2000年521368元、2001年577062元、2002年1-9月624744元，合计广告费3095944.8元。

2003年7月15日，温州晚报社广告部向广东省佛山市中级人民法院出具《证明》，称其于1997年7月30日与鸿道集团、东莞鸿道公司签订的红色罐装王老吉产品系列广告合同已执行完毕。

2003年7月15日，温州有线电视台广告部向广东省佛山市中级人民法院出具《证明》，称其于1997年7月30日、1997年11月14日、1997年12月3日与东莞鸿道公司签订的红色罐装王老吉饮料的系列广告合同已执行完毕。

基于两份补充协议，2003年鸿道集团通过国内投资公司投资数亿元首次竞标拿到中央电视台3个黄金时段“标王”广告播放权，启动“怕上火、喝王老吉”的品牌广告语宣传，以后长达近十年时间在中央电视台不间断进行广告投放。

加多宝公司提供的《央视广告带审带单明细》表明，从2006年2月16日至2010年10月19日、2011年11月、12月有5秒、10秒、15秒、30秒的广告，内容均有“怕上火喝王老吉”的广告词。从2012年1月11日至2012年4月5日均有5秒、10秒、15秒、30秒的广告，内容主要有“正宗凉茶，加多宝出品”的广告词。

根据加多宝公司提供的《加多宝集团历年支出的建厂、广告、促销费用》提供的数据，1998年至2011年上半年，加多宝集团为生产和销售红罐王老吉凉茶产品，共支出建厂、广告、促销费用各22.2亿元、32.8亿元、29.5亿元，共计84.5亿元。加多宝集团历年参加各种慈善、公益活动所支出的费用合计3.09亿元，其中，2008年汶川大地震时捐助1亿元，2009年玉树大地震时捐助1.1亿元。

2005年8月24日，广东省食品文化遗产认定委员会认定凉茶为广东省食品文化遗产，加多宝公司提供的一种配方被认定为广东省食品文化遗产——

“凉茶的配方及专用术语”之一。

2006年5月，加多宝公司和浙江加多宝饮料有限公司被湖北省消费者委员会授予“放心消费品牌”。

2006年5月26日，东莞市食品（饮食）文化遗产工作领导小组授予加多宝公司的凉茶16号秘方及专用术语为国家级非物质文化遗产代表作。

2006年11月，加多宝集团获得2007年中国成长百强最具成长性绿色产业奖。

2007年8月，加多宝公司获得2007年首届中国品牌节金谱奖。

2007年8月，陈鸿道先生被中国最具影响力创新成果评委会评为2007年影响中国百名创新人物。

2007年9月，红色罐装王老吉凉茶被授权在产品包装盒媒体宣传中使用“人民大会堂宴会用凉茶饮品”字样或广告语。

2007年11月，加多宝集团以2004～2006三年销售额的最大增长率，入选成为中国高峰年会组委会、中国成长百强评选组委会主办的“2007中国成长百强”第48名。

2007年11月，加多宝公司被中国红十字会授予中国红十字人道服务奖章。

2007年12月，加多宝集团被湖北省质量管理协会评为重质量、守诚信企业。

2008年1月，加多宝公司获得新浪、蒙牛组织的2007年度创新营销奖。

2008年度至2012年度，加多宝集团生产的罐装王老吉凉茶饮料连续名列中国行业企业信息发布中心颁给的上年度全国罐装饮料市场销售额第一名。

2008年4月，加多宝集团生产的红色罐装王老吉凉茶饮料获得“中华民族凉茶行业第一品牌”称号。

2008年10月，加多宝集团分别被广东省食品行业协会授予“改革开放三十年广东省食品行业最具社会责任企业”“改革开放三十年广东省食品行业突出贡献奖”“改革开放三十年广东省食品行业创新企业”。

2008年10月，陈鸿道被广东省食品行业协会评为“改革开放三十年广东省食品行业风云人物”。

2008年10月，加多宝集团被中国扶贫基金会授予“2008中国民生行动先锋”称号。

2008年12月，加多宝饮料有限公司被销售与市场杂志社、中国营销盛典评委会授予2008年中国营销盛典年度中国企业营销创新奖。

2008年12月，加多宝饮料有限公司成为广州2010年亚运会高级合作伙件，其与广州亚运会标识并列的是“王老吉”三个字。

2008 年，加多宝饮料有限公司获得 2008 中国体育营销案例奖——赫尔墨斯奖。

2009 年，加多宝（中国）饮料有限公司获得北京大学、经济观察报主办的 08 ~09 年度中国最受尊敬企业称号。

2009 年 4 月，加多宝集团被中国食品工业协会评为中国软饮料制造业十强企业、中国食品工业百强企业。

2010 年 8 月，加多宝集团被国际食品科技组织授予全球食品工业奖。

2011 年 1 月 27 日，陈鸿道被广东省文化厅确定为广东省第二批省级非物质文化遗产项目——凉茶的代表性传承人。

2012 年 12 月 17 日，中国行业企业信息发布中心为加多宝（中国）饮料有限公司出具《关于〈2012 年前三季度中国饮料行业运行状况分析报告〉的说明》，称：本次报告中涉及的凉茶行业及罐装饮料市场的相关数据如下：1. 从行业产品品类结构看，截至 2012 年 9 月末，在饮料行业中，饮用水、碳酸饮料、茶饮料、凉茶、果汁、功能饮料分别占据了 25.65%、21.91%、16.36%、7.21%、22.24%和 6.63%销量份额。2. 1 ~9 月全国主要的凉茶品牌销量情况看，排名前三位的品牌为加多宝（加多宝生产并销售的凉茶）、王老吉、和其正，分别占据 72.96%、8.9%、4.34%、其他品牌占据 13.8%。3. 1 ~9 月全国罐装饮料主要品牌的销量情况分析，排名前三位的品牌为加多宝（加多宝生产并销售的凉茶）、可口可乐、露露，分别占据 11.21%、10.27%、10.03%。针对加多宝（中国）饮料有限公司要求说明以上数据的统计单位的需求，我中心说明如下：（1）计算全国凉茶品类的主要品牌的销售量时，以“升”为统计单位，即各品牌凉茶的统计总量包括其生产和销售的各种包装形态，含罐装、瓶装或盒装；（2）计算罐装饮料市场销售份额时，以“罐”为统计单位。

2013 年 3 月，中国行业企业信息发布中心出具《统计调查信息证明》，称加多宝集团生产的罐装饮料荣获 2012 年度全国罐装饮料市场销量第一名。

从 2009 年开始，由于市场上不断发现仿冒红罐王老吉凉茶的产品，莆田市城厢区工商行政管理局、鄂州市工商行政管理局华容分局、汝城县工商行政管理局、泰州工商行政管理局、常宁市工商行政管理局、奉节县工商行政管理局、太原市工商行政管理局小店分局、富宁县工商行政管理局等分别对仿冒行为进行查处并作出相关的处罚决定。

2013 年 3 月 26 日，在新浪微博上登载了一篇《王泽邦后人王健仪发布联合声明：从未将祖传配方授予广药集团》的报道，称：2013 年 3 月 26 日，凉茶创始人王泽邦先生第五代玄孙王健仪女士携家族成员在深圳召开“凉茶创始人王泽邦后人媒体见面会”。王氏家族发表联合声明，表示从未将祖传秘方授予广药集团使用。同时，王健仪对广药集团滥用王泽邦及其他先祖的肖像注册商标及利用其先祖的名字、凉茶创始年份进行广告宣传等行为表示强烈抗议，或将会依法律程序捍卫家族的合法权利。

（七）有关判决及仲裁裁决情况

2003 年 2 月 13 日，加多宝公司向广东省佛山市中级人民法院提起诉讼，请求判令：被告三水华力饮料食品有限公司停止使用与“王老吉”凉茶相似的罐贴，销毁现存的该外包装装潢，停止销售有该罐贴和外包装的凉茶产品，赔偿经济损失 50 万元。2003 年 9 月 10 日，广东省佛山市中级人民法院作出第 19 号判决，其中认定：“加多宝公司是红色罐装‘王老吉’凉茶饮料的合法经营者和实际生产者，故加多宝公司作为争议装潢使用权人，是民事权利义务关系的主体……”“‘王老吉’凉茶是在市场上具有一定知名度，并为相关公众所知悉的商品，应确认为知名商品，那么罐装‘王老吉’凉茶饮料作为‘王老吉’凉茶系列产品中的一种，与知名商品‘王老吉’凉茶具有不可分离性，并且东莞鸿道公司从 1996 年已开始使用该装潢，并投入大量的广告宣传，因此其亦应是知名商品。”“本案中加多宝公司在其产品‘王老吉’凉茶饮料上的装潢，在文字、色彩、图案及其排列，寓意明确，设计独特，该装潢底色、图案与其名称融为一体，具有显著的区别性特征，并非为相关商品所通用，为该商品所特有，应确认为知名商品的特有包装装潢，应受法律保护。”“根据原告提供，被告认可的商标局出具的《核准转让注册商标证明》可以确认第 626155 号‘王老吉’商标注册人已经合法由羊城药业变更为广药集团。在‘王老吉’商标权利人变更前后，两个权利人均许可给鸿道集团独占使用‘王老吉’商标，从上述 1997 年的商标许可合同可以看出鸿道集团于 1995 年开始就取得了独家使用‘王老吉’商标生产红色罐装凉茶饮料的使用权。鸿道集团取得该权利后，于 1996 年设计了本案诉争的装潢并许可给东莞鸿道公司予以生产，东莞鸿道公司于 1996 年 5 月 1 日开始委托广东国际容器有限公司制造红色的‘王老吉’凉茶饮料的包装标识，至此本案诉争的包装装潢开始使用。东莞鸿道公司于 1998 年 8 月 31 日注销后，鸿道集团于 1998 年 9 月 17 日投资成立了加多宝公司，并许可其继续生产带有本案诉争的包装装潢标识的红色罐装‘王老吉’凉茶饮料。广东省佛山市中级人民法院认为，特有包装装潢具有与知名商品不可分离的显著特征，这种显著特征是基于反不正当竞争法可产生对于该装潢排他使用的权利，但这种排他性使用包装装潢的权利是否产生仅取决于该商品在相关公众和市场中的知名程度，商品达到了一定的知悉度，这种排他性使用装潢的权利可依《中华人民共和国反不正当竞争法》（以下简称反不正当竞争法）① 第五条的规定而产生，并自产生之日起归属该知名商品的合法经营人，并可随商品在不同的合法经营者之间继受。”被告三水华力饮料食品有限公司不服该判决，向广东省高级人民法院提起上诉，广东省高级人民法院于2004年12月13日作出第212号判决，认定：“涉案‘王老吉’罐装凉茶饮料在广东地区为广大消费者所知悉，在凉茶饮料市场中占有较大份额，享有比较高的知名度，在广东地区应属知名商品。‘王老吉’商标在1998年被评为广东省和广州市著名商标。2002年被国家体育总局体育器材装备中心授予在其形象宣传、广告、品牌推广和其产品包装上使用‘中国体育代表团专用标志’‘第十四届亚运会中国体育代表团合作伙伴’‘第十四届亚运会中国体育代表团唯一专用茶饮料’。东莞鸿道公司从1996年开始在罐装凉茶饮料上使用该装潢，并投入了大量的广告进行产品宣传。上述事实进一步佐证说明本案‘王老吉’罐装凉茶属知名商品。”“本案中‘王老吉’罐装凉茶饮料上的装潢，在文字、色彩、图案及其排列组合上，设计独特，该装潢底色、图案与其名称融为一体，具有显著的区别性特征，并非为相关商品所通用，为该商品所特有，应为知名商品特有的装潢。”“知名商品特有的装潢权是随着该特有的装潢在商品上使用，当该商品成为知名商品时，而产生的一种排他使用的民事权利，该权利与知名商品密不可分，由知名商品的合法经营者享有，并随知名商品的经营者的变化而可由新的合法经营者继受。在1996年，东莞鸿道公司已开始在罐装‘王老吉’凉茶饮料上使用本案讼争的装潢标识，并投入大量的广告宣传，使该商品成为知名商品，该装潢在‘王老吉’罐装凉茶饮料上的使用时间明显早于上诉人使用的时间，加多宝公司是‘王老吉’罐装凉茶饮料的合法经营者，继受了该知名商品特有的装潢权，故其是本案知名商品特有装潢权的权利主体。”“通过以上分析，可以认定加多宝公司对其使用的‘王老吉’罐装凉茶饮料的装潢享有知名商品特有装潢权。”

2011年4月26日，广药集团向中国国际经济贸易仲裁委员会提出仲裁申请，要求裁决：1. 广药集团与鸿道集团于2002年11月27日签订的《“王老吉”商标许可补充协议》和于2003年6月10日签订的《关于“王老吉”商标使用许可合同的补充协议》无效；2. 鸿道集团停止使用“王老吉”商标；3. 鸿道集团承担本案仲裁费。2012年5月9日，中国国际经济贸易仲裁委员会作出（2012）中国贸仲京裁字第0240号《裁决书》，裁决：1.《“王

---

① 编者注：本文反不正当竞争法为1993年版，已于2017年11月4日被修改。

老吉”商标许可补充协议》和《关于“王老吉”商标使用许可合同的补充协议》无效。2. 鸿道集团停止使用“王老吉”商标。3. 本案仲裁费为人民币928517元，由广药集团、鸿道集团各负担50%，即各负担人民币464258.5元。裁决的主要理由是：2005年7月1日，广东省广州市中级人民法院作出（2005）穗中法刑二初字第87号一审刑事判决，其中认定：2000年至2003年，被告人李益民在担任广药集团副董事长、总经理期间，利用职务之便，在广药集团与鸿道集团签订“王老吉”商标许可协议的过程中，先后三次收受鸿道集团董事长陈鸿道贿送的港币共计300万元，构成受贿罪。李益民不服，上诉到广东省高级人民法院，该院于2005年9月26日作出（2005）粤高法刑二终字第370号二审刑事判决，对李益民收受贿赂的事实予以确认，对判决结果予以维持。陈鸿道涉嫌刑事责任问题，目前仍处于取保候审状态。基于此，仲裁庭认为：广药集团原副董事长、总经理李益民与鸿道集团董事长陈鸿道之间三次受贿和贿送共计300万元港币的事实已经法院判决认定，受贿和贿送的时间与两份补充协议订立的时间契合，陈鸿道向李益民贿送300万港币的目的是两份补充协议的订立，李益民利用职位之便为陈鸿道担任董事长的鸿道集团谋取利益，李益民为鸿道集团谋取的利益是两份补充协议的订立，两份补充协议的订立既损害由李益民担任副董事长和总经理的广药集团的利益，也损害国家利益。因此，两份补充协议的订立属于《中华人民共和国合同法》第五十二条第二项所规定的“恶意串通，损害国家、集体或者第三人利益”的情形，两份补充协议应当被认定为无效。

广东省广州市中级人民法院于2013年1月31日作出的（2012）穗中法知民初字第263号之一民事裁定书及于2013年2月28日作出的（2012）穗中法知民初字第263号复议决定书，认为“言及‘全国销量领先的红罐凉茶’，普通消费者会自然联想到红色罐身的名为‘王老吉’的凉茶饮料”。

（八）有关产品目前使用的包装装潢情况

纠纷发生前加多宝公司生产的“王老吉”红罐包装装潢的凉茶产品，见附图3、4。

从2011年12月开始，加多宝公司开始生产、销售一面标注有“王老吉”、另一面标注有“加多宝”的红罐包装装潢的凉茶产品，见附图5。

从2012年5月10日开始，加多宝公司开始生产、销售两面均标注有“加多宝”红罐包装装潢的凉茶产品，见附图6、7。

广药集团于2012年6月3日在北京八达岭长城举行红色易拉罐装王老吉凉茶的新装上市活动，见附图8、9。该产品由大健康公司生产。

赛立信市场研究有限公司（以下简称赛立信公司）于2013年4月出具了

《2012—2013 年知名品牌凉茶评价项目研究报告》，研究结论为：红罐装潢与王老吉黄色字样是消费者辨认罐装王老吉凉茶的最重要特征。超过七成的消费者在 2012 年上半年以前于商店、餐厅等地方看到红罐凉茶时会认为这就是王老吉。80% 以上的消费者能够通过红罐包装图片辨认出王老吉品牌。80% 以上消费者认定红罐凉茶品牌就是王老吉。70% 以上的消费者选购罐装王老吉凉茶时，通过包装上红色装潢来判断是罐装王老吉凉茶与否，且 65% 以上的消费者是通过王老吉黄色字样来判断。70% 以上的消费者对于罐装王老吉凉茶印象最深刻的是红色装潢，56% 的消费者对王老吉黄色字样印象深刻。83. 8% 的消费者认为王老吉凉茶是全国销量领先的红罐凉茶。如果改变王老吉凉茶的包装颜色（不再是红色装潢），有 43% 的消费者会改变其购买意愿。有 85. 5% 的受访者在购买红罐凉茶时均会明确提出："请给我一罐王老吉凉茶"，而仅有 0. 7% 的受访者会提出"请给我一罐加多宝凉茶"。可见，消费者购买红罐凉茶时，普遍认为王老吉凉茶就是他们想要的红罐凉茶。有 54. 9% 受访者产生混淆误认，将售货员提供的红罐加多宝凉茶误认为王老吉凉茶。综合以上调查结果可知，在大多数消费者心目中，王老吉商标与红罐装潢是密不可分的，红罐装潢几乎可以等同于王老吉凉茶。

（九）广药集团要求加多宝公司赔偿经济损失的依据

加多宝官方活动网站有一篇发布日期为 2013 年 3 月 23 日的《中国行业企业信息发布中心权威发布：10 罐凉茶 8 罐加多宝》的报道，称：由中国行业企业信息发布中心举办的"第十七届全国市场销量领先品牌信息发布会"在京隆重举行，加多宝获得"2012 年度全国罐装饮料市场销量第一"的称号。此次信息发布会公布的相关数据显示加多宝罐装凉茶市场占有率远超 80%，再次印证"10 罐凉茶，7 罐加多宝"的言之凿凿。"加多宝凉茶持续六年的畅销，销售额呈现爆炸式增长，公开资料显示 2012 年销量超过 200 亿元，加多宝凭借王泽邦后人独家授权的正宗配方，不断创造着凉茶行业奇迹，其凉茶领导者地位稳如泰山。"

中国产业经济信息网有一篇发布时间为 2013 年 1 月 22 日的《2012 年全国饮料行业逆势上涨，同比上年增长 10%》的报道，称："2012 年全国饮料行业逆势上涨，同比上年增长 10%，其中凉茶行业市场增幅超过 30%，远高于行业平均水平。""饮料市场占有率差异明显，凉茶市场前四强占比最高。这意味着凉茶市场份额高度集中：加多宝占比 73%、王老吉占比 8. 9%、和其正占比 4. 3%、宝庆堂占比 0. 5%，这四家企业的销售量占行业总销量的 86. 7%。""1 ~ 9 月累计，规模以上饮料企业实现利润 257. 6 亿元，同比增长 10. 6%，增速较上年同期回落 15. 9 个百分点，明显好于同期全部规模以上工业企业实现利润下降1.8%的水平。1~9月饮料行业利润率水平（利润占主营业务收入比重）为7.3%，高于规模以上工业5.4%的平均水平。”

广药集团在向广东省广州市中级人民法院提起诉讼时，同时申请证据保全，请求对加多宝公司的财务账册、纳税报表、仓库进出记录及库存侵权产品进行查封，核实加多宝公司从2012年5月10日至今的生产和销售“红罐加多宝”产品数量。广东省广州市中级人民法院于2012年8月15日依法复制了加多宝公司《增值税纳税申报表》(2012年5月1日至7月31日)、《电子缴税凭证》(2012年4月1日至6月30日)、《产品入库明细表》(2012年5月14日至7月31日）及《产品说明》。2013年4月12日，广药集团又向一审法院提出申请，要求对加多宝公司自2012年8月1日至今能够反映被诉侵权的红罐“加多宝”凉茶产品数量的财务账册、出仓单、税单等证据采取扣押、封存或者复制的保全措施，以及向东莞市地方税务局调取加多宝公司自2012年8月1日起至今的纳税凭证。一审法院于2013年4月26日对加多宝公司进行了证据保全，依法复制了加多宝公司《产品入库明细表》（2012年8月至2013年3月)、《产品销售出库明细表》（2012年8月至2013年3月)、《增值税纳税申报表》（2012年8月至2013年3月)、《企业所得税完税证明》(2012年第二、三、四季度、2013年第一季度)。

广药集团向一审法院申请，请求对加多宝公司2012年5月10日至2013年3月31日的财务账册等会计资料进行审计，审计该公司在此期间分别所生产、销售的一边为“王老吉”、一边为“加多宝”的红罐凉茶、两边均为“加多宝”的红罐凉茶的数量、利润。2013年5月16日，在双方当事人派出代表到场监督下，一审法院通过公开摇珠的方式，确定由大信会计师事务所（特殊普通合伙人）广东分所进行审计，该分所于2013年8月19日作出粤大信专审字（2013）第11019号《专项审计报告》，结论为：加多宝公司在2012年5月10日至2013年3月31日期间红罐凉茶产、销量及利润数据如下：1. 生产红罐凉茶1139560331罐；2. 销售红罐凉茶1107818863罐；3. 销售毛利：940967603.38元；4. 利润总额：42719811.54元；5. 净利润（税后利润)：32039858.65元。加多宝公司在此期间用于非销售及出口销售情况：1. 产品非销售出库情况。加多宝公司在审计期间红罐凉茶非销售出库7426358罐，占产品出库总量的0.67%。其中：用做员工福利6349453罐；公关用品、报废等1076905罐，加多宝公司解释，由于生产过程中产生的次品、散罐和因市场变化改版不能上市销售，因而作上述处理。2. 产品出口销售（关联交易）情况。加多宝公司在审计期间红罐凉茶对母公司（鸿道集团）出口销售8825328罐，占产品销售总量的0.79%。出口单价1.78元/罐，出口销售收入 15705411.79 元，相对内销平均售价 2.22 元/罐，少 0.44 元/罐，合计比内销少收入 3883144.32 元，加多宝公司解释，考虑市场拓展费用承担问题，境外销售的推广由母公司负责，故单价存在一定差异。

广药集团提供了以下证据证明其所支付的合理维权费用：1. 广东省广州市广州公证处于 2012 年 7 月 23 日出具的、号码为 10081065《发票》，记载收取广药集团公证费 2000 元、副本费 240 元。2. 广东省广州市广州公证处于 2012 年 7 月 30 日出具的、号码为 10076177《发票》，记载收取广药集团公证费 6000 元、副本费 180 元。3. 广东省广州市广州公证处于 2012 年 9 月 12 日出具的、号码为 10106981《发票》，记载收取广药集团公证费 2000 元。4. 北京市金杜律师事务所于 2012 年 11 月出具的、号码为 03552640《北京增值税普通发票》，记载收取广药集团法律咨询费价税合计 10 万元。5. 广东明境律师事务所于 2013 年 1 月 7 日出具的、号码为 02577653《发票》，记载收取广药集团咨询服务费 95000 元。6. 广东明境律师事务所于 2013 年 1 月 7 日出具的、号码为 02577654《发票》，记载收取广药集团咨询服务费 95000 元。7. 北京市金杜（广州）律师事务所于 2013 年 4 月 12 日出具的、号码为 09030690《广东增值税专用发票》，记载收取大健康公司律师费价税合计 69000 元。8. 北京市金杜（广州）律师事务所于 2013 年 4 月 12 日出具的、号码为 09030691《广东增值税专用发票》，记载收取大健康公司律师费价税合计 69000 元。9. 北京市金杜（广州）律师事务所于 2013 年 4 月 12 日出具的、号码为 09030692《广东增值税专用发票》，记载收取大健康公司律师费价税合计 92000 元。10. 赛立信公司于 2013 年 1 月 31 日出具的、号码为 00927495《发票》，记载收取大健康公司调研费 20000 元。11. 赛立信公司于 2013 年 1 月 31 日出具的、号码为 07319848《发票》，记载收取大健康公司调研费 20000 元。12. 赛立信公司于 2013 年 1 月 31 日出具的、号码为 07257677《发票》，记载收取大健康公司调研费 20000 元。13. 赛立信公司于 2013 年 1 月 31 日出具的、号码为 02180310《发票》，记载收取大健康公司调研费 12981 元。14. 赛立信公司于 2013 年 3 月 1 日出具的、号码为 03169398《发票》，记载收取大健康公司调研费 50000 元。15. 赛立信公司于 2013 年 3 月 1 日出具的、号码为 03652757《发票》，记载收取大健康公司调研费 22981 元。以上费用合计公证费 10420 元、律师费 520000 元、调研费 145962 元。

一审法院认为，本案争议焦点主要是：1. 涉案知名商品及其特有包装装潢的内容是什么；2. 涉案知名商品特有包装装潢的归属应如何认定；3. 加多宝公司生产、销售一边标注“王老吉”、一边标注“加多宝”的红罐凉茶以及两边均标注“加多宝”的红罐凉茶所使用的包装装潢是否构成不正当竞争；4. 经济损失如何计算。

（一）关于涉案知名商品及其特有包装装潢的内容是什么的问题

1. 关于本案知名商品所指向的对象

反不正当竞争法第五条第二项规定：擅自使用知名商品特有的名称、包装、装潢，或者使用与知名商品近似的名称、包装、装潢，造成和他人的知名商品相混淆，使购买者误认为是该知名商品的，构成不正当竞争。《最高人民法院关于审理不正当竞争民事案件应用法律若干问题的解释》（以下简称反不正当竞争法司法解释）第一条第一款规定：在中国境内具有一定的市场知名度，为相关公众所知悉的商品，应当认定为反不正当竞争法第五条第二项规定的“知名商品”。因此，知名商品是指不为相关商品所通用，具有显著区别性特征，并通过在商品上的使用，使消费者能够将该商品与其他经营者的同类商品相区别的商品名称。本案中，广药集团起诉称本案知名商品为“王老吉凉茶”，而加多宝公司则辩称本案知名商品是指由加多宝公司生产的、“使用王泽邦后人的正宗独家配方”的红色罐装凉茶。

一审法院对此认为，广药集团在起诉状中明确陈述：“2011 年 5 月 2 日广药集团向中国国际经济贸易仲裁委员会提起仲裁后，鸿道集团、加多宝公司明知将要败诉的情况下恶意将原两边均为‘王老吉’装潢的产品包装改为一边是‘王老吉’，一边是‘加多宝’装潢的产品包装，实施去‘王老吉’化的不道德商业手段，将‘王老吉’‘加多宝’装潢标识混为一体。”2012 年 5 月 9 日经中国国际经济贸易仲裁委员会裁决后，“鸿道集团、加多宝公司又将红罐两边字样都改为‘加多宝’，并未再使用王老吉注册商标，其它装潢基本未变。‘王老吉’红色罐装凉茶装潢属知名商品特有的装潢，依反不正当竞争法第五条第二项规定，应受法律保护，这在广东省高级人民法院已生效的判决书中亦作了认定。”“鸿道集团、加多宝公司在失去许可使用‘王老吉’商标之后，现生产和销售的‘加多宝’装潢的红罐凉茶饮料，在设计的文字、色彩、图案及排列组合上与广药集团知名商品‘王老吉’凉茶相似，其装潢近似程度足以引起与‘王老吉’凉茶商品混淆。”因此，从广药集团的上述陈述中，可以明确确定其在本案中所称的知名商品，就是指其与加多宝公司发生纠纷之前的“王老吉凉茶”。而加多宝公司在其答辩状中亦陈述：“据此，双方当事人针对以下事实已经达成共识：加多宝公司多年来生产销售的红色罐装凉茶商品是知名商品以及该知名商品具有特有的包装装潢、该装潢应当获得排他性法律保护。同时，这一事实已经被第 212 号判决认定。”“在 2012 年 6 月前，广药集团及其下属企业从未生产或委托生产过任何一罐红罐凉茶，亦没有对涉案知名商品的生产和宣传作出任何贡献，自无权针对涉案知名商品享有任何权利。”从加多宝公司的上述陈述中，亦可以明确确定其所称的知名商品，就是指其与广药集团发生纠纷之前的“王老吉凉茶”。因此，综合双方当事人的主张，本案知名商品指的是“王老吉凉茶”，其中“凉茶”属于此类商品的通用名称，“王老吉”属于特有名称。

而且在涉案的王老吉红罐凉茶的包装装潢中，既标注有第626155号注册商标，更用黄色字体竖排突出标注“王老吉”三个汉字，再结合该包装装潢中标注的“凉茶始祖王老吉创业于清朝道光年已有百余年历史”“王老吉凉茶依据祖传秘方……”等内容，足以认定该竖排标注的“王老吉”三个黄色汉字并不仅仅指第626155号注册商标，而且同时也是作为该商品名称使用，即该商品名称为“王老吉凉茶”。这从加多宝公司在中央电视台投放“怕上火、喝王老吉”的广告语中也可以得到充分的印证，该广告语中的“王老吉”既包含了该商品所用的商标为“王老吉”，也包含了该商品的名称为“王老吉凉茶”。

综上所述，从一般消费者的知识水平和认知能力出发，将本案知名商品界定为“王老吉凉茶”，已足以使消费者能够将该商品与其他经营者的同类商品相区别。加多宝公司认为本案知名商品是指“由加多宝公司生产的、使用王泽邦后人的正宗独家配方的红色罐装凉茶”，该主张显然与消费者的辨识习惯、称呼习惯、记忆习惯不相符，不能成立，一审法院不予支持。

2. 关于“王老吉凉茶”是不是知名商品的问题

根据反不正当竞争法司法解释第一条第一款的规定，人民法院认定知名商品，应当考虑该商品的销售时间、销售区域、销售额和销售对象，进行任何宣传的持续时间、程度和地域范围，作为知名商品受保护的情况等因素，进行综合判断。

本案证据证明，“王老吉”品牌始创于公元1828年清道光八年，创始人是王泽邦，在广州靖远路开设第一家凉茶铺，成为公认的凉茶始祖。1956年公私合营，王老吉成为国有企业。1991年5月，广州羊城药厂开始研制王老吉清凉茶饮料，并于1991年10月15日向广东省食品卫生监督检验所提交了《广东省食品新产品申请审批表》，产品名称为“王老吉”牌清凉茶，于1992年3月24日获得批准。至此，在广州羊城药厂的创新推动下，将王老吉凉茶从传统的药品开发出新的食品饮料产品。1992年1月11日，《粤港信息日报》第三版登载了广州羊城药厂、羊城滋补品厂就近年来市场上不断出现侵犯其商标、专利权事件发表的《严正声明》，证明当时王老吉品牌已经具有一定的知名度。1992年11月，广州羊城药厂“王老吉”商标被广东省著名商标评选委员会认定为广东省著名商标，1993年3月1日，广州市人民政府授予羊城药业“王老吉牌”商标为“广州市著名商标”称号。至此，在1995年3月“王老吉”商标被许可鸿道集团使用前，“王老吉”品牌凉茶在广东地区已为相关公众所知悉，已经具有较高的知名度。

1995年3月28日，羊城药业与鸿道集团签订《商标使用许可合同》，约定羊城药业许可鸿道集团独家使用第626155号“王老吉”注册商标，并约定鸿道集团使用红色包装。此后，双方还先后签订了多份《商标使用许可合同》及补充协议，均约定鸿道集团独家使用“王老吉”商标生产销售红罐王老吉凉茶。为此，鸿道集团在广东省东莞市投资设立东莞鸿道公司，开始生产、销售王老吉红罐凉茶。1998年东莞鸿道公司注销后，由加多宝公司承继生产经营。随着加多宝公司及其各关联公司通过大规模生产、持续性的市场推广、广泛媒体宣传和积极参与公益活动，王老吉凉茶生产、销售数量不断攀升，并连续多年稳居全国罐装饮料销量首位，多次获得各种荣誉，如2007年度至2011年度连续多年名列中国行业企业信息发布中心颁给的全国罐装饮料市场销售额第一名，2008年4月获得“中华民族凉茶行业第一品牌”称号等等。至此，王老吉凉茶成为名副其实的知名商品，实现了由地区知名到全国知名的知名度的飞跃。因此，广东省高级人民法院在第212号判决中认定：“涉案‘王老吉’罐装凉茶饮料在广东地区为广大消费者所知悉，在凉茶饮料市场中占有较大份额，享有比较高的知名度，在广东地区应属知名商品。‘王老吉’商标在1998年被评为广东省和广州市著名商标。2002年被国家体育总局体育器材装备中心授予在其形象宣传、广告、品牌推广和其产品包装上使用‘中国体育代表团专用标志’‘第十四届亚运会中国体育代表团合作伙伴’‘第十四届亚运会中国体育代表团唯一专用茶饮料’。东莞鸿道公司从1996年开始在罐装凉茶饮料上使用该装潢，并投入了大量的广告进行产品宣传。上述事实进一步佐证说明本案‘王老吉’罐装凉茶属知名商品。”

因此，综合考虑涉案“王老吉凉茶”商品的销售时间、销售区域、销售额和销售对象，宣传的持续时间、程度和地域范围，以及作为知名商品受保护的情况等因素，应当认定“王老吉凉茶”是知名商品。

3. 本案知名商品特有包装装潢所指向的对象

涉案知名商品王老吉凉茶的包装装潢采用红色为底色，主视图中心是突出、引人注目的三个竖排黄色装饰的楷书大字“王老吉”，“王老吉”右边为两列小号宋体黑色文字“凉茶始祖王老吉创业于清朝道光年已有百余年历史”，“王老吉”左边下部为褐色底、宋体白色文字“凉茶”，再左边为三列小号宋体黑色文字“王老吉凉茶依据祖传秘方采用上等草本配制老少咸宜诸君惠顾请认商标”；罐体上部有条深褐色的装饰线，该装饰线上有黄色英文

“herbal tea”和“王老吉”楷书小字相间围绕，罐体下部有一粗一细两条装饰线；后视图与主视图基本相同；左视图是中文和英文的配料表及防伪条形码；右视图上部是“王老吉”商标及“王老吉凉茶”字样，下部是“东莞鸿道食品有限公司”及其地址、电话、传真、保质期等商品生产者的信息。此后，王老吉罐装凉茶一直沿用该包装装潢，虽然期间有更改之处，但只是在罐体的文字上等处作少许更改。在第 212 号判决中，广东省高级人民法院已经认定：“本案中‘王老吉’罐装凉茶饮料上的装潢，在文字、色彩、图案及其排列组合上，设计独特，该装潢底色、图案与其名称融为一体，具有显著的区别性特征，并非为相关商品所通用，为该商品所特有，应为知名商品特有的装潢。”

综上，本案所涉知名商品特有包装装潢的内容是指标明在王老吉红罐凉茶产品的罐体上包括黄色字体“王老吉”等文字、红色底色等色彩、图案及其排列组合等组成部分在内的整体内容。

（二）关于涉案知名商品特有包装装潢的权益归属应如何认定的问题

知名商品的特有包装装潢之所以受反不正当竞争法保护，是因为其经使用而具有识别商品来源的功能。而商品来源的识别功能是由其知名度而产生。因此，商品具有知名度及其包装装潢的实际使用并形成特有性、显著性，是该包装装潢受到反不正当竞争法保护的法定要件。因此，本案要判断加多宝公司是否侵犯了广药集团的权利，首先要确定的是涉案王老吉红罐凉茶特有包装装潢权益的归属。本案中，广药集团与加多宝公司在王老吉商标许可使用合同中并没有对涉案王老吉红罐凉茶的包装装潢权益归属作出明确的约定，双方当事人均主张其对涉案王老吉红罐凉茶的特有包装装潢享有权利。

一审法院对此认为，正如前面所分析，在 1995 年 3 月 28 日广药集团的前身羊城药业将“王老吉”商标许可给鸿道集团使用之前，“王老吉”品牌已经具有百年历史，已经成为中华老字号，并先后获得广州市、广东省著名商标称号，在相关公众中已经具有相当高的知名度。对此，王老吉品牌的权利人先后作出了巨大的历史贡献。虽然由于历史更迭，王老吉品牌的所有权人先后发生变更，现在已经变更为广药集团，但是，前人对王老吉品牌所创造的商誉应由后人继承及享有。正是基于“王老吉”品牌的知名度以及该品牌实在的及潜在的巨大市场价值，鸿道集团才先后与羊城药业及广药集团签订王老吉商标许可使用协议，并在此基础上推出王老吉红罐凉茶。而在该王老吉红罐凉茶的包装装潢中所突出使用的“王老吉”三个汉字，就承载着王老吉品牌巨大的商誉和价值。涉案王老吉红罐凉茶的商誉和价值与涉案商标许可使用协议签订前的王老吉品牌的商誉和价值一脉相承，因此，广药集团及其前身对本案所涉知名商品及其特有包装装潢的知名度作出了巨大贡献，使涉案王老吉红罐凉茶刚推出市场，即享有较高的关注度，拥有较好的消费者群体基础和市场前景，同时广药集团作为“王老吉”商标权所有人，其对“王老吉”知名度和美誉度的维护和提高，是涉案王老吉红罐凉茶知名度得以延续和发展所不可或缺的因素。加多宝公司认为，在本案所涉商标许可使用协议签订前，所有涉及王老吉的商誉均是在药品方面，与本案作为饮料食品的红罐凉茶没有关联，该主张既与广药集团的前身早已开发出“王老吉”清凉茶产品的事实不符，显然也是将王老吉品牌的历史断然割裂开来，是不能成立的。

加多宝公司认为，装潢是为识别与美化商品而在商品或者其包装上附加的文字、图案、色彩及其排列组合，因此，在设计产品装潢时，必然将商品使用的商标及上述需要标识的内容，通过文字、图案、色彩及排列组合，从整体上形成显著区别特征，以识别商品来源，但是包括商标在内的上述标识内容本身并不是装潢保护范围，包装装潢权与注册商标专用权可以分离，即该两项权利可以分别属于两个不同的主体。一审法院对此认为，包装装潢是由文字、图案、色彩等元素及其排列组合而成的，既可以将商标作为包装装潢的组成要素，也可以将商标排除在包装装潢的组成要素之外。如果将商标标识作为包装装潢的一个组成部分，即商标与包装装潢已经融为一体，此时不应将商标与包装装潢的其他组成部分割裂开来，应将包括该商标标识在内的包装装潢作为一个整体而受到法律的保护。从本案所涉包装装潢可以看出，其最吸引相关公众注意之处在于红色主调和竖排的、黄色字体“王老吉”三个字，“王老吉”三个字已经与王老吉红罐凉茶包装装潢的其他组成部分紧密地结合在一起，已经成为该包装装潢的一个重要组成部分，即商标与包装装潢已经融为一体，不可分离，而且正如前面所分析的，该竖排的、黄色字体的“王老吉”三个字不仅仅指“王老吉”商标，同时还承载着百年老字号“王老吉”品牌的历史底蕴，承载着“王老吉凉茶”这一商品商誉的作用。因此广药集团的“王老吉”商标和该装潢中的其他构成要素，一并构成本案包装装潢，本案包装装潢已经不能脱离王老吉商标而单独存在，各构成要素作为一个整体在市场上发挥了识别商品来源的作用。对于相关公众而言，他们也是将本案所涉包装装潢的各种构成要素作为一个整体进行观察，从而对商品来源予以识别。因此，正是因为本案包装装潢包含了广药集团的“王老吉”商标，故在实际使用过程中，相关公众并不会刻意区分法律意义上的商标权与特有包装装潢权，而是认为本案所涉知名商品与广药集团存在密切联系。因此，加多宝公司认为涉案王老吉红罐凉茶包装装潢记载的所有信息无一指向广药集团，消费者根本无从知晓红罐凉茶与广药集团有何关系，甚至无从知晓广药集团是王老吉商标的权利人，自然无法将涉案装潢与广药集团联系起来，并认为本案所涉知名商品特有包装装潢权与商标权应分属于加多宝公司和广药集团的主张缺乏事实和法律依据，不能成立，一审法院不予支持。

加多宝公司还认为，本案所涉知名商品特有包装装潢是由鸿道集团委托他人设计并首先投入使用，此后加多宝公司及其各关联公司对涉案知名商品的生产、销售、宣传、推广作出了巨大贡献，使之成为全国知名的商品，而广药集团对此没有作出任何贡献，因此该包装装潢权应归属加多宝公司。一审法院对此认为，鸿道集团与广药集团及其前身先后签订王老吉商标许可使用合同，约定由广药集团授权鸿道集团使用第 626155 号注册商标并约定由鸿道集团生产经营红色罐装王老吉凉茶，鸿道集团据此先后在东莞投资设立东莞鸿道公司、加多宝公司，从事生产经营王老吉红罐凉茶，因此加多宝公司之所以有权生产经营王老吉红罐凉茶，是基于广药集团的授权。加多宝公司及其各关联公司确实对王老吉红罐凉茶知名度的提升做出了贡献，但是，由此所产生的商誉仍然附属于知名商品王老吉凉茶，应由该知名商品的权利人广药集团享有，这也是鸿道集团在签订商标许可使用合同时就应该预见到的。因此，在广药集团收回王老吉商标时，附属于涉案知名商品的特有包装装潢亦应一并归还给王老吉的商标权人广药集团。至于加多宝公司及其各关联公司对王老吉红罐凉茶在商标许可使用合同期内所投入的资金、广告宣传费用等，也已经在王老吉商标许可使用期内获得了巨额经济回报，即使未能收回其全部投资，也是其在签订商标许可使用合同时所能预见到的，由此所造成的后果亦应由其自行承担。因此，涉案知名商品特有包装装潢权在王老吉商标许可使用期满后，由广药集团收归其所用，并不会损害加多宝公司的利益，也不会造成不公平。

需要指出的是，本案系擅自使用知名商品特有包装装潢纠纷，而不是侵害专利权纠纷或者专利权属纠纷，因此，即使本案所涉包装装潢是由鸿道集团委托他人设计并获得外观设计专利权，但是外观设计本身并不能产生知名商品特有包装装潢权，其只能受专利法保护，而知名商品特有包装装潢权系通过使用而形成，其受反不正当竞争法保护。因此，专利权与知名商品特有包装装潢权属于两种不同的权利，分别受不同法律调整。加多宝公司认为涉案包装装潢系鸿道集团委托他人设计并获得专利授权，涉案知名商品特有包装装潢权应归加多宝公司所有，理由不成立，一审法院不予支持。

加多宝公司认为第 19 号判决和第 212 号判决均认定知名商品特有包装装

潢权益归属于知名商品合法经营者，并可随知名商品在不同的合法经营者之间继受，由此可判定，两审法院均认为包装装潢权益并非随商标而发生继受，而加多宝公司是“王老吉”罐装凉茶饮料的合法经营者，继受了东莞鸿道公司该知名商品特有的包装装潢权益，是本案知名商品特有包装装潢权益的主体。一审法院对此认为，在上述纠纷案件中，加多宝公司之所以能以其名义提起诉讼，一、二审法院之所以认定加多宝公司是涉案知名商品特有包装装潢权益的主体，是基于：（1）广药集团及其前身与鸿道集团签订了系列商标许可使用协议，许可鸿道集团使用王老吉商标，而加多宝公司是鸿道集团投资设立的公司，据此获得许可生产、销售王老吉红罐凉茶，成为该产品的生产者。其中2000年5月2日签订的《商标许可协议》约定：鸿道集团知道任何第三者有任何侵权行为时，可直接以鸿道集团的名义采取任何法律手段，制止任何侵权行为，由此引起的费用由鸿道集团负担，有关赔偿利益归鸿道集团享有。（2）广药集团于2003年3月3日出具的《授权委托书》，授权鸿道集团在浙江省、广东省内对侵犯“王老吉”注册商标（注册号626155）的一切侵权行为采取法律手段予以制止，并可以鸿道集团名义进行诉讼活动。（3）当时广药集团与加多宝公司之间的关系相对于三水华力饮料食品有限公司而言属于内部关系，而且广药集团与加多宝公司之间并没有对涉案知名商品特有包装装潢的权属发生争议，因此在上述案件中无需对涉案知名商品特有包装装潢权是属于广药集团所有还是属于加多宝公司所有或者由两者共同享有予以明确界定。（4）在第19号判决和第212号判决中，只是认定加多宝公司继受了涉案知名商品特有包装装潢权，解决了加多宝公司的诉权问题，但并没有对涉案包装装潢权作原权利归属的认定。综上，加多宝公司的主张不能成立，一审法院不予支持。

综上，本案所涉知名商品特有包装装潢权应由广药集团享有，加多宝公司无权享有该权利。

（三）关于加多宝公司生产、销售一边标注“王老吉”、一边标注“加多宝”的红罐凉茶以及两边均标注“加多宝”的红罐凉茶所使用的包装装潢是否构成不正当竞争的问题

反不正当竞争法第五条第二项规定将“造成和他人的知名商品相混淆，使购买者误认为是该知名商品”规定为此类不正当竞争行为的构成要件之一。反不正当竞争法司法解释第四条规定：足以使相关公众对商品的来源产生误认，包括误认为与知名商品的经营者具有许可使用、关联企业关系等特定联系的，应当认定为反不正当竞争法第五条第二项规定的“造成和他人的知名商品相混淆，使购买者误认为是该知名商品”。在相同商品上使用相同

或者视觉上基本无差别的商品名称、包装、装潢，应当视为足以造成和他人知名商品相混淆。认定与知名商品特有名称、包装、装潢相同或者近似，可以参照商标相同或者近似的判断原则和方法。因此，认定包装装潢相同或者近似，应当按以下原则进行：1. 以相关公众的一般注意力为标准；2. 既要进行对包装装潢的整体比对，又要进行对包装装潢主要部分的比对，比对应当在比对对象隔离的状态下分别进行；3. 判断包装装潢是否近似，应当考虑请求保护包装装潢的显著性和知名度。

知名商品特有包装装潢的权利人享有排除他人使用，维护其正当竞争利益的权利。本案中，正如前面所述，涉案知名商品特有包装装潢权属于广药集团，不属于鸿道集团或者加多宝公司，因此，广药集团有权排除他人使用与涉案知名商品特有包装装潢相同或者近似的包装装潢。广药集团认为加多宝公司从 2011 年 11 月或者 12 月起开始生产一边标注“王老吉”、一边标注“加多宝”的红罐凉茶、从 2012 年 6 月开始生产两边均标注“加多宝”的红罐凉茶侵犯了其涉案知名商品特有包装装潢权。将该两款被控侵权产品与广药集团王老吉红罐凉茶的包装装潢按照上述比对原则分别进行比对，两者均是采用红色为底色，主视图中心是突出、引人注目的三个竖排黄色装饰的楷书大字，两者的主要区别在于被控侵权产品将王老吉红罐凉茶包装装潢中两边竖排的、黄色的“王老吉”三个大字的一边改为“加多宝”、另一边仍保留“王老吉”三个大字，或者两边均改为“加多宝”三个大字。从整体上看，被控侵权产品与王老吉红罐凉茶包装装潢的各种构成要素，包括文字、色彩、图案及其排列组合，在整体视觉效果上无实质性差异，足以使相关公众对商品的来源产生误认，包括误认为加多宝公司与广药集团之间具有许可使用、关联企业关系等特定联系，故应认定两者属于相近似的包装装潢。

加多宝公司未经广药集团许可，在同类商品上擅自使用与广药集团涉案知名商品特有包装装潢相近似的包装装潢，不正当地挤占了广药集团的市场份额，侵害了广药集团的合法权利，损害了消费者的利益，构成不正当竞争。因此，广药集团要求判令加多宝公司立即停止使用、生产、销售与涉案知名商品王老吉红罐凉茶特有包装装潢相近似的包装装潢、销毁库存侵权产品，停止使用并移除或销毁所有载有被控侵权产品的广告（包括但不限于电视广告、视频广告和平面媒体广告）以及各种介绍、宣传材料等，有充分的事实和法律依据，一审法院予以支持。

关于广药集团请求判令加多宝公司有关经济损失的问题，反不正当竞争法第二十条第一款规定：“经营者违反本法规定，给被侵害的经营者造成损害的，应当承担损害赔偿责任，被侵害的经营者的损失难以计算的，赔偿额为侵权人在侵权期间因侵权所获得的利润；并应当承担被侵害的经营者因调查该经营者侵害其合法权益的不正当竞争行为所支付的合理费用。”反不正当竞争法司法解释第十七条规定，对于擅自使用知名商品特有包装装潢不正当竞争行为的损害赔偿额的确定，可以参照确定侵犯注册商标专用权的损害赔偿额的方法进行。广药集团认为加多宝公司从2011年11月或者12月起开始生产、销售一边标注“王老吉”、一边标注“加多宝”的红罐凉茶，从2012年5月10日开始生产、销售两边均标注“加多宝”的红罐凉茶，因加多宝公司对广药集团的上述主张没有否认，而广药集团不能证明加多宝公司是从2011年11月开始还是从12月开始生产被诉侵权产品，因此从有利于被告的原则出发，应从2011年12月开始计算加多宝公司的侵权时间。

广药集团认为，根据加多宝官方活动网站2013年3月23日发布的《中国行业企业信息发布中心权威发布：10罐凉茶8罐加多宝》的报道，可知加多宝公司2012年销量超过200亿元，而根据中国产业经济信息网2013年1月22日发布的《2012年全国饮料行业逆势上涨，同比上年增长10%》的报道，可知饮料行业的利润率为7.3%，因此广药集团仅请求判令加多宝公司赔偿经济损失1.5亿元，是合理的。一审法院对此认为，上述加多宝官方网站并无证据直接指向为加多宝公司网站，这个数据也不能确定就是加多宝公司本身2012年的销售额还是加多宝公司及其各关联公司2012年的销售额；至于中国产业经济信息网关于饮料行业利润率为7.3%的报道，即使该利润率数据是真实的，但也是针对所有饮料行业，不能直接适用于涉案凉茶产品，同时需要有加多宝公司的销售量才能计算其获利情况。因此不能仅以上述加多宝官方网站中提及的2012年销售数据以及中国产业经济信息网所公布的饮料行业利润率的数据作为本案计算加多宝公司赔偿数额的依据。

广药集团为了证明加多宝公司侵权获利情况，向一审法院申请对加多宝公司2012年5月10日至2013年3月31日的财务账册等会计资料进行审计，审计该公司在此期间分别所生产、销售的一边为“王老吉”、一边为“加多宝”的红罐凉茶、两边均为“加多宝”的红罐凉茶的数量、利润。根据大信会计师事务所（特殊普通合伙人）广东分所作出的《专项审计报告》，加多宝公司在此期间销售红罐凉茶获得的净利润（税后利润）为32039858.65元，对母公司（鸿道集团）出口销售收入15705411.79元，两项共计47745270.44元，该数额应为加多宝公司在此期间生产、销售侵权产品所获得的利益。该数额按11个月计算，每月为4340479.13元。因双方当事人均没有提供证据证明加多宝公司在2011年12月至2012年5月10日期间以及从2013年4月1日起至今期间生产、销售侵权产品所获得的利益，因此，一审法院参照前述审计期间加多宝公司每月获得的利益来计算该两段时间加多宝公司的获利情况，该两段时间计算至 2014 年 10 月 31 日止共 24 个月，计 4340479. 13 元 ×24 个月 = 104171499. 12 元，故从 2011 年 12 月计至 2014 年 10 月 31 日止加多宝公司的获利为 47745270. 44 元 + 104171499. 12 元 = 151916769. 56 元。而本案中，广药集团只请求判令加多宝公司赔偿自 2011 年 12 月起至本案终审判决作出前给广药集团造成的经济损失 1. 5 亿元，因该请求赔偿的数额在加多宝公司获利的幅度范围内，故一审法院对广药集团在本案中请求加多宝公司赔偿 1. 5 亿元的诉讼请求予以支持。

广药集团请求判令加多宝公司赔偿其为制止侵权行为所支付的合理维权费用 100 万元，并提供了有发票证明的公证费 10420 元、律师费 520000 元、调研费 145962 元。但是，广药集团系作为原告提起本案诉讼，而其全资子公司大健康公司则作为一审法院（2013）粤高法民三初字第 1 号案的被告参加诉讼，不管作为原告的广药集团还是作为被告的大健康公司，其提供的证据基本相同，委托参加诉讼的代理人也有部分相同，因此，有关公证费、律师费应在该两案中作适当的分担。至于广药集团委托赛立信公司所进行的调查分析，是广药集团的单方行为，而且该证据只是作为认定本案事实的参考依据，并不是本案必要的证据，因此，由此所产生的相关费用支出，应由委托人广药集团自行负担，不应由加多宝公司负担。综上，一审法院综合考虑本案的实际情况，认定加多宝公司应赔偿广药集团为制止侵权行为所支付的合理费用 265210 元。

加多宝公司大规模地、持续地侵害广药集团涉案知名商品特有包装装潢权，不仅给广药集团造成了严重的经济损失，还给广药集团的企业商誉和产品声誉造成了严重的不良影响，因此广药集团请求判令加多宝公司在有关电视台、报刊及官网上公开发布声明，澄清事实，消除不良影响，该诉讼请求有事实和法律依据，一审法院予以支持。考虑到本案的实际情况，一审法院认为加多宝公司在《南方日报》第一版、《广州日报》第一版、人民网首页上连续七天公开发布声明即可。

综上所述，经一审法院审判委员会讨论，依照《中华人民共和国民法通则》第一百三十四条，《中华人民共和国反不正当竞争法》第五条第二项、第二十条第一款，《最高人民法院关于审理不正当竞争民事案件应用法律若干问题的解释》第一条第一款、第二条、第四条、第十七条第一款，《中华人民共和国民事诉讼法》第一百四十二条的规定，判决：一、加多宝公司于本判决生效之日起立即停止使用与涉案知名商品王老吉红罐凉茶特有包装装潢相同或者相近似的包装装潢；立即停止生产、销售与涉案知名商品王老吉红罐凉茶特有包装装潢相同或者相近似的包装装潢的产品；立即销毁与涉案知名商品王老吉红罐凉茶特有包装装潢相同或者相近似包装装潢的库存侵权产品；立即停止使用并移除或销毁所有载有被控侵权产品的广告（包括但不限于电视广告、视频广告和平面媒体广告）以及各种介绍、宣传材料等。二、加多宝公司于判决生效之日起七日内赔偿广药集团经济损失 1.5 亿元以及合理维权费用 265210 元。三、加多宝公司于判决生效之日起七日内连续七天在《南方日报》第一版、《广州日报》第一版、网址为 www. people. com. cn 人民网首页上刊登声明，向广药集团公开消除影响（声明内容由一审法院审定）。如果加多宝公司未能按期履行该判决主文，一审法院将本判决全部判项主文刊载在上述媒体上，有关费用由加多宝公司负担。四、驳回广药集团的其他诉讼请求。本案一审案件受理费人民币 796800 元，证据保全费人民币 30 元，审计费人民币 420000 元，均由加多宝公司负担。

本院二审期间，广药集团为证明其主张，向本院提交了两组共 4 份证据。本院结合加多宝公司的质证意见，对该 4 份证据认证如下：

第一组证据为证据 1，系赛立信公司根据大健康公司的委托，于 2015 年 5 月出具的《2015 年王老吉特有包装装潢市场研究报告》，为证明目前对王老吉红罐凉茶特有包装装潢发生混淆的现象仍然大量存在。该报告记载："关于调查背景，现阶段，王老吉决定继续进一步提出法律诉讼，希望可以依靠问卷调查和法律约束力，论证目前在市场上，加多宝利用各种方法正在侵害王老吉的包装权。为此，赛立信公司制作本调研方案，帮助王老吉设计市场数据的收集、处理、分析等方法和实施，用以呈交法院，达到所需法律效果。本项研究的目的包括：1. 论证王老吉与加多宝的罐装凉茶的包装是否让消费者容易混淆；2. 论证加多宝各类渠道的销售商是否也容易混淆两个品牌凉茶的包装；3. 最终目的：王老吉与加多宝两大品牌是否应该在罐装凉茶包装上更多地呈现差异，以规避混淆问题，保证凉茶市场有序竞争。"加多宝公司对该证据的质证意见为：对证据 1 的真实性、合法性、关联性均不予认可。理由为：1. 该报告根据大健康公司的委托作出，报告采用的调查方法不科学，调查标准不明确；2. 双方商品之所以造成消费者的混淆，根本原因在于大健康公司仿冒加多宝公司商品的特有装潢，如报告本身具有客观性，反而能够证明广药集团的使用行为构成侵权；3. 双方在本案中争议的内容是商品的装潢而非包装，但报告所称的论证对象为"王老吉凉茶的包装权"，在混淆了基本概念的基础上，报告不具有可信性；4. 报告采取遮盖两种红罐凉茶的关键字即竖排"加多宝"和"王老吉"的方式进行消费者混淆的调查，这与广药集团所提"王老吉"为涉案装潢核心部分的主张矛盾，亦无法对广药集团所提主张予以证明；5. 报告对调查问题的设计、调查群体的选择、调研信息的统计等均不具有公信力，不足以证明本案事实；6. 报告的结论之一为最大比例的零售商选择依据字体对“加多宝”和“王老吉”进行辨别，以此逻辑，意味着广药集团对加多宝公司所提侵权主张即不能成立。

关于证据1，本院认为，广药集团向本院及加多宝公司提交了该研究报告的原件，在没有相反证据的情况下，本院对其形式真实性予以确认，即赛立信公司确曾根据大健康公司的委托出具了研究报告。但是，本院亦注意到，该研究报告系根据大健康公司的单方委托而作出，大健康公司为此支付了相关费用，且在“调查背景”部分明确指出调查系针对本次诉讼而进行。因此，由于该研究报告本身缺乏必要的中立性，报告中的相关内容仅具有参考意义，不能作为认定案件事实的依据。

第二组证据为证据2、证据3、证据4，系广东省广州市公证处根据大健康公司的委托，于2015年4月8日出具的（2015）粤广广州第054577号、第054576号、第054575号公证书，为证明加多宝公司在广告中宣称其产品销量领先的数据来源虚假。该三份公证书通过百度搜索的方式对“中国行业企业信息发布中心”的相关情况进行了查询，其中的部分网页内容截屏显示：在国家统计局网站的“通知公告”栏目下，有“关于媒体报道有关中介打着国家统计局名号售假排名敛财的声明”；中央电视台记者调查称，“中国行业企业信息发布中心”与国家统计局没有关系，也没有在北京市工商行政管理局进行过注册。加多宝公司对该组证据的质证意见为：对证据2、证据3、证据4的真实性、合法性、关联性均不予认可。理由为：1. 证据2不属于一审庭审后发现的新证据，也不足以证明加多宝公司产品的销售数量虚假；2. 证据3系国家统计局在其官方网站上的声明，从声明内容看，国家统计局对有关事实正在进行调查，这与媒体所称国家统计局否认与“中国行业企业信息发布中心”有关系的说法不符；3. 证据4未能证明国家统计局否认与“中国行业企业信息发布中心”有关这一事实，也不能据此而否认该中心发布的所有报告的真实性。

关于证据2、证据3、证据4，本院认为，上述三份证据均以公证文书的形式体现，在无相反证据的情况下，本院对其形式真实性予以确认。但对于中国行业企业信息发布中心的资质问题，应由国家有关部门调查核实，本院对此不予评述。此外，在不考虑数据来源的情况下，上述证据亦不足以否定，该信息发布中心根据其统计范围和方法，曾经就2007年至2013年期间加多宝公司及其关联企业凉茶商品的销售量问题出具了《统计调查信息证明》这一事实。

本院审理查明，一审法院查明的事实基本属实，本院予以确认。

本院认为，综合加多宝公司的上诉请求和广药集团的答辩意见，并结合相关证据和事实，本案主要有四个争议焦点问题。本院对此逐一评述如下：

一、涉案知名商品特有包装装潢的内容和指向

根据反不正当竞争法第五条第二项的规定，擅自使用知名商品特有的名称、包装、装潢，或者使用与知名商品近似的名称、包装、装潢，造成和他人的知名商品相混淆，使购买者误认为是该知名商品的，构成不正当竞争。知名商品的特有包装、装潢，从本质上而言，是对商业标识性权益的保护。因此，确定本案中是否存在与包装装潢有关的、应受法律保护的合法权益，是首先需要评述的问题。

（一）关于涉案包装装潢的内容及其是否具备特有性的问题

1. 关于涉案包装装潢的内容

一审法院认为，本案所涉知名商品特有包装装潢的内容是指，标明在王老吉红罐凉茶产品的罐体上包括黄色字体“王老吉”等文字、红色底色等色彩、图案及其排列组合等组成部分在内的整体内容。加多宝公司认为，涉案包装装潢所具有的红色底色搭配黄色标识文字及黑色辅助文字的视觉效果，与其他同类商品包装的显著区别在于图案布局、标识底色、文字颜色、文字排列位置、色彩搭配等方面，而并不在于文字内容。对此本院认为，首先，根据一审法院查明的事实，广药集团与加多宝公司在一审法院审理期间所提供的，用以证明涉案包装装潢具体形式的产品实物，均为两面标明“王老吉”字样的红罐包装装潢，具体表现方式与一审法院认定相符，即：底色为红色，中心部位有三个竖向排列的黄色楷书大字“王老吉”，右侧为两列小号宋体黑色文字“凉茶始祖王老吉创业于清朝道光年已有百余年历史”，左下方为褐色底、白色宋体文字“凉茶”，再左侧为三列小号宋体黑色文字“王老吉凉茶依据祖传秘方采用上等草本配制老少咸宜诸君惠顾请认商标”。罐体上部为深褐色装饰线，装饰线上有黄色英文文字“herbal tea”和“王老吉”楷书小字相间排列，罐体下部有粗细搭配的两条装饰线。此外，罐体之上还包含有“王老吉”商标图样、“王老吉凉茶”文字、生产厂家的名称、地址、电话等信息。在红罐王老吉凉茶生产、销售过程中，除对罐体之上的部分文字内容稍作更改之外，一直沿用了该包装装潢形式，而其中亦始终包含黄色字体的“王老吉”文字。其次，加多宝公司在本案诉讼过程中曾多次使用“红罐王老吉”指称本案其请求保护的知名商品，并援引第 212 号判决的内容作为其主张权利的依据，该判决亦认定“王老吉罐装凉茶饮料上的装潢，在文字、色彩、图案及其排列组合上，设计独特，并非为相关商品所通

用，为该商品所特有，应为知名商品特有的装潢”。由此可见，加多宝公司关于在确定涉案包装装潢内容之时，应忽略文字含义的主张，与其作为权利依据的事实并不相符。最后，商品的包装装潢通常是由文字、图案、色彩等多种构成要素组合而成的整体形象，文字部分一般指向的是使用该包装装潢的商品名称或商标。在对包装装潢进行实际使用的过程中，既可以将商标作为包装装潢的组成要素之一，亦可将其明确排除在外，这完全取决于包装装潢设计或使用者自身的意愿。涉案包装装潢在实际使用过程中，除根据商标许可协议的约定，在包装装潢之上使用了第 626155 号“王老吉”注册商标图样外，还将以黄色字体书写的“王老吉”三字放置在包装装潢中的显著位置，且加多宝公司在生产、销售红罐王老吉凉茶的过程中，亦从未对包装装潢的上述表现方式作出过实质性变化。因此，加多宝公司既有在实际使用过程中将“王老吉”文字作为包装装潢组成部分的主观意愿，亦通过长期、稳定的使用行为和使用方式，使“王老吉”文字在事实上也成了涉案包装装潢的组成部分，并与包装装潢中的其他内容紧密地结合在了一起。在该包装装潢之中，“王老吉”文字及王老吉注册商标为加多宝公司经广药集团许可使用的内容，包括红色底色、图案及排列组合在内的其他部分，为加多宝公司自行创设完成的部分。据此，一审法院所做“在王老吉红罐凉茶产品的罐体上包括黄色王老吉文字、红色底色等色彩、图案及其排列组合等组成部分在内的整体内容”为涉案特有包装装潢内容的认定，并无不妥之处。

2. 关于涉案包装装潢是否具备特有性

反不正当竞争法司法解释第二条规定，具有区别商品来源显著特征的商品的名称、包装、装潢，应当认定为反不正当竞争法第五条第二项规定的“特有的名称、包装、装潢”。

涉案包装装潢以红色为主色调，并选择使用色彩鲜艳、与主色调具有强烈对比效果的黄色字体书写包装装潢中心部位的“王老吉”三个大字，并与装潢中包含的被许可使用的“王老吉”商标标识、褐色或黑色文字、图案、线条组合等在内的其他构成要素进行了有机结合。因此，虽然以红色为主色调的表现形式在罐装饮料商品包装装潢的设计中并不鲜见，但考虑到饮料商品的包装装潢形式具有较大的设计空间，而涉案包装装潢通过对色彩、文字、图案等设计要素的选择和组合，呈现出了具有一定独特性并与商品的功能效果无关的视觉效果与显著特征，并通过经营者长时间及较大范围的宣传和实际使用行为，使涉案包装装潢所发挥的商品来源的指示作用得以不断加强。事实上，双方当事人亦未对涉案包装装潢是否具有特有性的问题提出质疑。因此，涉案包装装潢符合反不正当竞争法关于“特有包装装潢”的保护条件，本院对一审法院的相关认定予以支持。

（二）关于涉案包装装潢依附的商品及其知名度

包装装潢具有显著识别特征，并使用于具有一定知名度的商品之上，是与包装装潢有关的商业标识性权益获得反不正当竞争法保护的条件。在适用反不正当竞争法第五条第二项的规定时，应对“特有包装装潢”与“知名商品”之间的关系作出正确理解，即二者具有互为表里、不可割裂的关系。只有使用了特有包装装潢的商品，才能够成为反不正当竞争法评述的对象。相反，抽象的商品名称，或无确定内涵的商品概念，脱离于包装装潢所依附的具体商品，缺乏可供评价的实际使用行为，不具有依据反不正当竞争法第五条第二项规定进行评价的意义。

1. 关于涉案包装装潢依附的商品

反不正当竞争法司法解释第一条规定，在中国境内具有一定的市场知名度，为相关公众所知悉的商品，应当认定为反不正当竞争法第五条第二项规定的“知名商品”。具体到本案知名商品的界定，广药集团认为，“王老吉凉茶”为本案中的知名商品。加多宝公司认为，“由加多宝公司生产、使用王泽邦后人正宗独家配方的红色罐装凉茶”是本案中的知名商品。一审法院认为，知名商品是指不为相关商品所通用，具有显著区别性特征，并通过在商品上的使用，使消费者能够将该商品与其他经营者的同类商品相区别的商品名称。本案知名商品指的是“王老吉凉茶”，其中“凉茶”属于此类商品的通用名称，“王老吉”属于特有名称。对此，本院认为：

首先，基于特有包装装潢与知名商品之间所应具有的指向和依附关系，结合本院前述已经认定的涉案特有包装装潢的内容，即，使用在红罐王老吉凉茶产品罐体之上、包括黄色“王老吉”文字、红色底色等色彩、图案及其排列组合等组成部分在内的整体内容，根据一审法院查明的事实，结合当事人主张权利的依据，前述包装装潢形式使用于加多宝公司生产经营的红罐王老吉凉茶商品之上，故加多宝公司生产经营的红罐王老吉凉茶应为本案特有包装装潢所依附的商品。对于加多宝公司主张其自 2011 年 12 月开始使用的一边标注“王老吉”、一边标注“加多宝”和两边均标注“加多宝”的红罐凉茶，以及广药集团主张其自 2012 年 6 月开始授权大健康公司使用的红罐王老吉凉茶亦为知名商品的问题，本院认为，加多宝公司与大健康公司分别自 2011 年 12 月及 2012 年 6 月之后开始生产的凉茶商品，不是双方在一审期间作为确定包装装潢具体内容的事实依据，故对广药集团与加多宝公司的上述主张，本院均不予评述。

其次，关于“王老吉凉茶”是否为本案中的“知名商品”。根据一审法院查明的事实，“王老吉凉茶”作为一种商品名称，在双方纠纷发生之时，至少可以指代由广药集团生产的绿色纸盒或加多宝公司生产的红色罐装等不同包装装潢形式的凉茶商品。而本案界定“知名商品”的目的，是为了判断附着于其上的、特定的包装装潢形式，是否符合反不正当竞争法对商业标识性权益提供保护的条件。因此，该“知名商品”应当与涉案包装装潢形式具有明确的指向关系。一审法院脱离了商品与包装装潢所应具有的依附关系，将指代并不唯一的商品名称“王老吉凉茶”认定为本案的“知名商品”，缺乏事实与法律依据，本院对此予以纠正。此外，由于本案所涉为知名商品特有包装装潢纠纷，一审法院关于“王老吉”是否属于特有名称的认定，与本案无关，本院对此一并予以纠正。

最后，关于配方或口味是否对知名商品的认定产生影响。加多宝公司认为，本案中的知名商品还应当包括“使用王泽邦后人的正宗独家秘方”的内容。本院认为，双方自 1995 年开始建立商标许可使用关系后，各自开展王老吉凉茶的生产经营活动。但是，并无证据显示，加多宝公司在生产、销售红罐王老吉凉茶的过程中，曾通过着力强调配方、口味的差异，而使得消费者能够据此对双方生产的王老吉凉茶形成区分。据此，加多宝公司要求以配方的内容或来源，进一步对本案“知名商品”的内涵作出限定的主张，本院不予支持。

2. 关于加多宝公司生产经营的红罐王老吉凉茶是否具备知名度

反不正当竞争法司法解释第一条规定，人民法院认定知名商品，应当考虑该商品的销售时间、销售区域、销售额和销售对象，进行任何宣传的持续时间、程度和地域范围，作为知名商品受保护的情况等因素，进行综合判断。据此，对于红罐王老吉凉茶是否为本案中的知名商品的问题，应当综合考虑如下因素：（1）“王老吉”品牌的历史渊源。“王老吉”品牌由王泽邦创始于清朝道光年间，被称之为凉茶始祖。1956 年公私合营后，历经广州羊城药厂、羊城药业等企业的经营，自 1992 年起即多次被认定为广东省和广州市的著名商标。因此，一审法院所作双方建立商标许可使用关系前，“王老吉”品牌在广东地区已为相关公众所知悉、具有了一定的市场知名度的认定，已为广药集团提供的证据 2、证据 5、证据 7、证据 9、证据 10、证据 27、证据 28 ~ 30、证据 32 ~ 39 等相关内容所佐证，具有事实依据，就加多宝公司对上述证据所提异议，本院不予支持。（2）红罐王老吉凉茶的市场销售及广告宣传情况。在羊城药业与鸿道集团签订《商标许可使用合同》后，加多宝公司及其关联企业对红罐王老吉凉茶进行了规模化的生产、销售，并开展了持续性的市场宣传和推广活动，红罐王老吉凉茶的生产、销售数量连年攀升，并连续多年在全国罐装饮料商品的销售中名列前茅，亦获得了包括“中华民族凉茶行业第一品牌”在内的多项荣誉称号，加多宝公司的上述生产经营活动使红罐王老吉凉茶在此期间的知名度获得了极大的提升。一审判决在“本案包装装潢情况”以及“1995 年以来王老吉凉茶的产销量、广告宣传、获得的荣誉”等部分，对加多宝公司提供的证据 1、证据 7 的相关内容，以及加多宝公司在此期间的生产经营情况均给予了客观表述，在缺乏关联性或真实性无法确定的基础上，对加多宝公司提供的证据 12、32、38、45、48 未予采信的作法并无不当，加多宝公司对此所提异议不能成立，本院不予支持。（3）红罐王老吉凉茶作为知名商品受到人民法院生效裁判保护的记录。第 212 号判决曾认定：涉案王老吉罐装凉茶饮料在广东地区为广大消费者所知悉，在凉茶饮料市场中占有较大份额，享有比较高的知名度，在广东地区应属知名商品。以上事实证明，红罐王老吉凉茶符合知名商品的认定条件。据此，综合考虑“王老吉”品牌的历史渊源、加多宝公司生产经营的红罐王老吉凉茶商品的销售、宣传、受到保护的记录，以及相关公众在此基础上对商品形成的知晓程度，应当认定其为本案中的知名商品。

二、涉案知名商品特有包装装潢权益归属的确定

本案中，广药集团与加多宝公司均对涉案包装装潢主张权益，故确定该包装装潢的权益归属，是判断加多宝公司的行为是否构成侵权的前提。一审法院认为，涉案知名商品特有包装装潢权益应由广药集团享有，加多宝公司在上诉过程中对此明确提出异议。以案件事实为基础，结合双方当事人对权益归属问题所提主张，本院就涉案红罐王老吉凉茶包装装潢权益归属问题评述如下：

（一）商标许可使用合同是否曾对涉案包装装潢的权益归属作出约定。广药集团认为，根据商标许可使用合同的约定，红色装潢由广药集团首先提出并许可给鸿道集团使用，故“王老吉”产品的包装装潢设计是基于商标权人的授权。本院认为，涉案知名商品特有包装装潢，是一个包含了文字、图案、色彩搭配等多种构成要素的综合表现形式。在“王老吉”系列商标许可使用合同中，虽然曾对鸿道集团有权在红色罐装凉茶饮料上独家使用“王老吉”商标，以及生产、销售红色罐装王老吉凉茶作出约定，但合同中并未明确包装装潢的具体表现形式。许可合同中使用的“红色罐装”的表述方式，并不足以表明由多种要素组合而成的涉案包装装潢已经存在，亦无证据显示，许可合同中虽未明确约定，但广药集团的关联企业已经设计完成或实际使用了涉案包装装潢，并具备了授权鸿道集团使用的事实基础。据此，一审法院所作广药集团与加多宝公司在王老吉商标许可使用合同中并没有对涉案红罐

王老吉凉茶的包装装潢权益归属作出明确约定的认定，具备事实依据，本院对此予以维持。

（二）厂商信息能否成为确定权益归属的直接依据。加多宝公司认为，涉案包装装潢之上标注的厂商名称等信息，足以成为确定包装装潢权益归属的事实依据。加多宝公司进一步认为，涉案包装装潢之上标注的出品人、生产厂商等信息均与加多宝公司直接相关，却没有任何信息体现广药集团是商品的来源，而与生产厂商有关的信息，已经能够使消费者将该包装装潢与加多宝公司之间建立起稳固而唯一的联系，包装装潢的相关权益应由加多宝公司享有。本院对此认为，首先，商品的生产者在包装装潢之上标注厂商名称等信息，是根据《中华人民共和国产品质量法》等法律规定，履行其作为生产者的产品质量责任和义务的行为。厂商名称等信息对于商品的来源固然具有指示作用，但厂商名称能否作为获得与商品有关的知识产权权益的直接依据，仍需作出具体分析。其次，具体到本案而言，涉案包装装潢作为一个包含多种构成要素的整体形象，既包括“王老吉”文字及商标标识，也包括线条、色彩的搭配与选择，以及包含厂商名称等在内的其他文字内容。上述构成要素相互结合，使涉案包装装潢在整体上发挥了指示商品来源的作用。因此，加多宝公司虽然通过在红罐王老吉凉茶之上标注厂商信息，以及向消费者昭示其为红罐王老吉凉茶的实际经营者等宣传使用行为，使相关公众将涉案包装装潢与加多宝公司建立了一定的联系，但不可否认的是，在“王老吉”品牌已经具有一定的市场知名度，且许可制度所带来的品牌控制人与实际经营者分离愈加普遍的情况下，消费者很难完全忽略涉案包装装潢中使用的“王老吉”文字及商标，以及该文字与商标权人之间的联系，而仅凭厂商名称的标注，即将涉案包装装潢与加多宝公司形成确定的联系。因此，加多宝公司所称本案包装装潢的权益归属可以直接依据厂商名称等信息而确定，缺乏充分的事实与法律依据，本院不予支持。

（三）已有判决内容对权益归属认定的影响。加多宝公司认为，第212号判决曾明确认定，加多宝公司是“王老吉”罐装凉茶饮料的合法经营者，继受了东莞鸿道公司知名商品特有包装装潢的权益，是本案知名商品特有包装装潢权益的主体。本院认为，前述判决所涉纠纷的发生时间，是在双方签订的系列商标许可使用合同的存续期间。加多宝公司得以在该案中以自身的名义，就红罐王老吉凉茶所涉知识产权纠纷提起诉讼，是根据广药集团曾经对鸿道集团作出的明确授权。广药集团基于之前双方对诉权处分问题进行的约定，未参与上述诉讼并与加多宝公司共同主张权利的事实，并不当然意味着其放弃了与红罐王老吉凉茶有关的知识产权权益。此外，就前述判决本身的阐述来看，并未对广药集团与加多宝公司之间就涉案包装装潢的权益享有关系作出认定，亦不足以直接得出加多宝公司为涉案包装装潢权益唯一享有者的结论。因此，在广药集团于本案中同时对涉案包装装潢权益主张权利的情况下，加多宝公司所称涉案包装装潢的权益归属问题，可根据前述判决内容直接确定的主张，本院不予支持。

（四）涉案知名商品特有包装装潢权益归属的确定。本案所涉知名商品特有包装装潢纠纷的产生，源于双方在签订和履行商标许可使用合同的过程中，并未对可能产生于许可使用期间的衍生利益如何进行分割作出明确的约定。通常情况下，在商标许可使用关系终止后，被许可人应停止使用行为，被许可使用商标之上所积累的商誉，应同时归还于许可人。但本案纠纷发生的特殊之处在于，许可使用期间形成的特有包装装潢，既与被许可商标的使用存在密切联系，又因其具备反不正当竞争法下独立权益的属性，而产生了外溢于商标权之外的商誉特征。广药集团与加多宝公司在本案中均主张对红罐王老吉凉茶的特有包装装潢享有权益，具体而言，作为"王老吉"注册商标的权利人，广药集团认为，因"王老吉"商标是包装装潢不可分割的组成部分，并发挥了指示商品来源的显著识别作用，消费者当然会认为红罐王老吉凉茶来源于"王老吉"商标的权利人，而配方、口味并不会影响消费者对商品的识别和判断。作为红罐王老吉凉茶曾经的实际经营者，加多宝公司认为，包装装潢权益与"王老吉"商标权的归属问题各自独立，互不影响。消费者喜爱的是由加多宝公司生产并选用特定配方的红罐王老吉凉茶，本案包装装潢由加多宝公司使用并与前述商品紧密结合，包装装潢的相关权益应归属于加多宝公司。本院认为，双方各自提出的权利主张，既涉及与商业标识性权益保护有关的一般性法律适用问题，也体现了本案所特有的包装装潢权益在形成过程中所包含的复杂历史和现实因素。因此，在确定其权益归属时，需要对如下因素作出综合考量：

1. "王老吉"品牌在涉案包装装潢权益形成过程中发挥的作用

从"王老吉"品牌的传承和发展来看，双方于1995年签订第一份许可使用合同之前，"王老吉"品牌即已是具有百年历史的"中华老字号"，作为"王老吉"注册商标曾经和现在的权利人，广药集团及其关联企业通过开发"王老吉牌清凉茶"饮品等生产经营活动，维系了"王老吉"品牌的历史传承和市场价值。对于加多宝公司所称广药集团及其关联企业曾经的生产经营活动与本案无关，进而否定"王老吉"品牌原有市场基础的主张，与客观事实不符。由此可见，在双方签订商标许可使用协议之前，"王老吉"品牌已经形成、积淀了一定的品牌知名度和市场价值。也正是基于"王老吉"品牌在中国大陆地区已经具有的历史渊源和品牌效应，使得加多宝公司在获得“王老吉”商标的使用权后，即选择以醒目、突出的字体在涉案包装装潢之中进行使用，并使得红罐王老吉凉茶一推出市场，即拥有了较好的消费者认知基础和市场前景。因此，作为“王老吉”商标权利人的广药集团，对于品牌知名度和美誉度的维护，是红罐王老吉凉茶的知名度得以产生、延续和发展的重要基础。

从“王老吉”品牌在涉案包装装潢中发挥的作用来看，涉案包装装潢包含了文字、图案、色彩及其排列组合等多种构成要素，属于文字图案类的装潢形式。其中，包装装潢选用的红色主色调，以及位于罐体中心部位，并与底色形成强烈视觉对比效果的“王老吉”三个大字，应当是包装装潢中最为引人注目的设计要素。对于涉案红罐王老吉凉茶的包装装潢而言，从最初投入市场流通环节至本案纠纷发生之时，黄色字体的“王老吉”文字在包装装潢中的使用方式一致、稳定、持续，这种使用方式除使消费者不断强化了“王老吉”文字已经与包装装潢融为一体的认知之外，还在事实上发挥了向消费者昭示商品来源的作用，即相关公众在购买红罐王老吉凉茶时，既会联想到作为实际经营者的加多宝公司，也会联想到“王老吉”商标的权利人广药集团。加多宝公司虽然认为，涉案包装装潢的显著识别特征表现在红色底色、黄色标识文字和黑色辅助文字结合而成的视觉效果，而不在于文字内容本身。但加多宝公司并未举证证明，其在对涉案包装装潢进行宣传、使用的过程中，虽然突出标注了“王老吉”文字，但曾采取措施，刻意阻断了包装装潢本身与“王老吉”文字之间的联系，以及“王老吉”文字所可能发挥的来源指向作用。因此，通过加多宝公司的实际使用行为，“王老吉”文字事实上已经成为红罐王老吉凉茶包装装潢的重要组成部分，否定其对涉案包装装潢同样发挥了来源识别的功能，缺乏事实与法律依据。

2. 加多宝公司对红罐王老吉凉茶的经营行为在涉案包装装潢权益形成过程中发挥的作用

从加多宝公司对红罐王老吉凉茶的生产经营活动来看，在鸿道集团与羊城药业于 1995 年签订第一份商标许可使用合同后，鸿道集团即通过委托他人设计红罐王老吉凉茶的包装装潢和申请外观设计专利，并由加多宝公司的前身东莞鸿道公司生产、销售红罐王老吉凉茶的方式，逐步将使用了涉案包装装潢的红罐王老吉凉茶推向市场。在东莞鸿道公司注销后，加多宝公司承接其生产经营业务，并继续生产、销售带有涉案包装装潢的红罐王老吉凉茶。在此期间，加多宝公司不断扩大生产经营规模，不断加强红罐王老吉凉茶的宣传推广力度。如鸿道集团于 2003 年首次竞标获得中央电视台 3 个黄金时段的广告播放权后，投入巨资、持续多年在中央电视台等媒体上，对红罐王老吉凉茶进行了大量的广告宣传活动。2006 年开始，加多宝公司及红罐王老吉凉茶还先后获得多项荣誉。由此可见，作为红罐王老吉凉茶的实际经营主体，加多宝公司通过多年持续、大规模的宣传和使用行为，不仅清晰地向消费者传递了红罐王老吉凉茶由加多宝公司实际经营这一信息，也显著地提升了加多宝公司及红罐王老吉凉茶的市场知名度，加多宝公司对涉案包装装潢权益的形成作出了重要贡献。

从加多宝公司的经营行为对涉案包装装潢权益形成发挥的作用来看，反不正当竞争法第五条第二项规定是为知名商品特有包装装潢提供法律保护的依据，包装装潢具有识别商品来源的显著特征，及该包装装潢依附于具有一定知名度的商品之上，是涉案包装装潢获得反不正当竞争法保护的法定要件。显然，特有包装装潢权益的产生，与相关市场经营主体的实际使用行为具有密不可分的关系。本案中，自红罐王老吉凉茶推出市场至本案纠纷发生之前，加多宝公司是红罐王老吉凉茶的实际经营主体，其持续和稳定的使用行为，在显著提升了红罐王老吉凉茶知名度的同时，也使得包含有红色底色、黄色“王老吉”文字等显著识别部分的包装装潢，具备了受到反不正当竞争法保护的条件。同时，消费者在此过程中，亦逐步对加多宝公司是红罐王老吉凉茶在此期间的实际经营者这一事实产生了清晰的认知。因此，否定加多宝公司的经营行为在涉案包装装潢权益形成过程中所发挥的重要作用，亦与事实和法律相悖。

3. 消费者的认知与公平原则的衡量

本案为反不正当竞争法框架下的擅自使用知名商品特有包装装潢纠纷，虽然纠纷本身肇始于双方之间曾经存在的商标许可使用关系，但在解决包装装潢的权益归属这一本案中的核心法律问题时，仍需回归到反不正当竞争法关于特有包装装潢保护制度的法律规定本身。所谓知名商品的特有包装装潢，是指知名商品之上具有区别商品来源的显著特征的包装装潢形式。在确定特有包装装潢的权益归属时，既要在遵循诚实信用原则的前提下鼓励诚实劳动，也应当尊重消费者基于包装装潢本身具有的显著特征，而客观形成的对商品来源指向关系的认知。

注册商标制度与知名商品特有包装装潢权益保护制度虽然均属于对商业标识性权益提供保护的法律制度，但二者的权利来源和保护条件有所不同。注册商标与包装装潢可以各自发挥其独立的识别作用，并分属于不同的权利主体。红罐王老吉凉茶推出市场后，经过加多宝公司及其关联企业有效的营销活动，红罐王老吉凉茶使用的包装装潢因其知名度和独特性，已经形成了独立的商业标识性权益。但本案的特殊之处在于，作为涉案包装装潢实际经营者的加多宝公司，在设计、使用及宣传推广的过程中，始终将作为广药集团注册商标的“王老吉”文字在包装装潢中进行了突出使用，且从未着意阻断和清晰区分包装装潢与其中包含的注册商标之间的关系，客观上使包装装潢同时指向了加多宝公司与广药集团。消费者亦不会刻意区分法律意义上的商标权与知名商品特有包装装潢权益，而会自然地将红罐王老吉凉茶与广药集团、加多宝公司同时建立联系。实际上，涉案包装装潢中确实也同时蕴含了广药集团“王老吉”品牌的影响力，以及加多宝公司通过十余年的生产经营和宣传推广而形成、发展而来的商品知名度和包装装潢的显著识别效果。

综合考虑上述因素，结合红罐王老吉凉茶的历史发展过程、双方的合作背景、消费者的认知及公平原则的考量，因广药集团及其前身、加多宝公司及其关联企业，均对涉案包装装潢权益的形成、发展和商誉建树，各自发挥了积极的作用，将涉案包装装潢权益完全判归一方所有，均会导致显失公平的结果，并可能损及社会公众利益。因此，涉案知名商品特有包装装潢权益，在遵循诚实信用原则和尊重消费者认知并不损害他人合法权益的前提下，可由广药集团与加多宝公司共同享有。一审法院所作涉案知名商品特有包装装潢应由广药集团享有、加多宝公司无权享有的认定，缺乏事实与法律依据，亦有违社会效果，本院予以纠正。

三、加多宝公司的被诉侵权行为是否构成不正当竞争

反不正当竞争法第五条第二项规定，擅自使用知名商品特有的名称、包装、装潢，或者使用与知名商品相近似的名称、包装、装潢，造成和他人的知名商品相混淆，使购买者误认为是该知名商品的，构成不正当竞争行为。

广药集团认为，加多宝公司从2011年底开始生产、销售的一边“王老吉”、一边“加多宝”的红罐凉茶，2012年5月开始生产、销售的标有黄色字体“加多宝”字样的红罐凉茶，侵害其涉案知名商品特有包装装潢权益。本院认为，首先，本案为不正当竞争纠纷，所要解决的核心问题是，加多宝公司的上述行为是否属于擅自使用知名商品特有包装装潢的不正当竞争行为。对于可能涉及的其他知识产权纠纷，应由双方通过相应的法律途径进行解决，不属于本案审理的范围。其次，本院前述已经确认，基于加多宝公司的实际经营行为，以及在涉案特有包装装潢权益形成过程中作出的重要贡献，其可以在确保不侵害他人合法权益的前提下，共同享有涉案包装装潢权益。对于加多宝公司生产、销售的两种包装装潢形式的红罐凉茶，本院注意到，中国国际经济贸易仲裁委员会于2012年5月9日作出仲裁裁决，要求鸿道集团停止使用“王老吉”商标。加多宝公司在商标许可使用合同效力尚未确定之

前，自2011年底短暂生产、销售一边“王老吉”、一边“加多宝”字样包装装潢形式的红罐凉茶，具有特定的历史原因，亦缺乏证据证明其存在攀附他人商誉的主观恶意。在中国国际经济贸易仲裁委员会作出仲裁裁决，广药集团收回“王老吉”商标许可使用权后，加多宝公司即对其凉茶商品的包装装潢进行了修改，对“王老吉”文字进行了避让，将包装装潢变更为使用“加多宝”文字及注册商标，与涉案包装装潢中原由加多宝公司自行创设部分相结合的表现形式。通过上述使用方式，并结合双方在终止合作关系后各自于其凉茶商品上，分别突出使用自有的“加多宝”和“王老吉”注册商标及文字，并辅之以大规模宣传推广的形式，加多宝公司的凉茶商品与广药集团的凉茶商品已经实现了客观上的市场区分，各自独立发挥了指示商品来源的作用，不会导致不正当地挤占对方的市场份额。据此，广药集团所称加多宝公司侵害其知名商品特有包装装潢权益的主张不能成立。一审法院认定加多宝公司生产、销售被诉侵权商品的行为构成不正当竞争的结论，缺乏事实与法律依据，本院予以纠正。

鉴于本院已经认定加多宝公司在本案中不存在广药集团所诉的侵权行为，故加多宝公司与其法律责任承担有关的上诉主张，本院不再予以评述。

四、一审法院是否存在违反法定程序的行为

加多宝公司认为，一审法院接受广药集团当庭变更诉讼请求，以及接受广药集团在庭审时补充提交证据的做法违反法定程序。经查，广药集团于2013年5月15日开庭审理当日，明确表示放弃其诉讼请求中与“瓶装”凉茶有关的内容，仅保留与“罐装”凉茶有关的诉讼请求，同时将计算赔偿的起始日期从“2012年5月10日始至本案终审判决作出前”变更为从“2011年11月或12月起至本案终审判决作出前”。同时，广药集团亦于庭审当日补充提交了部分证据。本院认为，首先，根据《最高人民法院关于适用〈中华人民共和国民事诉讼法〉的解释》第二百三十二条的规定，一审法院接受广药集团于开庭审理当日、法庭辩论终结前对其诉讼请求内容做出的变更并未违反上述法律规定。其次，在一审法院审理期间，双方当事人均曾对诉讼请求作出变更或补充提交证据，一审法院综合考虑本案案情的复杂程度，以及因此而导致的当事人收集和提交证据的难度，在接受广药集团于庭审当日补充提交证据的同时，亦给予加多宝公司发表质证意见的机会和时间，平等保护了双方当事人的诉讼权利，其相关做法并无不当之处，亦未违反法律规定，加多宝公司就此所提异议不能成立，本院不予支持。

综观本案，本院认为，知识产权制度在于保障和激励创新。劳动者以诚实劳动、诚信经营的方式创造和积累社会财富的行为，应当为法律所保护。

知识产权司法保护应当以维护有序规范、公平竞争、充满活力的市场环境为己任，并为社会公众提供明确的法律预期。知识产权纠纷常产生于复杂的历史与现实背景之下，权益的分割和利益的平衡往往交织在一起。对这类纠纷的处理，需要我们充分考量和尊重纠纷形成的历史成因、使用现状、消费者的认知等多种因素，以维护诚实信用并尊重客观现实为基本原则，严格遵循法律的指引，公平合理地解决纠纷。本院正是基于上述立场和基本原则，确认双方在不损害他人合法利益的前提下，可以共同享有涉案知名商品特有包装装潢权益。广药集团与加多宝公司，均曾为“王老吉”品牌商誉的积累，作出了积极的贡献。在有效提升企业知名度的同时，也获得了巨大的市场利益。但在“王老吉”商标许可使用关系终止后，双方所涉知识产权纠纷不断、涉诉金额巨大，引发了社会公众的一些关切与担忧，还有可能损及企业的社会评价。对此，双方应本着相互谅解、合理避让的精神，善意履行判决，秉持企业应有的社会责任，珍视经营成果，尊重消费者信赖，以诚实、守信、规范的市场行为，为民族品牌做大做强，为消费者提供更加优质的产品而努力。

综上，加多宝公司的部分上诉理由成立，本院予以支持。经本院审判委员会讨论决定，依照《中华人民共和国反不正当竞争法》第一条、第二条第一款、第五条第二项，《最高人民法院关于审理不正当竞争民事案件应用法律若干问题的解释》第一条、第二条，《中华人民共和国民事诉讼法》第一百七十条第一款第二项之规定，判决如下：

一、撤销广东省高级人民法院（2013）粤高法民三初字第2号民事判决；

二、驳回广州医药集团有限公司的全部诉讼请求。

一审案件受理费人民币796800元，证据保全费人民币30元，审计费人民币420000元，二审案件受理费人民币793126.05元，均由广州医药集团有限公司负担。

本判决为终审判决。

审 判 长 宋晓明
审 判 员 夏君丽
审 判 员 周 翔
审 判 员 钱小红
代理审判员 佟 姝
二〇一七年七月二十七日
书 记 员 张 博
书 记 员 曹佳音

附图 1：第 95318534. 6 外观设计专利

附图 2：第 96305519. 4 号外观设计专利

主视图

附图 3、4：纠纷发生前加多宝公司生产的“王老吉”凉茶产品

附图5：加多宝公司生产的一面标注有“王老吉”、另一面标注有“加多宝”的凉茶产品

附图6、7：加多宝公司生产的“加多宝”红罐凉茶产品

附图8、9：大健康公司生产的“王老吉”凉茶产品

五、植物新品种案件审判

31. 植物新品种保护条例第六条规定中“销售”的含义

——再审申请人莱州市永恒国槐研究所与被申请人葛燕军侵害植物新品种权纠纷案①

中华人民共和国最高人民法院民事裁定书（2017）最高法民申4999号

再审申请人（一审原告、二审上诉人）：莱州市永恒国槐研究所。住所地：山东省莱州市城港路淇水村。

法定代表人：刘永珩，该研究所所长。

委托诉讼代理人：所鑫，山东嘉程律师事务所律师。

被申请人（一审被告、二审被上诉人）：葛燕军，男，1988年6月15日出生，汉族，住山西省运城市绛县××××。

再审申请人莱州市永恒国槐研究所（以下简称永恒国槐研究所）因与被申请人葛燕军侵害植物新品种权纠纷一案，不服山西省高级人民法院（2017）晋民终42号民事判决，向本院申请再审。本院依法组成合议庭进行了审查，现已审查终结。

永恒国槐研究所申请再审称，（一）原审判决关于葛燕军不存在侵权行为的事实认定缺乏证据证明。永恒国槐研究所为证明葛燕军存在侵害本案“双季米槐”品种权行为，向一审法院提交了包括购苗木合同、录音、录像、短信及双季槐专刊等在内的多种证据。上述证据足以证实葛燕军存在常年对外销售“双季米槐”繁殖材料的行为，并有实物。原审法院以购苗木合同中无买方签章、该合同未生效为由，认定葛燕军无对外销售行为完全错误。永恒国槐研究所所持葛燕军签名的销售合同足以证实葛燕军有销

① 本案在年度报告中的位置为第62页。

售或许诺销售的行为，与是否有买方签字无关。永恒国槐研究所提供的录像证实了葛燕军有大量的实物，之后的录音也证实了葛燕军明确认可其对外销售的是“双季米槐”。合同、录音及录像均证实葛燕军与他人洽谈买卖事宜、对外存在销售行为。原审庭审中永恒国槐研究所已就“双季米槐”的特征、特性作了陈述说明，葛燕军也就其被诉侵权品种的特征、特性进行了陈述，二者在特性上一致。永恒国槐研究所也将从国家林业局植物新品种保护办公室调取的“双季米槐”植物新品种相关材料邮寄给原审法院。该品种最主要的特性就是在一年产两季槐米，该材料也证实了葛燕军所主张的“双季槐”与授权品种“双季米槐”在特征等方面相同或相关联。原审法院认为两者特性不同或不相关联完全错误。原审法院把永恒国槐研究所的各个证据单独割裂开来，以录音无法被佐证为由片面地将其他证据全部推翻，未整体审查本案证据，认定事实错误。（二）原审法院未调查收集永恒国槐研究所申请调查收集的证据。原审期间永恒国槐研究所分别向一、二审法院提交了证据保全申请书，请求法院到现场查看并保存实物，但原审法院均未保全相关证据。（三）原审判决适用法律确有错误。1. 原审法院关于本案举证责任分配的法律适用错误。永恒国槐研究所提供的一系列证据及葛燕军的自认已经证实葛燕军持有相关实物证据，葛燕军系掌握及销售被诉侵权品种的一方，永恒国槐研究所当庭已经主张双方系同一品种，葛燕军却拒不提供实物进行鉴定，其应当承担举证不能的法律后果。在侵权实物掌握在葛燕军一方的情况下，法院将提供实物的举证责任分配给永恒国槐研究所明显有违公平原则。2. 原审判决以无法查证葛燕军售卖的品种与授权品种相同为由驳回永恒国槐研究所诉讼请求明显错误。“双季米槐”是本案授权品种的特有名称，在案录音、专刊等证据已经证实葛燕军对外销售的是“双季米槐”苗木。无论葛燕军销售的品种与授权品种是否属于同一品种，葛燕军都构成侵权：如果是同一品种，葛燕军属于未经授权擅自销售授权品种的行为；如果不是同一品种，葛燕军则属于以其他品种冒充授权品种进行销售，为假冒授权品种行为，仍为侵犯永恒国槐研究所品种权的行为。永恒国槐研究所依据《中华人民共和国民事诉讼法》第二百条第二项、第五项、第六项的规定申请再审，请求撤销原一、二审判决，依法改判支持其诉讼请求。

本院认为，本案在再审审查阶段的主要争议为：二审判决关于葛燕军不存在侵害涉案品种权的事实认定是否错误。

本案中，永恒国槐研究所提交了包括购苗木合同、录音、录像等在内的多种证据，用以证明葛燕军存在生产、销售涉案授权品种繁殖材料的行为。上述证据是否足以证明葛燕军存在有关侵权行为，涉及证据认定和证明责任转移问题。虽然购苗木合同上无买方签章、该合同亦未生效，但是购苗木合同中品种名称明确载明为“双季米槐”，结合该合同书的形成过程及内容可以认定，葛燕军至少实施了推销所谓“双季米槐”繁殖材料的行为。音像材料亦显示，葛燕军认可其销售的是“双季米槐”。《中华人民共和国植物新品种保护条例》（以下简称植物新品种保护条例）第十八条第一款规定：“授予品种权的植物新品种应当具备适当的名称，并与相同或者相近的植物属或者种中已知品种的名称相区别。该名称经注册登记后即为该植物新品种的通用名称。”据此可知，授权品种的名称具有独特性，在没有相反证据时，名称相同的品种可推定为同一品种。因此，基于本案原审现有证据，可以认定葛燕军对外推销的繁殖材料为授权品种“双季米槐”的可能性较大，达到了高度盖然性的证明尺度。在负有证明责任的一方当事人提供的证据已经足以认定相关要件事实的情况下，举证责任应该转移给对方当事人，由其提供反驳证据。在对方当事人未提供反驳证据时，可以基于现有证据认定相关事实成立。葛燕军并未提供相应的反驳证据，应认定其推销的对象为授权品种“双季米槐”繁殖材料。综上，二审法院关于葛燕军是否存在销售被诉侵权繁殖材料的事实认定确有错误，举证责任分配不当，应予纠正。

需要说明的是，植物新品种保护条例第六条规定：“完成育种的单位或者个人对其授权品种，享有排他的独占权。任何单位或者个人未经品种权所有人（以下称品种权人）许可，不得为商业目的生产或者销售该授权品种的繁殖材料，不得为商业目的将该授权品种的繁殖材料重复使用于生产另一品种的繁殖材料；但是，本条例另有规定的除外。”据此，未经品种权人许可，为商业目的生产或者销售该授权品种的繁殖材料属于侵犯品种权的行为。对于该规定中“销售”一词的含义，应该结合我国已经加入的《国际植物新品种保护公约》（1978 年文本）中的相关规定予以理解，使得对国内法的解释与我国加入的国际公约保持协调。该公约第五条第一款规定：“授予育种者权利的效果是在对受保护品种自身的有性或无性繁殖材料进行下列处理时，应事先征得育种者同意：以商业销售为目的之生产；许诺销售；市场销售。”根据国际法与国内法解释一致性原则，植物新品种保护条例第六条所称的“销售”应该包括许诺销售行为。葛燕军通过合同磋商销售“双季米槐”繁殖材料的行为构成许诺销售，属于销售行为的一种。对此，葛燕军应承担相应的停止侵害的民事责任。

关于葛燕军是否实施了生产和其他销售侵害本案品种权的繁殖材料的行为，应该结合本案相关证据进一步审查认定。

依照《中华人民共和国民事诉讼法》第二百零四条、第二百零六条、

《最高人民法院关于适用〈中华人民共和国民事诉讼法〉的解释》第三百九十五条第一款规定，裁定如下：

一、指令山西省高级人民法院再审本案；

二、再审期间，中止原判决的执行。

审 判 长 朱 理

审 判 员 毛立华

代理审判员 佟 姝

二〇一七年十二月二十六日

法官 助理 张 博

书 记 员 包 硕

六、技术合同案件审判

32. 技术工业化合同中合同目的的认定

——再审申请人陕西天宝大豆食品技术研究所与被申请人汾州裕源土特产品有限公司技术合同纠纷案①

中华人民共和国最高人民法院民事判决书（2016）最高法民再251号

再审申请人（一审被告、二审上诉人）：陕西天宝大豆食品技术研究所。住所地：陕西省西安市高新区科技一路58号瑞仕大厦1单元4层10405号。

法定代表人：郭凯，该所所长。

委托诉讼代理人：赵志杰，该所职工。

委托诉讼代理人：潘小平，陕西永嘉信律师事务所律师。

被申请人（一审原告、二审被上诉人）：汾州裕源土特产品有限公司。住所地：山西省汾阳市汾军高速汾阳西出口（裕源产业园）。

法定代表人：俞翠萍，该公司董事长。

委托诉讼代理人：靳尔兰，山西博源律师事务所律师。

委托诉讼代理人：王焰彪，山西博源律师事务所律师。

再审申请人陕西天宝大豆食品技术研究所（以下简称天宝所）因与被申请人汾州裕源土特产品有限公司（以下简称裕源公司）技术合同纠纷一案，不服山西省高级人民法院（2014）晋民终字第141号民事判决，向本院申请再审。本院于2016年1月13日作出（2015）民申字第942号民事裁定，提审本案。本院依法组成合议庭，开庭审理了本案。再审申请人天宝所的法定代表人郭凯，委托代理人赵志杰、潘小平，被申请人裕源公司的委托代理人

① 本案在年度报告中的位置为第64页。

靳尔兰、王焰彪到庭参加诉讼。本案现已审理终结。

天宝所申请再审称：（一）二审判决认定事实不清。1. 天宝所已经履行了《专利实施许可合同书》和《投资合作协议书》（统称涉案合同）项下的全部义务。2007 年 6 月，裕源公司使用涉案技术和设备生产出了合格的核桃乳酸菌饮料，其技术代表在《技术及技术资料验收书》上签字验收。双方封存样品并以裕源公司的名义开具介绍信，在山西食品质量监督检验中心暨国家农副产品及白酒质量监督检验中心检验合格。至此，天宝所对涉案合同项下的义务已经履行完毕。2. 二审判决对 SJS20070516 号《检验报告》（以下简称《2007 年检验报告》）和 2008 年 4 月《全国工业产品生产许可证》（以下简称《2008 年生产许可证》）的相关事实认定错误。天宝所、裕源公司对“核桃乳酸菌饮料及其制备方法”专利（以下简称涉案专利）技术及设备验收合格后，裕源公司将核桃乳酸菌饮料样品送检，取得了《2007 年检验报告》，该报告载明用涉案专利技术生产的核桃乳酸菌饮料各项指标全部合格。此后裕源公司开始拖欠天宝所的技术转让费，并在天宝所不知情的情况下，自行申请取得了《2008 年生产许可证》。该许可证足以证明裕源公司获得了生产核桃乳酸菌饮料的许可。二审判决以《2007 年检验报告》举证超期为由，否定裕源公司取得《2008 年生产许可证》的事实，缺乏依据。3. 二审判决对 SJS20110747 号《检验报告》（以下简称《2011 年检验报告》）和 2011 年 9 月《全国工业产品生产许可证》（以下简称《2011 年生产许可证》）相关事实认定错误。裕源公司于 2008 年 4 月取得了《2008 年生产许可证》后，即将涉案技术和设备转让给了山西汾州裕源食品有限公司（以下简称裕源食品公司）。2011 年裕源食品公司再次将核桃乳酸菌饮料抽样送检。《2011 年检验报告》载明，送检产品合格，后裕源食品公司取得了《2011 年生产许可证》。二审判决对这一事实未予认定，缺乏依据。4. 二审判决关于产品口感不好、有沉淀的事实认定，缺乏依据。裕源公司主张产品口感不好、有沉淀，但其只有口头陈述，没有任何科学检测依据，亦未提供质量不合格的饮料样品，坚决拒绝天宝所关于用涉案设备和技术生产饮料再予检测的建议，并拆毁了全部设备，毁灭了本案证据。5. 二审判决以蛋白类饮料与核桃乳酸菌饮料不同为由，认定涉案生产许可证与本案无关，缺乏依据。首先，相关检验报告均明确记载送检样品是核桃乳酸菌饮料。其次，以花生、核桃、大豆、杏仁等富含蛋白质的原料生产的饮料都属于蛋白类饮料这一大类，相关生产许可证产品名称栏都会记载蛋白类饮料。（二）二审法院适用法律错误。二审法院以双方均不存在过错、裕源公司合同目的落空为由，判决天宝所承担 80% 的责任，支付代购的专用设备和裕源公司自购设备的费用，裕源公司退还专利技术，缺乏依据。首先，天宝所已经履行了合同义务，且在二审中提供证据证明裕源公司隐瞒了核桃乳酸菌饮料样品送检合格和获得生产许可证等事实。其次，天宝所将专利技术使用权交给了裕源公司，并已教会其生产和使用的方法，该技术无法退还。最后，非标准专用设备是裕源公司委托天宝所代购，其他普通设备是裕源公司自购自用，不应由天宝所负责，天宝所不应承担裕源公司不能盈利的风险。（三）二审法院对裕源公司是否构成本案适格原告的问题未予审理。裕源公司于2008年将涉案技术和设备转让给了裕源食品公司，此后裕源公司既未再使用涉案技术和设备生产产品，也不再是涉案技术和设备的实际拥有人，其无权参与本案诉讼。（四）裕源公司系侵权行为的实施者和涉案合同的违约者。裕源公司未经许可转让涉案专利技术的行为，构成对涉案专利权的侵害。裕源公司拖延支付涉案合同项下的专利实施许可费60万元，构成违约。综上，二审法院认定事实不清，适用法律错误，请求撤销二审判决，并判令裕源公司负担本案全部诉讼费用。

裕源公司辩称：（一）天宝所并未依约履行涉案合同项下的全部义务。1. 天宝所订制的非标设备存在严重的质量问题。其未向裕源公司告知非标设备的生产厂家，亦未提供相关发票。在双方多次交涉过程中，天宝所已认可非标设备的质量问题。2.《专利技术暨技术资料验收书》不能证明合同已经履行完毕。（1）涉案合同约定双方应签署“合同技术验收合格协议书”，而非《专利技术暨技术资料验收书》。（2）天宝所并未将益生菌种培养、驯化、发酵等专利核心技术传授给裕源公司，其仅是在试产时提供了发酵剂。（3）裕源公司并未授权王建云签署《专利技术暨技术资料验收书》。根据王建云所提供的备忘录及证词，上述验收书是其在被郭凯欺骗后所签。况且2007年6月1日第一次试产还在进行之中，前四次试产品都不合格，此时不可能进行技术验收。（二）使用涉案技术不能生产出合格产品。1. 关于运用涉案专利技术能生产出合格产品的举证责任在天宝所。涉案合同明确要求天宝所安装调试所提供设备直到正常运行且能生产出合格产品。故产品是否合格应当由天宝所举证。2. 天宝所未能证明使用涉案技术能够生产出合格产品。（1）《2007年检验报告》不能证明裕源公司运用涉案专利技术生产出了合格产品。首先，郭凯的送检行为不符合合同约定的送检程序。郭凯并未获得关于产品送检的委托授权，其送检行为系个人行为，与裕源公司无关。其次，裕源公司并未生产过500毫升规格的样品。（2）《2008年生产许可证》《2011年检验报告》《2011年生产许可证》不能证明裕源公司运用涉案专利技术生产出了合格产品。首先，上述检验报告和生产许可证均不属于天宝所在一审期间因客观原因无法取得的证据，故其不属于二审新证据。其次，《2011年检验报告》《2011 年生产许可证》是裕源食品公司的送检报告和生产许可证，与裕源公司无关，亦与涉案合同无关。再次，天宝所的人员从 2007 年 7 月 16 日撤走后，裕源公司和天宝所再无合作，《2011 年检验报告》的送检产品与天宝所的专利技术没有关联。且《2007 年检验报告》中蛋白值为 1. 15g/100g，而《2011 年检验报告》中蛋白值为 0. 7g/100g，可见其所检验的产品并不一致。最后，天宝所称核桃乳酸菌的蛋白含量应为 15 ~20%，大大超过了一般蛋白饮料的 0. 6g/100g。故蛋白饮料和本案中的核桃乳酸菌饮料并非同一种技术产品，关于蛋白饮料的生产许可证不能证明涉案核桃乳酸菌饮料的生产情况。3. 裕源公司有证据证明使用涉案技术不能生产出合格产品。裕源公司在天宝所的指导下于 2007 年 5 月 26 日至 6 月 5 日、2007 年 7 月 9 日至 7 月 16 日进行了两次共十批试产，始终未能得到合格产品。试产产品存在口感不稳定、有沉淀、分层、有黑色漂浮物等问题。2007 年 7 月 16 日天宝所和裕源公司归纳了两个方面二十三个问题，天宝所的代表签字予以认可。（三）裕源公司是本案适格原告。本案中，从合同的签订，到专利许可使用费、设备款的支付，再到试产，都是裕源公司完成的，裕源公司具有本案的诉讼主体资格。至于裕源食品公司是否侵害天宝所专利权的问题，与本案无关，不应在本案中予以处理。（四）二审法院判决解除涉案合同，并判令天宝所承担返还专利使用费、设备款的责任，适用法律正确。1. 天宝所已经放弃了合作，裕源公司提出解除合同符合双方的意思表示。2011 年 4 月 12 日，天宝所向裕源公司发函称“……我所特致函征求贵公司是否还继续履行原专利实施许可合同书之意见……”2011 年 5 月 25 日，天宝所又向裕源公司发函称“……我们双方的合作是否继续，遗留问题如何处理，请您于 6 月 15 日前明示。否则我们将视为您已放弃合作……”2. 天宝所违反合同约定，不能对缺陷产品进行技术改进，裕源公司有权终止合同。天宝所提供的设备没有合格证，没有发票，材质与国家规定不符，机械设备制造粗劣，不符合食品生产的要求；专有非标设备设计不科学，布局不合理，部分装置属于淘汰落后产品；试生产产品性能达不到合同要求，不能进行工业化生产，致使裕源公司不能如期投产，给裕源公司造成了巨大经济损失。依照《中华人民共和国合同法》（以下简称合同法）第九十四条、第三百四十九条、第三百五十一条之规定及涉案合同第五条、第十条之约定，裕源公司有权终止合同，天宝所应当承担违约责任。（五）天宝所的其他主张缺乏依据，不能成立。首先，关于裕源公司坚决不同意天宝所派员使用设备和技术生产出合格饮料的主张，缺乏依据。裕源公司同意再次试生产，但认为应由天宝所承担相关原料费用，故无法再次试生产的真正原因在于天宝所拒绝承担原料费用。其次，关于裕源公司将全部设备拆毁以造成无法生产的假象等主张，缺乏依据。部分设备损毁是由于2013年5月20日晚的意外火灾，裕源公司并未故意损毁设备。综上，二审判决认定事实清楚，适用法律正确，请求驳回天宝所的再审申请。

裕源公司向山西省吕梁市中级人民法院（以下简称一审法院）起诉请求：解除天宝所与裕源公司签订的《专利实施许可合同书》和《投资合作协议书》，判令天宝所退还裕源公司支付的技术服务费50万元，赔偿裕源公司购置设备损失123.79万元，并负担本案诉讼费用。一审法院认定事实如下：裕源公司、天宝所于2006年5月5日签订了《专利实施许可合同》。合同约定天宝所将其涉案专利许可裕源公司实施。合同主要具体条款如下：（一）专利技术内容、要求和工业化开发程序：1、该项发明专利技术的全部工艺、技术、流程；2、全部配方；3、申报专利资料影印件；4、鉴定资料影印件；5、初步可行性研究报告；6、厂房改建或建筑、设备布局、工艺流程草图；7、卫生和质量标准；8、主要设备的订制（价格详见合同所附设备明细表）；9、负责培训1－3名核心技术人员，直到其能独立生产出合格产品为止；10、安装、调试所提供设备，直到正常运行且能生产出合格产品；11、帮建化验室并培训化验人员。（二）技术资料及其提交期限、地点和方式：天宝所自合同生效之日起即交预付款后180天内，在山西省以函授、指导和实践的方式向裕源公司提供“一”中所列各项。（三）全部工艺、技术、流程、配方、菌种和设备列入保密范围（设备指天宝所提供的专有非标设备）；保密期限为20年；违者以侵权论处。（四）专利实施许可的种类：独家占有山西省。（五）验收标准和方法：裕源公司使用该技术，试生产后达到了本合同规定的技术性能指标（卫生、质量均为国标），采取一次性实践的方法验收，由双方签署合同技术验收合格协议书。属技术暨天宝所所提供的设备问题，由天宝所负责达标；如始终生产不出合格产品，天宝所应承担相应经济损失。属裕源公司管理、环境和人员及物料、设施等问题，由裕源公司负责改正。（六）使用费及支付方法：分三期支付。总金额110万元（专利技术费），天宝所以60万元入股。第一期签合同时裕源公司向天宝所支付预付款10万元，天宝所获得批准申请专利号时再支付10万元；第二期裕源公司在提设备时支付天宝所20万元；第三期在技术转让完毕裕源公司独立生产出合格产品时，再支付10万元。（七）技术服务：服务地点：山西省。服务方式：以函授、指导和实践的方式服务。安装费：按全部设备的5%计取。天宝所不再向裕源公司收取其他服务费。（十）违约金或者损失赔偿数额的计算方法：一方违反本合同第一、二、四、五、六、七、八、十四条约定，该方被剥夺在山西省的专利权，以现金承付。（十四）其他：6. 天宝所无偿将大豆纤维乳酸菌饮料专有技术赠给裕源公司使用。7. 裕源公司同意于2006年6月10日前向天宝所支付第一期订购设备款，但提设备时间由裕源公司确定。2006年5月6日，裕源公司和天宝所签订《投资合作协议》。协议约定：双方投资组建核桃乳酸菌饮料生产企业。（一）投资形式：天宝所以涉案专利转让费110万元中的60万元作为投资款，裕源公司以土地使用权、厂房、设备、特有的技术和流动资金作为投资。天宝所出资额占企业原始股份的15%，裕源公司出资额占企业原始股份的85%。（四）天宝所根据双方关于生产设备购买的约定，按照裕源公司通知将全部设备运至建成车间，设备质量由天宝所全权负责。根据在案证据，裕源公司提交的技术使用费收据、资金运作账目清单、配货明细表、现金凭证、转账凭证、费用报销单及增值税发票等证据足以证明裕源公司履行了其合同义务；而天宝所未能举证证明其履行了合同义务。一审法院判决：（一）解除裕源公司、天宝所签订的《专利实施许可合同》和《投资合作协议》；（二）天宝所返还裕源公司支付的专利技术使用费50 0000元；（三）天宝所返还裕源公司支付的代订购设备款655 100元，裕源公司将相应代订购设备返还天宝所；（四）天宝所赔偿裕源公司自购设备费用486791元，裕源公司将相应自购设备交付天宝所；（五）天宝所赔偿裕源公司为试生产投入的研发费用96 000元；（六）驳回裕源公司的其他诉讼请求。

天宝所不服一审判决，上诉请求：撤销一审判决第一项至第五项，驳回裕源公司的诉讼请求。山西省高级人民法院（以下简称二审法院）认定一审法院查明的事实属实，二审法院另查明：1. 裕源公司始建于1998年，是以从事核桃、核桃仁等农副产品的研发加工为主的生产销售企业。天宝所是从事大豆系列食品新技术、新产品的研究、开发的咨询公司，其于2006年5月22日向国家专利局申请了涉案专利，该专利2010年5月22日被授权并公告。2. 本案专利实施许可合同签订的背景为，天宝所提供给裕源公司的《核桃乳酸菌饮料的初步可行性研究（经济分析部分）》载明：核桃乳酸菌饮料的发酵和乳合技术居国内领先，国际先进水平，属世界首创的填补国际空白项目。该饮料产品口感细腻、香味纯正、无分层沉淀产生。该项目投资小见效快，其投资利润率高达100%~200%。3. 2006年5月5日双方签订的《专利实施许可合同》载明的验收标准和方法：采取一次性实践的方法验收，由双方签署合同技术验收合格协议书。如产品验收不合格，属技术及提供的设备问题，由天宝所负责达标，如始终生产不出合格产品，天宝所应承担相应经济损失。4. 2006年12月2日，由天宝所订制的非标设备运抵裕源公司生产车间后，就设备质量问题和试生产过程中出现的技术问题，双方通过会议纪要和往来函件等方式不断进行交涉，直至2012年8月29日天宝所给裕源公司发函，仍谈及退还设备等问题。5. 2007年4月14日，裕源公司提供的核桃乳酸菌饮品及其制备方法通过了吕梁市科技局组织的科学技术成果鉴定。6. 2007年6月1日，裕源公司一方接受技术及资料人王建云签字的是《专利技术暨技术资料验收书》，而不是专利实施许可合同中约定的合同技术验收合格协议书。7. 2007年6、7月间，试生产出的核桃乳酸菌饮品曾送到当地酒店进行过免费品尝，但仍因存在口感不稳定，沉淀解决不了等问题无法上市销售。8. 2014年8月11日，二审法院合议庭及双方当事人到本案核桃乳酸菌生产车间，共同实地查勘了涉案设备及试生产等情况。双方认可的涉案设备全部处于废弃状态，该生产线已被拆除，部分车间已挪作他用。9. 天宝所没有依约将大豆纤维乳酸菌饮料专有技术无偿转让给裕源公司使用。二审法院认为：裕源公司与天宝所签订的核桃乳酸菌饮料及其制备方法专利实施许可合同，目的是通过实施该专利技术，生产出天宝所许诺的核桃乳酸菌饮品，并上市销售，实现企业投资利润。本案中双方产生纠纷的根源是试生产出的核桃乳酸菌饮品因口感不一，有沉淀物等原因没能实现工业化生产并上市销售，裕源公司为实施该专利技术所建立起来的生产线因解决不了该产品所存的质量问题而处于废弃状态，双方因实施该专利技术在长达6年的不断交涉中，终因生产不出符合上市条件的合格产品而诉诸法律。裕源公司在签订涉案专利实施许可合同后，依约分七笔支付了天宝所技术使用费500 000元，以及非标设备、通用设备等设备款1141891元，完成项目土建工程等，履行了专利实施许可合同中的义务，没有证据证明裕源公司在本案双方合作过程中有违约行为。天宝所作为专利实施许可合同的许可方，自2006年12月由其订制的非标设备运抵裕源公司生产车间后，双方就该非标设备的质量问题产生争议，在不断改进设备并进行核桃乳酸菌饮品的试生产过程中，天宝所始终没有解决试生产饮品存在的口感不稳定、沉淀等问题，导致双方没能按合同约定的验收标准和方法共同签署合同技术验收合格协议书，且经合议庭并双方当事人到生产车间现场勘验，涉案所有设备均处于废弃状态。据此，可以认定天宝所并没有按合同约定完成其合同义务，裕源公司因实施该专利技术进行投资所遭受的损失显而易见。天宝所在二审程序中，提供的证据均不能证明其已经履行了合同义务：（1）2007年4月吕梁市科技局出具的核桃乳酸菌饮品及其制备方法科学技术成果鉴定证书，该证书是对其专利方法的鉴定，且颁发该证书时还没有进行过试生产，该证书不能作为本案专利实施结果的证据使用；（2）2007年天宝所法定代表人自己送检的核桃乳酸菌饮料检验合格报告，裕源公司不认可该检验报告的真实性，因是天宝所自己所为，不符合合同约定的检验送检程序；（3）裕源公司所有的蛋白类饮料检验报告及生产许可证、卫生许可证、生产条形码等证据，均是裕源公司为生产蛋白饮料所完善的手续，蛋白饮料生产是一种较成熟的技术，在国内市场早已普遍生产销售，而本案核桃乳酸菌饮料生产中所运用的发酵和乳合技术则属于国内乃至国际领先技术，显然该组证据中涉及的蛋白饮料与本案中的核桃乳酸菌饮料不是同一种技术产品；（4）天宝所在裕源公司的互联网宣传页面通过公证方式下载的有关核桃乳酸菌饮料生产销售的宣传用以证明涉案产品已规模生产并上市销售，该组证据仅是裕源公司的一种企业宣传，也恰恰证实了裕源公司合作的诚意和渴望产品上市的意愿，而双方合作的结果是该试生产线已被废弃，生产车间和当前市场上也找不到任何核桃乳酸菌饮料。故对天宝所关于其完成了合同约定义务并已实现合同目的的上诉主张，缺乏依据。关于双方签订的投资合作协议，由于2006年12月2日至裕源公司提起本案诉讼期间，双方一直就非标设备存在的质量问题和试生产产品是否合格问题进行交涉，因没有实现合同约定产品的工业化生产并上市销售，也就不存在双方投资设立新公司的问题。综上，因裕源公司签订本案合同的目的落空，一审法院判决双方解除合同，并由天宝所退还其已收取的专利技术使用费500 000元并无不当。实施涉案专利技术没有生产出合同约定的达到工业化生产条件的产品，确给裕源公司造成较大损失，但本案双方对该结果的发生均不存在主观过错，依照公平原则，对一审判决中赔偿损失部分作出适当调整，由裕源公司承担20%损失的责任，即（655100＋486791＋96000）×20%＝247578.2元；由天宝所承担剩余80%损失的赔偿责任，即990312.8元。二审法院判决：（一）维持一审判决第一、二、六项；（二）撤销一审判决第三、四、五项；（三）改判天宝所赔偿裕源公司订购设备款、自购设备款及研发费用共计990312.8元，裕源公司将相应设备退还天宝所。

围绕当事人的再审请求，本院对有争议的证据和事实认定如下：

（一）关于对《2007年检验报告》是否应予采信的问题

天宝所在本案一审期间提交了《2007年检验报告》，拟证明裕源公司运用涉案专利技术生产出了合格产品。根据该检验报告的记载，郭凯受裕源公司委托，于2007年6月14日，将该公司生产的核桃乳酸菌饮料送至山西省食品质量监督检验中心检验，受检样品规格为500毫升，检验结论为“1.共检12项，12项合格；2.依据QB1554－1992及GB16321－2003标准判定：该样品所检项目合格。”裕源公司认为郭凯的送检行为系其个人行为，与裕源公司无关，该送检程序不符合双方在2006年12月9日函件中的约定，且裕源公司从未生产过500毫升规格的样品，故对《2007年检验报告》不应予以采信。

本院经审理查明，天宝所于2006年12月9日向汾州裕源生物科技有限公司发送函件，该函“并呈俞董事长”。函件记载“根据双方合同之规定，由我所提供的非标设备存在的问题提出如下处理意见……2.……生产出合格产品由乙方组织检测。……如果同意我们的方案，我们就按照实施计划进行……”俞翠萍在该函件上批示“……评估并近快作出方案。”尽管函件载明的收件方为汾州裕源生物科技有限公司而非裕源公司，但鉴于函件亦呈裕源公司法定代表人俞翠萍，且函件内容显然指向涉案合同，故仍应对函件内容予以考察。因函件所载仅系天宝所的建议方案，该方案尚待裕源公司确认，故在没有其他证据证明裕源公司和天宝所就相关方案已达成一致的情况下，仅凭俞翠萍的上述批示，尚不足以认定裕源公司认可了函件所载方案。换言之，根据现有证据，难以认定双方约定产品检测须由裕源公司组织进行。且即便认定裕源公司和天宝所就产品检测由裕源公司组织进行一事达成了一致，鉴于此次送检时裕源公司和天宝所仍处于密切合作中，在《2007年检验报告》明确记载“委托单位 山西汾州裕源土特产贸易有限公司”且裕源公司未提交充分反证的情况下，也应认定郭凯系受裕源公司委托送检，其送检行并非其个人行为，不构成对双方约定的违反。至于裕源公司关于其从未生产过500毫升规格产品的主张，本院认为，鉴于试产阶段产品规格尚不确定的盖然性较大，在裕源公司未能提供其他相反证据的情况下，难以认定送检产品不是裕源公司的产品，故对裕源公司的这一主张，本院不予支持。

综上，本院认为，对《2007年检验报告》，应予采信。

（二）关于对《专利技术暨技术资料验收书》是否应予采信的问题

天宝所在本案一审期间提交了《专利技术及技术资料验收书》，拟证明其已履行了涉案合同项下的相关义务。该验收书第1条记载“甲方已按乙方法定代表人俞董事长委托将该项目暨核桃乳酸菌饮料及其制备方法全部技术（含核心技术）传授给指定专利技术接受（收）人王建云主任，其已运用（独自）该项专利技术生产出符合国标（GB16321－2003）和行标（QB1554－92）的产品。”其第2条记载“甲方已将绝密资料——核桃乳酸菌饮料制备方法、配方及其他（指菌种之相关技术资料）交给甲方指定接受（收）人王建云主任。”郭凯、王建云在该验收书上签字。裕源公司主张，王建云系在受欺骗的情况下签字，故对《专利技术及技术资料验收书》不应予以采信。

本院经审理查明，裕源公司在本案一审过程中即提交了王建云手书的《关于核桃乳酸饮料项目裕源公司与西安大豆研究所合作时的备忘录》。该备忘录记载“我叫王建云是裕源公司核桃乳酸菌饮料项目筹备小组成员之一，我是负责核桃乳酸菌饮料的生产及专利技术和协助甲方机械设备的安装调试等工作。……”本院认为，结合王建云的自述足以认定，其在《专利技术及技术资料验收书》所确认的内容与王建云的职责范畴相符，其在该验收书上签字的行为属于职务行为，裕源公司关于王建云系受欺诈签字的主张，缺乏依据，本院不予支持。

综上，本院认为，对《专利技术及技术资料验收书》，应予采信。

（三）关于对《2008 年生产许可证》《2011 年检验报告》《2011 年生产许可证》是否应予采信的问题

裕源公司在本案二审期间提交了《2008 年生产许可证》《2011 年检验报告》《2011 年生产许可证》，拟补充证明裕源公司运用涉案专利技术能够生产出合格产品。裕源公司认为对上述证据均不应予以采信，其主要理由是：首先，上述证据均不属于在一审期间因客观原因无法取得的证据，其不属于二审新证据；其次，《2011 年检验报告》《2011 年生产许可证》均指向裕源食品公司，其与裕源公司无关；最后，生产许可证中所载蛋白饮料与核桃乳酸菌饮料并非同种技术产品，不能认定上述生产许可证指向涉案核桃乳酸菌饮料。

本院认为，《2011 年检验报告》《2011 年生产许可证》的受检单位和被许可单位均为裕源食品公司，天宝所虽主张裕源公司将涉案技术和设备都转让给了裕源食品公司，但其未提交充分证据予以证明，故《2011 年检验报告》《2011 年生产许可证》与本案缺乏关联，本院不予采信。鉴于本案再审庭审过程中，裕源公司已明确认可核桃乳酸菌饮料属于蛋白饮料，依据《中华人民共和国民事诉讼法》第六十五条第二款、《最高人民法院关于适用〈中华人民共和国民事诉讼法〉的解释》第一百零二条关于逾期证据采信规则的规定，本院认为，对《2008 年生产许可证》，应予采信。

本院再审认为，根据一审、二审判决及天宝所申请再审的理由，本案的主要争议焦点为：涉案合同是否可以依据合同法第九十四条第四项之规定得以解除。

合同法第九十四条确立了合同法定解除权制度。这一制度的首要之意固然是在于授予非违约方以合同解除权，使其能够获得以解除合同为补救方式的特殊救济；但法定解除权制度作为合同法项下的制度，必然须以维护意思自治、鼓励市场交易、稳定市场秩序、实现资源的有效配置的合同法立法宗旨和价值取向为依归，故对合同法定解除权的使用条件予以严格限定才是这一制度的主要方面和价值侧重。解除合同本就不是违约情形下唯一的救济手段，更不是当然的救济手段。若合同动辄可得解除，交易关系动辄可致流产，则必将引发市场秩序的混乱、交易成本的虚高和资源配置效率的低下。故尽管依据合同法第九十四条第四项之规定，如一方迟延履行债务或者有其他违约行为致使合同目的不能实现，则另一方有权解除合同；但仍须明确，仅当违约致使合同目的不能实现时，方存在适用解除合同这一救济方式的空间。换言之，该条款项下合同法定解除权的行使须以一方的违约行为致使合同目的落空为标准。综上，为实现合同法定解除权制度的主要价值，必须对合同法第九十四条第四款予以严格适用，而要严格适用该条款，关键在于正确认定合同目的，避免对合同目的作出超越当事人真实合意的扩大解释。

技术合同领域，特别是在涉及技术工业化的合同中，尤应注意对合同法定解除权的适用予以严格规范。工业化是科学技术转变为生产力的关键阶段。从实验室到工厂，从试产到量产，通过反复的调试、不断地改进去克服已知和未知的困难，是技术工业化的必经之路。这一过程中，迫切需要投资方和技术方的精诚合作，以最终实现科技成果的转化和创新驱动发展。故对于这类合同履行中的违约行为是否构成根本违约的判断，尤应慎重：

首先，要明确是否致使合同目的落空是能否行使合同法定解除权的判断标准。我国合同法中，法定解除的认定标准是违约后果是否足够严重而非所违反的条款本身是否重要。虽然上述二者之间可能存在逻辑关联，但强调以违约结果的严重性作为法定解除认定标准的落脚点，本身就是对合同法定解除权的限制。故在判断违约行为是否足以导致合同法定解除时，不能简单地由所违反条款的性质推断根本违约，而必须讨论这一违约是否会产生合同目的落空的结果。

其次，要避免在没有明确约定的情况下，将产品商业化认定为技术合同的目的。产品商业化是不同于技术工业化的概念。技术工业化以技术的工业化运用为目标，其仅解决技术能否从实验室走向工厂，产出合格产品的问题；产品商业化则以盈利为目标，其所关心的是供给侧和需求侧在质和量上是否匹配的问题，亦即产品是否适销对路、有否利润空间的问题。诚然，技术工业化应以产品商业化为最终目标和导向，应当服务于产品商业化。技术工业化中技术指标的设置愈贴近市场要求，产品商业化获得成功的可能性就愈大。但技术工业化也只是产品商业化的必要条件，而非充分条件。产品商业化的达成，还需要满足诸如精准分析市场需求、巧妙设定营销策略、严格控制产销成本、切实保障资金流转等与技术无关的其他条件。更何况，以市场需求为导向，精准设定技术指标本就异常困难。实践中，技术工业化成功但产品商业化失败的实例并不罕见。故若在无明确约定的情况下将产品商业化，乃至盈利，认定为技术合同的合同目的，无疑是赋予技术其不可承受之重，最终必将阻滞技术向生产力的转化。故在技术合同领域，尤应避免对合同目的的扩大解释——能否产出符合合同约定的产品和该产品能否上市销售、是否适销对路、有否利润空间等，本就不是同一层面的问题。在无明确约定的情况下，不应将产品商业化认定为技术合同的合同目的。

本案中，关于天宝所与裕源公司所签订的合同是否可以依据合同法第九十四条第四项得以解除的问题，应从以下三个方面予以分析：一是天宝所是否违反了合同约定，二是合同目的是否不能实现，三是若天宝所确实构成违约，合同目的亦确已不能实现，则二者是否具有因果关系。故应首先考察关于天宝所是否违反了合同约定的问题。本案中，根据裕源公司的主张，关于天宝所是否违反了合同约定的认定，主要应从产品是否合格、设备是否合格以及技术传授是否完整三方面予以考察。

（一）关于裕源公司能否运用涉案专利技术生产出合格产品的问题

1. 涉案合同项下合格产品的认定标准为国家标准

在判断裕源公司能否运用涉案专利技术生产出合格产品前，首先应当明确涉案合同项下合格产品的认定标准。涉案合同第一条第9项记载，“负责培训1-3名核心技术人员，指导其能独立生产出合格产品为止（符合国标）”。第五条第一款记载，“乙方使用该项技术，试生产后达到了本合同规定的技术性能指标（卫生、质量均为国标），采取一次性实践的方法验收，由双方签署合同技术验收合格协议书。”上述约定表述清晰，意思明确，且互为印证。故本院认定，涉案合同项下合格产品的认定标准为国家标准。

裕源公司主张运用涉案专利技术生产所得的核桃乳酸菌饮料产品存在口感不稳定、有沉淀、会分层、有黑色漂浮物等问题，故其属于不合格产品。本院认为，且不论裕源公司是否有充分证据证明上述问题确实存在，鉴于涉案合同项下合格产品的认定标准为国家标准，故在裕源公司未能明确口感、沉淀、分层、黑色漂浮物等是否属于核桃乳酸菌饮料卫生、质量国家标准检验项目的情况下，不能以上述问题的有无判断涉案合同项下产品是否合格。关于涉案合同项下产品合格与否的认定，必须以裕源公司和天宝所明确约定的国家标准为依据。

2. 在案证据足以证明裕源公司能够运用涉案专利技术生产符合国家标准的核桃乳酸菌饮料产品

首先，《2007年检验报告》足以证明裕源公司能够运用涉案专利技术生产出符合国家标准的核桃乳酸菌饮料产品。根据裕源公司的自述，其于2007年5月26日至2007年6月5日期间，在天宝所的指导下进行了第一次共计五批试产。2007年6月14日，郭凯受裕源公司委托将试产产品送至山西省食品质量监督检验中心检测。该中心于2007年7月3日出具了《2007年检验报告》。报告明确记载，裕源公司的送检样品符合乳酸菌饮料的国家标准（GB16321－2003）和轻工行业标准（QB1554－1992）。

其次，《专利技术及技术资料验收书》构成裕源公司关于其能够运用涉案专利技术生产出符合国家标准的核桃乳酸菌产品的自认。该验收书明确记载，“甲方已按乙方法定代表人俞董事长委托将该项目暨核桃乳酸菌饮料及其制备方法全部技术（含核心技术）传授给指定专利技术接受（收）人王建云主任，其已运用（独自）该项专利技术生产出符合国标（GB16321－2003）和行标（QB1554－92）的产品。”裕源公司主张该《专利技术及技术资料验收书》并非涉案合同第五条第一款所约定的“合同技术验收合格协议书”，故其不能证明合同履行情况。本院认为，该验收书是否构成涉案合同所约定的“合同技术验收合格协议书”的问题，并不影响关于裕源公司是否就其能够运用涉案专利技术生产出符合国家标准的核桃乳酸菌饮料产品予以自认的判断，裕源公司的上述主张，明显缺乏依据，本院不予支持。

此外，《2008年生产许可证》亦可印证上述关于裕源公司能够运用涉案专利生产出合格核桃乳酸菌饮料的结论。

综上，天宝所关于裕源公司能够运用涉案专利技术生产出合格产品的主张，确有依据，本院予以支持。裕源公司的相反主张，缺乏依据，本院不予支持。

（二）关于天宝所订制的设备是否合格的问题

根据涉案合同第一条第8项、第10项之约定，“……8. 主要设备的订制（价格详见本合同书所附设备明细表）；……10. 安装、调试所提供设备，直到正常运行且能生产出合格产品（安装按国家规定办）；……”。故涉案合同项下，订制设备是否合格的认定标准在于，其是否能够正常运行并生产出合格产品。如前所述，裕源公司能够使用天宝所订制的设备生产出合格产品，故应认定相关设备合格。

至于裕源公司关于天宝所已自认其设备存在问题的主张。本院认为，裕源公司确在其《乳酸菌饮料车间存在问题》一文中明确表述了设备方面的14个问题；天宝所党支部书记赵志杰亦在该文文末签字，但其具体表述为“收到两个方面共23个问题的材料一份。反映给郭所长后签发。”即赵志杰仅表示收到该材料，其表述不构成对裕源公司所列问题的认可。天宝所就此文的复函亦仅表示“……对贵方提出有关工艺和设备方面之合理的意见，我所有能力协助解决……”，其并未具体表示哪些意见属于“合理的意见”，故该复函亦不构成对裕源公司所列问题的明确认可。更何况，如前所述，设备合格的认定标准乃在于是否能生产出合格产品，故在已确认可以生产合格产品的情况下，即便设备仍有瑕疵，亦不足以否定其构成合格设备的结论。

综上，天宝所关于其所订制设备合格的主张，确有依据，本院予以支持。裕源公司关于天宝所订制设备不合格的主张缺乏依据，本院不予支持。

（三）关于天宝所是否将专利核心技术传授给了裕源公司的问题

裕源公司主张，天宝所未将益生菌种培养、驯化、发酵等专利核心技术传授给裕源公司。但在裕源公司核桃乳酸菌饮料项目筹备小组成员、技术负责人王建云签字确认的《专利技术及技术资料验收书》中明确记载，“甲方已按乙方法定代表人俞董事长委托将该项目暨核桃乳酸菌饮料及其制备方法全部技术（含核心技术）传授给指定专利技术接受（收）人王建云主任……甲方已将绝密资料——核桃乳酸菌饮料制备方法、配方及其他（指菌种之相关技术资料）交给甲方指定接受（收）人王建云主任。”故裕源公司关于天宝所未将专利核心技术传授给裕源公司的主张，明显缺乏依据，本院不予支持。

综上，天宝所并无裕源公司所主张的违约行为，故裕源公司关于其因天宝所违约而不能实现合同目的的主张，缺乏依据，本院不予支持。裕源公司不得依据合同法第九十四条第四项之规定解除涉案合同，亦不能获得相关费用的返还和赔偿。二审法院以“符合上市条件”作为认定产品合格的依据，将合同约定的技术标准拔高为市场标准，系对涉案合同关于合格产品认定标准条款的错误理解，其关于天宝所因始终未能解决试产产品存在的口感不稳定、有沉淀等问题而构成违约的认定，确有错误，本院予以纠正。此外，二审法院关于裕源公司的合同目的是运用涉案专利技术工业化生产核桃乳酸菌饮料并上市销售，实现利润的认定，亦有不当。本院认为，如前所述，在没有明确约定的情况下，不应将产品商业化认定为技术合同的合同目的。鉴于涉案合同中并无关于产品上市销售的约定，故仅应认定合同目的为运用涉案专利技术实现符合国家标准的核桃乳酸菌饮料的工业化生产。至于天宝所关于裕源公司不构成本案适格原告的主张，显然缺乏依据，本院不予支持；天宝所关于裕源公司构成对其专利权侵害的主张，因属于本案之外的其他法律关系，本院不予评述。

本院认为，投资方应审慎签订涉及技术工业化的合同，在技术指标的设置和产品合格标准的选择上，应当尽可能贴近市场对产品的要求，尤应避免在市场竞争较为激烈或相关公众要求较高的领域，仅以市场准入标准作为合同项下的产品合格标准，从而陷入产品合格而商业失败的窘境。

综上所述，天宝所的再审请求成立。依照《中华人民共和国民事诉讼法》第二百零七条第一款、第一百七十条第一款第二项、《中华人民共和国合同法》第九十四条第四项之规定，判决如下：

一、撤销山西省高级人民法院（2014）晋民终字第141号民事判决书；

二、撤销山西省吕梁市中级人民法院（2013）吕民三初字第1号民事判决书；

三、驳回汾州裕源土特产品有限公司的全部诉讼请求。

一审案件受理费20441元，由汾州裕源土特产品有限公司负担；二审案件受理费20441元，由汾州裕源土特产品有限公司负担。

本判决为终审判决。

审 判 长 骆 电

代理审判员 李 嵘

代理审判员 马秀荣

二〇一七年一月二十四日

书 记 员 王 晨

七、关于知识产权诉讼程序与证据

（一）知识产权民事诉讼程序与证据

33. 网络购物收货地不宜作为知识产权和不正当竞争案件的侵权行为地

——上诉人广东马内尔服饰有限公司、周乐伦与被上诉人新百伦贸易（中国）有限公司、一审被告南京东方商城有限责任公司不正当竞争纠纷管辖异议案①

中华人民共和国最高人民法院民事裁定书（2016）最高法民辖终107号

上诉人（一审被告）：广东马内尔服饰有限公司。住所地：广东省广州市天河区华穗路263号1101、1102、1105、1106房。

法定代表人：周乐伦，该公司董事长。

委托诉讼代理人：杨河，广东格林律师事务所律师。

委托诉讼代理人：董宜东，广东太平洋联合律师事务所律师。

上诉人（一审被告）：周乐伦，男，汉族，1968年5月22日出生，住广东省广州市天河区××××。

委托诉讼代理人：杨河，广东格林律师事务所律师。

委托诉讼代理人：董宜东，广东太平洋联合律师事务所律师。

被上诉人（一审原告）：新百伦贸易（中国）有限公司。住所地：上海市长宁区长宁路890号1层F6室。

法定代表人：张鸿文，该公司董事长。

---

① 本案在年度报告中的位置为第66页。

委托诉讼代理人：杨璞，上海市方达律师事务所律师。

委托诉讼代理人：周整，上海市方达（北京）律师事务所律师。

一审被告：南京东方商城有限责任公司。住所地：江苏省南京市秦淮区中山南路2号。

法定代表人：王云健，该公司董事长。

委托诉讼代理人：邵燕，江苏永衡昭辉律师事务所律师。

委托诉讼代理人：朱芳雄，江苏永衡昭辉律师事务所实习律师。

上诉人广东马内尔服饰有限公司（以下简称马内尔公司）、周乐伦因与被上诉人新百伦贸易（中国）有限公司（以下简称新百伦公司）、一审被告南京东方商城有限责任公司（以下简称南京东方商城）不正当竞争纠纷管辖异议一案，不服江苏省高级人民法院（2015）苏知民初字第00001号民事裁定，向本院提起上诉。本院依法组成合议庭，公开开庭审理了本案。马内尔公司、周乐伦的委托诉讼代理人杨河、董宜东，新百伦公司的委托诉讼代理人杨璞、周整，以及南京东方商城的委托诉讼代理人邵燕、朱芳雄到庭参加诉讼。本案现已审理终结。

上诉人周乐伦、马内尔公司不服一审裁定提起上诉称：（一）尽管南京地区是南京东方商城的住所地，但由于马内尔公司的被诉侵权行为与南京东方商城的被诉侵权行为不属于共同侵权行为，不应成为本案的共同被告，一审法院对上诉人的被诉侵权行为不具有管辖权。南京东方商城在本案中的被诉侵权行为是其提供场地给广州星珈公司，与广州星珈公司共同销售被诉侵权产品，该行为发生在2013年4月1日至2014年3月31日期间；而马内尔公司被诉侵权行为则是在网络上销售被诉侵权产品，时间发生于2015年，该行为是上诉人单独实施的。可见，二者的被诉侵权行为既不相同，也不具有关联。马内尔公司与南京东方商城不存在任何合作关系，因此不存在共同实施被诉共同侵权行为的事实基础，不能成为本案的共同被告。南京东方商城仅仅与广州星珈公司之间存在过合作关系，新百伦公司如果要追究南京东方商城与广州星珈公司的共同侵权行为，共同被告应当是南京东方商城与广州星珈公司。因广州星珈公司现已注销，只能起诉南京东方商城一家。而对于马内尔公司和南京东方商城的被诉侵权行为，新百伦公司只能分别起诉，不能在一个案件中起诉，法院也不能将两个不相关联的行为和不相关联的主体强行置于一个案件中进行审理。（二）南京地区不是马内尔公司通过网络销售被诉侵权产品的被诉侵权行为地，一审法院认定“网络购物收货地”是侵权行为地没有法律依据。（1）一审法院对民事诉讼法司法解释第二十条的规定进行扩大化解释，违背了立法意图，不能将“网络买卖合同纠纷”的管辖规定随意移植到侵权案件的管辖上。(2)“销售地”和“网络交易收货地”具有不同含义，将“网络交易收货地”视为“网络环境下的销售地”并作为知识产权侵权案件的管辖联结点没有任何法律依据。(3)一审法院“以收货地为管辖联结地方便权利人诉讼维权”的理由是不能成立的。(4)以“收货地”作为管辖联结点违背了“收敛稳定”的管辖原则，同时也违背了知识产权案件集中管辖的原则。综上，请求本院依法撤销一审裁定，将案件移送上诉人住所地广州市天河区人民法院管辖。后在庭审中补充上诉称：广东省高级人民法院（2015）粤高法民三终字第444号民事判决已经确认周乐伦的新百伦商标的合法权益受法律保护，新百伦公司提起本案不正当竞争之诉缺乏事实和理由，属于恶意诉讼，应当裁定不予受理或者驳回起诉。关于周乐伦是否恶意抢注新百伦商标及索赔请求能否成立的问题，新百伦公司在前述案件中已作为主要抗辩理由主张，并未得到法院支持。在该生效判决已有定论的情况下，周乐伦作为本案被告不适格，一审法院不应将其列为被告。且周乐伦被诉行为与南京东方商城及马内尔公司的销售行为并非同一行为，因此不应在同一案件中审理。鉴于周乐伦的行为没有发生在江苏地区，一审法院对其亦无管辖权。

被上诉人新百伦公司答辩称：（一）一审法院作为南京东方商城的住所地法院，对本案具有管辖权。本案中，周乐伦、马内尔公司和南京东方商城以分工协作的方式，共同实施了涉案不正当竞争行为。其中，周乐伦恶意注册了涉案侵权标识，继而将侵权标识许可给马内尔公司，或者通过其控制的关联企业与南京东方商城签订销售合同，合作实施了共同侵权行为。马内尔公司与南京东方商城都是基于周乐伦的授权，以网络销售和商场柜台销售相结合的方式，有计划地在南京市推广标有涉案侵权标识的侵权产品。同时，南京东方商城也在互联网上宣传其销售的侵权产品品牌。因此，周乐伦、马内尔公司和南京东方商城的被诉侵权行为具有高度关联性，应当在同一案件中进行审理。（二）一审法院作为侵权行为地法院，对本案具有管辖权。首先，南京市是南京东方商城实施被诉侵权行为的侵权行为地。其次，南京市是马内尔公司实施被诉侵权行为的侵权行为地。网络购物收货地是履行相关合同的地方，在本案中，合同履行地就是马内尔公司侵权行为地。周乐伦授权马内尔公司使用涉案侵权标识，并通过“百伦 BOLUNE”微信公众账号向南京市的消费者销售侵权产品。其本质就是履行与南京市消费者之间以侵权产品为标的的买卖合同。当马内尔公司将侵权产品寄到消费者手中时，既履行了合同，也随即发生《中华人民共和国反不正当竞争法》第二条以及第五条的行为和结果。因此，本案合同履行地就是侵权行为结果的发生地。综上，一审法院作为南京东方商城住所地和本案侵权行为地的法院，对本案具有管辖权。请求本院依法驳回马内尔公司的管辖权异议。

一审被告南京东方商城述称：（一）南京东方商城不存在不正当竞争行为，不是本案适格被告。（2015）粤高法民三终字第444号民事判决已认定周乐伦合法拥有“百伦”和“新百伦”商标，故南京东方商城销售有关“百伦”和“新百伦”商标的商品都是合法行为，不存在不正当竞争行为，南京东方商城的住所地也不是侵权行为地，故一审法院依据南京东方商城的工商注册地确定其具有管辖权，认定事实和适用法律均系错误。即便广州星珈公司和南京东方商城具有共同被诉侵权行为，而新百伦公司已经撤销了对广州星珈公司的起诉，因此本案已失去了主张共同侵权之诉的基础。（二）新百伦公司未经周乐伦许可，在相同商品上使用与周乐伦注册商标“百伦”和“新百伦”相同的标识，系侵害周乐伦注册商标专用权的侵权行为。（三）本案网络销售被诉侵权行为是新百伦公司特意到南京市购买被诉侵权产品，属于钓鱼式的选择诉讼地，证明其诉讼目的具有不正当性。综上，一审法院对本案不具有管辖权，请求本院依法撤销一审裁定。

本院认为，本案的争议焦点为：（一）在侵犯知识产权和不正当竞争案件中，原告通过网络购物取得被诉侵权产品，能否以网络购物收货地作为侵权行为地确定管辖；（二）本案应当如何确定管辖法院。

关于第一个焦点问题。侵犯知识产权案件和不正当竞争案件均属于侵权类案件，《中华人民共和国民事诉讼法》（以下简称民事诉讼法）第二十八条规定，因侵权行为提起的诉讼，由侵权行为地或者被告住所地人民法院管辖。最高人民法院《关于适用〈中华人民共和国民事诉讼法〉的解释》（法释（2015）5号）（以下简称民事诉讼法司法解释）第二十四条规定，民事诉讼法第二十八条规定的侵权行为地，包括侵权行为实施地、侵权结果发生地。侵犯知识产权案件中，由于附着了商标或者其他权利的商品具有大范围的可流通性，如何确定侵权行为地有不同于一般民事纠纷案件的特殊性。《关于审理商标民事纠纷案件适用法律若干问题的解释》（法释［2002］32号）第六条规定，因侵犯注册商标专用权行为提起的民事诉讼，由商标法（指2001年修正的商标法）第十三条、第五十二条所规定侵权行为的实施地、侵权商品的储藏地或者查封扣押地、被告住所地人民法院管辖。根据该条规定，在侵犯商标权案件中，除了大量侵权商品的储藏地以及海关、工商等行政机关依法查封、扣押侵权商品的所在地外，仅侵权行为的实施地或者被告住所地可以作为管辖依据，而不再依据侵权结果发生地确定管辖。本案中，新百伦公司认为马内尔公司的侵权行为是基于周乐伦的授权，通过“百伦 BOL-

UNE”微信公众账号销售被诉侵权产品，参照前述司法解释规定，新百伦公司可以在马内尔公司被诉侵权行为的实施地以及该公司住所地的人民法院提起诉讼。马内尔公司住所地位于广东省广州市天河区，新百伦公司亦无其他证据证明其在公司住所地之外的其他地区实施了侵权行为，故应以该住所地作为对马内尔公司相应行为确定管辖的依据。民事诉讼法司法解释第二十条规定：“以信息网络方式订立的买卖合同，通过信息网络交付标的的，以买受人住所地为合同履行地；通过其他方式交付标的的，收货地为合同履行地。合同对履行地有约定的，从其约定。”该条规定是对民事诉讼法第二十三条、第三十四条关于合同履行地的补充规定。对于以信息网络方式订立的买卖合同，确定被告住所地或者合同履行地存在一定的困难，故司法解释该条进行了明确。由于合同案件与侵犯知识产权及不正当竞争案件存在较大的不同，合同案件一般发生在合同当事人之间，且其影响基本仅限于特定的行为和特定的当事人，而在侵犯知识产权和不正当竞争案件中，当事人通过网络购物方式取得被诉侵权产品，虽然形式上与“以信息网络方式订立买卖合同”并无区别，但其所提出的侵权主张并非仅针对这一特定的产品，而是包含了特定权利的所有产品；其主张也并非仅针对合同的另一方主体，而可能是与此产品相关的、根据法律规定可能构成侵权的其他各方主体。考虑到上述区别，并考虑到侵犯知识产权案件和不正当竞争案件中对侵权行为地的确定有专门的规定，在此类案件中，如果原告通过网络购物方式购买被诉侵权产品，不宜适用民事诉讼法司法解释第二十条的规定来确定案件的地域管辖。一审法院援引民事诉讼法司法解释第二十条的规定，认定南京市既是马内尔公司的侵权行为实施地，也是侵权结果发生地，适用法律不当，本院予以纠正。

关于第二个焦点问题。新百伦公司起诉的侵权行为包括：南京东方商城与广州星珈公司签订联合销售专柜合同销售带有“新百伦”标识的被诉侵权产品；马内尔公司基于周乐伦的授权，通过“百伦 BOLUNE”微信公众账号销售被诉侵权产品。南京东方商城的行为发生在 2013 年 4 月 1 日至 2014 年 3 月 31 日期间，马内尔公司的销售行为发生于 2015 年。可见，二者的被诉侵权行为既不相同，也不具有关联性。民事诉讼法第五十二条规定，当事人一方或者双方为二人以上，其诉讼标的是共同的，或者诉讼标的是同一种类、人民法院认为可以合并审理并经当事人同意的，为共同诉讼。根据该条规定，共同诉讼分为必要的共同诉讼和普通的共同诉讼。必要的共同诉讼特点在于共同诉讼的一方当事人对诉讼标的有不可分的共同的权利义务。普通的共同诉讼的特点在于共同诉讼的一方当事人对诉讼标的没有共同的权利义务，是一种可分之诉，只是因为他们的诉讼标的属于同一种类，在当事人同意的情况下，人民法院可以作为共同诉讼审理。本案既不是必要的共同诉讼，马内尔公司亦明确表示不同意在一案中进行审理，故本案应分案审理。南京地区法院对南京东方商城的被诉侵权行为享有管辖权，马内尔公司或者周乐伦所在地法院对周乐伦和马内尔公司的被诉侵权行为享有管辖权，具体管辖法院需待分案后新百伦公司分别明确两案的诉讼请求后再行确定。

另外，由于新百伦公司在广东省高级人民法院（2015）粤高法民三终字第444号案中，曾就其享有“新百伦”在先企业名称权、知名商品特有名称等提出过主张，该案民事判决对相关问题亦有认定。当事人如对广东省高级人民法院前述判决不服，应当依照民事诉讼法规定的途径寻求救济，事实上新百伦公司已经行使了法律赋予的程序权利，就该案向本院提出了再审申请。虽然本诉与该案的当事人并不完全相同，不属于严格意义上的重复起诉，但后续审理中亦须考虑在先的生效判决，否则相关主体就能轻易通过变更当事人的方式规避民事诉讼法司法解释第二百四十七条关于重复起诉的规定。

依照《中华人民共和国民事诉讼法》第一百七十条第一款第二项、第一百七十一条规定，裁定如下：

一、撤销江苏省高级人民法院（2015）苏知民初字第00001号民事裁定；

二、本案分案后重新确定管辖。

本裁定为终审裁定。

审　判　长　王艳芳
代理审判员　董晓敏
代理审判员　何　鹏
二〇一七年六月十三日
书　记　员　崔心驰

34. 对涉及市场统计调查的公证书证据的审查认定

——再审申请人河北六仁烤饮品有限公司与被申请人河北养元智汇饮品股份有限公司及一审被告金华市金东区叶保森副食店擅自使用知名商品特有包装、装潢纠纷案①

中华人民共和国最高人民法院民事裁定书（2017）最高法民申3918号

再审申请人（一审被告、二审上诉人）：河北六仁烤饮品有限公司。住所地：河北省石家庄市晋州市循环经济工业园区。

法定代表人：郭翠娟，该公司董事长。

委托诉讼代理人：赵凯，河北得正律师事务所律师。

委托诉讼代理人：娄盼转，河北得正律师事务所律师。

被申请人（一审原告、二审被上诉人）：河北养元智汇饮品股份有限公司。住所地：河北省衡水市经济开发区北区新区六路南、滏阳四路以西。

法定代表人：姚奎章，该公司董事长。

一审被告：金华市金东区叶保森副食店。住所地：浙江省金华市金东区孝顺镇荷园南路。

经营者：叶保森。

再审申请人河北六仁烤饮品有限公司（以下简称六仁烤公司）因与被申请人河北养元智汇饮品股份有限公司（以下简称养元公司）及一审被告金华市金东区叶保森副食店擅自使用知名商品特有包装、装潢纠纷一案，不服浙江省高级人民法院（2017）浙民终165号民事判决，向本院申请再审。本院依法组成合议庭进行了审查，现已审查终结。

六仁烤公司申请再审称：（一）原判决认定的基本事实缺乏证据证明。1. 原判决认定第10833322号“六个核桃”商标的商品为知名商品缺乏证据证明。养元公司获得驰名商标认定的是第5127315号“六个核桃”商标，但其实际使用的是于2013年11月7日才注册的第10833322号商标，至提起本案诉讼时该商标注册尚不满三年，根据有关规定该商标不属于“驰名商标”，

---

① 本案在年度报告中的位置为第68页。

使用该商标的相应商品自然也不是知名商品。2. 原判决认定六仁烤公司的商品包装、装潢与养元公司的商品包装、装潢近似，易使相关公众产生误认，该认定缺乏证据证明。六仁烤公司在一审诉讼中提交的证据（2016）晋证经字第498号公证书（以下简称第498号公证书），可以证明消费者对该两种商品不会产生混淆误认。3. 原判决判令六仁烤公司赔偿12万元，没有事实依据，缺乏证据证明。（二）原判决适用法律错误。1. 养元公司提交的公证书证据严重违反法定程序，公证人员跨省执业违反有关规定，有关公证书应是无效证据。2. 六仁烤公司对其被诉侵权的商品包装、装潢享有先用权，公司自2011年4月3日起就持续使用该包装、装潢并进行商业宣传。3. 六仁烤公司对其被诉侵权的商品包装、装潢享有外观设计专利权，相关使用行为合法，不构成对养元公司的侵权。4. 反不正当竞争法的立法宗旨是为了防止市场竞争中的垄断，不能因为养元公司用了罐体包装以及女性代言人等包装、装潢的元素，就禁止同为核桃乳生产企业的六仁烤公司以及其他公司使用相同元素。综上，六仁烤公司依据《中华人民共和国民事诉讼法》第二百条第二项、第六项之规定向本院申请再审，请求撤销原审判决，依法对本案再审。

本院经审查认为，根据六仁烤公司申请再审的理由，本案再审审查的焦点问题为：1. 原判决认定的基本事实是否缺乏证据证明；2. 原判决适用法律是否错误。

关于第一个问题，原判决认定的基本事实是否缺乏证据证明。首先，关于六仁烤公司所称第10833322号商标不是驰名商标故相应商品不是知名商品一节，本院认为，根据《最高人民法院关于审理不正当竞争民事案件应用法律若干问题的解释》第一条与第二条的规定，知名商品是指在中国境内具有一定知名度，为相关公众所知悉的商品，与驰名商标的认定没有必然联系。根据已查明的事实，养元公司自2011年起在中央电视台等媒体持续播放“六个核桃”饮品广告，该饮品销量在2013年、2014年均位居全国前列，并先后获得“河北省著名商标”“消费者信赖的知名品牌”等荣誉，结合国家工商行政管理总局商标局认定养元公司第5127315号“六个核桃”商标为驰名商标的事实，原判决认定养元公司生产的“六个核桃”饮品为知名商品并无不当。养元公司在本案中请求保护的“六个核桃”饮品包装、装潢呈现为以下外观：商品的手提袋整体以蓝红作为主色调，包装盒的装潢以蓝白为主色调，饮料罐整体也以蓝白为主色调，罐体前后中部各有一个底色为蓝色的如挂画飘起的图形，图形中间为白色字体，整体色调鲜明。由上述元素组合形成的该包装、装潢整体并非核桃乳商品所通用，具有较为显著的区别性特征，原判决认定其为知名商品特有的包装、装潢并无不当。其次，关于六仁烤公司所称第498号公证书可以证明其商品包装、装潢与养元公司商品包装、装潢不近似、不会使消费者产生混淆误认一节，本院认为，第498号公证书涉及市场统计调查，对该项证据应否采信，应当具体审查该市场统计调查的客观性、科学性、适法性等有关情况，不能仅因该调查经过公证就当然采信。第498号公证书所记载的市场统计调查，由六仁烤公司设计、提供相关表格，并派员参与调查过程，非由中立第三方独立完成，故其客观性存疑；从调查表格的设计来看，一张调查表同时记录多名受访人的意见，每名受访人均能看到其他受访人的选择结果，不是在不受外界影响的状态下独立作出判断，易出现从众效应，故不具有科学性；调查过程中，对两种商品的隔离摆放，不符合法律对隔离比对的要求，每名受访人均能同时看到两种商品；从问卷问题的设计来看，直接询问受访人是否发生实际混淆，没有考虑混淆可能性。因此，原审法院对第498号公证书不予采信并无不当。第三，原审法院依据涉案知名商品特有包装、装潢的商业价值、六仁烤公司的经营规模等因素，酌定六仁烤公司赔偿养元公司12万元，并无不当。综上，六仁烤公司该项申请再审理由不能成立。

关于第二个问题，原判决适用法律是否错误。首先，关于异地公证问题，虽然有关公证的法律法规有关于公证执业地域的规定，但该规定属于管理性规定，违反该管理性规定并不当然影响该公证行为客观记载的相关事实的真实性。并且，养元公司提交公证书是为了证明其购买的被诉侵权产品由六仁烤公司生产，对此事实六仁烤公司在原审诉讼中予以认可。对六仁烤公司关于异地公证问题的相关主张，本院不予支持。其次，关于六仁烤公司主张先用权抗辩一节，其在原审诉讼中就此提交了火爆食品饮料招商网于2015年7月出具的合作招商证明材料以及河北省质量技术监督局于2011年8月发给石家庄市三得利食品饮料厂（六仁烤公司前身）的《全国工业产品生产许可证》。该两证据仅能证明六仁烤公司2011年以后从事食品饮料的生产经营活动，不能证明其自2011年起就开始使用被诉侵权的商品包装、装潢，故对该项主张本院不予支持。第三，关于六仁烤公司主张其依法行使外观设计专利权一节，本院认为，六仁烤公司在本案中的被诉侵权行为，并不因其外观设计专利获得授权而具有合法性，故对该项主张本院不予支持。第四，关于六仁烤公司所称防止市场垄断一节，本院认为，对知名商品特有包装、装潢的保护，是基于一般消费者对商品包装、装潢整体视觉效果的判断，对于构成包装、装潢的颜色、图案、材料等通用元素，各市场经营主体均可以自由使用，但不能在整体视觉效果上与他人知名商品特有的包装、装潢近似，从而使消费者对商品来源产生混淆、误认。综上，六仁烤公司该项申请再审理由不能成立。

综上所述，六仁烤公司的再审申请不符合《中华人民共和国民事诉讼法》第二百条第二项、第六项的规定。依照《中华人民共和国民事诉讼法》第二百零四条第一款，《最高人民法院关于适用〈中华人民共和国民事诉讼法〉的解释》第三百九十五条第二款之规定，裁定如下：

驳回河北六仁烤饮品有限公司的再审申请。

审 判 长 朱 理
审 判 员 毛立华
代理审判员 佟 姝
二〇一七年九月二十九日
法官助理 何 鹏
书 记 员 包 硕

35. 在申请再审程序中以新的证据主张现有技术抗辩不应予以支持

——再审申请人唐山先锋印刷机械有限公司与被申请人天津长荣印刷设备股份有限公司、一审被告常州市恒鑫包装彩印有限公司侵害发明专利权纠纷案①

中华人民共和国最高人民法院民事裁定书（2017）最高法民申768号

再审申请人（一审被告、二审上诉人）：唐山先锋印刷机械有限公司。住所地：河北省唐山市玉田县无终街1618号（火车站路口西侧）。

法定代表人：付桂文，该公司总经理。

委托诉讼代理人：陈晓宇，瑞安市翔东知识产权代理事务所专利代理人。

委托诉讼代理人：林海，瑞安市翔东知识产权代理事务所专利代理人。

被申请人（一审原告、二审上诉人）：天津长荣印刷设备股份有限公司。住所地：天津新技术产业园区北辰科技工业园。

法定代表人：李莉，该公司董事长。

一审被告：常州市恒鑫包装彩印有限公司。住所地：江苏省常州市天宁区郑陆镇焦溪工业集中区。

法定代表人：张元兴，该公司董事长。

再审申请人唐山先锋印刷机械有限公司（以下简称先锋公司）因与被申请人天津长荣印刷设备股份有限公司（以下简称长荣公司）、一审被告常州市恒鑫包装彩印有限公司（以下简称恒鑫公司）侵害发明专利权纠纷一案，不服江苏省高级人民法院（2016）苏民终682号民事判决，向本院申请再审。本院依法组成合议庭进行了审查，现已审查终结。

先锋公司申请再审称：先锋公司在再审程序中提交的新证据足以推翻一审、二审的判决，请求撤销一审、二审判决，并依法改判，一审、二审、再审诉讼费用由长荣公司承担。其主要理由为：上述新证据为公开号为

① 本案在年度报告中的位置为第69页。

CN1302730A、公开日为2001年7月11日的中国发明专利申请公开说明书，先锋公司确认被控侵权产品与权利要求4的技术特征一一对应，将权利要求4与上述新证据进行比对，二者技术特征相同，先锋公司所使用的为现有技术，一审、二审判决认定错误。

本院认为，《中华人民共和国专利法》第六十二条规定，在专利侵权纠纷中，被控侵权人有证据证明其实施的技术或者设计属于现有技术或者现有设计的，不构成侵犯专利权。本案中，先锋公司在一审、二审阶段均主张其实施的技术为现有技术。在一审、二审诉讼中提交授权公告号为CN2416050Y，专利号为00226345.9，名称为“烫金模切机”，授权公告日为2001年1月24日的专利文件，主张被诉侵权产品实施的技术属于现有技术。先锋公司现申请再审称其实施的技术属于现有技术，并提交了公开号为CN1302730A，申请号为00134692.X，名称为“一种烫印模切联动机及其联动方法”，公开日为2001年7月11日的专利文件。

本院经审查认为，该证据是先锋公司在一审、二审阶段可以取得的，其在不同诉讼程序中以不同的证据主张现有技术抗辩，表面上系以新证据为由申请再审，但实质上相当于另行提出新的现有技术抗辩。根据《最高人民法院关于审理侵犯专利权纠纷案件应用法律若干问题的解释》第一条关于“人民法院应当根据权利人主张的权利要求，依据专利法第五十九条第一款的规定确定保护范围。权利人在一审法庭辩论终结前变更其主张的权利要求的，人民法院应当准许”之规定，专利权人应当在一审法庭庭审辩论终结前固定其权利要求。如允许先锋公司无限制地提出新的现有技术抗辩，与专利权人应当在一审法庭庭审辩论终结前固定其主张的权利要求相比，对专利权人显失公平，且构成对专利权人长荣公司的诉讼突击，亦将架空一审、二审的诉讼程序，不利于引导当事人在法定的一审、二审程序中解决纠纷，故对其相关主张不予支持。

依照《中华人民共和国民事诉讼法》第二百零四条第一款，《最高人民法院关于适用〈中华人民共和国民事诉讼法〉的解释》第三百九十五条第二款规定，裁定如下：

驳回唐山先锋印刷机械有限公司的再审申请。

审　判　长　王艳芳
代理审判员　董晓敏
代理审判员　杜微科
二〇一七年三月二十九日
书　记　员　崔心驰

36. 合法来源抗辩应当提供符合交易习惯的相关证据

——再审申请人宁波欧琳实业有限公司与被申请人宁波搏盛阀门管件有限公司、二审上诉人宁波欧琳厨具有限公司、宁波欧琳网络科技有限公司、二审被上诉人宁波市鄞州时蓉塑胶有限公司侵害外观设计专利权纠纷案①

中华人民共和国最高人民法院民事裁定书（2017）最高法民申1671号

再审申请人（一审被告、二审被上诉人）：宁波欧琳实业有限公司。住所地：浙江省宁波市鄞州区投资创业中心祥和东路128号。

法定代表人：徐羽波，该公司总经理。

委托诉讼代理人：裴金华，杭州千克知识产权代理有限公司专利代理人。

委托诉讼代理人：张向飞，宁波鄞州盛飞专利代理事务所专利代理人。

被申请人（一审原告、二审上诉人）：宁波搏盛阀门管件有限公司。住所地：浙江省宁波市鄞州区姜山镇上何村。

法定代表人：岑迪峰，该公司总经理。

委托诉讼代理人：胡义康，北京大成（宁波）律师事务所律师。

二审上诉人（一审被告）：宁波欧琳厨具有限公司。住所地：浙江省宁波市鄞州区鄞州投资创业中心祥和东路128号。

法定代表人：徐剑光，该公司总经理。

二审上诉人（一审被告）：宁波欧琳网络科技有限公司。住所地：浙江省宁波市鄞州区祥和东路128号。

法定代表人：王思中，该公司总经理。

二审被上诉人（一审被告）：宁波市鄞州时蓉塑胶有限公司。住所地：浙江省宁波市鄞州区中河街道里段工业区。

法定代表人：施亚芬，该公司总经理。

再审申请人宁波欧琳实业有限公司（以下简称欧琳公司）因与被申请人宁波搏盛阀门管件有限公司（以下简称搏盛公司），二审上诉人宁波欧琳厨

① 本案在年度报告中的位置为第71页。

具有限公司、宁波欧琳网络科技有限公司，二审被上诉人宁波市鄞州时蓉塑胶有限公司（以下简称时蓉公司）侵害外观设计专利权纠纷一案，不服浙江省高级人民法院（2016）浙民终696号民事判决，向本院申请再审。本院依法组成合议庭对本案进行了审查，现已审查终结。

欧琳公司向本院申请再审称：

（一）二审判决认定被诉侵权产品落入涉案专利权的保护范围错误。1. 二审判决比对对象错误。被诉侵权产品是由多个配件组成的整体水槽，二审判决选取了开关和两个拉索，将三者组合后与涉案专利对比。在侵权比对时，应该将涉案专利与被诉侵权产品水槽中的开关进行对比。2. 二审判决关于一般消费者的认定错误。一般消费者购买开关时，会注意到开关的整体外形，也会注意包括开关下部各个部分的设计比例关系，而不仅仅关注开关安装后外露的较小部分。3. 二审判决关于涉案专利产品的设计空间及设计特征认定错误。被诉侵权产品与涉案专利在按键装饰图案、圆形凸台、圆柱形套管上均存在差异，二审判决认定其属于细微差别错误。开关按键、圆形面板、固定座以及套管的结构是开关类产品的惯常设计，其设计空间不大。涉案专利的检索报告显示，涉案专利未被现有设计公开的设计特征主要在于开关下部的形状结构，其下部两个分开的圆柱是涉案专利的设计要点所在。二审判决认定被诉侵权产品与涉案专利近似错误。4. 被诉侵权产品与涉案专利相比，至少具有如下区别：（1）涉案专利两个按键顶面有多个明显的圆形凸起，而被诉侵权产品的按键顶面十分光滑；（2）涉案专利开关中部较薄，长度占整个开关的20%以下，而被诉侵权产品开关中部较厚，占整体长度的60%以上；（3）涉案专利下部为细长的圆柱形套管，其长度占整个开关的60%以上，而被诉侵权产品的下部则没有这一结构；（4）涉案专利圆形面板上方存在台阶部（凸台），被诉侵权产品并无此结构；（5）涉案专利的中部固定座的厚度较小，约为按键长度的0.3倍，而被诉侵权产品的中部固定座的厚度较大，是其按键长度的2倍；（6）涉案专利的设计风格苗条、细长，而被诉侵权产品的整体设计风格敦实、厚重，二者的主要部件设计风格迥异。上述区别均是明显的，占到开关整体结构的大部分，一般消费者能够分辨出二者的显著区别，二者不属于相同或相近似的外观设计。5. 即使将被诉侵权产品水槽中拆下的开关和两个拉索安装组合后与涉案专利进行对比，与涉案专利的所有区别特征都应当被考虑。被诉侵权产品中的拉索占到被诉侵权产品的很大比例，对整体视觉效果会造成显著影响。（二）二审判决关于现有设计抗辩的事实认定错误，适用法律错误。1. 现有设计按键的形状为规则的圆形。被诉侵权产品与现有设计相比，差别在于现有设计的两个圆形的按键靠近并部分相切，相切的部分只有直径的1/6左右，相切的部分不容易被观察到，属于局部细微区别。二审判决认定现有设计抗辩不能成立错误。2. 被诉侵权产品与现有设计的区别为细微差别，两者整体相近似。3. 被诉侵权产品与现有设计更加近似，而与涉案专利整体视觉效果差别更大。4. 对于（2016）浙甬天证民字第3733号公证书（以下简称第3733号公证书）中的开关是否可以作为现有技术，二审判决没有明确认定。现有证据足以证明该产品可以作为现有设计。（三）再审申请人合法来源抗辩的主张成立，二审判决的认定错误。1. 再审申请人使用的被诉侵权产品是从时蓉公司购买。再审申请人提供了与时蓉公司的"买卖总合同"以及采购订单，买卖合同及采购订单上明确写明产品名称为"拉丝弹跳台控"。2. 时蓉公司承认其生产被诉侵权产品，且能够承担侵权责任。（四）二审判决认定再审申请人制造、销售、许诺销售被诉侵权产品缺乏证据证明。再审申请人不应当承担赔偿责任。1. 被诉侵权产品仅是水槽的配件，再审申请人已提供证据证明该配件来源于时蓉公司。本案没有证据证明再审申请人实施了制造被诉侵权产品的行为。2. 再审申请人仅是被诉侵权产品的使用者。被诉侵权产品的开关和拉索仅具有技术功能，根据《最高人民法院关于审理侵犯专利权纠纷案件应用法律若干问题的解释》第十二条第二款的规定，再审申请人将被诉侵权产品作为零部件使用，不属于销售行为，也不属于许诺销售行为。（五）二审判决再审申请人赔偿被申请人8万元，缺乏证据证明。请求本院：撤销二审判决，依法改判驳回被申请人的全部诉讼请求，一、二审及再审费用由被申请人承担。

本院认为，本案争议焦点为：（一）被诉侵权产品是否落入涉案专利权的保护范围？（二）再审申请人关于现有技术抗辩的主张能否成立？（三）再审申请人关于被诉侵权产品具有合法来源，其并未制造、销售、许诺销售被诉侵权产品的主张能否成立？（四）二审判决关于赔偿数额的认定是否正确？

一、关于被诉侵权产品是否落入涉案专利权的保护范围

《中华人民共和国专利法》（以下简称专利法）第五十九条第二款规定："外观设计专利权的保护范围以表示在图片或者照片中的该产品的外观设计为准，简要说明可以用于解释图片或者照片所表示的该产品的外观设计。"《最高人民法院关于审理侵犯专利权纠纷案件应用法律若干问题的解释》第十一条规定："人民法院认定外观设计是否相同或者近似时，应当根据授权外观设计、被诉侵权设计的设计特征，以外观设计的整体视觉效果进行综合判断；对于主要由技术功能决定的设计特征以及对整体视觉效果不产生影响的产品的材料、内部结构等特征，应当不予考虑。下列情形，通常对外观设计的整体视觉效果更具有影响：（一）产品正常使用时容易被直接观察到的

部位相对于其他部位；（二）授权外观设计区别于现有设计的设计特征相对于授权外观设计的其他设计特征。被诉侵权设计与授权外观设计在整体视觉效果上无差异的，人民法院应当认定两者相同；在整体视觉效果上无实质性差异的，应当认定两者近似。”本案中，被诉侵权产品与涉案专利均为带有两个圆形按键的开关，其上部均有一个圆形面板，面板上方有两个高矮齐平、上宽下窄的圆柱形按键头，面板下方均有一个圆柱形、带有等分凸筋的固定座，固定座下方与两个按键头对应的位置处分别设有两个圆柱形套管。二者主要有以下区别：（1）涉案专利的按键头上有多个环形图案设计，被诉侵权产品上没有相应设计。（2）涉案专利按键头下方的面板上有两个圆形凸台，被诉侵权产品上没有相应设计。（3）被诉侵权产品的固定座相对更为厚实，固定座下方有圆柱形套管，涉案专利的固定座相对更为单薄，下方没有圆柱形套管。（4）被诉侵权产品的固定座下方虽同样有两个圆柱形套管，但该套管可以从固定座上拆下，套管内有拉索。

本院认为，将涉案专利与被诉侵权产品相比较，二者整体形状基本近似，均包括圆形面板，面板上方有两个高度相同且上宽下窄的圆柱形按键头，面板下方均有固定座和两个圆柱形套管。而有关涉案专利的检索报告，以及再审申请人提交的第3733号公证书中，均没有公开在圆形面板上设置两个高度相同且上宽下窄的圆柱形按键头的设计特征。且在使用状态下，圆形面板及其上方的圆柱形按键头更容易被一般消费者观察到。因此，二者的相同点对整体视觉效果更具有显著影响。二者的区别主要位于面板下方，被诉侵权产品安装在水槽上后，所述区别在使用状态下难以被一般消费者观察到，故对整体视觉效果不具有显著影响。虽然被诉侵权产品的面板上并无圆形凸台，但该区别所占产品的整体比例较小，属于局部细微差别，对整体视觉效果不具有显著影响。综上，二审判决认定被诉侵权产品的设计与涉案专利相近似，落入涉案专利权的保护范围，并无不当。

二、再审申请人关于现有技术抗辩的主张能否成立

专利法第六十二条规定：“在专利侵权纠纷中，被控侵权人有证据证明其实施的技术或者设计属于现有技术或者现有设计的，不构成侵犯专利权。”《最高人民法院关于审理侵犯专利权纠纷案件应用法律若干问题的解释》第十四条第二款规定：“被诉侵权设计与一个现有设计相同或者无实质性差异的，人民法院应当认定被诉侵权人实施的设计属于专利法第六十二条规定的现有设计。”本案中，再审申请人主张3733号公证书中的水槽及其“台控”照片构成涉案专利的现有设计。将该公证书中的有关照片与被诉侵权产品比较，照片中“台控”的按键头为两个相切的圆柱体，而被诉侵权为两个上宽

下窄、各自独立的完整圆柱体，二者的视觉效果差异明显。因此，二审判决认定二者不属于相同或者近似的外观设计，并无不当。再审申请人有关现有技术抗辩的主张不能成立。

三、再审申请人关于被诉侵权产品具有合法来源，其并未制造、销售、许诺销售被诉侵权产品的主张是否成立

专利法第七十条规定："为生产经营目的使用、许诺销售或者销售不知道是未经专利权人许可而制造并售出的专利侵权产品，能证明该产品合法来源的，不承担赔偿责任。"《最高人民法院关于审理侵犯专利权纠纷案件应用法律若干问题的解释（二）》第二十五条规定："为生产经营目的使用、许诺销售或者销售不知道是未经专利权人许可而制造并售出的专利侵权产品，且举证证明该产品合法来源的，对于权利人请求停止上述使用、许诺销售、销售行为的主张，人民法院应予支持，但被诉侵权产品的使用者举证证明其已支付该产品的合理对价的除外。……合法来源，是指通过合法的销售渠道、通常的买卖合同等正常商业方式取得产品。对于合法来源，使用者、许诺销售者或者销售者应当提供符合交易习惯的相关证据。"本案中，再审申请人并未提供符合交易习惯的相关证据，以证明被诉侵权产品具有合法来源，具体理由如下：

首先，关于再审申请人在一审中提交的"买卖总合同"以及"采购订单"。"买卖总合同"中并无任何具体条款涉及本案被诉侵权产品。"采购订单"中虽有"水槽方形拉丝弹跳台控（B）"及其数量、单价的记载，但没有具体的日期，再审申请人也不能举证证明该"采购订单"与"买卖总合同"有关。因此，所述两份证据不能相互印证，不足以证明被诉侵权产品源于时蓉公司。其次，在二审庭审中，时蓉公司的委托诉讼代理人虽主张被诉侵权产品由时蓉公司生产，并提供给欧琳公司，但不能提供合同、发票、付款凭证等符合交易习惯的证据。再审申请人的委托诉讼代理人二审当庭陈述"时蓉公司的老板和我们老板关系很好，我回去核实"，但在此后，亦未能向二审法院举证证明相关情况。再次，再审申请人虽向本院提交了时蓉公司出具的"产品清单"，但该证据系由时蓉公司单方出具，缺乏相关证据佐证，其真实性难以确认，并不足以据此推翻二审判决有关"欧琳公司提供的证据并不能真实有效地证明侵权产品的合法来源"的认定。最后，本案中时蓉公司系案件当事人，是一审法院根据欧琳公司申请，将其追加为本案被告，而博盛公司在一、二审中均对此明确提出异议。时蓉公司作为被告之一，其出具的"声明"以及被诉侵权产品由其生产的主张均属于《中华人民共和国民事诉讼法》第六十三条规定的"当事人陈述"。时蓉公司的陈述是否被本院

采信，对于欧琳公司在本案中承担何种侵权责任，以及博盛公司能否获得充分的赔偿，均具有潜在的重大影响。然而经本院以及二审法院反复释明，时蓉公司以及欧琳公司始终未能提供充分的证据，证明被诉侵权产品系由时蓉公司生产并提供给欧琳公司。《最高人民法院关于民事诉讼证据的若干规定》第七十六条规定“当事人对自己的主张，只有本人陈述而不能提出其他相关证据的，其主张不予支持。但对方当事人认可的除外。”由于博盛公司对欧琳公司有关合法来源抗辩的主张不予认可，对时蓉公司有关其生产被诉侵权产品的主张亦不予认可，故本院对时蓉公司的陈述不予支持。综上，再审申请人有关被诉侵权产品具有合法来源，其未制造、销售、许诺销售被诉侵权产品的申请再审理由不能成立。

四、二审判决关于赔偿数额的认定是否正确

本案中，搏盛公司因侵权所遭受的损失以及欧琳公司等被告的侵权获利均无法查清，涉案外观设计专利的合理使用费亦无从参考，故二审法院根据专利法第六十五条第二款的相关规定，适用法定赔偿方式确定赔偿数额。二审法院综合考虑欧琳公司等被告的注册资本、经营规模、侵权产品的售价、侵权行为的性质、涉案专利权的类型，以及搏盛公司为本案诉讼支付的合理的调查费、律师费等因素，确定欧琳公司赔偿8万元，并无不当。欧琳公司有关二审判决的赔偿数额过高的申请再审理由不能成立。

综上，欧琳公司的再审申请不符合《中华人民共和国民事诉讼法》第二百条的规定。依照《中华人民共和国民事诉讼法》第二百零四条第一款之规定，裁定如下：

驳回宁波欧琳实业有限公司的再审申请。

审　判　长　王艳芳
审　判　员　杜微科
代理审判员　何　鹏
二〇一七年九月二十八日
书　记　员　胡　凯

（二）知识产权行政诉讼程序与证据

37. 以外观设计专利权与他人在先取得的合法权利相冲突为由提起无效宣告请求的请求人资格

——再审申请人斯特普尔斯公司与被申请人罗世凯、一审被告国家知识产权局专利复审委员会外观设计专利权无效行政纠纷案①

中华人民共和国最高人民法院行政裁定书（2017）最高法行申8622号

再审申请人（一审第三人、二审上诉人）：斯特普尔斯公司。住所地：美利坚合众国马萨诸塞州弗雷明汉斯特普尔斯街500号。

法定代表人：ErichG. Rhynhart，该公司高级顾问。

委托诉讼代理人：刘军，广东君之泉律师事务所律师。

被申请人（一审原告、二审被上诉人）：罗世凯，男，1969年5月18日出生，茂新五金制品（深圳）有限公司总经理，住台湾地区台北县。

委托诉讼代理人：张柳坚，北京市金杜（深圳）律师事务所律师。

一审被告：国家知识产权局专利复审委员会。住所地：中华人民共和国北京市海淀区北四环西路9号银谷大厦10～12层。

法定代表人：葛树，该委员会副主任。

委托诉讼代理人：杨凤云，该委员会审查员。

委托诉讼代理人：刘新蕾，该委员会审查员。

再审申请人斯特普尔斯公司因与被申请人罗世凯、一审被告国家知识产权局专利复审委员会（以下简称专利复审委员会）外观设计专利权无效行政纠纷一案，不服北京市高级人民法院（2016）京行终2901号行政判决，向本院申请再审。本院依法组成合议庭进行了审查，现已审查终结。

---

① 本案在年度报告中的位置为第72页。

斯特普尔斯公司申请再审称，（一）二审判决适用法律错误。1. 关于专利无效宣告程序的请求人主体资格，历版《中华人民共和国专利法》未作限制，均规定为“任何单位或个人”。二审法院在其判决中认为请求人主体资格应限定为权利人或利害关系人，明显违反法律规定，属于变相造法，理应由最高司法机关予以明确此类重大法律适用问题。2. 2010 年修订的《中华人民共和国专利法实施细则》第六十六条的规定是专利复审委会受理案件时对证据的要求，而非对请求人主体资格的限定。二审判决错误依据该条认为请求人应限定为权利人或利害关系人，属于适用法律错误。（二）二审法院在本案中的观点与其在先判决的观点不同，自相矛盾。二审法院在在先生效判决中认为，2000 年修正的《中华人民共和国专利法》（以下简称专利法）第四十五条并未对提出无效宣告请求的主体资格作出限制性规定，并据此推翻专利复审委员会基于请求人主体资格限于权利人或利害关系人而作出的无效宣告请求审查决定。该院在本案中作出相反认定，认为该请求人主体资格应当受到限制，限定为权利人或利害关系人。在法律没有任何修改或调整的情况下，二审法院在相隔不到二年的时间里先后作出两个观点完全相反的生效判决，有违其先例，令公众无所适从。（三）斯特普尔斯公司属于以涉案外观设计专利与在先合法权利相冲突为由提出无效宣告请求的特定请求人主体，一、二审判决认定事实错误。即便二审判决关于请求人主体资格应限定为权利人或利害关系人的认定正确，斯特普尔斯公司也属于权利人或利害关系人。1. 斯特普尔斯公司在提起无效宣告请求时是在先作品的著作权人，专利复审委员会第 20813 号无效宣告请求审查决定（以下简称被诉决定）已有明确认定。因此，请求人主体资格问题应以斯特普尔斯公司提出无效宣告请求时的权利状态为准。2. 在专利无效宣告请求审查过程中，斯特普尔斯公司将其著作权转让给他人，并不意味着将无效宣告请求主体资格也一并转让。3. 即便斯特普尔斯公司在权利转让之后不是纯正意义上的著作权人，其对转让后的著作权承担权利瑕疵担保责任，依然与现著作权人存在利害关系，因而属于与现著作权人有密切关系的利害关系人。一、二审判决事实认定错误。综上，请求本院撤销一、二审判决，维持专利复审委员会被诉决定。

罗世凯提交意见称，专利复审委员会受理本案时，斯特普尔斯公司是适格的无效宣告请求人，但其在无效宣告行政程序中将涉案著作权转让给案外人。专利复审委员会未考虑新权利人的意愿，仅依据斯特普尔斯公司的无效宣告请求就作出被诉决定，这种做法是错误的，二审法院对此认定正确。斯特普尔斯公司提交的证据不足以证明其是在先著作权人或利害关系人。请求本院驳回斯特普尔斯公司的再审申请。

专利复审委员会提交意见称，根据斯特普尔斯公司在无效宣告行政程序阶段提交的证据，可以依法认定斯特普尔斯公司在提出无效请求时拥有在先合法有效的著作权，涉案外观设计专利与在先著作权相冲突，不符合专利法第二十三条的规定。二审判决认定事实不清，适用法律法规错误。请求本院撤销二审判决，维持被诉决定。

本院经审查认为，本案适用2000年修正的专利法。根据再审申请人的申请再审理由、被申请人答辩及本案案情，本案在再审审查阶段的焦点问题是：以外观设计专利权与他人在先取得的合法权利相冲突为由提起无效宣告请求的请求人资格问题；无效宣告行政程序启动时符合资格条件的请求人是否因有关诉讼标的的法律关系发生变化而丧失资格；二审判决关于斯特普尔斯公司并非涉案作品著作权人或者利害关系人的事实认定是否正确。

（一）以外观设计专利权与他人在先取得的合法权利相冲突为由提起无效宣告请求的请求人资格问题

专利法第四十五条规定："自国务院专利行政部门公告授予专利权之日起，任何单位或者个人认为该专利权的授予不符合本法有关规定的，可以请求专利复审委员会宣告该专利权无效。"从该条规定的文义来看，其未对提出无效宣告请求的主体范围作出限制。尽管如此，如果法律条文的字面含义涵盖过宽，在特定情形下依其字面解释将导致与被规范的客体本质、立法目的、法律秩序效果等无法协调并造成明显不当的法律效果时，可以在特定情形下对法律条文的字面含义予以限缩解释，自是法理之必然。本案中，无效宣告请求人以专利法第二十三条关于授予专利权的外观设计不得与他人在先取得的合法权利相冲突为由提出无效请求，对于依据该特定无效理由提出无效宣告的请求人资格问题，本院从被规范的客体本质、立法目的以及法律秩序效果等方面分析如下：

首先，关于被规范的客体本质。无效宣告请求人依据专利法第四十五条提出无效宣告请求时，根据专利法关于专利权授予条件的相关规定，其据以主张的无效理由可以大致分为两类：一是有关可专利性、新颖性、创造性、实用性、充分公开、权利要求得到说明书支持等专利授权实质条件的无效理由；二是有关外观设计专利权与他人在先合法权利冲突的无效理由。由于不同类型无效理由的本质属性存在差异，当专利法第四十五条关于请求人主体范围的规定适用于上述不同类型的无效理由时，其请求人主体资格问题与无效理由本质属性密切相关。专利申请被授权后，专利权人将获得在一定期间内排他性实施该专利的独占权。为保证被授权的专利值得获得这种保护，要求该专利真正符合新颖性、创造性、实用性等专利实质条件，以使其获得的保护与其贡献相匹配。任何不符合专利实质条件的专利申请的授权，均将不当限制社会公众的自由利用与创新。为此，专利法设置了无效宣告制度，意在借助公众的力量，发现和清除不当授予的专利权，以维护有利于创新的公共空间。同时，对于社会公众而言，其亦有能力和机会获得有关可专利性、新颖性、创造性、实用性、充分公开、权利要求得到说明书支持等专利授权实质条件的证据材料，对此并不存在实际障碍。因此，有关专利授权实质条件的前述第一类无效理由属于专利无效的绝对理由，任何人均可主张。对于外观设计专利权而言，其有关新颖性和区别性的无效理由，同样属于任何人均可主张的绝对理由。与第一类无效理由不同，有关外观设计专利权与他人在先合法权利冲突的第二类无效理由具有自身特殊的属性。如果外观设计专利权与他人在先合法权利冲突，直接影响的仅仅是在先合法权益，与公共利益无涉。同时，在实践操作层面上，证明外观设计专利权与他人在先合法权利相冲突的证据通常只有在先权利的权利人或者利害关系人才能掌握，他人难以获知。因此，关于外观设计专利权与他人在先合法权利冲突的无效理由属于相对无效理由，通常只能由在先权利的权利人或者利害关系人主张。主张该无效理由的请求人主体资格受到相对无效理由本质属性的天然限制。

其次，关于专利法第二十三条有关权利冲突规定的立法目的。“授予专利权的外观设计不得与他人在先取得的合法权利相冲突”这一规定系专利法第二次修正时加入，其目的在于解决实践中出现的外观设计专利申请人未经许可将他人享有权利的客体结合自己的产品申请外观设计专利的问题，为在先权利人请求宣告相应外观设计专利无效提供法律依据。因此，该规定的立法目的本身即为维护在先权利。基于该立法目的，自应由权利人或者利害关系人提出该无效主张。与专利法相配套的《中华人民共和国专利法实施细则》(以下简称实施细则)[①] 第六十五条第三款规定：“以授予专利权的外观设计与他人在先取得的合法权利相冲突为理由请求宣告外观设计专利权无效，但是未提交生效的能够证明权利冲突的处理决定或者判决的，专利复审委员会不予受理。”实施细则的上述规定从证据条件的角度规定了以权利冲突为由提出的无效宣告请求的受理条件，从操作层面实质上限制了以权利冲突为由提出的无效宣告的请求人资格，即是在实践层面对上述立法目的的贯彻实施。

最后，关于法律秩序效果。如果任何人均可主张外观设计专利权与他人在先合法权利冲突的无效理由，可能会在法律秩序上造成不良效果。允许任何人均可以外观设计专利权与他人在先合法权利冲突为由提出无效宣告请求，

---

① 编者注：本法专利法实施细则为2001年修正版，已于2010年修改。

不可避免地会造成违背在先权利人意志的窘境。还应注意的是，外观设计专利权与他人在先合法权利冲突的本质在于外观设计专利权的实施将侵害他人在先权利，该冲突状态将因外观设计专利人获得在先权利人的许可或者同意而消除。因此，在先权利人及其利害关系人之外的社会公众发动无效宣告程序后，其后的行政程序和行政诉讼程序均可能因权利冲突状态的消除而随时归于无效，造成行政和司法资源的浪费。相反，如果仅允许在先权利人及其利害关系人主张权利冲突的无效理由，则可避免上述不良效果。

基于上述理由，当专利法第四十五条关于请求人主体范围的规定适用于有关外观设计专利权与他人在先合法权利冲突的无效理由时，无效宣告请求人的主体资格将因被规范的客体本质、立法目的以及法律秩序效果等而受到限制，原则上只有在先合法权利的权利人及其利害关系人才能主张。二审判决从外观设计专利保护客体的特殊性方面立论，理由虽欠妥当，但认定结论正确，本院予以确认。

（二）无效宣告行政程序启动时符合资格条件的请求人是否因有关诉讼标的的法律关系发生变化而丧失资格

《最高人民法院关于适用〈中华人民共和国民事诉讼法〉的解释》第二百四十九条第一款规定："在诉讼中，争议的民事权利义务转移的，不影响当事人的诉讼主体资格和诉讼地位。人民法院作出的发生法律效力的判决、裁定对受让人具有拘束力。"该规定体现了民事诉讼中的当事人恒定原则，该原则和精神对于行政诉讼亦有参照作用。根据该原则和精神，在行政诉讼程序中，人民法院受理相关诉讼后，为保证诉讼程序的稳定和避免诉讼不确定状态的发生，当事人的主体资格不因有关诉讼标的的法律关系随后发生变化而丧失。相反，如果允许当事人的主体资格因随后有关诉讼标的的法律关系发生变化而丧失，导致已经进行的行政诉讼程序归于无效，将对程序的稳定性和结果的确定性产生严重的不利影响，造成司法资源的浪费。同时，有关诉讼标的的法律关系发生变化后，新权利人的利益可以通过程序设计予以保障。例如，新权利人可以申请替代原当事人承担诉讼，人民法院根据案件具体情况决定是否准许。人民法院予以准许的，原当事人已经完成的诉讼行为对新权利人具有拘束力。对于专利无效宣告行政程序而言，其具有双方当事人参与和专利复审委员会原则上居中裁决的特点，属于准司法程序。当事人恒定原则对于该程序亦有参照借鉴意义。否则，同样可能导致专利无效宣告行政程序的不稳定及行政资源的浪费。因此，对于无效宣告行政程序启动时符合资格条件的请求人，即便随后有关诉讼标的的法律关系发生变化，其亦不因此当然丧失主体资格。本案中，假定斯特普尔斯公司在提出无效宣告请求时确实是涉案作品的著作权人或者利害关系人，即便其随后将该作品著作权转让给案外人，亦不会因此而丧失以权利冲突为由提出无效宣告请求的请求人主体资格。二审判决以斯特普尔斯公司所主张的涉案著作权已经转让为由，否定斯特普尔斯公司以涉案外观设计专利与其在先著作权相冲突为由提出无效宣告请求的请求人资格，适用法律错误，应予纠正。

（三）二审判决关于斯特普尔斯公司并非涉案作品著作权人或者利害关系人的事实认定是否正确

本案中，二审判决以斯特普尔斯公司提交的证据 4 和证据 5 存在相互冲突、证明同一事实的证据 4、证据 5、证据 8 和证据 13 存在明显矛盾、证据 14 的电子邮件中提及与涉案外观设计专利型号相同的型号为由，否定斯特普尔斯公司系涉案作品著作权人或者利害关系人。对此，本院认为：

首先，关于证据审查判断的一般原则和方法。《最高人民法院关于行政诉讼证据若干问题的规定》第五十四条规定："法庭应当对经过庭审质证的证据和无须质证的证据进行逐一审查和对全部证据综合审查，遵循法官职业道德，运用逻辑推理和生活经验，进行全面、客观和公正地分析判断，确定证据材料与案件事实之间的证明关系，排除不具有关联性的证据材料，准确认定案件事实。"在涉案外观设计专利无效宣告行政程序中，斯特普尔斯公司提交了证据 1～18，用以证明其享有在先合法有效的涉案著作权。专利复审委员会在综合认定证据 6 和证据 14 所证明的相关事实的基础上，结合证据 4、证据 5、证据 13、相关证人出庭作证的证言以及证据 1、证据 3 和证据 12 的声明书，认定斯特普尔斯公司系涉案作品著作权人。二审判决仅以部分证据存在矛盾和冲突为由，维持一审法院对相关证据的采信和事实认定结论，有违证据的综合审查认定原则。

其次，关于证据 14 的审查认定。二审判决确认一审判决对证据 14 不予采信的审查结果，其理由是该证据中显示生成时间为 2007 年 11 月 2 日的电子邮件提及了一年多以后才出现的机器型号，存在明显矛盾。这一认定隐含的逻辑前提在于，该机器型号客观上确实产生于涉案外观设计专利申请日 2008 年 2 月 22 日。事实上，本案没有相关证据能够证明这一逻辑前提成立。二审判决关于证据 14 的上述认定明显有误，应予纠正。

最后，关于证据 6 和证据 14 的审查认定。一审判决以证据 6 和证据 14 均载有"本公证书仅是对当事人现场操作电脑、打印页面过程的客观记载，未对邮件来源、真实性和上述保全证据行为以外的事实予以证明"的内容，认定上述公证书不能独立、当然地对其中所显示的电子邮件的来源和内容真实性予以证明。在审查判断以公证书形式固定的电子邮件等相关电子证据的真实性与证明力时，应综合考虑相关公证书的制作过程、该电子邮件的形成过程、电子邮件的自身内容等因素，结合案件其他证据，对其真实性和证明力作出判断。在审查证据的基础上，如果确信现有证据能够证明待证事实的存在具有高度可能性，对方当事人对相应证据的质疑或者提供的反证不足以实质削弱相关证据的证明力，不能影响相关证据的证明力达到高度盖然性的证明标准的，应该认定待证事实存在。一审判决仅以上述公证书对其自身证明对象的声明内容为依据，排除上述公证书的独立证明力，未结合该电子邮件的形成过程和内容以及其他证据进行审查判断，有失偏颇。同时，如前所述，二审判决对证据 14 中邮件内容的审查又存在明显错误。在此情况下，一、二审判决对于证据 14 和证据 16 的审查认定有所不当，本院特予指出。

综上，二审判决以涉案著作权已经转让为由否定斯特普尔斯公司提出无效宣告请求的请求人资格，适用法律错误；对相关证据的审查认定有违证据规则，应予纠正。本案应该在纠正上述法律适用错误的基础上，综合斯特普尔斯公司以及罗世凯提供的全部相关证据，对在案证据是否足以证明斯特普尔斯公司系涉案作品著作权人或者利害关系人以及被诉决定是否正确，重新作出审查认定。

斯特普尔斯公司的再审申请符合《中华人民共和国行政诉讼法》第九十一条规定的情形。依照《中华人民共和国行政诉讼法》第九十二条第二款和《最高人民法院关于执行〈中华人民共和国行政诉讼法〉若干问题的解释》第七十四条和第七十七条第二款之规定，裁定如下：

一、指令北京市高级人民法院再审本案；

二、再审期间，中止原判决的执行。

审　判　长　朱　理
审　判　员　毛立华
代理审判员　佟　姝
二〇一七年十二月二十五日
法官　助理　张　博
书　记　员　包　硕

39. 对于已为在先生效判决所羁束的行政裁决提起行政诉讼所引致的新判决申请再审的受理条件

——再审申请人三得利控股株式会社与被申请人国家工商行政管理总局商标评审委员会、原审第三人杭州保罗酒店管理集团股份有限公司之商标权承继人浙江向网科技有限公司商标撤销复审行政纠纷案①

中华人民共和国最高人民法院行政裁定书（2017）最高法行申5093号

再审申请人（一审原告、二审上诉人）：三得利控股株式会社。住所地：日本国大阪市北区堂岛滨二丁目1番40号。

法定代表人：新浪刚史，该株式会社董事长。

委托诉讼代理人：胡荣瑜，女，该株式会社商标事务代表。

委托诉讼代理人：李绍群，女，该株式会社商标事务代表助理。

被申请人（一审被告、二审被上诉人）：国家工商行政管理总局商标评审委员会。住所地：中华人民共和国北京市西城区茶马南街1号。

法定代表人：赵刚，该委员会主任。

委托诉讼代理人：冯洪玲，该委员会审查员。

原审第三人杭州保罗酒店管理集团股份有限公司之商标权承继人：浙江向网科技有限公司。住所地：中华人民共和国浙江省杭州市萧山区萧山经济技术开发区东方世纪中心1905室。

法定代表人：梅春艳，该公司总经理。

委托诉讼代理人：苏剑飞，上海鸿孚律师事务所律师。

委托诉讼代理人：孙丽平，上海鸿孚律师事务所律师。

再审申请人三得利控股株式会社（以下简称三得利株式会社）因与被申请人国家工商行政管理总局商标评审委员会（以下简称商标评审委员会）、原审第三人杭州保罗酒店管理集团股份有限公司之商标权承继人浙江向网科技有限

① 本案在年度报告中的位置为第76页。

公司（以下简称向网公司）商标撤销复审行政纠纷一案，不服北京市高级人民法院（2016）京行终2631号行政判决，向本院申请再审。本院依法组成合议庭对本案进行了审查，并于2017年9月26日进行了询问，现已审查终结。

三得利株式会社申请再审称，原一、二审判决适用法律错误，漏审关键证据。其主要理由为：（一）二审法院支持商标评审委员会关于诉争商标在未注册商品“饮用水”上的使用为有效使用的判断，适用法律错误。本案第313758号“三得利SDL及图”商标（以下简称诉争商标）核定使用的商品仅仅为“可乐液体饮料、固体饮料、保健饮料”三项商品，而诉争商标权利人作为使用证据提交的只是用于“饮用水”的证据。二审法院基于该证据，支持商标评审委员会关于“‘饮用水’商品与诉争商标核定使用的可乐液体饮料、固体饮料、保健饮料属于类似商品，可视为诉争商标在其核定使用商品上进行了真实、合法、有效的使用”的认定，适用法律错误。2001年修正的《中华人民共和国商标法》（以下简称商标法）[①] 第五十一条及现行商标法第五十六规定，注册商标的专用权以核准注册的商标和核定使用的商品为限。同时，2001年修正的商标法第二十一条及现行商标法第二十三条规定，注册商标需要在同一类的其他商品上使用的，应当另行提出注册申请。二审法院认可“在商标专用权核定范围以外的类似商品的使用，视为商标在其核定商品上进行的使用”，扩大了诉争商标的专用权范围，违反了上述法律规定，同时也违反了《商标审查及审理标准》（2016版）的相应规定。此外，二审法院的上述认定也与最高人民法院的在先案例不符。（二）二审法院漏审了重要证据。三得利株式会社在二审诉讼程序中补充提交了《最高人民法院知识产权审判案例指导》第八辑中收录的最高人民法院（2015）知行字第255号行政裁定，二审法院虽然确认三得利株式会社提交了该证据，却漏审该份重要证据，在判决中对此证据未提及也未作任何评析，该份证据未得到审理。三得利株式会社请求本院撤销原一、二审判决及商标评审委员会商评字（2012）第35021号重审第14号关于第313758号“三得利SDL及图”商标撤销复审决定（以下简称第35021号重审决定），责令商标评审委员会重新作出决定。

商标评审委员会提交意见称，原一、二审判决适用法律正确，应予维持。经公证的在案两张“三得利”饮料销售发票，显示日期为2008年8月25日及2008年9月21日，可以证明诉争商标在饮用水上进行了使用。该种使用可以视为诉争商标在可乐液体饮料、保健饮料、固体饮料等核定商品上的使

---

① 编者注：本文商标法为2001年修正版，已于2013年8月30日修正。

用，足以证明诉争商标在2005年10月31日至2008年10月30日三年期限内进行了真实、合法、有效的商业使用。

向网公司提交意见称，诉争商标已经在核定商品上进行了真实、合法、有效、持续的使用，应予维持。（一）诉争商标核定使用的商品实际为“可乐；液体饮料；保健饮料；固体饮料”。诉争商标的商标注册申请书、初步申请商标稿、初审公告及商标注册证均明确列明使用商品为“可乐；液体饮料；固体饮料；保健饮料”四个商品项目。鉴于诉争商标申请日期较早，商标流程中使用的均是书写文本，在后期流程中由于国家工商行政管理总局商标局（以下简称商标局）录入失误，使得“可乐”与“液体饮料”之间的区分标点被模糊掉而变成现有的三个商品项目，对此应由商标局加以纠正。（二）饮用水属于诉争商标核定使用商品中的“液体饮料”。《中华人民共和国国家标准·饮料通则》（GB/T10789—2015）（以下简称2015饮料国家标准）第四部分关于饮料的分类中包括包装饮用水类，具体包括：饮用天然矿泉水、饮用纯净水、饮用天然泉水、饮用天然水等。据此，饮用水属于饮料的一种，根据其形态属于为液体饮料。此外，饮用水在《类似商品和服务区分表》（2017文本）中并非规范的商品项目，第32类中有关饮用水的商品项目包括“水（饮料）320012”“矿泉水（饮料）320015”“纯净水（饮料）C320013”等，上述商品在本质上均为饮用水。按照《类似商品和服务区分表》的制定标准，饮用水当然是饮料的一种，根据其形态应当被认定为液体饮料这一核定商品。因此，本案诉争商标在饮用水商品上的使用即是在液体饮料商品上的使用。（三）在案证据可以证明诉争商标在饮用水商品上的使用，该种使用属于在核定商品上的使用，诉争商标在全部商品项目上应该予以维持。（四）诉争商标自2008年开始即被广泛使用在纯净水、盐汽水、果味饮料等液体饮料产品上，并沿用至今，构成在核定商品上的连续使用。

三得利株式会社在再审审查过程中向本院提交了10份证据材料。其中，证据1为本案诉争商标注册证，用以证明饮用水不是诉争商标核定使用商品。证据2、证据3分别为2008年8月25日及9月21日销售发票，用以证明诉争商标仅仅在饮用水商品上进行了使用。证据4和证据6~9分别为《商标审查及审理标准》2005版和2016版、《最高人民法院知识产权审判案例指导》第八辑、北京市高级人民法院发布的《当前知识产权审判中需要注意的若干问题（二）》、最高人民法院（2015）知行字第255号行政裁定、《关于313758号商标专家法律意见书》等，用以证明二审判决适用法律错误。证据5为《中华人民共和国国家标准·饮料通则》（GB/T10789—2007）（以下简称2007饮料国家标准），用以证明饮用水与诉争商标核定使用商品存在显著差异，属于不同商品。证据 10 为其在本案原审程序中提交的其他有关证据，包括诉争商标注册申请书、核准注册时图样、临海市碧水龙潭饮品有限公司《全国工业产品生产许可证》及其行政许可信息等，用以证明二审判决适用法律错误。以上证据中，证据 5 和证据 9 系在本次申请再审过程中新提交的证据。在本案询问过程中，三得利株式会社当庭又提交了三组证据材料。其中，第一组证据材料系诉争商标的注册档案及注册证书等，用以证明诉争商标核定使用的商品为“可乐液体饮料；保健饮料；固体饮料”。第二组证据材料系诉争商标核定使用商品示意图，用以证明在注册商标因三年不使用而撤销的案件中，对注册商标的使用应以核定使用的商品为限。第三组证据材料系向网公司名下的 7 件商标信息、档案以及 DiorHomme 品牌的介绍，用以证明向网公司有抢注他人知名商标的行为。

向网公司在再审审查期间向本院提交了 12 份证据材料。其中，证据 1 和证据 2 分别为诉争商标的商标注册申请书和初步审定商标稿，用以证明诉争商标申请文件中明确列明商品名称为“可乐；液体饮料；固体饮料；保健饮料”。证据 3 为杭州天然可乐饮料厂与临海市碧水龙潭饮品有限公司签署的《商标使用许可合同》；证据 4 为 2015 饮料国家标准；证据 5 为《类似商品和服务区分表》基于尼斯分类第十一版（2017 文本）3002 群组商品，上述证据 3 – 5 用以证明饮用水为液体饮料的一种。证据 6 为诉争商标权利人授权浙江三得利饮品有限公司自 2011 年 5 月 27 日至 2018 年 5 月 9 日使用诉争商标的授权书及资质文件；证据 7 为浙江三得利饮品有限公司授权浙江省忠厚乳业有限公司使用诉争商标生产牛奶饮品等液体饮料的授权书、被授权人资质文件及开具给浙江三得利饮品有限公司的发票、产品实物照片等；证据 8 为浙江三得利饮品有限公司授权浙江华龙食品有限公司使用诉争商标生产果味饮料等液体饮料的授权书、被授权人资质文件及开具给浙江三得利饮品有限公司的发票、产品实物照片等；证据 9 为浙江三得利饮品有限公司授权浙江德清上饮饮品有限公司、安徽省金宜水业有限公司使用诉争商标生产盐汽水、果味饮料等液体饮料的授权书、公司资质文件等；证据 10 为浙江三得利饮品有限公司使用诉争商标的部分产品手册；证据 11 为浙江三得利饮品有限公司销售“饮用水”等产品的部分发票；证据 12 为包装公司为浙江三得利饮品有限公司生产诉争商标产品包装纸箱的部分发票，上述证据 6 ~ 12 用以证明诉争商标权利人自 2011 年至今授权浙江三得利饮品有限公司持续使用诉争商标，诉争商标构成在核定商品上的真实、合法、有效、持续的使用。上述证据中，除证据 3 外，其他证据均系在本次申请再审过程中新提交的证据。

在本案法庭询问结束后，向网公司又先后补充提交了如下证据材料：证据13为诉争商标注册证（1998年）；证据14为一组证据材料，包括附件1～5，其中附件1为商标评审委员会商评字（2017）第117928号裁定、附件2为三得利株式会社在另案中针对诉争商标提交的相关无效证据材料、附件3为诉争商标初审公告页、附件4为诉争商标注册证（1998年）（与证据13重复）、附件5为向网公司向商标局提交的更正诉争商标核定使用商品的申请材料；证据15为加盖商标局商标注册证明专用章的商标档案。

对于三得利株式会社在再审审查阶段新提交的证据5和证据9，本院认定如下：证据5作为国家标准可以通过公开渠道取得，当事人对于其真实性无异议，且对于判断饮用水商品与诉争商标核定使用商品的关系有关联，予以采纳。证据9系有关法律专家针对本案发表的法律意见，并非证明本案案件事实的材料，且有关法律专家未出庭对其意见予以说明，不予采纳。对于三得利株式会社当庭提交的证据，本院认定如下：第一组证据系诉争商标的注册档案及注册证书等，当事人对其真实性无异议，且与本案具有关联性，予以采纳。第二组证据实质上是三得利株式会社对于本案法律问题的意见，并非证明案件事实的材料，本院将在处理法律问题时对该意见予以考虑。第三组证据予以证明的对象是向网公司有抢注他人知名商标的行为，本案诉争事实和法律问题是诉争商标是否因三年不使用而应予撤销，该组证据与本案缺乏关联性，不予采纳。

对于向网公司在再审审查阶段新提交的证据1、证据2和证据4～15，本院认定如下：证据1、证据2系诉争商标申请材料及注册证书材料，当事人对其真实性没有异议，与本案事实具有关联性，予以采纳。证据4作为国家标准可以通过公开渠道取得，当事人对于其真实性无异议，且对于判断饮用水商品与诉争商标核定使用商品的关系有关联，予以采纳。证据5与本案具有关联性，当事人对其真实性无异议，予以采纳。证据6～12均系诉争商标在本案争议使用期间之后的使用证据，与本案争议问题缺乏关联性，不予采纳。证据13缺乏原件，当事人对其真实性不予认可，不予采纳。证据14中的部分证据材料与其他证据存在重复，证据或缺乏原件，或与本案缺乏关联性，不予采纳。证据15加盖有商标局的商标注册证明专用章，其真实性可以确认，与本案具有关联性，予以采纳。

根据上述认定，本院补充查明如下事实：根据诉争商标的商标注册申请书（落款日期为1987年7月20日）的记载，所申请的商标名称为“三得利”，使用于商品分类表（当时商标局适用的商品分类表）第37类的“可乐、液体饮料、固体饮料、保健饮料”商品。上述四种商品的用途均为食品，其中可乐、液体饮料、固体饮料的主要原料均为“果汁、甜菊糖等”，保健饮料的主要原料为“乳清、营养料”。诉争商标的初步审定商标稿记载的使用商品为“可乐、液体饮料、固体饮料、保健饮料”。该初步审定商标稿还附注记载，该商标“已刊登第214期注册商标公告，有效期限自1988年5月10日至1998年5月9日”。2017年12月7日，商标局关于诉争商标的商标档案记载，诉争商标的核定使用商品为“可乐；液体饮料；保健饮料；固体饮料（截止）”。

根据2008年8月25日三得利饮料销售发票的记载，货物名称为“三得利饮用水”，单位为“箱”，数量为1550。根据2008年9月21日三得利饮料销售发票的记载，货物名称亦为“三得利饮用水”，数量为1000。

2007饮料国家标准记载，该标准适用于饮料的生产、研发以及饮料产品标准和其他与饮料相关标准的制定。该标准将饮料按原料或产品形状分为11个类别及相应的种类，包括碳酸饮料（汽水）类、果汁和蔬菜汁类、蛋白饮料类、包装饮用水类、茶饮料类等。其中，包装饮用水类包括饮用天然矿泉水、饮用天然泉水、其他天然饮用水、饮用纯净水、饮用矿物质水、其他包装饮用水。根据该标准的定义，包装饮用水为“密封于容器中可直接饮用的水”。同时，该标准将固体饮料界定为“用食品原料、食品添加剂等加工制成粉末状、颗粒状或块状等固体态料的供冲调饮用的制品。如果汁粉、豆粉、茶粉、咖啡粉、果味型固体饮料、固态汽水（泡腾片）、姜汁粉”。2015饮料国家标准系对2007饮料国家标准的修改和替代，将2007饮料国家标准中的饮料分类的名称和顺序进行了调整，删除和调整了部分饮料类别下属分类及定义。在2015饮料国家标准中，饮料中包装饮用水这一类别的顺序被调整至第一位，其下包括饮用天然矿泉水、饮用纯净水、其他类饮用水三个类别。其中，其他类饮用水包括饮用天然泉水、饮用天然水、其他饮用水。除包装饮用水外，其他的饮料类别还包括果蔬汁类及其饮料、蛋白饮料、碳酸饮料、特殊用途饮料、风味饮料、茶饮料、咖啡饮料、植物饮料、固体饮料、其他类饮料等。该标准将包装饮用水界定为“以直接来源于地表、地下或公共供水系统的水为水源，经加工制成的密封于容器中可直接饮用的水”。该标准将固体饮料界定为“用食品原辅料、食品添加剂等加工制成的粉末状、颗粒状、块状等，供冲调或冲泡饮用的固态制品。如风味固体饮料、果蔬固体饮料、蛋白固体饮料、茶固体饮料、咖啡固体饮料、植物固体饮料、特殊用途固体饮料、其他固体饮料等”。

《类似商品和服务区分表》（基于尼斯分类第十一版）（2017文本）第32类3202群组包含如下商品项目（摘录）：水（饮料）320012，矿泉水（饮料）320015，纯净水（饮料）C320013。

本院认为，根据再审申请人的申请再审理由、被申请人答辩及本案案情，本案在再审审查阶段的焦点问题是：诉争商标核定使用的商品范围为何；“饮用水”是否属于“液体饮料”商品范围；在审查诉争商标是否因三年不使用而应被撤销时，诉争商标可否因在其核定使用商品以外的类似商品上的使用而得以维持；当事人对于商标评审委员会依据法院生效判决作出的复审决定再次提起行政诉讼，人民法院依据原生效判决的认定作出维持该复审决定的判决，当事人可否针对该新判决申请再审。

（一）诉争商标核定使用的商品范围为何

根据原审查明的事实及本院查明的事实，诉争商标在原始申请时申请使用的商品为当时适用的商品分类表第 37 类的“可乐、液体饮料、固体饮料、保健饮料”四种商品。诉争商标的注册商标公告同样载明其核定使用商品为第 37 类的“可乐、液体饮料、固体饮料、保健饮料”四种商品。诉争商标 2008 年续展换证后，该商标注册证载明的核定使用商品为第 32 类的“可乐液体饮料；保健饮料；固体饮料”三种商品。据此可知，诉争商标核准注册时核定使用的商品实为“可乐、液体饮料、固体饮料、保健饮料”四种，2008 年续展换证时核定使用商品变成“可乐液体饮料；保健饮料；固体饮料”三种应系因“可乐”与“液体饮料”之间的标点符号遗漏所致。2017 年 12 月 7 日，商标局的商标档案已经将诉争商标的核定使用商品更正为“可乐；液体饮料；保健饮料；固体饮料”四种。商标评审委员会及原一、二审法院关于诉争商标核定使用商品范围的事实认定不完整，本院特结合当事人提交的新证据予以补充查明。

（二）“饮用水”是否属于“液体饮料”商品范围

本案各方当事人对于诉争商标在争议期间内被用于“饮用水”商品没有异议。根据争议期间内两张销售发票关于单位及数量的记载可知，诉争商标所使用的“饮用水”应为“包装饮用水”。结合本院补充查明的关于诉争商标核定使用的商品包括“液体饮料”的事实，“包装饮用水”是否属于“液体饮料”之一种成为本案的关键争议问题。判断两种商品之间是否具有种属范畴关系，可以结合商品的物质属性、商业特点以及《类似商品和服务区分表》关于商品分类的原则和标准等因素进行综合考虑。首先，从物质属性上看，包装饮用水应属液体饮料的一种。包装饮用水系供直接饮用的液体。本案争议三年期限内的 2007 饮料国家标准将“包装饮用水”作为“饮料”的一种重要类型。同时，该标准将固定饮料界定为“用食品原料、食品添加剂等加工制成粉末状、颗粒状或块状等固体态料的供冲调饮用的制品”。结合该固体饮料的定义，可以合理推知液体饮料应为与固体饮料在形态上形成对应、供直接饮用的液体。据此，包装饮用水应属液体饮料的一种。2015 饮料国家标准不仅将包装饮用水作为一种饮料类型，还将其顺序调整到第一位。此外，该标准同样有与 2007 饮料国家标准类似的关于固体饮料的定义。这进一步说明，包装饮用水是一种液体饮料。其次，从商业特点上看，包装饮用水与液体饮料具有基本相同的饮用方式、功能用途、销售渠道和消费对象。从饮用方式和功能用途上看，包装饮用水和液体饮料均可供直接饮用，用于快速补充人体水分。从销售渠道和消费对象来看，包装饮用水和液体饮料均通过普通超市、商场销售；根据日常生活经验可知，两者通常在相同或者相近的货架上展示，其消费对象均是普通消费者。最后，《类似商品和服务区分表》亦可以作为判断商品种属关系的重要参考。虽然液体饮料并非《类似商品和服务区分表》中规范的商品名称，但是该表（2017 版本）中有水（饮料）、矿泉水（饮料）、纯净水（饮料）的商品项目，可以进一步佐证饮用水属于饮料的一种。加之饮用水在形态上为液体，可以进一步合理推知饮用水属于液体饮料。因此，本院认为，包装饮用水属于液体饮料的一种，争议期间内诉争商标在“饮用水”商品上的使用应属在其核定使用商品“液体饮料”上的使用。

（三）在审查诉争商标是否因三年不使用而应被撤销时，诉争商标可否因在其核定使用商品以外的类似商品上的使用而得以维持

本案原审过程中，商标评审委员会及一、二审法院均以诉争商标核定使用的商品为“可乐液体饮料；保健饮料；固体饮料”这一事实为基础，认定诉争商标在“饮用水”上的使用属于在核定使用商品之外的类似商品上的使用。根据本院补充查明的事实，由于商标评审委员会及一、二审法院对诉争商标核定使用的商品范围这一事实认定有误，诉争商标在“饮用水”商品上的使用应属在其核定使用商品“液体饮料”上的使用。尽管如此，由于二审法院以诉争商标在核定使用商品之外的类似商品上的使用应视为在核定商品上的使用为由，对诉争商标予以维持，且三得利株式会社因此主张二审法院法律适用错误，故本院对此问题予以审查。

根据商标法第四十四条第四项的规定，连续三年停止使用注册商标的，商标局可以责令限期改正或者撤销其注册商标。对于该规定中“使用注册商标”的解释，应该结合该规定的立法目的及商标法的其他规定综合予以考虑。首先，对商标法第四十四条第四项中“使用注册商标”的解释应尽可能有利于实现该规定的立法目的。商标法第四十四条第四项旨在督促商标权人积极使用核准注册的商标，避免商标资源闲置。如果注册商标可因在核准注册的商品以外的类似商品上的使用得以维持，则注册商标资源在核定商品上

仍处于闲置状态，避免商标闲置的立法目的将大打折扣。其次，对“使用注册商标”的解释应与商标法的其他有关规定相协调。商标法第二十一条规定：“注册商标需要在同一类的其他商品上使用的，应当另行提出注册申请。”该法第五十一条规定：“注册商标的专用权，以核准注册的商标和核定使用的商品为限。”根据上述规定可知，无论是注册商标的使用还是注册商标专用权范围仅限于核定使用的商品范围，超出该范围使用的应当另行申请。如果将商标法第四十四条第四项中“使用注册商标”的解释扩大到在核定商品范围以外的类似商品上的使用，则会与商标法第二十一条和第五十一条不相协调。因此，商标法第四十四条第四项中“使用注册商标”的行为应当理解为在该注册商标核定使用的商品上使用。二审法院对于商标法第四十四条第四项的解释和适用有误，本院特予纠正。

应该说明的是，由于本院已经认定争议期间内诉争商标在“饮用水”商品上的使用应属在其核定使用商品“液体饮料”上的使用，诉争商标应予维持，二审法院关于商标法第四十四条第四项的法律适用错误将不会对本案处理结果造成影响。

（四）当事人对于商标评审委员会依据法院生效判决作出的复审决定再次提起行政诉讼，人民法院依据原生效判决的认定作出维持该复审决定的判决，当事人可否针对该新判决申请再审

本案中的被诉第35021号重审决定系商标评审委员会根据北京市高级人民法院（2013）高行终字第1751号行政判决及北京市第一中级人民法院（2013）一中知行初字第470号行政判决作出。第35021号重审决定作出后，三得利株式会社提起本案行政诉讼，一审法院和二审法院以商标评审委员会根据在先生效判决作出第35021号重审决定、三得利株式会社没有足够证据推翻在先生效判决为由，判决维持第35021号重审决定。随后，三得利株式会社针对本案二审判决申请再审。故此，本案涉及当事人对于商标评审委员会依据法院生效判决作出的复审决定再次提起行政诉讼，人民法院依据原生效判决的认定作出维持该复审决定的判决，当事人可否针对该新判决申请再审的法律问题。本院认为，对此问题应结合被诉复审决定的法律性质、新判决的内容及尽可能防止循环诉讼等因素予以考虑。首先，本案第35021号重审决定系商标评审委员会依据在先生效判决确定的裁判内容作出，商标评审委员会依法忠实履行了在先生效判决确定的法律义务，作为本案诉讼标的的被诉复审决定已为在先生效判决所羁束。其次，本案一、二审判决系根据在先生效判决确定的事实和理由作出裁决，对第35021号重审决定实际上并未进行实体审理。最后，如果允许当事人对于新的判决可以申请再审，则可能

导致已为在先生效判决所羁束的复审决定再次进入司法程序，造成循环诉讼和纠纷久拖不决。为防止循环诉讼问题，《最高人民法院关于审理商标授权确权行政案件若干问题的规定》第三十条明确规定："人民法院生效裁判对于相关事实和法律适用已作出明确认定，相对人或者利害关系人对于商标评审委员会依据该生效裁判重新作出的裁决提起诉讼的，人民法院依法裁定不予受理；已经受理的，裁定驳回起诉。"虽然该司法解释在本案发生后才施行，但是其所蕴含的法律精神对于适用2001年修正的商标法审理的商标授权确权行政案件仍可参照适用。根据该规定，对于已为在先生效判决所羁束的复审决定提起行政诉讼的，应该不予受理或者驳回起诉。参照该规定的精神，对于已为在先生效判决所羁束的复审决定提起行政诉讼所引致的一审、二审判决，当然更不应该允许申请再审。因此，本案中三得利株式会社的再审申请不符合应予受理的条件。

此外，三得利株式会社还主张，二审法院漏审了重要证据。经查，三得利株式会社所谓二审法院漏审的重要证据系《最高人民法院知识产权审判案例指导》第八辑中收录的最高人民法院（2015）知行字第255号行政裁定。三得利株式会社欲以该行政裁定证明二审法院适用法律错误。显然，该裁定并非证明本案事实的证据，而是三得利株式会社用以增强其法律意见说服力的材料。二审法院对该材料未予专门评述并无不当。三得利株式会社的该项申请再审理由不能成立。

综上，三得利株式会社的再审申请不符合《中华人民共和国行政诉讼法》第九十一条规定的情形。依照《最高人民法院关于执行〈中华人民共和国行政诉讼法〉若干问题的解释》第七十四条之规定，裁定如下：

驳回三得利控股株式会社的再审申请。

审判长　朱　理
审判员　张志弘
审判员　佟　姝
二〇一七年十二月二十八日
书记员　包　硕

40. 人民法院可以对行政部门漏审的重要事实依职权作出认定

——再审申请人普兰娜生活艺术有限公司与被申请人国家工商行政管理总局商标评审委员会商标申请驳回复审行政纠纷案①

中华人民共和国最高人民法院行政判决书（2017）最高法行再10号

再审申请人（一审原告、二审上诉人）：普兰娜生活艺术有限公司（PRANA LIVING，LLC）。住所地：美利坚合众国加利福尼亚州卡尔斯班狮头街3209号。

法定代表人：亚当·R·凯利，该公司助理秘书长。

委托诉讼代理人：汪正，北京市东权律师事务所律师。

委托诉讼代理人：邓天媚，北京市东权律师事务所律师。

被申请人（一审被告、二审被上诉人）：国家工商行政管理总局商标评审委员会。住所地：中华人民共和国北京市西城区茶马南街1号。

法定代表人：赵刚，该委员会主任。

委托诉讼代理人：贾秋实，该委员会审查员。

再审申请人普兰娜生活艺术有限公司（以下简称普兰娜公司）因与被申请人国家工商行政管理总局商标评审委员会（以下简称商标评审委员会）商标申请驳回复审行政纠纷一案，不服北京市高级人民法院（2015）高行（知）终字第3778号行政判决，向本院申请再审。本院于2016年12月28日作出（2016）最高法行申2221号行政裁定，提审本案。提审后，本院依法组成合议庭进行了审理，现已审理终结。

普兰娜公司向本院申请再审称，（一）申请商标的优先权日期早于引证商标一的申请日期，指定使用在"瑜伽砖；瑜伽板；瑜伽带"商品上的申请商标应予核准注册。普兰娜公司提交的优先权证明文件及商标档案均可证明申请商标的优先权日期为2010年11月19日，早于引证商标一的申请日期2010年11月26日。商标评审委员会将引证商标一作为在先商标属于事实认

① 本案在年度报告中的位置为第78页。

定错误，商评字（2013）第129449号关于第8996648号“prAna及图”商标驳回复审决定（以下简称被诉决定）及一、二审判决认定事实的主要证据不足。（二）被诉决定以及一、二审判决认定申请商标指定使用的商品“瑜伽砖；瑜伽板；瑜伽带”与引证商标一核定使用的商品“滑板”构成类似商品，申请商标与引证商标一构成近似的认定，主要证据不足，导致法律适用错误。1. 申请商标指定使用的“瑜伽砖；瑜伽板；瑜伽带”商品与引证商标一核定使用的“滑板”商品不构成类似商品。2. 申请商标与引证商标一在整体外观、商标构成存在一定区别，申请商标指定使用在“瑜伽砖；瑜伽板；瑜伽带”商品上与引证商标一核定使用在“滑板”商品不会产生混淆误认。3. 申请商标与引证商标一使用在各自指定/核定的商品上，足以起到识别商品来源的作用。4. 普兰娜公司在广告宣传和营销推广中大量使用了申请商标，申请商标已经与普兰娜公司建立了紧密甚至唯一的联系，足以与引证商标一区别开，申请商标的注册和使用不会造成相关公众的混淆误认，应当准予注册。综上，请求撤销一、二审判决以及被诉决定，判令被申请人重新作出决定。

商标评审委员会答辩称，（一）申请商标指定使用的商品“瑜伽砖；瑜伽板；瑜伽带”与引证商标一核定使用的商品“滑板”在消费对象、销售渠道等方面关联密切，属于类似商品。申请商标与引证商标一构成使用在同一种或类似商品的近似商标。（二）虽然经核实普兰娜公司曾提交过优先权的申请的文件，但国家工商行政管理总局商标局（以下简称商标局）在审查过程中仍将引证商标一作为本案的引证商标，证明没有对申请商标的优先权予以认可。综上，请求维持一、二审判决以及被诉决定。

普兰娜公司在申请再审阶段提交了申请商标的商标档案以及申请商标的申请材料。商标注册申请书盖有北京东方亿思知识产权代理有限责任公司的公章，该申请书记载，优先权初次申请国为美国，申请日期为2010年11月19日。北京东方亿思知识产权代理有限责任公司在致商标局的“关于优先权文件的说明”中称，普兰娜公司于2010年12月28日提交申请商标在第28类使用商品上的商标注册申请，同时载有优先权初次申请国以及申请日期和申请号等。同时，普兰娜公司提交了其在法定期间提出优先权申请的资料，商标局档案处对该资料的真实性盖章予以认可。

北京市第一中级人民法院经审理查明，2010年12月28日，普兰娜公司向商标局提出第8996648号“prAna及图”商标申请注册，指定使用的商品为国际分类第28类第2807、2809群组“瑜伽砖；瑜伽板；瑜伽带；攀岩用皮带”。

引证商标一为第8885559号“Prana”商标，申请日期为2010年11月26日，权利人为蓝帽子（厦门）文化传播有限公司，商标专用期自2012年10月14日至2022年10月13日止。核定使用的商品为国际分类第28类第2801～2804、2807、2810群组“游戏机；电动游艺车；玩具；玩具汽车；智能玩具；儿童游戏用踏板车（玩具）；棋；运动球类；滑板；圣诞树用装饰品（照明用物品和糖果除外）”，其中仅“滑板”商品属于第2807群组。

引证商标二为第G686680号“PRADA及图”商标，国际注册日为1997年12月23日，权利人为普拉达有限公司，专用权期限自2007年12月23日至2017年12月23日止。核定使用的商品为国际分类第28类第2801～2807、2809～2811群组“娱乐品；玩具；不属别类的体育及运动用品；圣诞树用装饰品”。

2012年3月27日，商标局作出《商标驳回通知书》，认定申请商标与引证商标一、二构成近似商标，驳回申请商标的注册申请。普兰娜公司不服，于2012年4月16日向商标评审委员会申请复审，请求准予申请商标的注册申请。其主要理由为：申请商标与引证商标不构成近似商标；申请人与引证商标二的权利人正在协商共存协议；申请商标具有较强的显著性，且通过申请人的广泛宣传和使用，在业内已具有较高知名度，已被相关公众所熟知，不会引起消费者的混淆误认。

商标评审委员会于2013年12月9日作出被诉决定认为，申请商标文字“prAna”与引证商标一第8885559号“Prana”商标文字“Prana”、引证商标二第G686680号“PRADA及图”商标文字“PRADA”均由多个英文字母构成，在字母构成、呼叫等方面相近，其间仅有个别字母不同，消费者在隔离状态下施以一般注意力不易区分，已构成近似商标。申请商标指定使用的“瑜伽砖、瑜伽板、瑜伽带、攀岩用皮带”商品与引证商标一核定使用的“滑板”等商品在功能、用途、销售场所等方面相近，属于同一种或类似商品。申请商标与引证商标一、二共存上述商品，易导致相关公众对商品来源产生混淆误认。因此，申请商标与引证商标一、二构成使用在同一种或类似商品上的近似商标。普兰娜公司提供的证据不足以证明申请商标经过使用已具有较高知名度，进而足以与引证商标一、二相区分的显著性。依据2001年修正的《中华人民共和国商标法》（以下简称商标法）① 第二十八条的规定，申请商标予以驳回。

普兰娜公司不服被诉决定，向北京市第一中级人民法院提起行政诉讼称，

① 编者注：本文商标法为2001年版，已于2013年8月30日修正。

申请商标与引证商标一、二不构成近似商标；普兰娜公司对申请商标享有受法律保护的企业名称权，其注册具有合理合法的基础，应予以核准；申请商标通过广泛宣传和使用，享有较高的知名度，符合商标法及相关法律关于商标注册的规定。请求撤销被诉决定，判令商标评审委员会重新作出决定。

商标评审委员会辩称，被诉决定认定事实清楚，适用法律正确，作出程序合法，请求依法判决维持被诉决定，并判令普兰娜公司承担本案诉讼费用。

普兰娜公司在一审庭审中出具经公证认证的引证商标二权利人普拉达有限公司的同意函（原件），普拉达有限公司在该函中同意申请商标在第 28 类“瑜伽砖；瑜伽板；瑜伽带；攀岩用皮带”商品上的中国注册。

一审法院经审理认为，首先，关于申请商标与引证商标一是否构成类似商品上的近似商标问题。申请商标指定使用的“瑜伽砖；瑜伽板；瑜伽带”三项商品与引证商标一核定使用的“滑板”商品同属于第 2807“体操、举重、田径、冰雪及属于本类的其他运动器材”群组，构成类似商品。申请商标指定使用的“攀岩用皮带”与引证商标一核定使用的“滑板”等商品不构成类似商品。申请商标英文文字部分“prAna”与引证商标一英文文字“Prana”并无明显区别，二者呼叫相同，已构成近似标识。申请商标指定使用在“瑜伽砖；瑜伽板；瑜伽带”商品上与引证商标一已构成类似商品上的近似商标。普兰娜公司关于申请商标经过长期宣传使用已取得较高知名度并不足以导致混淆误认的主张，缺乏事实及法律依据，不予支持。其次，关于申请商标与引证商标二是否构成类似商品上的近似商标问题。在案证据显示，引证商标二的权利人普拉达有限公司已出具同意函，同意申请商标在“瑜伽砖；瑜伽板；瑜伽带；攀岩用皮带”商品上的中国注册，考虑到上述情况，以及申请商标与引证商标二标识本身并非完全相同，故引证商标二已非申请商标在全部商品上获准注册的在先权利障碍。另外，普兰娜公司所提其对申请商标享有受法律保护的企业名称权，故申请商标应予核准注册的主张，缺乏法律依据，不予支持。综上，依据 1989 年《中华人民共和国行政诉讼法》第五十四条第（二）项第 1 目、第 2 目的规定，判决撤销被诉决定；商标评审委员会对普兰娜公司关于申请商标的驳回复审申请重新作出决定。

普兰娜公司不服一审判决，向北京市高级人民法院提起上诉称，申请商标指定使用的“瑜伽砖；瑜伽板；瑜伽带”商品在功能、用途、消费渠道、消费群体等方面与引证商标一核定使用的“滑板”商品不构成类似商品；申请商标与引证商标一不构成近似商标；申请商标指定使用在“瑜伽砖；瑜伽板；瑜伽带”商品上与引证商标一核定使用在“滑板”商品不会产生混淆误认。请求撤销一审判决关于申请商标指定使用在“瑜伽砖；瑜伽板；瑜伽带”上不予核准注册的部分，并依法予以改判。

二审法院经审理认为，申请商标指定使用的“瑜伽砖；瑜伽板；瑜伽带”商品虽然不是《类似商品和服务区分表》中的标准商品，但其与引证商标一核定使用的“滑板”商品在生产部门、消费对象、销售渠道等方面关联密切、存在较大程度的重合，容易使相关公众认为商品是同一主体提供的，或者其提供者之间存在特定联系，构成类似商品。申请商标的显著识别部分与引证商标一在英文字母组成、排列方式和发音上完全相同，虽然二者在字体及商标整体设计上存在细微差异，但并不能达到显著区分的功效。若申请商标与引证商标一共同使用于类似商品上，易使相关公众对商品的来源产生混淆和误认，二者已构成近似商标。普兰娜公司在一审诉讼中提供的证据不足以证明申请商标在引证商标一申请日之前，在中国经过使用具有较高知名度且足以与引证商标一相区分。商标评审案件遵循个案审查原则，普兰娜公司所述其他商标注册情况与本案事实情况不同，不能作为本案申请商标获准注册的当然理由。据此，驳回上诉、维持原判。

围绕当事人的再审请求，本院审理查明如下事实：

普兰娜公司依据其于2010年11月19日在美国提交的“prAna及图”商标申请，于2010年12月28日向商标局提交了申请商标的注册申请，在申请书中主张优先权，并于2011年1月27日提交了相应的优先权证明文件。申请商标的优先权日期为2010年11月19日。

商标评审委员会在北京市高级人民法院作出（2015）高行（知）终字第3778号行政判决后，于2016年1月27日作出《关于第8996648号“prAna及图”商标驳回复审决定书》，结论为申请商标指定使用在“攀岩用皮带”商品上的注册申请予以初步审定，申请商标指定使用在其余复审商品上的注册申请予以驳回。2016年3月29日，普兰娜公司对该决定不服，向北京知识产权法院提起行政诉讼称，该决定对申请商标指定使用在“攀岩用皮带”商品上的注册申请予以初步审定，其不持异议，但认为对驳回申请商标在“瑜伽砖；瑜伽板；瑜伽带”商品上的注册申请的部分，事实认定错误，应当予以撤销。其理由之一为，商标评审委员会关于引证商标一为在先商标的认定属于事实认定错误，申请商标的优先权日期早于引证商标一的申请日期，申请商标应为在先商标。

本院认为，本案焦点问题为，对于指定使用在“瑜伽砖；瑜伽板；瑜伽带”商品上的申请商标而言，引证商标一是否构成其获准注册的权利障碍。

商标法第二十四条规定“商标注册申请人自其商标在外国第一次提出商标注册申请之日起六个月内，又在中国就相同商品以同一商标提出商标注册申请的，依照该外国同中国签订的协议或者共同参加的国际条约，或者按照相互承认优先权的原则，可以享有优先权。依照前款要求优先权的，应当在提出商标注册申请的时候提出书面声明，并且在三个月内提交第一次提出的商标注册申请文件的副本；未提出书面声明或者逾期未提交商标注册申请文件副本的，视为未要求优先权。”该条对已在国外申请的商标在中国申请优先权的取得及程序进行了规定。本案引证商标一的申请日期为 2010 年 11 月 26 日，根据本案查明的事实，申请商标的优先权日期为 2010 年 11 月 19 日，申请商标的优先权日期早于引证商标一的申请日期。

普兰娜公司在商标授权的行政程序中曾经提出过优先权的主张，商标局并未对该申请给予回复，商标评审委员会亦未能在审查阶段对该事实予以认定，导致被诉决定存在遗漏当事人请求的情形。本案一、二审法院均已判决商标评审委员会对申请商标重新作出决定，而对于优先权认定的基本事实，商标评审委员会重新作出的决定并未涉及。由于优先权的认定是判断本案引证商标一是否能够成为申请商标的权利障碍的关键事实，且普兰娜公司对重新作出的商标驳回复审决定再次提出了行政诉讼。鉴于本案被诉决定对申请商标的优先权日存在漏审，导致错误认定了引证商标一成为注册申请的权利障碍，为避免循环诉讼、及时维护当事人权益、提高诉讼效率，本院参照《最高人民法院关于审理商标授权确权行政案件若干问题的规定》第二条关于“人民法院对商标授权确权行政行为进行审查的范围，一般应根据原告的诉讼请求及理由确定。原告在诉讼中未提出主张，但商标评审委员会相关认定存在明显不当的，人民法院在各方当事人陈述意见后，可以对相关事由进行审查并做出裁判”的规定，对被诉决定认定的错误事实予以纠正，即申请商标的优先权日期为 2010 年 11 月 19 日，而非 2010 年 12 月 28 日。由于申请商标的优先权日期早于引证商标一的申请日期，故引证商标一不构成申请商标能否注册申请的权利障碍。在此情形下，无需讨论申请商标与引证商标一是否构成同一种或类似商品上的近似商标。

综上所述，普兰娜公司关于优先权的再审申请理由成立，商标评审委员会作出的被诉决定结论错误，应予撤销。一、二审判决维持了被诉决定的错误认定，亦应予撤销。依照 2001 年修正的《中华人民共和国商标法》第二十四条，2014 年修正的《中华人民共和国行政诉讼法》第七十条、第八十九条第一款第（二）项、第三款，《最高人民法院关于执行〈中华人民共和国行政诉讼法〉若干问题的解释》第七十六条第一款、第七十八条规定，判决如下：

一、撤销北京市高级人民法院（2015）高行（知）终字第 3778 号行政判决；

二、撤销北京市第一中级人民法院（2014）一中行（知）初字第7996号行政判决；

三、撤销国家工商行政管理总局商标评审委员会商评字（2013）第129449号关于第8996648号“prAna及图”商标驳回复审决定；

四、国家工商行政管理总局商标评审委员会就第8996648号“prAna及图”商标重新作出驳回复审决定。

一审案件受理费一百元、二审案件受理费一百元，均由商标评审委员会负担。

本判决为终审判决。

审 判 长 周 翔
代理审判员 罗 霞
代理审判员 佟 姝
二〇一七年五月九日
书 记 员 包 硕

申请商标

引证商标一

引证商标二

42. 无效宣告程序中外文证据并非一律需要单独提供中文译文

——再审申请人中兴通讯股份有限公司与被申请人国家知识产权局专利复审委员会、美商内数位科技公司发明专利权无效行政纠纷案①

中华人民共和国最高人民法院行政裁定书（2017）最高法行申 4798 号

再审申请人（一审第三人、二审上诉人）：中兴通讯股份有限公司。住所地：中华人民共和国广东省深圳市南山区高新技术产业园科技南路中兴通讯大厦。

法定代表人：殷一民，该公司董事长。

委托诉讼代理人：关刚，北京天达共和律师事务所律师。

委托诉讼代理人：时萧楠，北京天达共和律师事务所律师。

被申请人（一审原告、二审上诉人）：美商内数位科技公司（InterDigital Technology Corporation）。住所地：美利坚合众国特拉华州威林顿贝尔维尤公园路 200 号 300 室（200 Bellevue Parkway，Suite 300 Wilmington，DE19809，U. S. A.）。

法定代表人：劳伦斯·F·谢伊（Lawrence F. Shay），该公司总裁。

委托诉讼代理人：廖婷婷，上海市方达律师事务所律师。

委托诉讼代理人：祁放，上海市方达（北京）律师事务所律师。

被申请人（一审被告、二审上诉人）：国家知识产权局专利复审委员会。住所地：中华人民共和国北京市海淀区北四环西路 9 号银谷大厦 10－12 层。

法定代表人：葛树，该委员会副主任。

委托诉讼代理人：刘宁，该委员会审查员。

委托诉讼代理人：朱明雅，该委员会审查员。

再审申请人中兴通讯股份有限公司（以下简称中兴公司）因与被申请人国家知识产权局专利复审委员会（以下简称专利复审委员会）、美商内数位

① 本案在年度报告中的位置为第 81 页。

科技公司（以下简称美商内数位公司）发明专利权无效行政纠纷一案，不服北京市高级人民法院（2013）高行终字第2290号行政判决书，向本院申请再审。本院依法组成合议庭进行了审查，现已审查终结。

中兴公司申请再审称，二审判决认定事实不清，适用法律错误。其主要理由为：（一）二审判决以证据未经翻译为由不予采信附件6和附件7，在此基础上认定附件3的公开日期无法确定，认定事实的证据不足，适用法律错误。1.《中华人民共和国专利法》（以下简称专利法）、《中华人民共和国专利法实施细则》（以下简称实施细则）、《专利审查指南》等法律法规以及部门规章对于无效宣告程序中提交中文译文的形式并无强制性规定。在无效宣告程序中，中兴公司已经对附件6和附件7中记载的内容进行了中文说明，实质上已经对该内容进行了翻译。2. 专利复审委员会认为附件6和附件7可作为证据使用，并未违反法律法规的相关规定。3. 本案各方当事人对于"Last modified"一词的中文含义没有异议，因此附件6和附件7的相应中文译文已经确定。二审法院以中兴公司未提交该附件的中文译文为由不予采纳该附件，属于事实认定错误，适用法律错误。4. 附件3自身的内容，或者附件3结合附件6、附件7，均可确认附件3的公开日期。二审法院认为附件3的公开日期无法确定，属于事实认定错误。5. 二审法院机械、错误适用法律，造成当事人反复诉讼，给当事人增加诉累。（二）涉案专利权利要求不具备创造性，专利复审委员会第18492号无效宣告请求审查决定（以下简称第18492号决定）应予以维持。UEID生成扰频序列是现有技术。第18492号决定并未遗漏涉案专利的区别技术特征，该区别技术特征已经被附件3公开或者属于本领域公知常识。中兴公司请求本院裁定再审本案，依法撤销一、二审判决，改判维持第18492号决定。

美商内数位公司辩称，中兴公司的申请再审理由不能成立。其主要理由为：（一）中兴公司没有按照《专利审查指南》的要求提交附件6和附件7的中文译文，应该视为未提交，二审法院认定事实清楚。（二）中兴公司提交的附件3的公开时间不确定，不应作为涉案专利的现有技术。（三）涉案专利相对于附件3具有创造性，第18492号决定关于涉案专利创造性的认定错误。

专利复审委员会提交意见称，二审判决认定事实不清，适用法律错误，审理程序违法，应予撤销。其主要理由为：（一）关于"Last modified"一词的翻译问题。在无效宣告程序中，美商内数位公司未就"Last modified"是否应当予以翻译提出异议，仅就所显示的相关日期是否应当作为专利法意义上的公开日期持有异议。美商内数位公司在本案行政诉讼程序中才提出中兴公司未就附件中的相应内容进行翻译。同时，各方当事人均认可"Last modified”可翻译为“最后修订日”。二审判决仅以未在法定时间内提交翻译为由，否定相关文件的公开性，缺乏事实依据。（二）关于3GPP网站类证据的问题。在通信领域专利无效宣告程序中，存在大量从3GPP网站获取的证据资料。相关当事人对于网站页面所载明的日期作为相关证据材料的公开日通常不持异议。特别是，3GPP组织的参与者通常认可该组织网站的ftp服务器所载明的时间作为相关证据材料的公开时间，即便相关证据并未载明“Last modified”字样，一般亦予以认可。可见，将3GPP网站ftp服务器所载明的时间作为相关证据材料的公开时间，在通信领域已达成广泛共识。通信领域涉及标准提案的文档在会议之前上传至3GPP网站是行业惯例，也是3GPP组织维护网站的惯例。专利复审委员会请求本院撤销二审判决，维持第18492号决定。

本院认为，在专利无效宣告程序以及行政诉讼程序中，关于证据及其形式的要求属于程序性事项，应适用无效宣告请求提出时现行有效的法律法规的规定。本案中，针对涉案专利，中兴公司于2011年9月28日向专利复审委员会提出无效宣告请求。因此，关于中兴公司所提交的证据应满足的形式要求，应适用2009年修正的专利法和2010年修订的专利法实施细则。根据再审申请人的申请再审理由、被申请人答辩及本案案情，本案在再审审查阶段的焦点问题是：二审法院以中兴公司未提交附件6和附件7的中文译文为由对该两份证据不予采纳是否正确。

2010年修订的专利法实施细则第三条规定：“依照专利法和本细则规定提交的各种文件应当使用中文；国家有统一规定的科技术语的，应当采用规范词；外国人名、地名和科技术语没有统一中文译文的，应当注明原文。依照专利法和本细则规定提交的各种证件和证明文件是外文的，国务院专利行政部门认为必要时，可以要求当事人在指定期限内附送中文译文；期满未附送的，视为未提交该证件和证明文件。”该规定明确了对于外文证明文件需要提交中文译文的条件、时限以及未在指定期限内提交的法律后果。根据上述规定，对于外文证明文件并非一律需要提供中文译文，国务院专利行政部门可以根据具体情况决定是否有必要要求当事人提交中文译文。在专利无效宣告程序中，提交中文译文的必要性通常是考量方便专利复审委员会和对方当事人理解证据内容、保证行政效率、保障和便利当事人行使发表意见的权利等因素的结果。因此，对于《专利审查指南》中有关“当事人提交外文证据的，应当提交中文译文，未在举证期限内提交中文译文的，该外文证据视为未提交”，以及“当事人应当以书面方式提交中文译文，未以书面方式提交中文译文的，该中文译文视为未提交”等规定，应理解为一种适用于一般情况的原则性规定，容许在特殊情况下存在例外。例如，如果该外文证据内容短小，无效宣告程序的双方当事人对于相关外文的中文含义并无争议，专利复审委员会亦不认为有专门提供中文译文的必要，此时便存在无需单独提交中文译文的可能性。具体到本案，首先，本案事实上无需另行单独提交中文译文。本案双方当事人对于相关外文的中文含义并不存在实质性争议。在无效宣告程序中，美商内数位公司虽对“Last modified”一词的中文含义提出过异议，但最终经协商各方当事人对于该英文词组的中文含义已无异议，均认可其中文含义是“最后修订日期”。专利复审委员会在此基础上亦未要求中兴公司单独提交中文译文。因此，本案事实上已经不存在另行单独提交中文译文的必要。其次，中兴公司实际上已经对相关外文的中文含义进行了说明。中兴公司虽然未就附件 6 和附件 7 中“Last modified”一词提供单独的中文译文页，但其在无效宣告程序中已经通过意见陈述书、口头陈述等方式对附件 6 和附件 7 中涉及的“Last modified”一词的中文含义进行了解释和说明，已经对该外文词汇进行了实质性翻译。最后，美商内数位公司在无效宣告程序中并没有对中兴公司未提交附件 6 和附件 7 的中文译文提出异议，表明其认可无须另行提交中文译文。在本案行政诉讼程序中，美商内数位公司却以中兴公司未提交附件 6 和附件 7 的中文译文为由，主张附件 6 和附件 7 不应作为无效审查的证据，其行为前后不一，不宜给予支持和鼓励。二审法院以中兴公司未提交附件 6 和附件 7 的中文译文为由，认定上述证据中的外文部分应当视为未提交，不能作为证据使用，与专利法实施细则第三条规定的法律精神不符，应予纠正。本案应该在采纳附件 6 和附件 7 的基础上，对于该两份证据的证明力进行重新评价，并在此基础上对于附件 3 的公开时间以及第 18492 号决定是否正确重新进行审查判定。

综上，中兴公司的再审申请符合《中华人民共和国民事诉讼法》第二百条第二项规定的情形。依照《中华人民共和国民事诉讼法》第二百零四条，《最高人民法院关于适用〈中华人民共和国民事诉讼法〉的解释》第三百九十五条第一款规定，裁定如下：

一、指令北京市高级人民法院再审本案；

二、再审期间，中止原判决的执行。

审判长　朱　理
审判员　张志弘
审判员　佟　姝
二〇一七年十二月二十七日
书记员　包　硕

图书在版编目（CIP）数据

最高人民法院知识产权审判案例指导：最高人民法院知识产权案件年度报告及案例全文．第10辑／最高人民法院知识产权审判庭编．—北京：中国法制出版社，2018.7
ISBN 978－7－5093－9545－5

Ⅰ．①最… Ⅱ．①最… Ⅲ．①知识产权－审判－案例－中国 Ⅳ．①D923.405

中国版本图书馆CIP数据核字（2018）第126400号

策划编辑 李小草（lixiaocao2008@sina.cn）
责任编辑 李小草 张海洋 封面设计 蒋怡

最高人民法院知识产权审判案例指导．第10辑
ZUIGAO RENMIN FAYUAN ZHISHI CHANQUAN SHENPAN ANLI ZHIDAO. DISHIJI

编者/最高人民法院知识产权审判庭
经销/新华书店
印刷/三河市国英印务有限公司
开本/730毫米×1030毫米 16开 印张/29 字数/439千
版次/2018年7月第1版 2018年7月第1次印刷

中国法制出版社出版
书号 ISBN 978－7－5093－9545－5 定价：98.00元

北京西单横二条2号
邮政编码100031 传真：66031119
网址：http：//www.zgfzs.com **编辑部电话：66010405**
市场营销部电话：66033393 **邮购部电话：66033288**

（如有印装质量问题，请与本社印务部联系调换。电话：010－66032926）